全国法律类专业职业教育规划教材

法理学

（第二版）

主　编　张东华

副主编　孙丽虹　阎惠英

Jurisprudence

WUHAN UNIVERSITY PRESS
武汉大学出版社

图书在版编目(CIP)数据

法理学/张东华主编 . —2 版.—武汉:武汉大学出版社,2023.1(2024.9
重印)
全国法律类专业职业教育规划教材
ISBN 978-7-307-23485-7

Ⅰ.法⋯ Ⅱ.张⋯ Ⅲ.法理学 Ⅳ.D90

中国版本图书馆 CIP 数据核字(2022)第 237724 号

责任编辑:张　欣　　　责任校对:汪欣怡　　　版式设计:马　佳

出版发行:**武汉大学出版社** 　(430072　武昌　珞珈山)
　　　　(电子邮箱:cbs22@whu.edu.cn 网址:www.wdp.com.cn)
印刷:湖北金海印务有限公司
开本:787×1092　1/16　印张:25.5　字数:602 千字　　插页:1
版次:2017 年 9 月第 1 版　　2023 年 1 月第 2 版
　　2024 年 9 月第 2 版第 2 次印刷
ISBN 978-7-307-23485-7　　　定价:68.00 元

再 版 前 言

"闲云潭影日悠悠，物换星移几度秋。" 2017 年我们的教材出了第一版，转眼五年过去了。五年间，社会、法律、法学理论、职业教育、学生需求发生了很大的变化。我们课程组踏踏实实地进行着课程建设，包括一如既往地关注着各种版本的法理学教材的变化，为修改教材做准备。当天时地利人和时，我们的《法理学（第二版）》出版了。

这次修改依据《职业院校教材管理办法》，结合职业教育的新要求，法学理论的新变化，学生群体素质和要求的变化，主要做了以下五个方面调整：

第一，结构方面。章节前明确学习目标，以思维导图形式展示章节知识结构，清晰明确；课后有小结、综合练习题及答案，对本章内容概括回顾，强化学习效果。

第二，内容方面。知识点系统全面，通过经典案例、经典例题的方式深入浅出阐释深奥的理论，一定程度上减小了学习的难度。

第三，形式方面。教材形式新颖，采用一体化教材的模式，配有课件和微课，对线上线下混合式教学提供了有力的支撑。

第四，课程思政方面。法理学是法学的意识形态，课程思政是应有之义。无论是课程素质目标的创设，还是具体内容的设计，包括课后综合练习的部分题目，均贯穿了课程思政教育的要义。

第五，编写团队。我们的编写团队仍然由专职教师和兼职教师组成，学生也参与其中。这是我们教材质量的可靠保障。

本教材编写团队分工如下：

张东华：第一章，第二章，第六章，第十三章，第十五章，并负责统稿；

孙丽虹：第四章，第五章，第十章，第十二章，并协助统稿；

阎惠英：第七章，第九章，第十一章，并协助统稿；

王向英：第三章，第八章，第十四章；

贾夕婕：第十六章；

邢玉林：第九章，第十二章；

王倩：第六章，第十三章。

在这里，我们要感谢学院、教务处和应用法律系各级各位领导的关心和支持！没有领导的支持，我们的教材不可能出版！我们要特别感谢兼职教师河北诚基律师事务所邢玉林主任、石家庄市桥西区人民法院王倩庭长，他们放弃休息时间，为编写教材尽心竭力，为我们的课程建设提出许多宝贵的建议，使我们的教材和课程建设更符合高职教育的要求；感谢我们的同事张丽霞老师、庞敏英老师，对于我们不分时间场合请教的专业问题均一一详细耐心解答，保证了教材中涉及的部门法内容不出差错；感谢我们的优秀学生 2019 级的于泓昊同学，2020 级的麦家琪同学、郭洪瑞同学，2021 级的侯增烨同学、徐梓健同学，他们利用假期时间通读教材初稿，提出了富有建设性的建议，使我们的教材更适应学生的需求！感谢许许多多台前幕后为教材出版呕心沥血的朋友们！众人拾柴火焰高，大家齐心协力，才有了这本教材的面世！

    编写教材是课程建设的重要一环，课程建设永远在路上。借此机会，恳请与本教材有缘的读者，在阅读和思考中指出我们的不足，登录我们的课程网站（https：//www. icve. com. cn/portal/courseinfo？ courseid＝q8wjaucrna5ma3lm23w5cq）指导我们的课程建设。在此，我们一并表示深深的感谢！

应用法律系法理学教学团队

目　　录

第一章　法学与法理学 ··· 1

　第一节　法学 ·· 1

　第二节　法理学 ·· 11

　本章小结 ·· 17

　综合练习 ·· 17

第二章　法的概念 ·· 19

　第一节　法的释义 ·· 19

　第二节　法的基本特征 ·· 24

　第三节　法的本质 ·· 28

　本章小结 ·· 34

　综合练习 ·· 34

第三章　法的要素 ·· 37

　第一节　概述 ·· 37

　第二节　法律规则 ·· 38

　第三节　法律原则 ·· 44

　第四节　法律概念 ·· 50

　本章小结 ·· 53

　综合练习 ·· 54

第四章　法的价值 ·· 57

　第一节　概述 ·· 57

　第二节　法的基本价值 ·· 62

　本章小结 ·· 81

　综合练习 ·· 81

第五章　法的作用 ·· 84

　第一节　概述 ·· 84

　第二节　法的规范作用 ·· 87

　第三节　法的社会作用 ·· 90

第四节　法的作用的局限性 ……………………………………………… 95
本章小结 ………………………………………………………………… 98
综合练习 ………………………………………………………………… 99

第六章　法的创制 …………………………………………………………… 102
第一节　概述 …………………………………………………………… 102
第二节　立法体制 ……………………………………………………… 110
第三节　立法程序与立法技术 ………………………………………… 113
本章小结 ………………………………………………………………… 121
综合练习 ………………………………………………………………… 122

第七章　法的渊源 …………………………………………………………… 124
第一节　法的渊源 ……………………………………………………… 124
第二节　法的效力 ……………………………………………………… 132
第三节　法的分类 ……………………………………………………… 139
本章小结 ………………………………………………………………… 141
综合练习 ………………………………………………………………… 142

第八章　法律体系 …………………………………………………………… 146
第一节　概述 …………………………………………………………… 146
第二节　法律部门的划分 ……………………………………………… 149
第三节　当代中国的法律体系 ………………………………………… 152
本章小结 ………………………………………………………………… 158
综合练习 ………………………………………………………………… 159

第九章　法的实施 …………………………………………………………… 163
第一节　概述 …………………………………………………………… 163
第二节　法的遵守 ……………………………………………………… 166
第三节　法的适用 ……………………………………………………… 173
第四节　法的执行 ……………………………………………………… 181
第五节　法律监督 ……………………………………………………… 186
本章小结 ………………………………………………………………… 195
综合练习 ………………………………………………………………… 196

第十章　法律关系 …………………………………………………………… 200
第一节　概述 …………………………………………………………… 200
第二节　法律关系构成要素 …………………………………………… 206
第三节　法律关系的运行 ……………………………………………… 216

　　本章小结······225
　　综合练习······226

第十一章　法律责任······230
　　第一节　概述······230
　　第二节　归责······240
　　第三节　法律责任的承担和免除······243
　　本章小结······247
　　综合练习······248

第十二章　法律程序······251
　　第一节　概述······251
　　第二节　正当法律程序······256
　　本章小结······261
　　综合练习······262

第十三章　法律方法······264
　　第一节　概述······264
　　第二节　法律解释······268
　　第三节　法律推理······278
　　本章小结······284
　　综合练习······284

第十四章　法的历史······288
　　第一节　法的起源······288
　　第二节　法的历史类型······295
　　第三节　法系······305
　　第四节　法律发展······314
　　第五节　法制现代化······319
　　本章小结······324
　　综合练习······326

第十五章　法与社会······330
　　第一节　法与社会的一般理论······330
　　第二节　法与经济······332
　　第三节　法与政治······339
　　第四节　法与文化······349
　　第五节　法与人权······357

第六节　法与科学技术 ·· 362

本章小结 ·· 367

综合练习 ·· 368

第十六章　法治理论 ·· 371

第一节　法治的一般理论 ·· 371

第二节　中国特色社会主义法治理论 ·· 379

本章小结 ·· 396

综合练习 ·· 397

参考文献 ·· 400

第一章 法学与法理学

本章知识结构图

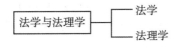

知识目标：掌握法学与法学体系的概念；了解法学与相邻学科的关系；了解法理学的研究对象；了解法理学在法学体系中的地位及学习研究法理学的意义。

能力目标：培养学生宏观观察、分析现象的能力；辨析相近概念的能力。

素质目标：培养学生对法学、法理学的认知和认同，培养其职业自豪感；引导学生树立正确的价值观、人生观和世界观。

第一节 法 学

本节知识结构图

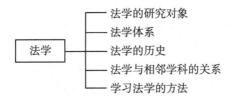

【1-1】

法学名言

法学对于人的智识乐于提供也许是最好的科学思维技巧的训练——任何人，当他从法学转向其他学科时，都会感激曾有过这种法学的润养。

—— ［德］古斯塔夫·拉德布鲁赫

法学在人文科学中无与伦比的优越性在于：其并非立于法秩序之旁，亦非追随其后，而是直接参与法秩序本身及法律生活的形成。

—— ［德］卡尔·恩吉施

一、法学的研究对象

法学，在中国先秦时期称为"刑名法术之学"或"刑名之学"，自汉代开始有"律学"的名称。现代汉语中的"法学"一词最早是从日本输入的。日文汉字"法学"一词由日本法学家津田真道于 1868 年首次用来翻译英文"Jurisprudence""Science of law"以及德文"Rechtswissenschaft"等词汇，并作了详细说明。该词于"戊戌变法"前后传入我国。1898 年，梁启超在其所撰《论中国宜讲求法律之学》一文中，最早提出了"法学"一词。到清末法制改革时，"法学"一词已被大量使用，并广为流传。在西方，"法学"一词源于古拉丁语的"Jurisprudentia"，其原意是"法律的知识"或"法律的技术"。古罗马法学家乌尔比安对该词的定义是"法学是神事和人事的知识，正义与非正义的学问"。后来，随着罗马法复兴运动的展开，拉丁文"Jurisprudentia"这一用语在欧洲各国广泛传播。德文、法文、英文以及西班牙文等西语语种，都在"Jurisprudentia"的基础上，发展出各自指称"法学"的词汇，并且其内容不断丰富，含义日渐深刻。

我国学界的通说认为，法学是以法律现象为研究对象的各种科学活动及其认识成果的总称。作为一门系统的科学，法学必须对其研究对象进行全方位的研究，既要对法进行历时性研究——考察法的产生、发展及其规律，又要对法进行共时性研究——比较各种不同的法律制度的性质、特点以及它们的相互关系；既要研究法的内在方面，即法的内部联系和调整机制等，又要研究法的外部关系，即法与其他社会现象的联系、区别及其相互作用；既要研究法律规范、法律关系和法律体系的内容和结构以及法律关系的要素，又要研究法的实际效力、效果、作用和价值。总之，凡是与法有关的问题和现象都在法学的研究范围内。

二、法学体系

法学体系是由法学的各个分支学科构成的有机联系的整体，也可以说是法学研究的范围和分科。法学形成体系或法学有内部分支学科的划分是近代以来的事情。近代资产阶级革命之前，法学从未成为一门完全独立的学科，它被包含在神学、哲学、政治学、伦理学之中，或者附属于国家的立法和司法活动。既然没有形成一门独立的学科，当然也就不存在体系或分科的问题。

随着法学从其他学科中分化出来，特别是随着立法发展成为广泛而复杂的整体和随之而来的法律部门的出现，也就出现了法学的分科。然而，如何进行法学学科的划分或依据什么样的标准进行划分，这在国内外学者的著作中并没有一致的观点。例如，英国《牛津法律指南》提出，法学可以分为理论法学和应用法学两大部类，并可以进一步划分为 7 个法律部门：（1）法律理论和法哲学；（2）法律史学和各种法律制度史；（3）比较法学；（4）国际法学；（5）跨国家法学；（6）国内法学；（7）附属学科，如法医学、法精神病学等。以上（1）至（3）属于理论法学，（4）至（6）属于应用法学，（7）部门本身并不研究法律问题，但同所发生的法律问题有联系。日本《万有百科大辞典》将法学分为四大部类：（1）公法学，包括宪法、行政法和国际法三个学科；（2）私法学，包括民法、商法、民诉法、劳动法、国际私法五个学科；（3）刑事法学，包括刑法、刑诉法、刑事政策三个学科；（4）基础法学，包括法律哲学、法律社会学、法律史学、比较法学。

从我国现阶段法学教育和法学研究的实际需要出发，可以对我国的法学体系进行如下两种划分：

1. 从法律部门划分的角度，可以把法学划分为宪法学、行政法学、民法学、刑法学、诉讼法学等学科

法学体系的内容随着新的法律部门的出现而逐渐丰富，例如，行政法、经济法等新的法律部门的出现，产生了行政法学和经济法学。每个部门法学对该部门法的历史的研究，构成部门法专史，如宪法史、民法史、刑法史等；每个部门法学对本国与外国同类法的研究构成比较法学，如比较宪法学、比较民法学等。这些专史和部门法学比较分别属于相应的部门法学，而对于各部门法总体即整个法律制度的历史研究，则构成独立的法制史学；对于比较法的理论和方法论的研究以及对各国法律制度或主要法系的整体比较，构成比较法学。也可根据法律属于国内法或国际法，而把法学划分为国内法学与国际法学。

2. 从认识论的角度，法学可以分为理论法学和应用法学

理论法学综合研究法的基本概念、原理和规律；应用法学主要研究国内法学和国际法学的结构和内容，以及它们的制定、解释和适用。这当然不是说应用法学就没有自己的理论，只是说这种理论在概括范围和抽象程度上和理论法学有所不同。相对地说，应用法学与法的实践有直接联系，它所处理的是直接的经验材料，它的理论一般限定在本部门法的领域。理论法学则相对抽象，是从应用法学中概括出来又用以指导应用法学的，它的理论贯穿于所有法律现象。至于人们通常说的"边缘法学"，一般是横跨两个或由两个学科整合而成的，如法律社会学、法律经济学、法律心理学、法医学、刑事侦查学等。它们有的侧重理论研究、有的则侧重解决法律实践问题，分别属于理论法学和应用法学。

三、法学的历史

（一）西方法学的历史发展

西方法学的历史发展自古至今，大致经历了以下六个主要阶段：

1. 西方法学的孕育时期——古希腊

古希腊时期的法律制度已有相当程度的发展，并已渗透到社会生活的方方面面，成为人们感受和认识的对象。同时，古希腊的哲学非常发达，发达的哲学增强了人们认识和评价社会现象的能力，促进了政治学、伦理学、修辞学、美学等专门知识体系的形成。这些现实条件的具备使得法学能够广泛地提出和思考一系列基本问题，比如法与秩序的关系，法与理性的关系，法与正义的关系，法与人、神、自然的关系，法与道德的关系，人治与法治的关系等。这些法学史上最初提出的问题以及古希腊思想家们对这些"永恒的主题"的论述，孕育了西方法学，并对西方法学的后来发展有着极为深远的影响。

2. 西方法学的初步形成时期——古罗马

古罗马的法律制度是古代西方法制发展的顶峰。现实政治、经济和法制建设的需要，促使古罗马形成了人类最早的职业法学家集团、法律学校和法学流派，法学从而获得了相对独立的地位。与此同时，法学家的声誉大振，罗马法学家不仅提出和解决了许多立法、执法和司法方面的技术和方法问题，而且引入了古希腊的法律思想（特别是自然法概念）

来论证罗马法的神圣性和广泛适用性。他们的学说成为罗马法的渊源之一。

3. 西方法学从衰落到复兴时期——中世纪

罗马帝国灭亡后，相对独立的法学消失了。但这并不意味着法学思想的消失。事实上，以托马斯·阿奎那为代表的基督教神学家在其神学著作中不仅保存而且在许多方面发展了古希腊和古罗马的法律思想。到十一二世纪前后，日益发展的商品经济产生了对法律的新需要，于是出现了以复兴罗马法为中心任务的法学教育和法学研究，并再一次出现了职业法学家集团、法律学校和法学流派（注释法学派）。十三四世纪开始的文艺复兴和宗教改革运动又使西方法学朝着世俗化的方向发展和变革，并产生了人文主义法学派。注释法学家和人文主义法学家是把古代法学传承到近代的使者，也是连接古代法学和近代法学的纽带。

4. 西方法学的蓬勃发展时期——十七八世纪

17 世纪开始的资产阶级革命及其建立的民主政权解放了法学，大规模发展起来的商品经济更是需要法学。从此法学教育和法学研究蓬勃兴起，法律学校和法学流派如雨后春笋般涌现出来。近代资产阶级法学意味着一种新的法权世界观，其核心是自由、平等、人权和法治。其典型的表达形式是自然法学派的"社会契约论""天赋人权论"（自然权利理论和分权制衡理论）。近代资产阶级国家的民主和法制模式主要是由自然法学派设计的，契约自由、罪刑法定等现代法律制度的基本原则也是由他们提出的。

5. 西方法学真正独立的时期——19 世纪

自 18 世纪末到 19 世纪，欧洲大陆相继出现了哲理法学派、历史法学派和分析法学派，特别是分析法学派以功利主义和实证主义哲学为理论和方法论基础，以对实在法律的逻辑分析为己任，它的出现标志着作为独立学科的法学的诞生。与此同时，西方法学出现了理论法学和应用法学的划分，即出现了法学和刑法学、民法学、宪法学等法学部门的划分。但在 19 世纪前期，法学基本上还是哲学家或政治家的法学，到 19 世纪中期以后，法学才真正成为职业法学家的法学。

6. 西方法学从分化到休眠再到繁荣的时期——20 世纪

从 19 世纪末开始到 20 世纪早期，西方法学进一步走向分化。在理论方面，社会法学派和新分析实证主义法学派相继问世，新黑格尔主义法学派和新康德主义法学派也开始在德、意等国传播。在政治方面，新康德主义法学派和新黑格尔主义法学派中的一部分法学家为正在出现的法西斯主义起到了论证、辩护和参与的作用。第二次世界大战前后，由于政治、经济、战争等各方面的原因，西方的法学和政治学、哲学一样，陷于"休眠状态"，看上去似乎即将消亡。但从 20 世纪 50 年代中期开始，由于一系列重大的政治争论和学术争论的推动，西方法学又开始振兴，而且在经过十多年的发展之后，出现了西方法学史上前所未有的繁荣局面。先是自然法学派、社会法学派和分析法学派形成三足鼎立的主流局面，继而是行为主义法学派、存在主义法学派、综合（统一）法学派纷纷登场，随后又是经济分析法学派、批判法学派以及所谓"新马克思主义法学派"等异军突起。总之，法学思潮和法学流派不断增加，成为 20 世纪下半叶西方法学的显著特征。

（二）中国法学的历史发展

中国法学的历史发展同样源远流长，其漫长的发展历程大致可分为以下四个阶段：

1. 中国法学的孕育时期——先秦

根据古籍记载，夏、商、周三代已经出现了不少关于法律的思想和论述，但由于当时的立法尚未发展成为广泛而复杂的体系，人们认识社会的能力也较为有限，因而不具备产生法学的主客观条件。春秋战国时期，各种学说、学派层出不穷，构成了思想界百花竞放的繁荣景象。儒、法、墨、道等各家都提出并探讨了许多法学的基本问题，比如法的起源、法的作用、法与天道的关系、依法治国与以德治国的关系等。这些论述尽管并未形成专门的法学，但对中国古代法学思想的后来发展却产生了深远的影响。

2. 中国律学繁荣时期——西汉至清末

到西汉以后，随着立法的日益复杂化和独尊儒术格局的形成，古代中国特殊形态的法学得以产生，这便是"律学"（亦称"刑名律学"）。律学的基本风格是根据儒家学说对以"律"为主的成文法进行注释和讲习。西汉时期出现了许多律学世家，东汉马融、郑玄等经学大师都曾对汉律作章句注释。自晋代张斐、杜预注晋律以后，律学由私人注释发展为官方注释，《唐律疏议》为其范本。与此同时，从三国魏明帝到宋代，朝廷均设有"律博士"一职，专门传授律学。到宋代以后，律学作为官学开始衰落，但作为私学的律学又开始兴起，至清代则达到高峰，并涌现出了汪辉祖、沈之奇、万维翰、薛允升等一大批杰出的律学家和许多优秀的律学著作，对清代的法律实践产生了深远的影响。

3. 中国现代法学的初步建立时期——20世纪上半叶

1840年鸦片战争后，中国逐步沦为帝国主义的半殖民地，爱国人士纷纷要求变法图强，康有为、梁启超等立宪派和孙中山、章太炎等资产阶级革命派都提出了融中西政治法律经验为一体的改革方案。迫于各方面的压力，清政府不得不派遣官员和学生出国考察和学习法律。这些人回国后纷纷介绍和论述西方的法律和法学，开创了中国现代法学教育和法学研究。1901年，京师大学堂正式设立法科，1906年又成立了中国第一所专门的法学教育机构——京师法律学堂，从此，法学在中国成为一门独立的学科。到辛亥革命后，法学逐渐成为当时"显学"：国内法律院校如雨后春笋般涌现，二三十年代还形成了"南东吴（东吴大学法学院）北朝阳（朝阳大学法学院）"的格局；中外法律文化的交流蔚为壮观，吴经熊、王宠惠、杨鸿烈、王世杰、梅仲协、周鲠生等一大批学贯中西的法学名家应运而生；法学著作的出版不仅种类多样、再版频繁，而且或中文或西文，可谓争奇斗艳。至此，现代法学在中国已初步形成。

4. 中国马克思主义法学的建立与发展时期——20世纪下半叶

马克思主义法学是由马克思、恩格斯在19世纪40年代创立的，他们合著的《德意志意识形态》是其诞生的标志。马克思、恩格斯虽然不是职业法学家，也很少写作纯粹的法学著作，但他们阐述的法学原理却在法学领域引起了一场伟大的革命。随后，列宁的社会主义法制理论丰富了马克思主义法学，苏联法学家则在马克思主义指导下初步建构了马克思主义的法学理论体系。而在中国革命的过程中，以毛泽东为代表的中国共产党人创立的人民民主专政的国家和法律理论又丰富了马克思主义法学宝库。以此为指导，并以苏联法学为基础，50年代初，中国法学界开始建立自己的马克思主义法学。50年代中期以后由于种种原因，出现了忽视法制的作用、把法制与党的领导对立起来的情况，致使法制建设停顿，法学研究停滞不前，甚至急剧衰落。到70年代末期以后，邓小平建设有中国特色社会主义民主法制的理论再次发展了马克思主义法学，创立了中国特色的社会主义法治理论，"三个代表"重要思想和科学发展观丰富和发展了中国特色社会主义法治理论。党的十八大以来，以习近平同志为核心的党中央立足全新视野，不断深化对共产党执政规律、社会主义建设规律、人类社会发展规律的认识，经过艰辛的理论探索和丰富的实践创新，创立了习近平新时代中国特色社会主义法治思想。在这种历史背景下，中国法学界坚持以习近平法治思想为指导，并创造性地把它运用于法学研究和法学教育的各个方面，从而开创了法学教育和法学研究的新局面。

（三）法学发展的历史规律

作为人类的一种科学活动和思想体系，法学总是在一定的时间和空间里随着社会实践的发展而不断发展和丰富的。在其长达数千年的历程中，法学的发展呈现出了某些历史的规律，而认识这些规律有助于我们更深一步地理解法学。

1. 法学的产生以成文法的复杂化、法律成为自由研究的对象和法律的职业化为条件

从中西法学的产生过程来看，法学并非与法律同步产生，它是法律发展到一定阶段才出现的。其产生大体上需要三个方面的条件：一是成文法发展到相当复杂而广泛的程度，成为社会结构的重要组成部分或社会生活的基本方向；二是法律成为自由研究的对象；三是由此形成了一批职业的法律研究人员。

2. 法学的繁荣必须以商品经济（市场经济）的相对发达为基础

从西方来看，古罗马较为发达的简单商品经济对于人类最早的职业法学家集团和法学流派的诞生起了决定性的作用。罗马帝国灭亡后，法学又随同商品经济一起衰落。到十一二世纪以后，西欧商品经济的复兴再次带动法学走向蓬勃发展。而中国古代法学的发达程度之所以不如西方，根本原因之一就是其简单商品经济的发达程度不如西方。这种历史规律的根源在于，与其他经济形态相比，商品经济下的财产关系更为复杂，权利义务关系更加突出，因而对法律调整的需求更多，其法律调整机制和法律秩序也更为复杂、抽象和普遍，从而也更加需要专门的法律人才和法学研究。此外，尤为重要的一点是，以古希腊、古罗马为代表的海洋文明由于地理位置的原因无法形成类似于古代中国一样的大河文明，这就导致古希腊等西方国家粗放式的种植业和要求以诚信、平等、开放和追求自由为文化底色的繁荣的商品交换非常发达。这种文化底色也进一步为法律和法治思想的形成提供了一定的有利条件。

3. 法学的发展还以社会的稳定、社会分工的发展和社会交往的频繁为条件

因为法学关注的可以说是一个国度内整个社会的相对长期的稳定秩序，法是这种稳定秩序中体现出来的人类合作活动的规则。只有当社会进入比较稳定的时期，特别是社会分工发展了，社会交往增加了，社会对于外在规则的依赖才会加强，法律和法学才会大有用武之地。中西法学的发展史均证明了这一点。

法学总是以本国实践为依托，并充分吸纳其他各种法律智慧而发展起来的。纵观法学史，法学的发展总是以本民族文化传统和本土社会环境为依托的，理论必须联系实际，脱离本国实际的理论是没有生命力的，这已经成为法学史上的公理。但是，一方面，以本国实践为依托的法学绝非只是对现实法制的简单注释，必须要有建设性的批判。英国法学家边沁在其《政府片论》的序言中写道，一种制度如果不受到批判就无法得到改进。同样，

法学如果不具有批判性，那就无法成为促进社会改进的力量，也不可能获得真正的发展。另一方面，法学也决不能只局限于本国实践，而必须充分吸收人类以往的以及同时代其他民族的法学积累和法律智慧。中西法学史上几次重大的飞跃最集中的表明了这一点。

四、法学与相邻学科的关系

（一）概述

纵观法学史，人类关于法律的学问最初是与其他学科融汇在一起的，或者说，最初研究法律现象的学问并非一门独立的学科，而总是被包括在哲学、政治学、伦理学、神学等学科之中，直到19世纪中期，法学才真正成为一门独立的学科。但法学的自立门户并不意味着它在现代社会可以与其他学科不相往来，相反，现代法学与其他学科始终密不可分。因为在现代社会，法律已经渗透到社会的各个方面，有关法律现象的许多问题不单是法学问题，而往往是法学与其他学科的双边问题或多边问题；另一方面，在法治时代越来越多的社会问题都可以演化为法律问题，并交由法律机关处理，这就要求法律工作者具有广泛的其他学科的知识，成为知识复合型人才。因此，把握法学与相邻学科的关系（特别是与哲学、政治学、经济学、社会学、伦理学、历史学的联系），对于有效的学习法律知识，掌握法律思想，从事法学研究和法律实践是十分必要的。

（二）法学与主要相邻学科的关系

1. 法学与哲学

哲学是关于自然、社会和思维知识的总结和概括。法学和哲学的关系十分密切，这主要表现在：（1）哲学与法学在总体上是一般与个别、抽象与具体的关系。哲学的功能在于启迪智慧，在于为具体科学（包括法学）解决具体问题提供世界观或价值观和方法论。（2）法学始终受到哲学的巨大影响。这突出表现在哲学的每一次更新都带来法学方法论或法学价值取向的更新，并推动新的法学流派的产生和法学新思想的出现。（3）法学与哲学的关系在法哲学中表现得更为明显。作为对法的基本问题的哲学思考，法哲学可以说是法学与哲学的交叉学科或中间学科，是把部门法学与哲学连接起来的桥梁。

2. 法学与政治学

政治学是以国家、政府、政党等政治现象及其发展规律为研究对象的学科。法学与政治学的关系同样十分密切，这主要表现在：（1）法律是政治活动和实现政治目标的常规形式，特别是在现代社会，民主政治就是法治政治，政治必须采取合法的形式，有规则、有秩序的运行，政治与法律因而具有内在的统一性。（2）法律的产生和运行都离不开政治的作用。（3）有许多问题，诸如民主与法制、立法政策、权力制约、国家、政党、政府、公民和国家的关系、政治程序等，都是法学与政治学的双边问题，因而，宪法学、立法学、行政法学等本身就兼有法学与政治学的双重性质。（4）在历史上，政治学和法学曾经长期不分。从古希腊柏拉图的《理想国》、亚里士多德的《政治学》到资产阶级革命前后洛克的《政府论》、孟德斯鸠的《论法的精神》，都是兼具政治学和法学两种内容的著作。所以，学习法学不可以不学政治学，学习政治学也不能不学法学，甚至有人形象地说法学和政治学是一枚硬币的两面。但同时应当注意的是，法学决不能把政治问题与法律问题等量齐观，不能用对政治现象的研究代替对法律现象的研究。

3. 法学与经济学

经济学是研究各种经济关系和经济活动规律的学科。法学与经济学之间的密切关系主要是由法律与经济之间的密切关系决定的：首先，法律在根本上是由社会经济基础、经济生活所决定的。其次，法律又可反作用于经济基础、经济生活。在现代社会，经济生活在总体上须在法律的轨道上运行。最后，现代民主和法治的进程取决于社会经济模式和经济发展水平。上面这些因素就决定了法学与经济学在研究内容上必然存在交叉重叠关系（如法经济学这门新学科就是交叉重叠的产物之一），而经济学的许多理论模式和研究方法引入法学领域后也可以加深和丰富人们对法律的认识。

4. 法学与社会学

社会学是主要研究社会结构和社会进程的宏观问题的学科，是一门具有综合意义的社会科学。法学与社会科学存在着相当密切、相互交错的关系，这主要表现在：（1）法学与社会学都要通过社会研究法律，通过法律研究社会。（2）法学与社会学有许许多多共同的论题或交叉重叠的领域，如法律的社会根源、法律的社会功能、法律在社会生活中的实际状况等等。（3）法学与社会学相互结合产生了一门横跨两个领域的新学科——法社会学，这是20世纪人类法学领域最伟大的成就之一。（4）社会学的许多理论模式和研究方法引入法学领域，可以加深和丰富人们对法律的认识。

5. 法学与伦理学

伦理学是研究道德现象及其发展规律的学科，亦称道德哲学。法学与伦理学之间的密切关系表现在：（1）道德与法律是人类调整行为的两大社会规范，它们既有区别，又紧密联系、相互制约。（2）许多道德现象同时也是法律现象，而法律行为往往也是道德行为，因而两者间有着广阔的交叉重叠领域。（3）道德现象与法律现象之间不仅有着内在的关联，而且还常常存在一定的因果关系，因而伦理学的许多理论模式、研究方法和研究成果对于法学具有积极的借鉴意义。

6. 法学与历史学

历史学是研究和阐述人类社会发展的具体过程及其规律的学科。法学与历史学的密切关系主要表现在：（1）法律是凝结的历史，是历史过程的产物，在人类社会的重大转折点上，往往可以看到法律的旗帜或标志，法律史上的许多著名文献都被称为"人类历史的里程碑"。历史学对社会进程中的法律因素的阐释有助于法学对法律进行历时性研究。（2）法律的生命不仅仅是逻辑更重要的是经验，而经验总是历史的东西。历史学关于历代生活经验（特别是法制经验）的研究成果经过处理可以转化为法学的理论观点，也可以为未来的法律发展提供资源。（3）法学中的概念、范畴、观点、学说、学派等都是历史的产物，有其产生和演变的过程，我们要想准确而深刻地把握它们，并在此基础上丰富和发展它们，就必须借鉴甚至运用历史学的理论和方法。

五、学习法学的方法

方法是人们在日常生活、科学研究和社会实践中经常使用的一个术语，同时，也是一个具有重大理论意义的哲学概念。该词源于希腊文 meta 和 odos，有"沿着正确的道路运动"之含义。在汉语中，则用"法""术""道"等词来表达类似的意思。方法是与人的有意识、有目的的活动相联系的。由于人类活动的复杂性，在人类活动的不同领域中有不同的方法，但所有的方法都具有内在的共同之处，因而，从最一般的意义上说，方法就是人们为了解决某种问题而采取的特定的活动方式，包括精神的活动方式和实践的活动方式。把某一领域分散的各种具体方法组织起来并给予理论上的说明，就是方法论。在西方许多民族的语言文字中，方法论一词都具有两种基本的含义，既指关于方法的理论，又指方法的体系。

从总体上看，当代中国的法学研究方法大致分为哲学的方法、历史的方法、分析的方法、比较的方法和社会学方法六大类。

(一) 哲学的方法

众所周知，中国的法学是以马克思主义为指导的法学，它的哲学方法就是马克思主义的唯物辩证法，即辩证唯物主义和历史唯物主义。辩证唯物主义是人们认识世界和改造世界的根本方法，当然也是法学研究的总的方法论。具体而言，唯物辩证法在法学研究中的应用表现在：(1) 坚持存在决定意识，经济基础决定上层建筑的唯物主义原理。在法学研究中，我们必须把法学与经济联系起来考察，要从法的根基、本原中即经济关系中去探求法和法律现象的真谛。马克思主义法学的强大生命力，就在于坚持法学决定于、服从于和服务于经济关系这一基本原理。(2) 坚持理论结合实际的原则和方法。理论结合实际的马克思主义学风，是唯物辩证法最基本的要求。这对于作为实践性学科的法学来讲，更为重要。法学如果离开法制实践，就会失去生机。因此，法学研究必须结合实际，立足国情。任何法律都是具体的，没有、也不可能有抽象的法。当然，结合实际有着丰富的内涵。我们在当代中国研究法学，首先应当是立足于中国的实际，立足于中国的国情。(3) 坚持用普遍联系的、发展的、全面的观点来研究法学。我们应当充分认识法与其他社会现象（如国际影响、地理环境、民族传统、伦理道德、风俗习惯、宗教等）之间的相互关系和相互影响，从而全面、科学系统地考察法的本质、特征、作用和职能。在坚持唯物辩证法的基本原则和观点的前提下，法学研究也可以批判地吸收一些新的哲学方法的合理因素，例如，现象学方法、诠释学方法、价值论方法等。新的哲学方法的引入，可以不断丰富和发展马克思主义法学，拓展法学研究的视野和领域。

(二) 阶级分析的方法

这是中国人文社会科学通用的研究方法之一，就是用阶级的观点去分析和认识复杂的社会现象，其中无疑包括对法和法律现象的研究。当我们采取这一方法时，必须注意两点：(1) 不能把它当成法学研究的唯一方法，更不能教条主义的使用这一方法；因为法和法律现象是很复杂的，阶级分析的方法只能揭示某一层面的内涵。(2) 不能抛弃这一方法，对它的作用不能否定，也不应采取虚无主义的态度。

(三) 价值分析的方法

在科学研究中是否会有价值判断问题，对法和法律现象是否要作价值分析，这在西方法学中是一个长期争论不休的问题。分析实证主义法学认为，法学只能研究事实，不能涉及价值，否则，就不能称之为一门科学，从而主张法学应是"价值中立"之学，最后，得出了"恶法亦法"的结论；自然主义法学虽然没有提出价值分析的方法，实际上是重视法的功能与价值的，自然法本身就是一定价值观念的体现。然而，在法学中完全排除价值判断是不可能的。因为，首先，法作为调整社会利益关系的规范体系，其本身就是一定价值观念的体现；其次，包括法学在内的社会科学研究，其目的不仅仅是认识和描述世界，更重要的问题是改善世界，如欲改善世界，价值判断问题就没有办法回避。对于法学家来说，在法的价值分析领域，他们必须发挥两个方面的作用。一方面要为现存法律秩序的评价和批判提供一套价值准则，从而使人们能够有目的地对法律制度并通过法律制度对社会进行改造；另一方面，还要为未来的社会提供一种法律立项并以此作为引导人们走向未来的价值目标。

（四）历史的方法

历史的方法，也称"历史考察的方法"，即把法律现象同一定的历史条件联系起来予以考察的方法。也就是说，法学通过对法或法律现象历史的考察，研究法律制度是怎样产生和发展的，以及其现状如何；研究一定社会的政治、经济、文化等条件对法律制度的影响。法学的历史方法自然离不开马克思主义历史观的指导，但一些法律史学的具体方法（如考据的方法），对法学的研究也具有一定的参考价值。

（五）比较的方法

比较的方法就是对不同国家、地区、民族和法系的法律或统一国家的不同时期的法律加以比较研究的方法。比较方法应用的领域十分广泛，不仅包括本国法和外国法的比较，而且包括不同地区、民族、法系之法律的比较，甚至包括同一国家的不同历史时期的法律（历史上的法和现行法）或国家之内各州（省或邦）间法律的比较。法的比较，不仅包括宏观比较，而且也包括微观比较。前者是指不同种类法律文化的总体比较；后者是对某些具体的法律制度、原则、概念等所作的比较研究。

（六）社会学方法

社会学方法，也称"社会调查的方法"，是通过社会调查的手段对立法、执法、守法等法律运行机制进行实证研究的方法。社会学方法能够为法学研究提供现行法律制度的可靠的实证材料。社会学方法包括收集材料和分析材料两大部分。材料收集的主要方法有：（1）调查法（抽样、问卷、访谈等）；（2）观察法；（3）文献法。材料分析方法主要包括对原始材料的整理、加工、验证和利用的过程。

【经典例题】

从认识论的角度，法学可以分为（　　　）。

A. 民法学　　B. 刑法学　　C. 理论法学　　D. 应用法学

【答案】CD

【解析】可以从不同角度对法学体系进行划分。从部门法的角度可以把法学体系划分为民法学、刑法学、宪法学、行政法学、诉讼法学等。从认识论的角度可以把法学体系划分为理论法学和应用法学。理论法学综合研究法的基本概念、原理和规律，其理论贯穿所有法学课程，主要包括法理学；应用法学主要研究国内法学和国际法学的结构和内容，以及它们的制定、解释和适用，与法的实践直接联系。

第二节 法 理 学

本节知识结构图

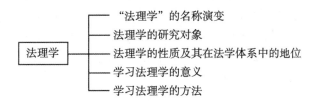

```
            ┌── "法理学"的名称演变
            ├── 法理学的研究对象
   法理学 ──┼── 法理学的性质及其在法学体系中的地位
            ├── 学习法理学的意义
            └── 学习法理学的方法
```

【1-2】

尼克松与法理学课程

回顾我自己在法学院（杜克大学）的岁月，从准备参加政治生活的观点来看，我所选修的最有价值的一门课就是朗·富勒博士讲授的法理学，即法律哲学。在我看来，对于任何一个有志于从事公众生活的法律系学生来说，它是一门基础课。因为，从事公职的人不仅必须知道法律，他还必须知道它是怎样成为这样的法律以及为什么是这样的法律的缘由。而要获得这种知识背景的时期，又是在学院和大学时期，这时候一个人还有可以悠闲自得地从事阅读和思考的时间。以后，他一定会发现自己的活动和讲演是太忙了；如果他在大学期间没有获得这种眼界和知识背景，那他也许永远得不到了。

—— ［美］理查德.尼克松《六次危机》

一、"法理学"的名称演变

【1-3】

奥斯汀与《法理学范围之限定》

约翰·奥斯汀（John Ausitn，1790—1859），英国法学家，生于一个商人家庭。1807 年至 1812 年服兵役，后研读法律，1818 年开始从事律师职业，1825 年放弃律师职业。1826 年，值英国伦敦大学建立，奥斯汀即被任命为该大学的首任法理教授。同年，赴德国研究法学和法律，并撰写课堂讲义。1828 年返回英国，开始在伦敦大学开设法理学系列讲座。1832 年，已经在伦敦大学教了六年书的法理学教授奥斯汀出版了《法理学范围之限定》。在书中，他将其讲稿的前十部分压缩成了六章。尽管此时奥斯汀已经培养出了一些很出色的学生，但是他讲授的课题仍然未被认为是法律研究中的必要分支。1835 年，奥斯汀失望地辞职了。此后，他一直侨居国外。

1861 年，在奥斯汀去世两年后，他的遗孀出版了新版的《法理学范围之限定》和奥斯汀的《法理学讲演集》，并附了一份由她撰写的奥斯汀的传记大纲。《法理学范围之限定》和《法理学讲演集》对以后英国乃至各国的法理学都产生了深远的影响。其重要性在于对法理学的范围做了严格的限定，严格区分了法律与道德的界限，对"法律是一种命令"的观点进行了详细阐述。奥斯汀被毫无疑问地认定为英国分析法理学的创建人。直到 20 世纪中叶为止，法理学被许多人认为就是分析法学。至今，仍有不少学者认为，现代意义的法理学的产生应当自奥斯汀的《法理学范围之限定》始。①

"法理学"原意指广义的法学，兼有其他含义。1832 年，英国法学家约翰·奥斯丁（John Austin）出版的《法理学范围之限定》第一次使用"一般法理学"（General Jurisprudence）一语，指称"实在法哲学"（philosophy of positive law），以区别于当时的政治哲学、道德哲学。这种用作"分析法学"意义的"法理学"后来为英美法学界接受，成为通行的概念。但在法学著作中，此概念有时与法哲学互用，有时并不完全等同于法哲学。汉语的"法理学"一词来自日语。据考证，1881 年（明治十四年）日本法学家穗积陈重在东京帝国大学法学部讲授"法论"时，认为当时流行于日本的"法哲学"（德文 Rechtsphilosophie）名称之"主观性"的形而上学气味太重，而提出"法理学"这个译名，并在日本历史上第一次开设法理学课程。穗积氏以"法理学"代替"法哲学"，在一定程度上是受到当时的经验主义、实证主义法学（legal positivism）影响的结果，其用法更接近于英语中的 Jurisprudence 一词。

在我国，"法理学"作为学科的名称几经更迭。1949 年前，当时在高等法律院系中，曾开设"法理学"或相似的课程，也有若干法理学教科书印行。1952 年院系调整后，我国高等法律院系的基础理论课程依照苏联的模式，采用苏联 20 世纪 40—50 年代的教科书，译作"国家和法权理论"，直到 70 年代末改为"国家与法的理论"，此名称沿用到 80 年代初。1981 年北京大学编著的《法学基础理论》教科书出版，从此，"法学基础理论"遂成为该学科通称。进入 90 年代后，大多数政法院系在各自编写的教材中已开始采用"法理学"名称，该名称同时也被法学界所接受。

二、法理学的研究对象

法理学的研究对象主要是法和法学的一般原理（哲理）、基本的法律原则、基本的概念和制度以及这些法律制度运行的机制。因此，就制度层面而言，法理学是一门研究所有法律制度中的一般问题、原理、原则和制度的学问。它是对每一法学学科中带有共同性、根本性的问题和原理作横断面的考察。具体而言，法理学要研究的主要问题包括：第一，什么是"法"？"法"以什么形式存在？我们到哪里去找到"法"？第二，"法"为什么有效？它为什么具有强制性？第三，我们如何看待"法"的本质和价值？第四，"法"有什

---

① 参见《牛津法律大辞典》有关奥斯汀的条目，光明日报出版社 1988 年版，第 70 页。

么作用？它要达到什么目的？"法"是可有可无的吗？第五，"法"是为谁服务的？"法"与道德、正义、政治、社会实践或者与赤裸裸的暴力之间有什么联系？"法"在多大程度上体现公正或者能够体现公正？第六，谁有权制定"法"？"法"是怎样适用和发展的？我们为什么应当遵守法律？

法理学即法的"理"学，是以哲学方法研究和说明法律根本问题的学科。具体说，法理学是以法的理论形态存在的，以法的普遍适用的原理、范畴、原则、规律、价值等为研究对象的法学基础学科。

三、法理学的性质及其在法学体系中的地位

法理学在法学体系中占有特殊地位，这个特殊地位就是：它是法学的一般理论、基础理论、方法论和意识形态。这一特殊地位是由法理学的研究对象和法理学论题的根本性所决定的。

（一）法学的一般理论

法理学以"一般法"即整体的法律现象为研究对象，研究的是整体的法律现象背后的一般法理。

所谓"一般法"，首先是指法的整个领域或者说整个法律现实，即，包括宪法、行政法、民法、经济法、刑法、诉讼法、国际法等在内的整个法律领域，以及现行法从制定到实施的全部过程。法理学要概括出各个部门法及其运行的共同规律、共同特征、共同范畴，从而为部门法学提供指南。为此，法理学应当以各个部门法和部门法理学为基础，应是对各个部门法的总体研究，对各个部门法学研究成果的高度概括。其次，"一般法"是指古今中外的一切法。法理学应是对古今中外一切类型的法律制度及其各个发展阶段的情况的综合研究，它的结论应能解释法的一切现象。如果它仅以一国或某一些历史类型的国家为对象，其结论就不可避免地带有时代的局限性和视野的狭隘性。因此，我们的法理学要立足于中国，放眼世界，通观历史，从横纵两个方向全面的考察法律现象，要吸收比较法学和法史学的研究成果，尽可能了解和批判地借鉴国外法学的研究成果。正因为法理学研究的是一般法，所以，它也被法学家们称作"法的一般理论"。

（二）法学的基础理论

法理学的对象是一般法，但它的内容并不是一般法的全部，而仅仅是包含在一般法中的普遍问题和根本问题。法理学属于法学知识体系的最高层次，担负着探讨法的普遍原理或最高原理，为法学部门提供理论根据和思想指导的任务。它以其对法的概念、法的理论和法的理念的系统阐释，帮助人们正确理解法的性质、作用、内在和外在的变化因素。它所研究的主要是法的一般思想，而不是法律的具体知识。因而，法理学的论题是法学和法律中带有根本性的问题。例如，法是什么？法是怎样产生、发展的？法有什么作用和价值？法是如何运行和操作的？法是如何受制于其他社会现象又如何影响其他社会现象的？这些问题的解决是法学各科解决其具体问题的前提，也是解决法律实践问题的前提。同时，在解决这些问题的过程中，法理学还要概括和阐述法学的基本范畴，例如，法、权利、法律规范、法律原则、法律行为、法律关系、法律责任、法律文化、法律价值、法治等。这些范畴横贯所有法的部门，是各部门法学共同适用的。从法理学的这些论题，可以

明显看出法理学是法学的基础理论或法学体系的基础。

（三）法学的方法论

除作为法学的一般理论和法学基础理论外，法理学还是法学的方法论。所谓方法论是指关于方法的理论和学说。法学的历史反复表明，用于研究工作的方法是否正确和有效，对科学研究是至关重要的。因为研究方法在很大程度上影响着主体的认知兴趣，课题设计，资料的识别与取舍，逻辑推理的方法以及评价的标准，以致决定着人们能否完成其研究任务。在一定意义上，科学的方法是把主体和客体联系起来的桥梁。

法的历史发展表明，法学领域的变革或革命往往是由方法的更新或革命引起的。大凡一种新的法学理论或学说的兴起都是从研究方法的突破开始的，至少是同方法的更新分不开的。所以，方法本身就成为法理学的研究对象。改革开放以来，我国法理学越来越重视对法学方法的研究，正在建立起科学的方法论体系。在这个过程中，法理学特别注重总结我国法学工作者在法学研究中积累起来的有效的方法，并通过理性化的升华，使之成为普遍有效的认识方法；注重移植其他学科（包括人文、社会科学和自然科学在内）的方法；注重批判地借鉴国外法学研究中的科学方法。

（四）法学的意识形态

法理学集中体现一个国家的法学意识形态。意识形态是反映一定社会物质基础的政治、法律、哲学、道德、艺术和宗教等社会学说的完整思想体系，目的是为了建立或巩固一定的政治制度，维护本阶级或集团的根本利益，是一定社会统治阶级或集团的政治纲领、行为准则、价值取向和社会理想的理论依据。法学意识形态是社会意识形态的重要组成部分。

首先，法理学本身是意识形态的重要组成部分。法理学提炼了法学的基本立场、观点和方法，是整个法学体系的理论基础和方法论的核心部分，是观察、认识和分析法律现象的概念体系，体现政治方向、理论导向和鲜明时代精神的思想和观念体系。法理学提出的法的一般理论，是对法的基本理论问题的本质性解释和阐释，体现了法学的总体性精神结构和独立自足的观念特征。法理学对法的基本理论问题的阐释，是整个法学的根基和灵魂。正是从这个意义上说，中国特色社会主义法理学是当代中国法学的意识形态，也是中国特色社会主义理论体系的重要内容。

其次，法理学深受一定意识形态的影响。法理学观察、思考、解决各种法律问题的基本立场、观点和方法，都是在一定的意识形态指导下进行的。不同流派的法学家在法的一般性、普遍性、根本性问题上的许多理论分歧，归根结底是因为他们所坚持或遵循的意识形态不同。我国的法理学坚持以马克思主义的基本原理为指导，紧密联系中国特色社会主义建设的伟大实践，形成了不同于西方法理学的中国特色社会主义法理学。

四、学习法理学的意义

一个民族要站在科学的高峰，就一刻也离不开理论思维。这一论断，对于学习和研究法理学而言，也同样适用。如果是在人文科学、社会科学、自然科学发展的大背景下审视法学整个体系的发展，那么就不能轻视法理学存在的价值和意义。

（一）法理学重在训练人们的法律思维方式和能力

首先，法理学可以培养一个法律人所特有的观察问题和思考问题的方式，使法律人通过法的基本概念、范畴和方法形成对社会问题的法律（职业）判断和评价。在此点上，法律人的立场区别于一个政治（学）家、经济（学）家或道德（学）家的立场。其次，法理学可以培养人们对法的存在之源的不断探索的精神，提升人们的理性认识能力和法律智慧，使人们不仅知其然，而且知其所以然。再次，法理学可以训练人们的法律推理能力和理论抽象能力，使人们能够将一般的原理或法律命题运用于某一个具体的法律事件的分析，又能够对具体的法律事件作出类型化的概括，从中抽象出不同位阶的法律概念和命题。

（二）法理学不仅为人们提供学习法律的入门知识，更重要的是培养法律和法学从业者的见识与境界

前已述及，法理学是法学的基础学科，它关于法学的一些基本理论、基本概念和基本知识，为进一步学习和研究法学的其他分支学科打下理论基础。不仅如此，法理学还通过其理论特有的魅力，向人们展示法律的文化内涵，揭示法律的内在精神、原则、价值和理念，提高人们的法学境界，扩展法学研究的视野，使人们站在较高的理论层面上来反思重大的一般法学问题和本学科的法学理论问题。因此，一个合格的法律学生应当是具备良好的法理素养的学生，一个称职的法官应当是既精通法律又深明法理的法官，而一个部门法学的专家同时也应当是一个法理学家。

（三）国家、民族法律文化的发展离不开法理学的研究

法理学归属于人文科学的一部分，它基于对法的原理、原则、制度的研究而推衍至对人类生活样式、价值、人类精神等问题的思考，无疑为人文科学（包括哲学）的研究展开了一个新的视角和方向。例如，一个时代需要什么样的法律精神？法对人的"生活世界"有什么影响？法到底应当体现什么样的社会价值或人类价值（自由、平等、秩序或进步）？……这些问题的探讨都离不了法理学（包括法哲学）的思考。法理学的学习目的之一，就在于使学生具有对人类生存状态和世俗生活的关怀，塑造其法学的世界观，培养他们对于人类社会法律生活的哲学态度。

由此，我们认为，空谈理论、轻视实践自然是不正确的。然而，一味强调"功利""实用"，而轻视理论的价值同样是错误的。学习法律是要懂得法律，而懂得法律并不仅仅在于掌握作为法律的知识，而且还要深入研究法律的道理。只有这样，我们国家的民主与法制建设，才会有一个比较好的文化心理条件。毕竟，理论的发达，对于开启民智、培养民风、提高整个民族的素质，同样是不可或缺的。在此方面，法理学应当作出其贡献。

五、学习法理学的方法

通常而言，初学法理学的人经常会问如何学好法理学这样的问题。应当说，对法理学的学习与学习其他学科一样，并没有捷径可循，必须扎扎实实的下功夫。

（一）善于从具体事例出发进行法理学思考，提炼或检验法理学理论

尽管法理学的概念、命题和理论都是以相对抽象的形式表现出来的，但法理学的问题和理论内容都来源于社会生活。法理学的理论大多是从具体的法律事件、法律案件、法律

规定中概括出来的，是法律实践经验的理论化和系统化。因而，我们需要把理论与社会事件联系起来理解，善于通过思考社会实践中的法律事件、案例，特别是自己所亲身经历或耳闻目睹的法律事件案例，从中提炼法理学的理论，或检验法理学理论。

（二）联系其他学科的知识来理解和掌握法理学的理论

法理学不仅与法学的其他学科存在密切的联系，而且与哲学、政治学、经济学、社会学、伦理学等人文社会科学以及自然科学存在密切的联系。法理学经常从其他人文社会科学以及自然科学中获取理论和方法，以不断丰富法理学的理论和方法。当代法理学的理论和方法不少来自其他学科，包含着其他学科的一些知识。譬如，我们要理解法律的效率价值和经济分析方法，就要掌握一些经济学的知识。

（三）了解法理学的发展史，从法理学的发展史来理解和掌握理论

现代法理学是历史上的法理学的继承和发展。法理学的各个概念、问题、理论都有其产生、演变的历史过程，都是经过一定时期的发展而呈现出当前的状态。我们要深入把握这些概念、问题、理论，就要了解其产生、演变的历史。在一定意义上，只有了解历史上的法理学才能深刻理解当代法理学。譬如，我们应学习和探讨法治与人治的问题，就要了解和掌握中西方历史上关于人治与法治的讨论。

（四）了解现代西方法理学，从中西法理学的联系和比较来学习法理学

西方法理学经过了上千年的发展，已经形成了包括自然法学、分析法学、社会法学、经济分析法学、行为法学、新马克思主义法学、批判法学、后现代法学在内的众多法理学流派，在法的概念、法的本质、法的要素、法的作用、法的效力、法律发展、法制现代化、法与道德等问题上提出了一系列观点。一方面，现代西方法理学的很多合理的内容已经被当代中国法理学所吸收，因而我们必须联系现代西方法理学来学习中国法理学；另一方面，中国法理学也有自己的特色和成果，对中西法理学的比较研究，有助于加深对中国法理学的理解。

（五）了解当代中国法理学的研究现状，积极参与法理学问题的讨论

改革开放以来，中国法理学界坚持解放思想、实事求是的思想路线，对法学理论和法律实践中的很多问题展开了广泛的研究和热烈的讨论，在很多问题上都形成了多种观点并存的格局。我们要了解现有研究成果，积极参与有关的讨论，培养自己的理论思维能力，提高科学研究的水平。

【经典例题】

法理学的性质及其在法学体系中的地位体现在（　　　）。

A. 法理学是法学的一般理论　　　　B. 法理学是法学的基础理论

C. 法理学是法学的方法论　　　　　D. 法理学是法学的意识形态

【答案】ABCD

【解析】法理学在法学体系中占有特殊地位，这一特殊地位就是：法理学是法学的一般理论，法理学是法学的基础理论，法理学是法学的方法论，法理学是法学的意识形态。这是由法理学的研究对象和法理学论题的根本性所决定的。

本 章 小 结

　　法学是一门社会科学，是以法律现象为研究对象的各种科学活动及其认识成果的总称。法学体系是法学的各个分支学科构成的有机联系的统一整体。从法律部门的角度可以把法学划分为宪法学、行政法学、民法学、刑法学、诉讼法学等学科；从认识论的角度可以把法学划分为理论法学和应用法学。西方的法学历史源远流长，经历了古希腊的孕育时期，古罗马的初步形成时期，中世纪的从衰落到复兴时期，17—18 世纪的蓬勃发展时期，19 世纪的法学真正独立时期，20 世纪的从分化到休眠再到繁荣时期；中国的法学也经历了漫长的发展演变过程，即先秦的孕育时期，西汉至清末的律学繁荣时期，20 世纪上半叶现代法学的初步建立时期，20 世纪下半叶中国马克思主义法学的建立与发展时期。法学发展有自己的规律。法学与哲学、政治学、经济学、社会学、伦理学、历史学相互依存，共同发展。法学的研究方法包括哲学的方法、阶级分析的方法、价值分析的方法、历史的方法、比较的方法和社会学的方法。

　　法理学一词最早由英国法学家约翰·奥斯丁使用，汉语的"法理学"来自日语。法理学的研究对象主要是法和法学的一般原理（哲理）、基本的法律原则、基本的概念和制度以及这些法律制度运行的机制。法理学的性质和在法学体系中的地位有：它是法学的一般理论、基础理论、法学方法论和法学意识形态。学习法理学有重要的意义：国家、民族法律文化的发展也离不开法理学的研究；法理学不仅为人们提供学习法律的入门知识，更重要的是培养法律和法学从业者的见识与境界；法理学重在训练人们的法律思维方式和能力。学习法理学有自己独特的方法：善于从具体事例进行法理学思考，提炼或检验法理学理论；联系其他学科的知识来理解和掌握法理学理论；了解法理学发展史，从法理学的发展史来理解和掌握理论；了解现代西方法理学，从中西法理学的联系和比较来学习法理学；了解当代中国法理学的研究现状，积极参与法理学问题的讨论。

综 合 练 习

一、选择题

　　1. 将"法学"一词定义为"人和神的事务的概念，正义与非正义之学"的是古罗马法学家(　　)。

　　　　A. 乌尔比安　　　　　B. 卢梭　　　　　C. 孟德斯鸠　　　　　D. 洛克

　　2. (　　)的出现标志着作为独立学科的法学的出现。

　　　　A. 哲理法学派　　　B. 历史法学派　　C. 分析法学派　　　D. 自然法学派

　　3. 1832 年，英国法学家约翰．奥斯丁在(　　)第一次使用"法理学"。

　　　　A.《法理学》　　　　　　　　　　　B.《法理学讲义》

　　　　C.《法理学教科书》　　　　　　　　D.《法理学范围之限定》

　　4. 从认识论的角度，法学可以分为(　　)。

　　　　A. 宪法学与部门法学　　　　　　　B. 理论法学和应用法学

　　　　C. 法学与法理学　　　　　　　　　D. 民法学与刑法学

二、判断题

　　1. 学习法理学，只需要认真阅读法理学经典著作，同时联系其他学科的知识来理解和掌握法理学理论，至于身边发生的法律事件、案件无需关注，西方的法理学理论发展也无需关注。　　　　　　　　　　　　　　　　　　　　　　　　　　　（　　）

　　2. 法理学研究法的一般理论，以整体法律现象为研究对象。因此，法理学可以取代其他法学课程。　　　　　　　　　　　　　　　　　　　　　　　　　　　（　　）

三、名词解释

　　1. 法学体系

　　2. 法理学

四、简答题

　　1. 简答法理学的性质及其在法学体系中的地位。

第二章　法　的　概　念

本章知识结构图

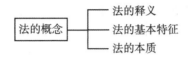

　　知识目标：掌握古代中国和西方法的词源和词义；掌握关于法的概念的争议；掌握马克思主义法学关于法的定义，掌握马克思主义法学关于法的特征和本质的论述。

　　能力目标：通过理解和掌握法的概念，培养学生从宏观上分析问题的能力，从微观上解决具体问题的能力；通过理解和掌握法的特征，培养学生把握法律外部形态的能力；通过理解和掌握法的本质，培养学生提升抽象分析、深入本质的能力。

　　素质目标：培养学生对法律职业的认同感和自豪感；引导学生正确认识马克思主义原理的科学性；引导学生树立民族自豪感，增强历史使命感。

第一节　法　的　释　义

本节知识结构图

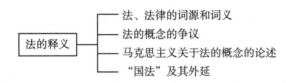

一、法、法律的词源和词义

【2-1】

古代中国的法和古代西方的法

　　中国"法"字的演变，经历了"刑"、"灋"、"律"和"法律"四个阶段。夏、商、西周一般称"法律"为"刑"。"刑"即"刑杀"，相当于刑法中的刑罚，说明古人的重心既不在于罪，也不在于对罪与刑的法律规定，同时也不在于使用刑罚的程序，而是简单直接的暴力制裁。春秋时期出现了"灋"，那时人们已经认识到，法律的目的之一就是要伸张正义，斩除罪恶，而除恶一定要尽去。所以，古代的法学家们便又将一个"去"字摆在了独角兽的下边。就这样，终于构成了一个能充分体现中国古代最原始的立法观念（公平公正）和司法精神（除恶）的"灋"字。春秋时期的改革家管仲把"法"看做具体的标准，对"法"的理解在中国产生了深远的影响。同为法家代表人物的商鞅改法为律，强化了"律"的规范性和工具性的内涵，汉、唐、明、清等这些强盛朝代的法典都以"律"来命名。中国最早把"法""律"联在一起使用的还是春秋时期的管仲，"法律政令者，吏民规矩绳墨也"。把"法律"作为一个合成词使用并赋予其近代意义是在清末。

西方世界对"法"的认识深受希腊的影响。历史上，关于正义女神的传说就来自于古希腊的神话。古希腊正义女神的名字叫泰米斯，是天与地的女儿。她的名字原意为"大地"，引申义则为"生命"和"稳定"。在奥林匹亚山上的众神雕像中，正义女神的造型被塑造成一位表情严肃的中年母亲，手中常持一架天平，象征着平民百姓对生命和生活的希望，以及对法律"成熟稳重"和"公平正义"的期求。或许是主持公平正义的事务太过繁重，靠正义女神一个神忙不过来。于是，这位正义女神便与万神之神宙斯结合，生下了一个女儿——狄克，来协助她共掌法律、秩序和正义。据说，狄克小姐不分白天黑夜，经常手持利剑四海奔波，追杀罪犯。因此，在奥林匹亚山的神庙中，她的雕像造型，是一位怒目圆睁、手执宝剑的美少女，代表着法律这把正义之剑的另一面——"打击罪犯"的坚定形象。古罗马兴起后，他们全盘继承了希腊人对于正义女神的热爱。不过，在罗马人这里，却把正义女神的名字改为朱斯提提亚（Justitia），其雕像的造型，也将泰米斯与狄克母女二人的形象合二为一：她一手执宝剑，一手执天平，但双眼却开始用布蒙上。罗马人赋予正义女神的新内涵是：天平代表"公平"，宝剑代表"正义"，前额垂直的秀发代表"诚实"，即"真相"，而蒙眼闭目，则表示审判要"用心灵来观察"。在著名的罗马广场，就有这么一座正义女神的雕像。雕像的背后，刻有一句简洁的古罗马法律格言："为了正义，哪怕天崩地裂。"

作为文化符号的语言富有民族性。中外法的词意的大异其趣，是不同的法律理念、精神、价值的体现，反映了中西民族精神的差异，反映了不同的法律文化及其传统。

中文法字，在西周金文中写作"灋"。汉代许慎《说文解字》解释："灋，刑也。平之如水，故从水；廌所以触不直者去之，从去。"廌是一种神兽，"性知有罪，触不直者去之"。这说明，第一，在中国古代，法与刑是通用的；第二，古代法有象征公平之意。第三，古代法有神明裁判的特点。春秋时管仲认为，"夫法者，尺寸也，规矩也，绳墨也，斗斛也，衡石也，角量也"。战国商鞅变法，改法为律。从此"律"字广泛使用，其频率高于法。《说文解字》解释："律，均布也。"段玉裁注疏说："律者，所以范天下之不一而归于一，故曰均布。"均布是古代调整音律的工具，以正六音，木制，长七尺。律后来引申为规则、有序，范天下之不一而一，成为规范所有人及其行为的准则，即规范天下千差万别的所有人所有事而趋于整齐划一（统一、协调）。除了上述几字与法字有关外，古代作为社会规范的"礼"，也是法律，与法也有一定的联系。

在西方语言中，含有法、法律的语义的词更为复杂。从语源来说，西方的"法"一词都来自拉丁文。拉丁文的 jus 和 lex，德文的 recht 和 gesetz，法文的 droit 和 loi，等等，其中 jus、recht、droit 均可翻译为法，同时又有权利、正义、公平、或规律、规则等内涵。英语有 law、norm、rule、act 等词，其中 law 有规则、规律双重含义，加定冠词又有不同含义，A law 指单个法律，The law 指整体法。总的来说，西方法的词意的核心是正义（公平、公正），是正义的化身；其次是权利；再次是规则，人的权利之规则。法律既保护人们正当权利，同时也惩治人的不正当行为。法律及其行使与暴力有关，但很显然，暴力本身不是法，暴力必须受制于法。

在我国当代法学理论中，法具有广义狭义两层含义：广义的法是指所有的法律、法律现象，在我国，则包括作为根本法的宪法，全国人大及其常务委员会制定的法律，国务院制定的行政法规，省级和设区的市权力机关制定的地方性法规，国务院各部委制定的行政规章，省级和设区的市人民政府制定的地方性规章等。狭义的法是指拥有立法权的国家机关根据法定权限，依照法定程序所制定的规范性法律文件，在我国则仅指全国人民代表大会及其常务委员会制定的法律。

另外，我国也有一些学者认为，可以从"自然法"观念出发来区分"法"与"法律"。这里的"法"是指高于制定法之上并能衡量制定法善恶的某些特定的标准；而"法律"只是国家机关制定的法律规则。如果按照这种观点，那么广义的法既包括实在法（现实法、制定法、国家法、实然法），又包括自然法（理想法、正义法、应然法、超法律原理）；既可以用在规范的意义方面，作为专门的法学范畴和法律用语，也可以作为团体组织中所有的规矩，如党纪、厂法、帮规，这种用法具有一定的比喻性。狭义的法，则区别于法律，特指自然法，即社会中的价值观念，永恒的、普遍有效的正义原则和道德公理。

在现代法学中，法这个词有静态和动态两种意义上的理解。静态的法通常指法律规则、制度；动态的法则泛指立法、执法、司法、守法、法律监督等活动或过程，就像法律社会学中通常所说的，法有"纸面意义上的法"和"现实生活中的法"之分。

二、法的概念的争议

历史上，不同的法学家基于各自研究视角的不同提出了各种各样的法的概念。到目前为止，关于"法是什么"，中外的法学家们并没有达成共识。但是，对于法律人来说，法的概念的研究具有重要的意义。在法律实务中，法律人所持的法的概念的立场不同，对同一个案件所做的法律决定就不同，但是法律人在一定的时间压力下必须要做决定。这样，法律人在处理一些案件获得法律决定的过程中就必须进行立场选择。如果法律人没有自己的立场，"将很容易在无意识当中成为权力所有者的工具，成为权力者的法政策目标，甚至罪恶的法政策的工具"[①]。

---

① ［德］伯恩·魏德士著：《法理学》，丁小春、吴越等译，法律出版社 2003 年版，第 280 页。

围绕着法的概念的争论的中心问题是，关于法与道德之间的关系。依据人们在定义法的概念时对法与道德的关系的不同主张，我们大致上可以将那些形形色色的法的概念区分出两种基本立场，即实证主义的法的概念和非实证主义的法的概念。所有的实证主义理论都主张，在定义法的概念时，没有道德因素被包括在内，即法和道德是分离的。具体来说，实证主义认为，在法与道德之间，在法律命令什么与正义要求什么之间，在"实际上是怎样的法"与"应该是怎样的法"之间，不存在概念上的必然联系。与此相反、所有的非实证主义理论都主张，在定义法的概念时，道德因素被包括在内，即法与道德是相互联结的。

法实证主义者是以下列两个要素定义法的概念的：权威性制定（authoritative issuance）和社会实效（social efficacy）。有的是以权威制定作为法的概念的定义要素，有的是以社会实效作为定义要素。但是，更多的法实证主义者是以这两个要素的相互结合来定义法的概念的。这两个定义要素可以在不同方面进行联结，而且可以从不同方面解释它们，因此，就产生出了各种各样的法实证主义的法的概念。我们可以将法实证主义者的法的概念区分为两大类：以社会实效为首要定义要素的法的概念和以权威性制定为首要定义要素的法的概念。"首要"意味着一类法的概念的定义要素并不绝对地排除另一类法的概念的定义要素。以社会实效为首要定义要素的法的概念的主要代表是法社会学和法现实主义；以权威性制定为首要定义要素的法的概念的主要代表是分析主义法学，如奥斯汀、哈特，或纯粹法学的凯尔森等。

非实证主义者以内容的正确性作为法的概念的一个必要的定义要素。这就意味着这类法的概念中不排除社会实效性要素和权威性制定要素。也就是说，非实证主义的法的概念中不仅以内容的正确性作为定义要素，同时可以包括社会实效性要素和权威性制定要素。因此，非实证主义的法的概念中有三个要素，而且这三个要素可以进行不同的联结与解释。大致上，我们可以将非实证主义的法的概念分为两类：以内容的正确性作为法的概念的唯一定义要素，以内容的正确性与权威性制定或社会实效性要素同时作为法的概念的定义要素。前者是以传统的自然法理论为代表，后者的代表是超越自然法与法实证主义之争的所谓第三条道路的那些法学理论，例如阿列克西。

非实证主义与实证主义的法的概念的区分是，前者坚持在定义法的概念时除了权威性制定要素和社会实效性要素，必须要以内容正确性作为定义要素。而对于实证主义来说，"法是什么"仅仅依赖于"什么已经被制定"和（或）"什么具有社会实效"。

三、马克思主义关于法的概念的论述

关于法的定义，可以分为两大类：一是非马克思主义的，二是马克思主义的。从总体上看，虽然非马克思主义法学关于法的本质的理论也包含着富有启迪性的见解，但它们都不是真正科学的和比较完备的法学理论，都属于唯心主义和形而上学的法的定义，具有形式主义或神秘主义的特点。它们最大的缺陷就是没有揭示或故意掩盖法的阶级本质，因而，这些定义都是非科学的。

马克思主义创始人从唯物史观出发，从不同侧面和角度对法的概念作了不少定义式的表述，深刻地揭示了法的本质和基本特征。他们在《德意志意识形态》中指出，在一定

的物质生产关系中"占统治地位的个人除了必须以国家的形式组织自己的力量外，他们还必须给予他们自己的由这些特定关系所决定的意志以国家意志即法律的一般表现形式"。"由他们的共同利益所决定的这种意志的表现，就是法律。"① 1848 年马克思和恩格斯在《共产党宣言》中指出：资产阶级法不过是被奉为法律的资产阶级意志，而这种意志的内容是由资产阶级的物质生活条件决定的。从引文出版的上下文来看，马克思、恩格斯的上述话语不是专门论述法的，更不是给法下学理上的定义。但是，它们揭示了法的概念的核心内涵，指明了给法下科学定义的基本要素，也为研究法的本质和基本特征提供了科学的立场、观点和方法。

马克思主义关于法的定义与非马克思主义关于法的定义相比较，其科学性表现为如下几个方面：一是揭示了法与统治阶级的内在联系，深刻地阐明了法的内容是以统治阶级的利益为出发点和归宿的；二是揭示了法与国家之间的必然联系，直接指明了国家在统治阶级的意志客观化为法的过程中有起着重要的中介作用；三是揭示了法与社会物质生活条件的因果联系。它不是从精神世界或权力意志中寻找法的本源，而是深入到法的物质基础即经济基础中来理解法的本源；四是揭示了法的主要目的、作用和价值。法是统治阶级有意识地创造出来的行为规范体系，具有一定的目的性，即确认、保护和发展一定的社会关系和社会秩序。而这种社会关系和社会秩序是统治阶级所期望的。

根据马克思主义关于法的一般理论，吸收了国内外法学研究的成果，可以把法的定义表述为：法是指由国家专门机关创制的、以权利义务为调整机制并通过国家强制力保证实施的调整行为关系的规范，它是意志与规律的结合，是政治统治和社会管理的手段，它应当是通过利益调整从而实现社会正义的工具。

四、"国法"及其外延

到目前为止，有关法概念的争论并未终结，人们还在为寻找法的恰当定义进行努力。甚至可以说，寻求法概念的定义就是法学永恒的使命。但是，任何特定国家的法律人在其工作过程中都必须以该国家现行有效的法律作为处理法律问题的出发点和前提。

所谓特定国家现行有效的法，笼统地讲，乃是指"国法"（国家的法律）。其外延包括：

1. 国家专门机关（立法机关）制定的"法"（成文法）；
2. 法院或法官在判决中创制的规则（判例法）；
3. 国家通过一定方式认可的习惯法（不成文法）；
4. 其他执行国法职能的法（如教会法）。

"国法"的概念是马克思主义关于法的本质的理论应有之义，是法理学上的一个核心问题，而其他种种所谓的"法"，都不过是学者们基于对国法的认识而提出来的。

【经典例题】

下列有关"国法"的理解，哪些不正确？（　　　）

---

① 《马克思恩格斯全集》第 3 卷，人民出版社 1960 年版，第 378 页。

A. "国法"是国家法的另外一种说法

B. "国法"仅指国家立法机关创制的法律

C. 只有"国法"才有强制性

D. 无论自然法学派，还是实证主义法学派，都可能把"国法"看成实在法

【答案】 ABC

【解析】 笼统地说，"国法"指特定国家现行有效的法，不是国家法的另一种说法，故 A 错误；"国法"不仅指国家立法机关创制的法律，外延还包括习惯法、判例法和教会法，故 B 错误；不是只有国法才有强制性，国家强制性是一般法的基本特征之一，故 C 错误。只有 D 正确，即无论非实证主义，还是实证主义，都可能把"国法"看成实在法。

第二节　法的基本特征

本节知识结构图

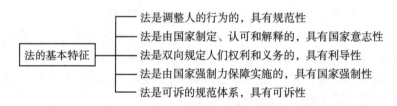

法律的特征是多样的、多层次的、多环节的。法的基本特征是法的特质，是法本身所固有的、确定的东西，是使法成为法并区别于其他社会上层建筑的内在规定性。这主要体现在以几个方面：

一、法是调整人的行为的，具有规范性

（一）法的调整对象是行为

法通过对人的行为的调控，进而调整社会关系。在法律上，人的行为是极为重要的，是法律存在和发挥功效的前提。马克思说："对于法律来说，除了我的行为以外，我是根本不存在的，我根本不是法律的对象。我的行为就是我同法律打交道的唯一领域，因为行为就是我为之要求生存权利、要求现实权利的唯一东西，而且因此我才受到现行法的支配。凡是不以行为本身而以当事人的思想方式作为主要标准的法律，无非是对非法行为的公开认可。"①可见，法是针对行为而设定的，它直接调整人的行为。对于法律来说，不通过行为控制就无法调整社会关系。这是法区别于其他社会规范的重要特征之一。比如，道德规范是通过思想控制来调整社会关系的，政治规范是通过组织控制或舆论控制来调整社会关系的。

---

① 《马克思恩格斯全集》第 1 卷，人民出版社 1995 年版，第 121 页。

我们在这里讲的行为是指社会关系中的行为，即关系行为、涉他行为或交互行为，而非纯粹个人意义上的个体行为（自涉行为）。关系行为指行为必然会涉及行为人以外的其他主体；相反，当某人的行为绝对不涉及其他主体的时候，就是个体行为。例如，买卖行为就属于关系行为，一个人在自己家里听歌就属于个体行为，但如果歌声太大影响了邻居的正常生活，即便一个人在自己家听歌也就属于关系行为了。法只能以前者作为调整的对象，理由有：第一，个体行为建立在个人自由和尊严的基础上，任何人或机构都不能侵入这个领域；否则，人类生存的基本条件就会受到破坏。第二，法的主要功能在于采取恰当的方式解决纠纷，从这个意义上说，没有纠纷就没有法律；而个体行为不会引发纠纷，在这个领域内，法就没有介入的必要。

（二）法具有规范性

法是一种行为规范，之所以说法具有规范性，是因为：

1. 法具有概括性，它是一般的、概括的规则，不针对特定的人和事，不是具体的引导，而是一般的普遍的引导，在生效期间反复适用的。这是法区别于非规范性法律文件的特征。任何非规范性法律文件，如判决书、逮捕证、结婚证等等，不属于法律本身的范围，而是法律运作、运用的产物，是法律实施的结果，是针对特定的个别的人、事而发布的，它的生效、适用范围是有限的。

2. 法是由法律概念、法律原则、法律规则等要素组成的，其中法律规则是主体性要素，这不仅表现在法律规则在量方面远远超过其他两个要素，而且，法律概念、法律原则都是为法律规则服务的。

3. 法律规则有严密的逻辑结构，是由假定条件、行为模式、法律后果三要素构成。这是法的规范性最明显的标志，也是法与其他社会规范的显著区别。像道德规范、政治规范、宗教规范等不具有这样严密的逻辑结构。

法的规范性决定了它的效率性。法是抽象的、概括的，它无须像个别指引那样对具体的人和事作出具体的指引，只要通过规范的安排和指引，即规范性调整，它就能对一切同类主体和同类行为起到作用，每个人只须根据法律而行为，不必事先经过任何人的批准，因而其作用是高效率的。

二、法是由国家制定、认可和解释的，具有国家意志性

（一）法的创制的主要方式是制定、认可和解释

法的制定是指拥有立法权（创制权）的国家机关根据法定权限，依照法定程序制定法的活动和结果。法律制定的结果是规范性法律文件的出现。在一个成文法国家中，法律的创制主要是通过法的制定实现的。

认可是指拥有立法权的国家机关或拥有司法权的国家机关，承认和赋予社会上已有的某种风俗、习惯、判例、法理、政策等以法律效力，借以弥补法律规范的漏洞、空白，弥补、克服法律的局限性，使法律适应不断变化的社会现实。法的认可通常有三种情况：第一，赋予社会上早已存在的社会规则，如习惯、道德、宗教、礼仪以法律效力，形成习惯法。第二，通过加入国际组织、承认或签订国际条约等方式，认可国际法规范。第三，特定国家机关对具体案件的裁决作出概括，产生规则或原则，并赋予这种规则或原则以法律

效力，形成判例法。

法律被制定或认可后，还有一个再度创造的过程，这就是法律解释。本教材后面有专门一节讲述法律解释。

（二）法的国家性

法出自国家，这说明法与国家密切相关，具有国家性。这是因为：

1. 法是以国家名义创制的

尽管法是统治阶级意志的体现，但它代表的是"一种表面上凌驾于社会之上的力量"。法需要在全国范围内实施，就要求以国家名义来创制和颁布。

2. 法的适用范围是以国家主权为界域的

即在特定的地域范围内，任何一个公民，甚至外国人、无国籍人都受该国法律的约束，都可以得到该国法律的保护。这是区别于以血缘关系为范围的原始习惯的重要特征。

3. 法是以国家强制力为后盾的

其他社会规范不具有国家性，一般也不采取强制性措施，而是依靠其他方式来保障实施的。

三、法是双向规定人们权利和义务的，具有利导性

（一）法以权利和义务为内容

作为一种特殊的社会规范，法是以规定人们权利和义务为主要内容的。它以权利和义务为机制，通过权利和义务的配置和运作，影响人们的行为动机，指导人们的行为，实现社会关系的调整。

权利和义务及其关系，是人的社会关系的内容和界限。法律调控社会关系，就是通过人们在一定关系中的权利和义务的配置而实现的。没有合理的权利和义务的配置，没有正当的权利和义务的运作机制，社会存在就成为问题，人们就不可能真正获得和平、和谐、安宁、幸福。

法律上的权利和义务是相对应的范畴。一般说来，凡是法律规定人们可以如此行为的，就是授予人们进行某种行为的权利；凡是法律规定人们应该做的或禁止做的行为，就是人们应该承担的法律上的义务，前者指人们承担的作为义务，后者指人们承担的不作为义务。在社会生活中，法律上的权利和义务存在着对应的关系，有什么样的权利，就有什么样的义务；有什么样的义务就有什么样的权利。没有无义务的权利，没有无权利的义务。权利和义务在结构、功能、数量等方面具有内在的关联性。

（二）法具有利导性

这是从法是社会各种利益的调整机制而派生的特征。法律的利导性表现在法通过规定人们的权利和义务来分配利益，影响人们的动机和行为，进而影响社会关系。它取决于法律上的权利和义务的规定是双向的，即法律既规定权利，也规定义务；义务是权利的范围和界限，权利是义务的范围和界限；法律上只要规定了权利就必须规定或意味着相应的义务。权利以其特有的利益导向和激励机制作用于人的行为；而义务也具有利导性，因为它能促使人们不做法律禁止并且最终不利于自己的事，履行法律规定的积极义务。通过义务对行为和社会关系进行调整的规范很早就出现，如道德规范、宗教规范等，但他们都不采

用利导的机制，不承认利益，只提倡对社会、对他人的责任和义务。所以，在众多的社会规范中，只有法律是通过权利和义务的双向规定来影响人们的意识并调节有意识的活动。

四、法是由国家强制力保障实施的，具有国家强制性

不同的社会规范，其强制措施的方式、范围、程度、性质是不同的。法律强制是一种国家强制，是以国家强制力为后盾的。国家强制力是指国家暴力，主要由国家暴力机关，如监狱、警察、军队、法院等来行使，它们保证了法律在社会中的功能和作用。"法律有牙齿，必要时会咬人，虽则并不时时使用。"因此，以国家强制力为后盾的法律具有独特的强制性，从而区别于其他社会规范。当然，就一般情况而言，法律是一种最具有外在强制性的社会规范。同时，国家暴力还是一种"合法的"暴力。所谓"合法的"，一般意味着是"有根据的"，而且也意味着国家权力必须合法行使。

我们也应该看到，国家强制力并不是保证法律实现实施的唯一力量和手段，它只是法律实施实现的必要条件之一，只是法律发挥威力和功效的最终力量和最后一道防线。动用国家强制力是万不得已的，只有在其他力量和方式都已经失效的情况下，才能考虑使用强制力。

研究法律的强制性时，必须注意以下两个问题：（1）法律权威性与国家强制力的关系是什么样的关系？（传统认为，法律权威性来自国家强制力，是以强大的暴力作为基础的。现在有人认为，法律权威性在于法律的价值性、合理性、公正性。因此不能脱离法律的价值导向性、正义导向性去强调法律的国家强制性。）（2）是不是所有法律都具有国家强制性？（有人认为，强制只是指法律整体而言，并不是所有的法律都具有国家强制性。如任意法、授权法就不具有国家强制性。）

五、法是可诉的规范体系，具有可诉性

法的可诉性是指法律具有被任何人（包括公民和法人）在法律规定的机构（尤其是法院和仲裁机构）中通过争议解决程序（特别是诉讼程序）加以运用以维护自身权利的可能性。不同的社会规范，具有不同的实现方式。法律的实现方式不仅表现在以国家暴力为后盾，更表现在以一种制度化的争议解决机制为权利人提供保障，通过权利人的行动，启动法律与制度的运行，进而凸显法律的功能。所以，判断一种规范是否属于法律，可以从可诉性的角度加以观察。

【经典例题】

法是以国家强制力为后盾，通过法律程序保证实现的社会规范。关于法的这一特征，下列哪些说法是正确的？（　　）

A. 法律具有保证自己得以实现的力量
B. 法律具有程序性，这是区别于其他社会规范的重要特征
C. 按照马克思主义法学的观点，法律主要依靠国家暴力作为外在强制的力量
D. 自然力本质上属于法的强制力之组成部分
【答案】ABC

【解析】这是考核法的基本特征，AC 正确。法是由国家强制力保障实施的，法律就一般而言，是一种具有外在强制性的社会规范。B 正确，不按照自然法则办事会招致自然界的报复，不按照社会规范办事，也会受到相应的惩罚，故程序性是法的一项重要特征。D 错误，法的强制属于人为强制，区别于自然力。

第三节　法　的　本　质

本节知识结构图

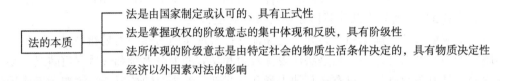

法律本身是纷繁复杂的，人们对于法律本质的认识也是多样的。在历史上，许多学者分别从不同的维度、层次认识和解释法律，提出了许多不同的法律理论和学说，形成了迥然不同的法律理念。马克思主义创始人在研究法律问题时，形成了系统的法的本质理论，这不仅深化了对法律的认识，而且推动了法理学，乃至整个法律科学的深化和发展。

【2-2】

杨白劳与黄世仁的债务纠纷案

这是一个众所周知的故事，整个故事以《白毛女》的名字讲述了多年，故事的形式无论是歌剧、电影还是芭蕾舞剧都已成为中国文艺创作的经典。我们这里仅分析其中一部分内容中折射出的有关法律本质的问题。

以卖豆腐为生的杨白劳借了财主黄世仁的钱，因家境困难，无法偿还，只得外出躲债。大年三十回到家里，本以为这笔债务今年就躲过去了，想过一个安稳年。没想到大年三十的晚上，黄世仁还是派了管家穆仁智上门讨债。在杨白劳无法偿还的情况下，强迫杨白劳同意以其女儿喜儿抵债，并强行将喜儿带走。杨白劳走投无路，喝卤水自尽。喜儿在黄家受尽欺辱，逃进深山，头发变白，成为白毛女。

黄世仁逼迫杨白劳还债从表面上看，这是一个简单的债权债务纠纷案件，杨白劳是债务人，黄世仁是债权人。杨白劳欠债，理应偿还。近年来也确有不少人以这样的观点来解读这个故事。然而历史上这个故事却激起了人们对黄世仁及那个社会极大的愤恨。为什么欠债还钱这样一个似乎是天经地义的事却会激起人们对欠债人的同情和对放债人的痛恨？我们必须透过债权债务关系的表象，探究债权债务关系所依存的法律制度的本质。

一、法是由国家制定或认可的，具有正式性

法的正式性又称法的官方性、国家性，指法是由国家制定或认可的并由国家强制力保证实施的、正式的、官方确定的行为规范。无论从形成方式、实施方式或表现形式来看，法都是正式的国家制度的组成部分。法的正式性反映了法的现象的特征，是法的本质的表现。

法的正式性首先体现在法总是公共权力机关按照一定的权限和程序制定或认可的。现代世界各国，法律越来越具有严格的形式主义特征。这种形式主义不仅要求法律要出自国家机关，而且要求法律出自法定的国家机关——通常是经普选产生的立法机关。而非经法定机关按程序创制的文件，不具有法的效力。其次，法的正式性还体现在法总是依靠正式的权力机制保证实现。一般而言，法的实现主要依靠社会成员的自觉遵守，但是，国家强制是不可缺少的。再次，法的正式性也体现在法总是借助于正式的表现形式予以公布。人类早期社会曾经历过一定的神秘法时期，但在法的发展历史上，法一般都以官方文件的方式加以公布。近代以来，法的表现形式日益趋于规范化，包括法律文件的格式、名称、术语、结构都有一定的规格和要求。法的正式性表明法律与国家权力存在密切联系，法律直接形成于国家权力，是国家意志的体现。

二、法是掌握政权的阶级意志的集中体现和反映，具有阶级性

法是掌握国家政权的阶级意志的集中体现和反映。这一层次的本质包含着丰富而深刻的内容，可从以下几个方面加以展开。

（一）法是"意志"的体现和反映

意志是指为达到某种目的（如满足一种需求、获得某种利益）而产生的自觉的心理状态和心理过程，是支配人的思想和行为并影响他人的思想和行为的精神力量。意志的形成和作用在一定程度上受世界观和价值观的影响，归根结底受制于客观规律。意志作为一种心理状态和过程、一种精神力量，本身并不是法，只有经过规范化、制度化、法律化、一般化、统一化以后，把非理性的东西或以非理性为主的东西转变为理性的东西，具体体现为国家权力机关所制定的法律、法规等规范性法律文件，才是法。也就是说，意志这种以非理性为主的东西经过规范化、制度化、法律化，上升为理性后，才是法。法是人类有意识有目的的活动的产物，是人的意志的体现和反映，而非神的意志，或其他物种的意志。不论反映、体现的意志（主体）是一个人的，集团的，阶层的，阶级的，或全体人民的，也不论其内容如何，形式如何，法总是人类意志的产物，与人类意志息息相关。

（二）法是"掌握政权"阶级的意志的集中体现和反映

把法看做一种意志的反映，并不是马克思主义的首创。如果停留在这里，也不是马克思主义。在马克思主义产生之前，剥削阶级思想家就说过，法是"神的意志""民族意志""公共意志""主权者的意志"等。马克思主义创始人首次指出法是统治阶级意志的表现或反映，是被奉为法律的阶级意志，"法律就是取得胜利并掌握国家政权的阶级的意

志的表现"① 这就揭露了法的阶级本质，驱散了笼罩在法的本质问题上的迷雾。

需要明确的是，法本质上体现掌握政权阶级的意志，客观上也能表达未掌权阶级的某些利益诉求。掌握政权阶级在制定法律时，不能不考虑未掌握政权阶级的承受能力、现实的阶级力量对比以及阶级斗争的形势，也不能不考虑在实行阶级统治的同时，执行某些公共事务职能和社会职能。阶级意志上升为国家意志、被奉为法律之后，其在实施过程中还会遇到来自于未掌握政权阶级的阻力。这种阻力会作为一种反馈信息，促使掌握政权阶级调节其立法政策和法律规定。当然，尽管有些法客观上能表达未掌权阶级的某些利益诉求，但这种利益保护也是限定在掌握政权阶级所能接受的范围之内，是未掌权阶级与掌握政权阶级长期斗争的结果，体现了某种妥协。但法仍是由掌握政权阶级加以制定和规范，并从掌握政权阶级的意志出发建立起相应的规则，因此，本质上讲，法仍然体现为"掌握政权"阶级的意志。

（三）法是掌握政权"阶级"意志的集中体现和反映

法所反映的意志是掌握政权阶级的"阶级"意志，即整个阶级的共同意志。有些剥削阶级思想家在谈到法的意志性时，通常的说法是"统治者"或"强者"的意志，这是非常含糊的。马克思主义认为，法不论是由统治阶级的代表集体制定的，还是由最高政治权威个人发布的，所反映的都是掌握政权阶级的阶级意志，代表着这个阶级的整体意志、一般意志、普遍意志，共同意志，而不纯粹是某个人的意志，更不是个别人的任性。当然，掌握政权阶级的共同意志并不是阶级内部各个成员意志的简单相加，而是由掌握政权阶级的正式代表以这个阶级的共同的根本利益为基础所集中起来的一般意志。也就是说，法所体现的是掌握政权阶级的"公意"，而不是"众意"。掌握政权阶级的意志虽不是各个个人意志的简单相加，但也没有脱离个人的意志而产生和存在。正如马克思恩格斯所指出的：统治阶级中的所有个人"通过法律形式来实现自己的意志，同时使其不受他们之中任何一个单个人的任性所左右……由他们的共同利益所决定的这种意志的表现，就是法律"。②

（四）法是"被奉为法律"的掌握政权阶级的意志

马克思恩格斯认为，法是"被奉为法律"的掌握政权阶级的意志，这意味着掌握政权阶级的意志本身还不是法，只有"被奉为法律"，就是经过国家机关把掌握政权阶级的意志上升为国家意志，并客观化、制度化为法律规定。正如马克思恩格斯所指出的："一切共同的规章都是以国家为中介的，都获得了政治形式"。③ 而国家"照例是最强大的、在经济上占统治地位的阶级的国家"。④ 我们注意到，马克思恩格斯的这些论述中使用的是"法律"。他们之所以用"法律"，是由于"法律"是法的"一般表现形式"。但通观法的历史，法的表现形式并不只有法律这一种，除法律之外，还有最高统治者的言论、由国家认可的习惯、判例、权威性法理、法学家的注解等。所以，可以把马克思恩格斯所用的

---

① 《列宁全集》第 16 卷，人民出版社 2017 年版，第 292 页。
② 《马克思恩格斯全集》第 3 卷，人民出版社 1960 年版，第 378 页。
③ 《马克思恩格斯文集》第 1 卷，人民出版社 2009 年版，第 584 页。
④ 《马克思恩格斯文集》第 4 卷，人民出版社 2009 年版，第 191 页。

"法律"普遍化为所有法的形式，这样就可以说，掌握政权阶级的意志只有表现为国家有权机关制定的规范性文件，才具有法的效力。

我们分析一下上面的案例。首先是以黄世仁为代表的一批人，我们称之为封建地主阶级，利用他们在经济等方面的优势，掌握了国家政权，制定了法律。其次由于黄世仁们掌握着国家政权，掌握着更多的社会资源，他们很容易将反映自己意志的法律说成是反映了大家的意志，包括杨白劳的意志，这样就为他们推行法律提供了道义上的合理性；他们也很容易把维护自己的利益说成是维护国家或社会公共的利益，同时也可以借助国家的力量来维护装扮成国家利益的他们那个阶级的利益。于是对杨白劳的一切剥夺就都有了合理、合法的依据，并且还有了国家强制力的支持。

三、法所体现的阶级意志是由特定社会的物质生活条件决定的，具有物质决定性

把法的本质首先归结为掌握政权阶级的意志，触及了法的本质。但如果认识停止于此，仍摆脱不了唯心主义。要彻底认识法的本质，认识法产生和发展的规律，还必须深入到那些决定着掌握政权阶级意志的社会物质生活条件之中。社会物质生活条件使人们产生了法律需要，同时又决定着法的本质和发展史。

社会物质生活条件指与人类生存相关的地理环境、人口和物质资料的生产方式，社会物质生活条件是法的本源性存在基础。任何一个民族、国家、社会都不能脱离开它所处的具体的物质生活条件，因此社会物质生活条件构成了人的社会、人的社会生活的基石。在社会物质生活条件各要素中，生产方式具有决定性的意义。生产方式是生产力与生产关系的对立统一，生产力代表人与自然界的关系，生产关系代表生产过程中所发生的人与人之间的关系。马克思恩格斯的一个伟大功绩，就是发现了社会物质生活条件中生产方式的决定意义。生产方式之所以是根本因素，是因为一方面正是通过生产力和生产关系使自然界的一部分转化为社会物质生活条件，使生物的人上升为社会成员，创造了社会；另一方面，生产过程发生的人与人之间的关系是根本的社会关系（包括对生产资料的占有关系、生产过程的交换关系、对产品的分配关系等），其他一切关系包括法律关系在内都是从这里派生出来的。地形、气候、土壤、山林、水系、矿藏、动植物分布等地理环境因素和人口因素一般来说只有通过生产方式才能作用于法。

法律是经济的集中体现和反映，一切法律问题，归根到底都是经济关系、经济状况、经济机制的反映和要求，任何一条法律，任何一种法律规范，任何法律体系无不体现经济方面的基本规律、基本原则、基本要求。正如马克思所说，"法学家以为他是凭着先验的原理来活动，然而这只不过是经济的反映而已。""只有毫无历史知识的人才不知道：君主们在任何时候都在不得不服从经济条件，并且从来不能向经济条件发号施令。无论是政治的立法或市民的立法，都只是表明和记载经济关系的要求而已。"① 因此，一切法律现象都可以还原为经济现象，一切法律问题都可以归结为经济问题。经济是法律的基础。

---

① 《马克思恩格斯选集》第4卷，人民出版社1995年版，第121~122页。

四、经济以外因素对法的影响

法的物质决定性，指的是对阶级意志的内容具有决定作用的因素．事实上，阶级意志的内容还要受到经济以外的各种因素的不同程度的影响。法和这些因素在归根结底由经济因素起决定作用的条件下相互作用。

经济以外的各种因素，其范围是很广泛的，主要包括政治、思想、道德、文化、历史传统、民族、宗教、习惯等。本国历史上的和外国的法律和法学，作为一种文化知识，对本国法律也具有重大影响，它们也应被纳入经济以外的因素之列。

恩格斯在其晚年阐述唯物史观的基本原理时曾指出："政治、法、哲学、宗教、文学、艺术等等的发展是以经济发展为基础的。但是，它们又都互相作用并对经济基础发生作用。并非只有经济状况才是原因，才是积极的，其余一切都不过是消极的结果。这是在归根到底总是得到实现的经济必然性的基础上的互相作用。"[1] 特别应注意的是，他在当时还强调这一事实："被忽略的还有一点，这一点在马克思和我的著作中通常也强调得不够，在这方面我们两人都有同样的过错。这就是说，我们大家首先是把重点放在从基本经济事实中引出政治的、法的和其他意识形态的观念以及以这些观念为中介的行动，而且必须这样做。但是我们这样做的时候为了内容方面而忽略了形式方面，即这些观念是由什么样的方式和方法产生的。"[2]

恩格斯这两段话的大意是：第一，政治、法律、哲学等因素的发展都是以经济发展为基础的，但它们又都互相影响并对经济有反作用；政治、法律等因素是在经济因素起决定作用的条件下互相影响的。第二，马克思和恩格斯在开始提出唯物史观时将重点放在经济基础对政治、法律等观念以及根据这些观念所产生的行动的决定作用上，这在当时是应当这样做的。第三，但在这样做时，为了强调经济因素这一内容的决定作用而忽略了由经济因素所决定的那些形式，即政治、法律等观念本身"由什么样的方式和方法产生"的问题。法律的产生方式和方法也就包含了经济以外的因素对法律的影响。第四，以上所讲的忽略是一个"过错"，但却是"应当这样做"时所造成的，是无法避免的。

我们在分析法的不同层次的本质时，应特别注意经典作家的这些原理。显然，我们不应该忽略经典作家在他们当时的条件下所难以避免的"忽略"。如果将经济条件理解为法的阶级意志内容的唯一决定因素，实际生活中无数现象就无法理解了。一个简单的事实是：几个国家或一个国家在不同地区、不同时期，虽然就经济制度或经济发展水平来说是同样的，但它们的法律却可以存在着千差万别的情况。如果不认真分析经济以外的因素，又怎能解释这种法律所体现的统治阶级意志的内容呢？例如，在美国，路易斯安那州的法律倾向大陆法系即民法法系传统，而其他各州则属于普通法系即英美法系传统，这两种现行的法律制度有很大差别。相类似的情况也出现在我国的香港和澳门两个特别行政区，尽管这两个特别行政区的社会制度一样，但其法律制度却存在着巨大的差别：在香港，其法律基本上是英美法系的模式；而澳门，其法律则基本为大陆法系的样式。在这种情况下，我

---

① 《马克思恩格斯文集》第 4 卷，人民出版社 1995 年版，第 732 页。

② 《马克思恩格斯选集》第 4 卷，人民出版社 1995 年版，第 726 页。

们又如何用统治阶级的意志及其经济基础来说明这二者之间的差别呢？形成这种差别的原因当然很复杂，但总的来说，是由于历史传统的不同，这也就是我们在上面所讲的经济以外的因素对法律所体现的阶级意志内容的影响。当然，这种影响也是在其所处的现行经济关系起决定作用的条件下发生的。所以，这些不同地区的法律尽管有很大的差别，但它们都是资本主义的法律。

在法的意志性与社会物质生活条件制约性的关系上，马克思主义法学认为，法律是统治阶级意志的体现，而统治阶级的意志归根结底又是由其所处的社会物质生活条件所决定的，统治阶级意志是伴随社会物质生活条件变化而变化的，因此法律也随之变化。对法律而言，统治阶级的意志和社会物质生活条件是其不同层次的本质。依据列宁关于本质问题的观点，可以说，统治阶级的意志是法的"初级本质"，社会物质生活条件是法的"更深层次"的本质。在法的阶级性与社会物质生活条件制约性的关系上，我们强调社会物质生活条件是法的"更深层次"的本质，统治阶级的意志是较浅层次的"初级本质"，不是要把二者截然对立起来，更不是要用社会物质生活条件的制约性去否定阶级性。因为在马克思主义法学理论体系中，法的阶级性与社会物质生活条件的制约性是统一的：其一，社会物质生活条件都是由一定的阶级即统治阶级来代表的。其二，社会物质生活条件只有通过统治阶级及其国家的意志这个必不可少的中介才能体现在法律中。其三，马克思主义关于阶级和阶级斗争的学说正是从社会物质生活条件的分析中得出的。

总之，认识法律的本质，我们需要注意这样一些问题：（1）法律与生产方式、经济基础的关系是非常复杂的，法有物质制约性，有社会的根源，并不意味着法律总是与经济条件、经济规律、经济状况完全相符合，完全同步，而是有一定的不一致性、不同步性，更为重要地是二者总是形成和保持一种动态的契合关系。（2）法律具有相对独立性，有其自身的发生发展过程和规律。（3）除了社会物质生活条件外，社会其他因素，如政治、思想、道德、文化、历史传统、民族、科技等等，也对法律、法律制度产生不同程度的影响，由此导致法律的多样性、变异性和差异性。

【经典例题】

马克思曾说："社会不是以法律为基础，那是法学家的幻想。相反，法律应该以社会为基础。法律应该是社会共同的，由一定的物质生产方式所产生的利益需要的表现，而不是单个人的恣意横行。"根据这段话所表达的马克思主义法学原理，下列哪一选项是正确的？（　　）

A. 强调法律以社会为基础，这是马克思主义法学与其他派别法学的根本区别

B. 法律在本质上是社会共同体意志的体现

C. 在任何社会，利益需要实际上都是法律内容的决定性因素

D. 特定时空下的特定国家的法律都是由一定的社会物质生活条件所决定的

【答案】 D

【解析】 马克思主义法律理论认为，法的本质最终体现为法的物质制约性。法的物质制约性是指法的内容受社会存在这个因素的制约，其最终也是由一定社会物质生活条件决定的。马克思主义法律理论分析社会的特点在于：认为法律是社会的组成部分，也是社会

关系的反映；社会关系的核心是经济关系，经济关系的核心是生产关系；生产关系是由生产力决定的，而生产力则是不断发展变化的；生产力的不断发展最终导致包括法律在内的整个社会发展变化。这就提供了一个将法律置于物质的能动的社会发展过程中加以考察的唯物史观的分析框架。按照这种观点，立法者不是在创造法律，而只是在表述法律，是将社会生活中客观存在的包括生产关系、阶级关系、亲属关系等在内的各种社会关系以及相应的社会规范、社会需要上升为国家的法律，并运用国家权威予以保护。所以说在特定时空下的特定国家的法律都是由一定的社会物质生活条件所决定的。由此，答案 D 是正确的。

本 章 小 结

中文法字在西周金文中写作"灋"，与刑通用，战国以后，"律"被广泛使用。在西方语言中，法同时又有权利、正义、公平或规律、规则等内涵。法有广义和狭义、静态和动态之分。围绕着法的概念的争议的中心问题是关于法与道德之间的关系，有两种基本立场，即实证主义的法的概念和非实证主义或自然法的法的概念。实证主义理论主张，法和道德没有必然联系；非实证主义理论主张，法和道德有必然联系。关于法的定义可以分为两大类，一是非马克思主义的，一是马克思主义的。马克思主义关于法的定义为：法是指由国家专门机关创制的、以权利义务为调整机制并通过国家强制力保证的调整行为关系的规范，它是意志与规律的结合，是阶级统治和社会管理的手段，它应当是通过利益调整从而实现社会正义的工具。所谓国法（国家的法律）是指特定国家现行有效的法，外延包括：成文法、判例法、不成文法和其他执行国法职能的法。

法的特征是法的本质的外化，是法区别与其他事物和现象的征象和标志所在。法的特征有：法是调整行为关系的，具有规范性；法由国家专门机关制定、认可和解释，具有国家意志性；法是规定人们的权利义务的，具有利导性；法是由国家强制力保证实施的；法是可诉的规范体系，具有可诉性。法的本质是法理学的一个重要的本体论问题。马克思主义对法的本质的认识从以下四个层面展开：法是由国家制定或认可的，具有正式性；法是掌握政权的阶级意志的集中体现和反映，具有阶级性；法所体现的阶级意志是由特定社会的物质生活条件决定的；经济以外因素对法的影响，主要包括政治、思想、道德、文化、历史传统、民族、宗教、习惯等。

综 合 练 习

一、选择题

1. "对于法律来说，除了我的行为以外，我是根本不存在的，我根本不是法律的对象。我的行为就是我同法律打交道的唯一领域"。马克思的这段话说明法的调整对象是（　）。

　　A. 我　　　　　　B. 我的行为　　　C. 人　　　　　　D. 人的行为

2. 据东汉许慎《说文解字》考证，"法"的古体是"灋"，"灋，刑也，平之如水，从水；廌，所以触不直者去之，从去"。这一解释表明(　　)。

    A. 夏商周三代"法"和"刑"是通用的

    B. "平之如水，从水"，说明古代法有公平公正之意

    C. "廌，所以触不直者去之，从去"，说明古代法有神明裁判的特点

    D. 灋指永恒的、普遍有效的正义原则和公理

3. 之所以说法具有规范性，是因为(　　)

    A. 法具有概括性

    B. 法由法律概念、法律原则和法律规则等要素组成，其中法律规则是主体性要素

    C. 法律规则有严密的逻辑结构。这是法的规范性最明显的标志

    D. 法律规则调整的对象是行为

4. 法在其生效期间是反复适用的，而不是仅适用一次；它所适用的对象是一般的人而不是特定的人。这些都表明了法具有(　　)。

    A. 强制性　　　　B. 统一性　　　　C. 权威性　　　　D. 规范性

5. 关于法的概念的争议，下列说法正确的是(　　)

    A. 围绕着法的概念的争论的中心问题是关于法与道德之间是否有必然联系

    B. 法实证主义者以"权威性制定"和"社会实效"两个要素定义法的概念

    C. 非实证主义者以内容的正确性作为法的概念的一个必要的定义要素

    D. 分析法学是法实证主义者，自然法学是非实证主义者

6. 法在与相近的社会规范，如道德、宗教、政策等相比较的过程中显示出来的特殊象征和标志有哪些?(　　)

    A. 法是调整人们的行为或者社会关系的规范，具有规范性

    B. 法是由国家制定或认可的，具有国家意志性

    C. 法是由国家强制力保证实施的，具有国家强制性

    D. 法以权利义务为内容，具有利导性

7. 下列有关法的阶级本质表述，错误的是(　　)。

    A. 法是统治阶级意志的体现

    B. 法完全不受被统治阶级意志的制约

    C. 法体现统治阶级的"公意"

    D. 统治阶级的意志表现为国家制定或认可的文件，才具有法的效力

8. 根据马克思主义法理学原理，关于法的阶级本质的理解，正确的是(　　)。

    A. 法是"意志"的体现

    B. 法是"统治"阶级意志的反映

    C. 法是统治"阶级"意志的体现

    D. 法是"被奉为法律"的统治阶级意志的意志

9. "无论是政治的立法或是市民的立法，都只是表明和记载经济关系的要求而已"，马克思这句话的含义是(　　)。

    A. 法是由经济基础决定的

    B. 法所体现的统治阶级意志的内容是由统治阶级的物质生活条件决定的

C. 法不反映统治阶级意志，它反映经济关系的要求

D. 法是由生产力水平决定的

10. 在阶级对立社会中，法的本质属性首先是指(　　)。

A. 法的客观性　　　B. 法的阶级性　　C. 法的规范性　　D. 法的强制性

二、判断题

1. 在法的意志性和社会物质生活条件制约性的关系上，一种观点认为：法律是统治阶级意志的体现，而统治阶级意志归根结底又是其物质生活条件决定的，对法律而言，统治阶级的意志和社会物质生活条件是相同层次的本质。　　　　　　　　　　　　（　　）

2. 法律是通过权利和义务的设定进行双向调整人们的行为；道德则是以义务为调整重点。　　　　　　　　　　　　　　　　　　　　　　　　　　　　　　（　　）

3. 马克思主义学者认为，法的本质是多层次的：法是统治阶级意志的体现是初级本质；法的本质是由特定社会的物质生活条件决定的是深层次本质；此外，政治、思想、道德、文化、历史传统、民族等对于统治阶级意志和法律制度也有不同程度的影响。

　　　　　　　　　　　　　　　　　　　　　　　　　　　　　　　　　（　　）

三、名词解释

1. 马克思主义关于法的定义。

四、简答题

1. 简述实证主义者和非实证主义者关于法的概念的争议。

2. 简述法的基本特征。

3. 简述法的终极本质以及"法是统治阶级意志的体现"所包含的思想内容。

五、拓展训练

1. 用法的基本特征的原理分析：

马克思说："对于法律来说，除了我的行为以外，我是根本不存在的，我根本不是法律的对象。我的行为就是我同法律打交道的唯一领域，因为行为就是我为之要求生存权利、要求现实权利的唯一东西，而且因此我才受到现行法的支配。凡是不以行为本身而以当事人的思想方式作为主要标准的法律，无非是对非法行为的公开认可。"

2. 请用法的本质的原理分析：

约公元前 20—前 18 世纪的《苏美尔亲属法》规定：倘妻恨夫而告之云："尔非吾夫"，则应投之于河。这里规定的'投之于河'而非驱之于野外或推之于山崖深涧，便与苏美尔外部地理环境有关，但其中所体现的奴隶制法偏于保护夫权而蔑视妇权，则是由其生产方式所决定的。

第三章 法的要素

本章知识结构图

知识目标：了解法的要素的含义和特征，法律原则、法律概念的功能；掌握法的构成要素，法律规则的概念，法律规则的逻辑结构、种类，法律原则与法律规则的区别，法律原则的分类，法律原则的适用条件，法律概念的分类。

能力目标：通过法的要素的学习，培养学生以微观剖析的方式分析法律问题的能力。通过对法律规则特别是权义复合性规则及义务性规则的学习，培养学生的规则意识以及尊重规则、遵守规则的习惯和能力。

素质目标：培养学生的职业认同感和职业自豪感；引导学生认识法律职业伦理的重要性，引导学生树立正确的法律观、价值观、人生观、世界观。

第一节 概　　述

本节知识结构图

一、法的要素的含义与特征

（一）法的要素的含义

法的要素指法的基本成分，即构成法律的基本元素。任何时空中以整体形态存在的法律都是由基本的要素构成的。如果我们把整体形态的法律看成一个系统，那么法律要素就是构成系统的元素，是任何形态的法律（制定法、习惯法、判例法）都不可或缺的基本材料。

（二）法的要素的特征

作为与法律整体相对应的法的要素，具有如下特征：第一，个别性和局部性。它表现为一个个元素或个体，是组成法律有机体的细胞。因此，我们在认识法律要素的性质和功能时，应当结合法律整体背景来理解。第二，多样性和差别性。组成法律的要素具有多样性，不同的要素具有差别性。第三，整体性和不可分割性。虽然每个法律要素都是独立的单位，但是法律要素作为法律的组成部分又具有整体性和不可分割性。某一要素的变化可能会引起其他要素或整体发生相应的变化。某一要素的违反可能会引起整体或其他要素的反应。每一要素都与其他的要素相联接，具有不可分割性。

二、法的要素的分类

关于法律的构成要素，各法学流派在长期的发展中形成了各具特色的理论。近代以来，西方法学流行的法的要素的模式理论主要有五种：第一，"命令"模式，即将法律归结为单一的"命令"要素。这一理论的主要代表人物是分析法学派创始人奥斯汀。第二，新分析法学派的规则模式。该模式将法律归结为单一的规则要素。法律规则可以分为主要规则和次要规则。主要规则是设定义务的规则，次要规则是授予权利的规则。次要规则又可以分为承认规则、改变规则和审判规则。该种模式的首倡者是英国著名法学家哈特。第三，规则、原则、政策模式。这一模式将法律归结为规则、原则和政策三要素。这一模式是美国著名法学家德沃金在批判哈特的主张的基础上提出的。第四，道德原则和法律规则模式。这一理论认为法律规范分为两种：一是道德原则，一是法律规则，道德原则确定法律规则。第五，律令、技术、理想模式，即将法律归结为律令、技术、理想三种要素。社会法学派代表人物美国法学家庞德持这种观点。我国法学界长期通行的是"法律规范"说，将法律归结为法律规范单一要素。这一理论承袭自苏联法学，而其源头则是西方的命令说和规则说。近年来我国的学者们多采法律规则、法律原则、法律概念三要素说。

第二节　法　律　规　则

本节知识结构图

一、法律规则的概念与特征

（一）法律规则的概念

法律规则，又称法律规范，它是法律，也是法学的基础性概念。由于法律规则是法学中的基础性概念，所以不同的学者往往对其有不同的定义。我们认为，法律规则是规定法律上的权利、义务、责任的准则、标准，或是赋予某种事实状态以法律意义的指示、规定。法律规则是构成法律的主要要素。

法律规则与法律条文是两个不同的概念。法律条文是规范性法律文件的构成因素，而法律规则是法律条文所表达的内容，法律条文是法律规则的文字表现形式，两者是形式与内容的关系。两者之间的不同可以总结成如下几个方面：第一，法律条文是法律规则的重要表现形式。在现代，虽然法律的创制主要是通过规范性法律文件以及作为其构成因素的法律条文来表达的，但是，法律条文并不是法律规则的唯一表达形式。法律规则可以表现在成文法中，也可以表现在不成文法中。第二，法律条文表达的主要内容是法律规则，但还表达着法律原则和法律概念。第三，法律条文与法律规则之间并不一定是一一对应的关系，法律规则常常是由不同条文中的相关内容联系在一起构成的，同时，某一法律条文也可以包含两个或两个以上的法律规则。

（二）法律规则的特征

法律规则不同于其他社会规范，也不同于国家机关发布的个别性命令，它的基本特征可大致归纳如下：

1. 微观的指导性。即在规则所覆盖的相对有限的实施范围内，可以指导人们的行为。

2. 可操作性强。亦即可适用性，只要一个具体案件符合规则假定的条件，执法人员或司法人员即可直接适用该规则，一般公民也能较容易地依据规则选择自己的行为方式。

3. 确定性程度高。即规则设定的权利义务和法律后果是明确的、肯定的，人们在作出行为选择之前就能够知道自己行为将受到何种法律保护和支持，或受到何种法律制裁。

上述这些特点，使法律规则具有其他调整措施所不具备的品质，成为对社会关系进行调整的权威性根据。在司法审判中，除疑难案件外，几乎所有普通案件的审判都是以法律规则为依据的。尤其在崇尚规则的大陆法系，法官对规则的重视和依赖达到很高的程度。

二、法律规则的分类

对法律规则进行分类具有重要的理论和实务意义。从理论上讲，有利于对规则进行研究、编排，使其形成一个有机的协调体系；从实务上讲，对法律规则进行分类有利于对法律规则的理解，确定其效力等级、适用范围等。对法理学研究和实务意义较大的分类有以下四种：

（一）授权性规则、义务性规则和权义复合性规则

这是根据法律规则的内容不同进行的分类。

授权性规则是指示人们可以作为、不作为或要求别人作为、不作为的规则。授权性规则的作用在于赋予人们一定的权利去构筑或变更、终止他们的法律地位或关系，为人们的自主行为和良性互动提供行为模式。授权性规则的特点是为权利主体提供一定的选择自由，为行为人的作为、不作为提供一个自由选择的空间。授权性规则通常采用"可以""有权利""有……自由"等用语。在现代国家的法律中，授权性规则占首要的地位，它在法律中所占的比重会随着法律的演进而递增。

义务性规则是直接要求人们作为或不作为的规则。与授权性规则不同，义务性规则表现为对义务主体的约束，为人际互助、维持社会的安全与秩序提供保障。义务性规则具有三大特征：第一，强制性。义务性规则通常具有强行性，对于不履行义务的人具有强制力，违反义务的主体通常要付出代价，即法律会作出否定性的反应。第二，必要性。为了维护社会成员的自由与利益、维系社会的安全与稳定，义务性规则是必需的，没有义务性规则，社会将不会存在。第三，不利性。义务性规则虽然对他人和社会有利，对义务人却

是不利的。规定作为义务的义务性规则常采用"应当""应该""必须"等术语；规定不作为义务的义务性规则常使用"不得""禁止""严禁"等术语，或者在描述行为模式后加上不利的法律后果。

权义复合性规则指兼具授予权利、设定义务两种性质的法律规则，大多数是有关国家机关组织和活动的规则。权义复合性规则的特点是，一方面被指示的对象有权按照法律规则的规定作出一定行为，另一方面作出这些行为又是他们不可推卸的义务。从有权作为的一面来看，它具有授权性规则的特性，从必须或应当作为的一面来看，它又具有义务性规则的属性。法律授予权力的规则通常是权义复合性规则，因为权力本身是一种作为的能力，同时，不按法律规定去作为本身又是违法的。例如，公安机关有维护社会治安的权力，如果其不维护社会治安，则构成违法。

【3-1】

公安机关行政不作为承担法律责任案

张某在路途中遭到流氓殴打，跑到附近派出所向值班民警求救。民警要求张某给"保护费"，张某没有答应，于是民警拒绝保护，导致张某被打成残疾。事后张某向人民法院提起行政诉讼，状告派出所民警行政不作为。法院审理案件之后认为：由于公安机关不履行法定行政职责，致使张某的合法权益遭受损害，应当承担赔偿责任。

依据我国法律规定，公安机关负有维持社会公共秩序、维护公民生命财产安全的职责。这种职责既是公安机关所享有的一项权利，同时也是一种必须履行的义务。如果公安机关拒绝履行这种义务，将承担相应的法律责任。

（二）规范性规则和标准性规则

这是依据法律规则的形式特征所做的分类。

规范性规则指内容明确、具体和肯定，可直接适用的规则。如：《商标法》第 41 条规定：注册商标需要变更注册人的名义、地址或者其他注册事项的，应当提出变更申请。该法第 49 条规定：如果自行变更，则由有关机构责令限期改正或者撤销其注册商标。

标准性规则指法律规则的部分内容或全部内容不甚明确具体，往往需要根据具体情况或特殊对象加以解释和适用。如，《民法典》第 147 条规定：基于重大误解实施的民事法律行为，行为人有权请求人民法院或者仲裁机构予以撤销。第 151 条规定：一方利用对方处于危困状态、缺乏判断能力等情形，致使民事法律行为成立时显示公平的，受损害方有权请求人民法院或者仲裁机构予以撤销。这里的"重大误解""显示公平"都是需要根据具体情况去确定一个界限，然后才能适用。其他类似的术语，如"善意""公正"等，也都是需要根据具体情况去确定其界限。

（三）确认性规则和构成性规则

这是根据法律规则所调整的社会关系与该规则形成的时间不同进行的分类。

确认性规则是指调整社会生活中原本就存在的社会关系与行为方式进行评价，通过授予法律权利或设定法律义务对该社会关系予以确认并加以调整的规则。比如说，调整家庭关系、买卖关系的法律规则，就属于确认性规则。确认性规则的作用只是按照一定的价值标准对既存的社会关系加以区分和选择，将某些既存的行为方式上升为法律上的权利义务，使之合法化和规范化，从而纳入到法律调整的轨道。

构成性规则是指调整那些因为法律规定之后才得以产生的社会关系和行为方式的法律规则。在构成性法律规则生效之前，受其调整的社会关系并不存在，只有当规则产生之后，相关的行为才可能出现。例如，没有关于税种、税率的规定，就不会形成具体的税收关系；没有关于诉讼程序的规定，也就不会产生诉讼活动中的权利义务关系。如果说确认性规则说明法是一定现实社会关系的法律表现的话，那么，构成性规则又体现着法在规划和建构社会关系方面的积极性和能动性。

（四）强制性规则和任意性规则

这是根据法律规则的强制性程度不同进行的分类。

强制性规则指行为主体必须作为或不作为的规则。绝大多数义务性规则都属于强制性规则。

任意性规则指在规定主体权利义务的同时，允许当事人在法律许可的范围内通过协商自行设定彼此的权利与义务，只有在当事人没有协议的情况下，才适用法律规则的规定。任意性规则在民商法中较为常见。任意性规则与授权性规则有密切的联系，但又不能简单等同。授权性规则规定的权利，主体可以行使，也可以不行使，但不能任意作出与法律规定不同的处分。如公民在选举中可以投票，也可以弃权，但却不可以同候选人商定出售自己的选票。而任意性规则规定当事人各方可以就相互的权利义务作出法律规定的行为模式以外的约定，只有在他们没有约定时，才以法律规定的权利义务作为他们的行为标准和尺度。因此，任意性规则可以被看成是一种特殊的授权性规则，它赋予主体以更大的行为自由。

【3-2】

王某故意伤害致人死亡案

王某与同村的张某因为琐事打架，王某不慎失手将张某打死。王某的父母向张某的父母求情，并表示愿意赔偿张家 40 万元，希望张家不要向公安机关报案。考虑到两家是世交，关系一直很好，王家又愿意赔偿，在经过一番讨价还价之后，张某的家人答应接受赔偿，"私了"此事。后来，村里人向公安机关举报，公安机关介入此案。在查明事实后，将案件移交给检察机关提起公诉。法院经过审判之后，认为张某犯有过失杀人罪，依据《刑法》第 233 条 "过失致人死亡的，处 3 年以上 7 年以下有期徒刑；情节较轻的，处 3 年以下有期徒刑。本法另有规定的，依照规定"，判处有期徒刑 3 年。

我国《刑法》第 233 条的规定是强行性规则，必须依据该强行性规则处理此案；张家和王家不能违反该强行性规则而 "私了"。

（五）确定性规则、委任性规则和准用性规则

这是根据法律规则的内容是否在本规则中被直接明确规定的不同进行的分类。

确定性规则是指法律规则明确规定了主体的具体的权利和义务，主体可以直接据此要求而行为的法律规则。在任何一个国家的法律体系中，确定性规则都占有法律规则总体的绝大多数。

委任性规则又称委托性规则，是指在法律规则中没有明确规定某一行为规则的具体内容，只是委任某一国家机关加以规定的法律规则。例如，《中华人民共和国劳动法》第106条规定：省、自治区、直辖市人民政府根据本法和本地区的实际情况，规定劳动合同制度的实施步骤，报国务院备案。此即委任性规则。

准用性规则是指法律规则没有明确规定规则的具体内容，但指明了可以援引其他已经存在的规则的内容，从而使本规则的内容得以明确化的法律规则。例如，《中华人民共和国反不正当竞争法》第20条第2款规定："经营者违反本法第八条规定，属于发布虚假广告的，依照《中华人民共和国广告法》的规定处罚。"这就是一项准用性规则。

应当予以注意的是，委任性规则和准用性规则虽然在表面上都没有规定行为规则的具体内容，但二者情况是有区别的：委任性规则只是指出某一法律规则应当由哪个机关制定，这种规则还没有产生；而准用性规则所准许援用的法律规则是已经实际存在的，立法机关只是为了避免就同一问题在文字上作重复规定而采用的技术性省略。

三、法律规则的逻辑构成

法律规则的逻辑构成是指一个法律规则是由哪些要素构成的，以及这些要素之间的逻辑结构。法律规则和法律原则的显著区别就在于：法律规则有严密的逻辑结构。对法律规则的逻辑构成的分析，法学界有两种代表性的观点：二要素说和三要素说。

支持二要素说的学者认为，法律规则由行为模式和法律后果两要素构成。主张三要素说的学者则认为，法律规则由假定、处理和制裁三要素构成。这两种观点各有优势和不足。我们采纳新的三要素说，认为任何法律规则都由假定条件、行为模式和法律后果三个要素构成。

（一）假定条件

假定条件是指法律规则中有关适用该规则的条件或情况的部分：第一是法律规则的适用条件，即法律规则在什么时间、空间、对什么人适用以及在什么情况下法律规则对人的行为有约束力的问题。其内容包括有关法律在什么时间生效、在什么地域生效以及对什么人生效等等。第二是行为主体的行为条件。

其实，任何规则，无论是法律规则还是其他行为规则，都只能在一定范围内和一定情况下适用。这里所谓的"一定范围"和"一定情况"是由法律规则中的假定条件来明确的。例如，《刑法》第303条第1款规定："以营利为目的，聚众赌博或者以赌博为业的，处三年以下有期徒刑、拘役或管制，并处罚金。"这是否意味着任何人在任何条件下从事上述行为，都应无一例外依照此规定承当刑事责任呢？显然不能如此理解。因为，如果行为人尚未达到刑事责任年龄，或该行为发生于境外某个法律不禁止赌博的国家或地区，该规则就不能加以适用。以上适用时需要考虑的诸多条件因素，均属

于法律规则的假定条件。

（二）行为模式

行为模式是指法律规则中规定人们如何具体行为的部分，即具体的作为或不作为。它是从大量的实际行为中概括出来的法律行为要素。根据行为要求的内容和性质的不同，法律规则中的行为模式分为三种：第一，可为模式，指在假定条件下，人们"可以如何行为"的模式。第二，应为模式，指在假定条件下，人们"应当或必须如何行为"的模式。第三，勿为模式，指在假定条件下，人们"禁止或不得如何行为"的模式。从另一个角度来看，可为行为模式亦可称为权利行为模式，而应为和勿为行为模式又可称为义务行为模式。它们的内容是法律规则的核心部分。

（三）法律后果

法律后果是指法律规则中规定人们在作出符合或不符合行为模式要求的行为时会导致的相应的后果部分。它是法律规则对人们具有法律意义的行为的基本态度。根据人们对行为模式所作出的实际行为的不同，法律会赋予两种不同的后果：第一，肯定性后果，又称合法后果，是法律规则中规定人们按照行为模式的要求去行为而在法律上予以肯定的后果，它表现为法律规则对人们行为的保护、许可甚至奖励。第二，否定性后果，又称违法后果，是法律规则中规定人们不按照行为模式的要求去行为而在法律上予以否定的后果，它表现为法律规则对人们行为的制裁、不予保护、撤销、停止，或要求恢复、补偿等。

在理解法律规则的逻辑结构时，需要注意两个方面的问题：

第一，任何一条完整意义的法律规则都是由前述三个要素按一定逻辑关系结合而成的。三要素缺少任何一个，就意味着该法律规则是不存在的。例如，一个规则规定在任何条件下（假定条件）不得说谎（行为模式），但是，对说谎后的行为却没有规定相应的法律后果，那么，这就意味着并不存在一条禁止说谎的法律规则，而可能存在一条禁止如此行为的道德规则或风俗习惯。

第二，立法实践中，有时出于立法技术的考虑，为防止法律条文过于繁琐，在表述法律内容时，常常对某种要素加以省略。但是，省略并不意味不存在这些要素，被省略的要素可能存在于法律内在的逻辑联系之中，只是没有被明文表述出来而已。因为通过法律推理，这些未明文表述的要素可以较容易地被人们所发现。例如，"妻子有继承丈夫遗产的权利"这一规定，其假定条件和法律后果部分没有被明文表述，但是，该规定只能在丈夫去世且留有遗产的条件下（假定条件）才能适用，妻子合法继承的遗产应得到法律的确认和保护（法律后果），这些内容可以较为容易地按照法律的内在逻辑联系推导出来。不过，必须强调的是对法律规则要素的省略不能是随意的，通常只有该要素可以被人们至少是那些法律专业人员毫无歧义的推导出来，省略才是可取的。

【经典例题】

《治安管理处罚法》第115条规定："公安机关依法实施罚款处罚，应当依照有关法律、行政法规的规定，实行罚款决定与罚款收缴分离；收缴的罚款应当全部上缴国库"。关于该条文，下列哪一说法是正确的？（　　　）

A. 表达的是禁止性规则　　　　B. 表达的是强制性规则

C. 表达的是程序性原则　　　　　　D. 表达的是法律规则中的法律后果

【答案】B

【解析】义务性规则分为两种，即命令性规则（规定人们的积极义务，应当怎么做）和禁止性规则（规定人们的消极义务，不能怎么做）；根据法律规则的强制性程度不同，法律规则分为强制性法律规则和任意性法律规则。强制性规则是指行为主体必须作为或不作为的规则，任意性规则是指在规定主体权利义务的同时，允许当事人的法律许可的范围内通过协商自行设定彼此的权利义务。本题中，《治安管理处罚法》第115条是法律规则，是强制性规定，不允许人们随意改变，故B正确，A错误。程序性法律原则是直接涉及程序法问题的原则，如无罪推定，非法证据排除等原则，C错误。法律后果是指法律规则中规定人们在作出符合或不符合行为模式的要求时所应承担的法律后果，本条文中并未规定，故D错误。

第三节　法 律 原 则

本节知识结构图

法律原则
- 法律原则概述
- 法律原则的分类
- 法律原则的作用
- 法律原则的适用条件

一、法律原则概述

（一）法律原则的概念

"原则"一词的基本意思是指开始、起源和基础。在法学中，法律原则是指可以作为法律规则的基础的本源性、综合性、稳定性的原理和准则。它可以表现为十分抽象的原则，如自然正义原则、合理性原则等，也可以表现为较具体的原则，如法律不溯及既往原则、不公开审理原则等。

在所有法的要素中，法律原则的数量最少，其意义和价值却十分重要。法律原则体现法律的价值取向，它既是一定时代和社会中的普遍价值观念在法律中的综合反映，又体现着人们通过法律调整社会关系所希望达到的目标。它是法律的基本原理，是法律的精神和法律目的的集中体现，是理解整体和局部法律内容的出发点和归宿，是法律的灵魂和核心。法律原则还是连接法律与其他社会调整方式的桥梁和中介，比如"诚实信用""公序良俗"等原则。社会价值的观念以及其他社会规范正是借助于法律原则的规范化表达来指导和影响人们的行为。

（二）法律原则与法律规则

1. 法律原则与法律规则的区别

法律原则与法律规则同为法律的要素，两者有共性，在规则与原则之间有一个边缘地带，甚至有些法律内容究竟是规则还是原则是难以明确区分的。不过在多数情况下，法律原则与法律规则的区别还是明显的：第一，在对事及对人的覆盖面上，法律原则较宽，法律规则较窄。即法律原则有更大的宏观指导性，某一法律原则常常成为一类规则的基础。正是在此意义上，有学者把法律原则称为超级规则。第二，在稳定性方面，法律原则的稳定性更强，法律规则的稳定性相对较弱。法律原则通常体现一定的永恒性的法律价值，不会轻易改变，而法律规则包含了很强的技术性成分，改变起来要容易得多。第三，在明确性方面，原则较为模糊，而规则较为明确。第四，当规则与规则、原则与原则相互冲突时，选择适用的方法也不同。当两个法律规则相互冲突时，只能选择一个规则适用，被选择的规则是有效的，未被选择的规则是无效的。而相互冲突的法律原则的使用方式则不同，它不是以"全有或者全无的方式"应用于个案当中的，不同的法律原则具有不同的强度，这些强度不同的原则甚至是相互冲突的原则都可能存在于一部法律当中。当两个原则在具体的个案中相互冲突时，法官必须根据案件的具体情况在不同强度的原则间进行权衡。较强的原则对案件具有指导性作用，比其他原则更有分量。但另一原则并不因此而完全失效，仍是在该案中应予以考虑的一个因素，只不过是次要的因素而已。同时，在不同的案件中，相互冲突的法律原则之间的分量对比是会因情况的改变而改变的。当然，在权衡原则的分量时，有些原则始终是最强的，例如法律平等原则、民法中的诚实信用原则，它们往往被称为"帝王条款"。当然，上述法律规则与原则的区别是相对的。

2. 法律原则和法律规则的联系

法律原则和法律规则也有相互统一的一面：法律原则是法律规则的灵魂，是法律规则的根本出发点。它为法律规则规定了适用的目的和方向以及应考虑的相关因素；法律规则是法律原则的具体化、形式化和外在化，其适用就是为了实现法律原则所承载的价值目标。作为法律规则集合束的法律原则，在结构上具有开放性，其内涵模糊，外延宽泛，因此，它可以弥补法律规则的相对封闭性之缺陷，堵塞法律规则之网的疏漏。此外，一般来说，法律原则和法律规则有共同的道德理由，体现着相同的价值。不过，二者承载的价值有所不同，法律原则在于保证整个法律体系合目的性的底线，法律规则的着眼点则在于满足法律的合法性要求。所以，法律原则体现着法的实质价值，法律规则体现着法的形式价值。在哲学意义上，二者是实质与形式的关系，是"目的—手段"的关系。

二、法律原则的分类

按照不同的标准，可以对法律原则作出不同的分类。

（一）宪法原则和部门法原则

这是根据不同原则所处层次不同进行的分类。

宪法原则是宪法所确定的原则。宪法在法律体系中的至上权威和最高效力决定了宪法原则在法律原则体系中的最高权威和最高效力。一个国家的法律的本质决定了其宪法原则的内容，它们是整个国家及其法律的基本价值取向。

部门法原则是部门法所确定的原则，必须与宪法原则保持一致。例如刑法原则、行政法原则、民法原则、诉讼法原则等。

（二）基本原则和具体原则

这是根据法律调整范围的不同进行的分类。

基本原则是法律在调整各种社会关系时所体现的最基本的精神价值，反映了它所涵盖的各部门法或子部门的要求。例如，《中华人民共和国民法典》规定了我国民法的基本原则：民事权利及其他合法权益受法律保护原则、平等、自愿、公平、诚实信用原则、守法和公序良俗原则、绿色原则。

具体原则是基本原则的具体化，构成了基本法律原则所调整的法律领域所包括的次级层次法律领域的指导思想和直接出发点，反映了该次级层次的特殊性。例如《中华人民共和国民法典——物权编》规定了物权平等保护、物权法定和物权公示等原则，这些是具体原则。

（三）政策性原则和公理性原则

这是根据法律原则的内容来源不同进行的分类。

政策性原则是国家关于必须达到的目的或目标，是为了实现某一时期、某一方面的任务而作出的政治决定的法律表达，一国法律中所包含的政策性原则与该国的政治制度和社会制度，该国在特定时期的政治、经济、文化等方面的发展目标紧密相联。立法者将政治、经济、文化等方面的发展目标以法律原则的形式规定下来，目的在于赋予它们以法律上的强制力，用以指导行为模式的确定，促使社会全体成员选择有利于实现这些目的或目标的行为。

公理性原则超越不同的政治制度和社会制度，作为人类共同的真理性认识而应当被普遍承认。例如，《中华人民共和国民法典》所规定的民法基本原则，就是市场经济条件下人们的经济活动得以顺利进行的必备条件，是现代各国民法所确认的共同准则，可以被认为是公理性原则。

（四）实体性原则和程序性原则

这是依据法律原则的不同内容进行的分类。

实体性原则是直接涉及实体性权利义务分配状态的法律原则，功能是调整实体上的权利义务关系，如罪刑法定、诚实信用等原则。

程序性原则是通过对法律活动程序进行调整而对实体性权利义务间接产生影响的法律原则，功能是调整程序上的权利义务关系，如无罪推定、非法证据排除等原则。

当然，也有一些跨越实体与程序两界的法律原则，如平等原则。

三、法律原则的作用

（一）对法律创制的作用

1. 法律原则是法律创制的指导原则

一个国家的法律制度是其政治、经济的指导方针和发展目标的反映，是各种力量综合平衡的结果。这些法律之外的因素，在法律中的集中表现就是法律原则。法律的创制机关在法律的创制过程中必须根据法律化的政治原则和道德原则对法律的内容进行总体的设计。因此，从逻辑上讲，先有法律原则，而后才会有法律原则在规范层面上的展开。

2. 法律原则是法律体系一性的重要保证

法律体系统一性需要形式上和内容上的保障。在形式上，法律体系的统一性要求法律规则之间有机协调，其关键在于：在不同效力等级的规则之间的关系上，上位规则的效力高于下位规则的效力；在内容上，所有法律规则都必须有共同的价值基础，其关键在于：每一法律规则都不能与法律原则发生冲突。法律原则对法律体系统一性的保证也正是通过这两种方式来实现的。法律原则是国家创制法律的依据。在法律创制过程中，只有首先明确法律原则，才能开始着手制定具体的法律规则，具体的法律规则不得与法律原则相抵触。从形式上看，法律原则有宪法原则与部门法原则、基本原则与具体原则之分，根本法与普通法、基本法与特别法之间的关系决定了宪法原则的效力高于普通法原则，基本原则的效力高于具体原则。

（二）在法律适用过程中的作用

1. 法律原则有助于消除法律规则的不明确性、不确定性

法律规则的不明确性来源于立法者所使用的语言的局限性，社会现象具有无限性，而立法者用以描述他们的语言则是有限的。与此同时，立法者在对客体还没有正确认识的情况下，也不可能选择准确的语言予以表述。立法语言的有限性和所使用的语言的不确定性会造成法律概念和法律规则的多义和歧义，从而使法律概念和法律规则不明确。产生法律的不确定性的原因，主要是法律适用者所依据的渊源的复杂多样，不同渊源的法律规则之间可能会规定不同的、甚至是冲突的行为方式，使法律适用者面临两难境地。在消除法律规则的不明确性和不确定性两个方面，法律原则都扮演着重要的角色。法律适用者需要用法律原则来解释某个法律规则的含义以消除不明确性，或者指导相冲突的规则之间的选择以消除不确定性。

2. 在法律规则对当前的案件没有规定时，法律原则可以代替法律规则作为法官判决的依据

法律的完备性是"有法可依"的前提条件，但法律终归是由人制定出来的，想用法律规则来规定人们的每一种行为是不现实的。而且，由于立法的滞后性，立法者也不可能预见未来出现的所有社会关系领域。在这些情况下，如果现行法欠缺当前事态所必要的法律规则，就被认为存在漏洞。然而，法律规则的总体并不代表全部法律，法律规则的缺失也不能被等同于现行法的缺失，因为法律原则可以被用来指导对当前案件的裁决。现代法治要求，法官不能以没有可以适用的法律规则为由拒绝对当事人之间的争议作出裁决，在法律规则缺失的情形下，法官可以而且应当以合目的性和合理性的精神，从法律原则中推导出派生的法律规则，以此来否定或证成某种法律行为或法律关系。"在没有现成规则可以适用的情况下，只要有概念和原则，照样可以作出适当的决定。这是现代法的一项重要的技术"。

3. 限制法官的自由裁量权

法律适用者本身个人品性的复杂性，也可能会破坏法治所要求的"有法必依"原则。法律适用者，既可能在法律的指导下进行正常的思维活动，依法裁定案件，也可能在个人的嗜好、习性、直觉、偏见等非理性的因素影响下作出错误的判决，使法律丧失可预见性。法官的角色在于适用现行法律，在法律对当前案件没有作出规定的情况下，法官的自由裁量权是必要的，但无限制的自由裁量权必将成为混乱乃至动乱的根源。赋予法官以自

由裁量权,同时也尽可能的限制这一自由裁量权,以强化法律对社会生活的调控能力、使之具有更大程度的社会适应性,同时也是防止法律丧失确定性的关键所在,是发挥法官的主动性和创造性,同时也是防止个人恣意专断的关键所在。此时,法律原则是一种必备的要素。在健全的法律制度下,适用法律者要尽力证成自己的决定已取得其他法律工作者和社会公众的认可和接受,在法律对当前案件没有规定的场合下,不是依据规则而是法律原则所包括的价值观来论证其决定的合理性,是法得到适用的表现,同样符合法律的要求。

(三)对于社会公众理解法律的作用

一般情况下,大众并不了解法律规则的具体适用,并不了解法律规则所设定的权利和义务的内容。但是,对于法律原则的知悉,是他们了解法律的最重要途径。例如,"人民主权""法律面前人人平等"等原则既反映了大众的要求,同时也是指导大众了解法律制度的整体的切入点,是大众对于法律制度的信赖与尊重的价值支撑点。

四、法律原则适用的条件

如前所述,法律原则不同于法律规则,后者有相对确定的行为规则(权利和义务规定)和裁判规则(法律后果规定)。直接将法律原则用于评价一定的行为或裁判案件,可以克服成文法的缺陷,保障个案的公正,弥补法律的漏洞,使法律更好地适应社会的变迁,但这也会赋予法官较大的自由裁量权,增加法律的不确定性。所以,从法理和逻辑上讲,我们不能不顾具体条件而径直选择法律原则作为法官裁判的依据。相反,越是确定、具体的规则越有适用的优先性,这不仅符合事物的性质,也是人类认识论和逻辑规律所要求的。具体来说,法律原则的适用必须符合如下条件:

(一)穷尽法律规则,方得适用法律原则

在通常情况下,法律适用的基本要求是:有规则依规则。在有具体的法律规则可以适用时,不得直接适用法律原则。只有在没有法律规则可以适用的情形下,法律原则才可以作为弥补"规则漏洞"的手段发挥作用。之所以这样规定,主要是因为法律规则明确具体,优先适用有助于保持法律的稳定性和权威性,避免司法者滥用自由裁量权。

【3-3】

"喜凰牌"与"喜风牌"商标纠纷案

原告甲酒厂于1987年1月30日在国家商标局核准注册了圆圈形喜凰牌商标一枚,用于本厂生产的白酒。此酒的瓶贴装潢上,除印有圆圈形喜凰牌商标外,还印有"喜凰酒"这一特定名称。被告乙厂生产的白酒,注册商标为圆圈形天福山牌注册商标。被告为了与原告争夺市场,拿着原告商标标识"喜凰酒"的瓶贴装潢到莱州市彩印厂,让其把喜凰牌商标更换为天福山牌商标,除"喜凰酒"的"凰"字更换为"风"字外,其余均仿照印制。被告将印制好的天福山牌喜风瓶贴装潢于本厂生产的白酒。甲酒厂得知这一事实后,将乙酒厂诉至法院。

法院在审理该案件的过程中，认定乙酒厂的行为构成不正当竞争。但当时《反不正当竞争法》还未出台，其他法律如《商标法》对该种情况并没有明确规定。最后法院判决乙酒厂的行为不仅违反了《民法通则》第四条"公民、法人在民事活动中，应当遵循诚实信用原则"的规定，侵害了原告合法的民事权益。而且依照《民法通则》第七条规定，被告人的这种行为，还损害了社会公共利益，扰乱了社会经济秩序，所以构成不正当竞争行为，必须予以制止。原告所遭受的经济损失必须由被告来赔偿。

（二）除非为了实现个案正义，否则不得舍弃法律规则而直接适用法律原则

一般情况下，法官应该依据法律规则来裁判案件，适用法律规则时不需要对规则本身进行正确性审查。但如果适用法律规则可能导致个案极端不公正的结果，则需要舍弃法律规则而运用法律原则。

应予指出的是，符合上述条件最终适用法律原则处理的案件一般属于特别的"疑难案件"，这类案件是较为少见的。适用条件不仅要考虑实体性规则的要求，而且也需要符合某些程序性法律律规则的要求。此外，无论以上哪一种情况，法官在选择法律原则进行裁判时，都必须进行充分的说理和论证。

【3-4】

里格斯诉帕尔默遗产纠纷案

帕尔默是其祖父所立遗嘱中指定的财产继承人，因恐其祖父撤销遗嘱并为了及早获得遗产，帕尔默将其祖父毒死。后来，帕尔默被其姑妈里格斯诉至法院。面对这一案件，法官必须裁决帕尔默是否能够依据该项遗嘱继承其祖父的遗产。根据纽约州的有关遗嘱的法律规定，该遗嘱有效，帕尔默有权继承其祖父的遗产。但是，这样的判决将明显带来不公正的结果。后来法官并没有依据有关遗嘱的法律规则裁决案件，而是依据普通法中的一项原则，即"任何人都不得从他的不当行为中获利"，作出裁决，帕尔默无权继承其祖父的财产。

该案件没有依据法律规则而是依据法律原则作出判决的理由就是为了实现该案正义。

（三）没有更强的理由，不得径行适用法律原则

在判断何种规则在何时及何种情况下极端违背正义，其难度很大，法律原则必须为适用第二个条件规则提出比适用原法律规则更强的理由，否则上面第二个条件规则就难以成立。基于某一原则所提供的理由，其强度必须强到足以排除支持此规则的形式原则，尤其是确定性和权威性。而且，主张适用法律原则的一方（即主张例外规则的一方）负有举证（论证）的责任。显然，在已存有相应规则的前提下，若通过法律原则改变既存之法律规则或者否定规则的有效性，却提出比适用该规则分量相当甚至更弱的理由，那么适用法律原则就没有逻辑证明力和说服力。

【经典例题】

李某购买了刘某一套房屋，准备入住前从他处得知，该房两年前曾发生一起案件。李某诉至法院要求撤销合同。法官认为，根据我国民间习俗，多数人对发生案件的房屋比较忌讳，被告故意隐瞒相关信息，违背了诚实信用原则，已构成欺诈，遂判决撤销合同。关于此案，下列哪些说法正确？（　　）

A. 不违背法律的民俗习惯可以作为裁判依据

B. 只有在民事案件中才可适用诚实信用原则

C. 在司法判决中，诚实信用原则以全有或全无的方式加以适用

D. 诚实信用原则可以为相关的法律规则提供正当化基础

【答案】 AD

【解析】 法的渊源可以分为正式的渊源和非正式的渊源。在我国法的非正式渊源包括习惯、判例和政策。不违背法律的风俗习惯可以作为裁判的依据，故 A 正确。在司法实践中，除了民事案件，行政案件中也会适用诚实信用原则，故 B 项错误。在适用方式上，法律规则是以"全有或全无的方式"应用于个案当中，法律原则却是以衡量的方式应用于个案当中，不同强度的原则甚至冲突的原则都可能存在于一部法律当中，故 C 项错误。法律原则是为法律规则提供某种基础或本源的综合性、指导性的原理或价值准则的一种社会规范，诚实信用原则是民法领域中的帝王条款，是相关法律规则的正当化基础，故 D 正确。

第四节　法 律 概 念

本节知识结构图

一、法律概念释义

法律概念不同于前面所讨论的法和法律的概念，是指人们在不断地认识和实践过程中，对具有法律意义的现象和事实进行理性概括和抽象表达而形成的一些权威性术语或范畴。法律概念通常具有以下三个特征：

（一）**法律概念的语言特征**

语言是法律概念的载体，法律概念具有明确、明晰传达意义的特征。立法机关在立法过程中不应随意采用模棱两可的语言来表达立法意图，而应以适当的方式和准确的语言来界定法律的内容。

（二）**法律概念的法律特征**

虽然法律源自人类的生活实践，受历史文化传统的限制，使用的语言大多是日常惯用

的词语，但由于其被纳入到规范性法律文件之中，因而具有法律意义，即具有权威性和强制性的特点。

（三）法律概念的实践性特征

法律概念的作用不仅仅只停留在字面的含义表达上，更是体现人们对各种行为和事件进行法律预测、法律评价和法律裁决的实践中，它具有现实的可操作性。

二、法律概念的分类

对法律概念进行分类是准确理解和把握法律概念所不可缺少的环节。按不同的标准，可以对法律概念进行如下几种分类。

（一）涉人概念、涉事概念和涉物概念

这是根据概念所涉及的内容不同进行的分类。

涉人概念是关于人（包括自然人和法人等）的概念，如公民、法人、近亲属、法定代理人、监护人等。

涉事概念是关于法律事件和法律行为的概念，如紧急避险、自首、租赁、回避等。

涉物概念是有关具有法律意义的物品及其质量、数量、时间等无人格的概念，如标的物、国家财产、有价证券等。

（二）确定性概念和不确定性概念

这是根据概念的确定性程度的不同进行的分类。

确定性法律概念通常指有明确的法律条文确定其含义的概念，这些概念的解释不允许自由裁量，只能依法进行理解。

不确定性的法律概念指没有法律条文对其含义予以确定，在适用时需要法官或执法者运用自由裁量权予以解释的概念。同一个法律概念可以经由立法者或司法者的行为由不确定的法律概念转化为确定的法律概念。

把法律概念分为确定性概念和不确定性概念是相对而言的，并不是说有的概念绝对确定，有的概念绝对不确定，而是指有的概念在法律上有明确的解释，具有较高的确定性程度，而有的概念并无明文的法律解释，确定性程度较低。

（三）专业概念、日常概念和技术概念

这是根据概念的渊源不同进行的分类。

专业概念是在法的理论抽象和实际运用中逐渐产生的仅适用于说明、反映法律现象的专门概念。它们一般只有法律上的意义，由于其专业性较强，在日常生活中较少使用。一般而言，专业概念的含义较为精确、规范和统一。如法人、诉讼时效、留置权等。

日常概念是指将日常生活中的某些概念移植到法律领域以反映有关法律现象的概念。如父母、子女、故意、过失等。日常概念来源于日常生活，因而易于为专业内外的人们所理解和把握。但这类概念在由日常生活用语转化为法律概念以后，其原含义往往会发生一些变化。

近现代以来，随着科技的发展，出现了许多新的社会关系和调整这些新的社会关系的法律，在这些法律领域，立法者吸纳了不少关于科学技术方面的概念和术语，如病原体（见《传染病防治法》）、电磁波辐射（见《环境保护法》）等。这些概念既不属于法律本身的专业概念，也不属于日常概念，而是一类特定的技术概念。

（四）一般法律概念和部门法律概念

这是根据概念涵盖面的大小不同进行的分类。

一般法律概念是指适用于整个法律领域的法律概念，如权利、义务、责任、规则、原则等。部门法律概念是指仅适用于某一法律部门的概念，涵盖面较一般法律概念要窄，如行政处罚、追诉时效、犯罪等。

三、法律概念的功能

【3-5】

从赵安受贿案看法律概念的功能

2003 年 12 月 12 日，北京市第一中级人民法院对原中央电视台文艺节目中心副主任兼文艺部主任赵安受贿案进行宣判。北京一中院审理查明，赵安于 1994 年至 2000 年期间，利用先后担任中央电视台文艺节目中心、文艺部副主任、主任，中央电视台 1995 年春节联欢晚会、"春兰杯"颁奖晚会总导演、2000 年春节联欢晚会总导演职务上的便利，多次接受词作者张俊以的请托，使张俊以创作的作品得以在上述晚会及赵安主管的各类文艺晚会上演出，使宣传张俊以的专题片得以在中央电视台播出。为此，赵安收受张俊以给予的人民币 11 万元及价值人民币 50 万元的音像设备。法院认为，赵安身为国有事业单位中的工作人员，利用职务上的便利，非法收受他人财物，为他人谋取利益，其行为已构成受贿罪。鉴于赵安能坦白部分犯罪事实，且受贿的款、物已被全部追缴，可酌予从轻处罚。据此，作出判决，以受贿罪判处赵安有期徒刑 10 年，并处没收个人财产人民币 20 万元。一审判决作出之后，赵安不服提出上诉，2004 年 1 月 18 日，北京市高级人民法院对赵安案件进行了二审，并作出了维持原判的判决。

法律概念不涉及权利义务的分配，不对法律主体的行为作出指示或提出要求，而仅仅是对法律文本中的一些重要问题作出解释、说明或界定。但法律概念对于法律的理解具有不可替代的功能。具体而言，在法律系统中，法律概念具有如下四个方面的功能：

（一）法律概念的认识功能

法律概念使人们得以认识和理解法律。通过法律概念，人们将纷繁复杂的法律现象加以整理和归类，使之相互区别开来。如果没有法律概念，人们无法认识法律的内容，难以就法律问题进行正常的交流，更无法在此基础上进行有意义的法律实践活动。

（二）法律概念的建构功能

无论是法律规则还是法律原则，在形式上都表现为一定的判断，而任何判断都是两个以上概念的结合，因此法律概念也是构成法律规则和法律原则的基本要素。甚至在缺乏明确的法律规则的情况下，法律概念和法律原则结合起来，能够直接规范主体的行为。诚如美国法学家博登海默所言："没有概念，我们便无法将我们对法律的思考转变为语言，也无法以一种简易的方式把这些思考传达给他人。如果我们试图摒弃概念，那么整个法律大厦就会化为灰烬。"

（三）法律概念具有使法律更加明确和确定的功能

立法者在立法的过程中，使用法律概念可以使法律规定更加明确和确定。甚至，为了提高明确和确定性的程度，立法者往往使用定义性的规则甚至编定权威性的官方法律辞书使法律概念进一步精确化。法律概念一旦被立法者确定下来后，就具有相对的稳定性。人们在实施某种行为时，就可以明确地知晓自己行为的法律意义。

（四）法律概念是法律推理的有力工具

法律推理总是以现有法律规定和具体案件事实作为前提的，但是，人们对案件事实的法律性质的认识总是以法律概念作为思维的起点的。虽然法律概念并不规定具体的实施状态和具体的法律后果，但在多数情况下，每个法律概念都有其确切的法律含义和应用范围。当人们把某一人、某一物、某一行为或某一情况归入到法律概念时，有关的法律规则和法律原则才可以使用。没有法律概念，法律推理无法进行，司法的裁判就会失之精准。

【经典例题】

关于法律概念、法律原则、法律规则的理解和表述，下列哪一选项不能成立?（　　）

A. 法律规则并不都由法律条文来表述，并非所有的法律条文都规定法律规则

B. 法律原则最大程度地实现法律的确定性和可预测性

C. 法律概念是解决法律问题的重要工具，但是法律概念不能单独适用

D. 法律原则可以克服法律规则的僵硬性缺陷，弥补法律漏洞

【答案】B

【解析】在成文法中法律规则都由法律条文来表述，在不成文法中，法律规则存在于人们的意识中或判例中；法律条文既可以规定法律规则，也可以规定法律原则、法律概念，故 A 的表述是正确的；法律原则抽象概括、覆盖面宽、稳定性强，可以克服法律规则的僵硬性（也就是明确具体）的缺陷，弥补法律的漏洞；法律规则具体明确，能最大限度地实现法律的确定性和可预测性，因此法律规则在一部法律中的数量最多，是主体性要素，故 B 的表述错误，D 的表述正确，本题要求选不能成立的选项，故应该选 B；法律概念是解决法律问题的重要工具，但不能单独作为司法审判和行政执法的依据，也不能成为人们守法的内容，法律概念和法律原则、法律规则一起相互配合，才能完成法律的使命，故 C 表述正确，不应成为选项。

本 章 小 结

法的要素是指构成法律的基本元素。法的要素包括法律规则、法律原则和法律概念。

法律规则是法律，也是法学的基础性概念，是规定法律上的权利、义务、责任的准则、标准，或是赋予某种事实状态以法律意义的指示、规定。对法理学研究和实务意义较大的分类有以下四种：授权性规则、义务性规则、权义复合性规则；确认性规则、构成性

规则；强制性规则、任意性规则；确定性规则、委托性规则、准用性规则。法律规则的逻辑构成是指一个法律规则是由哪些要素组成的，以及这些要素的逻辑结构。一般说，法律规则由假定条件、行为模式和法律后果三要素组成。假定条件指法律规则中有关适用该规则的条件或情况的部分；行为模式指法律规则中规定人们如何具体行为的部分，是法律规则的核心要素；法律后果指法律规则中规定人们在作出符合或不符合行为模式要求的行为时会导致的相应的后果部分。

法律原则是指可以作为法律规则的基础的本源性、综合性、稳定性的原理和准则。与法律规则相比，它具有覆盖面宽、稳定性强、如果发生冲突时选择适用的方法不同等特征。按照不同的标准，法律原则可划分为宪法原则和部门法原则；基本原则和具体原则；政策性原则和公理性原则；实体性原则和程序性原则。法律原则的重要体现在对法律创制的作用和在法律适用过程中以及对公众理解法律的作用三个方面。法律原则适用的条件有三：穷尽法律规则方得适用法律原则；除非为了实现个案正义，否则不得舍弃法律规则而直接适用法律原则；没有更强的理由，不得径行适用法律原则。

法律概念是指人们在不断地认识和实践过程中，对具有法律意义的现象和事实进行理性概括和抽象表达而形成的一些权威性术语或范畴。法律概念通常具有语言特征、法律特征和实践性特征。法律概念可以分为涉人概念、涉事概念、涉物概念；确定性概念和不确定性概念；专业概念、日常概念、技术概念；一般法律概念、部门法律概念。法律概念的功能包括：认识功能、建构功能、使法律更加明确和确定的功能、是法律推理的有力工具。

法律规则是法的主体性要素，法律原则是法的品格性要素，法律概念是法的基础性要素。法律规则注重的是设定行为模式和法律后果；法律原则注重的是从大局和根本上奠定整个法的基础，为主体指明方向；法律概念注重的是对各种法律现象做定性分析，从而为法律规则和法律原则的适用确定范围和提供前提。借助于法律规则、法律原则和法律概念的协作，法律得以发挥其规范作用。

综 合 练 习

一、选择题

1. 规范性规则和标准性规则是依据( )来对法律规范进行的分类。
   - A. 法律调整方式的不同
   - B. 法律规则的形式特征
   - C. 同个别调整的不同联系
   - D. 法律规则内容是否确定
2. 根据法律规则的强制性程度不同，法律规则可以分为( )。
   - A. 授权性规则和义务性规则
   - B. 强行性规则和任意性规则
   - C. 确定性规则和准用性规则
   - D. 调整性规则和构成性规则
3. 《公司法》规定，经国务院证券管理部门批准，公司股票可以到境外上市，具体办法由国务院作出特别规定。该规则属于( )。
   - A. 义务性规则
   - B. 准用性规则
   - C. 确定性规则
   - D. 委任性规则

4. 刑法规定："以暴力干涉他人婚姻自由的，告诉的才处理。这一规范属于(   )。

    A. 委托性规范　　　　　　　　　B. 准用性规范

    C. 强制性规范　　　　　　　　　D. 任意性规范

5. "现役军人的配偶要求离婚，须得军人的同意，但军人一方有重大过错的除外"。该条文的表述属于下列哪些规则(   )。

    A. 授权性规则　　　B. 禁止性规则　　　C. 义务性规则　　　D. 命令性规则

6. 我国《刑法》规定，"法律明文规定为犯罪行为的，依照法律定罪处刑；法律没有明文规定的犯罪行为的，不得定罪处刑。"这一规定属于(   )。

    A. 法律规则　　　B. 法律原则　　　C. 法律术语　　　D. 技术性规范

7. 关于法律原则的适用，下列哪些选项是错误的？(   )

    A. 案件审判中，先适用法律原则，后适用法律规则

    B. 案件审判中，法律原则都必须无条件地适用

    C. 法律原则的适用可以弥补法律规则的漏洞

    D. 法律原则的适用采取"全有或全无"的方式

8. 下列关于法律规则和法律原则的区别，表述错误的是(   )。

    A. 在确定性方面，法律原则较为模糊，法律规则较为明确。

    B. 在对事及对人的覆盖面上，法律原则较窄，法律规则较宽

    C. 在变化的速率方面，法律原则有较强的稳定性，法律规则的改变要容易得多

    D. 当法律原则与法律原则、法律规则与法律规则相互冲突时，所选择的方法是不同的

9. 《民法典》第 29 条规定，"被监护人的父母担任监护人的，可以通过遗嘱指定监护人"。关于该规定，下列说法正确的是(   )。

    A. 该规定是法律规则，属于授权性规则

    B. 该规定是法律原则，属于公理性原则

    C. 该规定是法律概念，属于涉人概念

    D. 该规定由假定、处理、制裁三部分组成

10. 关于法律概念、法律原则、法律规则的理解和表述，下列哪一选项不能成立？(   )

    A. 法律规则并不都由法律条文来表述，并非所有的法律条文都规定法律规则

    B. 法律原则最大程度地实现法律的确定性和可预测性

    C. 法律概念是解决法律问题的重要工具，但是法律概念不能单独适用

    D. 法律原则可以克服法律规则的僵硬性缺陷，弥补法律漏洞

二、判断题

1. 法的要素指构成法律的基本元素，包括法律规则、法律原则和法律概念。(   )

2. 因为法律原则是主导性要素，统帅法律规则，所以在司法审判中，法律原则优先适用。(   )

3. 在司法实践中，法律概念不能单独适用。(   )

三、名词解释

1. 法律原则

2. 法律规则

四、简答题

1. 简述法律规则的逻辑结构。

2. 简述法律规则的分类。

3. 简述法律原则与法律规则的区别。

4. 简述法律原则适用的条件。

5. 简述法律概念的分类。

五、拓展训练

1. 黄某和蒋某于 1963 年结婚。1994 年，黄某与另外一名女性张某产生感情，开始以夫妻名义租房、共同生活，并育有一子。2001 年，黄某在被诊断为肝癌晚期的情况下立下遗嘱，将自己依法所得的住房补贴金、公积金、抚恤金以及与蒋某的夫妻共同财产中属于自己的部分遗赠给张某，并将该遗嘱进行了公证。两个月后，黄某去世。张某找到蒋某，要求按照黄某遗嘱内容取得财产，遭到拒绝。张某遂将蒋某起诉至人民法院。人民法院没有根据《继承法》的法律规则进行判决，而是依据《民法通则》中的法律原则"民事活动应当尊重社会公德，不得损害社会公共利益"进行判决，认定黄某的遗嘱无效，驳回了张某的诉讼请求。

问题：请运用法律原则适用的原理分析该案例。

2. 分析下列法律规则的逻辑结构

（1）《刑法》第 165 条规定："国有公司、企业的董事、经理利用职务便利，自己经营或者为他人经营与其所任职公司、企业同类的营业，获取非法利益，数额巨大的，处三年以下有期徒刑或者拘役，并处或者单处罚金；数额特别巨大的，处三年以上七年以下有期徒刑，并处罚金。"

（2）《民法典》第 532 条：合同生效后，当事人不得因姓名、名称的变更或者法定代表人、负责人、承办人的变动而不履行合同义务。

第四章 法 的 价 值

本章知识结构图

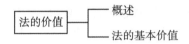

知识目标：了解法的价值的特征，法的价值与相关概念的联系区别；掌握法的价值的含义，法的价值冲突的解决原则，法的基本价值-正义、利益、秩序、自由和效率及其与法的关系。

能力目标：结合案例和法律条文能够分析法的价值；法的价值发生冲突时能够理智地进行选择。

素质目标：培育和践行社会主义核心价值观，树立公平正义的理念。

第一节 概   述

本节知识结构图

一、法的价值的含义

（一）法的价值的含义

"价值"一词既在经济学、社会学、政治学上使用，也在哲学、伦理学、法学上使用。从语义上看，"价值"是指"起掩护或保护作用的、可珍贵的、可尊重的、可重视的"。例如，对于科学来说，"真"是最高目标，是最宝贵、最重要的价值。对于审美主体而言，"美"具有其特殊价值。而在伦理意义上，"善"是可尊重、可珍视的价值。因此，研究价值，主要从主体的需要和客观上能否满足及如何满足主体需要的角度，考察和评价各种物质的、精神的现象及人们的行为对个人、阶级、社会的意义。

法的价值是法律作为客体对于主体——人的意义，是法律作为客体对于人的需要的满足。在法学理论中，法的价值的含义通常有以下三种：

一是指法律在发挥其作用的过程中所能够保护和增进的价值，如自由、平等、公平、秩序等。人类社会之所以需要法律，需要法律发挥调整社会生活关系的作用，目的就是保护和增进这些事关人类福祉的价值。这些价值构成了法律所追求的理想和目标，可以称为法的"目的价值"。

二是指法律自身所应当具有的良好品质。此种意义上的法的价值被称为法的"形式价值"。它与法的目的价值不同，并不是指法律所追求的社会目标和社会理想，而仅仅指法律在形式上应当具备哪些值得肯定的或良好的品质或属性。比如，法律应当逻辑严谨而不应当自相矛盾，应当简洁明了而不应当繁琐隐晦，应当公之于众而不应当神秘莫测等。

三是指法律所包含的价值评价标准。在英语、法语等语种中，"价值"一词同时具有名词和动词两种属性，当动词使用时其意思是"评价"。因此，在西方法学文献中，人们也时常在价值评价标准的意义上使用"法的价值"这一术语。在许多场合，讨论法的价值问题就是讨论法律评价标准问题。

（二）法的价值的特征

1. 法的价值具有客观性和主观性

法的价值之所以有客观性，是因为：（1）人的法律需要是客观的。人类对法律的需求是以其物质生活条件为基础的，社会物质生活条件决定了人的法律需要是客观的。（2）法律现象是客观的。法律现象的产生具有客观性，法律现象的内容也具有客观性。人的外部社会活动是客观的，法律满足了人的需要的结果也是客观的。法的价值之所以具有主观性，是因为：（1）法律规范本身就具有主观性，它是国家意志的表现形式，属于思想意识范畴。（2）人的需要及其满足途径具有主观性。人的需要是社会物质生活条件经过人脑思考而得出的结论，同时受主体的主观愿望和精神文明状况的影响。（3）法的价值目标的选择和法的价值状况的评价具有主观性。民主、法治、自由、人权等价值发生冲突时，应该为追求哪些价值而牺牲哪些价值具有主观性。对于同一法律现象，不同的主体具有不同的评价。

2. 法的价值具有属人性和社会性

法的价值具有属人性是因为任何法的价值都是相对于人而产生和存在的。肯定法的价值的属人性就是对人的主体性的肯定，即法的价值的主体是人。法的价值的社会性是指法是社会发展到一定阶段的产物，法具有社会性，法的价值也具有社会性。法总具有自己的价值追求，而这些价值追求中不可能不含有社会性的因素。社会性是法的价值的基本属性。

当然，如果从人都是社会人的角度，我们可以说，法的价值的属人性是其社会性的组成部分。但是，如果我们从社会性的产生意义上讲，法的价值的社会性不过是法的价值的属人性的延伸。法的价值的属人性是基本的，社会性是必要的。

3. 法的价值具有应然性和实然性

法的价值的应然性是指法的价值是以应然作为自己的立足点来确立自身并发挥作用的。每一个法的价值准则或目标都可以说是特定价值理想的具体化，它可以为人们的行为提供精神上的追求，使人们在法的现实中获得精神需求的满足。作为应然的法的价值，还是人们运用法的价值评价法的现实的重要标准。在一般意义上，法的价值都是在应然意义上存在的。法的价值在具有应然性的同时，也具有实然性。法的价值的实然性是指法的价值具有转化为客观现实的必要性和可能性，法的价值已经转化为客观现实的客观性。法的价值只有转化为客观现实，我们才能说，法的价值在现实社会中被真正实现了。

法的价值的应然性是实然性的指导、方向和目标，法的价值的实然性则是其应然性的表现、过程和得以实现的途径。

4. 法的价值具有特殊性和普遍性

法的价值的特殊性表现在：（1）法的价值是一个相对独立的法学范畴和法学领域，有自己的特定内涵和外延。这种意义的特殊性是法的价值得以成立，并不被其他法学范畴和领域所取代的客观依据。（2）法的各种价值之间相互区别，相对独立，每一个价值都各具特色。这种特殊性是法的各种价值得以成立的依据，使法的价值五光十色、丰富多彩。法的价值的普遍性至少在三个意义上是成立的：（1）法的价值与法相伴随，有法存在的时空就有法的价值存在。（2）法的价值在不同历史时代中具有一定的共同性。（3）法的价值在不同的法律之间具有一定的共同性。

法的价值的普遍性和特殊性是辨证统一的。从一定意义上说，法的价值的普遍性是其特殊性的必然结果，特殊性是其普遍性的重要依据。

二、法的价值冲突

【4-1】

洞穴探险谋杀案

一个由四人组成的探险小组正在一个山洞里考察，洞口突然崩塌。还好，探险小组可以用手机和外面联系。救援队、地质专家和生理专家马上赶来。经过测量和研究，地质专家告诉被困在洞内的探险人员，打开洞口需要十天的时间。探险人员问外面的生理专家，说他们没有带任何食物，能够活多少天？生理专家说："最多七天"。洞里的人又问，如果杀死其中的一个，其他三个人吃死者的肉，能够活到洞口被打开吗？生理专家极不情愿地说："能！"这以后，洞里的人就再也没有和外面联系。第十天，洞口被打开了，有三个人还活着。原来，这四个人在洞内进行了抓阄，三个幸运者将抽到死签的人杀死并分食了他的肉。这三个人被救，待其身体恢复后，被以"故意杀人罪"的罪名送上了法庭。

（一）法的价值冲突的含义

法的价值是一个多元多维的庞大体系，包含着各种准则，不同的阶级、社团、个人在法律实践和法律理论上有不同的价值观念。不同的法的价值和法的价值观念，各自内部和相互之间的矛盾就是法的价值冲突。这种冲突不仅表现在不同的法的价值准则、观念之间，而且也表现在法的价值准则、观念的不同性质或形式上。

【4-1】案例虽为杜撰，但甚为经典，体现了法的价值的冲突。

（二）法的价值冲突的解决原则

从主体而言，法的价值冲突常常出现于三种场合：一是个体之间法律所承认的价值发生冲突，例如行使个人自由可能导致他人利益的损失；二是共同体之间价值发生冲突，例如国际人权与一国主权之间可能导致的矛盾；三是个体与共同体之间的价值冲突，典型的即如个人自由与社会秩序之间所常见的矛盾情形。

现在我们要面对的问题就是，法的各种价值之间有时会发生矛盾，从而导致价值之间的相互抵牾。例如，要保证社会正义的实现，在很大程度上就必须以牺牲效率作为代价；同样，在平等与自由之间、正义与自由之间也都会出现矛盾，甚至在某些情况下还会导致"舍一择一"局面的出现。法的价值冲突的解决方法是历代学者探讨的重要课题，他们曾经提出了利害原则、苦乐原则、法的价值等级体系、价值中心论等。这些解决原则虽然具有其存在的意义，但都有其难以克服的缺陷。

自然，就理想的社会而言，可以形成一种涵盖、平衡各种价值冲突的社会宽容，立法作为一种确立普遍规则的活动，也多是在这个意义上协调、平衡各种法的价值之间所可能会有的矛盾。例如，我国《宪法》第51条规定："中华人民共和国公民在行使自由和权利的时候，不得损害国家的、社会的、集体的利益和其他公民的合法的自由和权利。"然而，由于立法不可能穷尽社会生活的一切形态，在个案中更可能因为特殊情形的存在而使得价值冲突难以避免，因而必须形成相关的平衡价值冲突的规则。在这个方面，可以采纳的原则主要有：

1. 价值位阶原则

这是指在不同位阶的法的价值发生冲突时，在先的价值优于在后的价值。正如拉伦茨所言：在利益衡量中，首先就必须考虑"于此涉及的一种法益较其他法益是否有明显的价值优越性"。[①] 就法的基本价值而言，主要是自由、秩序与正义，其他则属于基本价值以外的一般价值（如效率、利益等）。但即使基本价值，其位阶顺序也不是并列的。一般而言，自由代表了人的最本质的人性需要，它是法的价值的顶端；正义是自由的价值外化，它成为自由之下制约其他价值的法律标准；而秩序则表现为实现自由、正义的社会状态，必须接受自由、正义标准的约束。因而，在以上价值之间发生冲突时，可以按照位阶顺序来予以确定何者应优先适用。

2. 个案平衡原则

个案平衡原则是指在处于同一位阶上的法的价值之间发生冲突时，必须综合考虑主体之间的特定情形、需求和利益，结合具体情形寻找平衡点，以使得个案的解决能够适当兼顾双方的利益。

3. 比例原则

价值冲突中的"比例原则"，是指"为保护某种较为优越的法价值须侵及一种法益时，不得逾越此目的所必要的程度"。例如，为维护公共秩序，必要时可能会实行交通管制，但应尽可能实现"最小损害"或"最少限制"，以保障社会上人们的行车自由。换句话说，即使某种价值的实现必然会以其他价值的损害为代价，也应当使被损害的价值减低

---

① ［德］拉伦茨著：《法学方法论》，陈爱娥译，台湾五南图书出版公司1996年版，第319页。

到最小限度。

4. 补偿有余原则

在解决法的价值冲突时，常常因追求某种价值而在一定程度上损害另一种价值，这时就必须坚持补偿有余的原则，争取得大于失。补偿有余是解决法的价值冲突时必须坚持的起码原则。有了这一原则作保障，法律以及法律调整的社会才能避免选择价值时的错误决策而导致的损失，才能获得真正的效益，得到发展。

补偿有余中的补偿有可能是真实的补偿，即得失同类，"得"确实能补偿"失"，也有可能是虚拟补偿，即得失异类，"得"无法补偿"失"，此时，得失无法互补，应当进行全面测评，以寻求最佳的选择方案和途径，以尽可能小的"失"获得尽可能多的"得"。

补偿有余仅是一个最基本的原则。在法的价值冲突中，还应在补偿有余的基础上，尽最大可能地争取最大的"得"。

5. 维护法律安定性原则

法治社会的特点是通过而不是绕开法律实现公平正义、促进自由和维护秩序，因此，确保法律本身的安定性成为现代法治特别重要甚至是头等重要价值。"法的安定性的要求是：在任何一个法的争论中，总要有一个是最终的结论，哪怕这一结论是不切实际的。法的安定性要求缘起于它的深层需求：这种需求渴望将现实既定的纠纷纳入秩序之中，渴望对纷乱有事先的防范，并使之在人的控制之内。"[1] 如果为了实现某个具体的价值目标而动辄使法律的安定性受到损害，其结果必然使法律失去恒定可期、值得信赖的品质，法治也就成了一个毫无意义的价值目标。因此，在法的价值整合过程中，精心维护法律的安定性显得十分必要。

自然，价值冲突的情形过于复杂，其相关原则、依据及处理规则还有待于进一步研究。

【经典例题】

临产孕妇黄某由于胎盘早剥被送往医院抢救，若不尽快进行剖宫产手术将危机母子生命。当时黄某处于昏迷状态，其家属不在身边，且联系不上。经医院院长批准，医生立即实施了剖宫产手术，挽救了母子生命。该医院的作法体现了法的价值冲突的哪一解决原则？（　　）

A. 价值位阶原则　　　　　　　B. 自由裁量原则

C. 比例原则　　　　　　　　　D. 功利主义原则

【答案】A

【解析】法的价值冲突的解决原则有：价值位阶原则，即在不同位阶的法的价值发生冲突时，在先的价值优于在后的价值；个案平衡原则即在处于同一位阶的法的价值发生冲突时，必须综合考虑主体之间的特定情形、需求和利益，以使个案的解决能够适当兼顾双

---

① ［德］古斯塔夫·拉德布鲁赫：《法律智慧警句集》，舒国滢译，法律出版社2001年版，第17页。

方的利益；比例原则即为保护某种较为优越的法的价值须侵及另一种法益时，不得逾此目的所必要的程度；补偿有余原则即在解决法的价值冲突时，常常因追求某种价值而在一定程度上损害另一种价值，这时就必须坚持补偿有余的原则，争取得大于失；维护法律安定性原则。本题案例不涉及比例原则，C 项错误，自由裁量和功利主义不是解决法的价值冲突的原则，BD 错误。

第二节　法的基本价值

本节知识结构图

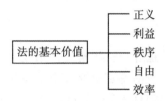

一、正义

【4-2】

人类正义的胜利

　　1945 年，苏、美、英、法四国政府在德国东南部的纽伦堡组成了欧洲国际军事法庭，对纳粹德国首要战犯进行审判。

　　审判中，21 名出庭被告全部申辩"无罪"。辩护方主要提出以下辩护意见：(1) 根据"法无规定者不罚"的原则，不可追溯既往地适用法律。意思是，在他们谋划和发动侵略战争时，尚不存在禁止密谋和进行侵略战争的法律规定，因此不能对他们定罪。(2) 辩护方还提出"你亦如此"的意见，制造"双方都违法"的结论。(3) 还有一些被告以"执行命令"为借口为自己开脱。他们认为，作为军人，他们的义务是服从并服务于他们的国家。他们没有权利对他们所从事的事业进行善恶判断。因此，他们不应对由于执行命令而作出的事情负责。

　　针对这些辩护，控方一一进行了反驳。针对第一条辩护意见，控方列举了海牙、凡尔赛、洛迦诺等一系列国际条约的具体条文，证明德国对欧洲各国和美国的战争违反国际法，是赤裸裸的侵略战争，而侵略战争历来属于刑事犯罪。针对第二条辩护意见，控方指出这是混淆是非，将德国法西斯的侵略行为与盟国的反法西斯行为混为一体，是只许侵略不许反侵略的强盗逻辑。针对所谓"执行命令"的借口，控方认为，关键的问题不是服从或者不服从，而是面对谋杀和野蛮的犯罪，人类存在更高的义务。所以，在明知自己的领袖是罪恶的杀人犯的情况下，选择继续追随而不是放弃，理应受到严正的审判。

　　法院支持了检察官们的起诉，指出在大多数国家的刑法都将战犯的行为确定为犯罪的行为。目前，真正的考验不是命令的存在，而是道德选择事实上是否可能。基于这种推理，法庭判处这些战犯死刑或有期徒刑。此后，国际法确认了政府或上级的命令不得作为免除被告责任的理由这一原则。

（一）正义的含义

　　正义是我们耳熟能详的词语，正义更是我们人类普遍公认的崇高价值。虽然普遍的正义令人难以捉摸，但人们时常能感受到正义的存在。在汉语里，正义即公正的道理，与公平、公道、正直、正当等相联系。在西方语言中，"正义"一词源于拉丁语 justitia，由拉丁语 jus 演化而来。Jus 是个多义词，有公正、正当、正直、法、权利等多种含义。法语中的"droit"、德语中的"recht"、意大利语中的"diritto"等都兼有正义、法、权利的含义。英文中的 justice 一词，也具有正义、正当、公平、公正等意思。尽管正义的观念在人类社会产生的初期即已产生，从那时起人们就开始了正义的追求，但正义到底为何，不同的思想家往往有各种不同的解释。博登海默认为，正义"具有一张普洛透斯似的脸，变幻无常，随时可呈不同形状，并具有极不相同的面貌。"①

　　古代西方思想家更多的从伦理角度来理解正义。古希腊的柏拉图将正义等同于公平，认为每个人各安其位，各尽其职就是正义。亚里士多德认为，正义就是一种基于平等的中庸，即对应该平等的方面给人们平等的待遇，对不应该平等的方面给予不同的对待。古罗马思想家认为，正义是给予每个人应得的部分。西塞罗认为，正义是自然法和理性的体现，是衡量实在法是否符合自然法的标准。经院哲学的代表人物、神学家托马斯·阿奎那则更多地从世俗的角度来说明正义的含义。他认为，正义是一种习惯，根据这种习惯，一个人以一种永恒不变的意志使个人获得其应得的东西。他还将正义划分为三种：第一，分配正义；第二，交换或矫正正义；第三，法律正义。启蒙时代是自然法思想占据统治地位的时代。自然法学家实质上是把人类正义作为衡量实在法合理性与合法性的标准。英国的霍布斯认为，行为正义与否取决于主权者，作为以主权者命令面目出现的法律无所谓正义与非正义，任何法律都不可能是非正义的。与自然法学派对正义的理解不同，边沁所代表的功利主义正义观则认为，正义的标准应建立在"功利"的基础之上，最大多数人的最大幸福是判断是非的标准。早期实证法学的代表人物英国的奥斯汀认为，凡是实际存在的法律就是代表正义的，违背这种实在法本身就是不正义的，尽管从纯粹道德的观点来看，这种"违法"行为是可以宽容和谅解的。现代许多思想家对正义问题也多有论述。美国法学家庞德认为，正义并不仅仅是指个人的德行或人们之间的理想关系，它更意味着一种体制，意味着对关系的调整和对行为的安排，以使人们生活得更好。比利时的佩雷尔曼认为，正义就是不管人们出于何种目的，不管在何种场合，都要以同一的方式待人，正义总是意味着平等，意味着同等待人。凯尔森认为，正义首先属于社会秩序的一种可能而非必然的品质，其次才属于个人的德性，因为个人行为的正义性取决于其是否符合那被认为代

---

　　① ［美］E.博登海默著：《法理学、法律哲学与法律方法》，邓正来译，中国政法大学出版社1999年版，第252页。

表正义的社会行为准则。美国的罗尔斯认为，正义的主要问题是社会的基本结构，是社会主要制度分配基本权利和义务，决定由社会合作产生的利益之划分的方式。

通过以上对正义学说的简略回顾，我们可以看出，对正义是什么的问题确实是一个众说纷纭、见仁见智的问题。我们在这里对正义从其作为一种价值的角度去理解。法的正义性或法的正义价值就是指法作为一种社会规范具有满足人们对正义需要的属性。所以，我们认为正义一词同时包含或涉及三个方面的意思：其一是指作为对某种事物的某种状态或性质予以描述的正义；其二是指作为人们的某种价值目标或理想追求的正义；其三是指作为检验或评价某一事物善恶优劣标准的正义。当然，正义的三个方面的含义是相互联系、有机统一的。阐明正义时仅仅将其解释为事物的某种状态或性质是片面的。同样，忽视正义作为一种评价标准，也往往是不全面的。正义是客体的属性、主体的愿望或需要与主体的评价相统一的概念。当然，并不排除人们在特定的情况下仅依正义的某一方面的含义来使用正义一词。①

（二）正义的种类

在法律思想史上，对正义有各种不同的分类，这里主要介绍如下几种：

1. 分配正义和矫（校）正正义

古希腊思想家亚里士多德将正义分为分配正义和矫（校）正正义。

这种分类可以说是法律思想史上对正义所做的最经典的分类。分配正义涉及财富、荣誉、权利等有价值的东西的分配。在这个领域实行比值上的平等，即对不同的人给予不同的对待，对相同的人给予相同的对待，这样就实现了正义。矫正正义是指在人与人的交往中，不考虑每个人身份地位、价值、能力与贡献上的差异，只考虑双方客观上得与失的均衡，损害与补偿的平等。如果在契约领域实现了平等交换，在侵权领域受害者从伤害者那里得到了适当的补偿，就实现了正义。亚里士多德对正义的这种划分对后世产生了非常深远的影响。

2. 道德正义、经济正义、政治正义、法律正义

这是根据正义存在的领域不同进行的分类。

美国法学家庞德认为，道德正义是一种个人的美德或是对人类需要的一种合理、公平的满足；经济正义和政治正义是一种与社会理想符合，足以保证人们的利益和愿望的制度；法律正义是一种通过法律的创制和执行以调整人们之间的关系及行为而形成的理想关系。②

3. 个人正义和社会正义

这是根据正义主体的不同进行的分类。

美国政治哲学家罗尔斯认为，个人正义是个人应对社会承担的一定的责任，它是个人的行动原则和评价准则；社会正义是指社会体制或社会基本结构的公正合理。社会基本结构是指社会主要制度分配基本权利和义务，决定利益划分的方式。罗尔斯认为社会正义是首要的正义，其对正义的实现具有基础性价值。

---

① 张恒山：《法理要论》，北京大学出版社 2002 年版，第 236 页。
② ［美］庞德：《通过法律的社会控制——法律的任务》，商务印书馆 1984 年版，第 73 页。

4. 实体正义和形式正义

这是根据正义与主体利益的关系不同进行的分类。

实体正义是关于制定什么样的原则和规则来公正地分配社会资源的问题，形式正义则是如何实施这些原则和规则以及违反这些原则或规则时如何处理的问题。实体正义意味着只要社会资源与利益分配的结果公正合理，具体分配的过程、方法或程序都无关紧要。形式正义则意味着只要社会资源与利益的分配过程（或程序）公正合理，具体的分配结果也应该是公正合理的。从法律的角度看，实质正义可以说是立法的正义，形式正义则是执法和司法的正义。

5. 自然的正义和协定的正义

这是根据正义的渊源或表现形式的不同进行的分类。

自然的正义是指不言自明的或来自习惯的正义，协定的正义是指以人们的合意形式存在的正义。

（三）法与正义的关系

在西方法律思想史中，法与正义密切相关。古罗马法学家乌尔比安认为，法学是关于神事与人事，正义与非正义的学问。凯尔苏斯认为，法律是"善和公正的艺术"。英语中如法官、司法、法庭、法学等都与拉丁语中的正义一词有关。

1. 正义对法律的作用

（1）正义是法律的价值目标，是使法律成为良法的保证

追求正义的实现，是现代法律的一个理想，而且是首要的和最高的理想。正义本身就意味着公道、公平、公正，这些构成了现代社会所有价值体系所追求的最高目标。法律作为一种权威的价值体系和规范体系，自然也应将正义作为其理想目标。在西方法律思想史上，正义的观念同自然法理论有着极其密切的亲缘关系。自然法理论认为，自然法即为普遍适用的正义之法，是各种形式的实在法得以有效的根据。因此，实在法只有以自然法为基础才是"良法"，否则就是"恶法"。

（2）正义对法律有评价作用，可以作为评价法律优劣的尺度和标准

一定的正义观不仅是评价人们行为公正与否、善良与否的标准，而且也是评价一定的法律与制度正义与否的标准。尽管对法律进行评价的标准是多元的，即在不同的时代、不同的国家差不多都有自己的标准体系，但在任何一个时代和国家都会将正义作为其评价法律的基本准则。对于明智的立法者，其在进行立法活动时往往都要对一定社会的正义观有深刻的把握，用社会的主流正义观来指引自己的立法活动。事实上，任何一个能长久有效的法律制度都必须有一个坚实的正义基础，因为，法律的有效实施有赖于民众的广泛认同。

（3）正义能推动法律的进化，是促进法律变革的经常性力量

正义作为法律的最高价值目标，不仅是评价法律善恶的准则，而且也是推动法律进化、促进法律革新的经常性力量。作为一种社会观念和准则，正义并非永恒不变的，不同时代和不同社会的正义观往往具有一定的差异。社会正义观的变化，往往会引起一定的法律变革。例如：在近代的欧洲资产阶级革命中，通过法律的形式确立了自由、平等、人权等原则，从而否弃了等级特权制度。这一成就与古典自然法学派对新的正义观的倡导分不

开，也与广大人民对新型正义观的认同与接受分不开。我国收容审查制度的废止，就与人们新的正义观分不开。

正义对法律的推动作用主要体现在以下几方面：第一，正义推动了法律精神的进化。法律的根本进步就在于法律总体精神的进化。法律精神进化的主要动力就在正义。第二，正义促进了法律地位的提高。对正义的不断追求使法治型法取代了人治型法。第三，正义推动了法律内部结构的完善。正义的这种推动作用表现在：正义观推动了宪法的产生；正义推动了控权行政法的产生和完善；正义推动了程序法质与量的提高；正义提高了法的实效。[1]

（4）正义可以弥补法律的缺失

社会生活丰富多彩，法律不可能将所有的问题都明确纳入其调整范围之中。社会生活变动不居，法律又不能朝令夕改，法律滞后在所难免。当出现这类情形时，法官往往要诉诸于一般社会观念（正义观念），以使冲突得以化解。因而，当面对案件事实时，无论是法律全无规定，还是法律规定模糊不清，裁判者往往都要诉诸于一般社会观念（正义观念），以弥补法律的缺失。

2. 法律对正义的作用

法律有善恶之分，因而法律对正义的实现具有或然性。良法对正义的实现确实具有促进和保障作用，恶法一般而言不仅不会促进正义，反而很可能造成新的不正义。在此意义上，正义只有通过良法才能实现。从人类法律发展历史的整体来看，有两点值得我们注意：第一，任何一个时代的法律都或多或少的包含了一定的正义的内容。第二，从各个时代法律的整体来看，其对正义的实现也有推动作用。因为，法律本身具有稳定性、规范性、明确性等形式上的特点，从而使其能在一定程度上防止专断和滥权。基于这一理解，我们需要明确的是"法律"一词在这里是从良法或法的整体角度来讨论法律对正义的促进作用的。

（1）通过立法分配权利以确立正义，从而实现分配正义

这一方面的作用包括：把指导分配的正义原则法律化、制度化，并具体化为权利、权力、义务和责任，从而实现对资源、社会合作的利益和负担进行公正、权威的分配。对于分配正义的实现方式而言，有学者认为，人类社会迄今实行过五种分配原则。它们分别是：无差别原则、按优点分配的原则、按照劳动分配的原则、按照需要分配的原则、按照身份分配的原则、[2] 这五种分配原则在不同的社会中都不同程度地存在过或存在着，但是各自在不同的社会中的重要性程度是有差异的。每个社会都会根据其自身的情况，将其认为重要的分配原则通过法律的形式确立下来，从而形成相应的权利义务，这就从一个非常重要方面体现或实现了正义原则。

当然，通过立法所确立的权利、权力、义务、责任的分配正义，还只是法律规范意义上的正义。这种法律规范意义上的正义能否转化为社会现实取决于诸多的社会条件的相互作用。同时，即使一定的法律从原初上看是正义的，但正义的法律可能因条件的变化而失

① 周永坤：《法理学》，法律出版社 2004 年版，第 238~239 页。

② 张文显：《法哲学范畴研究》，中国政法大学出版社 2001 年版，第 204~205 页。

去其合理性。因而，立法者应根据实际的情况及时进行法律的立、改、废工作，从而促进法律正义的实现。

（2）通过法律的实施，发挥法律的特殊强制性，惩罚犯罪，以促进和保障正义的实现

正义是法律的价值目标，法律是实现正义的重要手段。当正义的要求通过法律的形式确定下来以后，遵守和实施法律的行为就是正义的。现实生活中违反法律，甚至严重侵害他人和社会的情况时有发生，这时就需要通过惩罚犯罪表达法律的正义观念、恢复失衡的社会心理秩序。犯罪不仅是违反法律、危害国家和社会利益的行为，而且也是违反正义观念的邪恶行为。因此，出于正义的要求，对罪恶的行为应该作否定的评价。这是基于道义要求所产生的正义观的应有内涵。

（3）通过公正地解决纠纷，补偿损失以恢复正义

人的欲望无止，冲突就会不断。法律要切实地保障正义，必须在惩罚犯罪的同时，补偿人们因受到违法犯罪的侵害所蒙受的损失，以使正义得以恢复。对于消弭冲突，以恢复正义而言，法律无疑具有特殊的优越性。因为其不仅能为和平地解决冲突提供规则，而且也可以为公正地解决冲突提供程序。

在现代社会，为保障纠纷和冲突的和平、公正解决，法律所提供的规则和程序主要有：第一，审判公开，即案件的审理公开进行，接受社会的监督，但不受社会舆论的左右；第二，司法独立，即司法机关和法官依法独立行使司法权，不受立法机关、行政机关以及其他任何组织或个人的干涉；第三，回避制度，即任何人不得审理与自己有利害关系的案件，法官应以超然的第三者的身份来裁决案件；第四，律师自由，即律师能够没有顾虑地为当事人提供法律服务；第五，当事人的权利平等，即纠纷或冲突的当事人在诉讼中处于同等的地位，平等地享有相关的诉讼权利、分担诉讼义务；第六，案件的处理应当高效、及时；第七，判决的内容应有事实和法律根据，并为公认的正义观所支持；第八，应有上诉和申诉制度，从而使上级法院能够对下级法院判决的公正性、合法性进行监督等。

因此，如果说惩罚犯罪是基于道义的正义要求，那么，补偿损失则是基于功利的正义要求。实现正义是法律的起点，也是法律的最终归宿。总之，法律不仅在本性上是以追求和实现正义为价值取向的，而且法律的特殊品格也使其能够成为维护和促进正义的保障。

二、利益

【4-3】

立法中的地方保护

2004 年 5 月 24 日晚 8 点，央视整点新闻报道说，商务部部长助理黄海在接受有关全国汽车市场专项整治的采访时称：上海市私车牌照拍卖虽不属于此次汽车专项整治的范围，但这种行为违反了今年 5 月 1 日开始实施的《中华人民共和国道路交通安全法》（以下简称《交通安全法》）有关条款。黄海认为，从短期效果看，限制车辆发展对道路交通改善肯定会起到一定作用。但是长远来看，因

为汽车毕竟是要进入家庭的，不能仅靠控制车牌来改善交通。"按照新的道路安全法律，除了公安部门之外，任何部门都无权发放行车牌照，所以我们也希望上海方面能够按照新的道路安全法律，对这个行为再进行一次认真的研究。"迄今为止，这几乎是上海拍牌政策受到的来自最高层面的、最为严厉的批评和警告。随着消息的传开，该事件迅速成为上海街头巷尾议论的焦点。汽车经销商与持币待购的消费者大多认为，拍牌政策可以休矣。而来自专业界的观点也呈一边倒局势。在 5 月 25 日的例行上海市政府新闻发布会上，市府发言人焦扬称，上海现行拍牌政策是用市场化手段配置短缺资源，体现了公开、公平、公正的原则，目前没有得到改变现行做法的说法。她同时解释说，上海坚决执行国家《交通安全法》等有关法律法规，包括上海市人大通过的各种法规。但上海采取私车牌照拍卖是一种阶段性的做法，目的是为了控制机动车数量增长过快，缓解道路交通拥堵状况。这种阶段性的做法本身也是在实践中不断探索、不断完善。

(一) 利益的含义

利益（interest），本意为"利息"，原被用来表示债权人对利息要求的正当性。后来，利益作为个人与社会的一种关系的体现，日益得到广泛的应用。"这个概念，在关于自我与社会的关系方面，促成了一场革命，这种新的认识，是法国大革命的思想基础。"① 利益意识的觉醒，利益观念的形成，无疑是人类思想史上的一个伟大进步。

不少人把利益界定为"需要"，其实，从本质上讲，利益是社会主体的需要在一定条件下的具体转化形式，它表现了社会主体对客体的一种主动关系，构成了人们行为的内在动力。通说将利益的属性界定为以下几个方面：

1. 需要是利益的基础和始因

人的需要是人类生命活动的表现和必然要求。需要是主观与客观的辩证的统一。正是因为人们的需要使人们结成一定的社会关系和利益关系，而客观的现实条件使需要转变为利益，但是这些条件的出现要通过主体的努力。

2. 利益是主体对客体的一种主动关系

利益是社会成员对他所需要的客观对象的一种目的明确的态度，反映了主体对周围客观世界一定对象的需要。人们通过有目的的活动，生产、占有、使用他们利益所需要的特定对象。利益除需要的满足外，还包括满足需要的措施或手段。

3. 利益是人们行为的内在动力

人的活动是一种有意识的自觉活动，推动人们活动的直接动力是需要和利益。马克思曾指出："人们奋斗所争取的一切，都同他们的利益有关。"利益也意味着社会主体对一定的客观需要的人士在此基础上所进行的具有一定意志、追求一定目的的活动。正因为如此，经济学家会从利益的角度把人类行为理解为追求利益最大化的行为，或者称为"最大化行为"。

---

① ［美］科尔曼著：《社会理论的基础》（上），邓方译，社会科学文献出版社 1990 年版，第 28 页。

4. 利益是个客观范畴

在利益的属性问题上历来存在严重的分歧。马克思主义认为利益的认识和实现过程要通过人，但这并不意味着利益是主观和客观的统一体，任何社会活动以及反映他们的范畴都有人的意识参与，但他们并不因此而失去其客观性。利益可以形成意识，但它是意识以外的客观存在。

（二）法与利益的关系

法律往往表现为维护和实现利益的工具，在阶级社会维护的是一部分人的利益，在非阶级社会维护的是广大人民的利益。法的本质与利益从来没有分开过。

1. 利益对法律的作用

利益作为客观范畴，对法律起着决定性作用。

（1）法律起源之初，法律的产生是利益分化的结果。随着原始社会向阶级对立社会的过渡，全社会成员的利益逐步分化为各对立阶级的利益，社会规范的性质发生质的变化，法律应运而生。

（2）阶级对立社会，法律的根本内容由统治阶级根本利益决定。统治阶级的根本利益是指统治阶级在政治、经济和文化方面的决定其命运的重大利益。任何法律都会在根本性问题上，诸如国体、政体、国家结构形式、所有制、公民基本权利义务等方面，尽可能准确、充分地体现统治阶级的根本利益。而统治阶级内部个人的、局部的与这种根本利益相矛盾的利益，则可能被"舍弃"。

（3）法律的某些具体内容由全社会共同利益决定。无论自阶级对立社会还是非阶级对立社会，由于社会共同利益的驱动，法律总是承担着或多或少的社会公共管理职能，因而法律上总存在一些体现社会共同利益的内容，比如兴修水利、资源保护、环境保护等。

（4）在非阶级利益方面，法律的许多内容是对不同主体的冲突利益的综合权衡。当不直接涉及阶级利益时，立法者可能对相互冲突的利益进行权衡、协调、平衡、取舍或妥协。

（5）法律的发展受利益发展的影响。利益的发展影响和制约着法律的发展。法律为顺应一定形势、时代需要作出某些调整、改革。从实质上讲，这种调整和改革是立法者所代表的人们利益的必然要求。如果不及时对法律作出调整和改革，这将可能损害人们的利益，导致利益关系失衡。

2. 法律对利益的作用

利益制约、影响法律，而法律一旦形成则对利益具有能动的反作用。它可能促进利益的实现，也可能阻碍利益的实现；可以协调利益关系，也可以加剧利益冲突。这一切都取决于法律自身的品质。假定法律具备科学与合理的品质，那么，法律对利益具有积极的作用。

（1）法律可以确认、界定、分配各种利益。法律主要通过权利义务的机制来确认利益明目、界定礼仪范围、分配利益数量和质量。具体来讲，它包括：确认利益主体；确认主体地位和利益；确认利益目标所指向的对象；通过相关主体义务或职责的确认来界定利益范围；通过确认相关的方针、政策、原则、制度来指导实际生活中的利益分配；法对某些弱势利益给予倾斜性政策纠偏，以求实际的利益公平。

（2）法律可以协调利益关系。通过法律的规范指引，社会关系主体从事正当、和平的生活和生产活动；当社会主体利益发生冲突或矛盾时，人们根据法律规定自觉予以调节，或者通过法定程序解决争端，从而使利益得到协调。在市场经济条件下，个体利益与社会利益的协调更离不开法律的作用，我们一般通过对个体利益的限制来协调个体利益与社会利益的关系。但是法律对于某种利益的限制并不是毫无节制的，当需要使某种利益作出牺牲时，法律可以使利益牺牲降低到最低程度。比如法律对权力的限制，就保证了权力对利益干涉的滥用。

（3）法律可以保障、促进利益的实现。并非所有的利益都通过法律的强制而得以实现，但是如果没有法律，利益的实现必然会存在障碍。当合法利益受到侵害后，可以通过法律来恢复、修补被破坏的社会利益关系，弥补因冲突给利益主体带来的损失，从而实现利益。以法律强制手段惩罚违法、犯罪行为者恢复一种作为社会共同利益的正义秩序，同时也预防正常的利益关系受破坏。法律的实施可以创造出利益实现的条件，由于利益关系的连带性，一种利益的实现为另一种利益的实现提供了条件，因此法律可以促进利益的提前实现。

（4）法律可以促进某种新生利益的形成和发展。法律本身不能创造利益，但在一定条件下，优良的法律可以促使人们自觉追求的利益的形成和发展。立法者虽然不能创造社会利益关系，但是可以为新的社会利益关系的产生提供或创造条件。以法的纲领性及预测性为基础，引导利益关系朝着预定方向加速发展，促使一种新生利益的形成和发展。但是，若法律只是消极被动地反映社会生活是不能尽到应有职能的。

三、秩序

【4-4】

"非典"期间的秩序

2003 年 4 月，整个中国遭遇了一场事关国家、民族生死存亡的"非典"风暴。在"非典"期间，为能够有效控制疫情，保护广大公民的生命财产安全，行政机关出台了一系列应急措施。这些措施包括：（1）非法定的行政即时强制措施，如对患者的强制隔离治疗、对疑似病例或接触者的隔离、对相关场所封锁和控制；（2）对不特定的公众科以非法定的义务，如，要求公共场所的经营者对公共场所进行消毒，要求用工单位不得遣散员工并承担员工治疗费用，要求流动人口进行健康检查和登记；（3）颁布公共警告，控制人员流动；（4）简化防治"非典"药物的行政许可程序，如新药许可和进口药物许可；（5）对相关商品进行限价；（6）对特定人员科以非法定义务，如要求国家工作人员不得离职，否则将重罚；等等。

秩序之于人，如同水之于鱼。秩序不仅能令人安身，对于人的立命也不可或缺。秩序意味着安全，没有安全，人们的生活就会处于朝不保夕和无尽的恐惧之中。完全无序的状态如果不能消除，人类终将在无尽的争端中毁灭。在现代社会，法律是维系社会秩序最重要的手段。在此意义上，秩序不仅是法律的价值，而且是法律诸价值中最基础的一种。

（一）秩序的含义

"秩序"一词在汉语中是"秩"和"序"的合成。在古汉语中这两个词都含有常规次第的意思，指人或事物所在的位置，含有整齐守规则之意。《新华词典》把秩序解释为"有条理、不混乱的情况"。在一般意义上，秩序与混乱、无序相对，指的是自然和社会现象及其发展变化中的规则性、条理性。对"秩序"一词的词义，我们可以从静态和动态两个方面来把握。从静态上看，秩序是指人或物处于一定的位置，整齐、合理、有规则，表现为关系的稳定性，结构的一致性，形成一个统一的整体。从动态上看，秩序是指事物在运动、变化、发展的过程中表现出来的连续性、规则性和可预测性。

（二）法律秩序

1. 法律秩序的含义

"法律秩序"一词在不同的学者那里往往具有不同的含义。从总体来看，有两类不同的观点。第一种观点认为：法律秩序主要是指法律规范或制度的总体。由于这一法律规范或制度的总体中的具体规范或制度之间具有有机性和等级性，故将这一规范总体称为法律秩序。第二种观点认为：法律秩序是法律同社会的结合，是法律在社会生活中的实现，在这种意义上，法律秩序等同于法治秩序。我们认为，两种法律秩序的观点有其合理方面，也有偏颇。法律秩序不仅仅是抽象的制度或规范，也不仅仅是法律在实际生活中的实现，而应当是两者的统一。完善、优良的法律制度体系是良好法律秩序的根本前提，只有这种完善、优良的法律制度体系在实际生活中的真正实现，才能有良好的法律秩序。因此对于一个具有良好法律秩序的社会来说，良法及其实现两个方面缺一不可。

2. 法律秩序的特征

（1）法律秩序形成于法律的调整。我们都知道，法律是一个历史范畴，在法律产生之前，不存在法律调整，因此，也没有法律秩序；在法律消亡之后，亦意味着法律调整的消亡，从而法律秩序也将不复存在。法律也是一个社会范畴，只要人类社会需要相关的法律调整，也就有相关的法律秩序。法律秩序是法律调整的产物和结果。

（2）法律秩序是法律化的社会关系。法律秩序就是法律调整的社会关系，是社会关系的法定化或规范化，是人类社会本身的形式化、模式化和条理化。法律秩序是以人们的社会关系为内容的，或者法律秩序就是法律化的社会关系。在此意义上，社会关系既是法律调整的对象，也是法律调整的核心。

（3）秩序是人类生存的一种方式。近、现代的人类生活，虽不排斥纯粹道德的生活，但由于商品经济的高度发展，人口流动越来越频繁，陌生人社会取代了熟人社会，从而使人们的公共生活更主要由法律来调整。法律秩序之所以是现代人们的一种生活方式，就因为它既是人们按照法律活动的社会过程，也是按照法律活动的社会结果。

（4）法律秩序具有动态性。法律秩序是社会主体在法律运行机制的调控下，在遵守法律、适用法律的过程中形成的，在这一过程中，社会主体和各类法律机构都处于动态状态下。事实上，社会生活在不断的发生着各种各样的变迁，这意味着在保持法律相对稳定的条件下，立法者要及时地对法律进行立、改、废等活动。法律发生变动意味着相应的法律秩序也会发生变动。法律体现稳定性和变动性的统一，相应的法律秩序也就具有稳定性与变动性相统一的特性。

（5）法律秩序具有普遍性。法律秩序的普遍性源于法律本身的普遍性。法律秩序的普遍性，一方面，是对独断的、任意的或专制的权力的限制；另一方面，法律的普遍性使法律平等地适用于社会中的每一个人。法律秩序的普遍性包含了"立法的普遍性"和"判决的一致性"两个方面，对于一个具有良好法律秩序的国家来说，这两者缺一不可，否则法律秩序不可能实现。

（6）法律秩序具有强制性。法律秩序同道德秩序、宗教秩序相比，也具有独特的国家强制力。正因为法律秩序是根据法律的规定形成的，以国家强制力为保障，所以法律秩序更具有现实性。

（三）法律对于秩序的价值

1. 法律有利于建立和维持政治秩序

社会的各阶级和利益集团之间的冲突的无序化可能构成对社会最为严重的损害。为了避免社会的不同集团陷于无休止的冲突和矛盾之中，就必须把这种冲突控制在一定的秩序化状态之内。在现代社会，国家主要依靠法律的手段来调节各种社会政治集团之间的冲突。法律使社会政治秩序合法化、制度化，使政治运行过程程序化，从而将政治冲突限制在社会存在所允许的范围之内。法律作为社会治理的权威手段，将社会集团之间的关系纳入秩序的范围之内，使集团之间的冲突得到规制，这是在社会演化过程中人们实践经验的结晶，也是社会变迁的大背景之下不得不然的结果。

2. 法律有利于维护权力运行的秩序

权力如同一匹烈马，既能造福人民，也能危害社会。因此建立和维护权力运行的秩序，对良好的社会生活而言不可或缺。从社会的治理方式来看，法治取代了人治，与此相适应，权力的法律规制取代了权力的道德规制，法律一跃成为了最主要的权力规制手段。如，在现代民主政治中，各国的宪法几乎一致规定，一切权力属于人民。人民是主权者，但不可能每个公民都自己来行使具体的权力。国家的各类机关和人数庞大的公务人员存在的价值，实际上就在于代表人民行使权力。这里的问题是如何保证人民的公仆不被异化成人民的"老爷"，从而滥用手中的权力。法律无疑是防止权力滥用、建立良好的权力运行秩序的重要手段。

建立良好的权力运行秩序，我们认为至少应从以下方面努力：第一，建立良好、完善的法律制度体系；第二，通过宪法和法律的手段建立权力与权力的相互制约与平衡的机制，从而使任何一种权力都处于相对受制约的状态；第三，应进一步将权力的社会制约法律化、现实化，如违宪审查机制的建立，言论自由的确获保障等。

3. 法律有利于建立和维持社会经济秩序

恩格斯说过："在社会发展的某个很早的阶段，产生了这样一种需要：把每天重复着的生产、分配和交换产品的行为用一个共同的规则概括起来，设法使个人服从生产和交换的一般条件。这个规则首先表现为习惯，后来便成了法律。"① 法律通过将内在于生产、

----

① 《马克思恩格斯选集》第3卷，人民出版社1995年版，第211页。

分配和交换等经济活动的规律加以提升，使之明确化、合理化以及权威化，从而建立起良好的社会生产和交换秩序，使社会经济得以正常、健康地运行。

市场经济是法治经济。市场经济同其他经济形态相比，对法律需求更多、依赖性更强，同法律联系也最密切。法律在建立和维护市场经济秩序的过程中，起着至关重要的作用。

4. 法律维护社会生活秩序

如果没有一个安全稳定的社会生活环境，那么人类的一切活动都将丧失起码的前提条件。所以任何一个社会首先应该建立起一个正常的社会生活秩序。在现代社会中，法律对社会生活秩序的建立起着重要的作用。这体现在如下几个方面：

（1）确定权利和义务的界限，以避免纠纷。人类的生存资源的有限性与人类欲望的无限性之间的矛盾是社会生活中纠纷不断的重要原因。因而通过法律确定权利和义务的界限，将有限的资源进行合理的分配，以达到定分止争的效果。

（2）以和平、文明的手段解决纠纷。从历史的角度来看，人类社会进步的过程就是残酷野蛮的私力救济逐渐被公力救济所取代的过程。在现代社会，公力救济主要体现为司法机关的司法活动和执法机关的执法活动，其中司法活动对于社会冲突的解决而言更具有根本性。公力救济方式使冲突和纠纷在和平文明的程序中得到解决。

（3）对社会的基本安全加以特殊维护。对于人和社会而言，人身安全、财产安全、公共安全和国家安全等属于社会的基本安全，他们是社会生活得以正常进行的起码条件。如果这些安全不能得到保证，社会就将陷入一片混乱。所以任何国家的法律都会对社会的基本安全加以特殊的维护。这一点最典型的体现在各国的刑法对安全价值的特殊追求。

从【4-4】可以看出，当一个国家或社会遭遇紧急状态时，秩序往往会成为首要的法律价值。因为一旦社会秩序失控，其他的法律价值也很难得到保障。因此，在特定情形下，为了维持秩序，甚至可以暂时牺牲其他的法律价值。

四、自由

（一）自由的含义

自由是人类的一个理想、目标、目的、价值，追求自由，实现自由是人类最为崇高的最伟大的最神圣的理想、目标、目的。一部人类社会的历史是自由的历史，人类的发展和进步实质上是自由的发展、进步和提高。

在西方语言中，自由有两种表达方式：一是 freedom，源于日尔曼语，12 世纪前就已经出现，其意是指原始社会中无拘无束的自然生活状态，又指一户人家中除奴隶之外的成员；二是出现于 14 世纪的 liberty，源于拉丁文 libertas，即古罗马名叫"利伯"的神，也就是酒神狄俄尼索斯，后转指从被束缚、被虐待中解放出来。总之，西方语言中对自由的上述两种表达方式，虽然从词源上说有一定的区别，但都有独立、自主、不受拘束的含义。其中"独立"意味着人身依附的解除和人格的独立；而"自主"则意味着个人凭借理性选择自己的行为并承担由此带来的责任。

（二）法律自由的含义

与哲学、政治学、社会学的自由不同，法律上的自由与权利概念紧密联系在一起的，即（法律上）人的权利，自由权。有人认为，所谓法律自由，就是指一定国家的公民或团体在国家权力所允许的范围内进行活动的能力，是受到法律约束并得到法律保障的、按照自己意志进行活动的权利。作为法律权利，自由指权利主体的行为与法律规范的一致以及主体之间权利和义务界限。这正如孟德斯鸠所说："在一个有法律的社会里，自由仅仅是：一个人能够做他应该做的事情，而不被迫去做他不应该做的事情。……自由是做法律许可的一切事情的权利，如果一个公民能够做法律所禁止的事情，他就不再有自由了，因为其他的人同样会有这个权利。"①罗伯斯庇尔说："自由是人所固有的随意表现自己一切能力的权利，它以正义为准则，以他人的权利为限制，以自然为原则，以法律为保障。"英国思想家密尔把自由界定为"社会所能合法施于个人的权利"。美国政治学家乔·萨托利说："只有在普通法的法律体系之内，所有的人才能同样享受我们的关系中的自由，而又不会使每个人去损害他人。认为法律是对自由的违悖，这是一种误解；没有法律，甲的自由可能最终会造成对乙的压制。"他接着引用巴雷特·克利格尔的话说明法律之下的自由（不是作为自主的自由）对于自由社会的重要性，"我们怎样才能摆脱奴役？依靠法律。这条途径，这条唯一的途径，早在 2000 多年之前就被发现了……从那时以来，有没有找到更好的办法。"

这些界定和理解都相当准确地反映出自由在法律上的本质属性：

（1）法律自由是法律下的自由，是通过法律界定、确定的自由。没有法律，就没有自由。

（2）法律自由是法律基础上的自由，是受法律保障、维护的自由，人所享有的自由没有法律保护是无法真正实现的。

（3）法律自由是法律上的权利，与权利往往相同，相通用。

（4）法律自由是相对的，可变的，发展的，而不是绝对的，不变的，固定的。

（三）法律与自由的关系

1. 自由是法律的基本价值

（1）自由是法律产生和发展的前提。法律是自由的结晶（制度化、规范化、法律化）。自由是法律产生和发展的基础和前提，追求自由是推动法律发展变革的重要因素。没有自由作为前提、基础，没有自由作为法律内在的规定性，法律就不能成为法律。

（2）自由是法律的灵魂、精神。法律的目的、理想、目标、内容、标准都应当包含有自由的内容，都应当体现着人的自由精神，是人的自由需求、自由追求、自由精神的法律表达。这正如马克思所说，"法典是人民自由的圣经"。只有确认人的权利，维护人的自由，实现保障人的自由的法律，才是真正意义上的法律。

（3）自由是确认法律资格、评价法律的基本尺度。法律是否体现自由，是否追求自由，是否尊重自由，是否保证自由，是否实现自由，是评价法律优劣好坏的一项主要标准。离开了自由，法律就会成为空洞的外壳，没有灵魂的躯体，徒有其名。人们很难设想，不体现法律自由，不尊重法律自由的法律是一项法律。

2. 通过法律实现自由

---

① ［法］孟德斯鸠著：《论法的精神》（上册），张雁深译，商务印书馆 1978 年版，第 154 页。

（1）法律必须以自由为出发点和目的。确认、维护、保障自由是法律的本性，法律不是压制、干预自由的手段，而是为了保护、扩大、实现自由。正如亚里士多德所说，"法律不应该被看作（和自由相对的）奴役，法律毋宁是拯救"。洛克说："法律就其真正的含义而言，与其说是限制还不如说是指导一个自由而有智慧的人去追求他的正当权利。……法律的目的不是废除或限制自由，而是保护和扩大自由。"

（2）自由须有规则。哪里没有法律，那里就没有自由。人的自由不是随心所欲，不是为所欲为，不是任性，而是法律下的自由，是受到法律限制、制约的自由。孟德斯鸠说：自由是做法律所许可的事情的权利。康德说："一个人不需要服从任何人，只服从法律，那么，他就是自由的。"因此，人要获得自由，实现自由，必须服从法律，受法律的制约、约束。不受法律约束的自由，不是真正的自由，而是自由的反面。这正如卢梭所说，人只有在服从法律而不是服从人的条件下，才是自由的。服从法律就是服从自己的意愿，就是自由。他们企图打破法律的约束，那就反而更远地离开自由；因为他们常常会把与自由相对立的那种放荡不羁当作自由。在现代社会，作为权利的自由，它的内容、形式、范围、边际、量度、深度都是由法律确定的，并以法律准则为准绳的。除了法律规定所确定的东西以外，人的自由不受任何其他人、任何特权、任何权力的干预和束缚。

（3）保障自由是法律的重要使命。一方面法律通过把人的自由法律化，转化为权利，上升到法定权利的高度，使之具有合法性，从而表现为普遍的权利；另一方面，通过权利机制的配置、运作、救济，保护人们的自由、权利免受侵犯、侵害，防止自由的滥用、误用，使人的自由真正享有和实现。

（4）法律保障自由的实现。法律保障自由的实现方式是多方面的多层次的，其中最为重要的方面体现在：法律为自由与其他价值之间的张力、冲突的解决提供法律准则；法律为人与人之间的自由的冲突，提供协调机制，促进所有人的自由的共同实现；法律为人们的自由的真正享有、实现提供法定的方式、方法；法律为平等的自由提供保护机制；法律为自由被侵害、干预提供救济机制，等等。

3. 法律对自由的限制

自由是法律的自由，是法律方式的自由，是法律意义下的自由，是受法律限制、束缚的自由，是通过法律实现的自由。因此，人的自由与法律具有内在关联性，法律既是自由的一种保护、实现手段，也是自由的一种限制、约束工具。

法律对自由的合理限制，是奠定在一定的原则基础上。一般认为，法律对自由的合理限制原则主要有：（1）法律基于社会生活条件的制约而限制自由；（2）法律为了社会及他人的利益而限制自由；（3）法律为了行为人自身利益而限制自由；（4）法律为了各项自由的协调而限制自由。总之，法律限制自由不是任意的随便的，而是有其自身的界限和原则。否则，就是不合理的限制，就是对自由的干涉。

五、效率

（一）效率的含义

效率本是个中性词，并不表示价值判断。目前学术界对于效率一词主要有三种不同的理解：（1）投入产出效率，指资源投入与产出之间的比率。（2）帕雷托效率或卡尔多—

希克斯效率。帕累托效率是指，在交易中只要有至少一方利益增加了，而没有任何其他方因此而遭受损失，就是有效率的；卡尔多—希克斯效率是指，在交易后，只要其他人的损失总量小于通过交易得到的增益，就是有效率的。（3）社会整体效率，指社会生产对提高社会全体成员生活质量，促进社会发展的能力。

综上所述，我们给效率下这样一个定义：从一个给定的投入量中获得最大的产出，即以最少的资源消耗取得同样的效果，或以同样的资源消耗取得最大的效果。萨缪尔森断言"效率意味着不存在浪费。"一个有效率的社会，就是能够以同样的投入取得比别的社会更多的有用产品（广义），创造更多财富和价值的社会。一个良好的社会应当是自由的社会、正义的社会、同时也是富有效率的社会，没有效率的社会不能被认为是一个完善的社会。

（二）法律效率的含义及理论

1. 法律效率的含义

我们认为对于法律效率应从两个方面来理解：第一，法律效率是指法律制度对社会经济发展的影响，即法律制度是促进经济发展还是阻碍经济发展。如果是促进，那么在多大程度上促进？通过法律的作用，经济的效率是否还有提高的可能？第二，法律效率是指法律制度本身的效率问题，即法律制度本身的运作所需要的成本及其所带来的收益。这里的主要问题是：法律制度的社会成本是不是最低的，是否还有进一步降低的可能性，如何使现有的制度以较低的成本获得较好的收益？①

2. 法律效率理论

（1）经济分析法学派的效率指向。经济分析法学派是 20 世纪 60 年代在美国兴起，而后在西方各国广泛传播的一种新的法学流派。经济分析法学派主张将西方经济学特别是微观经济学的理论、观点和方法引入法学研究之中，以效益为标准分析和评价法律制度及其效果，进而改革法律制度。将效率问题引入法律并对法律的效率问题进行深入、广泛的研究是经济分析法学派的贡献。需要特别说明的是，一般认为经济分析法学派的效益和效率两个概念是通用的，均指投入和产出的比例，所以我们在这里依约定俗成对这两个概念将不做进一步的区分。② 经济分析法学派的核心思想就是"效益"，即法律的根本宗旨就是以价值或财富得以最大化的方式分配财富和利用资源。所有的法律活动（立法、执法、司法、诉讼）和全部法律制度（私法制度、公法制度、审判制度），都以有效的利用自然资源，最大限度地增加社会财富为目的。经济分析法学派不仅认为效益是检验和评价法律的规范与制度的根本标准和基本准则，而且认为在法律的价值目标的选择上，应坚持效益优先，公平居次要地位。他们认为，在法的价值领域抽象的谈论公平正义没有多大实际意义，当公平与效率发生冲突时，公平应当服从于效率。只有在经济发展和社会财富增加的前提下，真正的公平才有实现的可能，而这是在更高层次上和更大意义上实现了公平和正义。

（2）科斯的法律效率理论。科斯（Ronald H . Coase）是经济分析法学理论的奠基

---

① 高德步：《产权与增长：论法律制度的效率》，中国人民大学出版社 1999 年版，第 44 页。
② 张文显：《二十世纪西方法哲学思潮研究》，法律出版社 1996 年版，第 209 页。

者。他的理论被称为"科斯定理"。科斯认为，市场上发生的每一笔交易的谈判、协商和签约都有一定的费用，这个费用叫交易费用；一定的制度和规则必须提高效率，降低交易费用，否则旧的制度将被新的制度所取代。在 1960 年的《社会成本问题》一文中，科斯把交易费用的概念运用到法律问题上来。他认为，由于交易费用的存在，法律制度的不同规定、权利的不同授予，会导致不同效率的资源利用。科斯第一定理：在没有交易费用的条件下，无论法律如何分配权利，都会产生效益。虽然产生了效益，效益的分配是不同的。科斯第二定理是：在存在交易费用的情况下，不同的法律规定会产生不同的效益；应当选择能产生最大效益的权利分配方案。就这样，科斯用经济学的原理为如何制定、改革法律指出了一个以效益为准则的方向。①

（3）波斯纳的法律效率理论。波斯纳认为，经济学是人类在一个资源有限、不敷需要的世界中进行选择的科学。他的假设是：人是对"自我利益"的理性的、最大限度的追求者（自我利益不应与自私自利混同，他人的福利也可能是个人追求的满足）。从这一假设出发，就可以看出人会对各种刺激（激励）（incentives）作出反应，即如果我们改变一个人的环境，他通过改变自己的行为就能增加自我利益的话，他就会这样做。

波斯纳认为，由于交易费用的存在，根据科斯定理，法律对于实现激励和降低交易费用进而实现效益最大化就成了相当重要的一个环节。波斯纳接受了经济学的基本假定，认为市场原本可以最好地调节各种资源到最有效率利用的状态，由于交易费用的存在，交易会受到抑制，法律应当是"模拟市场"，以降低交易费用，使效益得以最大化。法律是通过权利义务的设定来规制人的行为的，因此当交易费用过高而抑制交易时，权利应赋予给最珍视它们的人。这是制定法律适应遵循的一个基本的原则，被称之为波斯纳定理。

（三）法律的效率价值

效率是任何一个社会所追求的基本价值之一，那么在法律的制定和执行过程中就不可能不以效率为其价值目标。法律对效率的追求集中体现在两个方面：一是通过法律分配资源，以实现经济效率最大化；二是法律的运行过程中以最小的投入获取最大的产出（包括社会效益、经济效益）。因而法律的效率价值包括两个方面：一是法律对经济发展的效率价值；二是法律运行本身的效率问题。

1. 法律对经济发展的效率价值

（1）通过确认和维护人权，调动生产者的积极性，促进经济效率的提高。在基本意义上，效率的提高就是生产力的进步，而生产力的进步不能没有人权的保障与推动。生产力的基本因素有三个，即劳动者（人）、劳动资料（物）和劳动技能（智）。只有这三种要素得到保护，并且能够得到自由的结合，生产力才能得到发展，效率才能提高。这三个要素分别是由人权、物权、知识产权（智权）来加以保护的。

（2）承认并保障人的物质利益，促进经济效率。追求利益是人类最一般、最为基础的心理特征和行为规律。个体对自我利益的追求是生产力提高、经济发展的决定性因素，是社会发展的原动力。承认和保护人对自我利益的追求，使之成为一种权利，从而激励人们最大限度的促进社会财富最大化，是人类之所以需要法律的一个重要理由。资源本身的

---

① 何勤华主编：《西方法律思想史》，复旦大学出版社 2005 年版，第 383~384 页。

有限性和人的欲望的无限性，决定了人类在追求自我利益的过程中必然会产生对立和摩擦。这种对立和摩擦会造成社会资源的巨大浪费。因此，法律在承认和保护个人利益的同时，还要权衡和调节各种利益冲突，以便把冲突降到最低限度。法律的整个运行过程实际上就是对各种利益进行权衡、选择和取舍，并通过法律权利和法律义务对各种不同的利益进行规范性调整的过程。

（3）确认和保护产权关系，促进经济效率。产权关系确受保护是有效利用资源的前提，只有如此，人们才有信心和动力去创造财富。产权关系明确，对于资源的有效利用，进而促进社会财富的增长也有非常重要的价值。法律在确认和保护产权的同时，还能够为产权的顺畅流转提供便利和保障。如果说产权的法律确认和保护是有效利用资源的必备条件，那么，产权的顺畅流转则是有效利用资源的充分条件。

（4）维护良好的经济运行秩序，促进经济效率。市场经济的良好运行需要一个相对稳定的秩序。在现代市场经济条件下，法律是最有效的维护经济运行秩序以促进经济效率的手段。制度经济学认为，市场经济之所以强调秩序，从根本上讲，就是要把市场本身的不确定性降到最低限度。例如，农民准备来年的种植计划，须考虑来年的农产品价格、气候，以及销售市场、出口政策等。这些因素都是未来的，而且难以确切预知。这将导致不确定性。不确定性从本质上是一种风险，而经济行动者进行经济活动的目的就是得到收益，而收益是对风险的报酬。由于市场本身存在不确定性和风险，而这种不确定性和风险的解决办法，一般是通过使人们建立合理的预期来降低或消除。制度经济学认为，合理预期的建立要以信息的充足性为前提，秩序的本质就是为人们提供一系列稳定的信息，将市场的不确定性和风险降到最低限度，从而达到利益的最大化。① 现代市场经济是法治经济，市场秩序主要是一种法律秩序。所以法律是通过建立和维持良好的经济秩序，进而促进经济发展的。

2. 法律运行本身的效率问题

由于人在大多数时候都是追求利益最大化的，所以立法者在进行立法、司法者在进行司法等活动时不可能不对活动的成本加以考量。在有两种或两种以上的不同方案时，一个理性的人总会选择成本最小的方案。所以立法者和司法者在进行立法和司法活动时，应当尽可能以小的成本获得更大的收益（包括经济收益在内社会总体效益）。因此对法律效益的考察就不能仅局限于法律对经济发展、生产力提高的作用，也应注意关注法律运行本身的成本节约问题。

（1）立法成本问题

立法过程要耗费一定的社会成本，这一点是显而易见的。比如，我们因为要立法所以要维持一个庞大的立法机构系统，这个系统在活动过程中要耗费大量的社会资源。美国经济学家斯蒂格勒曾研究了管制的成本问题。他认为，一定的社会利益集团为了获得管制，要通过政党在议会中进行活动，而这些活动都要花费成本，这些成本要由获得管制利益的利益集团支付，最终要由社会来承担。实际上，在立法过程中不同的利益集团会尽可能地使本集团的利益得到最大限度的体现，无论是支持或反对某一法案都是要有成本支出的。

---

① 高德步：《产权与增长：论法律制度的效率》，中国人民大学出版社 1999 年版，第 135~142 页。

一个国家如果有多个立法机构，不同的机构可能制定相同的法律或相互矛盾的法律，这时不仅是立法成本问题，实际上还会造成巨大的资源浪费。

在我们现行的许多与立法相关的制度中，存在着尽可能降低立法成本的措施。最典型的是代议制立法。依人民主权原则，法律应体现全体人民的意志，但依代议制原则，立法权一般由人民选出的代表机关享有。现代国家之所以采行代议制，而不采用全民参与立法的制度，其中一个很重要的原因就是基于成本的考虑。我国各种立法性法律对立法权限、立法主体、立法程序等都作了相对明确具体的规定，通过这样一种方式来实现节约立法成本的目的。

对于立法而言，节约法律成本应特别注意两个方面。第一，法律应确定恰当的调整对象。法律应调整可调整之事，即并非所有社会领域均适于用法律来调整，如母亲是否应用母乳来哺育婴儿问题即为适例；法律应调整能调整之事，即法律有所长，但亦有所短，许多问题法律往往无能为力，如人的信仰问题即为适例。法律调整对象选择不当不仅会徒增成本，而且会损害社会本身。第二，法律应对不同之事项采行相异的调整方法。如对一般的私人生活事项的规制更多应坚持"意思自治原则"，慎用国家强制；对于严重破坏社会、国家秩序之行为应保证国家强制的及时有效，否则会姑息养奸。

（2）司法成本问题

司法是使一个国家法律制度得以维持的重要手段，然而司法的运作需要国家投入大量的人力、物力和财力。如每个现代国家都有大规模的法院系统、遍布各地的警察机构以及其他各类保证法律有效运作的机构。这些机构要耗费大量的社会资源。从这一点来看，法律制度的运行成本是非常高的。对此，尤伦和考特就美国的司法成本问题指出："没有人知道法律纠纷花费了多少社会财富。1983年，联邦、州和地方在民事和刑事审判上的费用加在一起高达397亿美元，即每人平均花费170美元。这项费用分三部分，即在警方保护方面平均每人88美元；纠正措施方面44美元（如看守所和监狱）；司法措施方面37美元。这项费用约占1983年财政年度中整个政府开支的3%。警方保护方面的开支几乎全用在阻止犯罪上；纠正措施方面的开支几乎全用在惩处罪犯上；而司法措施方面的开支几乎全部用于解决纠纷上。"[①] 但这还仅仅是政府用在法律制度方面的直接开支。事实上，在通过法律解决纠纷的过程中，许多费用都是由当事人承担的。所以，司法的成本是十分高昂的。

在我们现行的法律制度中有许多节约司法成本的制度设计，最典型的法律就是程序法。比如，诉讼法有关于关于级别管辖的规定，以及法院内部分成不同的法庭（如立案庭、民事审判庭、刑事审判庭、行政审判庭等）进行审判，这都反映出现行的司法体制对司法分工和司法专业化的追求，司法专业化分工本身实际上就体现了对效率的追求。

（四）公平与效率的关系

1. 公平的含义

正确认识公平与效率关系的前提是对二者的含义有所了解。前面我们对效率的含义作了简单的说明，下面我们再来了解一下公平的含义。

---

①　［美］罗伯特·考特、托马斯·尤伦：《法和经济学》，上海三联书店1994年版，第660页。

　　"公平"含有公正（正义）和平等两方面的意思，通俗地讲就是得其所应得。一般认为公平有以下几种不同的含义。其一是指法律面前人人平等，这是一种竞争规则的平等；其二是指机会均等，即在法律面前人人平等的基础上，"前程为人人开放"。由于自然和历史原因形成人与人占有资源上的不平等，因此机会均等还意味着通过国家干预为每个人提供资源，让他们享受同等的机会；其三是分配公平，即分配正义，在机会均等的条件下每个人获得与自己投入有效资源相称的收益；其四是结果平等，是指人们在最终消费上的平等，也意味着国家通过对收入的再分配向每个人提供等量的报酬。在这四种公平中，法律面前人人平等是其他公平的前提和条件，而机会均等使得人们在自由竞争的公平条件下取得与自己有效投入相称的收益，从而实现分配正义。但是由于分配正义所依赖的分配标准受自然、历史条件的不平等的影响而形成结果不平等，只有通过国家干预来追加机会均等并实现结果平等。

　　2. 公平与效率的优先性问题

　　当公平与效率发生冲突时，我们必须要在二者之间作出选择。这就涉及到二者的优先性问题。关于这个问题，主要有三种观点：第一，是公平优先说。这种观点认为，公平是较高的价值，是一个社会最为重要的美德，不能为追求效率而舍弃公平。例如，罗尔斯认为，一个社会无论效率多高，如果它缺乏公平，则我们不会认为它就比效率较低但较公平的社会更理想。公平要求把人看作目的，而不应把人看作手段，公平承认人人都有天生的权利，这些权利不应受政治交易和经济利益的考虑左右。第二，是效率优先说。这种观点认为，效率优先是市场经济的必然规律，是评价和选择政策、宪法和法律的首要标准，当效率与公平发生冲突时，应优先选择效率；在效率长期低下的情况下，物质匮乏，其结果只能是贫困与不均并存，这是最大的不公平。例如，弗里德曼认为，生活就是不公平的，一个社会把平等——即结果平等——放在自由之上，其结果是既得不到平等，也得不到自由。[①] 第三，两者兼顾论。这种观点认为效率与公平本身不存在优先性问题。效率与公平并非截然对立，追求效率并非必然导致不公，追求公平也并非必然导致效率低下。效率与公平是内在统一的，没有公平的效率只能是皮鞭下的效率或饥饿压力下的效率；没有效率的公平只能是一种乌托邦式的公平。奥肯认为，社会既要适当的平均，又要不能太多地损失效率。[②]

　　我们认为正确认识效率与公平之间的关系应注意两个方面问题。第一，公平概念的内涵十分复杂，其与效率的关系必须具体考虑。无疑，法律面前人人平等和机会均等与效率是一致的，或者说这两种公平是效率的逻辑前提。分配正义和结果不平等是追求效率的必然结果，因此，效率与分配正义是一致的，分配正义促进了效率，效率与结果平等是相矛盾的。追求效率所导致的结果不平等在社会不能承受的情况下会妨碍效率。因此，适度的结果平等会促进效率。只有平均主义要求绝对的结果平等才与效率是矛盾的。第二，在历史的不同时期，由于人们面对的任务的不同，对公平与效率往往会作出不同的选择。在资本主义发展初期，社会的主要任务是经济发展即最大限度地增加社会财富，所以效率原则

---

　　① ［美］米尔顿·弗里德曼：《资本主义与自由》，商务印书馆1986年版，第152页。
　　② ［美］阿瑟·M. 奥肯：《平等与效率》，华夏出版社1987年版，第84页。

的重要性超过了公平原则；而在社会经济有了长足发展，收入差距的扩大引发了社会的冲突和矛盾时，公平原则受到了更多的重视。当然，在公平原则实施过程中，又会产生新的矛盾，主要是造成效率的损失。这时效率又会受到重新强调。①

【经典例题】

关于法与自由，下列哪一选项是正确的(　　)。

A. 自由是至上的和神圣的，限制自由的法律就不是真正的法律

B. 自由对人至关重要，因此，自由是衡量法律善恶的唯一标准

C. 从实证的角度看，一切法律都是自由的法律

D. 自由是神圣的，也是有限度的，这个限度应该由法律来规定

【答案】D

【解析】从价值上而言，法律是自由的保障，以"自由"为最高价值目标。自由是神圣的，同时也是有限度的，只有在法律规定的许可范围内才能实现真正的自由，否则，就不可能真正实现自由的价值。故 D 正确。

本 章 小 结

法的价值是法律作为客体，对于主体——人的意义，是法律作为客体对于人的需要的满足。法的价值的特征包括：具有客观性和主观性、属人性和社会性、应然性和实然性、特殊性和普遍性的基本属性。在一定社会生产方式的制约下，由法作为客体而产生的价值组成了法的价值体系。法的价值作为一个多元多维的庞大体系，包含着各种准则，不同的阶级、社团、个人在法律实践和法律理论上有不同的价值观念。不同的法的价值和法的价值观念，各自内部和相互之间的矛盾形成法的价值冲突。解决该冲突的最可行的办法是，在坚持基本价值不可动摇、法治原则的前提下，贯彻和实行法定价值优先原则、适当成本原则、最佳效益原则、补偿有余原则。

正义、利益、秩序、自由、效率及公平构成了法的基本价值形态。当代中国社会主义法的基本价值则是实行和实现对正义的促成、对秩序的维护及对效率的促进。

综 合 练 习

一、选择题

1. 关于法的价值，下列表述错误的是(　　)。

　　A. 法的价值体系包括法的形式价值、目的价值和评价标准体系

　　B. 法的价值完全取决于每个人的主观想法

　　C. 法的价值是法理学中重要的一个部分

　　D. 不同的法的价值在有些时候会存在某种程度的冲突

---

① 高德步：《产权与增长：论法律制度的效率》，中国人民大学出版社 1999 年版，第 24 页。

2. 法的价值通常在( )意义上被使用。
　　A. 法的目的价值　　　　　　　　　B. 法的形式价值
　　C. 法的价值冲突　　　　　　　　　D. 法律所包含的价值评价标准

3. 法律价值体系的构成包括( )。
　　A. 法的目的价值体系　　　　　　　B. 法的形式价值体系
　　C. 法的评价标准体系　　　　　　　D. 法的适用价值体系

4. 法律价值冲突的解决原则有( )。
　　A. 价值位阶原则　B. 个案平衡原则　C. 比例原则　　　　D. 补偿有余原则

5. 把正义分为分配正义和矫正正义的思想家是( )。
　　A. 乌尔比安　　　B. 亚里士多德　　C. 马克思　　　　　D. 奥斯丁

6. 法的基本价值有( )。
　　A. 正义　　　　　B. 利益　　　　　C. 自由　　　　　　D. 秩序

7. 法的价值位阶是( )。
　　A. 正义　自由　秩序　　　　　　　B. 正义　秩序　自由
　　C. 秩序　正义　自由　　　　　　　D. 自由　正义　秩序

8. 关于法律与自由的表述,下列哪一选项是正确的( )。
　　A. 自由对人至关重要,因此自由是衡量法律善恶的唯一标准
　　B. 自由是至上和神圣的,限制自由的法律不是真正的法律
　　C. 实证的角度看,一切法律都是自由的法律
　　D. 自由是神圣的,也是有限度的,这个限度应由法律来规定

9. 根据报道,我国要研究进一步深化户籍制度改革的意见,取消农业、非农业户口的界限,探索建立城乡统一的户口登记管理制度。这一改革最主要体现的法的价值是( )。
　　A. 正义　　　　　B. 秩序　　　　　C. 效率　　　　　　D. 安全

10. "法典是人民自由的圣经"出自( )。
　　A. 西塞罗　　　　B. 洛克　　　　　C. 卢梭　　　　　　D. 马克思

二、判断题

1. 任何法律制度的目的价值都具有多元性和时代性。　　　　　　　　　( )

2. 自由是最高的价值,不能以任何理由剥夺。　　　　　　　　　　　　( )

3. 新冠疫情肆虐,我国政府明确提出坚持"人民至上,生命至上"不动摇。从理论上说,在法的各种价值发生冲突时,党和政府正确运用了"个案平衡原则""比例原则""补偿有余原则",平等保护每个公民的生命健康权,正彰显了公平正义的法律价值。
　　　　　　　　　　　　　　　　　　　　　　　　　　　　　　( )

三、名词解释

1. 个案平衡

2. 比例原则

3. 分配正义 矫正正义

四、简答题

1. 简述法的价值冲突的解决原则。

2. 简述法律和正义的关系。

3. 法律对秩序的维护作用。

4. 简述法律对自由合理限制的原则。

5. 简述法律和自由的关系。

五、拓展训练

1. 2005 年一场车祸无情地夺去了三名孩子的生命，同坐一辆三轮车的三个孩子被一辆大货车当场撞死。然而其中两名城镇户口的同学的家人得到了 20 万元左右的赔偿，而户口在农村的 A 同学的家人仅仅得到了 5 万元的赔偿。为什么会出现这种"同命不同价"的现象？因为 2004 年 5 月 1 日开始施行的最高人民法院《关于审理人身损害赔偿案件适用法律若干问题的解释》中明确规定：死亡赔偿金按照受诉法院所在地上一年度城镇居民人均可支配收入或者农村人均纯收入标准计算。按照当年该地统计部门的数据，就得出了上述 20 万元和 5 万元的巨大差距的结果。

请运用法的价值原理分析该案例。

2. "正义只有通过良好的法律才能实现"，"法是善良和正义的艺术"，这些古老的法学格言和法的定义表明法是或应当是实现正义的手段，法律最重要的价值在于实现正义。

然而，社会上有人否认法律的作用，说什么"法律是最大的骗局""法律只是摆设""只有白痴相信法律"；也有人提出相反的观点："之所以社会问题众多，就是因为法律不健全、不完善，只要建立起完善的法律，就不会存在不公平等问题了。"

法律最重要的价值在于实现正义，请结合实际谈谈法对正义的实现作用。

第五章　法　的　作　用

本章知识结构图

知识目标：了解法的作用的含义和分类，掌握法的规范作用、法的社会作用以及法的作用的局限性。

能力目标：通过对法的规范作用的讲授，培养学生从宏观上分析问题的能力，从微观上掌握问题的能力；通过对法的规范作用的讲授，培养学生敏锐观察社会发展的能力；通过对法的局限性的讲授，培养学生辩证思维的能力和实事求是、具体问题具体分析的能力。

素质目标：引导学生树立正确的法律观、价值观、人生观和世界观；关注社会发展、关爱他人的情怀。

第一节　概　　　述

本节知识结构图

一、法的作用的概念

法的作用，一般是指法对人们行为和社会生活的影响。

法的作用问题是法学、特别是法理学研究当中的一项具有重要意义的课题，法学关于法的本质、特征、要素、法律关系、法律行为、法律责任的研究，都是为了更好地揭示法的作用，而关于法律体系、法与政治、法与经济、法与社会、法与科技、法与文化教育的关系等问题的研究，也是为了更好地探索法发挥作用的方式、原理和效果。而在实践层面上，准确理解和有效发挥法的作用也是一个非常重要和关键的问题，需要具体部门法学者和法律实践工作者进行把握。总之，无论是在法学理论中，还是在法律实践当中，法的作用的问题都需要并值得进行深入、细致的理解、研究和把握。

关于法的作用的问题，历史上各个时期的许多思想家和法学家都曾论及，有的人认为法的作用是"定分止争""给每个人他应得的"，有的则认为法的作用是"禁奸止暴""实现社会控制"，还有人认为法的作用是"保护和扩大自由""促进社会正义"，等等。这些论述具体而言都有其合理性的因素，触及了法的作用的某一方面，并对后人理解法的作用具有一定的启发作用。但是，这些论述都没有触及法的作用的本质层面。根据历史唯物主义的认识论和方法论来看，法的作用从本质上来讲其实质是统治阶级（或人民）意志、国家权力对社会关系和社会生活的影响。

二、法的作用的分类

对于法的作用，可以进行多种分类。一般有以下几种：

（一）法的一般作用和法的具体作用

这是根据一般与特殊的逻辑关系的不同进行的分类。

法的一般作用是对法的各种具体作用所做的最抽象的概括，即通过确定权利义务的法律关系保障一定的社会秩序和利益格局，在这个层面上，各个历史类型的社会当中的法所发挥的作用是一样的。法的具体作用则不同，它具体到了各种不同类型社会的法所发挥的特殊、具体的作用。显然，由于社会条件、阶级结构等因素的不同，法的具体作用是不可能相同的。

（二）法的整体作用和法的局部作用

这是根据法的整体系统与法的子系统各自的作用范围不同进行的分类。

法的整体作用是法律系统作为一个整体所发挥的作用，相对于其他规范系统而言。法的局部作用指的是法律各个部门、甚至于具体的法律所发挥的作用。虽然法的局部作用从属于法的整体作用，但是很显然，法的局部作用，各个部门法所发挥的作用有其特殊和相对独立的一面。如刑法的惩治作用就不同于民法的保护、恢复权利作用。

（三）法的预期作用和法的实际作用

这是根据人们的法律期待与法律实际效果之间的差别不同进行的分类。

这种区分在法律理论和实践当中都具有很大的意义。对于法的作用，人们，特别是立法者都有种种或者特定的预期，然而，法实际上所发挥的作用如何，却很有可能是另外一回事。这种情况在法制尚未健全的社会尤为突出。法的预期作用与法的实际作用相符，说明本本上的法律已经转变为社会现实，法律产生了实效。

（四）法的直接作用与法的间接作用

这是根据法作用于社会生活的途径不同进行的分类。

每个法律规范都有自己直接发生作用的社会关系范围，在这个范围内，法发挥的是它的直接作用。而通过直接作用于某一社会关系范围，通过社会关系之间的相互关联和作用而对其他范围的社会关系产生作用，这里法所发挥的就是间接作用。例如，刑法通过惩治罪犯来维护和修复特定的受到犯罪行为破坏的社会关系，而这种惩治显然会对犯罪形成威慑作用和预防作用，从而对社会治安产生影响，进而会对整个社会的发展秩序产生影响。

又如民法保护的是个人权利和自由，对个人权利和自由的保护又会促成良好的社会交往和交易秩序，促进经济的发展和社会的进步。

（五）法的积极作用和法的消极作用

这是根据法发挥作用的社会意义和社会效果不同进行的分类。

法的积极作用是指法对社会生活产生了积极的、正面的促进作用，实现了它所要达到的目的；而法的消极作用则是指法对社会生活造成了消极的、负面的影响和效果。在很大程度上，法的积极作用和消极作用，也表现在人们对既定法的评价上，也就是法所得到的肯定或否定的评价。

（六）法的规范作用和法的社会作用

这是根据法作用于人的行为和社会关系的形式和内容之间的不同进行的分类。

法的规范作用，是法作为社会规范本身所具有的功能和作用，是法在形式意义上具有的作用。而法的社会作用，则是法作为社会规范对社会的影响和作用，是本质和目的的意义上的法的作用。法的规范作用与法的社会作用是手段与目的的关系，即法通过其规范作用（作为手段）实现其社会作用（作为目的）。法的规范作用可以使人们明确区分法与其他社会规范在作用上的不同，而法的社会作用则有助于人们理解不同社会形态中法的作用的不同。过去我们常常偏重对于法的社会作用的理解和讨论，这当然很好，正是法的社会作用的不同，使得不同社会类型的法有了本质的区别。但是，我们应当看到，法的规范作用也是不应忽视的，目的需要手段的支撑，没有对法的规范作用的充分认识、理解和发挥，就会对法的社会作用的发挥产生不良影响。对法的规范作用的把握，还有助于明确法与其他社会规范的区别，找出法作为社会规范所具有的优势及局限性。在这个意义上来讲，将法的作用分为规范作用和社会作用是非常重要的，这是一种比较理想的能够深入而具体地认识法的作用的分类。

【经典例题】

"法，国之权衡也，时之准绳也；权衡所以定轻重，准绳所以正曲直"。关于法的作用的理解，下列表述错误的是（　　　）。

A. 法的作用是统治阶级或人民的意志影响社会生活的体现

B. 法的作用是国家权力运行过程的体现

C. 法的作用是社会生产方式自身力量的体现

D. 法可以离开阶级国家和社会独立发挥作用

【答案】D

【解析】法的作用一般指法对人们行为和社会生活的影响，故 A 正确；法是国家意志的体现，通过国家权力的运行来发挥法的作用，故 B 正确；法最终决定于生产方式，故 C 正确；法与国家同时产生，并通过规范人们的行为最终作用于国家和社会，不能脱离国家和社会独立发挥作用，故 D 错误。本题是选非题，故 D 为选项。

第二节 法的规范作用

本节知识结构图

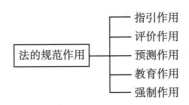

【5-1】

高经理起草《酒后代驾服务规则》

某公司高经理与员工在饭店喝酒聚餐后表示：别开车了，"酒驾"已入刑，咱把车推回去。随后，高经理在车内掌控方向盘，其他人推车缓行。记者从交警部门了解到，如机动车未发动，只操纵方向盘，由人力或其他车辆牵引，不属于酒后驾车。但交警部门指出，路上推车既会造成后方车辆行驶障碍，也会构成对推车人的安全威胁，建议酒后将车置于安全地点，或找人代驾。鉴于我国对"酒后代驾"缺乏明确规定，高经理起草了一份《酒后代驾服务规则》，包括总则、代驾人、被代驾人、权利与义务、代为驾驶服务合同、法律责任等共六章二十一条邮寄给国家立法机关。

一、指引作用

法是通过规定人们在法律上的权利和义务以及违反法律规定应承担的责任来调整人们的行为的。调整就是指引。法的指引作用是指法通过授权性行为模式（权利）和义务性行为模式（禁止性行为和命令性行为）的规定，指引人们作出一定行为或不作出一定行为。当然，指引作用的发挥以对法律要求的知晓为前提。指引作用的对象是每个人自己的行为。

法的指引是一种规范指引，它不同于个别指引。个别指引是通过一个具体的指示就具体人和情况进行指引，个别指引针对性强、具体，但完全依赖于个别指引则存在一些缺点：在时间、精力和经济上会带来浪费；不适应系统化的社会管理需要；偶然性、个别性因素太大，缺乏统一性；缺乏确定性、安全感，因而容易导致人们的不稳定心理等。规范指引虽然很抽象，存在针对性弱的一面，但是它能克服个别调整的上述缺点。它具有连续性、稳定性和高效率的优势，是建立社会秩序必不可少的条件和手段。

法的指引的种类按不同的标准有以下几种：

1. 确定的指引和有选择的指引

这是根据法律规则中的行为模式不同所进行的分类。

确定性指引，指的是通过明确的法律规定，要求人们作出或者不做某种行为的规定；有选择的指引，指的是法律并不对人们的行为作出具体的明确的规定，而是给予人们选择的权利和机会，也就是说，人们对这种指引可以作出选择。可以看出，确定的指引主要通过规定法律义务的方式作出，而有选择的指引则主要通过赋予法律权利的方式作出。确定的指引之目的，在于抑制和禁止人们的某种作为或不作为；而有选择的指引之目的，则在于鼓励人们从事某种行为。

2. 原则的指引和具体的指引

这是根据法的构成要素不同进行的分类。

法的要素包括原则、规则和概念。原则的指引就是对人们的行为和社会关系作出的大概的、宏观的、原则性的指引。具体的指引，指的是某一法律规则针对某种行为所作出的具体的的指引。

二、评价作用

法律作为一种行为标准和尺度，具有判断、衡量人们的行为的作用。法的评价作用是指法作为一种行为标准和尺度，对他人行为是否合法有效进行评价所起到的作用。评价作用的对象是他人的行为。

法的评价不同于道德评价、政治评价等一般社会评价。法的评价是用法的规范性、统一性、普遍性、强制性等标准来评价人们的行为，这是由法的评价标准和评价特点决定的。法的评价标准相对于道德评价和政治评价而言，是国家的一种最低要求，显然，道德评价和政治评价的标准往往比法的要求要高很多。比如道德评价可能会要求人们去无偿帮助他人，助人为乐，而对于自私自利的行为则进行贬斥，但在法律上，只要人的行为不违反法律即可，而不管他（她）在道德上所受到的评价如何。

法的评价可分为两大类，即专门的评价和一般的评价。前者是指经法律专门授权的国家机关、组织及其成员对他人的行为所作的评价，如法院及其法官、仲裁机构及其仲裁人员、行政机关及其公职人员对人们行为所作的裁判或决定。其特点是代表国家，具有国家强制力、产生法律约束力，因此又称为效力性的评价。后者是指普通主体以舆论的形式对他人行为所作的评价，其特点是没有国家强制力和约束力，是人们自发的行为，因此又称为舆论性评价。

三、预测作用

法的预测作用是指人们根据法可以预先估计相互间将怎样行为以及行为的后果等，从而对自己的行为作出合理的安排。法具有预测作用，人们就可以根据法律来合理地作出安排，以便用最小的代价和风险取得最有效的结果。法的规范性、确定性的特点告知人们如何行为，使人们可以进行相互行为的预测，加之法的内容的明确性，并在一定时期内保持连续性，为人们进行行为预测提供了可能的前提。法的预测作用的对象是人们的相互行为，包括国家机关的行为。

法律的预测作用表现在：人们可以根据法律规范的规定可事先估计到当事人双方将如

何行为及行为的法律后果，从而对自己的行为作出合理的安排。一般而言，它分为两种情况：第一，对如何行为的预测。即当事人根据法律规范的规定预计对方当事人将如何行为，自己将如何采取相应的行为。第二，对行为后果的预测。由于法律规范的存在，人们可以预见到自己的行为在法律上是合法的，还是非法的，在法律上是有效的，还是无效的，是会受到国家肯定、鼓励、保护或奖励的，还是应受法律撤销、否定或制裁的。法律具有预测作用是与法律的规范性、确定性特点相联系的。

四、教育作用

法的教育作用指的是通过法律规则和原则的方式，向人们灌输和宣传国家或社会的价值观念和标准，并使之内化为人们的行为。法的教育作用的对象是一般人的行为。它对于提高公民的法律意识、权利意识、义务观念、责任感、遵守法律和纪律的自觉性是不可或缺的。

法律的教育作用表现在：通过法律的实施，法律规范对人们今后的行为发生直接或间接的诱导影响。法律具有这样的影响力，即把体现在规则和原则中的某种思想、观念和价值灌输给社会成员，使社会成员在内心中确立对法律的信念，从而达到使法的外在规范内在化，形成尊重和遵守的习惯。

法律的教育作用主要是通过以下方式来实现的：①反面教育。即通过对违法行为实施制裁，对包括违法者本人在内的一般人均起到警示和警戒的作用。②正面教育。即通过对合法行为加以保护、赞许或奖励，对一般人的行为起到表率、示范作用。

五、强制作用

法的强制作用的对象是违法犯罪者的行为。通过制裁可以加强法的权威性，保护人们的正当权利，增强人们的安全感。法律的强制作用表现在：法律运用国家强制力制裁、惩罚违法行为。法的强制作用是任何法律都不可或缺的一种重要作用，是法律的其他作用的保证。如果没有强制作用，法的指引作用就会降低，评价作用就会在很大程度上失去意义，预测作用就会产生疑问，教育作用的实效就会受到影响。总之，法律失去强制作用，也就失去了法律的本性。

法的强制作用根源于法所依赖的国家强制力。正是有了国家强制力的支撑，法的强制性才能得以有效发挥。法的强制作用最突出和极端的体现是刑法的强制性：对于触犯刑法、侵犯刑法所保护的社会关系的犯罪行为，刑法规定了剥夺犯罪人自由甚至生命的刑罚。民法也有强制性的规定，如停止侵害、排除妨碍、消除危险、返还财产、恢复原状等都是民法对违反民事义务人的强制性规定。行政法、经济法及其他法律当中都有相应的惩罚性和强制性规定。

【5-1】案例中，因法律禁止"酒驾"，故高经理和公司员工拒绝"酒驾"，表明其行为受到法律的指引，体现了法的指引作用。

【经典例题】

关于法的规范作用，下列哪一说法是正确的？（　　　　）

A. 陈法官依据诉讼法规定主动申请回避，体现了法的教育作用

B. 法院判决王某行为构成盗窃罪，体现了法的指引作用

C. 林某参加法律培训后开始重视所经营企业的法律风险防控，反映了法的保护自由价值的作用

D. 王某因散布谣言被罚款 300 元，体现了法的强制作用

【答案】D

【解析】法的规范作用分为指引作用、评价作用、预测作用、教育作用和强制作用。法的指引作用是指法律作为一种行为规范，为人们提供某种行为模式，对象是本人的行为。法的评价功能（作用）是指法律对人们的行为是否合法或违法及其程度，具有判断、衡量的作用，也就是说对他人的行为的评价。法的预测作用是指人们可以根据法律规范的规定预先估计人们之间的行为，其对象是人们相互之间的行为。法的教育作用是指通过法律的实施时人们今后的行为发生的影响，针对的是一般人的行为。法的强制作用是指法为保障自己得以充分实现，运用国家强制力制裁、惩罚违法行为的作用，针对违法犯罪人的行为。可知，选项 A 体现了指引作用。选项 B 体现了评价作用，选项 C 体现了指引作用，选项 D 体现了强制作用。

第三节　法的社会作用

本节知识结构图

法的社会作用，包括政治作用即维护一定阶级统治的作用和社会管理作用即执行一定社会公共事务的作用。法的双重作用实际上是与国家的政治作用和社会作用相吻合的，是法的本质的相互矛盾又相互统一的两个方面。

一、法的政治作用

法的政治作用，是国家活动的基本方向在法律上的体现，反映了法存在的根本价值，是法的阶级意志性的集中体现。法的政治作用是联系法的社会政治目的和使命来观察的。从这个角度观察，法的作用同与该法紧密联系的一定国家权力的作用和职能是一致的。有什么样性质的国家权力，就有什么性质的法。这反映了法与其所依赖的国家权力在社会阶级、本质上的一致性。

（一）法在政治方面的作用

一般说来国家权力与法在政治方面的职能和作用具有一致性，国家权力对内有确认和维护统治阶级在政治上、经济上的统治地位，建立相应的国家制度；调整和解决统治阶级

内部的矛盾与同盟者的关系；保护主体的合法行为和合法权益；镇压被统治阶级的反抗，使其活动控制在统治秩序所允许的范围内；制裁一切违法犯罪行为等作用。国家权力对外有抵御外来侵略，保卫国家，开展与世界各国的交往，实现对外的经济文化交流的作用。法在政治方面的作用主要表现在确定一个国家的国体（即国家的阶级属性）、政体（即国家的政权组织形式）、政党制度、不同国家机关之间的关系、中央和地方的关系、国家司法机关的地位和作用、公民的法律地位、公民的基本权利和义务等方面。

（二）法在经济方面的作用

首先，法律对经济基础有重要的反作用。法要确立和维护有利于统治阶级的经济制度，为巩固和发展这种经济基础服务，保护合法的财产和财产所有权以及财产流转关系，调整和解决各种财产纠纷，定纷止争，维护社会经济秩序。法既要体现和保障社会生活参加者一定历史阶段所能有且应有的行为自由和纪律，又要维护适应一定生产方式的社会秩序。

其次，法在协调各种利益的关系中有重要作用。法在协调利益关系时遵循什么原则，取决于法的阶级社会本质，也取决于利益关系主体所处的历史条件。在当代中国，人民当家做主，成为社会的主人，为各种利益关系的协调创造了极为有利的条件。当代中国的社会主义法，从广大人民（即社会上绝大多数人）的最大利益出发，兼顾国家、集体、个人的利益，兼顾眼前利益与长远利益、局部利益与整体利益，少数利益与多数利益，在兼顾各方利益的基础上，以三个有利于为标准，协调不同利益之间的矛盾。

最后，法可以促进或阻碍社会生产力的发展。法对生产力的发展起着间接的作用，通过调整生产关系对生产力的发展间接地产生影响，或者促进或者阻碍社会生产力的发展。法对社会生产力的促进作用是有条件的，这个条件就是统治阶级的利益、意志要与社会发展的客观要求相一致，以及立法者能够正确的认识和运用客观规律。统治阶级的利益、意志与社会发展的客观要求相一致，所形成的法律一般就可以促进社会生产力的发展。如果法所反映的阶级意志不符合社会发展的客观要求，其立法必然阻碍社会生产力的发展。

（三）法在文化方面的作用

法在文化方面的职能和作用表现在：（1）确立和维护有利于统治阶级的文化教育制度，规定发展文化教育事业的基本方针、原则、途径和管理制度，（2）确认统治阶级的公平正义价值观及其发展方向，以国家意志的形式宣告该社会的思想、伦理、价值观的正当性，维护有利于统治阶级的思想道德，将大量社会公共道德和职业道德准具体化、规范化、法律化，并保障其贯彻执行。（3）培养统治阶级的法律意识和守法观念，使其在全社会道德观念、法律价值观念和标准的转型过程中发挥重要作用。一个阶级是社会上占统治地位的物质力量，同时也是社会上占统治地位的精神力量，支配着物质生产资料的阶级，同时也支配着精神生产的资料。因此，那些没有精神生产资料的人的思想一般的是受统治阶级支配的①。法在文化方面的职能和作用，就突出体现了这种支配和引导作用。

（四）法在促进社会协调发展方面的作用

随着社会经济的发展，如何协调社会发展的各个方面已经成为摆在世界各国面前的十

---

① 参见《马克思恩格斯全集》第 3 卷，人民出版社 1960 年版，第 52 页。

分重要的问题，特别是经济发展所带来的社会问题，如社会贫富差距、城市化、犯罪、环境污染等。如果处理不好这些问题，不仅会带来一系列的不良后果，甚至会影响社会的安定与繁荣。法律在这方面起着重要的作用，如采取实行税法、社会保障法、环境法等措施，促进社会和谐发展。

二、法的社会管理作用

【5-2】

北京郭某不服电子警察违章认定案

2004年6月18日17时48分10秒，海淀交通支队设置的交通技术监控设施，记录了车牌号为京FU×××的小型客车，有在北京市海淀区阜永口违反交通信号灯的行为。海淀交通支队民警通过查询机动车档案信息，认定车牌号为京FU×××的小客车的车辆所有权人为郭某，车身颜色为灰色，车型为捷达。同年7月27日，海淀交通支队依照法定程序，对郭某作出罚款200元的处罚。同年7月28日，郭某到指定的地点缴纳了200元罚款。同年7月27日，郭某向北京市公安局公安交通管理局申请行政复议，北京市公安局公安交通管理局于同年9月27日以京公交复决字〔2004〕第19号行政复议决定维持了海淀交通支队作出的处罚决定。郭某遂于同年10月11日向海淀区人民法院提起行政诉讼。2004年12月14日，海淀区人民法院行政庭一审审结该案。他们在判决书中指出，公安机关交通管理部门及其交通警察，具有维护交通安全和交通秩序，对道路交通安全违法行为作出处理的法定职权。海淀交通支队作为公安机关交通管理部门，可以依据《道路交通安全法》的有关规定对道路交通安全违法行为予以处罚。

无论是在阶级对立的社会，还是在社会主义社会，法都发挥着重要的社会管理作用，即维护和促进公共事务的发展。虽然相比较而言，在社会主义社会，法的社会职能会更加广泛而突出，法在更大的程度上是为了社会的政治、经济、文化的发展而做贡献。但是在阶级对立社会，特别是在发达资本主义国家的有关社会公共事务的立法，仍然值得去借鉴和学习。

社会公共事务是相对于纯粹的政治活动而言的一类社会活动。其特征是：这些事务的直接目的并不表现为维护政治统治，而在客观上对全社会的一切成员均有利，具有"公益性"。法律在执行社会公共事务上的作用具体表现在这样一些方面：

（一）维护人类社会的基本生活条件

包括维护最低限度的社会治安，保障社会成员的基本人身安全，保障食品卫生、生态平衡、环境与资源合理利用、交通安全，等等。

（二）维护生产和交换条件

即通过立法和实施法律来维护生产管理、保障基本劳动条件、调节各种交易行为等。

（三）促进公共设施建设，组织社会化大生产

即通过一系列法律来规划、组织像兴修水利、修筑道路桥梁以及开办工业、组织农业生产之类的活动，对这些活动实行管理。

（四）确认和执行技术规范

包括执行工艺和使用机器设备的标准，规定产品、服务质量和标准，对高度危险品（易燃品、易爆品、枪支弹药）和危险作业（高空作业、高压作业、机动作业）的控制和管理，对消费者权益的保护等。

（五）促进教育、科学和文化事业

如通过法律对人们的受教育权加以保护，鼓励兴办教育和奖励科技发明，保护人类优秀的文化遗产，要求政府兴办各种图书馆、博物馆、文化馆等文化设施。

从【5-2】案例中可以看出，公安机关交通管理部门及其交通警察，具有维护交通安全和交通秩序、对道路交通安全违法行为作出处理的法定职权。海淀交通支队作为公安机关交通管理部门，可以依据《道路交通安全法》的有关规定对道路交通安全的违法行为予以处罚。这体现了法作为一种社会规范，起着维护人类社会基本生活条件的重要作用。

三、当代中国法的社会作用

在当代中国，法服务于社会主义社会的经济基础，服务于公有制的所有制结构和按劳分配的分配方式，并通过最高法的形式将这种生产方式制度化、法律化。在这个基础上，通过保护劳动者、生产资料、科学技术等内容的法律规定积极促进生产力的解放和发展。从根本上来讲，法在当今中国的作用就是为建设中国特色的社会主义服务。具体来讲，当代中国法的社会作用有以下几点：

（一）保障和促进社会主义经济建设和经济体制改革

是否有利于发展生产力，应当成为检验社会主义法的社会作用的根本标志。通过一些技术法规或环境保护的法规可以直接作用于生产力，这仅是一个方面。法律主要通过生产关系这个中介间接作用于生产力，以提高生产力，提高经济效益和社会效益。社会主义法律保障和发展社会主义经济制度、确认和保障社会主义公有制、保障和促进市场经济的发展。通过法律的调整，保障和监督以按劳分配为主体的多种分配形式。法律保障、促进经济体制改革，以契约的形式确定国家与企业之间，企业所有者与企业经营者之间的关系。国家运用各种手段包括法律手段调节市场的供求关系。为了健全以间接管理为主的宏观经济调节体系，以促进经济的发展，需要建立完备的经济法规体系。同时对于破坏经济建设和经济体制改革的行为要依法严厉制裁。所有这些都证明社会主义法在保障和促进社会主义经济建设和经济体制改革方面具有重大的作用。

（二）保障和促进社会主义民主建设和政治体制改革

坚持四项基本原则是我国的立国之本。因此，社会主义法律在坚持四项基本原则，反对资产阶级自由化方面，必将起到重要作用。我们要致力于人民代表大会制度的建设，完善党的领导下的多党合作和政治协商制度，重视基层民主生活的制度化，这些都要尽可能

以法律的形式加以确认，使我国社会主义民主政治一步步走向制度化和法律化，实现国家的长治久安。在社会主义初级阶段，必须坚持民主和法制的统一，自由和纪律的统一，权利和义务的统一。为了保证人民民主权利的正当行使，我们要制定新闻、出版、集会、游行等法律，建立人民申诉制度，使宪法规定的公民权利和自由得到保障，同时依法制裁滥用权利和自由的行为。

（三）保障和促进社会主义精神文明建设

社会主义精神文明是社会主义社会精神生产和精神生活的成果。社会主义精神文明包括思想、道德建设和教育、科学、文化建设两个方面的内容。精神文明主要表现为全体劳动人民精神面貌的健康发展、道德水平和科学文化素质的不断提高、文化和文学艺术事业繁荣兴旺等方面。社会主义法律在保障和促进会主义精神文明建设方面起着积极的作用，首先反映在我国现行宪法中。宪法不仅对我国精神文明建设的地位及其内容、方向等问题给予明确的规定，也为社会主义精神文明建设提供了基本的法律保障。社会主义法律作用于社会主义精神文明的范围是极其广泛的，它对于社会主义道德的培养，对于社会主义教育、科学、文化事业的发展起到巨大的推动和促进作用。

（四）保障和促进对外交往

对外开放是我国的一项基本国策。我国制定了一系列对外交往的法律、法规。宪法明确规定了我国独立自主的外交政策的总方针。在扩大对外经济、技术和文化交流方面制定了一些中外合资和外国在华投资的法律、法规，还有许多有关经济特区、开放地区的法律，有关涉外民事纠纷的法律。在其他涉外事务方面也制定了一些规范性文件，如维护居住在外国的中国侨民和居住在中国的外国人的合法利益；加强国籍管理及出入境管理等。所有这些都证明社会主义法律在保障和促进对外交往方面起着积极的作用。

【经典例题】

法的社会作用包括政治作用和社会管理作用。下列选项属于社会管理作用的有（　　）。

A. 保障食品卫生安全　　　　　　　　B. 保障基本劳动条件
C. 兴修水利修路建桥　　　　　　　　D. 确立公民的法律地位

【答案】ABC

【解析】法的政治作用包括在政治、经济、文化和促进社会协调发展等方面的作用，确立公民的法律地位属于法对政治的作用，故 D 错误。社会管理主要体现在维护和促进公共事务的发展，这些事务具有"公益性"，比如，维护人类社会基本生活条件，保障食品安全属于这方面的事务，故 A 正确；维护生产和交换条件，保障基本劳动条件属于这方面的事务，故 B 正确；促进公共设施，组织社会化大生产，兴修水利修路建桥属于这方面的事务，故 C 正确；确认和执行技术规范；促进教育、科学和文化事业的发展。所以，本题的正确答案是 ABC。

第四节 法的作用的局限性

本节知识结构图

法虽然在调整人的行为和社会关系、维护和促进社会秩序的过程中发挥着重要的作用，是一种重要的社会规范，但是法并非是万能的。法在调整或影响人们行为和社会生活时存在着不足或缺憾。我们必须运用辩证的观点来分析法的作用，正确地认识法的作用的局限性。

【5-3】

乔治在飞机跑道上看飞机案

英国某法院曾经审理一件颇为棘手的刑事案件。一个名叫乔治的年轻人设法进入某皇家空军机场，坐在飞机跑道上观看天上的飞机，被警察带走并于几天后被送上法庭。乔治的辩护律师认为：《官方机密条例》规定："不得在禁区附近妨碍皇家军队成员的行动。"虽然军用机场是个禁区，乔治也妨碍了皇家军队成员的行动，但是他不是在"禁区附近"，而是在"禁区里"做事。条例只规定了"在……附近"，而没有规定"在……里"，所以依据这条规定是不能处罚乔治的。律师还提醒法官注意，英国是个法治国家，法无明文规定不为罪。法官在对此案进行裁决时甚感为难。

一、法的作用的局限性的表现

（一）法只是许多社会调整方法的一种

法不是社会调整方法的唯一方法。除法律规范外，还有政策、纪律、规章、道德及其他社会规范，还有经济、行政、思想教育等手段。就建立和维护整个社会秩序而言，法是十分重要的方法。但在某些社会领域和社会生活中法并不是调整社会关系的主要方法。在各种规范调整方法中，法律有时也不是成本最低的方法。

（二）法的作用范围有限，也并非在一切问题上都适用

社会关系的主要、重要方面需要法律调整，其作用非常广泛，涉及的范围有经济、政治、文化、社会生活的方方面面。但是，不少社会关系、社会生活领域采用法律调整是不适宜的。如法律是不能有效调整人们的思想的，只能通过思想政治工作来解决思想问题。这就是法律调整范围的限度。

法律会存在遗漏，因为：（1）立法当时不可能完全预料社会生活中可能发生的事物；

（2）法律毕竟是通过简明扼要的言词来表述社会现象的，任何语言都不是万能的，它不可能包罗万象去穷尽所有的行为与事件；（3）法律调整的范围只限于那些有必要运用国家强制力去干预的社会关系，而在社会关系中的不少方面用法律干预是不适宜的，甚至是不可能的，因而法律也不必去穷尽一切社会现象。

（三）法的作用的条件性

在实施过程中所需要的人员条件、精神条件和物质条件不具备的情况下，法的作用也会大打折扣。

如果没有具备良好法律素质和职业道德的专业队伍，法律再好法的作用也难以发挥。人们和社会的精神条件和文化氛围、权利义务观念、程序意识等都直接制约和影响法的作用的发挥。至于物质条件对法的作用的发挥制约和影响就更为重要了。这就是"徒善不足以为政徒法不足以自行。"

1. 法律的制定和实施受人的因素的影响。法律是通过法定程序制定并经由大量的人力、物力来执行的。如果没有高素质的立法者，就不可能有良好的法律。如果没有具有良好法律素质和职业道德的专业队伍，法律再好，其作用也是难以发挥的，"良法"执行得不好，也会变成"恶法"。而且，人们和社会的精神条件（法治意识等）以及文化氛围、权利义务观念、程序意识等都直接制约和影响着法律的作用的发挥。

2. 法律的实施受政治、经济、文化等社会因素的影响。法律总是十分依赖其外部条件，其作用总是容易受社会因素的制约。其中主要的因素有经济体制、政治体制、执法机关的工作状况、各级领导干部及普通公民的法律观、传统法律文化，等等。

3. 法的作用在实施过程中，所需的人员条件、精神条件和物质条件不具备的情况下，法的作用是难以有效发挥的。人们和社会的精神条件（法治意识等）和文化氛围、权利义务观念、程序意识等都直接制约和影响着法的作用的发挥。至于物质条件对法的作用的发挥制约和影响就更为重要了。

（四）法作为社会调整规范本身的局限性

1. 法律的稳定性和保守性使法面对社会生活时产生缺憾

法律规范必须保持一定的稳定性，只有这样，才能指导人们的行为，发挥法的指引和调整作用，确保法律的权威性。"朝令夕改"显然不行，法律会因此失去权威性和确定性。社会生活是具体的、形形色色的、易变的。法律的稳定性与社会生活的变革性总是产生矛盾与冲突，因而出现"时滞"问题。显然，法律在立法时不可能预先包容全部社会生活，因而有可能与社会生活产生脱节。法律在很大程度上是面向过去的、要求稳定的，在这个意义上，法律天生具有保守的特性。

2. 法律的一般性使得法可能面临个案非正义的尴尬处境

法律规范具有概括性、一般性、抽象性的特点，惟其如此，才能发挥法的调整和规范作用，法的调整就是一种一般调整，针对的是不特定的多数人。然而，一般当中总有特殊，当这种一般性的规范面对特殊的个案时，就不可避免的遭遇两难处境，法律就有可能成为个案非正义的根源。这反映了法律面对丰富社会生活的僵化性。

3. 法律语言的模棱两可使得法本身在处理问题时具有模糊性

语言本身就具有模糊性，特别是一些抽象的词汇更是如此，对这种词汇的理解必须掌握相关的背景知识，甚至需要特定的语境。比如"正当""必要""合理"等词汇，单看这些词句可能还是让人如坠雾里。但是，为了保持法律的弹性，法律在语言上必须使用这些模糊性的词语，以留有自由裁量的余地。但正是这种留有余地，给适用带来标准难以统一的问题。特别是当社会条件纷繁复杂的时候，统一就更可能无法实现。而且，这也会给法律适用带来非理性因素。

4. 法作为国家强力支持的规范体系，需要大量的社会成本

法的制定是通过法定程序实现的，法律的执行更是需要费耗大量的人力、物力和财力。这就会引起法律执行的成本问题，即司法与行政资源的投入问题。

【5-3】体现了法律语言在表达上的局限性，影响了法的实施。

二、正确认识法的作用的局限性

正确认识法的作用的局限性，必须纠正两种观点：法律万能论和法律无用论。我国要建设有中国特色的法治国家，必须坚持依法治国，依法治国就要发挥法的作用，没有法律是万万不能的。但要充分认识到，法律的作用不是万能的，这在上面法的作用的局限性中已经论述。因此必须正确认识法的作用，充分发挥法的作用，建设具有中国特色的法治国家。

应当指出的是，法的局限性在某种程度上是可以弥补的。比如，我们可以进一步加强法律的灵活性，以适应社会生活；进一步完善立法语言，增加法律语言的明确性；加强和规范法律解释，让法律体系更为充实明确；科学设计法律程序，减少法律运行的成本，提高运作效率，等等。但是，无论如何，我们应当看到，法的作用之局限性是不可避免的客观存在。因此，要正确对待这一点，必须做到以下几点：

（一）发挥人的主观能动性

法具有稳定性、保守性、一般性和抽象性，在面对纷繁复杂的社会现象时，法自有其无法应付的情况，只有充分发挥人的主观能动性，才能很好地解决这个问题。当然，如何发挥人的主观能动性也是一个需要深入研究的问题。发挥人的主观能动性，其要点在于发挥法律人特别是司法者主观能动性，这种主观能动性的发挥，一方面要求司法者具有良好的职业道德和素养，另一方面，则要求司法者具有优秀的专业知识和技能，以及对法律的整体性把握。这在某种意义上，意味着法律职业群体的培养和训练。

（二）发挥其他社会规范的作用

法不是万能的，其他社会规范自有其发挥作用的场合和范围。因此，必须尊重其他社会规范的作用。如道德规范、政治规范、社会习惯等，都有其独特乃至有效的调整方式和范围。要尊重这些社会规范的发展，使之与法律规范形成良好的、互动的社会规范体系。

（三）正确认识法治的代价问题

法治和人治问题的争论由来已久，现在普遍的观点和发展趋势是走向法治。这当然毋庸置疑。与人治相比，法治是当今社会较好的选择。但是，需要注意的是，法治的实现需要一个过程，而法治的运行也需要一定的成本。一个国家要实行法治，总是会牺牲一些原本由国家、政府官员拥有的东西，或者是放弃某些希望取得并且可能取得的正当目标，诸

如国家的部分权力、阶级利益、政党影响力、官员职权、工作效率，甚至是经济效益。这些代价都属于政治范畴，都同执政者的政治利益与政治权力、政治意志与政治习惯直接相关，所以我们称之为政治性代价。执政者或当权者必须对此有充分的思想准备，否则法治是无法推行的。

总之，认识法律的局限性，其意义在于使我们更全面、更理智地了解和掌握法律的特性，从而在运用法律的时候能够注重对其弊端的克服。认识法律的局限性对于我们考虑法治的代价、认识法治的规律、做好政治上的思想准备都具有重要意义。为了减少和克服法律的局限性，就应当进行适当的弥补和匡正。补救措施是多种多样的，包括：规范并加强法律解释，判例形式的补充，法律程序的科学设计，提高执法队伍素质，造就职业法律工作者，其他治国手段（道德、政策、行政等手段）的辅佐，等等。

【经典例题】

关于法的作用，下列哪些选项是错误的？（　　）

A. 法是由人创制的，人们在立法时受社会条件的制约

B. 法律人在处理法律问题时没有自己的价值立场

C. 法具有概括性，能够涵盖社会生活的所有方面

D. 法律不能要求人们去从事难以做到的事情

【答案】BC

【解析】法的作用体现在法与社会的相互影响中，法是由人创造的，人们在立法时会受到社会条件的制约，其产生、存在与发展变化都是由社会的生产方式决定的。因此，A项说法正确。法律人是有其法律思维的，法律思维的基本特征之一就是价值判断。因此，B项说法错误。法不是万能的，法的局限性是和法律调整对象的有限性相联系的，法不可能调整社会生活的全部，有些社会关系（如人的情感关系，友谊关系）不适宜由法律来调整，法律不应涉足其间。因此，C项说法错误。法律是以社会为基础的，法律不可能超越社会发展需要，超越人们的能力范围来改变社会，因此，不能要求人们去从事难以做到的事情。D项说法正确。

本 章 小 结

法的作用是指法对人们行为和社会生活的影响。对于法的作用，可以进行多种分类。其中最主要的是分为法的规范作用和法的社会作用。法的规范作用是法作为社会规范本身所具有的功能和作用，是法在形式意义上具有的作用。而法的社会作用则是法作为社会规范对社会的影响和作用，是本质和目的的意义上的法的作用。法的规范作用与法的社会作用是手段与目的的关系，即法通过其规范作用（作为手段）实现其社会作用（作为目的）。法的规范作用可以使人们明确区分法与其他社会规范在作用上的不同，而法的社会作用则有助于人们理解不同社会形态中法的作用的不同。

法的规范作用是指法作为社会规范本身所具有的功能和作用。具体来讲，法具有指引、评价、预测、教育和强制等规范作用。法的指引作用是指法通过授权性行为模式

（权利）和义务性行为模式（禁止性行为和命令性行为）的规定，指引人们作出一定行为或不作出一定行为，作用对象是每个人自己的行为。法的评价作用是指法作为一种行为标准和尺度，对他人行为进行评价所起到的作用，作用对象是他人的行为。法的预测作用是指人们根据法可以预先估计相互间将怎样行为以及行为的后果等，从而对自己的行为作出合理的安排，作用对象是人们的相互行为。法的教育作用指的是通过法律规则和原则，向人们灌输和宣传国家或社会的价值观念和标准，并使之内化于人们的行为当中，它的作用对象是一般人的行为。法的强制作用在于制裁违法行为，作用对象是违法犯罪者的行为。

法的社会作用分为政治作用和社会管理作用两个方面。法的政治作用体现在政治方面、经济方面、文化方面和促进社会协调发展方面。法的社会管理作用主要体现在：维护人类社会的基本生活条件；维护生产和交换条件；促进公共设施建设，组织社会化大生产；确认和执行技术规范；促进教育、科学和文化事业。当代中国法的社会作用有以下几点：保障和促进社会主义经济建设和经济体制改革；保障和促进社会主义民主建设和政治体制改革；保障和促进社会主义精神文明建设；保障和促进对外交往。

法的作用的局限性表现在：法只是许多社会调整方法的一种；法的作用范围的有限性；法的作用的条件性；法作为社会调整规范本身的局限性。对于法的作用的局限性，我们必须加以正确认识，以充分发挥法的作用，建设具有中国特色的法治国家：发挥人的主观能动性；发挥其他社会规范的作用；正确认识法治的代价问题。认识法律的局限性对于我们考虑法治的代价、认识法治的规律、做好政治上的思想准备都具有重要意义。

综 合 练 习

一、选择题

1. "法，国之权衡也，时之准绳也；权衡所以定轻重，准绳所以正曲直。"关于法的作用的理解，下列表述错误的是（　　）。
   A. 法的作用是统治阶级或人民的意志影响社会生活的体现
   B. 法的作用是国家权力运行过程的体现
   C. 法的作用是社会生产方式自身力量的体现
   D. 法可以离开阶级国家和社会独立发挥作用

2. 法的作用依据对象的不同，分为（　　）。
   A. 具体作用和抽象作用　　　　B. 宏观作用和微观作用
   C. 直接作用和间接作用　　　　D. 规范作用和社会作用

3. 法的指引作用的作用对象是（　　）。
   A. 每个人自己的行为　　　　B. 他人的行为
   C. 人们的相互行为　　　　D. 国家机关的行为

4. 关于法的规范作用，下列哪一说法是正确的？（　　）
   A. 陈法官依据诉讼法规定主动申请回避，体现了法的教育作用
   B. 法院判决王某行为构成盗窃罪，体现了法的指引作用
   C. 林某参加法律培训后开始重视所经营企业的法律风险防控，反映了法的保护自

由价值的作用

D. 王某因散布谣言被罚款 300 元，体现了法的强制作用

5. 法的指引作用是指(　　)。

　　A. 法律作为一种行为标准和尺度，具有判断、衡量人们的行为的作用

　　B. 根据法律规定，人们可以预先知晓或估计到人们相互间将如何行为，特别是国家机关及其工作人员将如何对待人们的行为，进而根据这种预知来作出行动安排和计划

　　C. 法律通过规定人们在法律上的权利和义务以及违反法律规定应承担的责任来调整人们的行为

　　D. 通过把国家或社会的价值观念和价值标准凝结为固定的行为模式和法律符号而向人们灌输占支配地位的意识形态，使之渗透于或内化在人们的心中，并借助人们的行为进一步广泛传播

6. 在一个陌生环境下，我们敢于与陌生人交易，主要是基于法律具有的(　　)。

　　A. 强制作用　　　　B. 预测作用　　　　C. 教育作用　　　　D. 评价作用

7. 法的规范作用主要有(　　)。

　　A. 指引作用　　　　B. 社会作用　　　　C. 执行公共事务　　　D. 教育作用

8. 按照国家的对内职能，法的社会作用可以分为(　　)。

　　A. 政治作用　　　　B. 规范作用　　　　C. 社会管理作用　　　D. 指引作用

9. 学者们认为，法律不是万能的，其作用是有限的，其理由不正确的有(　　)

　　A. 法律重视程序，不讲效率

　　B. 法律调整外在行为，不干预人的思想观念

　　C. 法律强调稳定性，避免灵活性

　　D. 法律反映客观规律，不体现人的意志

10. 关于法的局限性表述正确的是(　　)。

　　A. 在实施法律所需人员条件、精神条件和物质条件不具备的情况下，法不可能充分发挥作用

　　B. 法的作用范围不是无限的，也并非在任何问题上都是适当的

　　C. 法是唯一的一种社会调整方法

　　D. 法对不断变化的社会生活的涵盖性和适应性不可避免地存在一定的限度

二、判断题

1. 法律只是众多社会调整方法中的一种，有时也不是成本最低的方法；法律具有滞后性；法律的实施需要具备相应的人力资源、精神条件和物质条件，所以法律不是万能的，其作用是有限的。　　　　　　　　　　　　　　　　　　　　　　　(　　)

2. 法的预测作用的对象是人们之间的相互行为。　　　　　　　　　　　(　　)

3. 法的强制作用的对象是违法犯罪者。　　　　　　　　　　　　　　　(　　)

三、名词解释

1. 法的规范作用

2. 法的社会作用

四、简答题

1. 简述法的规范作用的分类及各自的作用对象。

2. 简述法的社会作用。

3. 简述法的作用的局限性。

五、拓展训练

1. 徐某被何某侮辱后一直寻机报复，某日携带尖刀到何某住所将其刺成重伤。经司法鉴定，徐某作案时辨认和控制能力存在，有完全的刑事责任能力。法院审理后以故意伤害罪判处徐某有期徒刑 10 年。

请问：该案体现了法的哪些规范作用？

2. 1998 年，赵某想为其 77 岁高龄的母亲投保，但保险合同约定被保险人应该是年龄在 70 岁以下且身体健康的人，于是，赵某就通过关系修改了他母亲在户口簿上的年龄，从而与保险公司签订了保险合同，而且分别在 1998 年、2000 年为其母亲投保。2003 年，赵某母亲去世，保险公司在进行理赔调查时，赵某再次修改了其母亲入党申请书上的年龄。由此，赵某获得了保险公司理赔的 27 万元。不久，保险公司向公安部门举报赵某进行保险诈骗活动，随后由检察机关向人民法院提起诉讼。最终人民法院依据《中华人民共和国保险法》第 54 条的规定："投保人申报的被保险人年龄不真实的，并且其真实年龄不符合合同约定年龄限制的，保险人可以解除合同，并在扣除手续费后，向投保人退还保险费，但自合同成立之日起逾二年的除外。"认定保险合同有效，判决赵某无罪。

请用法的评价作用的原理分析该案例。

3. 社会上有人否认法律的作用，说什么"法律是最大的骗局""法律只是摆设""只有白痴相信法律"；也有人提出相反的观点："之所以社会问题众多，就是因为法律不健全、不完善，只要建立起完善的法律，就不会存在不公平等问题了。"

分析上述材料，结合实际谈谈法的局限性。

第六章 法的创制

本章知识结构图

知识目标：了解法的创制的特征及意义，立法体制的分类，立法过程，立法技术；掌握法的创制的概念，中国社会主义法的创制的基本原则，立法体制的含义及当代中国立法体制，立法程序的概念，我国现行立法程序以及规范性法律文件的系统化的方式。

能力目标：通过立法原则的学习，培养学生以历史的眼光分析现实问题的能力。通过立法程序的学习，培养学生的参与意识与能力、规则意识以及尊重规则、遵守规则的意识和能力。

素质目标：培养学生的科学和民主素养，增强学生的社会责任感，激发学生的爱国爱党情怀。

第一节 概 述

本节知识结构图

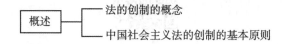

一、法的创制的概念

（一）法的创制和立法

在日常生活中，法的创制又称为立法，但它们也有某些区别。法的创制往往同法的实施一词连用，立法一般是同守法、执法、司法等词连用。需要说明的是，对立法的界说主要有两种：一是指一种状态或结果，此时立法是作为名词使用的；二是指一种过程和结果，此时立法是作为动词使用的。我们通常是在第二种意义上使用"立法"一词。

法的创制，即立法，是指一定的国家机关，依照法定的职权和程序，制定、修改和废止法律和其他规范性法律文件及认可法律的活动。这是将一定阶级的意志上升为国家意志的活动，是对社会资源、社会利益进行第一次分配的活动。

在我国，法的创制有广义和狭义两种。广义的法的创制泛指一切有权的国家机关，依照法定的权限和程序制定各种规范性法律文件的活动，既包括最高国家权力机关及其常设机关制定规范性法律文件的活动，也包括地方各级国家权力机关以及有关的国家行政机关，依照法定权限和程序，制定地方性法规、民族自治法规、行政法规、规章等活动。狭义的法的创制是国家立法权意义上的概念，专指国家最高权力机关及其常设机关，依照法定的权限和程序制定规范性法律文件的活动。

（二）法的创制的特征

1. 法的创制是国家的专有活动

在历史上，法和国家是相伴产生的，它们是社会发展中两个紧密联系的方面，法离不开国家，国家也离不开法。统治阶级的意志要上升为法律，必须通过国家意志的形式表现出来，并且依靠国家强制力的维持，才能获得普遍遵循的效力。因此，法的创制一定是国家的活动，是国家机关以国家的名义、运用国家权力创制法律规范的活动。当然，并不是所有国家机关都有权立法，而是只有特定国家机关即有权立法的机关才能立法。立法是国家的重要活动之一，一国究竟哪些机关享有立法权，主要取决于国家的性质、政权组织形式、立法体制和其他多种因素。

2. 法的创制是一定的国家机关依照法定职权和法定程序进行的活动

有权立法的主体不能随便立法，而是要依据宪法和其他法律法规规定的立法职权和程序立法，这一点是现代区别于专制社会个人随意立法的分界线。现代社会的法律不是个人意志的体现，而是一种人民意志的表达、反映和集中过程。并且，由于现代立法的复杂性和专门性，不经过法定程序，法律就不能准确地表达民意，或者会出现一些技术性纰漏。此外，由于现代各国法的创制是分级的、多元的，依照法定程序进行立法，也是防止各种不同层次的法律之间出现相互冲突、矛盾等法的不统一现象的有力措施之一。如我国地方立法主体不能行使国家立法权，国务院不能制定法律。

3. 法的创制是一定的国家机关制定、认可、修改、废止法律规范的活动

法的创制是一个系统化的综合性的法律活动，它不仅包括制定新法，还包括对其他类型的社会规范进行法律认可，修改已有的法律规范和废止过时的法律法规等活动。法的制定，一般是指本来不存在某法律规范，一定的国家机关在法定职权范围内，依照法定程序，为人们的社会活动创造出行为规范。但这里讲的创造行为规范，仅仅是针对社会中没有这种规范原形来说的，而不是说可以凭空臆造。创造行为规范，一定要有社会的客观依据，即只能根据社会的客观需要和可能来进行。例如，为了保护消费者的合法权益，全国人大常委会制定了《消费者权益保护法》，该法中的很多规范在该法制定以前在社会中并不存在，但市场经济的正常运行需要这些规范，全国人大常委会正是基于这种客观需要创造了这些规范。法的认可，是指一定的国家机关对业已存在的行为规范承认并赋予其法律效力的活动。法的修改，是指由于情势的变化等原因，掌握国家政权的阶级出于自己阶级利益的考虑，把那些不符合其阶级利益的法律规范作某些改变、补充和删除的活动。法的废止，是指终止某法律规范效力的活动。

（三）法的创制意义

法的创制是对有限的社会资源进行制度性的分配，是对社会进行权威的、有效的资源分配或财富分配，是通过规定权利义务所进行的分配，从而实现了社会控制、社会调整，实现社会动态平衡。

党中央提出全面推进科学立法、严格执法、公正司法、全民守法，其中科学立法是整个动态法循环中的第一步，如果没有科学立法，严格执法、公正司法和全民守法就无从谈起。社会主义法的创制是形成完备的法律规范体系的前提条件。在此基础之上，建设完备的中国特色的社会主义法治体系，不断开创全面依法治国新局面。

【6-1】

拿破仑与法国民法典

拿破仑，这位被黑格尔誉为"马背上的世界精神"的人物，由于一次著名的战役而成为军事上的失败者。但又由于一部著名的法典，成为了西方立法史中一座伟大的丰碑。

众所周知，法国历史上的法律渊源是极为分散的。而统一的国家需要统一的法典，这是当时一些法学家的共识。可以说，从王权统治时代开始，法国就一直在为制定统一的民法典而努力，但最终由于政治与人事的原因均告失败。历史选择了伟大的拿破仑。1799年，刚刚通过政变掌握政权的拿破仑，怀着"作为一个伟大立法者"的野心，开始了编纂法国民法典的历史伟业。

首先，拿破仑任命了一个由4个人组成的法典起草委员会。这4个人平均年龄都在60岁以上，是经验丰富、注重实用的法律实务家。由于大革命的影响，当时正是一个自由发挥并最大限度施展才能的时机。事实证明确实如此。起草委员会仅用了4个月就完成了该草案。但是，草案在法案评审委员会遭到了共和主义者的反对，认为民法典草案只不过是"对罗马法奴隶般的模仿和枯燥无味的编集物"。面对如此境况，拿破仑展现了其作为一个军事家和政治家的魄力和手腕。他首先宣称，法国"不能以形而上学来进行统治"，并利用自己绝对的权力将评审委员会的法定人数减少一半，将所有持敌视立场的委员全部清洗出局。一年以后，草案在没有任何异议的情况下获得通过。

在《法国民法典》的起草过程中，拿破仑倾注了极大的心血。有资料表明，在参政院审议起草委员会的草案的102次会议中，拿破仑至少在57次会议上作为主席扮演着重要角色。而且，正如法学家索雷尔所指出的，在参政院的所有人中，"就一针见血点出问题要害的能力、观点的恰如其分以及辩论的有力而言，他是无与伦比的"。在许多次会议上，这位当时年仅34岁的国家元首，经常打断一些繁琐无益的枝节争执，通过明晰简洁的提问将讨论带回到实际而具体的问题之中。对于法典的重心与风格，拿破仑多次强调，立法的重心应当是生活现实，而不是一些琐碎的法律枝节和生涩的法律概念。这导致许多民法典的起草人在选择每一个词句的时候，都会不自觉地扪心自问：这样的表达是否经得起拿破仑这样不懂法律的精明的外行人的批评？由于拿破仑的影响，《法国民法典》在风格与语言表述方面，既生动明确又浅显易懂。

当然，拿破仑在《法国民法典》的实体内容上，也留下了鲜明的印记。比如在民法典的价值取向上，拿破仑"对于坚固的父权结构家庭制度的拥护是坚定的和有说服力的"，这种思想在《法国民法典》中有明显的体现。

拿破仑对这部倾注了心血的民法典是极为珍惜且引以为荣的。这首先表现在他禁止对法典进行任何形式的解释。而且，在拿破仑的戎马生涯中，《法国民法典》也常常紧随于军旗之后，被拿破仑作为"革命的法典"强行施加于被征服地，企图通过法典统一整个欧洲。最终，理想的破灭源于一场著名的失利。但是，即便当拿破仑被流放到圣赫勒拿岛之时，提及民法典他依旧不无自豪："我的光荣并不在于赢得了40场战役，因为滑铁卢一役就使得这些胜利黯然失色。但是我的民法典却不会被遗忘，它将永世长存。"历史证实确实如此。

二、中国社会主义法的创制的基本原则

社会主义法的创制的基本原则，是用以指导立法实践活动的，带有根本性、全局性和规律性的理性认识。总结我国法的创制的实践，我国社会主义法的创制的基本原则主要有：

（一）党领导立法

加强党对立法工作的领导，完善党对立法工作中重大问题决策的程序。凡立法涉及重大体制和重大政策调整的，必须报党中央讨论决定。党中央向全国人大常委会提出宪法修改的建议，依照宪法规定的程序进行宪法修订。法律制定和修订的重大问题由全国人大常委会党组向党中央报告。

做好党领导立法工作，要坚持主要实行政治领导的原则。党通过确定立法工作方针、批准立法规划、提出立法工作建议、明确立法工作的重大问题、加强立法队伍建设等，把握正确的政治方向。

要坚持民主决策集体领导，善于统筹协调不同主张和利益关系，遵循党内重大决策程序规定，集体研究决定立法工作中的重大问题。要落实党委领导责任制。有立法权的地方党委要建立健全立法工作责任制，党委主要负责同志要履行领导立法工作第一责任人职责。要建立健全立法机关党组向党委请示报告制度。立法机关党组要认真履行政治领导责任，在立法工作中发挥好把握方向、管大局、保落实的重要作用。

（二）科学立法

科学立法的核心在于尊重和体现客观规律，克服立法中的主观随意性和盲目性，避免减少错误和失误，使法律准确适应改革发展稳定安全的需要，公正合理地协调利益关系；同时要坚持问题导向，切实提高法律的针对性、及时性、系统性、协调性，增强法律的可执行性，使每一部法律都切实管用。

坚持科学立法原则，就要实现立法观念的科学化和现代化，要把立法作为科学活动。马克思主义认为："立法者应该把自己看作一个自然科学家。他不是在创造法律，不是在

发明法律，而仅仅是在表述法律，他用有意识的实在法把精神关系的内在规律表现出来。"① 毛泽东也曾经明确提出"搞宪法是搞科学"。② 这都说明了立法要遵循客观规律、体现科学的立法精神。坚持科学立法精神更具直接意义的，是要实现立法方法、立法策略和立法技术的科学化、合理化。

具体来说，科学立法的基本内涵和要求包括：第一，从我国实际出发，正确处理立法与改革的关系。"为国也，观俗立法则治，察国事本则宜。不观时俗，不察国本，则其法立而民乱，事剧而功寡。"③ 坚持科学立法，首先就是要从实际出发，立足于我国基本国情，既不能罔顾国情、超越阶段，也不能因循守旧、墨守成规，而要突出中国特色、实践特色、时代特色。通过全面深化改革解决发展中面临的一系列突出矛盾和挑战，必须正确处理立法与改革的关系，使立法适应经济社会发展和全面深化改革的要求，适应人民群众日益增长的多元化、高品质的法治需要。因此，一方面要积极回应改革需求，加强重点领域立法；另一方面，要坚持改革于法有据，充分发挥立法在引领、推动和保障改革方面的重要作用。我国《立法法》第一条规定"发挥立法的引领和推动作用"，从法理上理顺了立法与改革的关系。第二，科学合理地规定权利与义务、职权与职责。立法是化解矛盾、平衡利益、协调关系的重要手段。法律调整利益的主要方式就是规定公民、法人和其他组织的权利与义务，规定国家机关的权力与责任。检验立法是否科学的实质标准，就是是否科学合理地规定了权利与义务、权力与责任。公民在享有相应的合法权利时也应当履行相应的法律义务，立法对于公民权利义务的规定，应当做到权利与义务相匹配、相协调、相统一。国家机关履行相应的社会职能，必须具备相应的职权，立法除了规定公民的权利和义务，还要规定国家机关的职权与职责。合理配置国家机关的职权，提高国家机关的治理能力和服务水平，需要实现职权法定。

（三）民主立法

我国春秋时期思想家慎子说，"法，非从天下，非从地出，发于人间，合乎人心而已"。④ 这是中国自古就有的民本思想。现代民主立法原则的形成和确立，是"人民自己当家作主"的民主政治和"一切权力源自人民"的民权政治实现以后的事情。现代民权政治中的人民，通过亲身参与立法或通过选举产生的代表行使立法权，来体现人民的主体地位。

民主立法是践行民主政治、实现人民当家作主的本质要求，是提升立法质量的重要途径，也是进行法律教育、推动自觉守法、树立法律权威的重要方式。

民主立法的核心在于一切为了人民，一切依靠人民。充分表达人民的共同意志和利益诉求，是我国社会主义立法的本质特征，也是我国立法必须坚持的基本原则。其基本内涵和要求包括：第一，坚持人民通过人民代表大会制度民主立法。我国人民民主专政的国体和人民代表大会制度的政体决定了人民民主是社会主义的生命，没有民主就没有社会主

---

① 《马克思恩格斯全集》第 1 卷，人民出版社 1995 年版，第 347 页。
② 《毛泽东著作选读》（下册），人民出版社 1986 年版，第 713 页。
③ 《商君书·算地》。
④ 《慎子·逸文》。

义，人民当家作主是社会主义民主政治的本质。坚持国家一切权力属于人民，坚持人民主体地位，就必须支持和保证人民通过人民代表大会行使国家权力，就必须发挥人大及其常委会在立法工作中的主导作用。我国《立法法》明确作出规定："全国人民代表大会及其常务委员会加强对立法工作的组织协调，发挥在立法工作中的主导作用。"第二，充分发挥人大代表的主体性作用。各级人大代表是国家权力机关的组成人员，尊重代表的权利就是尊重人民的权利，保障代表依法履行职责就是保证人民当家作主。《立法法》新增诸多关于人大代表列席、参与人大及其常委会、专门委员会以及行政机关立法审议、调研的规定，为人大代表参与立法提供了法律依据，是立法民主原则的法律表达。第三，完善社会公众民主参与立法。社会公众直接参与立法活动的参与民主同样重要。参与意味着每个人与所有其他人在涉及他们的利益、权利和义务的重要事务中，应当被作为平等的个体予以有尊严地对待。因此，公众参与立法也是民主立法原则的必然要求和重要内容。完善社会公众民主参与立法，前提是健全立法公开机制，主要是健全社会公众参与立法制度。我国《立法法》中对"坚持立法公开"的规定，为公众民主参与立法提供了前提性保障。同时，《立法法》还规定了专家学者、社会公众参与法律草案起草、调研审议、公开征求意见、意见反馈机制、立法民主监督等丰富多样的社会公众民主参与立法的形式。这就拓宽了社会公众参与立法的渠道，扩大了参与立法的广度、深度，有效地体现和实践了民主立法原则。

【6-2】

立 法 听 证

如同一部恢弘的交响乐，民主立法不断激荡着中国民主的最强音，作为其中最华彩的乐章，立法听证日益焕发出其独特效果和魅力。

在法规草案公开征求意见的基础上，福建省人大常委会召开了《福建省物业管理条例（草案）》立法听证会。听证会由省人大法制委员会、省人大常委会法制工作委员会共同主办。物业管理涉及广大业主、物业企业、建设单位和物业管理行政主管部门，因此听证会广受关注，近一百人通过电话、传真、邮件以及上门报名等方式申请参加听证会。根据报名先后顺序、对听证事项所持观点和理由、各方意见人数基本相当的原则，遴选出 10 名听证陈述人、10 名旁听人。此次听证会的听证事项有两项：一是关于业主委员会的职责，二是关于物业管理与平安小区问题。这两个事项是在立法调研、立法论证、公开征求意见等征求意见过程中最受群众关注的问题，也是常委会委员们审议意见较为集中的问题。听证会上，围绕着听证事项，来自各行各业的 10 名听证陈述人和 10 名旁听人围绕议题展开激烈的争论。业主委员会可以代表全体业主依法从事哪些活动，承当哪些相应的责任？如何发挥业主委员会在物业自主管理中的作用？业主委员会组成人员应当具备哪些条件，在什么情况下可以终止其资格？这是陈述人和旁听人热议的内容。大部分业主代表陈述人提出，应当赋予业主对业主委员会的监督权利，法规应当对业主如何监督业主委员会作出具体的可操作性的规定，并建议设立业主委员会监督机构。对业主委员会的职责规定，物业公司代表与业主代表取得了一致认识。关于物业管理和平安小区问题，公安机关、居委会对维护物业管理区域内的社会治安工作应当承当哪些责任？物业管理企业、业主、业主委员会对物业管理区域内的秩序维护和安全防范应当分别承担怎样的责任？这是陈述人和旁听人热议的又一个重要内容。

做好新闻宣传也这次听证会的亮点之一。听证会会前，省人大常委会研究室和法工委共同召开了由 16 家新闻单位参加的听证会新闻通气会，会上法工委主任通报了进行听证的物业管理条例的立法情况、听证会目的、听证内容等。通气会后，媒体就听证会背景、报名参加听证情况、听证事项等作了大量报道，为公众以及报名参加听证的听证参与人提供了很好的听证背景资料。听证会期间，16 家媒体共派出了 32 名记者参与听证报道，还在听证会结束后，纷纷采访听证人、听证陈述人和旁听人，摘录听证陈述人的发言内容，对听证会做了深度报道，有的还对整个法规的制定修改过程做了全面回顾，制作了专题节目。由于新闻媒体的积极参与，扩大了这次立法听证会的社会影响，加深了广大公众对物业管理立法的了解，听证会也同时成为一次很好的法制宣传活动。①

从 2012 年 11 月 28 日起，广州市民可以就他们关心的医保问题在网上"拍砖"——广州市人大常委会举行的《广州市社会医疗保险条例（草案）》（下称《条例》）首次网上立法听证，从这天起正式开始。在之后的几天中，18 名从社会公开征集中产生的听证陈述人，将围绕《条例》中的一些热点问题与网友展开互动，市民可上网"围观"，对陈述人的观点发表意见。据悉，将听证全过程放到网上的做法在全国尚属首次。广州市人大常委会副主任李力对媒体表示，网络听证立法，就是为了打破"一小群人决定广大市民切身利益"的老模式。听证会之前，118 名市民通过网络或现场报名，争当陈述人。最终确定的 18 人，有行政主管部门的代表、医生、律师、农民等各界人士，年龄覆盖了从大学生到退休老人各个年龄段。

历时 7 天的听证会包括陈述阶段、听证人提问、辩论阶段、最后陈述和小结五部分。有学者认为，网络听证是政府的一个勇敢尝试。"既降低听证成本，最终决策又顾及更多人的意愿和利益，提高政府公信力。"李力通过媒体说："网上立法听证会大大节省人力、物力，是今后立法听证的一个发展方向。"②

(四) 依法立法

我国《立法法》明确地规定："立法应当遵守宪法的基本原则……"还作出规定："立法应当依照法定的权限和程序，从国家整体利益出发，维护社会主义法制的统一和尊严"。

依法立法体现了立法过程中的法治原则，要求立法必须严格依照立法权限、立法程

---

① http://www.npc.gov.cn/npc/zgrdzz/2012-01/10/content_ 1685656. htm，2017 年 6 月 21 日访问。

② http://www.71.cn/2012/1202/696683.shtml，2017 年 6 月 21 日访问。

序，受到立法监督，维护宪法秩序和法制统一。在现代法治国家，任何权力的行使都必须纳入法治的轨道，作为国家重要政治活动的立法权的行使更要受到法律的规制。"任何人，甚至最优秀的立法者也不应该使他个人凌驾于他的法律之上。"① "只有立法者自身服从法治的条件下，立法才能托付给立法者。"② 依法立法原则是全面依法治国的必然要求，也是促进宪法实施、维护宪法权威的重要手段。

依法立法原则的基本内涵是：第一，一切立法权的存在和行使都应有法的根据，立法活动的所有环节都必须依法运行，立法主体的所有行为均应以法律为准则，行使法定职权，履行法定职责。第二，规范立法制度和立法活动的法，应充分反映人民的意志，要有利于立法发展，有利于社会进步，有利于保障人民的各项基本权利。第三，一切脱离法律轨道进行的立法活动和行为，都要依法受到法律的追究，相应主体要承担应有的责任。

依法立法原则的基本要求有：第一，依宪立法。即，立法要遵循宪法的基本原则，坚持中国共产党全面领导，坚持马克思列宁主义、毛泽东思想、邓小平理论、"三个代表"重要思想、科学发展观、习近平新时代中国特色社会主义思想，坚持人民民主专政，坚持中国特色社会主义，坚持改革开放。第二，依法立法是依据法律体系立法。即，立法不仅仅依据《中华人民共和国宪法》《立法法》，也有遵守规范立法活动的核心法律，如《全国人民代表大会组织法》《国务院组织法》《地方各级人民代表大会和地方各级人民政府组织法》等，特定领域的立法还应遵循相应领域的法律、行政法规等规范性文件。依据整个法律体系立法，还要求坚持法制统一，从国家和人民的根本利益、整体利益、长远利益出发；保持法律体系内部和谐一致，上下融贯，相辅相成。第三，依权限守程序立法。国家机关职权法定是法治的一项重要内容和核心要求，有立法权限是依法立法的起点。立法程序是立法权运行的重要方式、手续和步骤，也是立法活动顺利展开的必经环节和载体。《立法法》规范立法活动的主要内容就是具体规定了各个立法主体行使立法权力、开展立法活动的程序。

【经典例题】

某市政府为缓解拥堵，经充分征求广大市民意见，作出车辆限号行驶的规定。但同时明确，接送高考考生、急病送医等特殊情况未按号行驶的，可不予处罚。关于该免责规定体现的立法基本原则，下列哪些选项是不准确的？（　　　）

A. 党领导立法　　　B. 民主立法　　　C. 科学立法　　　D. 依法立法

【答案】 AD

【解析】 立法原则是指导立法主体进行立法活动的基本准则，是立法过程中应当遵守的指导思想，包括党领导立法、科学立法、民主立法和依法立法。

选项 A 说法错误。党领导立法是重要的立法原则。党领导立法主要体现在坚持实行政治领导。党通过确定立法工作方针、批准立法规划、提出立法建议、明确立法工作的重

---

① 《马克思恩格斯全集》第 1 卷，人民出版社 1972 年版，第 264 页。

② ［德］古斯塔夫·拉德布鲁赫：《法律智慧警句》，舒国滢译，中国法制出版社 2001 年版，第 50 页。

大问题、加强立法队伍建设等，把握正确的政治方向，而不是实际去行使立法权。

选项 B 说法正确。立法应当体现广大人民的意志和要求，确认和保障人民的利益；应当通过法律规定，保障人民通过各种途径参与立法活动，表达自己的意见；立法过程和立法程序应具有开放性，透明度，立法过程应坚持群众路线。"经充分征求广大市民意见"体现了民主立法原则。

选项 C 说法正确。科学立法的核心在于尊重客观规律，使法律准确适应改革发展稳定需要，公正合理地协调利益关系；同时要坚持问题导向，切实提高法律的针对性、及时性、系统性、协调性，增强法律的可执行性，使每一部法律都切实管用。"为缓解拥堵，作出车辆限号行驶的规定。但同时明确，接送高考考生、急病送医等特殊情况未按号行驶的，可不予处罚"就是科学性的体现，尊重客观规律，同时又公正合理地协调各方利益关系。

选项 D 说法错误。依法立法体现了立法过程中的法治原则，要求立法必须严格依照立法权限、立法程序，受到立法监督，维护宪法秩序和法制统一。本题没有直接体现依法立法原则。

第二节 立 法 体 制

本节知识结构图

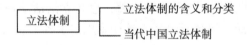

立法体制 —— 立法体制的含义和分类
—— 当代中国立法体制

一、立法体制的含义和分类

（一）立法权、立法体制的含义

立法权是相对于行政权、司法权而言的国家权力，指一定的国家机关依法享有的制定、修改、补充、解释或废止法律等规范性文件的权力。它是国家权力体系中最重要、核心的权力。享有立法权是立法的前提，立法是行使立法权的过程和表现。

立法体制是一国立法制度最重要的组成部分，是立法权限的划分、立法权的运行、立法权载体诸方面的体系和制度构成的有机整体，核心内容是立法权限的划分问题。一个国家的立法体制是同该国家的国家性质和国家结构形式密不可分的，当然也受文化、环境等因素的影响。

（二）立法体制的分类

世界各国立法体制，按照不同标准可以进行如下分类：

1. 民主立法体制和专制立法体制

这是根据立法是否实行民主原则的不同进行的分类。

在古代君主专制的国家里，皇帝一人独揽大权，包括立法权，因此，基本上是君主个人专制独裁的立法体制。在现代民主宪政国家里，由于实行人民主权，一般采用民主形式的立法体制。

2. 单一制的立法体制和联邦制的立法体制

这是根据国家结构形式的不同进行的分类。

在实行单一制的国家里，一般是采用一元立法体制，即立法权集中在最高国家权力机关，全国只有一个立法体系。当然也有例外，有些单一制国家并不绝对地实行一元立法体制，也允许地方在一定范围内享有立法权，如中国、荷兰、意大利等；而在实行联邦制国家结构形式的国家里，一般采用二元或多元立法体制，即一国内有两个或多个机关拥有各自的立法权。

3. 独立的立法体制和受制约的立法体制

根据立法机关是否受其他机关制约的不同进行的分类。

立法不受其他机关制约的为独立的立法体制，而受其他机关制约的就是受制约的立法体制。如美国总统对于国会立法有否决权，这是属于受制约的立法体制。

二、当代中国立法体制

当代中国立法体制颇具特色，是由我国宪法和立法法规定的。它既不同于联邦制国家结构的二元或多元的立法体制，也不同于一般的单一制国家所采用的纯粹的一元立法体制，而是从我国的实际情况出发，结合我国的国情，独创了一种"一元、两级、多层次"的立法体制。所谓"一元"是指我国是一个单一制的统一的多民族国家，因此，我国的立法体制是统一的，一体化的，全国只有一部宪法，并且国家立法权只能由全国人大及其常委会行使，其他国家机关均无国家立法权；行政法规、地方性法规均不得与宪法、法律相抵触。所谓"两级"是指立法体制分为中央立法和地方立法两个立法权等级。所谓"多层次"是指不论是中央级立法，还是地方级立法，都可以分成若干个层次和类别。

根据宪法和立法法的规定，我国现行立法体制具体表现如下：

（1）全国人民代表大会和全国人民代表大会常务委员会行使国家立法权。全国人民代表大会修改宪法，制定和修改刑事、民事、国家机构的和其他的基本法律。全国人民代表大会常务委员会制定和修改除应当由全国人民代表大会制定的法律以外的其他法律；在全国人民代表大会闭会期间，对全国人民代表大会制定的法律进行部分补充和修改，但不得与该法律的基本原则相抵触。

（2）国务院根据宪法和法律，规定行政措施，制定行政法规，发布决定和命令。国务院还可以根据全国人大及其常委会的授权决定，对应当制定法律而尚未制定法律的部分事项先行制定行政法规，但有关犯罪和刑罚、剥夺公民政治权利和限制人身自由的强制措施和处罚、司法制度等事项除外。国务院各部、各委员会、中国人民银行、审计署和具有行政管理职能的直属机构，可以根据法律和国务院的行政法规、决定、命令，在本部门的权限范围内，制定规章。

（3）国家监察委员会根据宪法和法律、全国人大常委会的决定制定监察法规。

（4）省、自治区、直辖市的人民代表大会及其常务委员会根据本行政区域的具体情况和实际需要，在不同宪法、法律、行政法规相抵触的前提下，可以制定地方性法规，报全国人民代表大会常务委员会备案。设区的市的人民代表大会及其常务委员会根据本市的具体情况和实际需要，在不同宪法、法律、行政法规和本省、自治区的地方性法规相抵触的前提下，可以对城乡建设与管理、生态文明建设、历史文化保护等方面的事项制定地方性法规，报省、自治区人民代表大会常务委员会批准后施行，并报全国人民代表大会常务委员会和国务院备案。自治州的人民代表大会及其常务委员会可以依照《立法法》第72条第2款的规定行使设区的市制定地方性法规的职权。

（5）省、自治区、直辖市以及设区的市、自治州的人民政府，可以根据法律、行政法规和本省、自治区、直辖市的地方性法规，制定规章。设区的市、自治州的人民政府制定政府规章，限于城乡建设与管理、生态文明建设、历史文化保护等方面的事项。

（6）民族自治地方的人民代表大会有权依照当地民族的政治、经济和文化的特点，制定自治条例和单行条例。自治区的自治条例和单行条例，报全国人民代表大会常务委员会批准后生效。自治州、自治县的自治条例和单行条例，报省、自治区、直辖市的人民代表大会常务委员会批准后生效。自治条例和单行条例可以依照当地民族的特点，对法律和行政法规的规定做变通的规定，但不得违背法律和行政法规的基本原则，不得对《宪法》和《民族区域自治法》的规定以及其他有关法律、行政法规专门就民族自治地方所做的规定作出变通的规定。

（7）中央军事委员会根据宪法和法律，制定军事法规。中央军事委员会各总部、军兵种、军区、中国人民武装警察部队，可以根据法律和中央军事委员会的军事法规、决定、命令，在其权限范围内，制定军事规章。

（8）特别行政区立法。特别行政区立法在目前仅指香港特别行政区立法和澳门特别行政区立法。这两个特别行政区的立法，在不与特别行政区基本法相抵触的前提下，享有独立的立法权。因为特别行政区基本法是根据宪法由全国人民代表大会制定的，因此，特别行政区的立法也应属我国现行立法体制的范畴。

【经典例题】

根据《立法法》规定，设区的市可以就（　　）进行立法。

A. 城乡建设与管理　　　　　　　　B. 环境保护

C. 历史文化保护　　　　　　　　　D. 本区域和相邻区域的关系

【答案】ABC

【解析】2000年3月15日第九届全国人民代表大会第三次会议通过，2015年3月15日第十二届全国人民代表大会第三次会议修改的《立法法》第72条第2款规定："设区的市的人民代表大会及其常务委员会根据本市的具体情况和实际需要，在不同宪法、法律、行政法规和本省、自治区的地方性法规相抵触的前提下，可以对城乡建设与管理、环境保护、历史文化保护等方面的事项制定地方性法规，法律对设区的市制定地方性法规的事项另有规定的，从其规定。设区的市的地方性法规须报省、自治区的人民代表大会常务委员会批准后施行。省、自治区的人民代表大会常务委员会对报请批准的地方性法规，应当对其合法性进行审查，同宪法、法律、行政法规和本省、自治区的地方性法规不抵触的，应当在四个月内予以批准"。第82条第1款规定："省、自治区、直辖市和设区的市、自治州的人民政府，可以根据法律、行政法规和本省、自治区、直辖市的地方性法规，制定规章"。第 2 款规定"地方政府规章可以就下列事项作出规定：（一）为执行法律、行政法规、地方性法规的规定需要制定规章的事项；（二）属于本行政区域的具体行政管理事项。"第 3 款规定"设区的市、自治州的人民政府根据本条第一款、第二款制定地方政府规章，限于城乡建设与管理、环境保护、历史文化保护等方面的事项。已经制定的地方政府规章，涉及上述事项范围以外的，继续有效"。赋予设区的市、自治州人大及其常委会和政府三个方面的立法权是 2015 年《立法法》修改的亮点。

第三节 立法程序与立法技术

本节知识结构图

一、立法过程

立法是动态的和有序的活动，是具有阶段性、关联性和完整性的活动过程。这一过程可分为三个阶段：

（一）立法的准备阶段

立法的准备阶段是指在提出法律案之前进行的有关立法的活动，是为正式立法提供条件或奠定基础的活动。包括进行立法预测、编制立法规划、形成立法动议、确定立项、组织起草班子、广泛收集整理国内外有关历史和现实的信息资料、深入调查研究、拟定草案初稿、多方征求意见、同有关部门进行协调、组织专家学者咨询等。准备阶段结束的标志一般是把草案提交创制法的机关。准备阶段的工作是复杂多样的，不是说每一项法规的创制，都一定经历上述各项准备工作，不同内容的法规以及不同效力等级的法规，其准备工作也会有所不同，但总的来说，准备阶段总是有的，准备工作是不可少的，它是一个打基础的阶段，直接关系到立法的质量。有的国家的许多立法的命运，实质上是在立法的准备阶段就决定了，法律案提交立法机关审议、表决，往往主要是履行法定程序，不能真正决定该法律案能否正式成为法，因为能否正式成为法，在立法准备阶段就已经定夺。所以，立法的准备阶段在立法活动过程中有重要价值。

（二）法的确立阶段

在现代立法活动过程中，法的确立阶段指由法律案到法的阶段，即由法案提出直到法的公布这一系列正式的立法活动所构成的立法阶段。参与这一阶段立法活动的主体，一般须是能够行使立法权的主体。由法律案到法的活动，主要是立法权的行使者的专有活动，是纯粹的立法活动。

同立法准备阶段和法的完善阶段相比，法的确立阶段的内容具有确定性、不可缺少性。虽然各国这一阶段的具体内容多有自己的特色，但主要内容通常包括四个方面：一是法律案的提出，二是法律案的审议，三是法律案的通过，四是公布法律。这一阶段是立法主体通过正式程序产生法的阶段。立法准备阶段固然能决定法律案的命运，但若不经历法的确立阶段，这一命运便不能最终实现，因此这一阶段具有法定性。现代立法中，这一阶段的各个主要环节，一般都由法明文规定从而形成法定制度。

（三）法的完善阶段

法的完善阶段，一般指法律案变为法之后，为使该法进一步臻于科学化，更宜于体现立法目的和适合不断变化的新情况，所进行的立法活动和立法辅助工作。这一阶段的主体同立法准备阶段一样，具有不确定性。其主要内容通常包括：法的修改、废止、法律清理、法律汇编、法律编纂、法律解释等。

法的完善阶段在立法活动过程中的价值和地位，兼具立法准备和法的确立两个阶段的一些特征。从立法价值角度看，法的完善作为目的在于使法进一步臻于科学化的活动，同旨在为正式立法奠定基础的立法准备是殊途同归的。另一方面，法的完善阶段的主要内容，绝大多数同法的确立阶段的内容一样，属于立法性质的活动。

二、立法程序

（一）立法程序的概念

所谓立法程序是指按照宪法和法律规定，享有立法权的国家机关制定、认可、修改、废止法律、法规和其他规范性法律文件的方法、步骤。一般有广、狭之分，狭义的立法程序仅指国家最高权力机关（我国的全国人民代表大会及其常务委员会，外国的议会、国会等）制定、认可、修改、废止法律的程序；广义的立法程序则包括所有具有立法权的国家机关制定、认可、修改、废止所有的规范性法律文件的程序。

立法体制主要解决哪些国家机关有权立法的问题，立法程序则主要解决有立法权的国家机关按照什么方法、步骤立法的问题。就是说，没有立法权不能立法，有了立法权也不能乱立法。立法都要有程序控制，否则就不能保证立法质量，就会给个人"一言立法"造成方便，或给少数人控制立法提供空隙，所以，立法程序必须严格、明确，任何有立法权的国家机关都必须按照宪法和法律规定的权限和程序来立法。

（二）我国的立法程序

以我国最高权力机关及其常设机关的立法程序为例，分析一下我国的立法程序。

就现代国家立法来说，这一阶段的工作通常是程式化的，特别是狭义的立法活动，一般都通过宪法或其他基本法律作出专门规定。比如我国的最高权力机关及其常设机关的立法程序，就是主要根据《中华人民共和国全国人民代表大会议事规则》和《全国人大常务委员会议事规则》的有关规定来进行的。根据这两个议事规则，我国的立法遵循以下基本程序，即法律案的提出、法律案的审议、法律案的表决和通过、法律的公布。

1. 法律案的提出

法律案的提出，是指有提案权的组织或人员向全国人民代表大会或全国人民代表大会常务委员会提出法律案。法律案不同于一般的立法建议，它是由法定的机关和人员提出的，被列入会议议程的关于立法的建议或者意见。而立法建议是指人们向立法机关提出的关于立法的意见、设想，它只能作为立法机关在立法过程中的参考，不能列入正式的立法程序。非法定的人员或机关提出的立法建议或倡议，只有被具有立法提案权的机关或人员采纳并被他们提出之后，才能成法律案。在提出法律案之后，全国人民代表大会或全国人民代表大会常务委员会要根据议程的安排，进行审查和讨论，议案有可能被否决，也有可能被通过。对于被通过了的法律案，有关机关和人员要根据法律案的内容，去进一步做工作。这就是说，法律案的通过，不是具体法律的通过，只是要制定某项法律的建议或意见的通过。

在不同的国家，关于立法提案权的规定是不同的。在我国，由于全国人民代表大会和全国人民代表大会常务委员会都在不同程度上拥有国家立法权，因此按照《宪法》、《全国人民代表大会组织法》、《立法法》之规定，立法提案权的享有者有两种情况，分别是：

第一，向全国人民代表大会提出法律案。按照上述法律规定，下列组织和人员享有向全国人民代表大会的立法提案权：

全国人民代表大会主席团、全国人民代表大会常务委员会、全国人民代表大会各专门委员会、国务院、中央军事委员会、国家监察委员会、最高人民法院、最高人民检察院，可以向全国人民代表大会提出法律案，由主席团决定列入会议议程。

全国人大一个代表团或者 30 名以上的代表联名，可以向全国人民代表大会提出法律案，由主席团决定是否列入会议议程，或者先交有关的专门委员会审议、提出是否列入会议议程的意见，再决定是否列入会议议程。

向全国人民代表大会提出的法律案，在全国人民代表大会闭会期间，可以先向常务委员会提出，经常务委员会会议按有关程序审议后，决定提请全国人民代表大会审议，由常务委员会向大会全体会议作说明，或者由提案人向大会全体会议作说明。

第二，向全国人民代表大会常务委员会提出法律案。按照上述法律规定，下列组织和人员享有向全国人民代表大会常务委员会的立法提案权：

委员长会议、全国人民代表大会各专门委员会、国务院、中央军事委员会、国家监察委员会、最高人民法院、最高人民检察院，可以向常务委员会提出法律案，由委员长会议决定列入常务委员会会议议程，或者先交有关的专门委员会审议、提出报告，再决定列入常务委员会会议议程。

常务委员会组成人员 10 人以上联名，可以向常务委员会提出法律案，由委员长会议决定是否列入常务委员会会议议程，或者先交有关的专门委员会审议、提出是否列入会议议程的意见，再决定是否列入常务委员会会议议程。

2. 法律案的审议

【6-3】

宪法修正案里一个逗号的删改

对照 6 天前提交大会审议的草案，2004 年 3 月 14 日，经十届全国人大二次会议最后表决通过的中华人民共和国宪法修正案，其中涉及对土地和私有财产征收、征用及补偿问题的条文，删除了一个小小的逗号。为了删改这个逗号，大会主席团向代表们提交了长达450余字的解释和说明。

据中国青年报记者崔丽、程刚、万兴亚报道，宪法修正案草案中的相关表述为："国家为了公共利益的需要，可以依照法律规定对土地实行征收或者征用，并给予补偿。""国家为了公共利益的需要，可以依照法律规定对公民的私有财产实行征收或者征用，并给予补偿。"在审议时，点在"并给予补偿"前面的一个逗号引起了有些代表的疑虑。代表提出，以上两处规定中的"依照法律规定"，是只规范征收、征用行为，还是也规范补偿行为，应予明确。由于对此有不同理解，有些代表建议将补偿明确为"公正补偿""合理补偿""充分补偿""相应补偿"等等。

大会主席团经研究认为，宪法修正案草案上述两处规定的本意是："依照法律规定"既规范征收、征用行为，包括征收、征用的主体和程序，也规范补偿行为，包括补偿的项目和标准。为了避免理解上的歧义，建议在最终的定稿中将上述两处规定中"并给予补偿"前面的逗号删去，修改为"国家为了公共利益的需要，可以依照法律规定对土地实行征收或者征用并给予补偿。""国家为了公共利益的需要，可以依照法律规定对公民的私有财产实行征收或者征用并给予补偿。"

对于这个逗号的修改，法学专家和语言学专家纷纷评论说："这不是一个单纯语法上的问题，而是强调要清晰地表达立法原意。一个逗号之差，直接关系到公民、集体财产能否得到有力保护的问题。""在现代汉语里，逗号既可能表示分句之间的停顿，也可能表示分句内部的停顿。因此，在宪法修正案草案的这个句子里，前面的'依照法律规定'到底管到哪，就会有分歧，就是语言学家也会有两派意见。宪法是国家的根本大法，需要最严谨的语言表述。删除逗号，也就是删除了将来可能的分歧。法律语言绝对不能存在'二义性'。"社会人士也认为，一部高质量和利于实施的宪法，不光在内容上要臻于完善"以人为本"，在表述上也应该经得起法学和语言学意义上的推敲。

法律案的审议，是指立法机关对已经列入议事日程的法律案进行正式的审查和讨论。法律案的审议是立法程序中非常重要的一个阶段。

对于要提交全国人民代表大会审议的法律案，一般在会议召开前一个月送达各代表，以便广泛征求意见。全国人民代表大会审议列入会议议程的法律案的大致过程包括：

对于列入全国人民代表大会会议议程的法律案，在大会全体会议听取提案人的说明后，由各代表团进行审议；列入全国人民代表大会会议议程的法律案，由有关的专门委员会进行审议，向主席团提出审议意见，并印发会议；列入全国人民代表大会会议议程的法律案，由法律委员会根据各代表团和有关的专门委员会的审议意见，对法律案进行统一审议后，向主席团提出审议结果报告和法律案修改稿；法律案修改稿经各代表团审议，由法律委员会根据各代表团的审议意见进行修改，提出法律案表决稿，再由主席团提请大会全体会议表决。至此，审议工作即告结束。《立法法》作出了规定：列入全国人民代表大会会议议程的法律案，在交付表决前，提案人要求撤回的，应当说明理由，经主席团同意，并向大会报告，对该法律案的审议即行终止。《立法法》还规定：法律案在审议中有重大问题需要进一步研究的，经主席团提出，由大会全体会议决定，可以授权常务委员会根据代表的意见进一步审议，作出决定，并将决定情况向全国人民代表大会下次会议报告；也可以授权常务委员会根据代表的意见进一步审议，提出修改方案，提请全国人民代表大会下次会议审议决定。

全国人民代表大会常务委员会审议列入会议议程的法律案，一般应当经三次常务委员会会议审议后再交付表决。常务委员会会议第一次审议法律案时，要在全体会议上听取提案人的说明，由分组会议进行初步审议；常务委员会会议第二次审议法律案，在全体会议上听取法律委员会关于法律案修改情况和主要问题的汇报，由分组会议进一步审议；常务委员会会议第三次审议法律案，在全体会议听取法律委员会关于法律案审议结果的报告，由分组会议对法律案修改稿进行审议。经三次会议审议后，如无重大问题，则由法律委员会根据常务委员会组成人员的审议意见进行修改，提出法律案表决稿，由委员长会议提请常务委员会全体会议表决。至此，审议工作即告结束。《立法法》规定：列入常务委员会会议议程的法律案，在交付表决前，提案人要求撤回的，应当说明理由，经委员长会议同意，并向常务委员会报告，对该法律案的审议即行终止。列入常务委员会会议审议的法律案，因各方面对制定该法律的必要性、可行性等重大问题存在较大意见分歧搁置审议满两年的，或者因暂不付表决经过两年没有再次列入常务委员会会议议程审议的，由委员长会议向常务委员会报告，该法律案终止审议。

3. 法律案的表决和通过

法律案的表决和通过，就是指立法机关中法定多数人对法律案表示正式同意，从而使法律草案成为法律。这是立法程序中最重要和最有决定意义的阶段。

按我国法律规定，宪法的修改，要由全国人民代表大会常务委员会或 1/5 以上的全国人大代表提议，由全国人民代表大会以全体代表的 2/3 以上多数通过，法律和其他议案由全国人大全体代表或全体委员的过半数通过即可。我国《立法法》规定：法律草案修改稿经各代表团审议，由法律委员会根据各代表团的审议意见进行修改，提出法律草案表决稿，由主席团提请大会全体会议表决，由全体代表的过半数通过。我国《立法法》还规定：法律草案修改稿经常务委员会会议审议，由法律委员会根据常务委员会组成人员的审议意见进行修改，提出法律草案表决稿，由委员长会议提请常务委员会全体会议表决，由常务委员会全体组成人员的过半数通过。会议表决的方式有投票、举手、按电子表决器等方式。宪法修改草案，一般采用无记名投票方式，一般法律草案的表决方式，在实践中现在主要采用按电子计票器按钮方式。

在世界上，还有一种叫做"全民公决"或者"全民投票"的方式。它是一种通过法律草案或者其他重大议案的特殊方式，一般在涉及国家重大问题的时候，如国家领土的变动、政体的重大变化以及宪法的重大变化等，一些国家采取的形式。

4. 法律的公布

法律案得到通过就成为正式的法律，但只有向社会公布，法律才能在社会中产生实际的作用，所以法律的公布，是法律生效的前提。未经公布的法律均没有效力；已经公布的法律，何时生效，可以分为如下情形：立即生效，即法律公布之日起生效；法律规定一个确定的日期，从该日期起生效。我国法律没有对法律生效的时间作出统一规定，而有的国家对此有专门规定，例如法国规定法律于总统批准之日起 15 天以内公布，意大利规定一个月以内。

我国的法律经全国人民代表大会或者由全国人民代表大会常务委员会通过后，由中华人民共和国主席签署主席令予以公布。签署公布法律的主席令载明该法律的制定机关、通过和施行日期。法律签署公布后，及时在全国人民代表大会常务委员会公报和中国人大网以及在全国范围内发行的报纸上刊载，在《全国人民代表大会常务委员会公报》刊登的法律文本为标准文本。可见，我国公布法律的法定书面形式是在全国人大常委会公报上全文公布，同时其他新闻媒体可以转载。

三、规范性法律文件的系统化

（一）规范性法律文件的系统化的含义和意义

规范性法律文件的系统化的前提是规范性法律文件的规范化。规范性法律文件的规范化是指根据宪法和法律的规定，有权制定规范性法律文件的国家机关，在制定规范性法律文件的时候，必须遵守和符合一定的标准性要求。例如，对不同层次、不同等级的规范性法律文件应明确其不同的法律地位与效力及其相互关系，各种规范性法律文件的表述应有共同的或不同的方式，法律条文的文字用语应简练明确，法律术语应统一严谨等。由于规范性法律文件的规范化的问题，一般都在规范性法律文件的创制部分讨论，所以我们这里主要讨论规范性法律文件的系统化问题。

规范性法律文件的系统化是指将不同国家机关制定的各种规范性法律文件按照一定的目的进行分类、整理或加工，使之统一、完整、明确和有序的活动。适时对规范性法律文件予以系统化是一项十分必要的立法活动。随着立法的不断发展，作为法的体系外部表现形式的规范性法律文件体系也应不断发展完善，因此规范性法律文件的系统化具有重要的意义。首先，便于人们查阅规范性法律文件，便于人们迅速判明和确定现行法规范的范围，从而便于法的适用与遵守。其次，规范性法律文件的系统化有助于实现法制的统一，建立与法的体系相和谐一致的规范性法律文件体系。再次，规范性法律文件的系统化有助于发现立法上的漏洞与缺陷，为进一步立法提供依据，同时，也有助于消除不同规范性法律文件之间的矛盾和冲突。因此，规范性法律文件的系统化不仅是立法的必要准备，其本身有时就是重要的立法环节。

（二）规范性法律文件系统化的方式

我国规范性法律文件系统化的方式有三种：法律汇编、法律编纂、法律清理。

1. 法律汇编

法律汇编，又称法规汇编，是指国家机关或者其他组织、个人将有关规范性法律文件按照一定标准汇编成册的活动。法律汇编的特点主要有三个方面。第一，法律汇编不改变原有规范性法律文件的内容，不产生新的规范，主要是一项技术性整理和归类活动，因而其本身并非法律的创制活动。第二，根据法律汇编的主体的不同，可以将法律汇编分为官方的和非官方的两种。官方汇编由相应的法的创制机关的工作机构，如全国人大常委会法制工作委员会、国务院法制局等分别负责编辑；非官方的汇编通常由国家机关、教学科研单位或社会团体根据工作、学习或教学科研的需要而编辑。法律汇编的正式出版应当经出版行政管理部门审核批准。第三，法律汇编具有不同的标准，有的以法规颁布的时间为标准，有的以法规颁布的机关为标准，有的以涉及问题的性质为标准。

2. 法律编纂

法律编纂又称为法典编纂，是指在对某一部门法全部现行法规范进行审查、整理、补充、修改的基础上，制定新的内容和谐一致、体例完整合理的系统化的规范性法律文件——部门法典的活动。法典编纂活动的特点主要体现在如下两个方面：第一，法典编纂不仅是对某一部门法律规范的集中或整理，还必须根据该部门法的调整对象和方法、整个法的体系的协调性以及法典编纂特定规则的要求，对法律规范进行加工和变动，废止和修改某些规范以消除相互矛盾冲突的部分，创制新的规范以填补空白，并协调规范之间的相互关系。因此，法典编纂是一项重要的立法活动。第二，法律编纂的主体是特定的，即只能是立法机关。第三，法典编纂由于其活动本身的相对复杂性和系统性，因此要求法典编纂者必须具有丰富的专业理论知识和高水平的立法技术，否则，不可能制定出优良的法典。

3. 法律清理

法律清理，又称法规清理，是指有关国家立法机关或授权机关按照一定程序，对一定时期和范围的规范性法律文件进行审查、清理、整理等，并重新确定其法律效力的活动。法律清理活动主要具有如下特点。第一，法律清理是法律法规创制机关的专门活动，在特定情形下，获得授权的机关也可以进行法律清理活动。我国法律清理权能归属的一般原则是"谁制定谁清理"，即由各级各类规范创制机关分别负责清理自己制定颁布的规范性文件。第二，法律清理的对象是已经颁布生效的规范性法律文件，尚未生效或已经被明令废止的规范性法律文件以及非规范性法律文件均不属于法律清理的范围。第三，法律清理活动不制定新的法律规范，也不修改原有规范的内容，而是依据一定的标准对现行法律规范进行审查，以便重新确定其法律效力。第四，法律清理活动具有法律意义。法律清理活动结束后，有权机关可以根据具体情况决定对规范性法律文件命令废止、责成修改、默示或明示其延长法律效力，由立法机关确认并公布后具有法律效力。

四、立法技术

（一）立法技术的概念和分类

立法技术，是指在法的创制过程中所应体现和遵循的规则、方法、技巧、经验和知识。立法技术大致有以下几种分类：

1. 根据立法的进程，将立法技术分为立法预测技术、立法规划技术、法律规范表达技术。

2. 根据立法技术运用的具体程度，将立法技术分为宏观立法技术和微观立法技术。

此外，立法技术还可以分为大陆法系国家立法技术与英美法系国家立法技术等。

下面我们仅仅从法律规范表达技术和立法语言的运用两方面来阐述立法技术。

（二）法律规范表达技术

规范性法律文件是表述法律规范的文件，在结构上一般包括：标题，题注，正文。

标题即法律文件名，它是法律的标识，标题应尽量反映出文件的基本内容，同时应反映出它所包含的规范在整个国家法律体系中的地位。比如《中华人民共和国宪法》和《中华人民共和国消费者权益保护法》，这两个标题让人一看便知其各自所包含的规范的内容及其在法律体系中的地位。但是我国的法律文件的标题并不都是这样，比如国务院制定的行政法规很多使用"条例"一词，地方性法规有的也使用"条例"一词，这就使人们从标题上很难分清行政法规和地方性法规，所以有许多学者建议对我国的法律文件的标题进行系统化安排，这看来是非常有必要的。

题注即对标题性质的补充说明。我国《立法法》作出了明确规定：法律标题的题注应当载明制定的机关、通过的日期。由题注标明通过和发布文件的机关和时间，这也是制作规范性法律文件的技术要求之一。它能说明文件是依据哪一级哪一方面的国家权力产生的，从而能说明规范的地位。

正文即文件的内容，法的内容要完整，法的要素应该齐全、完备，法的体例安排要规范和统一。例如根据《立法法》的规定，在结构上，法律根据内容需要可以根据需要分为编、章、节、条、款、项、目。

（三）立法语言的运用

立法语言的运用要做到规范、准确、严谨、简明。

规范：要求使用规范的语言文字，不要将俗语、方言、简化字等不正规的词语用于法律文件中，需要使用民族语言表述法律文件内容的，也要使用规范的民族语言。

准确：要用明确肯定的语言表达明晰的概念。古人云"差之毫厘，谬之千里"。法律是普遍的明确的行为规范，是对社会上绝大多数人有效的，所以应使社会上的绝大多数公民看懂和理解，不宜用晦涩的、难懂的文字来表述，也不宜用带有感情色彩的词汇或比喻、夸张的文学手法来表述。

严谨：指用逻辑严密的语言表述法律规范的内容。法律规范所用的概念、判断和推理，一定要遵守关于逻辑语义的规律。使用的概念、术语应当严格并且前后一致，不能用语含糊或前后不一致，如果在同一文件中用同一术语表示不同概念，则应在条文中作出说明。

简明：指用尽可能简练明白的语言表述法律的内容。法律语言必须做到既简练又明白。唐太宗李世民说："国家法令，惟须简约。"当然，法律语言的简明和逻辑上的严谨是紧密联系在一起的，两者不可偏废。

立法技术对于法的创制具有重要的作用和意义，立法技术直接影响到立法的质量。为了使立法表述准确无误，符合立法的本意，必须研究和熟悉立法技术。认真研究和熟练运用立法技术，是忠实地反映人民意志，保护公民权利，依法治国，建设社会主义法治国家的必要条件。

【经典例题】

下列哪些主体既可以向全国人民代表大会，也可以向全国人民代表大会常务委员会提

出法律案?（　　　）

    A. 国务院

    B. 中央军事委员会

    C. 全国人民代表大会各专门委员会

    D. 三十名以上全国人民代表大会代表联名

【答案】ABC

【解析】《全国人民代表大会议事规则》第23条规定，主席团，全国人民代表大会常务委员会，全国人民代表大会各专门委员会，国务院，中央军事委员会，国家监察委员会，最高人民法院，最高人民检察院，可以向全国人民代表大会提出属于全国人民代表大会职权范围内的议案，由主席团决定列入会议议程。一个代表团或者三十名以上的代表联名，可以向全国人民代表大会提出属于全国人民代表大会职权范围内的议案，由主席团决定是否列入会议议程，或者先交有关的专门委员会审议、提出是否列入会议议程的意见，再决定是否列入会议议程。全国人大常委会议事规则。《立法法》中规定，国务院、中央军事委员会、最高人民法院、最高人民检察院、全国人民代表大会各专门委员会，可以向常务委员会提出法律案，由委员长会议决定列入常务委员会会议议程，或者先交有关的专门委员会审议、提出报告，再决定列入常务委员会会议议程。如果委员长会议认为法律案有重大问题需要进一步研究，可以建议提案人修改完善后再向常务委员会提出。所以本题的正确选项是ABC。

本 章 小 结

    法的创制，又称为立法，是指一定的国家机关，依照法定的职权和程序，制定、认可、修改、废止规范性法律文件的活动。在我国，法的创制有广义和狭义两种。法的创制的特征有：法的创制是国家的专有活动；法的创制是一定的国家机关依照法定职权和法定程序进行的活动；法的创制是一定的国家机关制定、认可、修改、废止法律规范的活动。我国社会主义法的创制的基本原则主要有：党领导立法原则、科学立法原则、民主立法原则原则、依法立法原则。

    立法体制包括立法权限的划分、立法机关的设置和立法权的行使等各方面的制度，核心内容是立法权限的划分问题。现行中国立法体制颇具特色，独创了一种"一元、两级、多层次"的立法体制。所谓"一元"是指我国的立法体制是统一的，一体化的，全国只有一部宪法，并且国家立法权只能由全国人大及其常委会行使，其他国家机关均无国家立法权；行政法规、监察法规、地方性法规均不得与宪法、法律相抵触。所谓"两级"是指立法体制分为中央立法和地方立法两个立法权等级。所谓"多层次"是指不论是中央级立法，还是地方级立法，都可以分成若干个层次和类别。

    立法过程包括三个阶段：一是立法的准备阶段；二是法的确立阶段；三是法的完善阶段。立法程序是指按照宪法和法律规定，享有立法权的国家机关制定、认可、修改、废止法律、法规和其他规范性法律文件的方法、步骤。我国的最高权力机关及其常设机关的立法程序有以下几个步骤，即法律案的提出、法律案的审议、法律案的表决和通过、法律的公布等四个阶段。规范性法律文件的系统化的方式包括法律汇编、法典编纂、法律清理。立法技术，是指在法的创制过程中所应体现和遵循的规则、方法、技巧、经验和知识。法律规范表达技术。规范性法律文件是表述法律规范的文件，在结构上一般包括：标题，题注，正文。立法语言的运用。立法语言的运用要做到规范、准确、严谨、简明。

综 合 练 习

一、选择题

1. "立善法于天下，则天下治；立善法于一国，则一国治。"下列关于立法的说法错误的是(　　)。

　　A. 立法是特定主体进行的活动　　　　B. 立法可以由立法者随意进行

　　C. 立法是依据一定职权进行的活动　　D. 立法是运用一定技术进行的活动

2. 中国现行立法权限划分体制具有以下特点(　　)。

　　A. 实行中央统一领导和一定程度分权　B. 不同级别的规范性法律文件并存

　　C. 存在多类结合的法律文件　　　　　D. 立法只能由各级人大进行

3. 全国人民代表大会的立法权限(　　)。

　　A. 制定宪法　　　B. 制定法律　　　C. 制定行政法规　　D. 制定自治条例

4. 根据《中华人民共和国立法法》的规定，下列哪一项属于地方性法规可以规定的事项？(　　)

　　A. 执行法律、行政法规规定的事项　　B. 执行部门规章的事项

　　C. 诉讼和仲裁基本制度　　　　　　　D. 基层群众自治制度

5. 根据《中华人民共和国立法法》的规定，设区的市可以就(　　)进行立法。

　　A. 城乡建设与管理　　　　　　　　　B. 生态文明建设

　　C. 历史文化保护　　　　　　　　　　D. 本区域和相邻区域的关系

6. 不属于法律制定程序的是(　　)。

　　A. 起草法律案　　B. 审议法律案　　C. 表决法律案　　　D. 公布法律

7. 立法的关键性阶段是(　　)。

　　A. 法律案的提出　　B. 法律案的通过　　C. 法律案的审议　　D. 法律的公布

8. 既有权向全国人大提出法律案，又有权向全国人大常委会提出法律案的国家机关有(　　)。

　　A. 全国人大主席团　　　　　　　　　B. 国务院

　　C. 最高人民法院　　　　　　　　　　D. 最高人民检察院

9. 2019 年 3 月，第十三届全国人民代表大会二次会议在京召开，下列选项中无权向全国人民代表大会提出法律案的是(　　)。

　　A. 国务院　　　　　　　　　　　　　B. 中央军委

　　C. 10 名以上全国人大代表　　　　　　D. 最高人民法院

10. 有权的国家机关，在其职权范围内，以一定方式，对一国一定范围所存在的规范性法律文件进行审查，确定它们或存或废或改动的专门活动是指(　　)。

    A. 法的汇编   B. 法的清理   C. 法的编纂   D. 法的废止

二、判断题

1. 中国共产党第十九届中央委员会向全国人民代表大会常务委员会提出修改宪法的建议。第十三届全国人民代表大会开幕后，全国人民代表大会常务委员会以自己的名义向全国人民代表大会提出了修改宪法的议案。2018 年 3 月 11 日，第十三届全国人民代表大会通过了该议案。由此可见，在我国，中国共产党中央委员会享有立法提案权。（　　）

2. 法的创制是将一定阶级的意志上升为国家意志的活动，是对社会资源、社会利益进行第一次分配的活动。（　　）

3. 科学立法的核心在于尊重和体现客观规律，克服立法中的主观随意性和盲目性，避免减少错误和失误，使法律准确适应改革发展稳定安全的需要，公正合理地协调利益关系。（　　）

4. 我国春秋时期思想家慎子说"法，非从天下，非从地出，发于人间，合乎人心而已"。这是中国自古就有的民本思想。现代民主立法原则的形成和确立，是"人民自己当家作主"的民主政治和"一切权力源自人民"的民权政治实现以后的事情。（　　）

三、名词解释

1. 法的创制
2. 立法体制
3. 立法程序
4. 法律案

四、简答题

1. 中国社会主义法的创制的基本原则有哪些？
2. 简述民主立法原则。
3. 简述科学立法原则。
4. 简述当代中国的立法体制。
5. 简述我国最高权力机关及其常设机关的立法程序。

五、拓展训练

1. 在我们生活的周围经常可以看到类似的规定，"此处严禁停放自行车，违者罚款50 元。"或者超市里的店堂告示，"偷一罚十"，还有公交车的"无票乘车，20 倍罚款"等规定，不一而足。这些机构真的有如此权力，可以集立法、司法、执法大权于一身？

请用立法体制的原理进行分析。

2. 请登录"中国人大网"http：//www.npc.gov.cn/，进入"法律草案征求意见"板块，参与法律法规草案征求意见的活动。

第七章 法的渊源

本章知识结构图

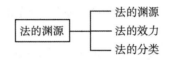

知识目标：了解法的渊源的不同含义，规范性法律文件的系统化的含义和意义；掌握法理学上法的渊源的含义，当代中国社会主义法的渊源、法的效力的含义、法的效力范围、法的效力位阶确定的基本原则，法的分类。

能力目标：能够通过文件题目和题注分析法的渊源的效力位阶；在法的效力等级冲突的情况下，适用正确的法的渊源的能力；运用法的效力原理，准确判断法的时间效力、空间效力、对人的效力；培养学生的法理思维方式和能力以及多角度思维、逆向思维的习惯。

素质目标：培养学生对法律的认同感及法律至上的思维，培养学生尊重法律、遵守法律的意识和素质，培养学生的职业自豪感，培养学生的爱国主义情怀，树立四个自信。

第一节 法 的 渊 源

本节知识结构图

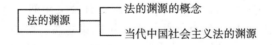

一、法的渊源的概念

（一）法的渊源的语义

从词源上来看，法的渊源指法的来源、源头、源泉，是指法来源于何处，怎样来的。从不同的角度来观察法的渊源，有不同的理解。

第一，法的历史渊源。通常指那些在历史上引起法律原则或法律规则和制度产生的历史事件和行为，如将古罗马的《十二铜表法》看成是大陆法系的历史渊源，将12~13世纪英国的判例法看成是英美法系的历史渊源，而将春秋战国时期的《法经》看成是中华法系的渊源。

第二，法的理论渊源。通常是指那些对特定时期的法律制度、原则、规范的产生和发展有一定影响的理论学说或思想基础。这些理论学说可能是法律思想，也可能是哲学或其他思想，比如近代西方启蒙思想家所主张的社会契约、天赋人权、分权制衡等思想学说构成了西方宪政制度的重要理论渊源。

第三，法的政治渊源。通常是指那些影响法律产生变化发展的特定国家的政治生活状况，如民主政治与专制政治会对法律的产生变化发展产生相当不同的影响。

第四，法的社会物质生活条件渊源。通常是指法所赖以产生的社会物质生活条件。按马克思主义的观点，这是法得以产生发展的最终根源。

第五，法的形式与效力渊源。通常是指不同的法由不同的机关所创制、发展或废止，因而其具有不同的法律效力和表现形式。我们把这种由于制定机构不同，因而法律效力与表现形式各异的规范性法律文件，称为不同的法律渊源。

法的渊源又称为"法律渊源"，或"法源"，法理学一般将其理解为法的效力与形式来源，是指具有法的效力和意义的法的外在表现形式，因此，法的渊源也叫法的形式，实质是法的效力等级问题。

（二）法的渊源的内涵

法的渊源包括两个不可分割的要件：一是其与法的效力的直接联系，二是其表现为一定的法律外部形式。二者缺一不可。

一方面，法的渊源必然与法的效力相联系。也就是说，只有产生法的效力的法律文本或其他规范，才有可能成为法的渊源。这实际上是立法和司法的必然要求。没有法律效力的法律规范只有两种情况：要么被实践中的其他规则所替代或修正；要么因被废除或修改而失效，成为历史的法律文献。当然，法的效力的生成因素是多种多样的，如传统的影响、心理因素的促成和习惯势力的约束等，都可以保障法的效力的实现。但是，最关键的因素是国家的强制力，没有国家强制力做后盾，法是很难被适用和执行的。

另一方面，法的渊源必然要表现为一定的法的形式，即要求任何具有法律效力的规范性文件或非规范性文件，都必须以一定的法的形式表现出来。至于这些法律形式的具体名称，则因各国国情和文件等级的不同或效力范围的差异而有所不同。以我国为例，全国人大及其常委会制定的法律，一般称为"法"，而国务院和省级人大及其常委会通过的法律文件，一般称为"法规"，有时称为"条例""规定"等。当然，这是成文法国家的做法。而不成文法国家，对有法律文本的一般均叫"法"，而不成文的一般称为"习惯法"或"判例法"。

总之，法律文件的效力和形式是统一的，凡是具有法律效力的法律文本，都有一定的表现形式。二者是法的渊源不可或缺的要件。

（三）正式意义的法的渊源和非正式意义的法的渊源

由于法的渊源的种类受到各国政治体制、法律传统、历史境遇、社会需求等诸多因素的影响，而呈现出多样化的特点。西方学者多将法的渊源区分为正式意义的法的渊源和非正式意义的法的渊源两大类。

正式意义的法的渊源意指由国家权力的介入所形成的法的表现形式，它具有法的效力，能够直接约束法律关系主体的行为，如宪法、法律、行政法规、条例、条约以及司法先例等。非正式意义的法的渊源指为社会所认同的行为规则，尽管这种法的渊源对法律关系的主体并没有必然的约束力即法的效力，但是却具有不同程度的说服力和参考作用，可以作为法律实践的基本依据，如法律学说、道德观念、宗教规范、社会的公共政策等。任何国家的法的正式渊源都不可能是一个包罗万象的体系，也就是说，它不可能为法律实践中的每个法律问题都提供一个明确的答案，即总会有一些问题不可能从正式的法的渊源中寻找确定的大前提。这包括下列情况：

第一，正式的法的渊源完全不能为法律决定提供大前提；

第二，使用某种正式的法的渊源会与公平正义的基本要求、强制性要求和占支配地位的要求发生冲突；

第三，一项正式的法的渊源可能会产生解释的模棱两可性或不确定性。

在以上三种情况下，法律人为了给法律问题提供一个合理的法律决定就要诉诸于法的非正式的渊源。此时，非正式的渊源甚至能够发挥更为积极的作用。

二、当代中国社会主义法的渊源

（一）正式意义的法的渊源

当代中国法的正式渊源主要是以制定法为主的各种正式意义的法的表现形式，有各种不同的层次和范畴，具体包括：宪法、法律、行政法规、监察法规、地方性法规、民族自治地方的自治条例和单行条例、规章、经济特区法规、军事法规和军事规章、特别行政区法律法规、国际条约和国际惯例等。

1. 宪法

宪法既可以指一个法律部门，也可以指一种法的渊源。作为一种法的渊源，宪法是由全国人民代表大会经由特殊程序修改的，在整个国家的法律体系中具有最高的法律效力，处于核心地位，是其他一切法律、法规、规章等的"母法"，其他一切法律都不得同宪法相抵触。宪法规定了我国的最根本的政治、经济和社会制度，规定了国家的根本任务，公民的基本权利和义务，国家机关的组织结构和活动原则等国家和社会生活中最基本、最重要的问题。

2. 法律

这里所说的法律是狭义的法律，而非各种成文法的总称。法律是指由全国人民代表大会及其常务委员会依法制定、修改的，规定和调整国家、社会和公民生活中某一方面带有根本性的社会关系或基本问题的规范性法律文件。在当代中国法的渊源中，法律是仅次于宪法的主要的法的渊源，其效力低于宪法而高于其他法，是法的渊源体系中的二级大法。

根据宪法的规定，法律分为基本法律和基本法律以外的其他法律。基本法律是由全国人民代表大会制定和修改的，内容涉及国家和社会生活某一方面的、最基本的问题，如刑法、民法、诉讼法以及有关国家机构的法律和其他的法律；基本法律以外的法律是由全国人民代表大会常务委员会制定和修改的，内容涉及基本法律所规范和调整的范围以外的问题。全国人民代表大会常务委员会制定和修改除应当由全国人民代表大会制定的法律以外的其他法律；在全国人民代表大会闭会期间，对全国人民代表大会制定的法律进行部分补充和修改，但是不得同该法律的基本原则相抵触。

《立法法》作出明确规定，下列事项只能制定法律：国家主权的事项；各级人民代表大会、人民政府、人民法院和人民检察院的产生、组织和职权；民族区域自治制度、特别行政区制度、基层群众自治制度；犯罪和刑罚；对公民政治权利的剥夺、限制人身自由的强制措施和处罚；税种的设立、税率的确定和税收征收管理等税收基本制度；对非国有财产的征收；民事基本制度；基本经济制度以及财政、税收、海关、金融和外贸的基本制度；诉讼和仲裁基本制度；必须由全国人民代表大会及其常务委员会制定法律的其他事项。另外，对于第八条规定的事项尚未制定法律的，全国人民代表大会及其常务委员会有权作出决定，授权国务院可以根据实际需要，对其中的部分事项先制定行政法规，但是有关犯罪和刑罚、对公民政治权利的剥夺和限制人身自由的强制措施和处罚、司法制度等事项除外。

3. 行政法规

行政法规是由最高国家行政机关国务院依法制定、修改或废止的，有关行政管理和管理行政事项的规范性法律文件的总称。行政法规必须根据宪法、法律进行制定或修改，其法律效力低于宪法、法律而高于地方性法规和行政规章。行政法规的作用是保障宪法和法律的实施，有了行政法规，便有助于宪法、法律原则和法律精神得以具体化，它在当代中国法的渊源体系中具有承上启下的桥梁作用。

《立法法》规定，国务院根据宪法和法律，制定行政法规。行政法规可以就下列事项作出规定：为执行法律的规定需要制定行政法规的事项；宪法第 89 条规定的国务院行政管理职权的事项。

4. 监察法规

根据 2019 年 10 月 26 日第十三届全国人大常委会第十四次会议通过的《全国人民代表大会常务委员会关于国家监察委员会制定监察法规的决定》，国家监察委员会根据宪法和法律，制定监察法规。监察法规的权限包括：第一，为执行法律的规定需要制定监察法规的事项；第二，为履行领导地方各级监察委员会工作的职责需要制定监察法规的事项。

5. 地方性法规

地方性法规是指由特定地方国家机关依法制定和修改的，效力不超出本行政区域范围，在法的渊源体系中具有基础作用的规范性文件的总称。它能够作为地方司法依据之一。地方性法规的地位和效力低于宪法、法律、行政法规。在当代中国法的渊源中，地方性法规是一种数量最大的法的渊源。根据宪法和立法法的相关规定，我国地方性法规有以下几种类型：

（1）省、自治区、直辖市的人民代表大会及其常务委员会根据本行政区域的具体情况和实际需要，在不同宪法、法律、行政法规相抵触的前提下，可以制定地方性法规，报全国人民代表大会常务委员会备案。

（2）设区的市的人民代表大会及其常务委员会根据本市的具体情况和实际需要，在不同宪法、法律、行政法规和本省、自治区的地方性法规相抵触的前提下，可以对城乡建设与管理、生态文明建设、历史文化保护、基层社会治理等方面的事项制定地方性法规，法律对设区的市制定地方性法规的事项另有规定的，从其规定。设区的市的地方性法规须报省、自治区的人民代表大会常务委员会批准后施行。省、自治区的人民代表大会常务委员会对报请批准的地方性法规，应当对其合法性进行审查，同宪法、法律、行政法规和本省、自治区的地方性法规不抵触的，应当在四个月内予以批准。

自治州的人民代表大会及其常务委员会可以行使设区的市制定地方性法规的职权。

《立法法》明确规定，地方性法规可以就下列事项作出规定：为执行法律、行政法规的规定，需要根据本行政区域的实际情况作具体规定的事项；属于地方性事务需要制定地方性法规的事项。规定本行政区域特别重大事项的地方性法规，应当由人民代表大会通过。

6. 民族自治地方的自治条例和单行条例

自治条例和单行条例合称为自治法规，是民族自治地方的人民代表大会制定的特殊的地方性法律文件，是中国法的渊源中的一种。自治条例是民族自治地方根据自治权所制定的综合性法律文件；单行条例则是根据自治权制定的调整某一方面事项的规范性文件。各级民族自治地方都有权制定自治条例和单行条例。根据宪法、立法法、组织法和民族区域自治法的规定，民族自治地方的人民代表大会有权依照当地民族的政治、经济和文化特点，制定自治条例和单行条例。自治区的自治条例和单行条例，报全国人民代表大会常委会批准后生效。自治州、自治县的自治条例和单行条例，报省、自治区、直辖市的人民代表大会常委会批准后生效，并报全国人大常委会备案。自治条例和单行条例在其制定机关的管辖范围内有效。条例的内容必须符合宪法、法律的基本原则，同时也不能同国务院制定的关于民族区域自治的行政法规相抵触。

自治条例和单行条例可以依照当地民族的特点，对法律和行政法规的规定作出变通规定，但不得违背法律或者行政法规的基本原则，不得对宪法和民族区域自治法的规定以及其他有关法律、行政法规专门就民族自治地方所作的规定作出变通规定。

7. 经济特区法规

设立经济特区是我国改革开放以来所实行的一项特殊政策，主要是为了发展对外经济贸易，特别是利用外资和先进技术。1981年，全国人大常委会授权广东省、福建省人大及其常委会制定所属经济特区的各项单行经济法规；1989年，第七届全国人大第二次会议决定，授权深圳经济特区制定本特区的经济法规。经济特区的经济法规不能与宪法、法律、行政法规相抵触，否则无效。经济特区的经济法规根据授权对法律、行政法规、地方性法规作变通规定的，在本经济特区内适用经济特区法规的规定。

8. 规章

依照宪法和立法法的规定，国务院所属各部、委员会、中国人民银行、审计署和具有行政管理职能的直属机构，可以根据法律和国务院的行政法规、决定、命令，在本部门的权限范围内，制定规章。立法法将此类规章称之为"国务院部门规章"，其地位和效力低于宪法、法律、行政法规。部门规章规定的事项应当属于执行法律或者国务院的行政法规、决定、命令的事项。涉及两个以上国务院部门职权范围的事项，应当提请国务院制定行政法规或者由国务院有关部门联合制定规章。

根据宪法和立法法的相关规定，省、自治区、直辖市和设区的市、自治州的人民政府可以根据法律和行政法规以及本省、自治区、直辖市的地方性法规，制定规章，立法法将这类规章称之为"地方政府规章"。地方政府规章同国务院部门规章尽管同样是规章，但有区别。地方政府规章的法律效力低于宪法、法律、行政法规和地方性法规。地方政府规章可以就下列事项作出规定：为执行法律、行政法规、地方性法规的规定需要制定规章的事项；属于本行政区域的具体行政管理事项。

设区的市、自治州的人民政府制定地方政府规章，限于城乡建设与管理、环境保护、历史文化保护等方面的事项。已经制定的地方政府规章，涉及上述事项范围以外的，继续有效。

9. 军事法规和军事规章

在当代中国法的渊源中，军事法规和军事规章也是法的渊源之一。《立法法》和《军事立法工作条例》规定，中央军事委员会有权根据宪法和法律，制定军事法规；各总部、军兵种、军区、中国人民武装警察部队可以根据法律、军事法规、中央军委的决定和命令，在其权限范围内，制定军事规章；军事法规和军事规章均在武装力量内部实施；军事法规、军事规章的制定、修改和废止办法，由军事立法工作条例规定。一般可以认为，军事法规的法律地位和效力低于宪法和法律，军事规章的法律地位和效力低于宪法、法律、行政法规和军事法规。（注：军事规章的制定者，立法法规定是中央军事委员会各总部、军兵种、军区、中国人民武装警察部队，军事立法工作条例规定是战区、军兵种（第10条）、中国人民武装警察部队（第77条）。

10. 特别行政区的法律法规

我国宪法第31条规定：国家在必要时得设立特别行政区。在特别行政区内实行的制度按照具体情况由全国人民代表大会以法律规定。特别行政区基本法由全国人民代表大会制定通过。特别行政区基本法虽然也是由全国人民代表大会制定的基本法律，但其只限于在特别行政区范围内实行。

特别行政区法律是指根据宪法和特别行政区基本法，在特别行政区内实行的法律。例如，根据香港特别行政区基本法的规定，香港特别行政区的法律包括：1997年7月1日以后香港特别行政区立法会制定的法律，和除同香港特别行政区基本法相抵触或经香港特别行政区的立法机关作出修订者外，予以保留的香港原有法律，即普通法、衡平法、条例、附属立法和习惯法。特别行政区的法律法规必须符合"一国两制"的精神，不能与宪法和特别行政区基本法相抵触，并报全国人大常委会备案，备案不影响法律法规的生效。特别行政区的法律法规属于我国法的渊源体系中两种特殊的法的渊源。

11. 国际条约和国际惯例

国际条约是两个或两个以上国家就政治、经济、贸易、军事、法律、文化等方面的问题确定其相互权利义务关系的协议。国际条约的名称包括条约、公约、协定、和约、盟约、换文、宣言、声明、公报等。国际条约虽然不属于国内法范畴，但我国政府与外国签订或者加入的国际条约，对于我国国内的国家机关、企事业单位、社团和公民也具有同国内法一样的约束力。从这个意义上讲，我国签订或者加入的国际条约也是我国法的渊源之一。

【7-1】

上海南极星公司非法经营案

2000 年，由澳大利亚籍华人方德成任法定代表人、董事长的上海南极星公司与由上海电信公司控股 60% 的上海电信呼叫公司签订了一份"合作"经营国家 IP 电话业务的协议，约定双方"优势互补，分工合作，设备各自投入，获利分成"。南极星公司具体负责接入澳大利亚客户，而日常经营、设备维护、国内结算则由上海呼叫公司负责。但此协议有一个"致命伤"，即南极星公司是"租用上海呼叫公司的因特网专线和模拟电话线的"，每隔一段时间要付租金，因此，此合作协议实际上是租赁协议。南极星公司从中获利 10 万元人民币，上海呼叫公司获利 118 万元人民币。

2003 年 7 月 22 日，方德成作为南极星公司的直接负责人因涉嫌非法经营罪被公安局刑事拘留，同年 8 月 28 日被逮捕。2003 年年底，南极星公司和方德成同时被起诉到人民法院。起诉书称，被告人方德成在明知南极星公司无经营国际电信业务资格的情况下，于 2000 年 11 月至 2003 年 5 月间，非法经营国际电信业务通话时间长达 820 万余分钟，共造成我国电信资费损失人民币 1766 万余元。按照起诉书的认定，方德成的行为造成我国电信资费的损失是巨大的。

但是，方德成的辩护律师在法庭辩论时却认为该案适用法律错误，为方德成做了无罪辩护。

首先，律师阐述了非法经营罪的概念，是指违反国家法律和行政法规开展经营活动，扰乱市场秩序，并达到情节严重的行为（注：《刑法》第 225 条与该案有关的规定只有一款，即"（四）其他严重扰乱市场秩序的非法经营行为"）。并认为，这里的"法"仅限于全国人大及其常委会制定的"法律"和国务院制定的"行政法规"，不包括最高人民法院的司法解释。而国务院 2000 年 9 月 25 日第 291 号令公布实施的《电信条例》对扰乱电信秩序的行为只规定了行政处罚，没有刑事处罚。

其次，律师认为，上海存在着同类犯罪判决先例，是因为依据了最高人民法院 2000 年 4 月 28 日通过的《关于审理扰乱电信市场管理秩序案件具体应用法律若干问题的解释》。该司法解释规定，"违法国家规定，采取租用国际专线，私设转接设备或其他方法，擅自经营国际电信业务者"，认定为非法经营罪。但是这个司法解释早于国务院的《电信条例》，有的内容直接违反《刑法》和《刑法》指明的行政法规。

最后，律师进一步阐述道，《刑法》225 条属于相对空白罪状，刑法本身并未将擅自经营国际 IP 电信业务的行为规定为非法经营罪，仅是按照最高人民法院的〔2000〕12 号司法解释，才对非法租用国际专线，私设转接设备或其他方法，擅自经营国际电信业务的行为规定为非法经营罪的行为。在国务院的《电信条例》公布实施后，这一解释的内容已经成了直接违法的擅自增加定罪范围的扩大解释，违反了刑法的"罪刑法定"原则。因为刑法本身没有规定犯罪，把这个罪与非罪的界定交给了国务院，而不是授权给最高人民法院。国务院制定的行政法规既然不认为是犯罪，就只能按照行政法规的规定给予行政处罚，而不能定罪。

(二) 非正式意义的法的渊源

1. 习惯

习惯的含义很宽泛，既指个人习惯，也指社会习惯。能够作为法的非正式渊源的习惯仅指社会习惯，特别是那些与重要的社会事务，即为了确保令人满意的集体社会而必须完成的各种相关的习惯，因为后者往往与人们的一些具体义务和责任相关。习惯之所以能成为法的非正式渊源，是因为它是特定共同体的人们在长久的生产生活实践中自然而然形成的，是该共同体的人们事实上的共同情感和要求的体现，也是他们共同理性的体现。《民法典》第 10 条规定："处理民事纠纷，应当依照法律；法律没有规定的，可以适用习惯，但是不得违背公序良俗。"

2. 判例

判例在英美法系属于法的正式渊源；在当今的大陆法系，判例的重要性—至少它的事实重要性—已经被大家承认。在中国，判例的重要性也被人们普遍承认。例如，2000 年 6 月，最高人民法院决定定期向社会公布部分裁判文书，在各卷的案例汇编的前言指出："最高人民法院的裁判文书，由于具有最高的司法效力，因而对各级人民法院的审判工作具有重要的指导作用，同时还可以为法律、法规的制定和修改提供参考，也是法律专家和学者开展法律教学和研究的宝贵素材。"[①]

判例之所以在法的适用中具有重要性，是因为它可以弥补制定法的不足。具体地说，任何判例都是法官结合特定案件事实将具有一般性和抽象性的制定法规范具体化的一种结果，也就是说判例不再是一般的和抽象的了。这至少为将来的法官运用该制定法解决具体案件提供了思路、经验和指导。同理，任何判例都是法官针对具体案件事实将具有模糊性和歧义性的制定法进行解释而得到的一种结果，也就是说，任何判例都在一定程度上消除了语言的模糊性和歧义性，使制定法的语言的外延和内涵在一定程度上得到厘清。这样，判例就为将来的法官适用制定法解决具体案件提供了帮助，至少可以减轻法官的工作负担。

3. 政策

在我国，中国共产党的政策属于法的非正式渊源。中国共产党是我国的执政党，宪法以及法律、法规中规定的诸多原则是国家政策的体现，有的内容甚至成为宪法、法律法规本身的有机组成部分。因此，中国共产党的政策对法律的制定或实施都有指导作用。

【经典例题】

黄某于 2000 年 4 月在某市住宅区购得一套住房，2001 年 7 月取得房产证。当年 10 月

---

① 最高人民法院办公厅编：《最高人民法院公布裁判文书 (二〇〇〇年)》，人民法院出版社 2001 年版，前言第 2 页。

黄某将住房租借给廖某。廖某在装修该房时损坏自来水管道，引起漫水，将楼下住户陈某的住房浸泡。陈某要求廖某予以赔偿。对此事件，下列哪一种说法是正确的？（　　）

    A. 廖某不是住房的所有人，故对陈某的损失不负法律责任

    B. 此案件的处理首先应依据习俗来加以处理

    C. 此侵权案件首先应依据法律原则来加以处理

    D. 此案件的处理应直接适用法的正式渊源

【答案】D

【解析】廖某不是住房的所有人，但属于住房的管理人，根据《民法典》的规定，其对陈某的损失应负法律责任，因此选项 A 错误。习惯在我国是非正式意义的法律渊源，只有在以下三种情况下才能适用：第一，正式的法的渊源完全不能为法律决定提供大前提；第二，使用某种正式的法的渊源会与公平正义的基本要求、强制性要求和占支配地位的要求发生冲突；第三，一项正式的法的渊源可能会产生解释的模棱两可性或不确定性。本案有正式的法律规则可以作为审判的依据，不能用习惯，因此选项 B 错误；法律原则是为法律规则提供某种基础或本源的综合性的、指导性的价值准则或规范。在有具体法律规则的情形下，首先适用法律规则。此侵权案件存在具体法律规则，因此选项 C 错误，选项 D 正确。

第二节 　法 的 效 力

本节知识结构图

一、法的效力的含义

（一）法的效力的含义

法的效力也称为法律效力，在法律实践中常在三种意义上使用：一是指法本身所具有的效力或法的生效范围，即法对什么人、在什么地方和什么时间有效；二是指裁判文书在法律上的效力，例如《中华人民共和国民事诉讼法》第 100 条第 3 款规定：调解书经双方当事人签收后，即具有法律效力；三是指法律认可的（法律）行为的效力，例如我国《民法典》第 502 条规定：依法成立的合同，自成立时生效，但是法律另有规定或者当事人另有约定的除外。

人们一般从广义和狭义两个角度来理解法的效力。广义的法的效力泛指法律约束力和法律强制性，即凡是由国家机关制定和颁布的法律，对人们的行为都发生法律上的约束和强制作用。狭义的法的效力是指法律的生效范围，即法对什么人、在什么地方和在什么时间适用的效力。本节所讲法律效力指狭义上的法律效力。

（二）法的效力与法的实效

法的实效就是指法产生了法期望的实际效果。法的实效与法的效力是两个关系极为密切的概念，既有联系又有区别。一般来讲，法的实效指法的实质有效性，专指那些法律被实际遵守、执行和适用的实现状态。

法的效力与法的实效至少有两大区别：第一，法的效力是法本身的属性，表明法存在的价值和法的权威，属于主观的东西。同时，就其内容来说，法的效力决定于物质生活条件，这表明法也有深厚的客观性。也就是说，法的效力表明的是法的两重性。法的实效突出的是法的实际效果，其客观性十分明显。第二，法的效力表明立法者的主观愿望，同时也是任何法应该具有的要件，属于"应然"的范畴；法的实效是法的实际实现状态，属于"实然"范畴。从某种意义上可以这样说，法的效力是原因，法的实效是结果。

二、法的效力范围

法的效力范围又叫法的适用范围或生效范围，指法律约束力所及的范围，包括法的时间效力范围、空间效力范围、对人效力范围、对事效力范围四个方面。

（一）法的时间效力范围

法的时间效力范围指法的有效期间，包括法的生效时间、失效时间以及法的溯及力问题。

1. 法的生效时间

法律生效的时间通常有四种情况：（1）自法律颁布之日起生效；（2）由该法来规定具体生效时间；（3）规定法律颁布后到达一定期限开始生效；（4）由专门决定规定该法的具体生效时间（如，香港特别行政区基本法和澳门特别行政区基本法两个法律的生效时间是由全国人大以决定的形式规定生效日期的）。

2. 法的失效时间

法的失效是指法的效力被终止或法律被废止。法的失效时间是指法的效力被终止的时间。引起法律失效的原因主要有：（1）法律规定的有效期限届满。（2）原有法律的规定与新的法律规定之间发生冲突。（3）法律所要调整的社会关系已经不复存在。在发生上述情况时，原有法律规范应当终止生效。法律效力的终止一般分为明示的废止和默示的废止两种。明示废止的具体情形包括：（1）法律中自行规定了有效期间，当有效期间届满，立法机关又没有作出延长其法律效力的决定时，该法律自行失效。（2）规范性法律文件中明确规定某法律仅适用于特定情况，当该情况不复存在时，该法律自行失效。（3）新法律明确规定当本法开始生效时，旧有的同类法律即行失效。（4）有关立法机关发布专门文件宣布某一法律终止生效。法律的默示废止主要指以生效的新法律与原有法律的规定在某些方面有冲突时，尽管新法律或立法机关并未明确废止旧法律，但按照"新法优于旧法"的原则，原有法律中与新法律冲突的部分自然废止。

3. 法的溯及力问题

法的溯及力又称法律溯及既往的效力，是指新法颁布以后对其生效以前所发生的事件和行为是否适用的问题。如果适用，该法具有溯及力，如果不能适用，该法就没有溯及力。

各国刑法在这个问题上采取的原则一般有以下几种：（1）从新原则。即法对其生效以前的事件和行为有约束力，以前的事件和行为适用新法。也就是说，新法有溯及力。（2）从旧原则。即法对其生效以前的事件和行为没有约束力，以前的事件和行为适用旧法。也就是说，新法没有溯及力。（3）从轻原则。即对以前的事件和行为，新法与旧法哪个对当事人有利，就适用哪个法。按照这一原则，只有适用新法对当事人有利时，新法才有溯及力。（4）从旧兼从轻原则。即原则上实行从旧原则，新法没有溯及力，但新法对当事人有利时可以适用新法。从旧兼从轻原则是现代各国刑法采用的较普遍的原则，我国刑法也采用这一原则。1997年刑法第12条规定："中华人民共和国成立以后本法施行以前的行为，如果当时的法律不认为是犯罪的，适用当时的法律；如果当时的法律认为是犯罪的，依照本法总则第四章第八节的规定应当追诉的，按照当时的法律追究刑事责任，但是如果本法不认为是犯罪或者处罚较轻的，适用本法。"

就现代法治而言，法律一般只能适用于生效后发生的事件和行为，即采取法不溯及既往的原则，因为人们不可能根据尚未颁布实施的法处理社会事务。在古罗马时期就有"法律仅适用于将来"的格言，这一思想被古典自然法学派所继承，并体现在法国的人权宣言和美国宪法等法律之中，从而形成了法律不溯及既往的原则。当然，法律不溯及既往原则并非是绝对的，现代各国法律在认可法律不得溯及既往这一一般原则之外，通常都认可法律可以有条件的适用于既往行为，即所谓"有利追溯"的原则。在我国民法中，有利追溯原则表现为，如果先前的某种行为或关系在行为时并不符合当时法律的规定，但依现行法律则是合法的，并且对相关各方都有利，就应当依新法承认其合法性并予以保护。

（二）法的空间效力范围

法的空间效力范围是指法生效的地域范围，即法律在什么空间范围内有约束力。根据国家主权原则，一国的法在其管辖的全部领域有效，包括陆地、水域及其底土和领空，还包括驻外使、领馆和在本国领域外的本国交通工具，如本国船舶、飞机等。

对于各个具体的法来说，由于制定机关和法的内容不同，其空间效力有所不同，法的空间效力一般可以划分为域内效力和域外效力两个方面。

1. 法的域内效力

法的域内效力是指一国的法律仅仅在该国（或地区）主权（管理）所及的空间范围内发生效力，而在该国主权管辖领域以外则不发生效力。当一个国家（或地区）的立法体制规定中央和地方政府都享有一定立法权时，法的域内效力原则又被进一步延伸为法的效力及于其制定机关管辖的领域。

我国法的域内效力范围具体表现为如下几种形式：（1）法的效力及于制定机关管辖的全部领域。如全国人大、全国人大常委会和国务院制定的宪法、法律和行政法规等在全国范围内有效。（2）地方国家机关在宪法和法律授权范围内制定的地方性法规、自治条例、单行条例及规章等在制定机关管辖的行政区域内有效。（3）法的制定机关也可以根据具体情况，规定法律只适用于其管辖的部分区域。如全国人大七届三次会议通过的《香港特别行政区基本法》自1997年7月1日起对香港特别行政区有效。

2. 法的域外效力

法的域外效力是指一国（或地区）的法律效力延伸至其主权管辖范围之外。一般来说，法为特定主权国家所制定，所以其效力仅应以主权国家所管辖的区域为限，但因现代国际交往日益密切，国际合作不断深化，内国法的域外效力问题也就愈显突出。基于此，现代许多国家为了保护本国国家和公民的利益，在相互平等的基础上也规定本国某些法律具有域外效力。例如我国刑法第 7 条规定："中华人民共和国公民在中华人民共和国领域外犯本法规定之罪的，适用本法，但是按本法规定的最高刑为三年以下有期徒刑的，可以不予追究。""中华人民共和国国家工作人员和军人在中华人民共和国领域外犯本法规定之罪的，适用本法。"此外，我国民事法律和经济法律的效力，一般也及于我国领域外的中国公民。

（三）法的对人的行为的效力范围

【7-2】

糯 康 案

2011 年 10 月 5 日，中国籍船舶"华平号"和缅甸船舶"玉兴 8 号"，在湄公河水域被武装劫持，13 名中国船员被残忍杀害。通过中国公安民警 10 个月的侦查，以外籍人糯康为首的犯罪集团主要成员逐一归案。事后查明，糯康集团因为怀疑"华平号"和"玉兴 8 号"贩毒，索要保护费遭到拒绝；报复中国船只曾被缅军征用清剿糯康集团，因此，针对中国人痛下黑手。2012 年 11 月 6 日，糯康、桑康-乍萨、依莱、扎西卡、扎波、扎拖波 6 名外籍被告人在我国云南昆明中级人民法院公开受审，其中 4 人一审被判死刑，同时判决 6 名被告人连带赔偿各附带民事诉讼原告人共计人民币 600 万元。2013 年 3 月 1 日，糯康等 4 人被依法执行死刑。糯康案是"改革开放"后我国法院第一次公开审理外国人在国外对中国公民人身、财产实施犯罪的案件。电影《湄公河行动》根据此案例拍摄而成。

法的对人的行为的效力范围是指一国（或地区）的法律对哪些人有效，包括对哪些自然人和法人适用。

1. 法对人的行为的效力的一般原则

法对人的行为的效力的一般原则通常包括如下几种：

（1）属地主义。即以一国法对于处于其管辖范围内的一切人的行为都有约束力，不论是本国人、外国人还是无国籍人。

（2）属人主义。即根据公民的国籍确定法的效力范围。依此原则，无论一国公民是在国内还是在国外都要受本国法律的约束。

（3）保护主义。即任何人如果侵害了本国或本国公民的利益，不论侵害的实施者的国籍和侵害行为是否发生在国内，都要受到本国法律的追究。

（4）结合原则。即在确定法的效力时，以属地主义为基础，同时结合属人主义和保护主义。目前多数国家都采用这一原则以加强对本国和本国公民利益的保护。我国也是如此。

2. 当代中国法律对人的行为的效力的规定

我国法律对人的行为的效力包括两个方面：

（1）对中国公民行为的效力。中国公民在中国领域内一律适用中国法律。中国领域外的中国公民，原则上应遵守中国法律并受中国法律保护。但是，由于各国法的规定不同，往往会发生法律冲突。出现这种情况时，要本着既维护本国主权，又尊重他国主权的精神，根据有关的国际法原则协商解决。

（2）对外国人和无国籍人行为的效力。中国法律对外国人和无国籍人的适用问题，包括两种情况：一种是对在中国领域内的外国人和无国籍人的法律适用问题。外国人和无国籍人在中国领域内，除法律另有规定者外，适用中国法律。中国法律既保护他们在中国的合法权益和法定权利，又依法处理其违法问题；另一种是对在中国领域外的外国人和无国籍人的法律适用问题。外国人在中国领域外对中国国家或公民犯罪，而按中国刑法规定的最低刑为三年以上有期徒刑的，可以适用中国刑法，但是按照犯罪地的法律不受处罚的除外。

运用法对人的行为的效力原理分析上面的案例，我们可以得出如下结论，糯康案发生在泰国的湄公河通海水域，但其犯罪集团是针对中国公民和船舶，犯罪地点在停在湄公河水域的中国船上，因此根据属地管辖和保护管辖的规定，我国具有刑事管辖权。

（四）法的对事效力范围

法的对事效力范围是指法在实施过程中，对哪些事项具有拘束力。通常的原则是对法所规定的事项有效，对于法没有规定的事项无效。

法的对事的效力要遵循两个原则：（1）一事不再理原则。即同一机关对基于同一法律关系已作出的判决，同一机关不得受理同一当事人所提出的同一请求。除符合审判监督程序的情况外，同一当事人也不得再有同一诉讼请求。（2）一事不再罚原则。即对同一行为，不得处以两次及以上性质相同或同一刑名的处罚。但是，对于同一违法行为并处两种处罚是可以的。

法的对事效力范围对于规范国家权力、保障公民权利具有重要意义。首先，它告诉人们什么行为应当做，什么行为不应当做，什么行为可以做。比如，我国刑法第3条规定："法律明文规定为犯罪行为的，依照法律定罪处罚；法律没有明文规定为犯罪的，不得定罪处刑。"这一条文实际上划定了国家可以予以刑事追诉与惩罚的事项范围，从而通过限定国家权力，以达到保障人权的目的。其次，它指明法对什么事项有效，确定不同法律之间调整范围的界限。比如，专利法是规定专利权的享有及保护的法律，区别于其他民事法律和其他知识产权法律。

三、法的效力位阶

（一）法的效力位阶的含义

法的效力位阶又称法的效力层次或法的效力等级，是指由于制定主体、制定时间和适用范围不同而形成的不同法的效力或效力高低。

任何国家或地区的法律在其发展过程中都会形成一个体系，体系的构成不同，在法律的效力位阶上的特点也就不同。大陆法系国家由于以成文法为法的正式渊源，采用成文宪法制，法律效力的位阶表现为以宪法为最高法，其他法律法规依其制定主体的地位的不同形成了一个金字塔形的法的体系。英美法系国家由于传统上以法院判决为主要形式的判例法在法的渊源中占有重要地位，法的效力位阶的特点是审判等级在很大程度上决定着法的效力位阶的状况。一般而言，法院的级别越高，其判例的法律效力也就越高。

就我国而言，影响法的效力位阶的因素主要包括：（1）法的制定主体。除特别授权的场合外，一般而言，法的制定主体的等级越高，法的效力位阶就越高；法的制定主体的等级越低，法的效力层次就越低。（2）法的制定时间。一般而言，处于同一位阶并且调整同一类社会关系的法，后制定的法的效力优先于先前制定的法的效力。（3）法的适用范围。一般而言，处于同一位阶并且调整同一类社会关系的法，适用于特别事项的法的效力优先于适用于一般事项的法的效力。

（二）法的效力位阶确定的基本原则

基于以上因素，我国法的效力位阶的确定应遵循如下几项原则。这些原则对于明确法的效力位阶，避免法的适用过程中规范之间的矛盾冲突具有重要的意义：

1. 宪法至上原则

宪法是我国的根本大法，在我国的法律体系中具有至高无上的法律地位和法律效力。宪法是制定一般法律的依据，其他一切法律都必须符合宪法的规定，不得与宪法的规定相抵触。凡是违背宪法或与宪法相抵触地法律和其他规范性法律文件，都不具有实际的法律效力，即都不得被援引和适用。

2. 等差顺序原则

这是主要依据制定机关地位的不同来确定规范性法律文件的法律效力位阶的原则。这一原则主要包括两个方面的内容：其一是上位法优先于下位法原则，即在宪法具有最高法律效力并统摄所有法律的前提下，上级立法机关制定的法律的效力均高于下级立法机关制定的法律的效力。如全国人大及其常委会制定的法律的效力高于国务院制定的行政法规的效力，行政法规的效力高于地方立法机关制定的地方性法规的效力；其二是同位阶的法具有同等的效力，即同级立法机关制定的法的效力是相同的，没有效力高低之分，例如全国人大及其常委会制定的各个规范性法律文件的法律效力是同等的。

3. 特别法优先于一般法的原则

特别法是指适用于特定的人、特定的事、特定的时间或特定的地域的法，而一般法则是指适用于一般的人、一般的事、一般的时间或更广泛的地域的法。特别法与一般法的区分是相对的。特别法优先于一般法原则的适用的前提是，二者必须是处于法的同一位阶，具有同等的法的效力，处于不同位阶的法之间不存在本原则的适用的余地。由于特别法与一般法处于同一位阶，所以特别法优先于一般法适用并非基于二者效力上有高低之分，而是基于特别法相对于一般法规定得更为明确、具体，可操作性及可预见性更强。

4. 新法优先于旧法的原则

新法优先于旧法或后法优先于前法的原则适用的前提也是二者必须具有相同的效力等级，不同效力等级的新法和旧法之间不存在本原则适用的余地。该原则是指处于同一效力等级的新法相对于旧法存在着适用上的优先性。

5. 国际法优先原则

在一般意义上谈国际法和国内法的关系时，不能简单的用效力的高低来衡量。国际法优先原则是在特定情形下国际法优先于国内法适用的原则，而非国际法的效力就必然高于国内法。当一国承认或加入某一国际条约后，该国家不得以国内法为由拒绝国际法的适用，同时，国内法不得同国际法相抵触。当然，那些被主权国家拒绝承认或声明保留的条款除外。

如果法的效力冲突不能按照一般原则予以解决，只能采取特殊方式。《立法法》对此做了如下规定：第一，法律之间对同一事项的新的一般规定与旧的特别规定不一致，不能确定如何适用时，由全国人民代表大会常务委员会裁决。行政法规之间对同一事项的新的一般规定与旧的特别规定不一致，不能确定如何适用时，由国务院裁决。其二，地方性法规、规章之间不一致时，由有关机关依照下列规定的权限作出裁决：（1）同一机关制定的新的一般规定与旧的特别规定不一致时，由制定机关裁决；（2）地方性法规与部门规章之间对同一事项的规定不一致，不能确定如何适用时，由国务院提出意见，国务院认为应当适用地方性法规的，应当决定在该地方适用地方性法规的规定；认为应当适用部门规章的，应当提请全国人民代表大会常务委员会裁决；（3）部门规章之间、部门规章与地方政府规章之间对同一事项的规定不一致时，由国务院裁决。其三，根据授权制定的法规与法律规定不一致，不能确定如何适用时，由全国人民代表大会常务委员会裁决。

【经典例题】

我国某省人大常委会制定了该省的《食品卫生条例》，关于该地方性法规，下列哪一选项是不正确的？（　　）

A. 该法规所规定的内容主要属于行政法部门

B. 该法规属于我国法律的正式渊源，法院审理相关案件时可直接适用

C. 该法规的具体应用问题，应由该省人大常委会进行解释

D. 该法规虽仅在该省范围适用，但从效力上看具有普遍性

【答案】C

【解析】该省制定的《食品卫生条例》主要涉对于食品卫生的管控问题，属于行政法的内容，故 A 正确；法规属于我国法律的正式渊源，法院审理案件适用，故 B 正确；凡属于地方性法规如何具体应用的问题，由省、自治区、直辖市人民政府主管部门进行解释，故 C 错误；该法规在该省范围适用，针对不特定主体，因此在效力上必然具备普遍性，故 D 正确。

第三节　法 的 分 类

本节知识结构图

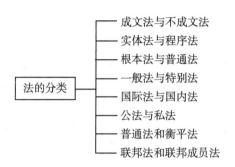

　　法的分类是指从不同的角度，按照不同的标准，将法律规范划分为若干不同的种类。法的分类要遵循一定的标准，根据不同的标准，可以有不同的分类。就现代各国的法律分类而言，有属于各国比较普遍共有的分类，如国内法与国际法、成文法与不成文法、实体法与程序法、一般法与特别法等；有仅适用于部分国家的法律分类，如实行联邦制的国家有联邦法与联邦成员法之分，实行成文宪法制的国家有根本法与普通法之分，普通法系的国家有普通法与衡平法、判例法与制定法之分，在民法法系的国家又有公法与私法之分。如果是从社会形态的角度对法进行划分的话，又可以将法分为奴隶制法、封建制法、资本主义法和社会主义法等等。在这里，我们仅就现代各国通常的法律分类情况作一介绍。

一、成文法与不成文法

　　这是根据法的创制方式和表达形式的不同进行的分类。

　　成文法又称制定法，是指国家机关制定和公布的、以比较系统的法律条文形式出现的法。

　　不成文法是指由国家认可的、不具有规范的条文形式的法。它大体上包括习惯法、判例法、法理等。

二、实体法与程序法

　　这是根据法的内容不同进行的分类。

　　实体法是指以直接规定和确认权利和义务或职权和职责的实际关系，即确定权利和义务、职权和职责的产生、变更、消灭的法，如宪法、民法、刑法、行政法等。

　　程序法是指规定保证权利和义务得以实现的程序的法律。① 如刑事诉讼法、民事诉讼法、行政诉讼法、立法程序法等。程序法的直接对象不是人们的权利和义务，而是规定如

---

　　① 严格地说，程序法不等于诉讼法。除了诉讼法，程序法还包括立法程序（如议事规则）、行政程序（如听证程序）等方面的立法。

何强制实现权利与义务，规定在权利遭到损害时如何进行补偿的法律。它是"使法律权利得以强制执行的程序形式，而不同于授予和规定权利的法律；它是法院通过程序来管理诉讼的法律，它是机器，而不是产品。"①

三、根本法与普通法

这是根据法的地位、内容和制定程序不同进行的分类。这种分类仅适用于成文宪法制国家。

在成文宪法制国家，根本法即宪法，在有的国家又称基本法，是规定国家各项基本制度、基本原则和公民的基本权利等国家根本问题的法，它在一个国家中享有最高的法律地位和最高的法律效力。

普通法是指宪法以外的、确认和规定社会关系某个领域的问题的法。其法律地位和效力低于根本法。通常，普通法的内容、它的产生与存在，都需要由根本法事先予以原则规定，并不得与根本法相抵触。因此，法学上有时把根本法称为"母法"，将普通法称之为"子法"。

四、一般法与特别法

这是根据法的效力范围不同进行的分类。

一般法是针对一般人或一般事项，在全国适用的法。

特别法是针对特定的人群或特别事项，在特定区域有效的法。

一般法与特别法的划分是相对的。有时，一部法律相对某一部法律是特别法，而相对于另一部法律，则是一般法。但是，这种划分并非没有意义。因为，从法理上说，特别法的效力优于一般法，即特别法发布之后，一般法的相应规定在特殊地区、特定时间、对特定人群将终止或暂时终止生效。所以，各国对特别法的制定与公布都是极其慎重的。

五、国际法与国内法

这是根据法的创制和适用主体不同进行的分类。

国内法是一国立法者制定的、适用于本国的个人和组织的行为、规定一个国家内部关系的法。国内法一般来说在国家主权所及的范围内均有法律效力。

国际法是不同国家或地区经过协商形成的处理双边或多边关系的协议，用以规定国家间、地区间相互关系。国际法仅对加入或签订协议的国家和地区有效。一般说，一个国家签订或参加国际条约，就应该根据条约要求制定、修改、补充本国法的规定，承担国际法的义务。

六、公法与私法

这是以古罗马法为来源和后来通行于大陆民法法系的一种法的分类。

---

① ［英］戴维·M. 沃克著：《牛津法律大辞典》，李盛平等译，光明日报出版社 1988 年版，第 725 页。

关于公私法的划分标准，法学界一直没有统一的认识。古罗马法学家乌尔比安提出："公法是关于罗马国家的法律，私法是关于个人利益的法律。"现代法学一般则认为，凡涉及到公共权力、公共关系、公共利益和上下服从关系、管理关系、强制关系的法，即为公法，而凡属个人利益、个人权利、自由选择、平权关系的法即为私法。在当代中国，有一些学者也主张应借鉴公私法划分的分类来划分当代中国法律体系，并且把公法与私法的区分作为建立社会主义市场经济法律体系的前提。

七、普通法和衡平法

这是普通法法系国家的一种法的分类方法。

这里的普通法，不同于前面与根本法相对应的普通法概念，而是专指英国在 11 世纪后由法官通过判决形式逐渐形成的适用于全英格兰的一种判例法。

衡平法则是指英国在 14 世纪后对普通法的修正和补充而出现的一种判例法。

八、联邦法和联邦成员法

这是实行联邦制国家的一种对于法的分类方法，单一制国家没有这种分类。

联邦法是指由联邦中央制定的法律。

联邦成员法是指由联邦成员制定的法律。

由于各联邦制国家的内部结构、法律关系各不相同，因此，有关联邦法和联邦成员法的法律地位、适用范围、效力等均由各联邦制国家宪法和法律规定，没有一种划分的模式。

【经典例题】

根据不同的标准，可以对法作不同的分类，那么民法可以是(　　)。

A. 普通法

B. 实体法

C. 公法

D. 私法

【答案】ABD

【解析】在我国，根本法是《宪法》，《宪法》以外的所有法律都是普通法，故 A 正确；根据法的内容分类，法分为实体法和程序法，民法属于实体法，故 B 正确；凡侧重保护公共利益的法即为公法，侧重保护私人利益的法即为私法，民法侧重保护私人利益，故 C 错误；D 正确。

本 章 小 结

法的渊源本身是一个具有多重含义的概念。在法理学领域，法的渊源指具有法的效力和意义的法的外在表现形式，实质是法的效力等级问题。我国法的正式渊源包括宪法、法律、行政法规、监察法规、地方性法规、民族自治地方的自治条例和单行条例、规章、经济特区法规、军事法规和军事规章、特别行政区法律法规、国际条约和国际惯例等；法的非正式渊源包括习惯、判例和政策。法的效力位阶指由于制定主体、制定时间和适用范围不同而形成的法的地位或效力的高低不同。

法的效力的含义可以从广义和狭义两个方面来理解，本章的法的效力是狭义上的，指的是法律的生效范围。法的效力分为法的效力范围和法的效力位阶。法的效力范围指法律约束力所及的范围，即法的生效范围或适用范围，包括法的时间效力范围、法的空间效力范围、法的对人的行为的效力范围、法的对事效力范围等四个方面。法的效力位阶确定的原则有：宪法至上原则、等差顺序原则、特别法优先于一般法的原则、新法优先于旧法的原则、国际法优先原则。

法的分类是指从不同的角度，按照不同的标准，将法律规范划分为若干不同的种类。就现代各国的法律分类而言，有属于各国比较普遍共有的分类，如国内法与国际法、成文法与不成文法、实体法与程序法、一般法与特别法等；有仅适用于部分国家的法律分类，如实行联邦制的国家有联邦法与联邦成员法之分，实行成文宪法制的国家有根本法与普通法之分，普通法系的国家有普通法与衡平法、判例法与制定法之分，在民法法系的国家又有公法与私法之分。

综 合 练 习

一、选择题

1. 下列各项中属于我国的法律渊源的有(　　)。

　　A. 民族自治地方的自治条例和单行条例

　　B. 特别行政区基本法

　　C. 最高人民法院司法解释所引判例

　　D. 我国参加的国际条约

2. 当代中国法的渊源是以宪法为核心，以制定法为主的表现形式，包括正式渊源和非正式渊源。其中非正式渊源包括(　　)。

　　A. 党章　　　　　　B. 习惯　　　　　　C. 政策　　　　　　D. 判例

3. 某出家僧人死亡时留下大量遗产，其近亲属与其生前所在寺庙均主张继承该遗产，近亲属依据继承法，寺庙依据宗教教规。最后人民法院判决由其近亲属依法继承，下列说法正确的是(　　)。

　　A. 宗教教规在我国当下不属于法的正式渊源

　　B. 教规如果与现行法律抵触，法院应以法律规定作为判断的依据

　　C. 在某些国家，宗教教规是法律的重要渊源

　　D. 当代中国的法律渊源是多元化的

4. 关于非正式法源，下列(　　)是正确的？

　　A. 它具有一定的说服力

　　B. 它可以弥补正式法源的漏洞

　　C. 它没有正式的法律效力，司法机关不能以它作为裁判案件的理由

D. 它具有法律意义

5. 各国在法对人的行为的效力上遵循的原则有( )。

   A. 属人主义原则　　　　　　　　　B. 属地主义原则

   C. 保护主义原则　　　　　　　　　D. 选择主义原则

6. 法的空间效力范围包括( )。

   A. 国家主权范围内的陆地、水域及其底土和上空

   B. 本国驻外国使领馆

   C. 在本国领域外的本国交通工具

   D. 本国的友好国家

7. 关于法的溯及力的正确表述是( )。

   A. 新法制定颁布后对旧法是否有效

   B. 新法生效后,原有法律是否有效

   C. 法律溯及既往的效力

   D. 法律颁布后,对它制定以前所发生的事件和行为是否有效力的问题

8. 目前,在法的溯及力问题上各国普遍采用的原则是( )

   A. 从旧原则　　　B. 从新原则　　　C. 从旧兼从轻原则　D. 从新兼从轻原则

9. 从 1999 年 11 月 1 日起,对个人在中国境内储蓄机构取得的人民币、外币储蓄存款利息,按 20% 税率征收个人所得税。某居民 2003 年 4 月 1 日在我国境内某储蓄机构取得 1998 年 4 月 1 日存入的 5 年期储蓄存款利息 5000 元,若该居民被征收了 1000 元的个人所得税,则这种处理违背了下列哪一项法的效力原则? ( )

   A. 法律优位原则　　　　　　　　　B. 新法优于旧法原则

   C. 法不溯及既往原则　　　　　　　D. 特别法优于普通法原则

10. 下列属于法的效力位阶确定的原则有( )。

   A. 宪法具有最高法律效力　　　　　B. 等差顺序原则

   C. 新法优于旧法原则　　　　　　　D. 特别法优于一般法原则

11. 按照法的创制方式和表达形式为标准,可将法分为( )。

   A. 实体法和程序法　　　　　　　　B. 根本法和普通法

   C. 成文法和不成文法　　　　　　　D. 一般法和特别法

12. 依据法的效力范围不同为标准,可以把法分为( )。

   A. 根本法和普通法　　　　　　　　B. 成文法和不成文法

   C. 程序法和实体法　　　　　　　　D. 一般法和特别法

13. 最早提出公法和私法划分的是( )。

   A. 亚里士多德　　　B. 乌尔比安　　　C. 凯尔苏斯　　　　D. 马克思

14. 最早出现于古罗马法,被称为传统的法的分类的是( )。

   A. 成文法与不成文法　　　　　　　B. 根本法与普通法

   C. 公法与私法　　　　　　　　　　D. 普通法与衡平法

15. 不成文法的形式包括( )。

      A. 习惯法　　　　　　　　　B. 法理

      C. 判例法　　　　　　　　　D. 非规范性法律文件

二、判断题

1. 狭义的法律仅指由全国人民代表大会制定的法律文件。　　　　　　　（　　）

2. 我国法律对我国公民的行为有效保护。我国公民即使在国外仍受我国法律的保护；外国公民即使在中国，也不受中国法律的保护。　　　　　　　　　　　（　　）

3. 正式意义的法的渊源有法的效力，优先适用。　　　　　　　　　　　（　　）

4. 私法有民法和商法。　　　　　　　　　　　　　　　　　　　　　　（　　）

三、名词解释

1. 法的渊源

2. 法律

3. 法的溯及力

4. 成文法　不成文法

5. 公法　私法

四、简答题

1. 简述我国正式的法律渊源和非正式的法律渊源。

2. 简述法的效力位阶确定的基本原则。

五、拓展训练

1. 1996 年 4 月，刚刚 30 岁的赵某某与赵一、赵四因经营脱毛鸡生意，与同行业的纪某某等三人产生了矛盾。双方互殴，造成了对方一死一伤的结果。除了赵某某逃跑外，赵一等人都被抓获。落网后，警方对几名嫌疑人进行了审讯，试图搞清到底是谁的行为导致被害人死亡和受伤，但是，因为当时比较混乱，这一事实无法查清。事发后，赵四赔了 18 万元给受害人，这在当时已经是巨款。而因为积极赔偿受害人，赵四也获得了较轻的刑罚，被判处有期徒刑三年，缓刑四年。赵一和张某某则分别获刑三年和三年六个月。

赵某某这一跑就是 16 年，在此期间，警方对他的追捕从来没停止过。2011 年，全国公安机关开展清网行动，在全国范围内敦促逃亡的罪犯投案自首。赵某某常年在外躲藏，受尽了心理折磨，在看到警方的清网公告后，决定结束这种痛苦的生活，11 月 16 日投案自首，如实供述了自己的犯罪事实。

法院审理后认为，赵某某聚众斗殴，破坏公共秩序，情节恶劣，其行为已触犯《中华人民共和国刑法》第 12 条第 1 款、1979 年《中华人民共和国刑法》第 160 条的规定，构成流氓罪。鉴于赵某某犯罪后自动投案，如实供述犯罪事实，系自首，依法从轻处罚；积极赔偿被害人经济损失，酌情从轻处罚。根据赵某某的犯罪情节、悔罪表现及所在地司法矫正部门愿意接受其为矫正对象，依法对其宣告缓刑。今年 5 月 17 日，法院以流氓罪判处赵某某有期徒刑两年十个月，缓刑三年。

（背景资料：1979 年《刑法》第 160 条规定了流氓罪的罪名："聚众斗殴、寻衅滋事、侮辱妇女或者进行其他流氓活动，破坏公共秩序，情节恶劣的，处七年以下有期徒刑、拘役或者管制。流氓集团的首要分子，处七年以上有期徒刑。"

1997 年《刑法》修订后颁布实施，"流氓罪"被废除，将原罪名中的聚众斗殴和寻

综 合 练 习

衅滋事、侮辱妇女等行为独立出来各自构成相应的新罪名，其中第 292 条就是"聚众斗殴罪"。该条第一款根据情节的轻重，将量刑分为"三年以下有期徒刑、拘役或者管制"，以及"三年以上十年以下有期徒刑"。该条第二款则规定："聚众斗殴，致人重伤、死亡的，依照本法第 234 条、第二百三十二条的规定定罪处罚。"

而现行刑法第 232 条规定，故意杀人的，处死刑、无期徒刑或者十年以上有期徒刑；情节较轻的，处三年以上十年以下有期徒刑。

第 234 条第 1 款规定，故意伤害他人身体的，处三年以下有期徒刑、拘役或者管制。第 2 款规定，犯第 1 款罪，致人重伤的，处三年以上十年以下有期徒刑；致人死亡或者以特别残忍手段致人重伤造成严重残疾的，处十年以上有期徒刑、无期徒刑或者死刑。本法另有规定的，依照规定。)

请依据法的溯及力的原理分析法院对于赵某某的判决是否合法，并说明理由。

2. 江某被害案

2016 年 11 月 3 日凌晨，在日本东京中野区公寓，就读于日本东京法政大学的中国留学生江某，被闺蜜前男友陈某某用匕首杀害。江某是替同住的女室友刘某挡住她的前男友而被杀的。江某的母亲介绍，江某脖颈处，身上多处刀伤，刀刀致命，惨不忍睹。

2017 年 12 月 20 日下午 3 点，江某被杀一案，在日本东京地方裁判所当庭宣判，法院以故意杀人罪和恐吓罪判处被告人陈某某有期徒刑 20 年。

2021 年 4 月 15 日 9 时，江某母亲诉刘某生命权纠纷案开庭，被告刘某答辩称，江某的遇害是陈某某行为造成，被告依法不承担任何责任。12 月 31 日，江某母亲诉刘某生命权、身体权、健康权纠纷一案在青岛市城阳区人民法院开庭宣判。据江某妈妈微博消息，原定于 12 月 31 日在青岛市城阳区开庭的江某某诉刘某生命权纠纷一案，因审判长（院长）突发疾病，开庭审判暂时取消。

2022 年 1 月 10 日，山东省青岛市城阳区人民法院对原告江某母亲与被告刘某生命权纠纷案作出一审判决：被告刘某于判决生效之日起十日内赔偿原告江某母亲各项经济损失 496000 元及精神损害抚慰金 200000 元，并承担全部案件受理费。

请运用法对人的行为效力的一般原则分析此案的判决。

第八章 法律体系

本章知识结构图

知识目标：了解法律体系的特点和历史沿革，法律部门划分的原则；掌握法律体系的概念、划分标准和当代中国法律体系。

能力目标：培养学生宏观分析问题的能力以及用发展的眼光分析问题的能力。

素质目标：引导学生增强民族自信心、自豪感和历史使命感。

第一节 概 述

本节知识结构图

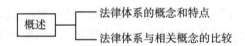

一、法律体系的概念和特点

（一）法律体系的概念

法律体系也称为"法的体系"或简称为"法体系"，是指由一国现行的全部法律规范按照不同的法律部门分类组合而形成的一个呈体系化的有机联系的统一整体。

（二）法律体系的特点

1. 法律体系是一个国家所有现行法律规范所构成的总体

法律体系不是几个国家或者一个地区或几个地区的法律的整体，而是一个主权国家的法律的整体。由此可以看出，法律体系不仅是一个国家的政治、经济、文化等情况在法律上的表现，而且是一个国家主权的象征。

法律体系不包括一个国家历史上的法律或者已经失效的法律，也不包括一个国家将要制定或者还未生效的法律，而只包括现行有效的国内法和被国内承认的国际法。

2. 法律体系是一个国家法律部门组合而形成的呈体系化的整体

　　法律体系是由一个国家的法律部门组合而成的，特定时空客观存在的法律可以被划分为一定的类别和部门。各门类的法律相互之间结构严密、有机联系，而不是机械地、杂乱无章地堆积在一起。结构严密要求法律的门类要齐全，即在一个法律体系中，在宪法的统领下，调整各类社会关系的法律门类应当相应存在，不能缺漏。这不仅体现在横向上各门类法律的齐全、协调，还体现在纵向上各位阶的法律避免冲突、保持协调，即在一个法律体系中，一切法律门类都要与宪法保持一致，下位法与上位法相协调。

　　3. 法律体系作为一个法学概念，是实然与应然、客观与主观的统一

　　在实然的意义上，法律体系是一个国家所有现行法律规范的整体，其内容、结构是一定的；在应然的意义上，法律体系指向的是一种理想化状态，具体地说就是法律体系必须是门类齐全、结构严谨、逻辑协调的统一体。门类齐全指的是，一个法律体系就其调整范围上应该是完备的，不能有漏洞。结构严谨是指作为法律体系组成要素的各个法律部门之间应该是结构严谨的，并且各法律部门内部也同样要有严谨的结构。内部协调指的是一个法律体系内部，普通法与根本法、程序法与实体法、下位法与上位法之间应该保持协调一致，不能自相矛盾。

　　法律体系也是客观存在与主观认识的统一。法律产生于人类的社会生活，这些生活是不以人的意志为转移的客观存在，社会生活的客观性决定了法律体系的客观性。同时，法律不同于物理世界的自然现象，人们创制法律离不开人类对社会生活的认识和价值取向，法律门类的划分与法律体系的形成与人的认识活动和价值追求密切相关，因而法律体系又具有主观性的一方面，它反映了人的主观愿望和意志。因此，法律体系是客观法则和主观属性的有机统一。

二、法律体系与相关概念的比较

　　在法学理论中，同法律体系这一概念相邻或相近的概念还有法制体系、法学体系、立法体系、法系等概念。这些概念之间有一定的联系，又有一定的区别，对它们进行比较和区分有利于深化对法律体系的理解。

　　（一）法律体系与法制体系

　　在法学理论中，法制体系易与法律体系相混淆。法制体系是法制运转和运转环节的全系统，法制体系包括立法体系、执法体系、司法体系、守法体系、法制监督体系等，由这些体系组合而成的一个呈纵向的法制运转体系。法律体系着重说明的是呈静态状的法律本身的体系构成，而法制体系则包括静态的法律规范，也包括呈动态状的法制运转系统，从相互关系来讲，法制体系包含法律体系，而法律体系则组合在法制体系中。

　　（二）法律体系与立法体系

　　立法体系即法的外部表现形式，是指以法的效力范围和效力等级为标准而分类、组合的国家法律规范的体系结构。法的效力的范围和等级是以法律规范的制定机关在国家法律创制中的地位为基础的，由此可以看出法律体系和立法体系的区别：第一，构成要素不同。立法体系的构成要素是法的渊源即法的外部表现形式，而法律体系的构成要素是法律部门。第二，内部构成要素的划分标准不同。立法体系内部各要素的划分以法的效力范围和效力等级为标准，而法律体系内部各要素的划分以其调整的社会关系的种类以及调整社

会关系的方法为依据。第三，立法体系强调立法者的权限不同，强调法律的形式因素即法律文本。而法律体系则强调的是一个国家的法律规范在逻辑和价值上的内在结构和关联。

二者又是相互联系的，它们之间的联系表现在：第一，立法体系和法律体系指的都是一国现行有效的法律规范的不同组合。第二，立法体系与法律体系有一定的重合。当立法体系指的是法典式的法的表现形式时，它同法律体系就是一致的，如当我们说到刑法的立法体系时，指的就是所有刑事立法，这时它就同刑法这一法部门相重合了。

（三）法律体系与法系

法系是一个与法律传统相关的法学概念，它是具有共同历史渊源和文化传统、具有相似的存在样式和运行方式的各时期、各国法律的总称。法系所称的法律并不限于某特定时期、特定国家的法律，它是跨越历史和国度的；而法律体系则限于一个国家内部的、现行有效的法律。

（四）法律体系、法学体系与法学课程体系

法学课程体系与法律体系、法学体系关系密切。法律体系的主要部门法都应为法学课程体系所包含，但课程体系范围更广，如法理学、法史学法律体系就不能包括。法律体系限于一国之内，法学课程体系内容则不限于一国之内，也包括国际法等课程，其他应用法学课程如刑法学也兼顾外国刑法等。但是，法学课程体系不同于法学体系。法学体系以学科为分支，法学课程体系以课程为分支，法学课程体系以法学体系为前提和基础，但是并非有多少门课程就有多少门学科，学科数量远远多于课程数量，并且，课程名称与学科的名称也不完全一致。法学课程名称与法学学科的名称不一致表现在，法学课程可以将一个学科拆开设置，也可以几个学科合为一门课程，例如：民法学这一学科可以拆为民法学总论、民法学分论两门课，亦可拆为民法学总论、债权法学、物权法学、侵权行为法学、继承法学、人格权法学等等；可以把行政法学科与诉讼法学科中的行政诉讼部分合为一门课程即行政法与行政诉讼法学。

【经典例题】

法律体系是一个重要的法学概念，人们尽可以从不同的角度、不同的侧面来理解、解释和适用这一概念，但必须准确地把握这一概念的基本特征。下列关于法律体系的表述中哪种说法未能准确地把握这一概念的基本特征？（　　　）

A. 研究我国的法律体系必须以我国现行国内法为依据

B. 在我国，近代意义的法律体系的出现是在清末沈家本修订法律后

C. 尽管香港的法律制度与大陆的法律制度有较大差异，但中国的法律体系是统一的

D. 我国古代法律是"诸法合体"，没有部门法的划分，不存在法律体系

【答案】D

【解析】法律体系也称为部门法体系，是指一国全部现行国内法规范构成的体系，不包括完全意义的国际法即国际公法。它反映一国法律的现实情况，不包括历史上废止的已经不再有效的法律，一般也不包括尚待制定或虽已制定但还未生效的法律。近代意义的法律体系概念是部门法体系，清末沈家本修订法律是中国法制向近代转型的标志，在此之前

近代部门法体系意义上的法律体系当然也无从存在。我国大陆和香港、澳门、台湾地区的法律制度分别属于不同的法系，由于"一国两制"的实行，出现了不同社会制度、不同基本性质和不同法系的法律并行的情况，但这并不意味着两个以上法律体系的并存。由于我国国家主权统一，特别行政区基本法根据宪法授权制定，而宪法是我国全部法律统一的中心和出发点，因此中国的法律体系仍然可以看作一个统一的法律体系，法系背景的差异并不影响中国法律体系的统一。古代中国法律一直是诸法合体，但是这种法典编撰体例上的"诸法合体，民刑不分"并不能否定法律体系上的诸法并存。因此答案选 D。

第二节　法律部门的划分

本节知识结构图

一、法律部门的概念和特点

（一）法律部门的概念

"法律部门"又称为"部门法"，是指按照法律规范自身的不同性质、调整社会关系的不同领域和不同方法等所划分的同类法律规范的总和。法律部门是法律体系的基本组成要素，各个不同的法律部门的有机组合，便构成一国的法律体系。

（二）法律部门的特点

（1）法律部门既是一个法学概念，也是组成法律体系的一种客观实体。法律部门的划分虽然是一种学理上的划分，但对法律体系的建立以及法治实践是非常重要的，它直接影响着立法、执法、司法的实践进程。

（2）我们又可以把某一法律部门划分为若干个子部门，这些子部门是法律部门的进一步细化和具体化，在法律部门中具有相对独立性。子部门由法律部门中的一些特殊种类的法律制度和法律规范构成，它同法律部门是一种"种属关系"。如，同样是调整民事法律关系的法律制度和法律规范，根据其调整的具体法律关系的不同，又可划分为物权法、合同法、侵权责任法、婚姻家庭法、继承法等子部门；同样是调整宪法法律关系的法律制度和法律规范，又可划分为立法法、组织法、选举法等子部门。子部门的划分一方面说明法律体系从法律部门到子部门是一个大系统的结构，同时也为法律体系的完善、健全提供了一个逐步深化的指向。

（3）法律部门是法律体系的基本构成，而构成法律部门和子部门的基本内容则是法律制度和法律规范的总和。比如，在一个国家的法律体系中，凡是民事法律关系的法律制度和法律规范均属于民法法律部门，凡是调整刑事法律关系的法律制度和法律规范均属于刑法法律部门。这就产生了一个问题：任何一个国家的不同法律部门就不是只有一部法律或一部法典，还包括那些散见于其他法律中的有关法律制度和法律规范。因此，"总和"这一概念表明，有的法律部门和子部门以一部法律或法典为轴心，同时包括其他法律中的相关法律制度和法律规范，如民法法律部门、刑法法律部门；有的法律部门和子部门则没有一部轴心法律或法典，而是由若干部性质相同或相近的规范性法律文件组合而成的，如行政法法律部门，经济法法律部门等。

（4）上一点说明了组成法律部门和子部门的法律制度和法律规范的多来源性和总和性。反过来，法律制度对于法律部门来讲又存在着一种交义性和综合性，即同一法律制度可能由一个或几个法律部门中的具有相同或相近调整属性的法律规范组成。比如，有关所有权的法律制度，就可能体现在宪法、民法、经济法、商法等多个法律部门中；诉讼中的辩护制度、证据制度、回避制度等，就有可能体现在刑事诉讼法、民事诉讼法、行政诉讼法等多个不同的诉讼法律子部门中。

二、法律部门的划分标准

法律部门划分的标准目前学界已大体达成共识，这一标准首先是法律调整的对象，即法律规范所调整的社会关系，其次是法律规范的调整方法。

（一）法律规范所调整的社会关系

法律所调整的社会关系是多种多样的，人们可以将社会关系分为政治关系、经济关系、文化关系、宗教关系、家庭关系、财产关系、人身关系等。社会关系的划分也就为部门法的划分提供了基础。各种社会关系的内容、性质不同，国家调整社会关系的活动范围、方式也不同，因而当这些不同领域的社会关系为法律调整的领域之后，它们便成为法律部门形成的基础，从而形成不同的法律部门。

（二）法律规范的调整方法

社会关系极其广泛复杂，仅仅用法律调整对象作为标准还不够，因为它常常无法解释一个法律部门可以调整不同种类的社会关系，也无法解释同一社会关系由不同的法律部门来调整这一法律现象。这就说明划分法律部门的标准不只是法律所调整的社会关系的不同。因此，划分法律部门，还需要将法律调整方法作为参考标准。法律规范的调整方法主要涉及确定法律关系主体不同地位、权利义务的方法。包括确定权利义务的方式、方法，权利和义务的确定程序，法律事实的选择，保障权利的手段和途径等。比如，将以刑罚方法为特征的法律规范划分为刑法部门，将以承担民事责任方式的法律规范划分为民法部门等。

三、法律部门的划分原则

不同的学者对于部门法的划分原则作了不同的概括。总的来说，划分部门法要照顾整体与部分、现实与将来及各部分之间等这几个方面的关系。由此，我们可以将部门法的划分原则概括为如下几项：

（一）整体性原则

即以现行所有生效法律规范为对象，划分后必须将现行所有有效的法律规范都包括进去，使所有法律规范都归属于某一个法律部门，不能有所遗漏。

（二）均衡性原则

在划分法律部门时要考虑有关法律法规的多寡，划分的结果不畸轻畸重。均衡性首先要粗细得当。社会生活基本领域或社会关系主要方面的划分都是可粗可细的。以此为据划分法律部门就应注意粗细之间保持适当的平衡，一个法律部门涵盖的范围既不应太宽，也不应太细。其次要多寡适合。实际生活中，法律规范的数量往往并不与社会生活基本领域的情形均衡，有的领域多一点，有的领域少一点，划分法律部门时有必要考虑使某一法律部门的法律规范的数量既不过多也不过少，如经济法、环境法从行政法分离出来，避免了行政法部门的过多。

（三）以现行法律为主，同时具有前瞻性的原则

现实的社会关系总是处在不断的变动之中，相应地，调整社会关系的法律也处在不断的发展变化之中。同时，法律部门的划分既是客观的也是主观的，而人们的认识水平也是在不断的发展变化的。这就要求，在划分法律部门时既要以现行法律为主，又要兼顾即将制定的法律。

【经典例题】

下列有关法律部门的表述正确的是（　　）。

A. 法律部门是构成法律体系的基本要素

B. 构成法律部门和子部门的基本内容是法律制度和法律规范的总和

C. 法律规范调整的社会关系是划分法律部门的重要标准

D. 划分法律部门以一国现行有效的法律规范为对象，遵循以现行法律为主，同时具有前瞻性的原则

【答案】ABCD

【解析】"法律部门"又称为"部门法"，是指按照法律规范自身的不同性质、调整社会关系的不同领域和不同方法等所划分的同类法律规范的总和。法律部门是法律体系的基本组成要素，各个不同的法律部门的有机组合，便构成一国的法律体系。故 A 正确。

构成法律部门和子部门的基本内容则是法律制度和法律规范的总和。比如，在一个国家的法律体系中，凡是民事法律关系的法律制度和法律规范均属于民法法律部门，凡是调整刑事法律关系的法律制度和法律规范均属于刑法法律部门。故 B 正确。

法律部门划分的标准首先是法律调整的对象，即法律规范所调整的社会关系，其次是法律规范的调整方法。故 C 正确。

法律部门划分的原则有：一是整体性原则，即以现行所有生效法律规范为对象；二是均衡性原则，即在划分法律部门时要考虑有关法律法规的多寡，划分的结果不畸轻畸重；三是以现行法律为主，同时具有前瞻性的原则。故 D 正确。

第三节　当代中国的法律体系

本节知识结构图

一、当代中国法律体系的历史沿革

我国古代法律制度历来采用"诸法合体，以刑为主"的法律体系形式，有关民事、商事等的法律制度被包括在刑法中。就此来看，很难说我国古代建立起了法律体系。晚清沈家本修订法律至民国时期，中国在法的渊源方面学习大陆法系国家的模式，逐渐建立起包括宪法、法律、行政法规等制定法为主的形式。

中国特色社会主义法律体系的形成是中华人民共和国成立以来，特别是改革开放以来，中国共产党带领全党全国各族人民为之奋斗的目标。党的十五大、十六大明确提出，到 2010 年形成中国特色社会主义法律体系。党的十七大进一步提出完善中国特色社会主义法律体系的任务。党的十八大以来，以习近平同志为核心的党中央充分肯定中国特色社会主义法律体系形成是一件了不起的大事，标志着国家生活和社会生活各方面总体上实现了有法可依，为依法治国、建设社会主义法治国家提供了基本遵循。党的十九大、二十大都重申了完善以宪法为核心的中国特色社会主义法律体系的任务。

二、中国特色社会主义法律体系

中国特色社会主义法律体系，是以宪法为统帅，以法律为主干，以行政法规、地方性法规为重要组成部分，由宪法及其相关法、民法商法、行政法、经济法、社会法、刑法、诉讼与非诉讼程序法等多个法律部门组成的有机统一整体。

（一）宪法及其相关法

宪法相关法是与宪法相配套、直接保障宪法实施和国家政权运作等方面的法律规范，调整国家政治关系，主要包括国家机构的产生、组织、职权和基本工作原则方面的法律，民族区域自治制度、特别行政区制度、基层群众自治制度方面的法律，维护国家主权、领土完整、国家安全、国家标志象征方面的法律，保障公民基本政治权利方面的法律。我国现行宪法是 1982 年颁布施行的。这部宪法是中国共产党正确主张和全国人民共同意志的统一，反映了最广大人民群众的根本利益，适应了改革开放和现代化建设发展的需要，是一部适合我国国情的好宪法。1982 年宪法实施以来，根据国家经济社会的不断发展变化，以及改革开放过程中一些新的经验，采取宪法修正案的方式，先后于 1988 年、1993 年、1999 年、2004 年和 2018 年对宪法做了五次修正，充分体现了解放思想、实事求是的思想路线，以及与时俱进的时代要求，对引领和保障我国社会主义现代化建设具有十分重要的意义。

（二）民法商法

民法商法是规范民事、商事活动的法律规范的总称，调整的是自然人、法人和非法人组织之间以平等地位而发生的各种社会关系，可以称为横向关系。近代民商法的发展，除了运用横向平权的方法之外，当事人的意思自治不得违背法律、公序良俗和绿色标准等国家干预措施起到越来越大的作用。民法商法部门大体可以分为民法、商法和知识产权法三个方面的法律。民法是一个传统的法律门类，所调整的是平等主体的自然人、法人、非法人组织的人身关系和财产关系，主要包括物权、债权、人格权、婚姻家庭、继承、侵权责任等方面的法律规范。商法是在民法基本原则的基础上适应现代商事活动的需要逐渐发展起来的，主要包括公司、破产、证券、期货、保险、票据、海商等方面的法律规范。知识产权法是调整知识产权的取得、使用、管理和保护所产生的社会关系的法律规范，由于其调整对象不同于物权，而属于智力成果权，属于民事特别法，包括著作权、专利权、商标权等方面的法律规范。

编纂民法典是党的十八届四中全会确定的一项重大政治任务和立法任务，是以习近平同志为核心的党中央作出的重大法治建设部署。2020 年 5 月 28 日，十三届全国人大三次会议通过了《中华人民共和国民法典》，自 2021 年 1 月 1 日起施行。民法典共 7 编 1260条，各编依次为总则、物权、合同、人格权、婚姻家庭、继承、侵权责任，以及附则。通篇贯穿以人民为中心的发展思想，着眼满足人民对美好生活的需要，对公民的人身权、财产权、人格权等作出明确详实的规定，并规定侵权责任，明确权利受到削弱、减损、侵害时的请求权和救济权等，体现了对人民权利的充分保障，被誉为"新时代人民权利的宣言书"。这是新中国成立以来第一部以"法典"命名的法律，是一部固根本、稳预期、利长远的基础性法律，在中国特色社会主义法律体系中具有重要地位，是新时代我国社会主义法治建设的重大成果。民法典系统整合了新中国成立七十多年以来长期实践形成的民事法律规范，汲取了中华民族五千多年优秀法律文化，借鉴了人类法治文明建设有益成果，是一部体现对生命健康、财产安全、交易便利、生活幸福、人格尊严等各方面权利平等保护的民法典，是一部具有鲜明中国特色、实践特色、时代特色的民法典。

（三）行政法

行政法是规范行政管理活动的法律规范的总称，包括有关行政主体、行政行为、行政程序、行政监督以及国家公务员制度等方面的法律规范。行政法调整的是行政主体与行政管理相对人（公民、法人和其他组织）之间因行政管理活动而发生的法律关系，总体上可以称为纵向关系。在这种管理与被管理的纵向法律关系中，行政主体与行政管理相对人处于不平等的地位，行政行为由行政主体单方面依法作出，不需要双方平等协商。由此，为了正确处理二者关系，保持行政权力与行政管理相对人合法权利的平衡，行政法必须遵循职权法定、程序法定、公开公正、有效监督的基本原则。近代行政法的发展除了运用纵向命令式的方法之外，横向协商的方法也起到越来越大的作用。

（四）经济法

经济法是调整因国家从社会整体利益出发对市场经济活动实行干预、管理、调控所产生的社会关系的法律规范的总称。经济法是在国家干预市场活动中逐渐发展起来的一个法律门类，一方面与行政法的联系很密切；另一方面又与民法商法的联系很密切。往往在同一个经济法中既有调整纵向关系的法律规范，又有调整横向关系的法律规范，这些法律规范具有相对独立性，可以单列为一个法律部门。我国经济法部门可分为行业经济管理法和综合职能管理法两方面法律。行业经济管理法包括：农业、林业、畜牧业、工业、贸易、交通等各个产业的法律规范。综合职能管理法包括宏观调控的各个领域，如预算、审计、统计、会计、价格、反垄断、银行、反洗钱、税收、产品质量、计量、标准化等方面的法律规范。

【8-1】

经济法是独立的部门法吗？

20 世纪 80 年代到 90 年代，中国法学界围绕"经济法是否一个独立的法律部门"曾展开过激烈的争论。在 80 年代以前，中国实行严格的计划经济，经济活动由国家统一调控，在法律领域基本没有经济法的存在。改革开放以来，随着市场经济的兴起和政府权力在经济领域的不断收缩，国家开始制定调整经济活动的法律规范。在此背景下，法学家开始讨论经济法的法律地位问题。一部分法学家主张经济法没有独立的法律地位，不能成为一个独立的法律部门，因为经济法没有自己的调整对象，也没有自己特有的调整方法，所谓经济法只不过是一部分民法内容和一部分行政法内容的简单拼凑；而另外一部分法学家则认为，经济法与民法、行政法存在很大的区别，它利用市场和行政的独特手段，专门调整国民经济运行中出现的社会问题，具体包括市场主体、市场竞争、宏观调控等方面，因此它应该有自己独立的地位，是独立的法律部门。21 世纪后，随着国家经济立法的增长和法学研究的深入，经济法独立的法律部门的地位得到了法学家的认可。

（五）社会法

社会法是规范劳动关系、社会保障、社会福利和特殊群体权益保障等方面社会关系的法律规范的总称。社会法是在国家干预社会生活过程中逐渐发展起来的一个法律门类，所调整的是政府与社会之间、社会不同部分之间的法律关系。我国社会法部门包括劳动保障法、社会保障法、社会公益与慈善法三个方面的法律。劳动保障法主要包括劳动、劳动合同、工会、就业促进、职业病防治、安全生产等方面的法律规范；社会保障法主要包括社会保险和特殊利益群体权益保障，如残疾人、未成年人、老年人、妇女权益保障等方面的法律规范；社会公益与慈善法包括公益事业捐赠、红十字会、社会救助等方面的法律规范。

【8-2】

李某某劳动合同案

李某某于 1987 年不慎从楼梯上滚下来而摔伤，在医院做了右肾切除手术。

术后，恢复健康。1993 年 8 月初，李某某得知中国银行桐庐支行（以下简称桐庐支行）招工的信息，认为自己符合条件，就报了名。经体检和初定人员培训，9 月 1 日，桐庐支行与李某某签订了劳动合同。12 月中旬，中国银行杭州市分行电话通知桐庐支行"有人反映李某某右肾摘除，不符合录用条件"，并要桐庐支行于 1993 年底前解除与李某某的劳动合同。经检查，1994 年 2 月 24 日，桐庐支行以李某某"右肾摘除，存在严重身体缺陷，不符合省分行《暂行规定》中的有关要求"为由，作出桐中银〔1994〕8 号关于解除李某某劳动合同的决定。同年 8 月 11 日，李某某向桐庐县劳动争议仲裁委员会申请仲裁。桐庐县劳动争议仲裁委员会经对该案审理后，于 12 月 6 日作出桐劳仲案字〔1994〕第 01 号仲裁裁决书：维持桐庐支行对李某某解除劳动合同的决定。

李某某不服，于 12 月 21 日向浙江省桐庐县人民法院提起诉讼。该案在审理过程中，法院委托杭州市中级人民法院法医技术处对李某某的身体是否存在严重缺陷进行鉴定。法医鉴定结论为：被鉴定人李某某在生理上存在缺少右肾的缺陷，但具有正常的生活能力、工作能力及社会活动能力，其身体状况未达到严重缺陷的程度。

桐庐县人民法院根据以上事实认定桐庐支行认为李某某存在严重身体缺陷的理由不能成立。据此，桐庐县人民法院于 1995 年 12 月 1 日判决：撤销桐庐支行桐中银〔1994〕第 8 号关于解除李某某劳动合同的决定；桐庐支行与李某某继续履行桐劳鉴字〔93〕第 1050 号劳动合同。

第一审宣判后，桐庐支行以原答辩理由向杭州市中级人民法院提出上诉。杭州市中级人民法院审理认为：李某某因外伤右肾被摘除是事实，但其身体并未达到严重缺陷的程度，可以适应其所担负之工作，对其劳动权应依法予以保护，桐庐支行的上诉理由不能成立。该院依法于 1996 年 1 月 30 日判决：驳回上诉人桐庐支行的上诉，维持第一审判决。

（六）刑法

刑法是规定犯罪与刑罚的法律规范。它通过规范国家的刑罚权，惩罚犯罪，保护人民，维护社会秩序和公共安全，保障国家安全。刑法是一个传统的法律部门，与其他法律部门相比，具有两个显著特点：第一，刑法所调整的社会关系最广泛。不论哪一方面的社会关系，只要发生了构成犯罪的行为，都受刑法调整。第二，刑法强制性最突出。所有法律都有强制性，但都没有刑法严厉。中国已制定一部统一的刑法、11 个刑法修正案以及《关于惩治骗购外汇、逃汇和非法买卖外汇犯罪的决定》和有关刑法规定的法律解释。从广义上说，刑法部门不仅包括规范犯罪和刑罚的刑法，还包括预防犯罪、改造犯罪方面的法律规范，如《监狱法》《治安管理处罚法》《社区矫正法》等。

（七）诉讼与非诉讼程序法

诉讼与非诉讼程序法是规范解决社会纠纷的诉讼活动与非诉讼活动的法律规范的总称。诉讼法律制度是规范国家司法活动解决社会纠纷的法律规范，非诉讼程序法律制度是规范仲裁机构或者人民调解组织解决社会纠纷的法律规范。我国已经制定了《刑事诉讼法》《民事诉讼法》《行政诉讼法》，分别对三种诉讼活动进行规范。此外，针对海事诉讼的特殊性，制定了《海事诉讼特别程序法》，作为对民事诉讼法的补充。为了处理国与国之间的犯罪引渡问题，制定了《引渡法》，作为对刑事诉讼法的补充。此外，我国还制定了《仲裁法》《劳动争议调解仲裁法》《人民调解法》等非诉讼程序法。

上述法律部门确立的各项法律制度，涵盖了社会关系的各个方面，把国家各项工作、社会各个方面纳入了法治化轨道，为依法治国、建设社会主义法治国家提供了坚实的基础。法律已经成为中国公民、法人和其他组织解决各种矛盾和纠纷的重要手段，也为中国各级人民法院维护公民、法人和其他组织的合法权益提供了重要依据。

应该指出的是，法律部门的划分是发展的、历史的，不应该也不可能固定不变。适应于一个历史时期的法律部门划分不一定适应于另外一个时代，原有的一些部门在新的时代可能失去原有的意义，可能混合了其他部门的调整方法或调整对象，新出现的部门对社会生活的意义可能更大。随着新的科学技术革命，互联网技术、大数据的发展，新的生活方式和思维方式以及调整它们的行为规范正在兴起，这必然对新时代法律部门划分产生深远影响。法律部门的划分是一个科学研究问题。中国特色社会主义法律体系的形成为研究这一问题奠定了立法基础，也为进一步深入研究创造了条件。只要贯彻百花齐放百家争鸣的方针，汲取人类法律文化的成果，一定会就这一问题提出符合时代特点、适合中国国情的法律部门划分理论。

三、中国特色社会主义法律体系的特征

各国的历史文化传统、具体国情和发展道路不同，社会制度、政治制度和经济制度不同，决定了各国的法律体系必然具有不同特征。中国特色社会主义法律体系，是新中国成立以来特别是改革开放40多年来经济社会发展实践经验制度化、法律化的集中体现，是中国特色社会主义制度的重要组成部分，具有十分鲜明的特征。

（一）中国特色社会主义法律体系体现了中国特色社会主义的本质要求

一个国家法律体系的本质，由这个国家的法律确立的社会制度的本质所决定。中国是工人阶级领导的、以工农联盟为基础的人民民主专政的社会主义国家。在社会主义初级阶段，中国实行公有制为主体、多种所有制经济共同发展的基本经济制度，这就决定了中国的法律制度必然是社会主义的法律制度，所构建的法律体系必然是中国特色社会主义性质的法律体系。中国特色社会主义法律体系所包括的全部法律规范、所确立的各项法律制度，有利于巩固和发展社会主义制度，充分体现了人民的共同意志，维护了人民的根本利益，保障了人民当家作主。中国制定哪些法律，具体法律制度的内容如何规定，都坚持从中国特色社会主义的本质要求出发，从人民群众的根本意志和长远利益出发，将实现好、维护好、发展好最广大人民的根本利益作为根本出发点和落脚点。

（二）中国特色社会主义法律体系体现了改革开放和社会主义现代化建设的时代要求

中国新时期最鲜明的特点是改革开放。中国特色社会主义法律体系与改革开放相伴而生、相伴而行、相互促进。一方面，形成中国特色社会主义法律体系，是改革开放和现代化建设顺利进行的内在要求，是在深入总结改革开放和现代化建设丰富实践经验基础上进行的。另一方面，中国特色社会主义法律体系的形成，为改革开放和社会主义现代化建设

提供了良好的法制环境，发挥了积极的规范、引导、保障和促进作用。同时，中国特色社会主义法律体系妥善处理了法律稳定性和改革变动性的关系，既反映和肯定了改革开放和现代化建设的成功做法，又为改革开放和现代化建设进一步发展预留了空间。

（三）中国特色社会主义法律体系体现了结构内在统一而又多层次的国情要求

一个国家的法律体系如何构成，一般取决于这个国家的法律传统、政治制度和立法体制等因素。中国是统一的多民族的单一制国家，由于历史的原因，各地经济社会发展很不平衡。与这一基本国情相适应，中国宪法和法律确立了具有中国特色的统一而又多层次的立法体制，这就决定了中国特色社会主义法律体系内在统一而又多层次的结构特征，这既反映了法律体系自身的内在逻辑，也符合中国国情和实际。与其相适应，中国特色社会主义法律体系以宪法为统帅，由法律、行政法规、地方性法规等多个层次的法律规范构成。这些法律规范由不同立法主体按照宪法和法律规定的立法权限制定，具有不同法律效力，都是中国特色社会主义法律体系的有机组成部分，共同构成一个科学和谐的统一整体。

（四）中国特色社会主义法律体系体现了继承中国法制文化优秀传统和借鉴人类法制文明成果的文化要求

各国的法律制度基于本国历史文化传统和社会现实情况不断发展，也随着经济全球化趋势的增强而相互沟通、交流、借鉴。中国特色社会主义法律体系的形成，始终立足于中国国情，坚持将传承历史传统、借鉴人类文明成果和进行制度创新有机结合起来。一方面，注重继承中国传统法制文化优秀成分，适应改革开放和社会主义现代化建设需要进行制度创新，实现了传统文化与现代文明的融合；另一方面，注意研究借鉴国外立法有益经验，吸收国外法制文明先进成果，但又不简单照搬照抄，使法律制度既符合中国国情和实际，又顺应当代世界法制文明时代潮流。这个法律体系具有很强的包容性和开放性，充分体现了它的独特文化特征。

（五）中国特色社会主义法律体系体现了动态、开放、与时俱进的发展要求

一个国家的法律体系通常是对这个国家一定历史发展阶段现状的反映。随着经济社会的发展，法律体系需要不断丰富、完善、创新。中国处于并将长期处于社会主义初级阶段，整个国家还处于体制改革和社会转型时期，社会主义制度还需要不断自我完善和发展，这就决定了中国特色社会主义法律体系必然具有稳定性与变动性、阶段性与连续性、现实性与前瞻性相统一的特点，决定了中国特色社会主义法律体系必然是动态的、开放的、发展的，而不是静止的、封闭的、固定的，必将伴随中国经济社会发展和法治国家建设的实践而不断发展完善。

构建中国特色社会主义法律体系过程中，中国立法机关坚持中国共产党的领导、人民当家作主、依法治国有机统一，始终围绕国家的工作重心，积极行使立法职权，有计划、有重点、有步骤地开展立法工作，积累了一些宝贵经验，成功走出了一条具有中国特色的立法路子。

坚持有目标、按计划、分阶段积极推进。改革开放40多年来，在中国共产党领导中国人民建设中国特色社会主义事业进程中，中国立法机关根据各阶段中心工作，立足现实、突出重点、精心组织，区别轻重缓急，制定科学合理、切实可行的五年立法规划和年度立法工作计划，抓紧制定经济社会发展急需的法律法规，积极稳妥地推进立法工作，逐

渐形成了有目标、按计划、有重点、分阶段推进法律体系建设的方法，集中立法资源，突出立法重点，及时满足了改革开放快速推进的需要，为形成中国特色社会主义法律体系提供了有效路径。

坚持多层次立法齐头并进。适应中国的基本国情，根据宪法确定的在中央统一领导下充分发挥地方积极性、主动性的原则，在维护国家法制统一前提下，全国人大及其常委会行使国家立法权，国务院根据宪法和法律制定行政法规，省、自治区、直辖市以及设区的市和自治州的人大及其常委会制定地方性法规，民族自治地方制定自治条例和单行条例，经济特区所在地的省、市的人大及其常委会根据全国人大的授权决定制定在经济特区范围内实施的法规，逐渐形成了多层次立法共同推进的立法工作格局，既大大加快了法律体系建设的步伐，又充分照顾到了各地经济社会发展的实际需要，为形成中国特色社会主义法律体系提供了可行的工作模式。

坚持综合运用多种立法形式。构建中国特色社会主义法律体系，是一项科学的系统工程。改革开放以来，中国立法机关根据经济社会发展需要，抓紧制定各方面迫切需要的法律规范，同时注重对法律规范的修改和废止，及时对法律规范进行解释和清理，综合运用制定、修改、废止、解释等多种立法形式，全方位推进立法工作。既促进了立法质量的不断提高，保证了法律体系的科学和谐统一，又为保障法律规范的有效实施奠定了基础。

【经典例题】

关于法的渊源和法律部门，下列哪些判断是正确的？（　　）

A. 自治条例和单行条例是地方国家权力机关制定的规范性文件

B. 行政法部门就是由国务院制定的行政法规构成的

C. 国际公法是中国特色社会主义法律体系的组成部分

D. 划分法律部门的主要标准是法律规范所调整的社会关系

【答案】AD

【考点】法的渊源和法律部门

【解析】选项 A 正确。《立法法》第 66 条第 1 款规定，民族自治地方的人民代表大会有权依照当地民族的政治、经济和文化的特点，制定自治条例和单行条例。民族自治地方的人民代表大会属于地方权力机关，因此，自治条例和单行条例是地方国家权力机关制定的规范性文件。

选项 B 错误。行政法部门包括调整行政法律关系的法律、行政法规、规章等。

选项 C 错误。中国特色社会主义法律体系由国内法组成，不包括国际公法。

选项 D 正确。法律部门划分的标准有法律规范所调整的社会关系和法律规范的调整方法，其中的主要标准是法律规范所调整的社会关系。

本 章 小 结

法律体系也称为"法的体系"或简称为"法体系"，是指由一国现行的全部法律规范按照不同的法律部门分类组合而形成的一个呈体系化的有机联系的统一整体。法律体系具有以下几个特点：第一，法律体系是一个国家所有现行法律规范所构成的总体；第二，法律体系是一个国家现行法律规范呈体系化的整体；第三，法律体系作为一个法学概念，是实然与应然、客观与主观的统一。在法学理论中，同法律体系这一概念相邻或相近的概念还有法制体系、法学体系、立法体系、法系等概念。这些概念之间有一定的联系，又有一定的区别，对它们进行比较和区分有利于深化对法律体系的理解。

法律部门是指按照法律规范自身的不同性质、调整社会关系的不同领域和不同方法等所划分的同类法律规范的总和。法律部门是法律体系的基本组成要素，各个不同的法律部门的有机组合，便构成一国的法律体系。划分法律部门必须遵循一定的标准和原则。这一标准首先是法律调整的对象，即法律规范所调整的社会关系，其次是法律规范的调整方法。部门法的划分原则可以概括为如下几项：整体性原则；均衡性原则；以现行法律为主，同时具有前瞻性的原则。在划分法律部门时既要以现行法律为主，又要兼顾即将制定的法律。

我国的法律体系是以宪法为核心，以私法、公法和社会法为主要内容，以刑事法为最后保障的庞大体系。当代中国社会主义法律体系的基本框架主要包括以下法律部门：（1）宪法及其相关法；（2）民法商法；（3）行政法；（4）经济法；（5）社会法；（6）刑法；（7）诉讼与非诉讼程序法。当代中国的法律体系有新的特点：体现了中国特色社会主义的本质要求；体现了改革开放和社会主义现代化建设的时代要求；体现了结构内在统一而又多层次的国情要求；体现了继承中国法制文化优秀传统和借鉴人类法制文明成果的文化要求；体现了动态、开放、与时俱进的发展要求。

综 合 练 习

一、选择题

1. 法律体系是一个重要的法学概念，人们尽可以从不同的角度、不同的侧面来理解、解释和适用这一概念，但必须准确地把握这一概念的基本特征。下列哪一说法正确（　　）。

　　A. 研究我国的法律体系必须以我国现行国内法为依据

　　B. 在我国，近代意义的法律体系的出现是在清末沈家本修订法律后

　　C. 尽管香港的法律制度与大陆的法律制度有较大差异，但中国的法律体系是统一的

　　D. 我国古代法律是"诸法合体"，没有部门法的划分，不存在法律体系

2. 一国现行的全部法律规范按照不同的法律部门分类组合而成的有机整体是（　　）。

　　A. 法系　　　　　　B. 法律原则　　　　C. 法律部类　　　　D. 法律体系

3. 下列诸项中正确的说法是（　　）。

　　A. 法律部门划分的标准是法律规范的数量

　　B. 行政法和行政法规是法律体系中两个不同的部门法

　　C. 民法是指调整平等主体之间的公民、法人、公民和法人之间的人身关系和财产关系的法律规范的总称

  D. 宪法是我国法律体系的基础性和主导性的部门法

 4. 法律部门的划分标准是(　　　)。

  A. 法律规范所调整的利益关系 B. 法律规范所调整的社会关系

  C. 法律规范的调整方法   D. 法律规范归类的方便

 5. 关于法的渊源和法律部门，下列哪些说法正确？(　　　)

  A. 自治条例和单行条例是地方国家权力机关制定的规范性文件

  B. 行政法部门就是由国务院制定的行政法规构成的

  C. 国际公法是中国特色社会主义法律体系的组成部分

  D. 法律部门是由若干规范性法律文件组成的

 6. 根据法律所调整的社会关系以及调整方法的不同，可以将我国法律体系划分为(　　　)。

  A. 行政法   B. 宪法及其相关法

  C. 诉讼与非诉讼程序法   D. 经济法

 7. 下列属于宪法及其相关法的有(　　　)。

  A.《立法法》   B.《村民委员会组织法》

  C.《消费者权益保护法》   D.《国务院组织法》

 8. 中国特色社会主义的法律体系以宪法为统帅，以法律为主干，以(　　　)为重要组成部分。

  A. 行政法规 B. 地方性法规 C. 规章   D. 政策

 9. 法律体系与法系的区别有(　　　)。

  A. 法系既包括现行有效的法律，也包括已经失效的法律

  B. 法律体系仅包括一个国家内部现行有效的法律

  C. 法系可以由不同国家的法律构成

  D. 法律体系仅由一个国家内部的法律构成

 二、判断题

 1. 中共十八大提出完善中国特色社会主义法律体系，加强重点领域立法，拓展人民有序参与立法途径。2017 年十九大又明确提出"坚定不移走中国特色社会主义法治道路，完善以宪法为核心的中国特色社会主义法律体系，建设中国特色社会主义法治体系，建设社会主义法治国家"。以上论述表明，我国的社会主义法律体系已经形成，但仍需不断完善。   (　　　)

 2. 当代中国特色社会主义法律体系以宪法为统帅，以宪法相关法、民法商法等多个法律部门的法律为主干，由法律、行政法规、地方性法规等多个层次的法律规范构成。

                       (　　　)

 3. 法律体系和法学体系的内容和范围是完全一致的。   (　　　)

 三、名词解释

1. 法律部门

2. 法律体系

四、简答题

1. 简述法律体系与法系的关系。
2. 简述划分法律体系的标准。
3. 简述划分法律体系的原则。
4. 简述我国的法律体系由哪些法律部门、哪些层级的法律构成。

五、拓展训练

1. 1994 年 9 月，田某考入北京科技大学应用科学学院物理化学系，取得本科生学籍。1996 年 2 月 29 日，田某在参加电磁学课程补考过程中，随身携带写有电磁学公式的纸条，中途去厕所时，纸条掉出，被监考老师发现。监考老师虽未发现田永有偷看纸条的行为，但还是按照考场纪律，当即停止了田永的考试。北京科技大学于同年 3 月 5 日按照"068 号通知"第 3 条第（5）项关于"夹带者，包括写在手上等作弊行为者"的规定，认定田某的行为是考试作弊，根据第 1 条"凡考试作弊者，一律按退学处理"的规定，决定对田某按退学处理，4 月 10 日填发了学籍变动通知。但是，北京科技大学没有直接向田某宣布处分决定和送达变更学籍通知，也未给田某办理退学手续。田某继续在该校以在校大学生的身份参加正常学习及学校组织的活动。

1996 年 3 月，田某的学生证丢失，未进行 1995—1996 年第二学期的注册。同年 9 月，北京科技大学为田某补办了学生证。其后，北京科技大学每年均收取田某交纳的教育费，并为田永进行注册、发放大学生补助津贴，还安排田某参加了大学生毕业实习设计，并由论文指导教师领取了学校发放的毕业设计结业费。田某还以该校大学生的名义参加考试，先后取得了大学英语四级、计算机应用水平测试 BASIC 语言成绩合格证书。田某在该校学习的 4 年中，成绩全部合格，通过了毕业实习、设计及论文答辩，获得优秀毕业论文及毕业总成绩全班第九名。

1998 年 6 月，北京科技大学的有关部门以田某不具有学籍为由，拒绝为其颁发毕业证，进而也未向教育行政部门呈报毕业派遣资格表。田某所在的应用学院及物理化学系认为，田某符合大学毕业和授予学士学位的条件，由于学院正在与学校交涉田某的学籍问题，故在向学校报送田某所在班级的授予学士学位表时，暂时未给田某签字，准备等田某的学籍问题解决后再签，学校也因此没有将田某列入授予学士学位资格名单内交本校的学位评定委员会审核。

1998 年 10 月，原告田某以被告北京科技大学拒绝颁发毕业证、学位证为由，诉至北京市海淀区人民法院。

问题：田某诉北京科技大学案属于哪个法律部门的调整范围？

2.《中华人民共和国立法法》规定："全国人民代表大会和全国人民代表大会常务委员会行使国家立法权。全国人民代表大会制定和修改刑事、民事、国家机构的和其他的基本法律。全国人民代表大会常务委员会制定和修改除应当由全国人民代表大会制定的法律以外的其他法律；在全国人民代表大会闭会期间，对全国人民代表大会制定的法律进行部分补充和修改，但是不得同该法律的基本原则相抵触。"

《中华人民共和国著作权法》明确作出了规定："受委托创作的作品，著作权的归属由委托人和受托人通过合同约定。合同未作明确约定或者没有订立合同的，著作权属于受托人。"

《中华人民共和国消费者权益保护法》规定："消费者因购买、使用商品或者接受服务受到人身、财产损害的，享有依法获得赔偿的权利。"

《中华人民共和国民事诉讼法》规定："两个以上人民法院都有管辖权的诉讼，原告可以向其中一个人民法院起诉；原告向两个以上有管辖权的人民法院起诉的，由最先立案的人民法院管辖。"

请问：上述规定分别属于哪个法律部门？

第九章 法的实施

本章知识结构图

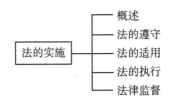

知识目标：了解法的实施的概念及特点，守法的根据和理由，我国的司法体系、执法体系、法律监督的概念、构成、分类，当代中国法律监督的意义；掌握法律实施的含义、方式，守法的概念、条件，司法的概念、基本要求、原则，执法的概念和原则，我国法律监督的体系。

能力目标：通过判断法的实施的类型，培养学生的思辨能力、观察能力；通过案例分析和视频播放，培养学生自觉守法的意识和能力。

素质目标：增强学生的法律职业自信心和自豪感，培养学生的现代公民意识和素养，提升学生的社会责任感。

第一节 概 述

本节知识结构图

一、法的实施的概念

法的实施指法的内容通过法的遵守、法的适用、法的执行等形式或途径在社会生活中得以实现的活动。

在法的运行系统中，法的创制是法治的起点和前提，法的实施则是使创制出来的抽象法律规范具体化，法律从书本上的法变成行动中的法，将法律要求的可能性变为现实性，将应然的法变为实然的法的动态过程，是法治的落实和归宿。法调整的目的和作用能否实现，不仅取决于立法者能否创制出符合社会需要的良法和制度，更重要的是能否使法律规定的内容通过相应的制度转化为社会主体的行为和社会秩序。法的实施既是一个动态过程，体现着法与社会的关联，也是一个系统的工程，既依靠国家执法机关、社会力量和公民的互动，也需要正式制度与非正式制度的协调。不仅法律职业和司法机关具有重要意义，而且一个多元化纠纷解决机制同样不可或缺。法的实施的效果是检验法的调整作用、法律规则和制度的合理性、现实性及有效性的基本依据。美国法学家博登海默也指出："如果包含在法律规定部分中的'应当是这样'的内容仍停留在纸上而不影响人的行为，那么法律只是一种神话，而非现实。另一方面，如果私人与政府官员的所作所为不受符合社会需要的行为规则、原则或准则的指导，那么是专制而不是法律会成为社会中的统治力量。因此，遵守规范制度而且是严格遵守规范制度乃是法治社会的一个必备条件。"① 因此，我们可以说，法的生命在于实施，法的权威在于实施，法的威力也在于实施。

全面落实依法治国的基本方略，加快建设社会主义法治国家，应当做到科学立法、严格执法、公正司法、全民守法。科学立法是立法的任务，严格执法、公正司法、全民守法则是对法的实施提出的要求。从法理学角度来看，法的实施作为依法治国的重要环节，包括以下几个方面的含义：

1. 人民主权是法的实施的本质

人民主权的实质是人民当家作主，即人民民主。人民民主是社会主义的生命，是中国共产党始终不渝的奋斗目标，也是依法治国最重要的价值之一。我国宪法规定，国家的一切权力属于人民。人民是国家和社会的主人，是依法治国的主体，当然也是实施社会主义法律的主体。人民主权的本质特征和共产党领导法治的基本原则，在人民代表大会制度下，从根本上把社会主义法的实施与资本主义法的实施区别开来，把人民民主立法与人民自觉守法统一起来，把人民监督法的实施与国家机关民主、公正、公平实施法律统一起来，真正体现了人民当家作主的社会主义法治本质。

2. 依法执政是法的实施的保障

中国共产党是我国的执政党，是中国现代化建设事业的领导核心，同时也是中国特色社会主义法治建设的领导力量。依法治国是党领导人民治国理政、管理国家和社会事务、管理经济和文化事业的基本执政方略。因此，党领导人民制定了宪法和法律，也坚持并实行依法执政、带头守法，在宪法和法律范围内活动，从政治上、组织上和思想上切实保证宪法或法律的实施。

3. 依法行政是法的实施的关键

依法行政是依法治国的关键，也是法的实施的关键。我国社会主义法律法规绝大部分是由行政机关执行的，国家公务员中绝大部分是行政机关的公务员。因此，只要行政机关及其公务员做到了公正执法和依法行政，依法治国的主要方面就实现了。行政机关应当按照"法无明文规定即禁止"的法治原则执行法律，既不越权，也不失职。

4. 公正司法是法的实施的内在要求

司法是依法治国的重要环节和法的实施的重要方面，公正司法是社会主义法的实施对于司法权和司法活动的本质要求，也是司法为民的具体体现。没有公平正义就没有社会主

---

① ［美］E. 博登海默著《法理学》——法哲学及其方法》，华夏出版社 1987 年版，第 232 页。

义司法；没有公正司法就没有符合社会主义正义原则的法的实施。公正司法要求人民法院、人民检察院公正、高效、权威地解释法律和适用法律，运用推理等一系列司法技术，把法律文本中抽象的规范正确、及时地适用于千差万别的案件，达到定分止争、实现社会公平正义的目的。

5. 全民守法是法的实施的重要条件

遵守宪法和法律是全体公民的宪法义务。自觉守法是社会主义法治对法的实施的最高要求，也是社会主义社会中公民的崇高境界。从本质上讲，人民是国家、社会和依法治国的主体，宪法和法律是人民意志的集中体现，是人民利益诉求的制度表达。因此，全体人民遵守宪法和法律就是尊重人民自己的意志，就是维护人民自己的利益。

6. 保障人权是法的实施的出发点和落脚点

尊重和保障人权是依法治国的重要目标，也是法的实施的出发点和落脚点。在价值层面上，实施法律本身不是目的，其只是坚持以人为本，实现人的全面发展、人的权利和人的价值的一种手段和过程。执行法律、适用法律、遵守法律等，都是以尊重和保障人权为依归。每个公民自觉遵守法律，不仅是其本人享有权利的义务性要求，而且是其他人实现普遍权利的法律性前提。恶法非法，违背以人为本、尊重保障人权价值目标的法的实施同样是非法的。因此，法的实施不仅要看是否做到了"严格执法、公正司法、全民守法"，而且要看是不是促进了人权和公平正义的实现。

二、法的实施的特点

1. 法的实施是一种社会活动或一种社会行为

法的实施的主要方式是"作为"，即有关主体从事一定活动或实施一定行为，如履行法定义务；其特殊方式是在某些条件下的"不作为"，如遵守法律规则。

2. 法的实施是依据法律规则所从事的社会活动或社会行为，这种活动或行为会产生一定的法律后果

是否具有法律依据、能否产生法律后果，是实施法律行为与其他社会活动、社会行为的主要区别。

3. 法的实施的主要方式或途径是法的遵守、法的适用、法的执行

此外，法的实施也包括公民和法人等运用法律的行为，如依法理性维权、依法参与国家和社会事务等。

4. 法的实施与法的实效、法的实现不同

法的实施强调的是把法的要求由抽象向现实、由主观向客观转化的过程、方式和路径；法的实效侧重于强调这种转化所产生的实际效果，是法的实施之后的静态结果；法的实现则是法的实施和法的实效的统一。

【经典例题】

某法院在网络、微信等平台上公布失信被执行人名单以督促其履行义务，不少失信被执行人迫于"面子"和舆论压力主动找到法院配合执行。对此，下列哪一理解是正确的？（ ）

A. 道德问题的有效解决总是必须依赖法律的强制手段

B. 公布失信被执行人名单有助于形成守法光荣、违法可耻的社会氛围

C. 法律的有效实施总是必须诉诸道德谴责和舆论压力

D. 法律与道德具有概念上的必然关系，法律其实就是道德

【答案】B

【解析】加快建立失信被执行人信用监督、威慑和惩戒的法律制度。依法保障胜诉当事人及时实现权益。A 项中，道德可以通过社会舆论，个人良知的谴责等方式来保障道德要求的实现，必要时可以要求法律进行保障。但是，不是总是必须依赖法律的强制手段。故 A 项说法错误。B 项中，公布失信被执行人名单有助于形成守法光荣、违法可耻的社会氛围，提升全民法治意识。故 B 项说法正确。C 项中，法律的有效实施主要依靠国家强制力的保障，违法了，警察就出现了，而不是总是依靠道德谴责和舆论压力。故 C 项说法错误。D 项中，法律与道德在内容上往往有联系，但是，法律不同于道德，法律也不是就是道德。故 D 项说法错误。本题答案为 B。

第二节　法的遵守

本节知识结构图

　　法的遵守　——　法的遵守的概念
　　　　　　　　——　守法的构成要素
　　　　　　　　——　守法的根据和理由
　　　　　　　　——　守法的条件

【9-1】

苏格拉底之死

　　在古代希腊，苏格拉底和他的学生柏拉图及柏拉图的学生亚里士多德被并称为"希腊三贤"。苏格拉底是一位爱智慧的哲学家，善于雄辩，被后人广泛认为是西方哲学的奠基者。他在宗教信仰上和雅典人民发生了冲突，被雅典的三个公民起诉。控告苏格拉底的起诉书称苏格拉底腐蚀青年，不相信国家所信奉的神。

　　苏格拉底的案件由来自社会各阶层的 500 名陪审员组成的法庭来审理。苏格拉底在法庭上发言丝毫不能博得陪审团同情和宽恕，苏格拉底像一个饶有兴致的斗牛士，自称他有自己的神灵指导，神殿里的神谕宣称没有人比他更贤明。陪审团被苏格拉底的自负激怒了。在对苏格拉底的第一次投票中，以 280 票对 220 票判定苏格拉底有罪。在第二次投票中，360 票对 140 票，苏格拉底被判处死刑。

　　但是苏格拉底还有挽救自己生命的机会。他忠诚而富有的朋友克里多在千方百计搭救苏格拉底，克里多告诉苏格拉底，他们已经准备好了一笔钱帮助苏格拉

底逃跑，他的仰慕者则做好准备接应他及其家人。但苏格拉底不肯接受这个方案。因为他看来，法律一旦裁决，便即生效。因而，即使这项制度的裁判本身是错误的，任何逃避法律的制裁也是错误的。他认为他也没有权利躲避制裁。

苏格拉底说，"假定我准备从这里逃走，雅典的法律就会来这样质问我：'苏格拉底，你打算干什么？你想采取行动来破坏我们的法律，损害我们的国家，难道能否认吗？如果一个城邦已公开的法律判决没有它的威慑力，可以为私人随意取消和破坏，你以为这个城邦还能继续生存而不被推翻吗？……'法律规定，判决一经宣布就生效。我们能这样说吗？'是的，我是打算破坏法律，因为在我的审判中国家通过错误的判决，冤枉了我。'"

苏格拉底终究没有逃走。苏格拉底在饮下毒鸠之前，还与他人讨论哲学问题，在行刑的人告诉他毒药需要活动才会发作时，他毫不迟疑地活动起来。苏格拉底从容选择了死亡可能还有他更多的考虑，也许他想以自己的死亡来嘲讽希腊的民主制度，也许他真的惧怕"寿则多辱"。但无法否认的是，他在教导雅典人维护自己的城邦和法律，他用自己的接受不公的判决践行他对法律的忠诚和对法律的信仰。

一、法的遵守的概念

法的遵守，通常简称为"守法"，指各国家机关、社会组织（政党、团体等）和公民个人严格依照法律规定，从事各种事务和行为的活动。

守法是现代法治的基本原则之一。如果国家的法律得不到公民的普遍遵守，令不行、禁不止，那么再多的法也是一纸空文，不仅达不到立法目的，还会严重损害法的权威和尊严。守法是基于秩序的需要，是保障社会和公民利益的需要，也是法的规律性和科学性的必然要求。我国社会主义市场经济体制的建立为实行法治提供了前提条件，但是，长期的封建思想的影响、权力过分集中的政治体制、商品经济的不发达、缺乏民主传统等都是阻碍公民守法的障碍。因此，强调公民守法，特别是强调一切社会主体普遍平等守法，对今天中国的法治建设具有重大的现实意义和深远的历史意义。

二、守法的构成要素

（一）守法主体

守法主体指在一个国家和社会中应当遵守法律的主体即一定守法行为的实施者，也就是说谁守法。从法的应然角度讲，任何一个国家和社会中的所有主体都应当成为守法的主体，但从法的历史发展来看，从法的实然角度讲，由于国家性质的不同，守法主体的法律地位差异很大，守法主体的实然与应然呈不同的状态。在古代社会，老百姓仅仅是义务的承担者，统治阶级往往可以不受法律义务的约束而主要享受权利。到了资本主义社会，从法律上讲，所有的人既是守法中行使权利的主体，也是履行义务的主体，即为守法的主体。

我国的国家和法的性质决定了守法主体的广泛性、普遍性和平等性，不允许任何组织或个人凌驾于法律之上。宪法第 5 条规定："一切国家机关和武装力量、各政党和各社会团体、各企业事业组织都必须遵守宪法和法律。""任何组织或者个人都不得有超越宪法和法律的特权。"宪法第 53 条规定："中华人民共和国公民必须遵守宪法和法律。"按照宪法规定，我国守法的主体可以分为以下几类：

1. 一切国家机关、武装力量、政党、社会团体、企业事业组织

中国共产党是我们国家的执政党，它的政治地位和法律地位决定了它严格守法具有更重大和更强烈的影响。共产党只有带头严格遵守法律，在宪法和法律的范围内活动，才能起表率作用，带动一切国家机关、社会组织和公民严格守法。国家机关代表人民行使国家权力，对社会的政治、经济、文化、军事和外交等活动进行全面管理。国家机关的性质及其在国家生活中所占的重要地位决定了它在保证法的实施上具有尤为重要的责任。国家机关及其工作人员尤其是领导人必须带头守法，严格依法办事，自觉维护法制尊严和权威。

2. 中华人民共和国公民

这是我国社会主义守法主体中最普遍、最广泛的群体。公民是现代国家的基本构成，是现代社会的主体力量。公民守法是现代法治社会的普遍要求，也是我国建立法治国家的基本要求。我国宪法规定"中华人民共和国的一切权力属于人民"，而公民是组成人民这一政治集合体的基本元素。社会主义法从本质上讲是人民利益和意志的体现和反映，是人民自己的法，因此，守法对于公民来讲实际上就是按照他们自己的意志和要求办事，这也就决定了公民应当也能够以主人翁的态度和责任感自觉守法。公民只有守法，其自身的权利才有保障，社会秩序才会稳定，法制才能健全。

3. 在我国领域内的外国组织、外国人和无国籍人

根据我国有关法律规定、国际法和国际惯例，在中国境内的外国组织、外国人和无国籍人也必须遵守我国法律，在我国法律允许的范围内从事各种活动。这是维护我国主权和利益的体现。

（二）守法范围

守法的范围是指守法主体必须遵守的行为规范的种类。守法的范围直接决定于一个国家法的渊源。不同的国家的守法范围不同。在古代社会，君主的命令属于守法的范围。在宗教国家，宗教教规和教义属于守法的范围。从历史上看，守法范围发展变化的一个基本规律是从单一化走向多样化。制定法、习惯法、判例法、国际条约、教会法、法的原则等都属于守法的范围。在我国，守法的范围就是我国法的渊源，具体包括宪法、法律、行政法规、监察法规、地方性法规、自治条例和单行条例、行政规章、经济特区法规、军事法规和规章、特别行政区的法律法规、国际条约等。此外，有些非规范性法律文件如人民法院的判决书、裁定书、调解书等也属于守法的范围，因为，它们是法所明确授权的、特定机关在执法司法过程中根据法的有关规定和原则作出的，具有明确的法律效力。另外，我国法律的原则、党和国家的政策也应包括在守法范围之内。

（三）守法内容

守法的内容是指守法的主体依法进行活动的具体形态。在社会上，许多人认为守法主要是甚至仅仅是履行法定义务。我们认为，守法所包含的内容要广泛得多，最起码包含着两层含义：一是依法享有权利并行使权利，二是依法承担义务并履行义务。二者密切联系

不可分割。守法是履行法律义务和行使法律权利的有机统一。

1. 行使法律权利

行使法律权利是指人们通过自己作出一定的行为或要求他人作出或不作出一定的行为来保证自己的合法权利得以实现。具体地说，人们所行使的权利必须是法所授予的权利，即合法的权利；行使权利时必须采取正当、合法的方式和手段，不得滥用权利，不得在行使自己权利时损害他人合法权利。我们把守法的内容理解为包括行使法律权利和履行义务两个方面具有积极的意义：首先，有助于增强人们守法的积极性和自觉性。如果我们把守法仅局限于履行法律义务，就很容易使人们只看到法限制和束缚人的一面，削弱人们守法的积极性和自觉性。如果我们把行使权利包括在守法的内容里，使人们意识到守法还直接关系到自己合法权利的实现，人们就会积极主动地自觉守法。其次，有利于法的全面实现。权利和义务是法律调整的完整机制，是一切法的内容和核心，法是通过权利和义务的设定和运行来调整人的行为的，从而实现对社会关系的调整。要使法得以全面实现，无论是权利还是义务都是缺一不可的。

2. 履行法律义务

履行法律义务是指人们按照法的要求作出或不作出一定的行为，以保障权利人的合法权利。履行义务有两种形式：一是履行消极的法律义务，即指人们遵守法律规范中的禁止性规范，不作出一定的行为。人们只要依法不作出一定的行为便是履行了相应的法律义务，即为守法。二是履行积极的法律义务，即指人们遵守法律规范中的命令性规范，作出一定的行为。人们只有依法作出一定的行为才能构成守法。如果无视法所规定的积极义务，拒不作出一定的行为，或虽作出了一定的行为却不符合法的要求，都不是守法行为。

（四）守法状态

守法状态指守法主体的守法行为的合法程度，包括三种类型：

1. 守法的最低状态

守法的最低状态是不违法犯罪。在这种状态中，守法主体对法的态度是否定的或模糊的，往往把法看成是异己之物，以消极的心理去守法，虽为守法主体，却不是法的主人，法并没有自我内化，之所以守法是因为法具有强制性。从守法的内容来讲，守法主体仅仅是或者主要是履行法律义务，没有充分行使法律权利。

2. 守法的中层状态

守法的中层状态是依法办事，形成统一的法律秩序。在这种状态中，从守法的内容来说，守法主体既履行法律义务，又行使法律权利。守法主体对法的态度是基本肯定的，但并未完全实现法的自我内化。因此，还不是严格意义上的法的主人。

3. 守法的高级状态

守法的高级状态是守法主体不论是外在的行为，还是内在的动机都符合法律的精神和要求，严格履行法律义务，充分行使法律权利，从而真正实现法律调整的目的。在这种状态中，守法主体对法的态度是完全肯定的，他们是以法的主人的姿态自觉地、积极地、主动地去守法，已完全实现了法的自我内化。

三、守法的根据和理由

（一）守法是法的要求

守法是法所规定的义务，换句话说，守法是公民的法律义务。法律义务在内涵上是由利益的付出、义务人的无可选择性、责任、国家强制等构成的。法一旦颁布实施，公民就有服从它的法律义务，这是无可选择的，否则，就要承担相应的法律责任。在人类历史上，任何一种类型的法制形态都无一例外地把守法规定为人们的基本义务。

（二）守法是人们出于契约式的利益和信用的考虑

在特定的契约关系中，人们出于利益和信用的考虑会自觉守法。就利益而言，人们之间订立契约是为了某种利益的需要。利益是人们行为最主要和最直接的动力，同时也是人们所追求的目标，守法也就意味着利益的满足。因此，对法所规划的利益的追求便能促使人们积极守法。就信用而言，讲求信用往往被规定为履行契约的准则。讲求信用旨在实现当事人之间的公平和当事人之间、当事人与社会之间利益关系的平衡。如果当事人不讲求信用，在损害他人利益的同时也会损害自己的利益且还要承担法律责任。因此，人们基于信用的要求，往往能自觉履约、积极守法。

（三）守法是人们出于心理上的惯性

绝大多数人从出生起就被教导尊重父母、知识、权威和法律，尤其权威和法律被认为是合理时更是如此。结果，人在社会化的过程中，服从包括服从法律成为人们心理的组成要素和习惯。英国法学家布赖斯认为惯性（惰性）是民众守法的首要原因，因为民众从小就养成了模仿他人所为的习惯，包括按照别人的样子守法的习惯。这或者是因为这样做是便利的，或者是感到不这样做是错误的。越是下层人民群众、越是缺乏社会知识的人，惯性因素在守法中所起的作用越大

（四）守法是出于社会的压力

社会是由无数互相连锁的行为模式组成的，不遵从某些行为方式，不仅会使依赖它们的其他人失望，而且会在某种程度上瓦解社会组织，这种内在的信赖关系产生了使人守法的强大压力。当周围人都依法办事并鄙视不安分守己者时，每个人都会产生不如此就会受到责难的压力，也可以说是道德的压力。这种压力的有效性甚至超过法律制裁的压力。不过，我们应该注意，这种压力与社会机制是密切关联的。如果一种社会分配制度、社会合作机制是良性的，那么遵守法律、履行义务的这种社会压力就会是有效的；反之则形成不了这种社会压力。

四、守法的条件

守法作为一种社会行为，是人们有意识有目的的活动。人们守法的状态往往受多种因素的影响和制约。一般来说，对守法有重大影响的主要有以下几个方面：

（一）守法的主观条件

守法的主观条件是守法主体的主观心理状态和法律意识水平。通常，人们的法律意识、道德观念、受教育程度、个性等都对其守法行为产生潜移默化的影响和推动作用。

1. 法律意识

　　法律制定出来后要在社会实践中得到社会成员的自觉遵守和服从，很大程度上取决于社会成员的法律意识状况。在法律意识中占核心地位的是法律价值观。法律价值观是人们对法律及其法律现象所形成的态度、认识、信仰、评价。法律价值观决定和支配着人们的行为趋向和行为选择。良好的法律意识即是对法律所形成的积极的价值观，建立在知法、懂法和疑法（审视和评价法律）的基础之上。它能使社会成员充分认识到现代社会中法律的重要功能和作用。社会成员如果不具备良好的法律意识，就不可能真正辨明是否该遵守和服从法律，也就不可能做到自觉守法。在现代社会，社会成员良好的法律意识首先是守法意识，即尊重法律、遵守法律、严格依法办事的意识；其次是与现代法精神相适应的一系列现代法意识，如权利义务相统一意识、法律公平公正意识、平等意识、契约意识等。

　　2. 道德观念

　　道德观念是人们关于善与恶、公正与偏私、诚实与虚伪、荣誉与耻辱、正义与非正义等观念。不同的道德观念会形成不同的善恶、是非、荣辱的标准，对符合或违反法律的行为会给予不同的评价。一个有良好道德观念的人会把守法视为自己的道德义务，自觉依法行使权利和履行义务，积极同一切违法犯罪行为作斗争，维护法的尊严和权威。而一个道德观念低下的人虽然也可能出于对法律制裁的惧怕而守法，但这种守法行为稳定性差，随时可能向违法行为转化。法的实施需要良好的道德观念来支撑。

　　3. 受教育程度

　　人们的受教育程度也在一定程度上影响着守法状态。知识常与文明相伴，而文明是守法的强化剂；无知往往同愚昧为伍，愚昧则是导致违法犯罪的最大祸根之一。人们文化的高低、知识的多寡、受教育的多少都直接影响到他们能否有效地学法、准确地理解和充分地掌握法，影响到他们能否对法律建立正确的态度和信念、能否正确地行使权利和履行义务。当然，我们也不能简单地说受过较多文化教育的人或有较高文化水平的人一定能很好地守法，但可以肯定，一个人如果是文盲或半文盲，那么其知法守法无疑存在着严重的障碍。

　　4. 个性

　　一个人在其内在生理素质的基础上和一定的社会历史条件下会逐渐形成自己的个性。人的个性存在着种种差异，个性的差异影响着人们包括守法在内的各种行为的状况。如，就性格特征来说，积极的性格特征有助于守法，消极的性格特征易于导致违法；正直、诚实和富有同情心的人往往比奸诈、虚伪和冷酷无情的人更易于守法。

　　（二）守法的客观条件

　　守法的客观条件是指守法主体所处的客观社会环境，如法制状况、政治状况、经济状况、民族传统、国际形势、科技的发展等都会对守法行为产生不同程度的影响。以下从法治、政治和经济状况来谈。

　　1. 法治状况

　　法治状况包括立法、执法、司法和法治监督等状况，这些都与守法有着密切的联系。首先就立法而言，守法的一个前提条件就是法律自身必须具有优良品质。一个品质优良的法律对人们会产生良好的影响。如果所立之法能真实准确地反映人们的利益和要求，体现公平、正义、自由、人权等价值，符合社会生活实际和客观规律，就能得到人们的支持、信任和尊重，人们就会积极自觉地去遵守它；如果所立之法能保持其内在的相互一致和协调统一，人们守法也就有了固定的标准，不会感到无所适从；如果所立之法既准确、严谨又言简意赅、通俗易懂，人们就能准确地把握它、遵守它。其次就执法和司法而言，国家行政机关及其工作人员如能依法行政、严格执法，国家司法机关及其工作人员如能依法公正司法，树立起良好的执法司法形象，必能带动和促进其他社会组织和公民守法。反之，如果执法、司法机关有法不依、执法不严、违法不究，则是对法的尊严和执法司法者权威的嘲弄，必然导致人们对法律的怀疑和不信任，伤害公民守法的信念和护法的情感，产生对法律的信仰危机。最后就法制监督而言，良好的法治环境表明组成法治系统的各个环节的正常运转并相互和谐。如果法治系统的某个环节出了问题，其他环节也会运转失灵，要保证良好的守法状况，必须强化法治监督，使法治系统正常运转。

2. 政治状况

政治状况主要包括一个国家的社会制度、政治制度、社会秩序等方面的状况。不同的社会制度具有不同性质的法，对守法产生不同的影响。如专制制度下老百姓被迫守法，而社会主义法反映广大人民的意志和利益，在正常情况下，多数人都应自觉守法。在民主制度下，公民具有平等的法律地位，人民是终极的统治者，政府与公民的关系表现为双向互控关系，政府的职能活动以保障人权为根本方向，公民愿意积极守法。还有，如果一个国家中各种社会力量相对平衡，政局比较稳定，社会秩序较好，法就会有较高的权威，人们也就会自觉守法。

3. 经济状况

经济状况主要包括一个国家的经济制度、经济体制和经济发展水平等，在不同程度上影响着守法。就经济体制来说，市场经济是法治经济，实行市场经济的国家都十分注意把市场经济纳入法治轨道，用法律手段对市场经济进行管理。这就为守法营造了一个良好的法治环境，促使人们运用法律手段来维护公平竞争，维护自己合法权益。人们能否依法行使权利和履行义务并不只取决于其主观上的愿望和选择，社会能否为他们提供必要的物质条件也是相当重要的，而这与社会经济的发展水平是密切相关的。

【经典例题】

市民张某在城市街道上无照销售食品，在被城市综合管理执法人员查处过程中暴力抗法，导致一名城市综合管理执法人员受伤。经媒体报道，人们议论纷纷。关于此事，下列哪一说法是错误的？（   ）

A. 王某指出，城市综合管理执法人员的活动属于执法行为，具有权威性

B. 某市民认为，城市综合管理机构执法，不仅要合法，还要强调公平合理，其执法方式应让一般社会公众能够接受

C. 赵某认为，如果老百姓认为执法不公，就有奋起反抗的权利

D. 陈某说，守法是公民的义务，如果认为城市综合管理机构执法不当，可以采用行政复议、行政诉讼的方式寻求救济，暴力抗法显然是不对的

【答案】C

【解析】狭义的执法（即行政），专指国家行政机关及其公职人员行使管理职权、履行职责、实施法律的活动。城市综合管理执法人员的活动，是行使行政管理职权的活动，故属于执法行为，因此必然具有权威性，所以选项A正确，不选。执法活动具有三个基本原则：坚持依法行政原则、必须坚持讲求效能的原则和坚持公平合理的原则，故选项B正确，不选。守法是指公民、社会组织和国家机关以法律为自己的行为准则，依照法律行使权利、履行义务的活动。故相对人即使认为执法不公，也应当依法行使救济权，奋起反抗并非法律所允许的行为，故选项C错误，选项D正确。

第三节　法的适用

本节知识结构图

【9-2】

孙小果被判死刑案

孙小果，男，汉族，云南省昆明市人，曾是武警昆明某部的一个上等兵，后又进入武警某学校学习，直到犯罪。1998年，昆明市中级人民法院经审理，判决被告人孙小果犯强奸罪，判处死刑，剥夺政治权利终身；犯强制侮辱妇女罪，判处有期徒刑十五年；犯故意伤害罪，判处有期徒刑七年；犯寻衅滋事罪，判处有期徒刑三年；加原来强奸罪所判余刑二年四个月又十二天，数罪并罚，决定执行死刑，剥夺政治权利终身。孙小果一审被判处死刑后，向云南省高级人民法院提起上诉，二审维持原判，但死刑没被核准，遂改为死缓。孙小果在服刑期间，此案又启动再审程序，孙小果终被改判为有期徒刑20年。2010年起，孙小果以"李某某"之名在狱外活动。2019年4月，中央扫黑除恶第20督导组进驻云南省期间，昆明市打掉了孙小果等一批涉黑涉恶犯罪团伙。5月24日，全国扫黑办将云南昆明孙小果涉黑案列为重点案件，实行挂牌督办。6月4日，全国扫黑办派大要案督办组赴云南督办孙小果案，进驻昆明。2019年10月14日，云南省高级人民法院依照审判监督程序对孙小果强奸、强制侮辱妇女、故意伤害、寻衅滋事一案依法再审开庭审理。同时，云南省检察机关已对孙小果出狱后涉嫌黑社会性质组织犯罪提起公诉，云南省监察机关、检察机关依法对孙小果案19名涉嫌职务犯罪的公职人员及重要关系人移送审查起诉。

2019年11月6日至7日，玉溪市中级人民法院对孙小果犯组织、领导黑社会性质组织等数罪案公开开庭审理，获刑二十五年。2019 年 12 月 23 日，云南省高级人民法院对孙小果 1997 年犯强奸罪、强制侮辱妇女罪、故意伤害罪、寻衅滋事罪再审案件依法公开宣判，判决认为该院 2007 年 9 月作出的原再审判决以及 1999 年 3 月作出的二审判决对孙小果的定罪量刑确有错误，依法予以撤销，维持昆明市中级人民法院 1998 年 2 月一审对孙小果判处死刑的判决，并与其出狱后犯组织、领导黑社会性质组织等罪被判处有期徒刑二十五年的终审判决合并，决定对孙小果执行死刑，剥夺政治权利终身，并处没收个人全部财产。2020 年 2 月 20 日，孙小果被执行死刑。

一、法的适用的概念和特点

（一）法的适用的概念

法的适用与司法同义，司法作为学理上对国家机关及其行为描述的专门概念出自权力分立，具体地讲，司法指国家司法机关依据法定的职权和程序，具体应用法律处理案件的专门活动。司法是以国家名义作出的，属于国家的基本职能之一，在国家全部活动中占有极其重要的地位。把司法视为与立法和行政相对的概念，源自孟德斯鸠的分权学说，即立法权、行政权和司法权三权分立。法官依法办案，是法的适用的典型形式。

在许多情况下，只要公民和社会组织依法行使权利并履行义务，法律就能够在社会实际生活中得以实现而无需司法。在下列两种情况下需要司法：（1）当公民、法人、其他组织和国家机关相互之间发生了自己无法解决的争议，致使法定的权利义务无法实现时，需要司法机关适用法律裁决纠纷，解决争端；（2）当公民、法人、其他组织和国家机关遇到违法、违约或侵权行为时，需要司法机关适用法律制裁违法犯罪，恢复被侵害的权利。

（二）法的适用的特点

1. 专属性

法的适用是司法机关以国家名义行使司法权的活动。这项权力只能由国家司法机关及其司法人员行使，其他任何行政机关、社会团体和个人都不能行使此项权力。因此，司法权是一种专有权，具有专属性和排他性。根据我国《宪法》规定，审判权专属于人民法院，检察权专属于人民检察院。

2. 被动性

审判权的行使不是主动介入当事人之间的纠纷，它实行的是事后救济原则。比如，在解决民事纠纷活动中实行"不告不理"原则，在纠纷业已存在并有当事人愿意将纠纷通过司法途径解决的情况下，审判权在现实中才开始运作。

3. 程序性

法的适用是司法机关严格按照法定程序所进行的专门活动。因此，程序性是司法最重要、最显著的特点之一。目前，我国的诉讼程序分为三大类，即审理刑事案件的刑事诉讼程序，审理民事、经济等案件的民事诉讼程序，审理行政案件的行政诉讼程序。这些诉讼程序是保证正确适用法律、实现司法公正的重要条件。

4. 中立性

审判权的运作过程实质上是以法律和法理为标准对争议双方的是非曲直进行判断的过程。要确保司法正义，就必然要求审判权在运作时不偏向争诉中的任何一方，并以中立的立场平等地对待双方当事人的权利请求和抗辩主张，法官不应因其他因素影响这种中立性。"法官除了法律就没有别的上司。法官有义务在把法律运用于个别事件时，根据他在认真考察后的理解来解释法律。"①

5. 公正优先性

司法公正是司法的生命和灵魂，是司法的本质要求和价值准则。追求司法公正是司法的永恒主题，也是公众对司法的期望。司法活动的合法性、独立性、有效性、裁判人员的中立性，当事人地位的平等性等，都是为了保障司法公正。

6. 终级性

维护正义可以有多种途径，但在法治社会中，纠纷进入法定程序后，社会正义的最后一道防线却是司法。一个有效司法制度的重要因素是其裁判的终局性。如果法院已经作出的终局裁判可以随意改变，就会产生无休止的争议，或诱导人们通过非正义或非法律的方式来解决纠纷。这样不仅会削弱法院体系的效率和权威，而且会使通过正常的法定渠道来寻求正义变得不可能，从而引发更多的社会纠纷。因此，司法权效力有终极性，司法权是最终、最权威的判断。

【9-2】案例中，孙小果犯罪，人民检察院提起公诉，人民法院进行判决，是法的适用的活动。

二、司法体系

（一）司法体系的概念

司法体系也称"司法体制"或"司法系统"，是指由国家宪法所规定的、享有国家司法权能、依法处理案件的专门组织机构即司法主体所构成的体系。

不同的国家和不同的政治体制有不同的司法体系。实行三权分立的国家的司法体系一般指法院体系，司法机关仅指法院。至于检察机关，有的属于行政机关的一部分，如美国联邦司法部兼行检察机关的职能，司法部长也就兼任国家总检察长；有的属法院的组成部分，如英国法院中附设公诉处，执行检察机关的任务。

（二）我国的司法体系

我国的司法主体由国家宪法和法律规定。根据我国现行宪法和人民法院组织法及人民检察院组织法的规定，我国现行司法主体有以下种类和层次，它们构成了当代中国的司法体系。

1. 人民法院

人民法院是我国司法体系的一大主要系统，它代表国家行使审判权。这一系统由地方各级人民法院、专门人民法院和最高人民法院组成。

（1）地方各级人民法院。地方各级人民法院分为基层人民法院、中级人民法院和高

---

① 《马克思恩格斯全集》第 1 卷，人民出版社 1995 年版，第 180～181 页。

级人民法院。基层人民法院设在县、自治县、县级市、市辖区等行政区。中级人民法院设在省、自治区与县之间的行政区，即省、自治区辖市，不设市的地区、自治州，中央直辖市内亦设中级人民法院。高级人民法院设在省、自治区、直辖市一级行政区。

（2）专门人民法院。专门人民法院是我国人民法院系统的组成部分，和地方各级人民法院共同行使国家的审判权。但专门人民法院在我国法院系统中又具有特殊性，即专门人民法院是在特定部门或对特定案件设立的审判机关，而不是按行政区域设立的审判机关。就其管辖的案件性质而言，它受理的案件是与各该部门工作有关的或特定的案件，具有专门性。对专门人民法院判决和裁定的上诉案件和抗诉案件由最高人民法院审理。我国现有的专门人民法院有：军事法院、铁路运输法院、林业法院、海事法院等。

（3）最高人民法院。最高人民法院是国家的最高审判机关，设在北京。

2014年10月23日，中国共产党第十八届中央委员会第四次全体会议通过了《中共中央关于全面推进依法治国若干重大问题的决定》，该《决定》指出，"最高人民法院设立巡回法庭，审理跨行政区域重大行政和民商事案件。"2015年1月5日最高人民法院审判委员会通过《最高人民法院关于巡回法庭审理案件若干问题的规定》，第一条规定，最高人民法院设立巡回法庭，受理巡回区内相关案件。第一巡回法庭设在广东省深圳市，巡回区为广东、广西、海南三省区；第二巡回法庭设在辽宁省沈阳市，巡回区为辽宁、吉林、黑龙江三省。2016年11月1日，中央全面深化改革领导小组第二十九次会议审议通过《关于最高人民法院增设巡回法庭的请示》，再设立四个巡回法庭。第三巡回法庭设在江苏南京市，巡回区为上海、江苏、浙江、福建、江西等五省市；第四巡回法庭设在河南省郑州市，巡回区为河南、山西、安徽、湖北4省；第五巡回法庭设在重庆市，巡回区为重庆、四川、云南、贵州、西藏五个省、自治区、直辖市；第六巡回法庭设在陕西省西安市，巡回区为陕西、甘肃、青海、宁夏、新疆五个省区。巡回法庭是最高人民法院派出的常设审判机构，其作出的判决、裁定和决定，是最高人民法院的判决、裁定和决定。设立最高人民法院巡回法庭，有利于就地化解纠纷，减轻最高法院本部办案压力；有助于消除审判权运行的行政化问题；有助于节约当事人诉讼成本，体现了司法为民的原则；有利于保证公正司法和提高司法公信力。

2. 人民检察院

人民检察院是我国司法主体的另一大主要系统，它代表国家行使检察权和法律监督权。这一系统由地方各级人民检察院、专门人民检察院和最高人民检察院组成。

（1）地方各级人民检察院。地方各级人民检察院包括县、县级市、自治县、市辖区人民检察院；省、自治区、直辖市人民检察院分院，自治州、省辖市人民检察院；省、自治区、直辖市人民检察院。省级人民检察院和县级人民检察院根据工作需要，提请本级人大常委会批准，可以在工矿区、农垦区、林区等区域设置人民检察院作为派出机构。

（2）专门人民检察院。专门人民检察院包括军事检察院、铁路检察院等。

（3）最高人民检察院。最高人民检察院是国家最高检察机关，设在北京。

三、法的适用的基本要求

法的适用的基本要求是正确、合法、及时。

（一）正确

正确首先是指适用法律的事实要准确，证据要确凿。如果认定的事实不准确，就根本无法正确适用法律。故这一要求亦可称为准确。其次，定性要准确，即必须在查明事实的基础上实事求是地分清是否违法以及违法的性质和程度。如区别刑事、民事、经济、行政案件，分清合法与违法、此案与彼案、罪与非罪、此罪与彼罪的界限。再次，处理要适当，即审理案件要严格执行法律规定，分清责任，宽严轻重适度，做到罪刑相适应。最后，有错必纠，即一经发现处理错误就应依法予以纠正。

（二）合法

合法指各级司法机关审理案件要合乎法律规定，严格依法办事，做到处理案件本身合法，办案程序合法。在司法过程中，司法的每一个环节和步骤都要依法定的权限进行操作，不仅在定性上要合乎法定的标准和规格，而且在程序上也必须合乎法律规定，不合程序法的裁决不能发生法律效力。

（三）及时

及时是指司法机关审理案件时，在正确、合法的前提下要提高工作效率，做到及时立案、及时办案、及时结案。及时要求司法主体严格按照司法程序的各个环节及诉讼时限的要求办案，不能任意拖延；在特殊情况下，按照法律规定的时限，保证办案质量，加快办案速度，尽快审结案件。

正确、合法、及时是相互联系的统一体。正确是法的适用的前提和基础，合法是法的适用的中心，是正确的保证，及时是法的适用的效率。三者缺一不可，不能偏废。

四、法的适用的基本原则

【9-3】

农民夫妇败诉自杀法官无罪案

2001年9月27日，四会市法院法官莫兆军开庭审理李兆兴告张坤石夫妇等4人借款1万元经济纠纷案。当时李持有张夫妇等人写的借条，而张辩称借条是由李与冯志雄持刀威逼所写的。莫兆军经过审理，认为没有证据证明借条是在受到威逼的情况下写的，于是认为借条有效，判决被告还钱。当年11月14日，张坤石夫妇在四会法院外喝农药自杀身亡。11月15日，四会市公安部门传唤了李兆兴、冯志雄两人，两人承认借条系他们持刀威逼张坤石夫妇等人所写，后二人分别被以抢劫罪判处7年和14年有期徒刑。2002年10月22日，莫兆军被四会市检察院刑事拘留，后又改为逮捕，涉嫌罪名是玩忽职守。法官一审无罪。

（一）司法公正原则——公正是司法的生命

1. 这项原则的基本含义

现代司法体制以司法公正为最高目标，并以程序公正为基本价值。司法公正是司法的本质要求，也是现代司法体制的最高价值目标，是社会正义的重要组成部分。全部司法活动就是围绕着公正裁判、实现正义而展开的。公正是司法制度和司法程序设计的最终目标。

司法公正包括实体公正（或实质）公正与程序公正。实体公正指司法裁判的结果公正，当事人的权益得到了充分的保障，违法犯罪者受到了应有的惩罚和制裁。程序公正则是指司法过程的过程，即为了实现正义和公正，必须保证司法活动在形式上、手段和方法上，以及过程中的公正。各个时代和社会对于公正的标准的认识是不同的，对于实体公正和程序公正的认识和价值取向也各有不同。传统的司法正义观在追求实体正义的同时，往往忽视过程、方法或程序的重要性，因此司法程序的价值是附属于实体正义的。随着现代法治的发展，程序的独立价值逐渐凸显，并逐渐成为评价司法公正和正义的主要标准，上升为宪法的基本原则和制度。程序公正一方面要求司法机关的设立、职权的行使符合法定程序和形式，另一方面要求司法机关的活动严格遵守正当程序的规范。

当今中国正在深入推进司法体制改革，其目的就是为了实现司法公正，让人民群众在每一个司法案件中都感受到公平正义，并通过司法公正维护和促进社会公平正义。

2. 实施贯彻这项原则的意义

司法公正的重要意义在于：（1）公正司法是法的精神的内在要求。（2）公正对司法的重要意义也是由司法活动的性质决定的。人们之所以委托司法机关裁决纠纷并信任其决断，就是因为其公正和不偏不倚。公正与裁判，既是一种里表关系，又是一种唇齿相依关系。（3）司法机关公正司法，是其自身存在的合法性基础。如果司法机关不能保持其公正性，司法机关也就失去了自身存在的社会基础。虽然社会生活的所有方面都应当公正，但是公正对司法有着特殊的意义。

（二）司法法治原则——以事实为根据，以法律为准绳

1. 这项原则的基本含义

以事实为根据是指司法机关对案件的处理只能以被合法证据证明了的事实和依法推定的事实为依据。前一种事实属于客观事实的范围，是已被具有证明力的并且合法的证据所确定的事实。后一种事实是在案件客观事实真相无法查明的情况下，依照法律中有关举证责任和法律原则推定的事实。这种事实在法律上与客观事实具有同等的效力。以事实为根据是办案的客观要求，是实事求是的唯物主义路线在司法中的具体运用。

以法律为准绳指司法机关在司法时要严格按照法律规定办事，把法律作为处理案件的唯一标准和尺度。在查办案件的全过程中都要按照法定权限和法定程序，依据法律的有关规定确定案件性质，区分合法与违法、一般违法与犯罪，并根据案件的性质给予恰当正确的裁决。以法律为准绳意味着在整个司法活动中，法律是最高的标准。

以事实为根据、以法律为准绳是统一的整体，二者相辅相成，不应偏废。以事实为根据是正确司法的前提，以法律为准绳是正确司法的保证，在实践中应把二者有机结合起来。

2. 如何贯彻这项原则

为了贯彻这项原则，在司法工作中应注意以下几个问题：（1）坚持实事求是、从实际出发的思想路线，重证据，重调查研究，不轻信口供。（2）坚持维护社会主义法律的权威和尊严。不仅要严格依照实体法的规定，而且要严格执行程序法的各项规定。严格执行程序法不仅是实现司法公正的保证，而且其本身就是维护法律的权威与尊严、实现司法公正的重要组成部分。（3）正确处理依法办事与坚持党的政策的指导的关系。

（三）司法平等原则——公民在法律面前一律平等

1. 这项原则的基本含义

司法平等原则是法律面前人人平等原则在司法活动中的体现。公民在法律面前一律平等既是我国公民的一项基本权利，也是我国司法的一项基本原则。我国宪法、三大诉讼法及人民法院组织法、人民检察院组织法都对这项原则作了明确规定。

在司法领域，公民在法律面前一律平等的基本含义是：（1）所有公民依法享有平等的权利、承担平等的义务。法律对于全体公民，不分民族、种族、性别、职业、家庭出身、宗教信仰、教育程度、财产状况、居住期限等，都一律平等地适用法律，做到所有公民的合法权益都平等地予以保护，不得有例外。（2）对一切公民的违法犯罪行为，不论其社会职业、家庭出身、职务高低，都应同样地追究其法律责任，依法给予制裁，不允许有超越法律之外的特权。（3）诉讼当事人在诉讼中的权利平等地受保护。在民事诉讼和行政诉讼中要保证诉讼当事人享有平等的诉讼权利；在刑事诉讼中，要切实保障诉讼当事人依法享有的诉讼权利。这一原则不仅适用于公民个人，也适用于法人或其他社会组织。

2. 如何贯彻这项原则

要在司法实践中充分贯彻公民在法律面前一律平等这项原则，应注意以下几个方面：（1）坚决反对封建特权思想，与形形色色的违背社会主义平等原则的封建残余作不懈的斗争。一方面，我们要不遗余力地坚持思想领域中的反封建斗争，进行社会主义法治精神教育，另一方面，要大力进行制度建设，消除实际存在的不符合社会主义平等原则的现象，彻底铲除特权思想得以存在的土壤。（2）要注意我国司法中的平等原则与资产阶级的法律面前人人平等原则的联系和区别。（3）在司法工作中必须忠于事实、忠于法律、忠于人民，严格依法办案，不能由于责任人的家庭出身或过去的功绩等而使对其的裁判偏离甚至违背法律的要求。

3. 贯彻这项原则的意义

公民在法律面前一律平等的原则是我国司法的一项重要原则。贯彻这一原则，对于切实保障公民在司法中的平等权利，反对特权思想和行为，惩治司法腐败，维护社会主义法制的权威、尊严和统一，保护国家和人民的利益，调动广大人民的积极性，加速实现法治都具有重要意义。

（四）司法权独立行使原则——司法机关依法独立行使职权

1. 这项原则的基本含义

我国宪法、人民法院组织法、人民检察院组织法、三大诉讼法都对司法机关依法独立行使职权作出了明确的规定。这项原则的基本含义是：（1）司法权的专属性，即国家的司法权只能由法定的司法机关统一行使，其他任何机关、团体和个人都无权行使此项权力；（2）行使职权的独立性，即人民法院、人民检察院依照法律独立行使司法权，不受其他行政机关、社会团体和个人的干涉；（3）行使职权的合法性，即司法机关审理案件必须严格依照法律规定正确司法，不得滥用职权、枉法裁判。

2. 如何贯彻这项原则

我国司法机关依法独立行使职权原则与西方"三权鼎立"模式下的"司法独立"有着本质区别。在我国，贯彻司法机关依法独立行使职权的原则，需要注意以下几个问题：（1）正确处理司法机关与党组织的关系。要求司法机关依法独立行使职权并不是说司法机关可以脱离党的领导，但应注意，党的领导主要是政治领导，即政治原则、政治方向、重大决策的领导，而不是包办具体司法业务，不是以党的政策、命令代替法律。（2）在全社会进行有关树立、维护司法机关权威，尊重、服从司法机关决定的法制教育。司法机关是代表国家行使司法权的专门机关，其依法作出的裁判、决定具有国家权威性，必须得到尊重、服从。我国由于数千年封建思想的影响以及建国后曾经存在的极左思潮的影响，司法机关应有的权威没树立起来，裁判、决定难以最后执行。针对这种情况，必须在全社会大力进行司法机关权威的教育，尽快形成一种尊重法律、服从司法裁判的社会风气。（3）推进司法改革，从制度上保证司法机关依法独立行使司法权。如赋予司法机关以独立的人事权、财政权，强化司法人员的职权，使之能够在制度上对抗非法干涉司法的行为。

3. 实施贯彻这项原则的意义

（1）实施该原则是发扬社会主义民主、维护国家法制统一的需要。司法权意味着运用法律裁决纠纷、纠正违法、制裁违法犯罪行为，它可以决定公民、法人和其他组织的政治权利、财产权及公民个人的人身权利。在民主社会，司法权的特殊性决定了它必须由专门机关统一独立行使。（2）实施该原则是保证司法机关正常行使职权的基本条件。要行使职权就必须独立，不独立就无法正常行使职权。司法权的行使同样如此。（3）实施该原则是正确司法的前提。司法是一项专业性很强的工作，只能由受过专业训练的法律职业人员从事。如果司法机关的工作受到肆意干涉，不仅无法发挥司法人员的专业特长，而且会因为外行办案而曲解法律，损害法律的权威和尊严。（4）实施该原则是维护司法公正的重要条件。独立司法、责任自负是保证司法公正的重要制度。

【经典例题】

关于法的适用，下列哪一种说法是正确的？（　　　）

A. 在法治社会，获得具有可预测性的法律决定是法的适用的唯一目标

B. 法律人查明和确认案件事实的过程是一个与规范认定无关的过程

C. 法的适用过程是一个为法律决定提供充足理由的法律证成过程

D. 法的适用过程仅仅是运用演绎推理的过程

【答案】C

【解析】法律的适用也叫作司法，司法的目标是作出一个合理的判决，而该判决是否合理的标准取决于两个方面：其一是该判决是否满足可预测性的要求；其二是该判决是否符合正当性的要求。因此，A选项错误。法官确定案件事实的过程是从法律规定本身出

发，以一个反映其价值立场的规范性态度来对过往的事实进行裁剪以贴合当前现行法律规范的过程，最终呈现于判决书中的案件事实，是法官对过往事实进行发现和评价的混合产物，绝不是一个客观的、纯粹的事实。因此，B选项错误。C选项正确，法官在得出最终判决的过程中必须说理，即为最终的判决提供理由，说理即证成。D选项错误，法适用的过程离不开法律推理，而推理包括演绎、类比、归纳、设证等四种具体形式，因此法的适用过程并非仅仅是运用演绎推理的过程。

第四节 法 的 执 行

本节知识结构图

法的执行 ——— 法的执行的概念与特点
——— 执法体系
——— 法的执行的原则

【9-4】

汽车产品生产企业未进行信息备案

2014年7月2日，根据总局通知，甘肃省白银市质监局白银分局依法对某公司进行检查，发现该单位生产、销售的汽车产品未进行汽车产品生产企业信息备案工作，当即要求其立刻改正。7月7日，执法人员第二次检查时，该公司还未进行信息备案工作，该单位负责人对以上违法事实认可。白银市质监局白银分局案件审理委员会审议认为，该单位的上述行为已违反《缺陷汽车产品召回管理条例》第十条第一、二款的规定，构成未按照规定备案有关信息、召回计划的违法事实。为此，白银市质监局白银分局对其进行了以下处罚：责令改正违法行为；责令8月31日前完成备案工作；对该公司处以5万元罚款。

一、法的执行的概念与特点

（一）法的执行的概念

法律执行即执法，有广义和狭义两种理解。广义上的执法指国家行政机关、法律法规授权的组织、行政机关委托的组织和司法机关及其公职人员依照法定的职权和程序，贯彻实施法律的活动。狭义上的执法指国家行政机关、法律法规授权的组织、行政机关委托的组织及其公职人员在行使行政管理权的过程中，依照法定职权和程序贯彻实施法律的活动。可见，狭义上的执法仅指行政执法，不包括司法机关及其公职人员的司法活动。本章在狭义上使用这个概念。

"令在必信，法在必行。"国家制定法律，就是要使其在社会生活中得到遵守和执行，否则法律将变成一纸空文，失去其应有的效力和权威。因此，有效执法是现代社会实现法治国家的必然要求。执法的实质是国家行政机关将体现在法律中的国家意志落实到社会生活之中。在全部国家工作中，执法是最大量、最繁重、最经常的工作，是实现国家职能和法律价值的决定性环节。具体而言，执法有两项基本内容：一是组织实施法律，即通过大量的组织工作将立法机关制定的法律变成人们实际遵守的规则，把权力机关关于经济和社会发展的规划、计划以及其他决定落实到各个地区、各个部门、各个单位以致每个公民，这是行政执法活动的中心环节；二是采取行政强制措施，即对侵犯法定权利、规避法定义务、扰乱公共秩序的行为给予必要的行政强制，排除执法过程中的阻力。

（二）法的执行的特点

1. 执法主体的特定性

即只有国家行政机关及其公职人员、法律法规授权的组织及其工作人员、行政机关委托的组织或个人才能成为执法主体。

2. 广泛性

法的执行是以国家名义对社会实行全方位的组织和管理，它涉及国家社会、经济生活的各个方面，包括政治、经济、外交、国防、财政、文化、教育、卫生、科学、工业、农业、商业、交通、建设、治安、社会福利、公用事业等各个领域，内容十分广泛。特别在现代社会，社会事务愈加复杂，行政管理的范围更为广泛，法的执行的范围随之日益扩大，对社会生活的影响也日渐深刻。

3. 单方性

行政机关执法与司法机关司法以第三者身份居间裁判不同。在法的执行中，行政机关与企业、公民等行政相对人形成行政法律关系。在行政法律关系中，行政机关既是一方当事人，又是执法者。行政机关代表国家，在行政法律关系中居支配地位，其意思处分行为对于该法律关系具有决定意义。执法行为虽是双方或多方的行为，但仅以行政机关单方面的决定而成立，不需要行政相对人的请求和同意。需要指出的是，行政复议、行政裁决、行政仲裁、行政调解等执法行为不具有单方性。

4. 主动性

执行法律是国家行政机关的法定职权，它既是国家行政机关对社会进行全面管理的一项权力，又是国家行政机关所应当承担和履行的一种职责。因此，行政机关在执法中一般都采取积极主动的行动去履行职责，而不需要行政相对人的意思表示。在执法中，国家行政机关大多必须主动采取各种措施，选择各种方案，广泛开展工作，使法律规范在社会生活中得到普遍的贯彻执行。

5. 效率性

国家行政机关在法的执行中要依照法定程序进行，不能随心所欲、任意行政。由于法的执行要处理较多急迫的问题，如果拖延耽搁就会给国家利益、社会公共利益或行政相对人合法权益造成重大损害，因此，在法的执行的程序设计上更强调迅速、简便、快捷。法的执行同样要追求公正，坚持公开、公正、公平原则，但在总体上更注重效率。这在程序方面更为明显。

二、执法体系

（一）执法体系的概念

执法体系是指由具有不同职权管辖范围的行政机关、社会组织执行法律而构成的互相分工、相互配合的和谐整体。执法体系意味着执法的纵横结构的统一。纵向结构是指执法体系之内的层次区分，由于执法主体的职权管辖范围不同，执法存在层级分别；横向结构是指由于调整社会关系、指引人们行为方面的差异、不同对象的执法分立而形成的执法的外在划分。在社会实践中，纵向结构与横向结构表现为相互交织的情形，二者统一组成纵横交错的网络结构，从而形成一国的执法体系。

（二）我国的执法体系

1. 政府的执法

政府的执法是我国执法体系中最重要的执法，包括中央人民政府的执法和地方各级人民政府的执法以及中央人民政府的下属机构和县级以上地方各级人民政府的下属机构。

根据我国《宪法》第 85 条的规定，国务院即中央人民政府是最高国家权力机关的执行机关，是最高国家行政机关。它的执法主要是宏观方面的执法，即制定行政法规、规范行政行为从而贯彻执行宪法、法律。中央人民政府的执法范围及于全国。地方各级人民政府的执法既包括执行国家宪法、法律、行政法规，也包括执行地方性法规（其效力及于本行政区域）。民族自治地方的人民政府除行使宪法和法律规定的执法权外，还要依照宪法、民族区域自治法和其他有关法律法规的规定行使自治权，根据本地方实际情况贯彻执行国家法律。

中央人民政府的工作部门的设立经国务院总理提出，由全国人民代表大会决定。地方人民政府工作部门的设立由本级人民政府决定，报上一级人民政府批准。并不是所有的政府工作部门都是执法主体，只有在法律规定的情况下，政府工作部门才有权执行法律。政府工作部门具体负责法律法规的贯彻执行，涉及的社会生活范围极广，如工商、税务、食品卫生、技术监督、土地管理、交通、城建、治安等，对社会的影响很大，是最主要的执法。

2. 法律法规授权的社会组织的执法

根据法律法规的具体授权而行使特定行政职能的社会组织可以在一定范围内执法。这种执法具有以下特点：第一，法律法规授权的社会组织是非国家行政机关，在得到授权而执法时具有与行政机关相同的行政主体地位，以自己的名义执法并对外独立承担法律责任；在没有得到授权时或非执法时只是一般的民事主体。第二，该组织的执法权为具体法律法规所授，而非行政组织法所授。法律法规一般明确规定社会组织的执法权限，其范围通常是很窄的。

法律法规授权的社会组织的执法包括以下几类：（1）仲裁组织和裁决组织的执法。（2）社会组织、社会团体的执法，如各种行业协会的执法。（3）企事业组织的执法。企业组织特别是一些全国性的专业公司，有许多是由行政机关改制而成的，在一定时期内仍具有一定行政性，法律法规往往赋予它们行使一定的执法权，事业组织被授权行使行政职能的情况更多，如《学位条例》授予高等学校和科学研究机构具有授予硕士学位、博士学位的行政职权。（4）基层群众性自治组织的执法。基层群众性自治组织指农村的村民委员会和城市的居民委员会。它们受基层人民政府或其派出机构的指导，根据有关法律法规的授权，协助基层人民政府执行法律。（5）技术检验、鉴定机构的执法。法律一般规定技术检验、鉴定机构在技术检验、鉴定事务方面行使一定的执法权。如，《计量法》规定，县级以上人民政府计量行政部门可根据需要设置计量机构或授权其他单位的计量鉴定机构执行法律规定的强制鉴定和其他检验、测试任务。（6）民间治安保卫组织的执法。民间治安保卫组织是指在全国城乡普遍设立的治安保卫委员会和联防队，它们被法律法规授权行使某些行政管理职能，执行有关法律。

3. 行政机关委托的组织的执法

行政委托是指行政机关依法把一定的事务委托给另一个机关或组织。行政机关委托的组织的执法的特点是：被委托人必须以委托人名义从事活动，活动的后果由委托人承受。在我国，法律法规授权的上述社会组织也可以成为行政委托执法的社会组织，执行有关法律法规。此外，在某些行政管理领域，法律、法规或规章还规定行政机关可以委托公民个人执行有关法律，行使某些行政职能。如，国务院发布的《家畜家禽防疫条例》规定，农牧部门及其畜禽防疫机构可以委托有条件的饲养户检疫，家畜出售者可持有被授权检疫的饲养户的检疫证明进入市场。

三、法的执行的原则

（一）合法性原则

合法性原则也即依法行政原则，是法治原则在执法中的具体体现。合法性原则是现代法治国家对执法的基本要求，也是执法的最重要的一项原则。具体内容如下：

1. 法的执行主体合法

执法主体的设立及其职权的设定必须要有法律根据，必须具备法律直接或间接赋予的职权能力和行为能力。执法主体必须在法律规定的职权范围内活动，非经法律法规授权或行政机关委托，不能具有行政执法权。

2. 法的执行内容合法

执法主体的一切能产生特定法律效力和法律后果的行为都是执法的内容。执法必须有事实根据，且须证据确凿；执法必须有法律依据，即根据法律的规定作出且不得违背立法目的、法律精神及社会公共利益，执法须采用法律规定的方式。

3. 法的执行程序合法

程序伴随着执法活动的全过程和一切方面。执法程序要符合法定步骤、顺序，必须按照各自不同的执法内容来决定所适用的程序，不能任意简化、改变、调换或省略程序，且符合法定时限。

4. 违法执法应承担相应的法律责任

行政主体须合法执法，这是合法性原则最基本的内涵。任何行政主体或依法以行政主体的名义执法的组织和个人如果违法行使行政权，侵犯了公民、法人和其他组织的合法权益，都应承担相应的法律责任，公民、法人和其他组织有权依法取得行政救济。违法必究是保证合法性原则全面贯彻必不可少的一个组成部分。

行政执法遵循合法性原则的必要性和意义在于：第一，依法行政是依法治国的核心和基础。行政执法不仅涉及面广，事务繁杂，而且关系到社会和民众的各种切身权益，比立法、司法更具普遍性和社会性。行政执法本身的合法性对于形成良好的行政管理秩序、树立执法的权威，进而实现全社会的法治秩序是极为关键的。第二，行政权力具有相对集中和命令与服从的特点，容易使执法主体滥用权力从而导致腐败。因此，必须以法律保障行政机关正确行使职权、限制行政权力的滥用，并对执法主体进行有效的监督和制约。在执法中贯彻合法性原则、实现依法行政是现代法治国家所普遍奉行的基本准则，反映了社会从人治向法治转变的历史进程。

（二）合理性原则

合理性原则指执法主体在执法活动中，特别在行使自由裁量权进行行政管理时必须做到适当、合理、公正，即符合法律的基本精神和目的，具有客观、充分的法律依据，与社会生活常理相一致。

合理性原则产生的主要原因是由于行政自由裁量权的存在。自由裁量权是指在法律没有明确规定的条件下，行政主体的自由选择权，即对行为的方式、范围、种类、幅度等的选择权。从严格依法行政的角度讲，行政主体的一切活动皆应受制于法律。但是，行政事务复杂多变，法律根本不可能完全事先规定行政行为的各个细节，所以不得不在事实上和法律上承认行政主体拥有根据具体情况选择采取适当措施履行行政职能的权力，即行政自由裁量权。但由于行政自由裁量权较少受法律的约束，在实践中常被滥用。我们在肯定自由裁量权的作用的同时又必须加强对它的控制，合理性原则就是为规范自由裁量权而存在的。

合理性原则要求执法主体平等对待行政相对人；行使自由裁量权时要以法律精神为指导考虑相关因素，尽可能照顾到各方利益，在多方利益之间衡量时要合情合理，禁止偏袒、禁止谋私，严格控制自由裁量权的行使；对于法律只有原则规定或没有规定的，应以客观、充分的事实根据为基础，依据法律的基本精神和目的，遵循与社会生活公理相一致的原则公平合理地处理，符合公序良俗；对于不适当、不合理等显失公平的执法行为应及时纠正。

我国由于行政法制相对落后，人们对合理性原则的认识还很不够，有必要深入贯彻这一原则。合理性原则既有利于保障行政权的合法行使，又有利于维护公民、法人和其他组织的合法权益，必将推动行政法制的进程。

（三）效率原则

效率原则指在依法行政的前提下，行政机关对社会实行组织和管理过程中，以尽可能低的成本取得尽可能大的收益，取得最大的执法效益。

与国家立法机关、司法机关相比，行政机关更强调效率。执法主体应从保护公民权利和国家利益出发对行政相对人的各项请求及时作出反应，对各种行政事务及时处理，并应严格按照法定程序和法定期限执法。效率原则是建立在合法性基础上的，不能因为强调效率原则而忽视合法性、合理性原则。

【经典例题】

下列不属于执法活动的有(　　)。

A. 工商局给某企业颁发营业执照

B. 人民法院对王某盗窃一案进行审理

C. 县物价局进行物价大检查

D. 市公安局将小偷李某行政拘留

【答案】 B

【解析】 执法活动由行政主体承担，行政主体包括行政机关和法律、法规授权组织，工商局、县物价局、市公安局均是行政机关，ACD 中行政机关都是依法行使职权，所以是执法活动，人民法院是司法机关，人民法院审理案件是司法活动。

第五节　法律监督

本节知识结构图

一、法律监督的概念

二、法律监督的构成

三、法律监督的分类

四、当代中国法律监督的意义

五、我国的法律监督体系

一、法律监督的概念

"监督"的基本词义为视察和督导，以预防和纠正偏差和失误。在现代社会，"监督"的含义愈加丰富和深刻，使用日趋广泛，逐渐成为政治学、法学、社会学、经济学等诸多学科的研究对象。在法学领域，由于监督与民主、法治的内在联系，监督问题更被特别关注。

法律监督通常有广义、狭义两种解释。狭义的法律监督指有关国家机关依法定职权和程序对立法、执法、司法等法制运作环节的合法性所进行的监督、制控和督导；广义的法律监督指一切国家机关、政治或社会组织和公民对法制全部运作过程的合法性所进行的监察、制控和督导。无论哪一种含义上的法律监督，都是法律运行过程中不可或缺的贯穿性机制，是权力制约体系的有机组成部分，因而是现代民主和法治政治的基本运作机制。本节在广义上使用法律监督这一概念。

二、法律监督的构成

法律监督的构成指实现监督所必需的因素。一般来说，法律监督由五个基本要素构成：法律监督的主体、法律监督的客体、法律监督的内容、法律监督的权力与权利、法律监督的规则。五个要素提示和说明了法律监督的五个基本问题：谁监督、监督谁、监督什么、用什么监督、怎样监督，它们共同构成完整的法律监督概念。

（一）法律监督的主体

法律监督的主体包括国家机关、政治或社会组织和公民三类。国家机关指国家权力机关、国家行政机关、国家监察机关和国家司法机关。政治或社会组织指包括政党在内的政治团体、社会团体、群众组织和企事业单位。公民作为现代社会政治活动的主体，当然具有法律监督的主体资格。不同的监督主体在监督的方式、效力和具体内容上存在差异。

（二）法律监督的客体

一般来讲，法律监督的客体应包括一切社会关系主体，但其主要所指为运用权力的国家机关、政治或社会组织及其公职人员。这首先是因为，法的运行的基本过程主要是通过公权力的运作实现的，因而对公权力运作进行有效监督和控制，就是在最基本和最主要的方面保证法的运行和实现；其次是因为，民主、法治的实质是对权力的控制和约束，法律监督是民主、法治的基本运作机制，因而，将行使公权力的国家机关、政治或社会组织及其公职人员作为法律监督的主要客体，与民主、法治的实质内涵相契合。

（三）法律监督的内容

法律监督在内容上主要是对行为的合法性进行监督，同时在一定范围内也指向行为的合理性。与对法律监督的客体相适应，法律监督在内容上主要指向国家机关、政治或社会组织以及国家公职人员运用公权力活动的合法性。其中，对国家机关行使国家立法、行政、司法权力活动合法性的监督是一种全方位的监督，既包括对活动内容和结果的监督，也包括对其活动过程和程序的监督；既包括对其制定的规范性文件本身合法（宪）性的监督，也包括对其立法、行政、司法活动本身合法性的监督。同时，在我国，由于政党特别是执政党以及某些具有政治优势的政治或社会组织往往行使一定的政治领导权或公共权力，在国家政治和社会生活中发挥着重要乃至关键性的作用，因而其行使政治领导权或公共权力的行为在内容、权限、程序上的合法性问题也应成为法律监督的主要内容。此外，在一定范围内，法律监督在内容上也包括对某些公权力行为合理性的监督，如《行政诉讼法》规定的审判机关对行政机关显失公正的行政处罚决定的审查和变更的判决，《行政复议法》规定的行政复议机关对具体行政行为合法性与合理性的审查等。

（四）法律监督的权力与权利

法律监督的权力与权利是指监督主体监视、察看、约束、制约、控制、检查和督促客体的权力和权利。中国民间讲"工欲善其事必先利其器"，法律监督的权力与权利就是行法律监督之事的"器"。法律监督的权力和权利之所以是法律监督的构成要素，主要原因有三：第一，法律监督内容的重点是有关国家机关行使权力的行为，监督的目的是保证监督客体正确行使权力，严格依法办事，维护法制的统一、尊严和有效实施。第二，历史表明，只有对国家权力进行合理划分，以权力制约权力，才有可能使监督成为真实、有效的监督。第三，法律的基本特征之一就是国家的强制性，以国家强制力为后盾，追究违反或背离法律的行为并施以制裁是建立、维护法律秩序的题中应有之义。因此，一定的法律监督权对于有效开展法律监督、防止对权力的滥用、实现法律监督的目的必不可少。如果没有相应的法律监督权，法律监督就会形同虚设、无法发挥作用。权力与权利既有联系又有区别。监督权作为管理国家的权力的一部分为人民所有。由人民的监督权力派生出国家机关的监督权力以及公民、其他社会团体、社会组织依宪法享有的监督权利。不同的主体凭借自己依法拥有的监督权力与权利积极主动地开展法律监督就会充分发挥法律监督的作用。

（五）法律监督的规则

法律监督的规则包括实体规则与程序规则两部分。法律监督的实体规则指规定所有监督主体的监督权力与权利以及监督客体相应的责任与义务的法律规则。法律监督的程序规则指规定监督主体从事监督行为的顺序、方式和手续的规则。将监督主体和客体的权力与权利、责任与义务法律化、制度化，是使法律监督有效、有序的重要环节，是法律监督法治化的必然要求，对于保证监督活动顺利、有效地进行，充分发挥法律监督的效果具有十分重要的意义。

三、法律监督的分类

对法律监督可以从不同的角度分类：

（一）国家监督和社会监督

这是根据监督主体的不同进行的分类。

国家监督是由国家机关所实施的监督，又可分为权力机关的监督、行政机关的监督、监察机关的监督和司法机关的监督。

社会监督是由国家机关以外的其他社会关系主体所实施的监督，又可分为政治或社会组织的监督、社会舆论的监督和公民的直接监督。

（二）内部监督和外部监督

这是根据监督主体和客体是否同属一个组织系统的不同进行的分类。

内部监督一般是指在系统内部设有一个或几个专司监督的子系统对其他子系统进行监督，其特点是监督权或与决策权合二为一，或从属于决策权。

外部监督是指监督主体与监督客体分别属于不同系统，甚至监督主体同时是监督客体，监督客体同时是监督主体，其特点是监督权来自系统外部，不会受到系统内由于利益驱动导致的决策权对监督权的破坏，强化了监督力度，因而监督效果好。从内部监督与外部监督的特点看，行政机关适合于内部监督，全国范围的法律监督应以外部监督为基本形式。

（三）事前监督和事后监督

这是根据监督主体对监督客体进行监督的时间不同进行的分类。

事前监督指监督主体在监督客体从事某种行为之前对其合法性所进行的监督。

事后监督指监督主体在监督客体从事某种行为之后对其合法性所进行的监督。

四、当代中国法律监督的意义

法律监督是国家法制的重要组成部分，对社会生活和经济生活有着广泛的影响。在我国，法律监督的重要意义主要表现在以下几个方面：

（一）法律监督是社会主义民主政治的保障和重要组成部分

社会主义民主是社会主义法制的基础。社会主义民主政治是代表制民主，是一种间接民主制度。在这种制度下，不可能每个公民都直接参加国家各项事务的管理，多数事务只能靠公民选举产生的代表以及由代表们选举或任命的官员去管理。国家机关及其工作人员拥有管理国家事务的多样权力。权力具有腐蚀性，不受制约的权力必然被滥用、导致腐败。为了防止滥用权力导致腐败，为了保证少数管理者始终按大多数不能直接参加管理的人的意志办事，就要将权力置于监督之下，从而保障民主政治的安全。毛泽东曾经指出，"只有让人民来监督政府，政府才不能松懈。只有人人起来负责，才不会人亡政息"。邓小平总结了过去的经验教训，指出，"要有群众监督制度，让群众和党员监督干部，特别是领导干部。凡是搞特权、特殊化，经过批评教育又不改的，人民就有权依法检举、控告、弹劾、撤换、罢免，要求他们在经济上退赔，并使他们受到法律纪律处分。对各级干部的职权范围和政治、生活待遇，要制定各种条例，最重要的是要有专门的机构进行铁面无私的监督检查。"

（二）法律监督是依法治国，建设社会主义法治国家的保证

实现依法治国，建设社会主义法治国家必然要求严格依法办事、维护社会主义法制的统一和尊严，要求正确贯彻党和国家的方针政策，保证政令畅通，要求禁止各级官员特别是高级官员滥用权力，严惩执法犯法、贪赃枉法。公共权力机关掌握着社会的公共权力，是维护法制的统一和尊严、保证政令畅通的机关。以权力的合理划分与相互制约为核心的法律监督使得这些职能机关及其工作人员在制度上无法滥用权力，因而是保证公共权力机关严格依法办事、恪尽职守、廉洁自律的关键。

（三）法律监督是建立和完善社会主义市场经济的需要

法律监督可以一方面维护各经济主体最大限度地发挥自己的经济活力，另一方面监察、督促他们根据法律的指引合理、合法、有效地从事各种经济活动，维护社会利益，促进社会主义市场经济的健康发展。

五、我国的法律监督体系

法律监督体系是一国不同种类的法律监督有机结合的统一体。受一国国家性质、国家形式、政治体制、历史传统等因素的影响，法律监督体系会呈现出各自不同的特点。我国经半个世纪建立起来的法律监督体系呈现出纵横交错多层次的特点，依监督主体不同可分为国家监督和社会监督两大系统。

【9-5】

分成 5 份的村公章

据《重庆晚报》2007 年 12 月 5 日报道，贵州省锦屏县平秋镇圭叶村，他们将刻有"平秋镇圭叶村民主理财小组审核"字样的印章分为五瓣，分别由四名村民代表和一名党支部委员保管，村里的开销须经他们中至少三人同意后，才可将其合并起来盖章，盖了章的发票才可入账报销。这枚印章被网友称为史上"最牛的公章"。"最牛的公章"的产生，得到了舆论界的广泛肯定。有媒体认为，把一枚公章一破为五，看似简单，但确实充满了百姓的智慧，表达了百姓对

权力监督的愿望，也反映出长期以来基层民主建设中所沉淀的问题。

（一）国家监督

1. 国家监督的概念和特点

国家监督指由国家机关以国家名义依法定职权和程序进行的、具直接法律效力的监督。特点有：

（1）法定性。国家监督的主体、客体、内容、范围、程序等均应有明确、具体的法律规定，监督主体只能在法定权限范围内依法定程序进行监督。

（2）严格程序性。国家机关以国家名义进行的监督是一种制度性设置，有着严格的程序要求。程序越是设计得具体、严谨，监督就越具有可行性和有效性；程序越是设计得开放、合理，监督就越具有民主性和科学性，越有助于监督目标的实现。

（3）直接效力性。国家监督是以国家名义依法定职权和程序进行的活动，具有直接的国家强制性和法律效力，能直接引起法律后果，被监督者必须接受并作出相应的行为。

2. 国家监督的种类

依具体实施监督的机关不同，国家监督可分为四类：

（1）国家权力机关的监督

在我国，国家权力机关的监督指各级人大及其常委会所进行的监督。这种监督在国家监督中居于主导地位，其中全国人大及其常委会的监督在整个国家监督中居于最高地位，是具有最高法律效力的监督。

立法监督。立法监督指国家权力机关对享有立法权的国家机关的立法活动及其结果的合法性所进行的监督。在监督内容上，它既要就立法活动本身在权限和程序上的合法性进行监督，又要就立法活动的结果即规范性法律文件本身的合法性进监督。在监督的范围和对象上，根据宪法和国家机关组织法的规定，不同层级的人大及其常委会监督的对象和范围各不相同。

全国人大的监督对象和范围：一是全国人大常委会在全国人大闭会期间对基本法律所作的补充和修改；二是全国人大常委会制定和修改的基本法律以外的其他法律，保证它们符合宪法和基本法律。全国人大有权改变或撤销全国人大常委会不适当的决定。

全国人大常委会的监督对象和范围：一是国务院制定的行政法规；二是同外国缔结的条约和重要协定；三是地方性法规；四是自治条例和单行条例；五是授权性立法；六是特别行政区立法机关的立法。

地方人大及其常委会的立法监督主要指省级人大及其常委会的监督，监督的对象和范围有：一是设区的市人大及其常委会制定的地方性法规；二是自治州、自治县的人大制定的自治条例和单行条例。

立法监督采用的方式包括：批准、备案、发回、宣布无效、改变或撤销等。

对宪法和法律实施的监督。根据宪法和组织法的规定，全国人大及其常委会监督宪法和法律的实施，有权处理违宪事件，处理方式包括宣布违宪的法律、法规和其他决定、命令无效、罢免违宪失职的领导人。此外，还通过听取和审议最高行政机关与司法机关的工作报告、向有关机关提出质询案，对重大问题组织调查委员会进行调查处理等方式对宪法和法律的实施进行监督。

根据宪法和有关组织法的规定，地方各级人大监督宪法和法律在本行政区域内的实施，享有广泛而层次有别的对宪法和法律实施的监督权。其监督方式包括：听取和审议同级行政机关和司法机关的工作报告，组织视察和检查，进行质询和询问，进行选举和罢免，受理申诉意见，改变或撤销不适当的决议、决定和命令等。

（2）行政机关的监督

行政机关的监督指上级行政机关对下级行政机关、行政机关对企事业单位和公民执行和遵守法律、法规的情况所进行的监督。它是以各级国家行政机关为主体所进行的监督。从其概念中可以看出，行政机关监督的客体和内容包括两个方面：一方面是对行政机关行政行为的合法性和合理性的监督，另一方面是对社会组织和公民行为合法性的监督。前者是行政系统内部的自我约束和控制，以防范和规制行政违法和行政不当以及由此产生的权力腐败，促进依法行政；后者是行政系统对社会生活秩序的检查和维护，以保障法律在社会生活中的实现。

行政机关对行政行为的监督可以分为两种：一种是一般行政监督，一种是专门行政监督。一般行政监督是依行政管理权限和行政隶属关系进行的上级行政机关对下级行政机关的监督，监督方式包括：改变或撤销不适当的规章、决定、命令和指示以及日常工作检查等。专门行政监督是行政系统内部的专门机关以特定的监督方式对国家行政机关及其公职人员违法违纪情况所进行的监督。在我国，专门行政监督包括行政复议和审计监督。行政复议指行政复议机关依行政相对人的请求对行政行为的合法性、合理性所进行的审查监督。审计监督指国家专门审计机关对下级行政机关及财政金融机构和企事业组织的财务收支、经济效益和财政法纪的执行情况所进行的监督。

行政机关对公民和社会守法情况的监督包括税务、工商、环保和教育行政部门等对公民和企事业组织遵守税法、工商管理法、环保法、教育法等行政法律法规情况的监督。

（3）监察机关的监督

指的是各级监察委员会作为行使国家监察职能的专责机关，依照《监察法》独立地对所有行使公权力的公职人员所进行的监督、调查与处置等监察活动。

深化国家监察体制改革是以习近平同志为核心的党中央作出的事关全局的重大政治体制改革，是强化党和国家自我监督的重大决策部署。党的十八大以来，习近平提出"要加强党内监督、人大监督、民主监督、行政监督、司法监督、审计监督、社会监督、舆论监督，努力形成科学有效的权力运行和监督体系，增强监督合力和实效"。① 经过多年努力，这样一个监督体系已经形成并有效运转。在这个体系中，各级监察委员会实施的监察监督具有鲜明的中国特色和优势。新中国成立以来，监察主要是行政系统内部的监督机制，监察机构长期隶属于行政机关。党的十八大以来，中国监察体制改革的一个关键举措就是在全国范围内，设置独立于立法、行政、司法机关的监察委员会，与纪委合署办公，从而实现国家监察全覆盖。

监察工作的基本原则是，监察委员会依照法律规定独立行使监察权，不受行政机关、

---

① 习近平：《加快建设社会主义法治国家》，载《求是》2015 年第 1 期。

社会团体和个人的干涉；同时，监察机关办理职务违法和职务犯罪案件，应当与审判机关、检察机关、执法部门互相配合，互相制约。为了保证监察机关正确行使权力，同时也为了保护被调查人的合法权益，《监察法》第五章"监察程序"对监督、调查、处置工作程序作了严格规定。《监察法》特别注重加强对监察机关和监察人员的监督，其主要内容包括：监察机关应当接受本级人大及其常委会的监督；强化监察机关及其人员的自我监督；明确监察机关与审判机关、检察机关、执法部门相互配合、相互制约的机制；明确监察机关及其工作人员的法律责任。

（4）司法机关的监督

司法机关的监督是以审判机关和检察机关为主体所进行的监督。

审判机关的监督。审判机关的监督亦称审判监督，是人民法院依法对法院系统和其他国家机关、社会组织、公民的执法、司法、守法活动所进行的监督，包括对内监督和对外监督两方面。对内监督是审判系统内部依审判监督权限和程序对具体审判活动及其裁决的合法性所进行的监督。对外监督是审判机关依诉讼程序对本系统外的国家机关、社会组织和公民行为的合法性所进行的监督，包括依行政诉讼程序对行政机关具体行政行为合法性的审查监督；依刑事诉讼程序对人民检察院起诉的案件，在认为主要犯罪事实不清、证据不足或没有违法情况时，以退回补充侦查或通知纠正的方式所进行的监督；依民事、刑事诉讼程序对公民和企事业组织的违法犯罪行为通过追究责任、实施制裁的方式所进行的监督。

检察机关的监督。根据宪法规定，人民检察院是国家专门法律监督机关，其监督称检察监督。检察监督是人民检察院依法对有关国家机关及其公职人员执法、司法活动的合法性和刑事犯罪活动所进行的监督。具体监督内容包括：侦查审判监督，即人民检察院对公安机关刑事侦查行为合法性的监督及对法院审判活动合法性的监督；监所、劳改监督，即人民检察院对刑事案件判决、裁定的执行和监狱、看守所、劳改机关活动的合法性的监督。

（二）社会监督

1. 社会监督的概念和特点

社会监督指由国家机关以外的政治或社会组织和公民进行的、不具有直接法律效力的监督。其特点有：

（1）广泛性。社会监督不具有国家监督所具有的直接法律效力和运用国家权力的性质，但其监督主体、客体、内容、范围和影响上的广泛和普遍，监督途径和方式上的灵活多样，使其成为法制监督体系中不可或缺的重要组成部分。

（2）启动性。社会监督尽管不具有国家监督所具有的直接国家强制性和法律效力，但其积极、主动的监督方式却有可能引发和启动国家监督机制的运作，导致带有直接国家强制性的监督手段的运用，乃至产生强制性的法律后果。

（3）标识性。社会监督的广度、深度和完善程度往往标识着一个国家民主、法治的发展程度，与一个国家民主、法治的发展和社会的进步成正比，二者互为表里，互为标志。

2. 社会监督的种类

（1）各政党的监督

各政党的监督主要指执政的中国共产党的监督和参政的各民主党派的监督。

中国共产党的监督。中国共产党作为执政党在国家生活中居于领导地位，因而以它为主体所进行的监督在社会监督乃至整个法律监督体系中具有十分重要的地位。中国共产党的监督通过两种方式实现：一是通过行使政治领导权，督促所有国家机关、政治或社会组织及企事业单位严格依照法律办事；二是通过党的纪律检查机关和党的组织系统对自己的党员和党的组织活动的合法性进行监督。

民主党派的监督。在我国，民主党派作为参政党，既参与法律法规、重大决策的制定执行，也以各种方式参与对国家法律实施的监督，还以批评、建议的方式对中国共产党制定的大政方针以及行使政治领导权的行为进行监督。他们通过多种方式、多种途径广泛地参与法律监督，在国家的政治生活中有效地发挥自身作用。

（2）社会组织的监督

社会组织的监督主要指人民政协、社会团体对法的实施的监督。

人民政协的监督。人民政协是我国发扬社会主义民主、联系各方面人民群众的重要纽带。人民政协的监督包括：监督立法，参与重大决策、重要法律的协商讲座，提出修改意见；监督法律的实施，以视察、考察、调查研究等方式进行。此外，人民政协的监督内容和范围还应包括对行使政治领导权的中国共产党和行使某些公共权力的政治或社会组织行为合法性的监督。

社会团体的监督。社会团体的监督主要指工会、共青团、妇联等社会团体以及城市居民委员会、农村村民委员会等群众自治组织、消费者保护协会等对涉及自己组织和工作范围的法律的贯彻执行情况进行具体的监督。监督方式包括批评、建议、申诉、控告、检举和诉诸舆论等。

（3）社会舆论的监督

社会舆论的监督主要指新闻舆论的监督，借助传媒手段进行。在现代社会，新闻工作者以自己对社会事件的报道和评价参与社会生活与政治生活。他们以自己的职业敏感，运用报纸、广播、电视、因特网等大众传播媒介对社会生活进行广泛的、甚至是无孔不入的报道，因此在社会生活中扮演着重要的角色。新闻舆论监督因其反应速度快、传播范围广泛而具有相当大的道义影响和震撼力。因此，这种监督方式具有涉及面广、影响面大、震动力大、透明度好、反应迅速、易取得轰动效应的特点，最能体现社会监督的广泛性、公开性、民主性、效率性的要求。完善新闻舆论监督、使其有效发挥作用的前提是舆论媒体的相对独立和相关立法的完备。

（4）法律职业者的监督

这里讲的法律职业者专指律师和法学家。律师和法学家是人民群众的一部分，法律职业者的监督当然属于人民群众的监督。但是，由于这些人专门从事法律职业、拥有关于法律的专门知识，在法制监督体系中具有特殊重要的作用。

律师在向当事人提供法律服务、代理当事人参与诉讼、为当事人出庭辩护和办理其他法律事务的过程中，可以监督和制约司法机关、行政机关的司法执法工作。通过完善法律法规规章和律师自律的章程，规范、约束、指引律师职业行为，可以充分发挥律师在法律监督中的重要作用。

法学家以研究和教授法学为职业。法学家的监督在西方国家中通常被认为是最为公正的监督，因而得到普遍的推崇。因为：第一，与一般公众相比，法学家有着更为强烈的追求法治和社会公正的意识，他们不仅积极参与改进和完善立法，而且热切关注司法与执法，以其敏锐的观察力监督法律的实施。第二，法学家的职业特点和特殊的知识结构使得他们具有较强的监督能力。第三，法学家既不像律师那样由于为当事人提供服务而可能影响自己的判断力，也不象国家机关公职人员那样握有公共权力，因此他们的监督具有因其超脱地位而带来的客观性和说服力。所以说，法学家是法律监督中重要的人力资源。

（5）公民的直接监督

公民的直接监督指向广泛，包括对立法、执法、司法的监督，特别是对国家机关、政党、政治或社会组织运用公共权力的行为的监督。宪法规定的公民的选举权、罢免权、表达权（言论、出版、集会、结社、游行、示威）、申诉权、控告权、检举权等根本上是一种直接的监督权。为此，国家设立多种途径和渠道，提供充分的制度、组织和物质上的条件和便利，是这种监督得以实现的根本保障。

【9-5】案例中的监督属于社会监督，虽然没有直接的法律效力，但在条件具备的情况下也可能启动国家监督。公章一分为五来监督村委会行使权力，昭示着我国民主、法治发展的深度和广度乃至公民素质都有了长足的进步。窥一斑可见全豹。

【经典例题】

律师潘某认为《母婴保健法》与《婚姻登记条例》关于婚前检查的规定存在冲突，遂向全国人大常委会书面提出了进行审查的建议。对此，下列哪一种说法是错误的？
（　　）

A. 《母婴保健法》的法律效力高于《婚姻登记条例》

B. 如全国人大常委会审查后认定存在冲突，则有权改变或撤销《婚姻登记条例》

C. 全国人大相关专门委员会和常务委员会工作机构需向潘某反馈审查研究情况

D. 潘某提出审查建议的行为属于社会监督

【答案】B

【解析】A选项正确，因为《母婴保健法》属于法律（狭义），《婚姻登记条例》属于行政法规，前者在效力上高于后者。B选项错误，因为全国人大常委会和国务院之间属于监督关系，监督关系只能审查合法性，不能审查合理性，只能撤销，不能改变。C选项正确，根据《立法法》第101条的规定："全国人民代表大会有关的专门委员会和常务委员会工作机构应当按照规定要求，将审查、研究情况向提出审查建议的国家机关、社会团体、企业事业组织以及公民反馈，并可以向社会公开。"对于提出审查建议的潘某是应当告知审查情况。D选项正确，只要不是国家机关为主体的监督，都属于非正式的社会监督。

本 章 小 结

　　法的实施指法在社会生活中被人们实际施行。就是使法律从书本上的法变成行动中的法，使它从抽象的行为模式变成人们的具体行动，从应然状态进入到实然状态。其基本含义有：人民主权是本质，依法执政是根本保障，依法行政是重要内容，严格执法是关键，公正司法是内在要求，全民守法的重要条件，保障人权是出发点和落脚点。法的实施的特点有：第一，法的实施是一种社会活动或一种社会行为，主要方式是"作为"，特殊方式是在某些条件下的"不作为"；第二，法的实施会产生一定的法律后果；第三，法的实施的主要方式或途径是法的遵守、法的适用、法的执行；第四，法的实施与法的实效、法的实现不同。法的实施强调的是把法的要求由抽象向现实、由主观向客观转化的过程、方式和路径；法的实效侧重于强调这种转化所产生的实际效果，是法的实施之后的静态结果；法的实现则是法的实施和法的实效的统一。

　　法的遵守即守法，是法的实施的一种重要形式，也是法治的基本内容和要求。守法指国家机关、社会组织和公民个人严格依照法律的规定从事各种事务和行为的活动。守法的构成要素有守法主体、守法范围、守法内容、守法状态。守法的理由既有法本身的要求，也有社会的压力，人们出于自身利益和心理上的考虑，还有社会的压力。守法的条件有主观和客观两个方面。

　　法的适用即司法，指国家司法机关依据法定的职权和程序，具体应用法律处理案件的专门活动。司法的特点有：专属性、被动性、程序性、中立性、公平优先性、终局性。司法体系也称"司法体制"或"司法系统"，是指由国家宪法所规定的、享有国家司法权能、依法处理案件的专门组织机构即司法主体所构成的体系。我国的司法主体有人民法院和人民检察院。司法的基本要求是正确、合法、及时。司法的基本原则有：公正原则、法治原则、平等原则、依法独立行使司法权原则。

　　法的执行即执法，指国家行政机关、法律法规授权的组织、行政机关委托的组织及其公职人员在行使行政管理权的过程中，依照法定职权和程序贯彻实施法律的活动。可见，狭义上的执法仅指行政执法，执法的特点有：主体特定、广泛性、单方面性、主动性、效率性。执法体系是指由具有不同职权管辖范围的行政机关、社会组织执行法律而构成的互相分工、相互配合的和谐整体。我国的执法体系包括政府执法、法律法规授权的社会组织的执法、行政机关委托的组织的执法。执法的原则有合法性原则、合理性原则和效率原则。

　　广义的法律监督指一切国家机关、政治或社会组织和公民对法制全部运作过程的合法性所进行的监察、制控和督导。一般来说，法律监督由五个基本要素构成：法律监督的主体、法律监督的客体、法律监督的内容、法律监督的权力与权利、法律监督的规则。对法律监督可以从不同的角度分类。我国经半个世纪建立起来的法律监督体系呈现出纵横交错多层次的特点，依监督主体不同可分为国家监督和社会监督两大系统。国家监督指由国家机关以国家名义依法定职权和程序进行的、具直接法律效力的监督。包括权力机关监督、行政机关监督、监察机关和司法机关监督。社会监督指由国家机关以外的政治或社会组织和公民进行的、不具有直接法律效力的监督。包括各政党的监督、社会组织的监督、社会舆论的监督、法律职业者的监督、公民的直接监督。

综 合 练 习

一、选择题

1. 法的实施的基本形式包括(　　　)。

    A. 守法　　　　　　B. 执法　　　　　　C. 法律监督　　　　D. 司法

2. "法立而不行,与无法等,世未有尤法之国而能长治久安者也。"下列有关守法的说法正确的有(　　　)

    A. 只有普通老百姓才是守法的主体,有权有势的人可以不守法

    B. 守法的范围具有多样性

    C. 守法的状态受到主观和客观条件的重大影响

    D. 法治社会的衡量标准之一就是守法的状态

3. 属于我国守法的范围的是(　　　)。

    A. 人民法院的调解书　　　　　　　　B. 判决书

    C. 特别行政区法　　　　　　　　　　D. 自治条例

4. 黄某是甲县人事局的干部,他向县检察院举报了县人事局领导叶某在干部调配中收受钱物的行为。两个月后未见动静,黄某几经努力才弄清是检察院的章某把举报信私下扣住并给了叶某。黄某于是又向县人大、市检察院举报章某的行为。黄某的这一行为属于下列哪一种?(　　　)

    A. 法的适用　　　　B. 法的遵守　　　　C. 法的执行　　　　D. 法的解释

5. 下列关于守法的表述不正确的是(　　　)。

    A. 守法不仅仅是消极的、被动的,而是行使权利和履行义务两个方面的结合

    B. 守法是遵守规范性法律文件,不包括非规范性法律文件

    C. 公民向特定机关检举国家工作人员的贪污行为是守法

    D. 守法的范围与一个国家的法律渊源密切相关

6. 司法的本质要求和终极价值准则是(　　　),它是司法的生命和灵魂。

    A. 司法独立　　　　B. 司法平等　　　　C. 司法公开　　　　D. 司法公正

7. 司法机关依法独立行使职权的含义是(　　　)。

    A. 司法权的专属性　　　　　　　　　B. 行使职权的独立性

    C. 行使职权的合法性　　　　　　　　D. 行使职权的迅速性

8. 司法体系是由国家宪政所规定的享有国家司法权依法处理案件的专门组织结构,下列属于我国司法主体的是(　　　)。

    A. 人民法院　　　　B. 司法局　　　　C. 公安局　　　　　D. 法制局

9. 坚持公民在法律面前一律平等,就必须做到(　　　)。

    A. 公民的个别情况可以作为法律权利义务分配的考虑因素

    B. 行政诉讼活动中,国家机关与公民的诉讼地位应有所差别

C. 法律对穷人富人在适用上一律平等

D. 领导干部的违法行为的处理要注意影响，不必太较真

10. 按照狭义的解释，下列哪一种行为属于司法活动？（　　）

A. 某人认为自己未达到法定婚龄而拒绝同女友结婚

B. 海关工作人员认为某人有走私嫌疑而查办该案件

C. 检察机关根据群众检举对某人的受贿行为进行侦查

D. 审判员办案途中发现两个人口角，而依事实和法律对其进行劝解

11. 下列不属于执法活动的有（　　）

A. 工商局给某企业颁发营业执照　　　B. 人民法院对王某盗窃一案进行审理

C. 县物价局进行物价大检查　　　D. 市公安局将小偷李某行政拘留

12. 公安机关依据《中华人民共和国治安管理处罚法》作出处罚决定，在性质上属于法实施中的（　　）行为。

A. 执法　　　B. 司法　　　C. 守法　　　D. 法律监督

13. （　　）是现代国家对执法的基本要求，也是执法最重要的一项原则。

A. 平等性原则　　B. 合法性原则　　C. 合理性原则　　D. 效率性原则

14. 关于执法的特征表述正确的是（　　）。

A. 执法的内容具有广泛性　　　B. 执法活动具有被动性

C. 执法程序具有效率性　　　D. 执法活动具有单方面性

15. 下列选项属于狭义的执法的是（　　）。

A. 某法官审理案件

B. 某市政府制定政府规章

C. 某交通警察指挥交通

D. 某公司经理依据法律为其员工办理劳动保险

16. 在行政执法中，当没有直接法律依据而又必须行使自由裁量权时，应当以公共利益为目的，这体现了执法的（　　）。

A. 合法性原则　　B. 合理性原则　　C. 效率原则　　　D. 信赖保护原则

17. 我国国家监督依具体实施监督的机关不同，可以分为（　　）。

A. 国家权力机关的监督　　　B. 行政机关的监督

C. 司法机关的监督　　　D. 监察机关的监督

18. 实现法律监督必须具备以下哪些基本因素（　　）。

A. 法律监督的权力　　　B. 法律监督的内容

C. 法律监督的程序　　　D. 法律监督的主体

二、判断题

1. 对司法权性质的认识，不能脱离现实国情下的法治实践，也不能罔顾司法客观规律，而要做到特殊性和普遍性相统一。我们可以把司法权理解为是对案件事实和法律的判断权和裁决权。　　　　　　　　　　　　　　　　　　　（　　）

2. 守法的状况会受政治、经济、科学技术发展等因素的影响。　　　　（　　）

3. 法的实效是指保证法的实施的约束力。　　　　　　　　　　　（　　）

三、名词解释

1. 法的遵守

2. 法的适用

3. 法的执行

4. 法律监督

四、简答题

1. 比较法的执行和法的适用的特点。

2. 简述我国法的适用的特征、基本要求和基本原则。

3. 行政机关的执法是我国执法体系中最重要的执法，是法的实现的最主要的途径。简述执法的特征以及执法应遵循的基本原则。

4. 简述我国的法律监督体系。

五、拓展训练

1. 21 世纪初，沈阳市人大会议对市中级人民法院和市人民检察院的上年度工作报告进行审议表决。在所有的 508 名代表中，出席闭幕会议的代表 474 人，只有 218 人对法院的报告投了赞成票，反对的 162 人，弃权 82 人，未按表决器的 9 人，赞成票没有超过半数未被通过。而沈阳市人民检察院的工作报告也仅仅以 270 人的微弱多数过关。据沈阳市人大介绍，这在中国各级人大会议的历史上还是第一次。

请判断：这一监督是社会监督还是国家监督，并分析该种监督的特点。

2. 教育部前不久出台了"原则上不允许学生自行在校外租房居住"的禁令，要求各高校排查学生校外租房情况，原则上不允许学生校外租房。但是，全国各高校学生校外租房长期存在，已成"气候"。以西安为例，黄埔庄—北沙坡村—南沙坡村是西安东郊一个城中村集中区，此区域附近有几所高校，包括一所部属名校。在该区域的民房里，租住着大量这些学校的学生，每天上学放学时，可以看到很多学生从各个巷子涌进涌出。小马是这所部属名校大三女生，她和同校的男朋友在北沙坡村内租了间民房。这间房虽然只有约10 平方米，而且冬冷夏热，空气不对流，但租房者小马说自己和男朋友已谈了两年恋爱，感情一直很好，就住在一起了。校外租房的大学生除情侣外，还有不少个人租房者。其中有人是因为觉得宿舍喧闹，希望有个清静的学习环境，便搬出来独自住。这部分人多为大四考研者。小董是该部属名校的大三学生，也是北沙坡村的个人租房者之一。他租的房只有七八个平方米，每月租金 105 元，晚上很热，蚊子也多，"但不论怎么说，这是属于自己的地方，没有人在一旁吵闹，不会像学校里一样晚上十一点半就熄灯，晚上通宵看书都可以，不会干扰同学，也不会被同学干扰"。

教育部的禁令颁布以来，从实际情况来看，该禁令的实施效果并不理想，在学校、教师和同学之间都有强烈的反对声音。《东方早报》对禁令在上海高校的学生中的实施效果进行了调查，并以"教育部禁止校外租房未见效，大学生租房依旧红火"为题发表了评论。因此，事实上，"原则上不允许学生自行在校外租房居住"的禁令在实践中被搁浅了。

请分析教育部的禁令为什么不能很好地实施。

3. 余某某交通肇事案

余某某于 2019 年 6 月 5 日 21 时许聚餐后酒后驾车，在北京门头沟区撞倒了被害人并致其死亡。其自述回家后擦车时发现车上有血迹，才知道撞到了人。遂偷偷返回并在附近小树林观望，后其躲进足疗店。事后，余某某经妻子劝说于 2019 年 6 月 6 日 5 时许到公安机关投案，供述了罪行。案发当月，余某某家属赔偿了被害人家属 160 余万元并取得了被害人家属的谅解。鉴于余某某自愿认罪认罚，门头沟区人民检察院提出了判三缓四的量刑建议。但北京市门头沟区人民法院经过审理，未予采纳量刑建议。法院认为，余某某肇事后逃逸，意图逃避法律追究，主观恶性较大。鉴于自首，初犯，得到谅解，可酌情从轻处罚。判处余某某交通肇事罪有期徒刑两年。门头沟区检察院随即抗诉，理由是：本案件符合缓刑适用条件，检察院提出量刑建议，不是属于明显不当，法院应当采纳量刑建议。检察院对此提起抗诉，余某某本人也上诉。二审由北京市一中院进行审理。北京市一中院认为：案件事实清楚，证据确实、充分，定罪正确，审判程序合法，但认定余某某的行为构成自首并据此对其减轻处罚，以及认定余某某酒后驾驶机动车却并未据此对其从重处罚不当。驳回了检察院的抗诉，余某某的上诉。改判有期徒刑三年半。

请判断：人民检察院抗诉是社会监督还是国家监督，并分析该种监督的特点。

第十章 法律关系

本章知识结构图

知识目标：了解法律关系的特征，法律关系运行的含义；掌握法律关系的概念、分类和构成要素，法律关系主体的种类、法定资格-权利能力和行为能力，法律关系的客体的特征和种类，法律关系的内容-权利义务的概念、分类和相互关系，法律关系运行的条件，法律事实的含义、分类，法律行为的含义、特征、结构和分类。

能力目标：运用法律关系理论解析案件，以法律视角观察社会，解决社会问题，培养独特的法律思维方式。

素质目标：培养学生正确的法律观、价值观、人生观和世界观，树立职业自信心和自豪感；培养学生社会责任感。

第一节 概 述

本节知识结构图

【10-1】

全国首起雾霾公益诉讼案——中华环保联合会诉
振华有限公司大气污染民事公益诉讼案中的法律关系

德州晶华集团振华有限公司（以下简称振华公司）是一家从事玻璃及玻璃深加工产品制造的企业，位于山东省德州市区内。振华公司虽投入资金建设脱硫除尘设施，但仍有两个烟囱长期超标排放污染物，造成大气污染，严重影响了周围居民生活。2014年，振华公司被环境保护部点名批评，并被山东省环境保护行政主管部门多次处罚，但其仍持续超标向大气排放污染物。2015 年 3 月 25 日，中华环保联合会提起诉讼，请求判令振华公司立即停止超标向大气排放污染物，增设大气污染防治设施，经环境保护行政主管部门验收合格并投入使用后方可进行生产经营活动；赔偿因超标排放污染物造成的损失 2040 万元（诉讼期间变更为 2746 万元）及因拒不改正超标排放污染物行为造成的损失 780 万元，并将赔偿款项支付至地方政府财政专户，用于德州市大气污染的治理；在省级及以上媒体向社会公开赔礼道歉；承担本案诉讼、检验、鉴定、专家证人、律师及其他为诉讼支出的费用。德州市中级人民法院受理本案后，向振华公司送达民事起诉状等诉讼材料，向社会公告案件受理情况，并向德州市环境保护局告知本案受理情况。德州市人民政府、德州市环境保护局积极支持、配合本案审理，并与一审法院共同召开协调会。通过司法机关与环境保护行政主管部门的联动、协调，振华公司将全部生产线关停，在远离居民生活区的天衢工业园区选址建设新厂，防止了污染及损害的进一步扩大，使案件尚未审结即取得阶段性成效。

【裁判结果】

山东省德州市中级人民法院一审认为，诉讼期间振华公司放水停产，停止使用原厂区，可以认定振华公司已经停止侵害。在停止排放前，振华公司未安装或者未运行脱硫和脱硝治理设施，未安装除尘设施或者除尘设施处理能力不够，多次超标向大气排放二氧化硫、氮氧化物、烟粉尘等污染物。其中，二氧化硫、氮氧化物是酸雨的前导物，过量排放形成酸雨会造成居民人身及财产损害，过量排放烟粉尘将影响大气能见度及清洁度。振华公司超标排放污染物的行为导致了大气环境的生态附加值功能受到损害，应当依法承担生态环境修复责任，赔偿生态环境受到损害至恢复原状期间服务功能损失。同时，振华公司超标向大气排放污染物的行为侵害了社会公众的精神性环境权益，应当承担赔礼道歉的民事责任。遂于 2016 年 7 月 20 日公开宣判，判决振华公司赔偿超标排放污染物造成损失 2198.36 万元，用于大气环境质量修复；振华公司在省级以上媒体向社会公开赔礼道歉等。宣判后，双方当事人均未提起上诉，一审判决已生效。

一、法律关系的概念

法律关系是法律在调整人们行为过程中形成的、以权利和义务为内容的特殊的社会关系。它是基于法律规范而形成的特殊的社会关系，是法理学的基本范畴之一。因此，认识和研究法律关系问题，具有重要的理论意义。

人类社会存在着各种各样的社会关系，如经济关系、政治关系、法律关系、思想关系、道德关系、宗教关系、文化关系以及家庭关系、友谊关系等。法律关系是一种重要的社会关系，它不同于其他社会关系之处就在于，它是根据法律所形成的权利、义务关系。法律为人们的行为提供直接或间接的标准、方向，指引人们可以这样行为或不这样行为、应该这样行为或不应该这样行为。也就是说，法律为人们规定了各种权利（力）义务，以便使人们的行为符合预期的要求。

二、法律关系的特征

（一）法律关系是受主、客观因素制约的关系

人是社会生活的主体，任何社会生活关系都包含有作为主体的人的意志或意识。法律关系既体现国家的意志，又体现当事人的意志，因此，绝大多数法律关系的实现都必然通过法律关系主体的有意识行为，任何法律关系的形成都是人类有意识、有目的的活动的结果，这就体现了法律关系的主观性。

法律关系形成和实现离不开人类有意识、有目的的活动，但是这种活动并非主观随意的，它要受到各种客观条件或因素的制约。承认法律关系的意志性，并不能否认它的客观性。法律关系的客观性表现在：第一，任何法律关系都源于一定的经济关系，反映一定经济关系的要求；第二，法律关系总是存在于特定的时空条件之下，特定社会的物质生活条件、政治生活状况、历史文化传统和主导意识形态等各种因素，必然对法律关系的状况构成制约；第三，从法律关系本身来看，其一经形成，就作为一种社会法律现象而存在，并对一定社会关系发生影响。

（二）法律关系是以法律规范为前提而形成的社会关系

法律关系和现行法律规范是密不可分的，没有相应的法律规范，就不可能形成某种实际的法律关系。当然，某种社会关系可能是存在的，但是，当它没有法律意义时，就只是一种不具有法律关系性质的单纯社会关系。例如，随地吐痰现象在我国较为普遍，因为没有相应的法律规定，所以此现象不受法律调整，也就不能形成法律关系；现实生活中的友谊关系、爱情关系、同学关系等属于道德伦理范畴，法律对这些关系不加规定，这些关系也就不是法律关系；而夫妻关系、合同关系、诉讼关系等，因有相应的法律规定，它们都是法律关系。

（三）法律关系是以法律上的权利、义务为内容的社会关系

这是法律关系与依据习惯、道德、宗教等行为规范而形成的社会关系的主要区别。习惯是人们在长期共同劳动和生活过程中逐渐形成、世代沿袭并成为内在需要的行为定式。依习惯行事是无所谓权利和义务的，由习惯调整的社会关系当然不是权利义务关系。道德是按照一定的价值观念，通过规定人们在社会生活中的义务，并依靠社会舆论、个人内心信念和良知调控人际关系的行为规则。由于道德主要是一种义务规范，故基于道德而形成的社会关系也是以义务为纽带的。宗教是规定人们对"神明"及其在人间的"代表"的服从义务的戒律，所以宗教关系也主要是一种义务关系。在各种社会关系中，只有法律关系是一种肯定的、明确的权利义务关系。在法律关系中，主体的权利和义务不仅是现实的、具体的，而且是统一的。对一方来讲表现为他可以做什么，有什么权利；对另一方来讲则表现为他应该做什么，有什么义务。如果一方的权利不是以某种方式同另一方的义务联系在一起，就不可能有主体的权利；同样，如果一方的义务不是以某种方式同另一方的权利相联系，也根本谈不上法律义务。例如，买方对他所买的物品有支付价金的义务，同时又表现为卖方有要求买方支付价金的权利。在法律关系中，如果只有一方的权利或义务，没有另一方相应的义务或权利，就不可能存在权利义务本身。

（四）法律关系是由国家强制力保障的社会关系

在法律规范的构成中，行为模式部分明确指出了人们可以做什么、必须做什么、不能做什么，是国家意志的体现，它体现了国家对各种行为的态度，在法律后果部分又规定了肯定性或否定性的法律后果。如果现实的权利、义务关系受到破坏，就意味着根据国家意志所授予的权利受到侵犯，意味着根据国家意志所设定的义务被拒绝履行。法律是国家意志的体现，如果有人违反，国家必然会动用国家强制力来保障自己意志的实现，比如民法典中规定，成年子女有赡养父母的义务，如果他们不履行这一义务，就会受到相应的制裁，有关国家机关可以根据法律规定或一方当事人的请求强制其履行，虐待父母情节严重，构成犯罪者，还要依法追究其刑事责任。《民法典·合同编》规定，合同双方当事人不得擅自变更或废除合同，如果一方当事人不经过对方同意，擅自变更或废止了合同，对方就有权请求有关国家机关责令其履行合同并赔偿损失。当然，法律的强制力并不是时时处处都有体现，当人们自觉遵守法律时，法律的强制力并不体现出来，而只是起潜在作用；只有当人们违反法律时法律的强制力才会降临到行为人头上，此时法律的强制力起直接作用。

三、法律关系的分类

法律关系是法律确认和调整社会生活关系的结果。一个社会的法律关系的数量和种类，从根本上取决于法律调整社会生活的广度和深度。在现代法治社会，法律关系的分类繁多，不胜枚举，可以说，有一种权利义务，就会有一种法律关系。下面我们从宏观上探讨一下法律关系的分类。

（一）一般法律关系和具体法律关系

按照法律关系主体具体化程度不同进行的分类。

一般法律关系是根据宪法形成的国家、公民、社会组织及其他社会关系主体之间的普遍存在的社会联系。根据公民的基本权利与义务所产生的法律关系就属于此类。其特点在于该关系的主体是不具体的个人、社会组织和国家机关，如我国《宪法》第 33 条规定："中华人民共和国公民在法律面前一律平等。"根据该规范建立的一般法律关系的主体不特指某一特定公民，而是包括所有的中国公民。所以一般法律关系是某一国家范围内全部社会主体之间的一种法律联系，是"每一个人对每一个人"的法律联系，它体现一国范围内全部社会关系主体之间的经常性的、稳定性的法律状态。一般法律关系不根据某一具体事实而产生，它是由某种长久的事实状态引起的，如确定公民的基本权利与义务的一般法律关系只是由于主体是中华人民共和国公民这一事实而产生。正是一般法律关系的上述特点，使它常常成为产生具体主体之间的法律关系的基础。

一般法律关系中的权利与义务通过具体主体之间的法律关系而具体化，是具体主体的权利与义务实现的初始阶段。具体法律关系的特点在于，该关系的主体是具体的（或者一方是具体的，或者双方都是具体的）。具体法律关系的产生不但要有法律的规定，而且要有具体事实的发生。

（二）平权型法律关系和隶属型法律关系

这是根据法律关系主体之间的地位不同进行的分类。

平权型法律关系又叫平向法律关系，指法律地位平等的主体之间形成的权利义务关系，当事人之间没有隶属关系，既不存在职务上的上下级关系，也不存在一方当事人可以依据职权而支配对方的权利。民事法律关系是最典型的平等主体法律关系。

隶属型法律关系又叫纵向法律关系，指不平等的主体之间形成的权利义务关系，具体地讲就是一方当事人可依据职权而直接要求他方当事人为或不为一定行为的法律关系。行政法律关系是最典型的不平等主体法律关系，在这种法律关系中，行使职权的机关可通过单方面的意思表示而要求相对人服从。

（三）调整性法律关系和保护性法律关系

这是根据法律关系产生的基础是合法行为还是违法行为的不同进行的分类。

调整性法律关系是法律关系主体在合法行为的基础上形成的法律关系，它不需要适用法律制裁，法律主体之间即能够依法行使权利、履行义务，如各种依法建立的民事法律关系、行政合同关系等都是调整性法律关系。在现实生活中，调整性法律关系是法律作用实现的常态。

保护性法律关系是由于违法行为而产生的、并由此引发法律制裁时形成的法律关系。它执行着法的保护职能，旨在恢复被破坏的权利和秩序，所实现的是法律规范的保护规则的内容。在现实生活中，违法行为相对于合法行为毕竟是少数，对违法行为的法律制裁更多情况下起的是一种威慑作用，而不可能是法律作用实现的常规方式，所以保护性法律关系是法的实现的非正常形式。它的典型特征是一方主体（国家）适用法律制裁，另一方主体（通常是违法者）必须接受这种制裁，如刑事法律关系。

（四）绝对法律关系和相对法律关系

这是根据法律关系主体是否确定所进行的分类。

在绝对法律关系中，存在着特定的权利主体而没有特定的义务主体，即主体的一方即权利人是确定的、具体的，而另一方即义务人则是不特定的、不具体的，它以"一个人对一切人"的形式表现出来，即一个特定的人与其他任何可能出现的人之间的法律关系。所有权法律关系是最典型的绝对法律关系。人身权、知识产权等也是绝对法律关系，比如，某个人享有一种商标权，其他任何人在不经此人允许时都不得使用该商标，在这里，只有权利主体是特定的，而义务主体是不特定的。

在相对法律关系中，无论是权利人还是义务人都是具体的、特定的，其表现形式是"某个人对某个人"，债权法律关系是最典型的相对法律关系。例如，在某甲和某乙的借款合同法律关系中，谁享有权利、谁承担义务都是确定的，享有权利的当事人只能要求确定的当事人承担还款的义务，而不能要求他人履行义务，是"一对一"的法律关系。

（五）双边法律关系和多边法律关系

这是根据法律关系主体数量的多少不同进行的分类。

双边法律关系是指在特定的双方法律关系主体之间存在的权利义务关系，如债权债务关系。多边法律关系是指在三个或三个以上的法律关系主体之间存在的权利义务关系，如公司股东之间的关系。这种分类的意义在于可以更好地认识和处理法律关系中权利或义务的重叠或冲突，以便合理地确定各个主体的权利、义务及其界限。

（六）第一性法律关系和第二性法律关系

这是根据法律关系之间的因果联系不同进行的分类。

第一性法律关系也称主法律关系，是在法律规范发挥其指引作用的过程中，在人们合法行为的基础上形成的法律关系，如公民或法人根据民事法律规范设立、变更民事权利和义务而形成的法律关系。第二性法律关系也称从法律关系，是在第一性法律关系受到干扰、破坏的情况下对第一性法律关系起补救、保护作用的法律关系，如侵权赔偿法律关系、刑事法律关系等。第一性法律关系与第二性法律关系是一种历时性关系，即第一性法律关系在先，第二性法律关系在后。

（七）各部门法法律关系

这是根据法律规范调整的对象的不同进行的分类。

按照此种分类，可以将法律关系划分为各部门法的法律关系，如宪法关系、民事法律关系、劳动法律关系、行政法律关系、经济法律关系、刑事法律关系、诉讼法律关系等。

【经典例题】

张某到某市公交公司办理公交卡退卡手续时，被告知：根据本公司公布施行的《某市公交卡使用须知》，退卡时应将卡内 200 元余额用完，否则不能退卡，张某遂提起诉讼。法院认为，公交公司依据《某市公交卡使用须知》拒绝张某要求，侵犯了张某自主选择服务方式的权利，该条款应属无效，遂判决公交公司退还卡中余额。关于此案，下列哪一说法是正确的？（　　）

A. 张某、公交公司之间的服务合同法律关系属于纵向法律关系

B. 该案中的诉讼法律关系是主法律关系

C. 公交公司的权利能力和行为能力是同时产生和同时消灭的

D.《某市公交卡使用须知》属于地方规章

【答案】C

【解析】按照法律主体在法律关系中的地位不同，可以分为纵向（隶属）的法律关系和横向（平权）的法律关系。张某与公交公司之间的服务合同法律关系属于民事法律关系，是横向法律关系，A 项错误。按照相关的法律关系作用和地位的不同，可以分为第一性法律关系（主法律关系）和第二性法律关系（从法律关系）。本题案例中的诉讼法律关系是由张某与公交公司之间的服务合同法律关系（主法律关系）产生的，属于从法律关系，B 项错误。法人的行为能力和权利能力是同时产生和同时消灭的。公交公司属于法人，C 项正确。行政规章包括两大类：部门规章和地方政府规章。某市公交公司没有地方规章制定权，《某市公交卡使用须知》并非地方规章，D 项错误。

第二节　法律关系构成要素

本节知识结构图

一、法律关系主体

（一）法律关系主体的含义

法律关系主体通常又称为权利主体和义务主体，是法律关系的参加者，即在法律关系中享有权利和承担义务的人。在现实生活中法律关系主体是多种多样的，凡是能够参与一定的法律关系的任何个人和组织，都可以是法律关系主体。在每一具体的法律关系中，主体数量的多少各不相同，但大致都归属于相应的双方：一方是权利的享有者，称为权利人；另一方是义务的承担者，称为义务人。

（二）法律关系主体的种类

在现代国家，法律关系主体的范围十分广泛，所有的人和组织在某时或某地都会成为某一法律关系的主体。在我国，法律关系主体主要有三种：一是自然人；二是机构和组织（法人与非法人组织）；三是国家。

1. 自然人

自然人是指有生命并具有法律人格的个人，是权利主体或义务主体最基本的形态，包括公民、外国人和无国籍人。

公民是宪法上的概念，是指具有一国国籍并按该国宪法和法律享受权利和承担义务的自然人。我国公民是我国宪法规定的基本权利的享有者，也是基本义务的承担者。公民在国家的政治、经济、文化和社会生活中享有权利或承担义务，是最广泛的法律关系的主体。基于中国法中家庭至上的理念，我国的民法典规定，个体工商户、农村承包经营户，也归入个人主体范围内。

外国人和无国籍人也可以成为我国某些法律关系的主体。与公民不同的是，外国人和无国籍人参加法律关系的范围是有限制的，他们能够参加何种法律关系，由我国法律以及我国与有关国家签订的条约和我国参加的国际公约加以规定。一些重要的法律关系，如选举法律关系，非我国公民不得参加；而他们与中国人通婚就能够成为我国婚姻法律关系的主体；触犯中国法律，就会成为诉讼法律关系主体。

2. 机构和组织（法人与非法人组织）

组织是指众多自然人为实现特定目的而有意识地组合起来的群体。组织是现代社会最有影响力的法律关系主体。组织主要包括两类：一类是法人。法人是法律拟制的"人"。广义上，凡是具有法律人格，能够以自己名义独立享有权利或承担义务的组织，均可成为法人。例如各种国家机关（立法机关、行政机关和司法机关），各种企事业组织，各政党、社会团体和基层群众自治组织等。另一类是非法人组织。有些虽不具备法律确认的法人形式和资格的团体、组织，在一定的法律关系中也可成为法律所认可的法律关系主体。在我国，依照《民法典》的规定，非法人组织包括个人独资企业、合伙企业、不具有法人资格的专业服务机构等。非法人组织不具有独立的责任能力，其行为产生的法律责任，其出资人或者设立人承担无限责任。

3. 国家

国家作为一个整体，是特殊的法律关系主体。例如，在国际法上，我国加入国际公约或与其他国家签订国际条约，我国就成了这些国际公约或国际条约所规定的权利的享有者和义务的承担者；国家作为主权者是国际公法法律关系的主体。在国内法上，国家作为法律关系主体的地位比较特殊，既不同于一般公民，也不同于法人。国家可直接以自己的名义参与国内的法律关系，比如国家发行国库券，与国库券持有者形成民事法律关系，国家即以法律关系主体身份出现，此外，国家还是国有企业、矿藏、河流等国有资产和国家财产所有权的所有者，是这些财产所有权法律关系的主体。在多数情况下，国家都不直接作为法律关系的主体出现，而是由国家机关或授权的组织作为代表参加法律关系。

（三）法律关系主体必须具备的资格——权利能力和行为能力

法律关系主体作为法律关系的参加者，必须具有外在独立性，不但以自己的名义享有权利和承担义务，而且具有一定的意志自由。这种意志自由在法律上的表现就是权利能力和行为能力。反之，如果依附于其他主体而没有外在的独立性，则不能成为法律关系的主体。

1. 权利能力

权利能力又称法律人格，是指由法律所确认的、享有权利或承担义务的资格，是参加所有法律关系都必备的前提条件。不具有权利能力，就意味着没有资格享有权利，也没有资格承担义务。各种具体权利的产生必须以主体的权利能力为前提。权利能力通常是与国籍相联系的。当然，不同的法律关系对其参加者的要求不同，所需的权利能力也不同。

在自然人的权利能力问题上，不同时代、不同社会的法律制度所作出的规定有巨大差别。在奴隶社会，只有自由民才具有权利能力，奴隶无法律人格，奴隶制法律公开确认奴隶主对奴隶的人身占有，完全将奴隶视为纯粹的财产，奴隶可以像其他财产一样，由主人任意处置，包括处死。比如奴隶损坏了别人的财产，要由它的主人来承担赔偿的义务。奴隶不能成为义务主体并不表明他的地位优越，而只能说明他在法律上没有被当作人来看待。在封建制时代，农民或农奴只有部分权利能力，在法律上不被视为完全意义上的人，而首先是财产。资产阶级革命胜利后，近现代法制都确认一切公民具有平等的权利能力。

自然人的权利能力分为一般权利能力和特殊权利能力。一般权利能力又称基本的权利能力，是一国所有公民均具有的权利能力，它是任何公民取得法律资格的基本条件，不能被任意剥夺或解除。我国《民法典》第13条规定："自然人从出生时起到死亡时止，具有民事权利能力，依法享有民事权利，承担民事义务。"因此，一般权利能力为所有公民普遍享有，始于出生，终于死亡，与权利主体的年龄和精神状况无关。特殊权利能力是公民在特定条件下具有的法律资格，这种资格并不是每个公民都可以享有，而只授予某些特定的法律关系主体。如我国《民法典》规定必须达到法定婚龄才具有结婚的权利能力，

《选举法》规定必须年满 18 周岁才有选举和被选举的权利能力。

法人的权利能力始于法人依法成立，终止于法人解散或撤销。法人根据其登记成立时所确定的宗旨，在法律规定或者主管机关批准的经营范围内享有权利能力，法人的经营活动不得超出其权利能力的范围。

2. 行为能力

行为能力是法律所承认的、法律关系主体通过自己的行为实际取得享有权利和承担义务的能力。具有行为能力，首先意味着法律允许权利主体和义务主体独立地以自己的名义参加法律关系，行使自己的权利或履行自己的义务。行为能力必须以权利能力为前提，即只有具备法律上的资格，主体才能通过自己的行为享有权利和承担义务。有权利能力不一定就有行为能力。确定公民有无行为能力的标准有二：一是能否辨认自己行为的性质、意义和后果；二是能否控制自己的行为并对自己的行为负责，主要取决于公民的年龄和精神健康状况。正是基于此，各国法律都从自然人的年龄和精神状况方面，对本国公民的行为能力作出规定。

民法一般都把本国公民划分为完全行为能力人、限制行为能力人和无行为能力人。(1) 完全行为能力人。是指达到一定法定年龄、智力健全、能够对自己的行为负完全责任的自然人。例如，在我国民法上，18 周岁以上的自然人为成年人，成年人具有完全民事行为能力，可以独立实施民事法律行为，为完全民事行为能力人。16 周岁以上的未成年人，以自己的劳动收入为主要生活来源的，视为完全民事行为能力人。(2) 限制行为能力人。是指行为能力受到一定限制，只具有部分行为能力的自然人。例如，在我国民法上，8 周岁以上的未成年人，不能完全辨认自己行为的成年人，是限制民事行为能力人。限制民事行为能力人实施民事法律行为由其法定代理人代理或者经其法定代理人同意、追认，但是可以独立实施纯获利益的民事法律行为或者与其年龄、智力、精神健康状况相适应的民事法律行为。(3) 无行为能力人。是指完全不能以自己的行为行使权利、履行义务的自然人。在我国民法上，不满 8 周岁的未成年人，不能辨认自己行为的成年人或是八周岁以上的未成年人不能辨认自己行为的，均属于无民事行为能力人。无民事行为能力人由其法定代理人代理实施民事法律行为。

刑法根据年龄和精神状况、生理功能状况划分自然人的刑事责任能力。(1) 完全刑事责任能力：已满 18 周岁且精神正常、生理功能健全的自然人为完全刑事责任能力人。(2) 相对无刑事责任能力：根据我国刑法规定，已满 14 周岁不满 16 周岁的人，犯故意杀人、故意伤害致人重伤或者死亡、强奸、抢劫、贩卖毒品、放火、爆炸、投放危险物质罪的，应当承担刑事责任；已满 12 周岁不满 14 周岁的人，犯故意杀人、故意伤害罪，致人死亡或者以特别残忍手段致人重伤造成严重残疾，情节恶劣，经最高人民检察院核准追诉的，应当负刑事责任。即已满 12 周岁不满 16 周岁的人属于相对无刑事责任能力阶段，对于已满 12 周岁不满 14 周岁的人犯 2 种罪行、已满 14 周岁不满 16 周岁的人犯 8 种罪行的要承担刑事责任。(3) 减轻刑事责任能力：对于已满 12 不满 18 周岁的未成年人、已满 75 周岁的人、又聋又哑的人、盲人、尚未完全丧失辨认或者控制自己行为能力的精神病人犯罪，应当承担刑事责任，但要减轻其刑事责任。(4) 无刑事责任能力：指不满 12 周岁的人和完全不能辨认和控制自己行为的精神病人，不承担刑事责任。

法人也具有行为能力，但与自然人的行为能力不同。法人的行为能力，指法律赋予法人通过自己的行为依法独立行使权利和履行义务的能力。法人自成立到终止，始终具有完全行为能力，故其行为能力与权利能力是一致的。因为法人原本非人而由法律拟制为人，不存在年龄过小和精神健康问题。法人的行为能力由其法定代表人行使，也可以根据需要由法定代表人委托其他人或者组织代理。

二、法律关系客体

（一）法律关系客体的含义

法律关系是主体之间的权利义务关系，主体是权利义务的主体，是权利义务之所属，客体则是权利义务的客体，是权利义务之所附。法律关系的客体又称权利和义务客体，是相对于法律关系的主体而言的，是法律关系主体的权利和义务所指向的对象。它是法律关系主体之间发生权利和义务联系的中介，没有客体，权利和义务就失去目标，成为没有实际内容的东西，也就不能构成具体的法律关系，所以法律关系客体是法律关系构成的基本要素之一。

（二）法律关系客体的特征

法律关系客体的种类在社会发展的不同阶段上是不一样的。不过，在任何社会，只有同时符合以下条件，才可能成为权利和义务的客体：

1. 客观性

法律关系客体应当是客观存在的事物，即独立于人的意识并能为人的意识所感知的事物。这里所说的客观存在的事物，不仅包括以一定物理形态存在的有形物，如土地、汽车、房屋，也包括不以物理形态存在但为社会成员普遍承认的无形物，如名誉、荣誉、知识等。

2. 资源性

即必须能够满足权利主体的需要，因而被认为有价值。法律关系主体参加某一法律关系不是无缘无故的，他总带有一定的目的，即该法律关系的客体能满足主体的物质和精神需要，因此，独立于主体之外而存在的客观事物和现象，能否成为法律关系的客体，首先取决于该客观事物和现象能否满足主体的需要。

3. 可控性

法律关系客体应当是人类可以控制或利用之物。只有人类能够控制的东西才适宜由法律调整，才能成为法律关系主体的权利和义务指向的对象。显然，人类控制和利用客观世界的能力取决于科学技术的发展水平。随着科学技术的不断发展，人类今天不能控制的东西将来可能会变成可以控制的东西。例如，月球上的矿产资源目前还不能成为法律关系客体，但到了人类能够开发利用月球资源的时代，它们就能成为法律关系客体。

4. 法律性

首先，哪些事物可以成为法律关系的客体，通常都由法律加以明确规定。例如，我国《文物保护法》对国有的文物、不可移动文物、考古发掘的文物、馆藏文物、民间收藏文物等各类文物分别可以成为哪些法律关系客体作出了明确的规定。其次，法律的变动会引起法律关系客体的变动。例在相当长的时期内，我国一直禁止土地使用权转让，这使土地使用权不能成为市场交易关系的客体。我国 1988 年《宪法修正案》规定，土地的使用权可以依据法律规定转让。这一规定使土地使用权成为市场交易关系的客体。

同时符合上述四种条件的事物非常多，人们在物质和精神上的需要也非常多，因而法律关系主体的权利和义务所指向的对象也是多种多样的。

（三）法律关系客体的种类

1. 物

又称标的物，是指在法律关系中可以作为财产权利对象的物品或者其他物质财富。它既可表现为自然物，如森林、土地等自然资源，也可表现为人的劳动创造物，如建筑物、机器、各种产品等，还可以是财产的一般表现形式——货币以及其他各种有价证券，如支票、汇票、存折、股票、债券等。因此，物在民事法律关系中具有重要意义。并非一切物都可以在法律关系中作为客体，以下四种物不得进入国内商品流通领域，成为私人法律关系的客体：（1）人类公共之物或国家专有之物，如海洋、山川、水流、空气；（2）除了集体、私人所有的文物之外的文物；（3）军事设施、武器（比如枪支、弹药等）；（4）危害人类之物（如毒品、假药、淫秽光盘等）。

2. 非物质财富

包括创作活动的成果和其他与人身相联系的非物质性财富。创作活动的成果包括科学著作、文学艺术作品、专利、商标等，这些成果都是人们脑力活动的产物，因而又称为智力成果。其他与人身相联系的非物质性财富包括公民和组织的姓名或名称，公民的肖像、名誉、尊严，公民的人身、人格和身份等。

3. 行为和行为结果

法律关系主体的行为，包括作为和不作为，在很多情况下是法律关系的客体。如家庭关系中父母对子女的抚养和子女对父母的赡养；诉讼关系中证人的作证；行政法律关系中官员的不作为等。法律行为的一定结果可以满足权利人的利益和需要，也可以成为法律关系的客体。这种客体既可以是义务人按照权利人的要求所完成的物化结果，如按照合同建造的房屋、桥梁；也可以是非物化结果，如义务人按照权利人的要求履行某种行为，达到权利人所要求达到的某种状态。

法律关系客体是一个历史的概念，随着社会历史的不断发展，法律关系客体的范围和种类都在不断变化着，这就决定了法律关系客体不可能有固定不变的边界。随着人类科技和认识发展水平的不断提高，权利和义务类型的不断丰富，对人类社会生活具有价值、能满足人类需要的事物的范围和种类也越来越多，法律关系客体的范围和种类也会呈现不断扩大和增多的趋势。

三、法律关系的内容——权利和义务

法是以权利和义务为机制调整人的行为和社会关系的，权利和义务是法学的核心概念，贯穿于法律现象中具有逻辑联系的各个环节、法律运行的一切部门和法律运行的全过程。法学上的义务与权利是相对的一对概念。对义务的界定与对权利的界定，是一个问题的两个方面。

（一）权利

1. 权利的概念

作为法律关系内容的权利指法律权利。法律权利反映一定的社会物质生活条件所制约的行为自由，是法律所允许的权利人为了满足自己的利益需求而采取的、由其他人的法律义务所保证的法律手段。

2. 权利的特点

（1）法律权利受到一定的社会物质生活条件的制约。法律权利的根源是一定物质生活条件所允许的人们的行为自由，法律赋予主体权利的程度决定于社会经济结构所可能允许的人们自由度的大小；

（2）法律权利来自法律规范的规定。得到国家的确认和保障，但法律规范不能任意规定法律权利，什么权利能够进入法律规范，成为法定权利，归根结底取决于一定的社会物质生活条件；

（3）法律权利是保证权利人利益的法律手段，权利与利益有着密切的联系，但权利并不等于利益，权利人实现自己利益的行为是法律权利的社会内容，而权利则是这一内容的法律形式；

（4）法律权利是与义务相关联的概念，离开义务就无法理解权利，如果没有义务人的法律义务的保证，权利人的权利就不可能行使；

（5）法律权利确定权利人从事法律所允许的行为的范围，在这一范围内，权利人满足自己利益需求的行为或要求义务人从事一定行为是合法的，而超过这一范围，则是非法的或不受法律保护的。

3. 权利的分类

对于法律权利，可以从不同的角度、按照不同的标准进行分类。

（1）基本权利和普通权利

这是根据权利所体现的社会内容的重要程度和地位不同进行的分类。

基本权利是指宪法赋予的、表明权利主体在权利体系中重要地位的权利。在权利体系中表明主体根本的政治、经济与社会地位的权利通常被纳入基本权利的范畴，体现权利的根本性、基础性与决定性。公民的基本权利决定着他们在国家生活中的政治与法律地位。现代各国通常在宪法中规定公民的基本权利，基本权利又称为宪法权利。

普通权利即非基本的权利，是人们在普通的经济、文化、社会生活中所享有的权利，一般由宪法以外的法律或法规规定，如民法中关于所有权的规定，行政法中关于国家行政机关的职权的规定。

（2）绝对权利与相对权利

这是根据权利的效力范围不同进行的分类。

绝对权利又称一般权利、对世权利，其特点是权利主体无特定的义务人与之相对，也就是说义务主体不是特定的，而是一般的人，即社会上的每一个人，它的实现，不要求义务主体做什么，只要求义务主体不做什么。比如，宪法上的选举权、人身自由权，民法上的所有权等均属于绝对权利。假如某人在某市某区拥有一套房子的完全的所有权，那么社会上的任何人都不会再有这套房子的所有权，任何人都是此所有权的义务主体，他们只有不作为的义务，只要他们不侵占、破坏这套房子，那么房子的所有权人就实现了所有权。

相对权利又称特殊权利、对人权利，其特点是权利主体有特定的义务主体与之相对，权利主体可以要求义务主体作出一定行为或不作出一定行为。民法上的债权是最典型的相对权利。比如，甲借了乙1万元，双方就形成了借贷的民事法律关系，甲是债务人，乙是债权人，乙要实现债权，只能向特定的甲主张，是一对一的关系。

（3）第一性权利与第二性权利

这是根据权利之间的因果关系不同进行的分类。

第一性权利又称第一位权利、原权利，是指直接由法律赋予的权利或由法律授权的主体依法通过其积极活动而创立的权利，这种权利的成立不必依赖已存在的权利。如财产所有权、缔约合同权、人身自由权等。第二性权利又称第二位权利、救济权利，是指在原有权利受到侵害时产生的权利，这种权利的产生仅由于保护或实行第一性权利而产生，如诉权、损害赔偿请求权等。

（4）公民的权利、集体的权利、国家的权利、人类的权利

这是根据权利主体的不同进行的分类。

公民的权利，通常又称公民权，是指法律规定并以国家强制力保证的、公民所享有的政治、经济、文化等各种权益。这体现在宪法和其他法律中，主要包括政治权利和自由、社会经济权利、人身权利、文化教育和科学研究的权利和自由、宗教信仰自由、控告权和申诉权等。

集体的权利是社会团体、企事业组织、法人等集体依法享有的各种权利。

国家权利是国家作为法律关系主体以国家或社会的名义所享有的各种权利，如财产所有权、审判权、检察权、外交权等。

人类权利是指人类作为一个整体或地球上所有居民共同享有的权利，如环境权、和平权、发展权等。

（二）义务

1. 义务的概念

作为法律关系内容的义务指法律义务，法律义务反映一定的社会物质生活条件所制约的社会责任，是保障法律所规定的义务人应该按照权利人要求从事或不从事一定行为以满足权利人利益的法律手段。法律义务同样也受到一定的社会物质生活条件的制约。人们能够承担什么样的义务，义务的范围和程度有多大，不是立法者想怎样规定就怎样规定的，而是源于社会关系的结构和历史发展所创造的条件。

法律义务的特点在于义务的必要性，义务人必须从事或不从事一定的行为，否则，权利人的利益不可能得到满足，如果义务人不履行义务，就要受到国家强制力的制裁。同时，义务人的必要行为也必须在一定的范围内，超过这一范围，则属于义务人的自由，它有权拒绝权利人在这一范围之外的利益要求。

2. 义务的性质

（1）义务所指出的，是人们的"应然"行为或是未来行为，而不是人们事实上已经履行的行为。已履行的"应然"行为是义务的实现，并非义务本身。

（2）义务具有强制履行的性质，义务人对于义务的内容不可随意转让或违反。义务

在结构上包含两个部分：第一，义务人必须根据权利的内容作出一定的行为。在法学上被称作"积极义务"或"作为义务"，如赡养父母、抚养子女等。第二，义务人不得作出一定行为的义务，被称为"消极义务"或"不作为义务"，例如不得破坏公共财产，禁止非法拘禁等。

3. 义务的分类

对于法律义务，从不同的角度、按照不同的标准可进行多种分类。

（1）基本义务与普通义务

这是根据义务所体现的社会内容的重要程度和地位不同进行的分类。

基本义务是指宪法规定的公民必须履行的法律责任。公民的基本权利和义务决定着他们在国家生活中的政治与法律地位。现代各国通常在宪法中规定公民的基本义务，基本义务称为宪法义务。

普通义务即非基本义务，是人们在普通的经济、文化、社会生活中所承担的义务，一般由宪法以外的法律或法规规定。

（2）绝对义务与相对义务

这是根据相对应的主体范围不同进行的分类。

绝对义务又称一般义务、对世义务，绝对义务对应不特定的权利人，其内容通常是消极的不作为，而不是积极的作为，例如任何人不得侵犯公民的住宅。

相对义务又称特殊义务、对人义务，其特点是义务主体有特定的权利主体与之相对，义务主体应当根据权利主体的合法要求作出一定行为或不作出一定行为。民法上的债权债务关系是最典型的相对权利和相对义务。

（3）第一性义务与第二性义务

这是根据义务之间的因果关系不同进行的分类。

第一性义务，是指由法律直接规定的义务或由法律关系主体依法通过积极活动而设定的义务。如公民的纳税义务、依法服兵役的义务、不得损害国家、集体、他人的合法财产的义务等。

第二性义务，是指违法行为发生后所应负的法律责任。如侵权责任、违约责任、国家赔偿责任、刑事责任等。当第一性义务不履行时，则产生第二性的义务。

（4）公民的义务、集体的义务、国家的义务、人类的义务

这是根据义务主体的不同进行的分类。

公民的义务是指公民依法承担的义务，包括对其他公民的义务、对集体的义务、对国家的义务。

集体的义务是社会团体、企事业组织、法人等集体依法应当履行的义务。

国家义务是国家依法承担的义务，如保护公民的合法权益，为年老、疾病、或丧失劳动能力者提供物质帮助的义务等。

人类义务是指人类每个成员、每个群体、各个国家都应承担的义务，如尊重人格、禁止种族歧视和迫害、维护世界和平等。

（三）权利和义务的关系

权利与义务是法理学的一对基本范畴，也是法律关系的组成要素之一。它们体现了人

们在社会生活中的地位及其相互关系，反映着法律调整的文明程度。从宏观方面讲，可以把权利义务关系概括为：历史发展上的离合关系，逻辑结构上的对立统一关系，数量上的等值关系，功能上的互补关系，运行上的制约关系，价值意义上的主次关系。

1. 历史发展上的离合关系

从人类社会发展过程看，权利义务具有历史的离合关系。早在原始社会，权利义务完全结合在一起，无所谓权利义务的区分。但是，进入阶级对立社会以后，由于人们在经济上、政治上处于不同地位，权利义务也就随之分立并对立起来。尤其在政治生活中，一部分人只享受权利却不尽义务，而另一部分人只尽义务却没有权利。诚如恩格斯所说："如果说在野蛮人中间，像我们已经看到的那样，不大能够区别权利和义务，那么文明时代却使这两者之间的区别和对立连最愚蠢的人都能看得出来，因为它几乎把一切权利赋予一个阶级，另一方面却几乎把一切义务推给另一个阶级。"① 无产阶级革命取得胜利以后，消灭了剥削制度和剥削阶级，实现了权利与义务的有机结合和权利与义务的一律平等。

2. 逻辑结构上的对立统一关系

从结构上看，权利和义务二者是互相关联的，即对立统一关系，权利意味着获取，而义务意味着付出；一个是主动的，一个是被动的。它们是法律关系中相互对立、相互排斥的，但同时又是相互依存、相互贯通的两个方面。这种相互依存的关系表现在，权利和义务不可能孤立地存在和发展，它们的存在和发展都必须以另一方的存在和发展为条件。任何一方在享受权利的同时，都必须承担相应的义务。二者的相互贯通表现为权利与义务相互渗透、相互包含和一定条件下的相互转化，有的行为既有权利属性又有义务特点。从上述对立统一关系的意义上可以说，"没有无义务的权利，也没有无权利的义务"。②

3. 数量上的等值关系

权利和义务在数量上是等值的。首先，一个社会的权利总量和义务总量是相等的。在一个社会，无论权利和义务怎样分配，不管每个社会成员具体享有的权利和承担的义务怎样不等，也不管规定权利与规定义务的法条是否相等，在数量关系上，权利与义务总是等值或等额的。"如果既不享有权利也不履行义务为零的话，那么权利和义务的关系就可以表示为以零为起点向相反两个方向延伸的数轴，权利是正数，义务是负数，正数每展长一个刻度，负数也一定展长一个刻度，而正数与负数的绝对值总是相等的。"③ 其次，在具体法律关系中，权利和义务互相包含。权利的范围就是义务的界限，义务的范围也就是权利的界限。因而，一方面，权利主体超越义务范围，要求义务主体去从事"超法义务"或"法外义务"就是非法主张，义务主体有权拒绝；另一方面，权利主体有资格要求义务主体不折不扣地履行义务，以保障其权利的实现。

4. 功能上的互补关系

从功能上看，权利与义务具有互补关系。法是以权利和义务双重机制来指引人们的行为、调处社会关系的，并且是在权利义务的互动中运行的。首先，权利直接体现法律的价

---

① 《马克思恩格斯文集》第 4 卷，人民出版社 2007 年版，第 174 页。
② 《马克思恩格斯文集》第 3 卷，人民出版社 2009 年版，第 227 页。
③ 徐显明主编：《公民权利和义务通论》，群众出版社 1991 年版，第 65 页。

值目标，义务保障价值目标和权利的实现。法律总是以确认和维护某种利益为其价值目标，并且以权利的宣告直接体现其价值目标。当价值目标得以确立并且由权利加以体现之后，义务的设定就是必不可少的。单纯的权利宣告不足以保障法律价值目标的实现。就某些价值目标的实现而言，义务的设定或许更重要些。其次，权利提供不确定的指引，义务提供确定的指引。权利的指引给人们留下了较大的自我选择的余地，它们预设的法律后果带有较大的不确定性；义务要求人们必须作出或禁止作出某种行为，不容人们任意选择，义务的指引能够产生确定的结果。最后，义务以其强制某些积极行为发生、防范某些消极行为出现这一特有的约束机制而有助于建立秩序，权利以其特有的利益导向和激励机制更有助于实现自由。由于秩序和自由都是社会基本的价值目标，义务和权利对一个社会来说都是缺一不可的。

5. 运行上的制约关系

从运行上看，权利与义务之间具有制约关系。在社会互动过程中，权利与权利之间、权利与权力之间、权利与义务之间存在着相互制约、相互影响的关系。一方面，从个人与国家的关系上看，个人权利对国家权力的制约导致国家义务和责任的产生，如公民生存权导致国家提供福利保障义务的产生；国家权力对个人生活的制约导致个人义务的形成，如，国家立法权导致个人守法义务的产生。另一方面，从国家机关相互之间、个人与个人之间的关系看，权利和义务也具有制约关系。例如，国务院的行政管理权受全国人民代表大会赋予它的职责的制约。

6. 价值意义上的主次关系

从结构视角上看，一方面，任何类型的法都是权利和义务的统一，尽管有时是以变异的形式表现出来的。另一方面，即从价值意义或综合意义的视角看，在法律体系，即权利义务体系中，权利和义务的地位不是半斤八两，而是有主要和次要、主导与非主导之分。由于各个历史时期的社会经济、文化、政治的性质和结构不同，法律的价值取向不同，权利和义务何者为本位，是历史地变化着的：古代法律以义务为本位，现代法律是或应当是以权利为本位。在以权利为本位的法律模式中，存在着阶级本质、社会意义的差别。在一个国家的同一时期中，不同性质的法律关系中的权利和义务也有主次之分。可见，权利义务的主次关系是动态变化的，而不是绝对的。

【经典例题】

甲和乙系夫妻，因外出打工将女儿小琳交由甲母照顾两年，但从未支付过抚养费。后甲与乙闹离婚且均不愿抚养小琳。甲母将甲和乙告上法庭，要求支付抚养费2万元。法院认为，甲母对孙女无法定或约定的抚养义务，判决甲和乙支付甲母抚养费。关于该案，下列哪一选项是正确的？（　　）

A. 判决是规范性法律文件

B. 甲和乙对小琳的抚养义务是相对义务

C. 判决在原被告间不形成法律权利和义务关系

D. 小琳是民事诉讼法律关系的主体之一

【答案】 B

【解析】根据相对应的主体范围可以将权利义务分为绝对权利义务和相对权利义务。绝对权利和义务是对应不特定的法律主体的权利和义务，绝对权利对应不特定的义务人，绝对义务对应不特定的权利人。相对权利和相对义务又称为"对人权利"和"对人义务"，是对应特定的法律主体的权利和义务，"相对权利"对应特定的义务人，"相对义务"对应特定的权利人。因此，甲和乙对小琳的抚养义务是相对义务，B 项正确。规范性法律文件是专指一定的国家机关按照法定权力范围，依据法定程序制定出来的、以权利义务为主要内容的、有约束力的、要求人们普遍遵守的行为规则的总称。具有普遍性和反复适用性，法院的判决不属于规范性法律文件。A 项错误。"对人权利"的特点是权利主体可以要求义务人作出一定行为或抑制一定行为。"对人义务"的特点是义务主体有特定的权利主体与之相对，义务主体应当根据权利主体的合法要求作出一定行为，法院判决甲和乙支付甲母抚养费，由此，在甲乙和甲母之间就形成了要求给付抚养费的相对权利义务关系。C 项错误。法律关系的主体指在法律关系中享有权利和履行义务的人。本题中的小琳不是法律关系的主体之一。D 项错误。

第三节 法律关系的运行

本节知识结构图

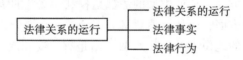

一、法律关系的运行

法律关系是法律对社会关系加以确认和保障而形成的，具有相对稳定性。然而，任何法律关系都有一个动态运行的过程，即法律关系的形成、变更和消灭。法律关系的形成是指法律关系主体之间在法律上形成了权利和义务关系；法律关系的变更是指法律关系在主体、客体或内容等方面的改变；法律关系的消灭是指法律关系主体之间法律权利和义务关系的终止。

法律关系的运行不是随意的，必须符合两方面的条件：第一是抽象的条件，即法律规范的存在，这是法律关系运行的前提和依据。第二是具体的条件，即法律事实的存在。只有出现法律事实，法律规范中有关权利和义务的规定以及有关行为法律后果的规定才能发挥作用，从而使一定的法律关系得以运行。法律规范对法律关系主体之间权利、义务的规定，为法律关系的运行提供了可能性，然而，在一定的法律事实未出现之前，这种可能性还无法转化为现实性。当法律事实出现时，法律规范关于权利、义务的规定就从可能变为现实。因此，可以这样说，法律规范为法律关系的运行提供了可能性的条件，法律事实为法律关系的运行提供了现实性的条件。

二、法律事实

（一）法律事实的概念

所谓法律事实，是指由法律规定的，能够引起法律关系形成、变更或消灭的各种事实的总称。法律事实与一般意义上的事实既有相同之处，也有重要区别。相同之处在于，法律事实本身也是一种事实，与其他事实一样是一种客观存在的情况。区别之处在于：

1. 法律事实只是由法律加以规定的那些事实

法律之所以对某些事实加以规定，是因为这些事实具有法律意义。也就是说，在法律看来，这些事实对于明确人们的权利义务及其界限是非常重要的，在决定应当如何评价和对待某种法律行为、利益和要求时，必须对这些事实加以考虑；而对于法律未作规定的事实，则不具有法律意义，在作出法律上的决定时，这些事实可以被忽略不计。任何客观现象是不是具有法律意义，则取决于法律的规定。例如，合同签订会导致合同法律关系的产生，合同是否已由当事人签署，这是有法律意义的事实，而签署合同所使用的墨水是蓝色还是黑色，则是没有法律意义的客观事实；情势变更可能导致合同关系在内容等方面发生的相应变化；合同全部履行会导致合同法律关系的终结或消灭。在这里，合同签订、情势变更和合同全部履行，就是导致合同法律关系形成、变更和消灭的法律事实。

2. 法律事实只是能够引起法律后果的那些事实

法律事实具有法律意义，故它的出现会引起一定的法律后果，即导致某种法律关系的形成、变更或消灭。以前例言之，合同已经当事人签署，这一事实具有法律意义，它所引起的法律后果就是在当事人之间形成了合同法律关系，当事人分别享有约定的权利同时也被约定的义务所束缚。

（二）法律事实的分类

法律事实包含范围广泛，可以依据不同的标准作出不同的分类。比如，按照产生法律后果所需要的法律事实的数量，可以分为单一的法律事实和复合的法律事实；按照事实的存在形式，可以分为肯定的法律事实和否定的法律事实；根据法律事实引起法律关系产生、变更或消灭的不同情况，可以将法律事实分为引起法律关系产生的法律事实，引起法律关系变更的法律事实和引起法律关系消灭的法律事实。这里我们介绍一种最常见的分类，即按照法律事实是否以人们的主观意志为转移，可以把法律事实分为事件和行为。这是一种最基本、最重要的分类。

1. 法律事件

法律事件是指与当事人意志无关的，能够引起法律关系形成、变更或消灭（即法律关系运行）的客观现象。事件的特点是它的出现与当事人的意志无关，不是由当事人的行为所引发的。导致事件发生的原因，既可以来自于社会，也可以来自于自然。例如，战争或社会革命，有可能引起某些法律关系的形成、变更或消灭，这属于社会事件；人的出生、死亡、洪水或地震等自然灾害，也有可能引起某些法律关系的形成、变更或消灭，这属于自然事件。当然，有些事件的起因可能既有社会因素，也有自然因素，因此，社会事件与自然事件之间并无绝对界限。在这里需要注意的是，并不是任何一种客观事件都能导致法律关系的产生、变更或消灭，只有当它与人们的权利和义务有关时，才具有法律上的意义。日出日落、月圆月缺是很常见的客观现象，但这些客观现象不能引起法律关系的产生、变更或消灭，所以它们不是法律意义上的事件。

2. 法律行为

法律行为在现代法学研究和法律制度构建中是一个被广泛运用的概念，因为构建法律制度最重要的内容就是对相关法律行为作出设定。自从有了法律调整，现实生活中就有了法律行为。法律调整日益复杂，法律行为也日益复杂。

法律行为是指能发生法律上效力的人们的意志行为，即根据当事人个人意愿形成的一种有意识的活动，它是社会生活中引起法律关系产生、变更和消灭的最经常的事实，它与事件的不同之处在于当事人的主观因素成为引发此种事实的原因。因此，当事人既无故意又无过失，而是由于不可抗力或不可预见的原因而引起的某种法律后果的活动，在法律上不被视为行为，而被归入意外事件。对于法律行为，还可按是否合法而进一步划分为合法行为与违法行为。合法行为能引起肯定性法律后果，违法行为能引起否定性法律后果。

在研究法律事实问题时，我们还应当看到这样两种复杂的现象：

其一，同一个法律事实（事件或行为）可以引起多种法律关系的产生、变更和消灭。如工伤致死，不仅导致劳动关系、婚姻关系的消灭，而且导致劳动保险合同关系、继承关系的产生。

其二，两个或两个以上的法律事实引起同一个法律关系的产生、变更或消灭。如男女结婚，除了双方自愿结合的意思表示外，还须向婚姻登记机关办理登记手续，由登记机关颁发结婚证书之后，双方的婚姻关系才能够成立。其中，"自愿结合的意思表示""向婚姻登记机关办理登记手续""登记机关颁发结婚证书"，都是婚姻法律关系形成的事实。在法学上，人们常常把两个或两个以上的法律事实所构成的一个相关整体称为"事实构成"。

三、法律行为

（一）法律行为的界定

在私法上，"法律行为"一词最早是由 18 世纪德国法学家丹尼尔·奈特尔布拉德（也译为"内特布拉德"）在 1748 年出版的《实在法学原理体系》第 1 卷中使用的。后来，著名法学家萨维尼在 1840—1849 年出版的 8 卷本《当代罗马法体系》（尤其是第 3 卷）中对这一概念作了系统论述，被认为是法律行为理论的集大成者。萨维尼提出"法律行为"的"意思学说"，将"法律行为"与"意思表示"相提并论。这一学说对后世民法理论及民事立法影响颇大。1896 年的《德国民法典》把"意思表示"作为法律行为之构件予以规定，这一带有"意思自由"和"私人自治"印记的概论，在民法学上推导出一系列上位和下位的概念，如法律上之行为、准法律行为、事实行为、涉法行为等，构成了一个非常精密的法律概念体系。但应当看到，民法的"法律行为"只是在民法知识框架内的一个特定概念，其准确汉译应为"法律示意（表示）行为"，与"事实行为"处于同一位阶，属于一定的法律事实。作为一个最上位的概念，它不可能用来描述和解释切法律部门（如刑法、行政法）的行为现象。一般意义上的"法律行为"应是各法律部门中的行为现象的高度抽象，是各法律部门的法律行为（宪法行为、民事法律行为、行政法律行为、诉讼法律行为等）与各类别法律行为（如合法行为、违法行为、犯罪行为等）的最上位法学概念（或法学范畴）。这个最上位概念所描述的，包括一切具有法律意义的行为现象。本书即采用这样一个广义的法律行为概念，对其含义作如下界定：所谓法律行为，就是人们所实施的、能够发生法律效力、产生一定法律效果的行为。它包括合法行为与违法行为、（意思）表示行为与非表示行为（事实行为）、积极行为（作为）与消极行为（不作为）等。

法律行为作为一个法学范畴，其所对应的范畴是"非法律行为"。简单地讲，所谓非法律行为，是指那些不具有法律意义的行为，即不受法律调整、不发生法律效力、不产生法律效果的行为。界定法律行为与非法律行为，无论是在立法上还是在司法实践上，都具有非常重要的意义。研究法律行为，就是要在立法和司法实践中为法律行为和非法律行为确定明晰的界限，分清哪些属于法律行为，哪些不属于法律行为。

人的行为范围是非常广泛的。在不同的社会关系和社会生活中，人可能会作出各种各样不同的行为，其按照活动领域可大体分为经济行为、政治行为、道德行为、宗教行为等。法律作用的有限性质，决定了法律不可能也没有必要把人的一切行为都纳入其调整范围之内。因此，从总的方面看，分清法律行为与非法律行为，就是要将法律行为与纯粹的经济行为、政治行为、道德行为和宗教行为等区别开来。原则上，经济行为、政治行为等大多受到或应当受到调整，但由于立法的滞后或出于立法政策的考虑，法律对此没有予以调整，这样在法律行为之外还存在着大量的非法律行为。在有法律明文规定的情况下，法律行为与非法律行为的界定一般不会存在什么问题。但有时候，一个行为发生后，很难据立法清晰判断它的法律性质。这就要通过法律解释和论证过程来确定它是不是法律行为，是哪一类法律行为。

（二）法律行为的特征

1. 法律性

法律行为与其他行为相区别的最大特点是行为的法律性。此处的法律性是指，法律行为是受法律调整的行为，也就是说，法律对这种行为有所规定，这种行为能够产生法律后果。法律行为的法律性首先表现在法律对行为模式的设定方面，即法律行为是有法律根据的行为；其次体现在行为能产生法律后果，即能够引起法律关系的产生、变更和消灭；法律行为的法律性还包含着一个法律的当然属性，即法律后果具有法律所包含的国家强制力保证。

2. 社会性

社会性指法律行为具有社会意义，会产生社会影响或社会效果。法律行为的社会性，源于人们行为的社会性，它说明的是对行为作出法律调整的必要性。由于法律调整的行为是有重要社会影响的行为，那么社会性当然就成了法律行为的属性，成为法律行为的特征之一。这一特征表明，不具有社会性的行为不应当由法律调整，因此它不应当是法律行为。需要指出的是，有一些行为的社会影响并不那么直接和明显，但其影响是重要的，法律不能不作出要求和调整。比如，法律就对义务教育提出了要求。从表面上看，是否接受基本教育似乎只涉及行为者自己，但正如前面讲的，行为会直接或间接地影响到他人，对社会有直接和间接的影响。在经济文化发展到一定程度的社会，个人没有一定的文化素质就难以参与社会生产、获得生存和发展条件。一个人在社会中的正常生存与发展，并不纯粹是个人问题，而是关系到社会生产和社会发展，这就是义务教育的社会性根据。在现代社会，人们的社会关系越来越紧密的情况下，一些在过去看来与他人无涉的行为现在已具有并越来越具有社会意义，这正是法律调整的根据。

3. 意志性

法律行为的意志性，是指法律行为具有意志因素，是人们在其意志控制下实施的行为。意志是法律调整人们行为的中介。意志意味着人们能够辨识自己行为的意义并能控制自己的行为。正因如此，人们才能了解法律的要求并对行为进行选择，法律也才由此能够影响人们的行为选择，实现对行为的调整。总的来说，法律行为是人们在其意志控制下实施的行为。无论合法行为还是违法行为都有意志的因素，都是人们有意识地选择作出的行为。

（三）法律行为的结构

法律行为受主体与客体、主观因素与客观因素的影响，其构成需要一定的条件。这些条件称为法律行为的构成要件或构成法律行为的要素。它体现着法律对行为的调整机制，也是法律行为分类的一般根据。

1. 法律行为的主体

法律行为主体是法律行为的实施者，任何法律行为都是由法律行为主体实施的行为。但是，社会活动的参与者能否成为法律行为主体或成为哪一类法律行为主体，则是由法律规定的。比如，博物馆重要文物遭窃，公安机关接报后在路上设卡检查，这就是一个执法行为；如果博物馆自己组织人员上路设卡检查，这就是一个违法行为。

2. 法律行为的内在方面

法律行为的内在方面指的是法律行为的意志方面的内容或因素。根据其对行为产生的影响不同，这些因素可以分解为行为认知与控制能力、行为动机和行为目的三个方面。

（1）行为认知与控制能力。行为认知是指行为主体对行为本身和行为意义的了解。它的内容是知识性的，即知道自己做什么，如何做，将产生什么样的后果等。关于行为的认知法律有自己的标准，而不是当事人个人的标准。

控制能力所说明的是行为主体的行为受自己意志支配的状况。控制能力体现在两方面：一方面是行为主体的意志能支配自己的行为而不受其他因素的制约，另一方面是自身意志不受他人强制，具有自主性、独立性。主体行为控制能力的一般状况来确认其法律行为能力（或责任能力）状况，并根据具体情况在法的适用中予以确认。

（2）行为动机。动机是推动人们作出某种行为的内在心理动力。动机的产生源于人们感觉到的需要。比如，饥饿的感觉引起获取食物的动机，该动机推动了获取（或寻找或购买或讨要）食物的行为。与行为目的相比，动机是深层的主观因素。有时人们的行为相同，却是源于不同动机的推动。法律对动机的考量，主要体现在对某些民事法律行为的效力确定上和对刑事犯罪的情节认定上。

（3）行为目的。目的是行为主体作出某种行为时在主观上所追求的目标或后果。行为目的与动机有密切关系：两者作为行为的主观因素，动机是深层的，而目的是外显的、直接的；动机决定目的，目的表现动机。在法律行为的构成中，行为目的是法律考量的一个必不可少的因素。

3. 法律行为的外在方面

法律行为的外在方面是法律行为的客观表现，是可以观察到的人们活动的状况，受法律行为的内在方面的支配。在法律行为结构中，外在方面具有决定意义。根据行为的一般过程和法律调整的特点，法律行为的外在方面可以分为行为方式和行为结果两个部分。

（1）行为方式。行为方式即以一定的行动、手段和过程表现出来的行为状态。在法律调整中，对于重要的法律行为，法律通常对其行动、手段和过程都作出具体规定，以此规范其法律后果。

行为方式包括：第一，行动：行动指行为主体由身体所作出的影响外界的动作。当这种动作是在行为主体意志支配下作出时被称为行为，而无意志支配的纯动作就被称为举动。第二，手段。手段指行为主体为达致行为目的而采取的行为方法及所借助之工具。手段是法律确定行为的合法性与否，以及属于何种合法或违法并承担何种法律后果的因素之一。总的来说，只要行为的手段违法，其行为即违法，但手段合法其行为不一定合法。第三，过程。行为过程指一个完整形态的行为从发生到结束的步骤及时间顺序。行为通常不是在一瞬间完成的，而是包含一些步骤及顺序的过程。

（2）行为结果。行为结果是行为所产生的对自然或社会的影响，是行为造成的自然或社会的某种变化。行为结果是法律将行为纳入调整范围的重要根据，也是法律影响行为的重要因素。

在法律调整中，法律将行为结果纳入行为构成的要素时，其考量的因素和作用的机制包含以下几个方面：

第一，行为与结果的因果关系。这种因果关系必须是客观的，是不因人们的想象而变化的。比如，甲祈祷天神惩罚乙，乙后来确实病逝。甲自认为行为达到了自己的目的，但法律不能将甲的行为认定为杀人行为，因为客观上二者并无因果关系。如果甲投毒致乙食用后死亡，这两者之间就存在客观的因果关系。行为与结果关系复杂多样，法律调整中一般注重的是直接因果关系。

第二，结果与行为的内在方面的关系。法律调整行为时一般将结果与行为的内在方面结合起来考虑，以确定行为的性质和法律后果。比如，刑事犯罪中的故意犯罪，就是以其内在方面存在追求犯罪结果的目的来确定的；过失犯罪则是因为行为认知方面存在过错。在民商法领域，法律更注重结果与行为内在方面的联系，行为结果要获得法律上的效力，行为的内在方面特别是目的必须符合法律规定的生效条件。

第三，法律根据行为与结果的关联以及结果的社会影响状况，对行为赋予肯定的或否定的法律后果。这是法律对行为作出调整的方式之一，即以行为及后果为根据，再赋予法律后果，进而影响人们的行为选择和控制。这种调整方式可表述为"行为+结果（社会影响+法律后果（肯定或否定）"。比如，无因管理行为产生防止他人利益损失的结果，而法律赋予的后果为管理人有权向受益人请求偿付有关费用。

第四，法律将行为结果与法律后果设为一体，以引导行为。法律还可以将人们追求的目的与法律后果设为一体，以确认人们行为的效力，实现对行为的调整。这种调整方式可以表述为"行为+法律后果（社会影响+法律形式）"。这里的法律后果在内容上包含的社会结果，同时又有法律的权利、义务形式。比如，在《民法典》调整的情况下，缔约行为产生合同关系，合同关系是法律关系，是缔约行为的法律后果。其中，合同关系的社会内容是双方已约定将做某事，其法律形式则是从法律上说双方具有做某事的权利、义务。将法律后果与行为结果设为一体，人们的行为所追求的目的就具有了法律的形式，因而行为结果直接具有了法律的效力。这种调整形式可以非常有效地引导人们的行为选择和保障其所形成的社会关系。

随着人类社会生活的复杂化，法律调整的范围不断扩大，内容不断丰富，法律行为也越来越多。

（四）法律行为的分类

了解法律行为的分类，有助于了解法律行为的一般与具体，了解法律调整的规律。在法律行为范围内，可以按不同标准对其分类。根据法律调整的特点、行为的法律意义以及行为的自身特点，法律行为一般可作以下分类。

1. 合法行为与违法行为

以是否符合法律的要求为标准，法律行为可以分为合法行为和违法行为。这是法律行为中最宏观也是最常用的分类。合法行为是指符合法律要求，依照法律规定会引起肯定性法律后果的行为。违法行为则是违反法律的要求，依照法律规定会引起否定性法律后果的行为。

合法行为与违法行为还可以按法律的不同分类再作进一步划分。比如，按公法、私法的区分可以划分为公法上的合法行为与违法行为，私法上的合法行为与违法行为；按部门法的区分，可以划分为宪法、民法、行政法等部门法上的合法行为与违法行为等。

尽管法律行为被划分为合法行为与违法行为，但对于行为的性质判断不能简单地以非此即彼来推论。比如，有人认为凡是没有违反法律的禁止性规定的行为都是合法行为，其实这并不正确，因为合法行为有其严格的含义。从事法律不禁止的行为，只是属于不违法的行为，而不一定都是合法行为。在不违法的行为中，有一部分是合法行为，有一部分则是法律不调整的行为。正如前面所说，在法律行为（包括合法行为与违法行为）之外，还有一部分是法律所不调整的行为，与法律行为对应，可称为非法律行为。对于这一部分行为，道德、习惯、乡规民约等发挥着重要的调整作用。

2. 有效行为与无效行为

按法律所规定的法律行为发生效力的条件，法律行为分为有效行为和无效行为。有效行为是指按法律规定能产生行为人意志所追求的法律后果的行为。在这种行为中，法律后果是对行为的肯定。比如，符合法律规定要件的缔约行为，即是有效行为，它能产生行为人期望的有效契约的法律后果。在公法领域，符合法律授权、法定程序，符合法律形式与实质要件的司法判决和行政指施，都是有效的法律行为。无效行为是指按法律规定，行为不能产生行为人意志所追求的法律后果，即不能产生对行为的肯定性法律后果。也可以说，这种行为对于产生肯定性法律后果来说不能发生效力。比如，无民事行为能力人缔结的契约，通过盗窃方式获得对他人财产的占有，违反程序法要求的判决和行政措施等，都是无效的法律行为。

理解有效行为与无效行为这一分类有以下三点值得注意。

第一，这里所说的有效与无效，是针对行为人意欲之法律后果而言的。无效行为只是不能产生行为人意欲之法律后果，并非不引起法律后果。比如，盗窃不能取得盗窃者期望的财产所有权，但会引起相关的刑事法律责任。这里的刑事责任就是法律后果，只不过不是行为人意欲之法律后果。

第二，在行为的效力分类方面，还存在可撤销和效力未定的行为，但其最终会归为有效行为或无效行为。可撤销行为因被撤销而归于无效行为；效力未定之行为需要特定的人在行为之后确认行为有效还是无效，最终还是会归为有效行为或无效行为。

第三，无效行为在外延上并不等同于人们通常说的违法行为。比如，无民事行为能力人订立合同的行为和完全民事行为能力人订立意思内容有重大误解合同的行为，分别是无效行为和可撤销的行为。这些行为只是不能产生行为人所期望的肯定性法律后果，并不会产生其他违法行为所引起的那些法律责任，即受法律处罚，法律对其否定只是行为无效，因为这种行为不存在其他违法行为中所存在的主观上的"过错"或说"罪错"，而仅仅是对生效要件要求的违反。

3. 表意行为与事实行为

依据行为的法律后果是否依意思而产生，法律行为分为表意行为和事实行为。表意行为指作出意思表示，法律后果依意思表示而产生的行为，其法律后果的内容是由意思的内容决定的。比如，缔结契约的行为即为表意行为，其法律后果，即合同关系中的权利义务内容是由双方的意思设立的；公法上的行队

决定、司法判决等行为，也属表意行为。事实行为是指法律后果的产生不是因为意思表示，而是由于行为自身作为一种事实引起法律规定的法律后果，法律后果的内容不由意思设立而直接由法律规定。比如民法上的先占、拾得漂流物，属于事实行为，其后果由法律规定。值得一提的是，在民法学领域，表意行为和事实行为原都是合法行为之下的分类，但近来的学术发展，已有学者将侵权行为归为事实行为。在作为法的一般理论的法理学意义上，违法行为归于事实行为是必然的，因为在法律后果与意志的关系上，它非常明显地表现出事实行为的特点。

4. 积极行为与消极行为

以行为的外部表现形式为标准，法律行为可分为积极行为与消极行为。积极行为即行为主体以主动作出某种举动为表现方式的行为，又称为作为，如以口述或书写的方式表示意思，提供劳务，交付物品等。消极行为是以不作出举动为表现形式的行为，又称为不作为，如负有保密义务者不泄密，负有救助义务者不救助等，分别是合法的不作为和违法的不作为。

5. 要式行为与非要式行为

要式行为与非要式行为是根据行为生效是否须有特定形式要件为标准划分的行为。要式行为即需要符合特定的形式要件才能产生法律效力的行为。如婚姻、不动产所有权之转移、票据之转让等，都属要式行为，前两者以登记为生效要件，后者以背书为生效要件。非要式行为即不需要满足特定形式要件即能产生法律效力的行为。如一般货物买卖合同，可以书面约定，可以口头约定，也可以电子信息形式约定，表意一致即为成立，并不要求特定形式。公法领域的行为一般都是要式行为，非要式行为一般存在于私法领域。

6. 单方行为与多方行为

以行为发生效力来看，只有一方主体作出行为即能发生效力的是单方行为，需要两方以上主体共同作出行为方能发生效力的为多方行为。比如，行政决定、司法判决、公民放弃财产所有权、公民放弃债权等，都是单方行为；订立合同、设立社团、通过决议等都是多方行为。

7. 个人行为与组织行为

以行为所体现的意志来看，凡体现单个自然人（公民）意志的行为是个人行为，凡体现组织意志的行为是组织行为。个人行为的特点是受个人意志控制，表现个人意志，由个人作出。比如，公民参加选举、签订合同、转让财产等，都是个人行为。组织行为的特点就在于组织性，行为受组织意志控制，行为体现的是组织意志。组织行为由其代表人作出。这里所说的组织，指的是法律上的主体，并不简单是一群人的集合。比如，行政机关作出决定、司法机关作出判决、企业签订合同等，都是组织行为。在理解组织行为时不能忽视组织的法律主体属性，因为有些行为虽由人群作出，但仍属个人行为。比如，犯罪组织所组织实施的犯罪行为，仍是个人行为；游行的人群发生冲突也是个人行为。有些行为看似是个人作出的，但仍是组织行为，如独任法官作出判决就属于组织行为。

【经典例题】

王某恋爱期间承担了男友刘某的开销计 20 万元。后刘某提出分手，王某要求刘某返还开销费用。经过协商，刘某自愿将该费用转为借款并出具了借条，不久刘某反悔，以不存在真实有效借款关系为由拒绝还款，王某诉至法院。法院认为，"刘某出具该借条系本人自愿，且并未违反法律强制性规定"，遂判决刘某还款。对此，下列哪些说法是正确的？（　　）

A. "刘某出具该借条系本人自愿，且并未违反法律强制性规定"是对案件事实的认定

B. 出具借条是导致王某与刘某产生借款合同法律关系的法律事实之一

C. 因王某起诉产生的民事诉讼法律关系是第二性法律关系

D. 本案的裁判是以法律事件的发生为根据作出的

【答案】ABC

【解析】选项 A 正确。法律关系产生的条件包含法律规范和法律事实。法律事实，就是法律规范所规定的、能够引起法律关系产生、变更和消灭的客观情况。法院认定案件事实的依据标准是法律事实，对"是否自愿"以及"是否违反法律强制规定"属于对案件事实的认定。选项 B 正确。出具借条的行为直接导致了借款合同法律关系的发生。选项 C 正确。按照相关的法律关系作用和地位的不同可以把法律关系分为第一性法律关系和第二性法律关系。第一性法律关系是人们之间依法建立的不依赖其他法律关系而独立存在的法律关系或在多向法律关系中居于支配地位的法律关系。由此而产生的、居于从属地位的法律关系，就是第二性法律关系或从法律关系。一切相关的法律关系均有主次之分，例如，在调整性和保护性法律关系中，调整性法律关系是第一性法律关系。保护性法律关系是第二性法律关系。在实体和程序法律关系中，实体法律关系是第一性法律关系。程序性法律

关系是第二性法律关系。王某起诉产生的民事诉讼法律关系是第二性法律关系。选项 D
错误。依是否以人们的意志为转移作标准，可以将法律事实大体上分为两类，即法律事件
和法律行为。法律事件是法律规定的、不以当事人的意志为转移而引起法律关系形成、变
更或消灭的客观事实。本案裁判的依据是当事人之间意志自由且不违背法律强制性规定的
法律行为，而不是法律事件。

本 章 小 结

　　法律关系是法律在调整人们行为过程中形成的、以权利和义务为内容的特殊的社会关
系。它是基于法律规范而形成的特殊的社会关系，是法理学的基本范畴之一。其特征有
四：法律关系是受主、客观因素制约的关系；法律关系是以法律规范为前提而形成的社会
关系；法律关系是以法律上的权利、义务为内容的社会关系；法律关系是由国家强制力保
障的社会关系。根据不同的标准可以对法律关系进行不同的分类。

　　法律关系由主体、客体、内容三个要素组成。法律关系主体的种类包括自然人；机构
和组织（法人与非法人组织）；国家。法律关系主体必须具备的资格——权利能力和行为
能力。权利能力又称法律人格，是指由法律所确认的、享有权利或承担义务的资格，是参
加所有法律关系都必备的前提条件。行为能力是法律所承认的、法律关系主体通过自己的
行为实际取得享有权利和承担义务的能力。有权利能力不一定就有行为能力。确定公民行
为能力的标准有二：一是能否辨认自己行为的性质、意义和后果；二是能否控制自己的行
为并对自己的行为负责，主要取决于公民的年龄和精神健康状况。法律关系客体的种类
有：物、非物质财富、行为和行为结果等。

　　法律关系的内容包括权利和义务。作为法律关系内容的权利指法律权利。法律权利反
映一定的社会物质生活条件所制约的行为自由，是法律所允许的权利人为了满足自己的利
益需求而采取的、由其他人的法律义务所保证的法律手段。法律权利的特点有：法律权利
受到一定的社会物质生活条件的制约；法律权利来自法律规范的规定；法律权利是保证权
利人利益的法律手段；法律权利是与义务相关联的概念；法律权利确定权利人从事法律所
允许的行为的范围。

　　义务又称法律义务，是指法律所规定的法律关系的义务主体或承担义务人应这样行为
或不这样行为，以保障权利主体获得利益的一种约束手段。作为法律关系内容的义务指法
律义务，法律义务反映一定的社会物质生活条件所制约的社会责任，是保障法律所规定的
义务人应该按照权利人要求从事或不从事一定行为以满足权利人利益的法律手段。权利和
义务在法中有着特殊的地位，根据不同的标准可以对权利义务进行分类。权利义务关系概
括为：历史发展上的离合关系，逻辑结构上的对立统一关系，数量上的等值关系，功能上
的互补关系，运行上的制约关系，价值意义上的主次关系。权利和义务关系有具体的表现
形式。

　　法律关系的运行指法律关系的形成、变更和消灭。法律关系的运行必须符合两方面的
条件：第一是抽象的条件，即法律规范的存在，这是法律关系运行的前提和依据。第二是
具体的条件，即法律事实的存在。法律事实，是指由法律规定的，能够引起法律关系形

成、变更或消灭的各种事实的总称。按照法律事实是否以人们的主观意志为转移，可以把法律事实分为事件和行为。这是一种最基本、最重要的分类。事件又称法律事件，是指与当事人意志无关的，能够引起法律关系形成、变更或消灭（即法律关系运行）的客观现象。行为又称法律行为，是指由法律规范规定的，与当事人意志有关的，能够引起法律关系形成、变更或消灭的作为和不作为。

法律行为，就是人们所实施的、能够发生法律效力、产生一定法律效果的行为。它包括合法行为与违法行为、（意思）表示行为与非表示行为（事实行为）、积极行为（作为）与消极行为（不作为）等。一般意义上的"法律行为"应是各法律部门中的行为现象的高度抽象，是各法律部门的法律行为（宪法行为、民事法律行为、行政法律行为、诉讼法律行为等）与各类别法律行为（如合法行为、违法行为、犯罪行为等）的最上位法学概念（或法学范畴）。这个最上位概念所描述的，包括一切具有法律意义的行为现象。法律行为的特点有：法律性、社会性和意志性。法律行为的结构包括：一是主体，法律行为的主体由法律规定；二是法律行为的内在方面，即行为认知与控制能力，行为动机和行为目的；二是法律行为的外在方面，即行为方式（行为、手段、过程）和行为结果。法律行为根据不同的标准有不同的分类：依据是否符合法律的要求为标准分为合法行为和违法行为，依据法律所规定的法律行为发生效力的条件为标准分为有效行为和无效行为，依据行为的法律后果是否依意思而产生分为表意行为和事实行为，依据行为的外部表现形式分为积极行为和消极行为，依据行为生效是否须有特定形式要件为标准分为要式行为和不要式行为，依据行为发生效力分为单方行为和多方行为，依据行为所体现的意志分为个人行为和组织行为。

综 合 练 习

一、选择题

1. 孙某的狗曾咬伤过邻居钱某的小孙子，钱某为此一直耿耿于怀。一天，钱某趁孙某不备，将孙某的狗毒死。孙某掌握了钱某投毒的证据之后，起诉到法院，法院判决钱某赔偿孙某 600 元钱。对此，下列哪一选项是正确的？（　　）

　　A. 孙某因对其狗享有所有权而形成的法律关系属于保护性法律关系

　　B. 由于孙某起诉而形成的诉讼法律关系属于第二性的法律关系

　　C. 因钱某毒死孙某的狗而形成的损害赔偿关系属于纵向的法律关系

　　D. 因钱某毒死孙某的狗而形成的损害赔偿关系中，孙某不得放弃自己的权利

2. 根据我国的法律规定，下列哪些情况可以形成法律关系（　　）。

　　A. 刘某因赌博欠吴某 1 万元

　　B. 甲区警方查处存在火灾隐患的企业，有关人员或被拘留或被处以重罚

　　C. 何某为急赶回家，将已过有效期的身份证涂改，机场安检站不予放行登机

　　D. 任某在医院进行肾移植手术

3. 甲公司向乙公司购买了 10 台大型机械设备，约定 6 个月后发货。乙公司准备好设备后，与丙公司协议，将机械设备存放在丙公司仓库中。到发货时间，乙公司委托丁运输

公司将机械设备运送到甲公司处，甲公司验收合格后付款。这里面包含了(　　)个法律关系？

    A. 1　　　　　　　　B. 2　　　　　　　　C. 3　　　　　　　　D. 4

4. 按照法律主体的多少及其权利义务是否一致为根据，可以将法律关系分为(　　)。

    A. 主法律关系和从法律关系

    B. 单向法律关系、双向法律关系和多向法律关系

    C. 隶属法律关系和平权法律关系

    D. 调整性法律关系和保护性法律关系

5. 甲和乙签订买卖合同，形成法律关系，表述正确的有(　　)。

    A. 该法律关系是以法律规范为基础而形成

    B. 甲乙二人作为法律关系主体，不必同时具有法律上的权利能力和行为能力

    C. 买卖的物品具有实用价值并具有可控性

    D. 签订买卖合同是引起法律关系产生的法律事实

6. 法律关系的要素包括(　　)。

    A. 主体　　　　　　　　　　　　B. 客体

    C. 民事权利和民事义务　　　　　　D. 法律事实

7. 法律关系主体必须同时具有(　　)，这是成为法律关系主体的必备条件，也是成为法律关系主体的前提条件。

    A. 权利、义务　　　　　　　　　　B. 民事行为能力、刑事责任能力

    C. 权利能力、义务能力　　　　　　D. 权利能力、行为能力

8. 在根据运输合同形成的法律关系中，托运方和承运方的权利义务所指向的对象是(　　)

    A. 被托运的货物　　　　　　　　　B. 运输方式

    C. 货物的所有权　　　　　　　　　D. 运输行为

9. 作为法律关系客体的事物通常具有的特征是(　　)。

    A. 客观性　　　　B. 资源性　　　　C. 可控性　　　　D. 法律性

10. 法律关系的客体包括(　　)。

    A. 物　　　　　　B. 非物质财富　　C. 行为结果　　　D. 行为

11. (　　)是法的核心内容、法学的基本范畴，贯穿于一切法律部门，指示人们应为、必为、禁为，全面地表现和实现法的价值。

    A. 法律规范　　　B. 法律责任　　　C. 权利和义务　　D. 权利本位

12. 请求损害赔偿权属于(　　)。

    A. 原权利　　　　B. 救济权　　　　C. 第二位权利　　D. 私权利

13. 下列何种表述符合权利与义务的一般关系(　　)。

    A. 法律权利和义务相互依存

    B. 权利和义务具有一定的界限区别

    C. 在任何历史时期，权利总是第一性的，义务总是第二性的

    D. 权利是义务，义务也是权利

14. 魏明与桂敏到婚姻登记机关申请登记结婚，婚姻登记机关依法予以登记并发给结婚证书。产生魏明与桂敏法律上的婚姻关系的事实在法学上被称作什么？（　　）

  A. 法律事件的存在 B. 法律事实 C. 事实行为   D. 事实关系

15. 引起法律关系演变的情况或条件是（　　）。

  A. 法律事实的存在   B. 法律关系内容

  C. 法律关系主体   D. 法律规范的存在

16. 杜先生横穿马路时遭遇车祸，致使两颗门牙缺失。交警出具了责任认定书，认定肇事司机负全责。杜先生因无法与肇事司机达成赔偿协议，遂提起民事诉讼，要求肇事司机赔偿 3000 元作为安装假牙的费用。关于本案，下列说法正确的有（　　）。

  A. 杜先生和肇事司机形成了横向法律关系

  B. 杜先生、肇事司机和法院形成了第一性法律关系

  C. 交警出具的责任认定书是非规范性法律文件

  D. 导致杜先生和肇事司机形成法律关系的车祸属于法律事件，因为该车祸的发生不以当事人的意志为转移

17. 法律行为构成的主观要件包括（　　）。

  A. 外在的行动 B. 行为认知 C. 行为意思 D. 行为方式

18. 下列关于法律行为的特征，表述错误的是（　　）。

  A. 法律行为是一种纯粹自我指向的行为

  B. 法律行为由法律规定、受法律调整、能够发生法律效力或产生法律效果

  C. 法律行为是具有社会意义的行为

  D. 法律行为是能够为人们的意志所控制的行为

二、判断题

1. 张某被李某的宠物狗咬伤怀恨在心，一天趁其不备将李某的狗毒死，李某起诉到法院，法院判张某赔偿李某两千元。由于李某起诉而形成的诉讼法律关系属于第二性的法律关系。　　　　　　　　　　　　　　　　　　　　　　　　　　（　　）

2. 法律事实分为法律事件和法律行为，由于出生便产生了父母与子女间的扶养关系和监护关系，"出生"属于法律事实中的法律行为。　　　　　　　　　　　（　　）

3. 法律行为的结构包括内在方面和外在方面。内在方面包括动机、目的、认知能力；外在方面包括行为、手段、结果、因果关系。　　　　　　　　　　　　　（　　）

4. 法律关系主体必须同时具有法律上所说的权利能力和行为能力。具有行为能力不一定有权利能力，具有权利能力不一定具有行为能力。　　　　　　　　　（　　）

5. 没有结果的行为，一般不能视为法律行为。　　　　　　　　　　　　（　　）

三、名词解释

1. 法律关系

2. 权利能力

3. 行为能力

4. 法律事实

5. 法律事件

6. 法律行为

四、简答题

1. 简述法律关系的概念及其特征。

2. 简述权利能力与行为能力的关系。

3. 简述法律事件与法律行为的联系与区别。

4. 简述权利义务的关系。

五、素质拓展

1. 甲京剧团与乙剧院签订合同演出某传统剧目一场，合同约定由甲京剧团主要演员曾某、廖某出演剧中主要角色，乙剧院支付人民币1万元。

请分析该案例中涉及到的法律关系的三要素。

第十一章　法　律　责　任

本章知识结构图

法律责任 —— 概述
　　　　 —— 归责
　　　　 —— 法律责任的承担和免除

知识目标：了解法律责任与相关概念的关系，违法的原因，违法的防治，法律责任的认定和归结的概念；掌握法律责任的概念、产生的原因、构成和分类，违法的含义、种类，归责原则，法律责任的承担方式含义、方式，法律制裁的含义和分类，法律责任的减轻和免除。

能力目标：通过对法律责任产生原因的学习，培养学生从独特的法律视角来分析现实问题的能力；通过对法律责任的分类及其归责原则、免责事由的学习，培养学生有效运用法律解决现实问题的能力；通过对法律责任承担的学习，给后续法律专业课程奠定知识基础，为解决实际法律纠纷提供知识储备；同时培养学生的自律意识、责任意识和责任能力。

素质目标：培养学生正确的价值观、人生观和世界观，培养学生对自己的人生负责，对社会负责的素养，筑牢行为的底线。

第一节　概　　述

本节知识结构图

概述 —— 法律责任的概念和特点
　　 —— 产生法律责任的原因
　　 —— 法律责任的构成
　　 —— 法律责任的分类

一、法律责任的概念和特点

（一）法律责任的概念

在现代汉语中，责任通常有以下两层含义：一是份内应做的事，如尽责任、岗位责任等；二是因为没有做好份内的事而应承担的过错，如追究责任。法律责任与现代汉语中责任一词的含义密切相关，但又有所区别。法律责任指行为人由于违法行为、违约行为或因法律规定而应承受的某种不利的法律后果。法律责任是法学的基本范畴，体现了个人与个人、个人与社会和国家之间权利与义务相统一的关系。

（二）法律责任的特点

与道义责任、政治责任等其他社会责任相比，法律责任有两个特点：

（1）承担法律责任的最终依据是法律。承担法律责任的具体原因可能各有不同，但最终依据是法律。因为一旦法律责任不能顺利承担或履行，就需要司法机关裁断，司法机关只能依据法律作出最终裁决。当然，这里讲的法律既可以是正式意义上的法律渊源，也可以是非正式意义上的法律渊源。承担法律责任的大小、范围、期限和性质都是由法律明确规定出来的。

（2）法律责任具有国家强制性，即法律责任的履行由国家强制力保证。当然，正如国家强制力有时是作为威慑力量隐蔽于法律实施的幕后一样，在法律责任的履行上，国家强制力只是在必要时，即责任人不能主动履行其法律责任时才会出现。

（三）法律责任与相关概念的关系

1. 法律责任与法律权力

美国法学家韦斯利·霍菲尔德曾经对权力与责任的关系进行过专门研究。他认为，权力是指人们通过一定作为或不作为而改变某种法律关系的能力。与权力相对应或者说相关联的概念是责任。不过，他所讲的责任与本章所讲的责任并不完全相同。从我国的法律实践看，法律责任确实与法律权力有着密切的联系：一方面，法律责任的认定、归结与实现都离不开国家司法、执法机关的权力（职权）；另一方面，法律责任规定了行使权力的界限以及越权的后果，因而使权力的运作成为主体所实施的一种具有负责精神的行为过程。

2. 法律责任与法律权利、义务

法律责任与法律权利义务都是法学的基本范畴，它们之间有着非常密切的关系。

法律责任与法律权利。首先，法律责任规范着法律关系主体行使权利的界限，以否定的法律后果防止权利行使不当或滥用权利。其次，权利受到侵害时，法律责任成为救济权利，以恢复被侵害的权利。再次，法律责任通过否定的法律后果成为权利得以顺利实现的保证。总之，法律责任是国家强制责任人作出或不作出一定行为，救济受到侵害或损害的合法利益和法定权利的手段。

法律责任与法律义务。从一定意义上讲，法律责任就是一种法律义务，但又与一般的法律义务不同。第一，法律责任是针对违法、违约者或法律规定应该承担责任的主体设置的，法律义务的主体是一切公民或组织。第二，法律责任是带有惩罚性的法律义务，是对不履行守法义务的人的一种惩戒措施；法律义务是不带有惩罚性的。第三，法律责任的承担是有条件的，并且一般也有超时限性，如果出现了某些法定条件，如超过追诉期限等，法律责任即可免除；法律义务不具备这种特点。

（四）法律责任的意义

法律责任制度是法律制度中不可缺少的重要组成部分，它具有十分重要的意义。

1. 法律责任是保护法律关系主体的权利得以实现的可靠手段

法律责任制度通过强制侵权者履行义务、恢复权利，制裁违法者，使被侵犯的法律秩序得以恢复，给权利受到侵害的公民或组织予以补偿，从而保证权利的实现。

2. 法律责任是在法律制度范围内抵制和预防违法犯罪行为的重要形式。

法律责任为人们明确了违法犯罪行为必须承担的制裁后果，表明了国家对这种行为的否定态度。它不仅有利于法律制度的完善，而且有利于法律调整功能的有效实现。

3. 法律责任是解决权利义务纠纷和冲突的文明方式

在社会生活中不可避免地会发生权利义务的纠纷、争议和冲突，法律责任为国家机关或纠纷当事人通过文明公正的方式解决冲突和纠纷提供了保证。它避免了原始、野蛮的自发报复，也避免了不公正的弱肉强食般的解决方式。

二、产生法律责任的原因

【11-1】

航空器致损担责

台湾地区某航空公司的飞机因突然发生的恶劣天气而失事。后来，该航空公司对旅客因此而造成的损失予以赔偿。其法律依据是台湾地区"民用航空法"第89条的规定："航空器失事致人死亡，或毁损他人财物时，不论故意或过失，航空器所有人应负损害赔偿责任。其因不可抗力所生之损害，亦应负责。自航空器上落下或投下物品，致生损害时，亦同。"

（一）违法

1. 违法的含义

违法是守法的反面，即为法律所禁为，不为法律所令为。从广义上讲，违法指违反一切现行法律的行为，包括犯罪和一般违法行为；从狭义上讲，违法仅指一般违法，即违反刑法以外的其他法律的行为，包括民事违法、行政违法、违宪等，具体来说，狭义违法指除犯罪外所有非法侵犯他人人身权、财产权、政治权、精神权利或知识产权的行为。本节讲的是广义违法。

违法是对社会秩序的破坏。违法是有法律的社会普遍存在的现象，企图建立一个没有违法的社会的想法是无法实现的。但是在一个健康的社会里，违法又是极少见的现象。如果违法成为一种相当普遍的现象，法就处于不安定之中，社会也就陷入了严重的病态中。因此，同违法行为作斗争是有法律的社会都面临的重要任务。

违法与相关行为的区别：

（1）违法行为和违反道德行为的区别

许多违法行为特别是犯罪行为，同时也是违反道德的行为，如杀人、盗窃等犯罪行为从道德上讲也是应受谴责的。但是，并非所有违法行为都是违反道德的行为。因为有些违法行为并不涉及道德评价问题，如违反了法律的某些技术性规范并不违背道德。同样，违反道德的行为并不一定构成违法行为，如抢占座位等。

（2）违法行为和法律上无效行为的区别

违法行为当然不能发生行为人实施违法行为时所希冀的、为法律所肯定的有效结果。但是，不能认为法律上无效的行为都是违法行为。有些法律上无效的行为虽然没有法律效力，但并不构成违法，如无民事行为能力人实施的民事行为。

（3）违法行为与不违法也不合法行为的区别

实际生活中往往遇到虽不违法但也不合法的行为，这种行为处于法律调整之外，如随地吐痰不能被认为是违法的，但也绝不是法律所支持的。

2. 违法的种类

将违法划分为不同的种类是法律和法学发达的产物。在法律初创和法学幼稚的古代，违法往往等同于犯罪，如我国古代诸法合体，只要违法，结果都是受刑罚处罚，法学并未抽象出民事违法、行政违法这样的概念来。现实情况下，人们对违法有着不同的划分。依据违法的行为方式不同，将其分为作为违法和不作为违法；依据违反的法律的性质不同，将其分为违反强行法和违反任意法。英美法系国家一般将违法分为刑事违法和民事违法两大类。现在大多数国家将宪法以外的部门法分成刑法、民法、行政法三大骨干部门，所以，根据违法行为的具体性质和危害程度、法律调整的方式不同，一般将违法分为：

（1）刑事违法

刑事违法即犯罪，指违反刑事法律应受刑罚处罚的行为。这是最严重的违法。我国刑法规定犯罪是指侵犯我国刑法所维护的社会关系、依法应受刑罚处罚的行为，但情节显著轻微、危害不大的不认为是犯罪。犯罪同一般违法的主要区别是：犯罪对社会的危害比一般违法对社会的危害大。

（2）民事违法

民事违法指违反民事法规的行为。这里的"民法"包括民法典等。民事违法是最常见的一般违法，其主体没有特殊的限制。民事违法的典型形态是侵权行为和不履行债的行为。侵权行为指不法侵害他人人身权利、财产权利及其他权利的行为。侵权行为和犯罪产生于共同的根基，严重的侵权行为可能被规定为犯罪，这就是为什么某些罪犯在受刑罚处罚的同时还需承担民事责任的原因。债的不履行是指债务人没有实施债的内容所规定的行为。

（3）行政违法

行政违法是指违反行政法律规定的行为。行政违法可以分为两类：一是公民和法人违反行政管理法规的行为，如违反治安管理处罚法、违反土地管理法等行为；二是违法的行政行为，指国家行政机关及其公职人员执行职务中的违法行为，如行政越权、失职等。行政违法属于一般违法。

（4）违宪

违宪指违反宪法的行为。狭义的违宪指国家机关制定的法律和其他规范性文件违反宪法规则和宪法原则。国际上流行的违宪审查就是在这一含义上使用"违宪"概念的。广义的违宪还包括国家机关的重要人物（如国家元首、政府首脑、议长等）的国事活动和其他活动违反宪法规则和宪法原则。由此可见，违宪的标准只能是宪法，不包括依宪法而制定的其他文件。

3. 违法的原因

产生违法的原因是法学界历来关注的问题。马克思主义者用辩证唯物主义和历史唯物主义的观点研究该问题。遵循这种方法探究违法原因，我们发现违法行为是主体有意识选择的结果，这种选择受行为人生活环境以及主体本身素质的影响。主要可以归纳为以下两大类：

（1）违法的外部原因

违法的外部原因指导致行为主体违法的环境因素。外部原因又可分为法律原因和社会原因两种。违法行为是主体行为与外部标准（法律）的冲突，当然与法律规定是否公平、合理密切相关。例如权利义务的分配是否公平、法律是否和谐一致、法律制裁是否适度有力等。违法的社会原因是十分重要的，如果法律维护的社会制度是腐朽的、不公正的，得不到大多数人的认可，则必然产生大量的违法。正像列宁所指出的："产生违反公共生活规则的捣乱行为的社会根源是群众受剥削和群众贫困，这个主要原因一消除，捣乱行为就必然开始消亡。"① 违法的主要社会原因有生产方式落后、产品和资源分配不公、贫困、执法机关缺乏必要的权力和物质资源、权力失去控制、道德失范、执法人员素质差等。

（2）违法的内部原因

违法的内部原因指行为主体自身方面的原因。生活在现实社会环境下的人们一般只有少数违反法律，说明了内在原因对主体选择违法行为的影响。影响主体选择一定行为、抑制一定行为的要素包括主体产生一定需要冲动的物质要素、生理要素以及决定自控能力大小的心理要素。这样，我们可以将违法的内在要素归结为：第一，生理上的某些缺陷，如脑组织损伤、染色体畸变、内分泌功能失调、智力低下等；第二，心理病态、自控能力差、易冲动等；第三，人体价值观与法律中所包括价值观的冲突；第四，对法律的无知。

4. 违法的防治

在任何一种社会中，违法都是对法律秩序的破坏，是对统治阶级根本利益的损害。违法行为所具有的严重危害性决定了必须对违法现象予以防治，特别是对那些给国家和社会造成巨大损失的犯罪行为要进行有效地防治。从长远的和根本的观点来看，防治违法应以预防为主。

我国防治违法的根本方针是社会治安综合治理。社会治安综合治理是指由于社会治安问题是社会各种矛盾的综合反映，必须动员和组织全社会的力量，运用政治的、法律的、行政的、经济的、文化的、教育的等多种手段进行综合性的整治和管理，从根本上预防和减少违法犯罪，维护社会秩序，保障社会稳定，并作为全社会的共同任务长期坚持下去。具体来讲，综合治理包括以下四个方面内容：第一，从治理主体来说，不是仅依靠某一部门或组织，而是要在各级党委和政府的统一领导下，动员各地区、各部门、各行各业的力量共同参加对违法的防治，即"群防群治"；第二，从治理的方法和手段来说，不是采用单一的手段，而是要同时充分地运用政治的、行政的、法律的、经济的、思想的、文化教育的各种手段，特别是法律和教育的手段，实行多管齐下；第三，从治理工作的范围上讲，包括预防、打击、教育、改造、建设、管理等多种环节；第四，从治理工作所要达到的目的来说，不只是惩罚犯罪，而是要改造罪犯，挽救失足者，消除违法犯罪现象。

---

① 列宁：《国家与革命》，载《列宁选集》（第4卷），人民出版社1972年版，第249页。

防治违法犯罪实行综合治理是建国以来政法工作实践经验的科学总结和新发展。首先，它是防治违法客观规律的反映。违法犯罪行为的产生归根结底是社会生活中各种矛盾和消极因素的综合表现。正是因为违法现象是一种综合症，解决这个问题必须采取综合措施。其次，它适合我国的国情。在我国，人民内部的违法犯罪占很大比例，其中青少年犯罪又占相当比重。长期以来，我们依靠群众路线、动员全社会力量积极参与违法防治工作，形成了许多有益的经验。最后，综合治理的方针符合马克思主义唯物史观。自 20 世纪 80 年代初中共中央明确提出综合治理方针以来，防治工作取得了很大成效。可以说，对违法的综合治理已成为我国加强和健全社会主义法制、建设法治国家的一项重要内容。

（二）违约

违约即违反合同约定，没有履行一定法律关系中作为义务或不作为义务的行为。违约行为是产生民事法律责任的重要原因。

（三）法律规定

法律规定成为法律责任产生的原因，是指从表面上看，责任人并没有从事任何违法行为，也没有任何违反合同的约定，仅仅由于出现了法律所规定的事实，就要承担某种赔偿责任。它可以导致民事法律责任和行政法律责任的产生。

三、法律责任的构成

对于法律责任的构成，要说明的是，在什么情况下，具备了什么样的条件或状况才可以追究一个担责主体的法律责任。要对一种违反法律义务的行为的主体课以法律责任，需要具备以下几个方面：

（一）责任主体

责任主体即担责主体，是指因为违反法律义务或出现特定法律事实而应当承担法律上不利负担的人。这里的人，包括自然人、法人或其他社会组织（如非法人组织、国家等）。

就自然人而言，承担法律责任的主体应该是达到法定责任年龄，具有法律责任能力的主体。如果没有达到法定责任年龄或不具有法律责任能力，即便其行为违法并造成损害，也不应该承担相应的法律责任。如，没有达到法定责任年龄的幼儿和不能理解、控制自己行为的精神病患者，其所为的有社会危害性的行为虽然违法并造成损害结果，但是由于主体不适格，其并不承担法律责任。我国刑法和民法都规定了法人可以成为刑事责任、民事责任和行政责任的主体，其他一些组织也可以作为责任主体。

责任主体的适当与否是法律责任的基本前提，也是认定责任种类和大小的基本条件。如果一种损害结果不是有具有法律意义的责任主体引起的，就不存在法律责任。如果不是由适格的法律责任主体所造成的，那么同样不能认定法律责任。因此可以说，主体具有完整的法律责任能力，即主体适格，是其行为产生法律责任的前提。

（二）违反法律义务的行为

违反法律义务的行为是法律责任的核心构成要素。违反法律义务的行为指造成具有法律意义的损害的行为，包括违法行为和违约行为。当然，并不是所有违约行为都可能引起法律责任。这里的约定义务是为法律所保护的约定义务。违反法律义务行为包括作为和不作为，大部分都是作为，既可以是直接的，也可以是间接的。有些特殊的法律责任，是基于一定的法律事实而产生的，并不以违反法律义务为前提。但一般而言，这种法律事实的产生多是以违反法律义务为前提的。

违反法律的行为必须表现为人的外在活动，单纯的思想意识活动是不能构成违法行为的，同时它也必须表现为对法律规定的违反，即做了法律所禁止的行为，或者没有做法律所要求的行为。因此，人的无意识的本能反应行为不是构成违法的根据。同样，人在因受到不可克服的力量和强制而完全丧失自由的条件下，被迫所为的违反自己意志的行为也不构成这里所说的违反法律义务的行为。

（三）过错

过错是责任主体在实施侵害行为时的一种主观心理状态。一种侵害行为之所以要受到法律的谴责和非难，就是因为侵害人在有可能履行法律义务的时候，却选择了违反义务。而这种违反法律义务的心理状态就是一种过错。心理状态成为责任的要素，是现代法律责任体系公正性和人道性的体现。责任对于过错的重视是责任人道化、文明化的一个重要表现，也是责任在现代社会中能充分发挥其功能的必要条件。

过错包括故意和过失两类。故意指明知自己的行为会发生危害社会或损害他人利益的结果，但希望或放任这种损害发生的心理状态。过失指应当预见自己的行为可能发生危害社会或他人利益的结果，但因为疏忽大意而没有预见，或者已经预见但是轻信能够避免，以致发生这种损害结果的心理状态。在不同的部门法中，对于过错程度的具体要求不同，其中以刑法中的过错形式和程度对于责任的影响最为显著。在刑事责任的归责中，过错主要表现为行为人的故意，只有少数行为可以因行为人的过失而被归责。在民事责任的归责中，过错主要表现为过失。在多数情况下，只要有过失的存在便可以构成民事过错，而且在民事过失中对注意义务要求的一般也没有刑事过失中要求的那么严格。在行政责任的归责中，实行"过错推定"的方法，即"一般只要行为人实施了违法行为就视为主观有过错。法律另有规定的除外。"

在现代法律责任体系中，出现了一种特殊的法律责任，即无过错责任。也就是说，法律责任的构成不需要考量加害人或受害人的主观过错，只要存在损害行为和损害后果以及二者之间的因果关系，就可以构成无过错责任。这主要表现在一些特殊的民事法律责任中，如产品责任、危险责任等。无过错责任的存在，并没有从根本上改变过错责任作为责任基本要素的现实。而且，在一定意义可以认为，无过错责任并不是因为违反法律义务而承担的严格法律责任，而是基于一定法律事实而承担的一种积极法律义务。① 这种义务是第一性的，而不是第二性的。

（四）损害结果

损害结果指违反法律义务的行为侵害社会或者他人的合法权利和利益所造成的损失或伤害。损害结果可以是物质性结果或非物质性结果，这些损害结果有些是有形的、具体的，有些是无形的、抽象。物质性损害结果又称有形损害结果，它具有具体性、可见性、可以计量等特点。它的发生有一个过程，如财产的损害、人的死亡等。非物质性损害

---

① 参见张恒山：《法理要论》，北京大学出版社 2006 年版，第 422～423 页。

结果又称无形损害结果，是抽象的、不可见的、不能具体测量的，但也是客观存在的，如名誉权受到损害、人格被侮辱等。

损害结果有些是直接结果，有些是间接结果。直接结果指由危害行为本身直接引起的损害结果；间接结果指由直接结果引起的其他危害结果，如财产被盗后被害人自杀等。损害结果可以是现实结果，也可以是可能结果。现实结果是已经造成的损害和已有利益的丧失；可能结果是可能导致的利益损失，或者期待利益的损失等。

不管是何种损害结果，都必须是有可能通过法律证据来证明其是实际发生或可能发生的损害。这些损害是具有法律意义的损害结果，也是能够通过证据来证明的损害结果。

（五）因果关系

因果关系是指在违反法律的侵害行为与损害结果之间的引起与被引起的关系，是能够通过法律来证明损害是由侵害行为所引起的关系，即法律上的因果关系。这种因果关系包括两个方面：一类是行为人的行为与损害结果之间的因果关系，即特定的损害结果是不是由行为人的行为引起的；另一类是行为人的心理活动和外在行为之间的因果关系，即行为人的外在行为是不是在其主观意识的支配下的行为结果。在通常情况下，只有当这两类因果关系成立时，才能追究行为人的法律责任。

四、法律责任的分类

法律责任的分类也是法律责任的各种表现形式，根据不同的标准可以进行不同的划分。如：以责任内容为标准，可以分为财产责任与非财产责任；以责任的程度为标准，可以分为有限责任与无限责任；以责任的人数不同为标准，可以分为个人责任与集体责任；以行为人有无过错为标准，可以分为过错责任与无过错责任。下面，以引起责任的行为性质为标准，将法律责任划分为：刑事责任、民事责任、行政责任与违宪责任。

【11-2】

孙 志 刚 案

孙志刚，2001年毕业于武汉科技学院艺术设计专业，2003年应聘于广州一家服装公司。2003年3月17日晚10点，在前往网吧的路上，因未携带任何证件被广州市天河区黄村街派出所民警李耀辉带回派出所，对其是否"三无"人员进行甄别。孙被带回后，辩解自己有正当职业、固定住所和身份证。3月18日，被派出所送往广州收容遣送中转站，又因病被收容站送往广州收容人员救治站。3月20日，救治站宣布孙志刚身亡。4月18日，尸检结果表明，孙志刚死前72小时曾遭毒打。孙志刚被殴打致死事件经新闻媒体广泛报道后，引起高层关注，从而使案件得以迅速侦破，有关责任人相继被追究责任。

2003年6月6日，一则报道说："备受社会关注的此案现已查清，涉案的犯罪嫌疑人及涉嫌渎职犯罪的工作人员正由司法机关立案侦查、追究刑事责任（其中渎职犯罪人员还将被另行给予党纪、政纪处分）。此案涉及的其他违反党纪、政纪的有关责任人员，经广州市委、市政府同意，已由广州市纪委、市监察局和有关单位给予党纪、政纪严肃处分。"①

2003 年 6 月 28 日，另一则报道说："广东省高级人民法院 27 日对孙志刚被故意伤害致死案作出终审裁定，依法驳回乔燕琴、李海婴等 12 名被告人上诉，维持原判。主犯乔燕琴被执行死刑。广州市中级人民法院也于 27 日对孙志刚案涉及的李耀辉等 5 名提起上诉的渎职犯罪被告人作出终审裁定，依法驳回上诉，维持原判。另一名犯渎职罪的被告人张耀辉未提起上诉，一审判决已生效。"②

孙志刚案经媒体报道后，引起人们对收容审查制度的反思。2003 年 5 月 14 日，华中科技大学法学院俞江、中国政法大学法学院腾彪和北京邮电大学文法学院许志永三位法学博士以"中国公民"的名义，向全国人大常委会法制工作委员会提出"关于审查《城市流浪乞讨人员收容遣送办法》的建议书"。三位博士认为，"国务院于 1982 年 5 月 12 日颁布的《收容遣送办法》中，有关限制人身自由的内容，与我国现行宪法以及有关法律相抵触，属于《立法法》中规定的'超越权限的'和'下位法违反上位法的'行政法规，应该予以改变或撤销。为此，建议全国人大常委会审查《城市流浪乞讨人员收容遣送办法》"。

2003 年 5 月 22 日，北京大学法学院贺卫方、北京天则经济研究所盛洪、北京大学法学院沈岿、北京天则经济研究所萧瀚和国家行政学院何海波 5 人再次"上书"全国人大常委会，建议全国人大常委会根据宪法第 71 条赋予的权力，启动特别调查程序，组织特别调查委员会，对"孙志刚案"以及收容遣送制度实施状况进行调查。

2003 年 6 月 18 日国务院第 12 次常务会议废止了《城市流浪乞讨人员收容遣送办法》，通过了《城市生活无着的流浪乞讨人员救助管理办法》，8 月 1 日生效。

(一) 刑事责任

刑事责任是指行为人因违反刑事法律而必须承受的、由司法机关代表国家所确定的否定性的法律后果。其特点有：

(1) 产生刑事责任的原因在于行为人违反了刑事法律，其行为具有严重的社会危害性。如果行为具有社会危害性但还没侵害国家和社会利益，可以通过追究刑事责任以外的法律责任来达到惩罚不法、遏制侵权的目的。

(2) 刑事责任是罪犯向国家承担的一种法律责任。它与民事责任由违法者向被害人承担责任有明显区别，刑事责任的大小、有无都不以被害人的意志为转移。

(3) 刑事法律是追究刑事责任的唯一法律依据，即罪刑法定。我国刑法第 3 条规定："法律明文规定为犯罪行为的，依照法律定罪处刑；法律没有明文规定为犯罪行为的，不得定罪处刑。"

(4) 刑事责任是一种惩罚性责任，因而是所有法律责任中最严厉的一种。刑事责任

---

① 《孙志刚案一批相关责任人受处分》，载《法制日报》2003 年 6 月 6 日。

② 《孙志刚被故意伤害致死案终审》，载《人民日报》2003 年 6 月 28 日。

的内容包括限制、剥夺罪犯的自由权、财产权、生命权、政治权等，所以它给行为人带来的不利影响或后果远比其他法律责任严重，行为人一旦有被追究刑事责任的记录，一般就会失去从事某种职业或担任某种职务的资格，而承担过其他法律责任的人则不受这种限制。

（5）刑事责任基本上是一种个人责任。一般来说，只有实施犯罪行为者本人才能承担刑事责任。但同时，刑事责任也包括集体责任，我国称为单位犯罪。

（二）民事责任

民事责任是指公民或法人由于违反民事法律、违约或由于民法规定所应承担的一种法律责任。其特点有：

（1）民事责任主要是一种救济责任。其功能主要在于救济当事人的权利，赔偿或补偿当事人的损失。承担民事责任的方式主要有：停止侵害、排除妨碍、消除危险、恢复原状、修理、重作、更换、消除影响、恢复名誉、赔礼道歉、赔偿损失、支付违约金、返还财产等。当然，民事责任也执行惩罚功能，但不是主要功能。

（2）民事责任主要是一种财产责任，如赔偿损失、支付违约金、返还财产等。当然还包括行为责任、精神责任。

（3）民事责任主要是一方当事人对另一方当事人的责任。在法律允许的条件下，民事责任可以由当事人双方协商解决。

（4）民事责任是现代社会常见的法律责任。

（三）行政责任

行政责任是指因违反行政法或因行政法规定而应承担的法律责任。其特点有：

（1）承担行政责任的主体是行政主体和行政相对人。

（2）产生行政责任的原因是行为人的行政违法行为和法律规定的特定情况。如：行政主体的违法行政行为、行政侵权行为、违法失职行为、不当行政行为，行政相对人违反行政法律法规的行为，法律规定实行严格责任的情况。

（3）行政责任的认定通常情况下实行过错推定，在法律规定的一些场合实行严格责任。

（4）行政责任的承担方式多样化。首先，行为责任是法律责任中数量很大的一种责任形式，如停止违法行为、撤销违法行政行为、限期履行法定职责或义务等。其次，精神责任在行政责任中所占的比重明显高于其他法律责任，如警告、通报批评等。再次，财产责任仍是行政责任的重要形式。最后，行政责任也包括人身责任。

（四）违宪责任

违宪责任是指因违反宪法而应承担的法定的不利后果。违宪通常指有关国家机关制定的某种法律、法规、规章以及国家机关、社会组织或公民的某种活动与宪法的规定相抵触。现代宪法一般都有"合宪性"的规定，即明确规定宪法具有最高法律地位和法律效力，因而任何一种违宪的法律、法规、规章和活动都是无效的，其主体都必须承担违宪责任。我国监督宪法实施的权力属于全国人民代表大会及其常务委员会。

在【11-2】中涉及的法律责任包含了民事责任、刑事责任、行政责任和违宪责任。第一则报道的内容包含了刑事责任与行政责任的追究（党纪责任不属于法律责任）；第二则报道说的是刑事责任的追究。三位博士建议全国人大常委会审查《城市流浪乞讨人员收容遣送办法》，目的在于违宪责任的追究。由于孙志刚的人身权和生命权遭受侵害，且侵害人员中有非国家工作人员，所以还涉及民事责任。

【经典例题】

从违法行为的构成要素看，判断某一行为是否违法的关键因素是什么？（　　）

A. 该行为在法律上被确认为违法

B. 该行为有故意或者过失的过错

C. 该行为由具有责任能力的主体作出

D. 该行为侵犯了法律所保护的某种社会关系和社会利益

【答案】 A

【解析】 违法行为一般由以下五个要素构成：（1）以违反法律为前提；（2）是某种违反法律的作为或不作为；（3）侵犯了法律所保护的社会关系；（4）一般有行为人的故意或过失；（5）行为人具有法定行为能力或法定责任能力。在这些构成要素中，违反法律即在法律上被确定为违法是前提和基础，其他要素都是基于这一要素而存在的。如果不满足这一要素，违法行为就不成其为"违法"行为。这也就是"法未禁止不为非"的原则。因此，A 为应选项。至于 B、C、D 项，虽然作为违法行为的构成要素，但是具有例外情形，如无过失责任的存在，限制行为能力人作出的违法行为等。同时，其自身的界定也离不开法律的确认。

第二节　归　　责

本节知识结构图

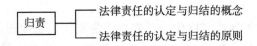

一、法律责任的认定与归结的概念

法律责任的认定与归结指国家机关或授权的组织依照法定职权和程序，对因违法行为、违约行为或法律规定而引起的法律责任进行判断、认定、追究、归结以及减缓和免除的活动。它是一个复杂的法律事实分析和法律价值判断的过程。归责过程是一种行使国家权力的专门活动，是关于责任判断和责任认定的专门活动，也是一种程序性活动。

法律责任的认定与归结是由国家特设或授权的专门机关依照法定程序进行的。在法律领域，认定违法责任并把它归结于违法者的只能是具有归责权（追究权）的专门国家机关，而且认定和归责的过程表现为一系列法律程序。在我国，民事法律责任和刑事法律责任的认定和归结权属于人民法院；行政法律责任的认定和归结权属于行政机关和法律法规授权的组织，在行政诉讼中，行政法律责任的认定和归结权属于人民法院；违宪责任的认定和归结权属于全国人大及其常委会。

"认定"和"归结"两个概念的使用表明，当特定的违法行为发生后，法律责任的存在就是客观的，专门的国家机关能做的，只是通过法律程序把客观存在的责任权威性地归结于责任主体。国家机关既不能任意创造或扩大法律责任，也不能任意消灭或缩小法律责任。国家机关认定法律责任和在此基础上的归责与免责，是法律调整社会关系，维护社会秩序、保障公民权利的重要环节。

二、法律责任的认定与归结的原则

(一) 责任法定原则

责任法定原则是法治原则在归责问题上的具体运用，它的基本要求是：作为一种否定性的法律后果，法律责任应当由法律规范预先规定；违法行为或违约行为应当由法律规范预先规定；违法行为或违约行为发生后，应当按照法律事先规定的责任的性质、范围、程度、期限、方式追究违法者、违约者或相关人的责任。责任法定原则的基本特点为法定性、合理性和明确性，即事先用成文的法律形式明确地规定法律责任，而且这种规定必须合法。

贯彻责任法定原则要做到以下几点：首先，由特定的国家机关或法律法规授权的社会组织归责，归责主体不能超越法定权限追究责任主体的法律责任。这是法律责任与道德责任的重要区别之一。在道德责任领域，每个社会成员都可以将违反道德的责任直接归结于违反道德者。其次，反对责任擅断。任何认定和归结责任的主体都无权向任何一个责任主体追究法律规定以外的责任，应当坚持"法无明文规定不为罪"，"法无明文规定不处罚"；任何责任主体都有权拒绝承担法律规定以外的责任。再次，反对有害追溯，即不能以事后的法律追究在先行为的责任或加重责任。最后，责任法定一般允许法院运用判例和司法解释等方法行使自由裁量权，准确认定和归结行为人的法律责任。

(二) 公正原则

公正包括分配的公正与矫正的公正，实质公正和形式公正。在追究法律责任方面，首先，对任何违法、违约的行为都应依法追究相应的责任，这是矫正的公正的要求。违法、违约行为是对存在于既有法律秩序中合法利益的否定，如果对违法、违约行为不予追究就等于允许、鼓励人们从其错误中获利，颠倒了是非、善恶。追究行为人的法律责任、使其承担不利的法律后果是对这种否定行为的否定，是保护和恢复合法利益的必要措施。其次，法律责任与损害或违法程度相适应，即要求法律责任的性质、种类、轻重要与违法、违约行为以及对他人造成的损害相适应，也就是人们常说的"罚当其罪"。如果罚不当罪或赔偿与损害不相适应，不仅不能起到恢复法律秩序和社会公正的目的，反而容易造成新的不公正。再次，公正要求综合考虑使行为人承担责任的多种因素，作到合理地区别对待。如，民法的公平责任中除了要考虑损害事实以外，还要考虑当事人的经济收入、必要的经济支出以及对家庭和社会所承担的经济负担。再其次，公正要求在追究法律责任时依据法定程序。最后，坚持公民在法律面前一律平等。对任何公民的违法犯罪行为都须同样地追究法律责任，不允许有不受法律约束的或凌驾于法律之上的特殊公民。任何超出法律之外的差别对待都是不公正的。

（三）效益原则

效益原则指在追究行为人的法律责任时应当进行成本收益分析，讲求法律责任的效益。为了有效遏制违法犯罪行为，必要时应当依法加重行为人的法律责任，提高其违法犯罪的成本，以使其感到违法犯罪代价沉重，风险极大，从而不敢以身试法或有所收敛。法律的经济分析是研究确定某些法律责任的一个比较有用的理论工具。例如，在设计逃税的法律责任时，我们可以通过成本收益分析来确定对违法者的合适的法律责任。目前如果不能在较短时间内在查处违法上有比较大的改善，即在查处发现可能性（逃避可能性）不变的情况下有必要加重单位处罚数额，以保证法律责任足够的威慑力度，从而实现惩罚违法、挽回损失、威慑预防违法的功能。

（四）合理性原则

合理性原则指在设定及归结法律责任时考虑人的心智与情感因素，以期真正发挥法律责任的功能。该原则要求，只有在对某人课以责任时能够使他了解法律的要求，并因此根据法律相应调整其行为的时候，归责才是合理的；如果对他的归责仅仅令其感到法律的惩罚而不思日后的依法行事，这种归责也是不尽合理的。

归责的合理性原则一方面要求在认定与归结法律责任时，考虑它对人的心智与情感因素的影响，实现法、理、情最大程度的统一；另一方面要求通过追究法律责任来实现法律责任对人们的教育作用。

（五）责任自负原则

与古代社会个体不独立不同，现代社会每个人都是独立的，在法律上具有独立的地位，因此，在归责问题上要求遵循责任自负原则。这个原则要求，凡是实施违法行为或违约行为的人应当对自己的违法或违约行为负责，必须独立承担法律责任；没有法律规定不能让没有违法或违约行为的人承担法律责任，国家机关或其他得到授权的社会组织不得没有法律依据而追究与违法、违约行为者虽有血缘关系但无违法、违约事实的人的责任，防止株连或变相株连。当然，责任自负原则也不是绝对的。在某些特殊情况下，为了保护社会利益，会产生责任转移承担问题，如监护人对被监护人、担保人对被担保人承担替代责任。

【经典例题】

张某过马路闯红灯，司机李某开车躲闪不及将张某撞伤，法院查明李某没有违章，依据《道路交通安全法》的规定判李某承担10%的赔偿责任。关于本案，下列哪一选项是错误的？（　　）

A.《道路交通安全法》属于正式的法的渊源

B. 违法行为并非是承担法律责任的唯一根源

C. 如果李某自愿支付超过10%的赔偿金，违反了合理性原则

D. 该案体现了责任法定原则

【答案】C

【解析】法的正式渊源是指那些可以从体现于国家制定的规范性法律文件中的明确条

文形式中得到的渊源，如宪法、法律、法规等，主要为制定法，即不同国家机关根据具体职权和程序制定的各种规范性文件。《道路交通安全法》是法律，因此属于正式的法的渊源，因此，A 项说法正确。

法律责任，是指行为人由于违法行为、违约行为或者由于法律规定而应承受的某种不利的法律后果。因此，承担法律责任的原因除了违法行为外，还有违约行为或者由于法律规定的其他应当承担法律责任的行为。因此，B 项说法正确。

合理性原则指在设定及归结法律责任时考虑人的心智与情感因素，以期真正发挥法律责任的功能。归责的合理性原则一方面要求在认定与归结法律责任时，考虑它对人的心智与情感因素的影响，实现法、理、情最大程度的统一；另一方面要求通过追究法律责任来实现法律责任对人们的教育作用。在该案中，虽然李某没有违章，但毕竟撞伤了张某，承担一定的责任给予张某一定的补偿，只要出于完全自愿就是合理的。故 C 错误。

责任法定原则是法治原则在归责问题上的具体运用，它的基本要求是：作为一种否定性的法律后果，法律责任应当由法律规范预先规定；违法行为或违约行为应当由法律规范预先规定；违法行为或违约行为发生后，应当按照法律事先规定的责任的性质、范围、程度、期限、方式追究违法者、违约者或相关人的责任。责任法定原则的基本特点为法定性、合理性和明确性，即事先用成文的法律形式明确地规定法律责任，而且这种规定必须合法。法院依据《道路交通安全法》的规定判李某承担 10% 的赔偿责任，是责任法定原则的体现。故 D 正确。

第三节　法律责任的承担和免除

本节知识结构图

【11-3】

小狗咬伤小刚案

2015 年 8 月 28 日，在石家庄某小区内，10 岁的小刚在小区内玩耍，手指被小区内的一条小狗咬伤，小刚的父母带小刚及时注射了狂犬疫苗。小狗的主人王某向小刚赔礼道歉，并赔偿了小刚全部损失。

一、法律责任的承担概念

法律责任的承担指责任主体依法承受不利的法律后果。法律责任的承担方式通常有两种，即主动承担和被动承担方式。主动承担方式是指责任主体自觉承担法律责任，主动支付赔偿、补偿或损害的利益和权利。被动承担方式是指责任主体根据特定国家机关或法律法规授权组织的确认和归结，承担相应法律责任，即责任主体接受法律制裁。下面主要介绍法律责任的被动承担方式，即法律制裁。

二、法律责任承担的方式

（一）惩罚

惩罚又称法律制裁，指特定国家机关通过强制对责任主体的人身、财产和精神实施制裁的责任方式。惩罚的主要目的是通过使责任主体遭受损失，以恢复社会正义，预防违法犯罪。惩罚是最严厉的法律责任实现方式。

法律制裁与法律责任有着紧密的联系。一方面，法律制裁是承担法律责任的一种重要方式。法律责任是前提，法律制裁是结果或体现。法律制裁的目的是强制责任主体承担否定的法律后果，即惩罚违法者、恢复被侵害的权利和法律秩序。另一方面，法律制裁不等于法律责任，有法律责任不等于一定有法律制裁。如，民法规定的承担民事责任的方式包括两种情况：一种是对一般侵权行为的民事制裁，由司法机关通过诉讼程序追究侵权人的民事责任，给予民事制裁；另一种是违约行为和特殊侵权责任的法律后果。在这种情况下，如果违约方根据对方的要求履行合同义务或采取补救措施，或向对方赔偿或支付违约金，违约方主动实现自己的法律责任，就不会再有民事制裁。同样，如果特殊侵权责任的责任人主动承担赔偿责任，也不存在民事制裁。当然，如果违约方或特殊侵权责任方拒不履行义务，另一方向法院起诉，由法院判决违约方或侵权责任方赔偿损失或承担其他方式的民事责任，这种判决才能称为对被告的民事制裁。

法律制裁可依不同标准分为不同种类。与上述法律责任的种类相对应，法律制裁可分为刑事制裁、民事制裁、行政制裁和违宪制裁。中国历史上首先出现的制裁是刑事制裁，包括关于生命、自由或财产方面的惩罚；以后又出现了民事制裁，即强制剥夺财产以提供赔偿、恢复原状、停止侵害等。随着国家职能的日益扩展，行政制裁也随之发展。第二次世界大战后，随着宪政运动的发展，违宪制裁也逐渐形成。

1. 刑事制裁

刑事制裁是司法机关对犯罪者根据其刑事责任所确定并实施的强制性惩罚措施。它是最严厉的法律制裁措施。刑事制裁以刑罚为主要组成部分。刑罚是人民法院对于犯罪者根据其应负的刑事责任而实施的惩罚性措施，分为主刑和附加刑两类，包括自由刑、生命刑、资格刑、财产刑。除刑罚外，刑事制裁还包括一些非刑罚处罚方法，这些处罚方法一般由法律明确规定。

2. 民事制裁

民事制裁是由人民法院所确定并实施的、对民事责任主体给予的强制性惩罚措施。民事责任主要是一种财产责任，民事制裁也是以财产关系为核心的一种制裁。在现代社会，民事制裁和刑事制裁主要有三个区别：首先，制裁目的不同。刑事制裁旨在预防犯罪，民事制裁虽然也要预防民事违法，但主要还是补救被害人的损失。其次，程序不同。刑事制裁一般由检察机关以国家名义提起公诉，而民事制裁一般由被侵害人主动向法院起诉。再次，方式不同。刑事制裁以剥夺或限制自由为重要内容，并以剥夺生命为最严厉的惩罚措施，民事制裁则主要是对受害人的财产补偿。刑事制裁也有财产刑，但要上缴国库。民事制裁的方式即承担民事责任的方式。

3. 行政制裁

行政制裁指国家行政机关及法律法规授权的组织对行政违法者（包括相对人和行政机关的公职人员）依其所应当承担的行政责任而施行的强制性惩罚措施。行政制裁可以分为行政处罚、行政处分两种。行政处罚。行政处罚指特定的国家行政机关或法律、法规授权的组织或行政机关委托的组织，依法对违反行政法律规范、尚未构成犯罪的相对人所给予的一种法律制裁。处罚的种类有：警告、罚款、没收违法所得、没收非法财物、责令停产停业、暂扣或吊销许可证、执照、行政拘留等。行政处分。行政处分指由国家行政机关或其他组织依照行政隶属关系，对违法失职的国家公务员或所属人员所实施的惩戒措施，包括警告、记过、记大过、降级、降职、撤职、留用察看、开除等。

4. 违宪制裁

违宪制裁指根据宪法的特殊规定对违宪行为所实施的一种强制措施。承担违宪责任、承受违宪制裁的主体主要是国家机关及其领导人。在我国，监督宪法实施的全国人民代表大会及其常务委员会是行使违宪制裁的机关，制裁的形式主要有：撤销或改变同宪法相抵触的法律、法规、决定、命令、指示、规章等，罢免违宪的国家机关领导人。违宪制裁是具有最高政治权威的法律制裁。

还有一种是经济制裁，通常所说的经济制裁含义很广。广义的经济制裁指包括罚金、罚款、赔偿损失、没收财产、停止贷款等一切有经济性内容的制裁，它们分别存在于刑事制裁、民事制裁、行政制裁中；狭义的经济制裁往往指行政处罚中的罚款。

在案例【11-3】中，小狗的主人王某向小刚赔礼道歉，并赔偿了全部损失，即承担了全部民事责任，正因为王某主动承担了法律责任，从而避免了法律制裁，所以法律责任和法律制裁是不同的。

（二）补偿（赔偿）

补偿（赔偿）是通过国家强制力或应当事人要求，责任主体以作为或不作为的形式弥补或赔偿所造成损失的责任方式。补偿（赔偿）包括防止性的补偿（赔偿）、回复性的补偿（赔偿）、补救性的补偿（赔偿）等不同性能的责任方式。补偿（赔偿）的作用在于制止对法律关系的侵害以及通过对被侵害的权利进行救济，使被侵害的社会关系恢复原态。补偿（赔偿）强调事实，较少渗入道德评价，目的在于弥补受害人的损害。

补偿（赔偿）的方式除了对不法行为的否定、精神慰藉外，主要为财产上的赔偿、补偿。在我国，补偿（赔偿）主要包括民事补偿（赔偿）、行政补偿和国家赔偿。

民事补偿（赔偿）指依照民事法律的规定，责任主体承担的停止、弥补、赔偿等责任承担方式，具体包括停止侵害、排除妨碍、消除危险、返还财产、恢复原状、修理、重做、更换、继续履行、赔偿损失、支付违约金、消除影响、恢复名誉、赔礼道歉等。承担民事责任的主要方式是民事补偿（赔偿）。

行政补偿是指行政主体因为客观情况发生变化或出于社会发展的需要而改变或消灭行政法律关系，从而导致行政相对人的合法权益受到损害时，应当给予的补偿。

国家赔偿包括行政赔偿和司法赔偿。行政赔偿是国家因行政主体及其工作人员行使职权致使行政相对人受损害，而给予受害人赔偿的一种责任方式。司法赔偿是国家因司法机关及其工作人员行使职权致使当事人受到损害，而给予受害人赔偿的一种责任方式。

（三）强制

强制是指国家通过强制力迫使不履行义务的责任主体履行义务的责任方式。强制的功能在于保障义务的履行，从而实现权利，使法律关系正常运作。强制是承担行政法律责任的主要方式。

强制包括对人身的强制和对财产的强制。对人身的强制有拘传、强制传唤、强制戒毒、强制治疗、强制检疫等方式。对财产的强制有强制划拨、强制扣缴、强制拆除、强制拍卖、强制变卖等方式。

强制的方式主要为直接强制，也有代执行、执行罚等间接强制。

三、法律责任的减轻与免除

法律责任的减轻与免除即通常所说的免责，指法律责任由于出现法定条件而被部分或全部地免除。这里的免责是法定免责，不同于中国封建社会"法外施恩"，也不同于"不负责任"或"无责任"。免责以法律责任的存在为前提，但由于法律规定的某些主、客观条件的出现，法律责任可以被部分或全部地免除（即不实际承担）。无责任或不负责任则指虽然行为人事实上或形式上违反了法律，但因其不具备应负法律责任的条件，故不承担法律责任，如正当防卫、紧急避险、未达到法定责任年龄等都是不负责任的情况。

从我国的法律规定和法律实践看，主要存在以下几种免责形式：

（一）时效免责

时效免责即违法者在其违法行为发生一定期限后不再承担强制性法律责任。时效免责初看起来是不公正的，但实际上它对于保障当事人的合法权利、督促法律关系主体及时结清债务、维护社会秩序的稳定以及提高法院的工作效率和质量有着重要意义。

（二）不诉免责

不诉免责即所谓告诉才处理、不告不理，意味着当事人不告诉，国家就不会把法律责任主动归结于违法者，亦即意味着违法者实际上被免除了法律责任。在我国，大多数民事违法行为是受害当事人或有关人告诉才处理，有些轻微的刑事违法行为也是不告不理。必须注意，这里的"不告诉"须是出于被害人及其代理人的自由意志。如果"不告诉"之不作为是在某种压力下或强制环境下作出的，则不构成免除有责主体的法律责任的条件和依据。

（三）自首、立功免责

自首、立功免责即对那些违法之后有自首、立功表现的人免除其部分或全部法律责任。这是一种将功抵过的免责形式。

（四）补救免责

补救免责即对于那些实施违法行为、造成一定损害，但在国家机关归责之前采取及时补救措施的人免除其部分或全部责任。这种免责的理由是违法者在归责之前已经超前履行了第二性义务。

（五）协议免责或意定免责

协议免责或意定免责即基于双方当事人在法律允许的范围内协商同意的免责，即所谓"私了"。这种免责一般不适用于犯罪行为和行政违法行为，即公法领域的违法行为，仅适用于民事违法行为，即私法领域的违法行为。

（六）自助免责

自助免责是对自助行为所引起的法律责任的减轻或免除。所谓自助行为，是指权利人为保护自己的权利，在情势紧迫而又不能及时请求国家机关予以救助的情况下，对他人财产或自由采取扣押、拘束或其他相应措施，而为法律或社会公共道德所认可的行为。自助行为可以免除部分或全部法律责任。

（七）人道主义免责

人道主义免责即在权利相对人没有能力履行责任或全部责任的情况下，有关的国家机关或权利主体可以出于人道主义考虑免除或部分免除有责主体的法律责任。因为一方的权利是以对方即义务人的实际履行能力为限度的，在义务主体无履行能力的情况下，即使归责于他并试图强制执行，也会因其不能履行而落空。

【经典例题】

下列有关法律后果、法律责任、法律制裁和法律条文等问题的表述，哪些可以成立？（　　　）

A. 任何法律责任的设定都必定是正义的实现

B. 法律后果不一定是法律制裁

C. 承担法律责任即意味着接受法律制裁

D. 不是每个法律条文都有法律责任的规定

【答案】BD

【解析】法的价值包括自由、正义、秩序和利益等。正义是法的价值之一，而非唯一价值。因此，法律责任的设定未必是正义的实现。另外，法律责任的设定是实然，而实现正义是应然，实然与应然间总会存在不一致。据此，选项 A 错误。法律后果包括肯定的法律后果和否定的法律后果（即法律责任），法律制裁是被动承担法律责任的一种方式，因此选项 B 正确。承担法律责任，可以主动承担，也可以被动承担，而法律制裁是被动承担法律责任的一种方式。据此，选项 C 错误。法律规则在逻辑上由假定条件、行为模式和法律后果三个要素组成，并不意味着制定法中的每一个法律条文都包含法律规则的三个要素，法律条文可能只包含三要素中的一个或两个要素，当法律条文只包含假定条件和行为模式，或是只包含行为模式，或是包含肯定性法律后果时，就没有法律责任的规定。据此，选项 D 正确。

本 章 小 结

法律责任指行为人由于违法行为、违约行为或因法律规定而应承受的某种不利的法律后果。法律责任是法学的基本范畴，它具有自己的特点：承担法律责任的最终依据是法律；法律责任具有国家强制性。法律责任与法律权力、与法律权利和法律义务各有区别和联系。违法是守法的反面，即为法律所禁为，不为法律所令为。有广义和狭义之分。根据违法行为的具体性质和危害程度、法律调整的方式不同，一般将违法分为：刑事违法、民事违法、行政违法、违宪。违法的原因既有外部原因即环境因素，也有内部原因，即主体自身的原因。我国防治违法的根本方针是社会治安综合治理。法律责任的构成要素有五个：责任主体、违反法律义务的行为、过错、损害结果、因果关系。以引起责任的行为性质为标准，将法律责任划分为：刑事责任、民事责任、行政责任与违宪责任。法律责任的认定和归结的原则主要有：责任法定原则、公正原则、效益原则、合理性原则、责任自负原则。

　　法律责任的承担指责任主体依法承受不利的法律后果。法律责任的承担方式包括惩罚、补偿（赔偿）和强制三种。惩罚即法律制裁，指由特定国家机关对违法者依其应承担的法律责任而实施的强制性惩罚措施。与上述法律责任的种类相对应，法律制裁可分为刑事制裁、民事制裁、行政制裁和违宪制裁。补偿（赔偿）包括民事补偿（赔偿）、行政补偿和国家赔偿。强制包括对人身的强制和对财产的强制。法律责任的免除也称免责，指法律责任由于出现法定条件而被部分或全部地免除。这里的免责是法定免责，从我国的法律规定和法律实践看，主要存在以下几种免责形式：时效免责、不诉免责、自首立功免责、补救免责、协议免责或议定免责、自助免责和人道主义免责等。

综　合　练　习

一、选择题

1. 法律责任产生的原因包括(　　)。
　　A. 违法　　　　　B. 违约　　　　　C. 法律的特别规定　D. 达到责任年龄
2. 法律责任的构成一般必须有行为人主观上的(　　)。
　　A. 故意　　　　　B. 过失　　　　　C. 故意或过失　　　D. 故意和过失
3. (　　)是法律责任最基本的分类。
　　A. 民事责任、行政责任、刑事责任、经济责任、违宪责任
　　B. 民事责任、行政责任、刑事责任、经济责任
　　C. 民事责任、行政责任、刑事责任
　　D. 民事责任、行政责任、刑事责任、违宪责任
4. 某人因盗窃被判处有期徒刑三年，这种责任属于(　　)。
　　A. 民事责任　　　B. 行政责任　　　C. 刑事责任　　　　D. 违宪责任
5. 法律责任的实现方式有(　　)。
　　A. 惩罚　　　　　B. 监督　　　　　C. 补偿　　　　　　D. 强制
6. 王某打架斗殴，公安机关依据《中华人民共和国治安管理处罚法》的规定，对其处罚50元，这种处罚属于(　　)。
　　A. 行政制裁　　　B. 刑事制裁　　　C. 违宪制裁　　　　D. 民事制裁
7. 我国最早出现的法律制裁方式是(　　)。

A. 民事制裁　　B. 行政制裁　　C. 违宪制裁　　D. 刑事制裁

8. 赔礼道歉属于下列哪种法律制裁(　　)。

A. 刑事制裁　　B. 行政制裁　　C. 司法制裁　　D. 民事制裁

9. 下列哪些属于法律责任的免除条件? (　　)

A. 自首立功　　B. 时效免责　　C. 正当防卫　　D. 履行不能

10. 根据法律责任的免责条件,下列行为中可以减轻或免除法律责任的是(　　)。

A. 路某偷了一辆价值两千元的电动车,十年后被查出

B. 王某在工作中不故意将单位价值百万的仪器损坏,但王某家里只有一个50平米住房

C. 张某见义勇为与歹徒搏斗中,夺过歹徒的刀将其中一人刺伤

D. 赵某实施强奸后,与被害人和解达成协议,向被害人赔偿十万元精神损害

二、判断题

1. 法律责任可以分为民事法律责任、行政法律责任、刑事法律责任和违宪法律责任。
(　　)

2. 拥挤的公交车上,经售票员提醒后,李某仍不给抱小孩的乘客让座,导致孩子被挤伤,李某应该承担法律责任。
(　　)

3. 因为新冠疫情的蔓延,某市政府要求涉疫小区的居民居家或集中隔离。这种强制不属于法律制裁。
(　　)

三、名词解释

1. 法律责任
2. 违法
3. 法律制裁

四、简答题

1. 简述违法的种类。
2. 简述法律责任的概念及其构成。
3. 简述法律责任和法律制裁的分类。
4. 简述我国主要存在的几种免责形式。
5. 简述我国归责的原则。

五、拓展训练

1. 甲,30岁;乙,27岁。2021年7月13日下午,在北京市西城区德胜门外,北郊长途汽车站,发生口角,甲将乙打伤,被公安局治安拘留7天。

请问:①该案件中,甲将乙打伤的行为是一般违法行为还是犯罪行为?

②甲被某公安局治安拘留7天,在法律制裁中属何种制裁?

2. 2017年5月2日,郑州医生杨某因在电梯内劝阻段某抽烟,两人发生争执。十多分钟后,69岁的段某突发心脏病死亡。监控视频显示,2017年5月2日9时24分03秒,段某在电梯间内吸烟,4秒钟后,杨某进入电梯,按了负一楼电梯键。随后,双方开始有语言交流。电梯到达一楼,杨某按了开门键,段某未走出电梯。电梯到达负一楼,二人继续对话。杨某走到电梯门外,段某在电梯门内,双方仍有争执。随后,杨某重新进入电

梯，按了一楼的按钮。2017 年 5 月 2 日 9 时 26 分 24 秒，两人走出电梯。两分钟后，他们走到单元门口。段某情绪相对较为激动，杨某比较冷静。2017 年 5 月 2 日 9 时 29 分 06 秒，两人走向物业办公室，至此时为止，段肖礼的香烟一直未熄灭。物业办公室门口监控视频显示，段某比较激动，物业工作人员从办公室内出来后，其情绪更加激动，边说话边向杨某靠近。两分钟后，杨某被劝离，段某则被劝至物业办公室。没多久，段某突然倒地。急救中心出具的证明显示，急救人员到达时，段某意识丧失，经抢救病情无变化，心电图示全心停搏，宣布临床死亡。

请运用法律责任的原理分析该案例。

第十二章 法律程序

本章知识结构图

法律程序 ——┬—— 概述
　　　　　　└—— 正当法律程序

知识目标：了解法律程序的含义和特征，正当法律程序的历史演进和价值；掌握法律程序对法律行为的调整方式；程序正义的意涵；程序正义在法治系统中的地位和功能；正当法律程序的基本要求。

能力目标：培养学生对于法律程序重要性的认知；在未来的工作生活中对程序尊重、遵循的意识和能力。

素质目标：提升学生尊重程序的意识和素养，培养学生的职业自豪感和社会责任感。

第一节 概 述

本节知识结构图

概述 ——┬—— 法律程序的概念和特征
　　　　├—— 法律程序对法律行为的调整方式
　　　　└—— 程序正义

【12-1】

刘涌被判死刑案

刘涌，辽宁省沈阳市人，原系沈阳嘉阳企业集团有限责任公司董事长。因犯故意伤害罪、组织、领导黑社会性质组织罪等，由铁岭市人民检察院提起公诉，铁岭市中级人民法院于 2002 年 4 月 17 日判处刘涌死刑，剥夺政治权利终身，并处罚金人民币 1500 万元。判决宣告后，刘涌不服，提出上诉。辽宁省高级人民法院于 2003 年 8 月 11 日作出〔2002〕辽刑一终字第 152 号刑事附带民事判决，撤销原一审判决中对刘涌故意伤害罪的量刑部分及对附带民事诉讼原告人扈艳的民事赔偿部分，认定刘涌犯故意伤害罪、组织、领导黑社会性质组织罪等，判处死刑，缓期二年执行，剥夺政治权利终身，并处罚金人民币 1500 万元。在一审二审期间，被告人刘涌委托了田文昌律师和佟为律师为其辩护。终审判决发生法律效力后，最高人民法院于 2003 年 10 月 8 日作出〔2003〕刑监字第 155 号再审决定，以原二审判决不当为由，依照审判监督程序提审该案。最高人民检察院指派 3 位检察官出庭支持公诉，被告人刘涌委托佟为律师和刘冲律师为其辩护。2003 年 12 月 20 日，最高法院作出了〔2003〕刑提字第 5 号刑事判决书，撤销了辽宁省高院刑事附带民事判决中对再审被告人刘涌故意伤害罪的量刑及决定执行的刑罚部分；认定刘涌犯故意伤害罪，判处死刑，剥夺政治权利终身；维持原二审对刘涌以组织、领导黑社会性质组织罪，判处有期徒刑十年；故意毁坏财物罪，判处有期徒刑五年；非法经营罪，判处有期徒刑五年，并处罚金人民币 1500 万元；行贿罪，判处有期徒刑五年；妨害公务罪，判处有期徒刑三年；非法持有枪支罪，判处有期徒刑三年。对刘涌上列被判处的刑罚实行并罚，决定执行死刑，剥夺政治权利终身，并处罚金人民币 1500 万元。迨后刘涌被执行死刑。

一、法律程序的概念和特征

（一）法律程序的概念

现代汉语中的"程序"是多义词，除可指诉讼过程，还可指机器的操作规程、事项的展开过程及其先后顺序等。从法学角度说，法律程序是法律的基本属性，内在于法律之中，贯穿于法律运行全过程，构成法律的存在形态和基础。正如贝勒斯所说："程序占据了法律的中心地位。"法律程序是指特定主体为完成某一具有法律意义的行为所应遵守的法律过程和方法以及它们相互之间的关系。

法律程序的外延较为广泛，包括立法、行政、司法、仲裁和调解程序等，传统上属于政治程序的选举近年来也被纳入法律程序范畴，成为法学研究的对象。法律程序在公私法领域皆存在。在私法领域，除法定程序（如不动产转移登记）外，法律程序更多表现为法律承认的约定或意定形式；在公法领域，法律程序因其规范公权力行使的特质，更多体现为制度形态并被视为法律程序的典型形态。法律程序不仅包括审判程序，也包括立法、行政、调解、仲裁等程序。随着市场活动日益制度化，市场行为的法律程序也在不断增加。

（二）法律程序的特征

1. 目标特定

法律程序的目标在于作出特定的法律性决定。法律程序决定了法律性决定应当按照何种过程和方式被作出。例如，一项仲裁决议的作出应当按照法定的仲裁程序来进行，一部法律的出台应当遵守法定的立法程序。这里的"法律性决定"在内容上可能是实体性的，如行政处罚、行政许可和行政强制措施等；也可能是程序性的，如《立法法》《行政法规制定程序条例》《规章制定程序条例》等。此外，随着执政者法治意识的增强，法律程序被越来越多地用于政治和公共决策的过程当中，因此"法律性决定"也包括政治和公共决策。

2. 主体多元

法律程序通常由多个法律主体参与其中，通过主体的互动而产生相应的法律性决定。只有单数主体参与的法律程序比较少见，更多时候是由复数主体参与其中并进行互动。例如，仲裁程序是由申请人、被申请人和仲裁员等参与和互动的法律程序；立法、行政和司法等程序所涉及的主体也是多元的，只不过各自的具体称谓不同。这些主体在法律程序中的互动需要遵守时间要求和空间要求。其中，时间要求包括行为的先后顺序和时间长短，前者如在对犯罪嫌疑人定罪之前应当先进行法庭审理，后者如刑事诉讼的最长追诉时效一般为二十年。空间要求包括空间关系和行为方式，前者旨在说明主体及其相互行为的确定性和相关性，如我国《宪法》规定，人民法院"依照法律规定独立行使审判权，不受行政机关、社会团体和个人的干涉"，后者旨在说明行为的表现方式，如刑事判决一般应当公开。

3. 相对中立

对于法律性决定而言，法律程序具有一定的距离，它并不直接指向某一特定的法律性决定，只是规定其中的顺序和步骤。法律程序的中立性价值在于，它可以为当事人建立起相对稳定的预期，降低法律的不确定性给当事人的不利影响。但是，我们应当看到，法律程序的中立性并不绝对。从外部来看，法律程序体现和维护的是立法者的意志，立法者可以对其进行价值填充，使其在整体上具有偏向性。从内部来看，参与法律程序的各主体也未必是中立的，例如在司法程序中，除了中立的法官，当事人双方都必然站在自己的立场上。

4. 象征性

法律程序彰显了一种"看得见的正义"。正义不仅要获得实现，而且要以人们看得见的方式实现。法律程序设定了与法律性决定相关的时空、言行、仪式和器物等，具有仪式性和象征性。除非法律程序本身明显的不公，一般而言，它能增强人们对法律性决定的参与感，提高对法律性决定的接受度。正因为如此，越来越多的人认为程序法和实体法一样重要，具有同等价值。

二、法律程序对法律行为的调整方式

法律程序通过分工、抑制、导向、缓解、感染等方式实现对法律行为的调整。

（一）分工

法律程序通过时空要素实现程序角色的分配。如在诉讼程序中，法官行使审判权，陪审员、辩护人、公诉人等各司其职。陪审员对法官是既配合又牵制的角色，辩护人和公诉人则是平等发言、争辩的代表。缺乏分工或者分工不充分的法律程序在功能上是有缺失的。

（二）抑制

法律程序通过其时空要素克服和防止行为的随意性。如多层级的审级制度比一审终审更可能抑制法官判断的随意性；行政相对人直接参与行政决定程序、为自己的行为进行申辩，可在相当程度上限制行政主体的恣意行为。

（三）导向

法律程序的时空要素指引人们的行为依一定指向和标准在时间上延续，在空间上展开。一方面，程序为人们个别而具体的行为提供统一标准模式，以克服行为的个别化和非规范化；另一方面，程序的导向机制还能指示人们的行为在时间和空间上有秩序地连接，避免行为随意中断。

（四）缓解

法律程序以其时空要素缓解人们的心理冲突，消解紧张气氛，为冲突解决提供有条不紊的秩序条件。一方面，程序引导当事人避免发生激烈的外部对抗和冲突，当事人既然选择了法律程序，也就抛弃了野蛮和无序的争端解决方式。另一方面，通过法律程序形成了相对隔离的法律空间，将复杂的社会关系简化为相对简约、程式化的法律关系，排斥或隔离了原有社会角色和其他非程序因素的影响。

（五）感染

法律程序的仪式性、象征性及其神圣性，能够感染人的心态和情绪，引导主体产生心理上有意识或无意识的服从，遵循相应的行为模式。如庄严的宪法宣誓程序，代表着宣誓词的内心认同和良知呼唤；公正严明的程序促使当事人或证人作出诚实的供述或证词；回避程序使当事人对判决结果产生信心、提升司法公信力等。

三、程序正义

正义包括"实质正义"和"程序正义"两种形式。实质正义表现为结果的正义；程序正义是过程的正义，即正义性是由程序建立和保证的。在法律领域，程序正义主要指向法律程序的正义性。法律程序是否公正，将在很大程度上决定法治目标能否得到实现。法谚有云："正义不仅要实现，而且要以看得见的方式实现。"如果说，正当程序注重的是程序本身正当性要件的满足的话，程序正义要强调的则是其相对于实体正义的独立价值。

（一）程序正义的意涵

1. 程序正义有独立的价值

程序正义意味着程序除在形成实体结果方面具有工具性价值外，其自身还是一种具有独立价值的实体，具有独立的作为目的的内在价值，其意义丝毫不弱于实体正义。程序正义不依赖于实体结果而存在，程序结果的公正不能证明程序本身的公正，程序本身是否公正直接取决于程序的内在品质；而实体正义不仅需仰赖程序正义实现，还应借助程序正义证成。

2. 程序正义有内在的价值标准

程序本身是否设计得科学合理，可以作为衡量程序正义是否得到实现的依据。其中"科学合理"指程序本身的内在价值标准，包括但不限于参与、公开、平等、中立、理性、及时终结、人道性等，其终极意义的价值基础在于对人的尊严和道德主体地位的尊重。

3. 程序正义与实体正义在很多情况下可以和谐一致

如：行政主体在充分听取各方当事人意见的基础上作出的行政决策，通常比闭门决策的质量更高；裁判者不得与一方当事人单独接触，显然更易于增强裁判结果的公正性和认受度。但程序正义与实体正义也可能出现顾此失彼的情况，如，在遭受恐怖威胁时对嫌疑恐怖分子坚持刑事正当程序，就可能危及公共安全。如何更好地协调程序正义与实体正义之间的关系，是法治实践和理论的重大课题。

（二）程序正义在法治系统中的地位和功能

1. 程序正义本身承载了诸多法治的价值

首先，程序正义具有对程序结果的证成功能。在价值多元的时代，任何面向共同体的决策都可能面临正当性疑问。有的时候，由于主客观条件的限制，绝对的实体正义已不可得，程序正义却依然可以凭借其独立的品格赢得各方当事人的拥护，由此产生的程序结果也可以被认为是相对正义的。其次，从结果角度来看，程序正义对于实体正义的实现仍具有积极作用。虽然不能认为坚持程序正义一定能够带来实体正义，但多数时候程序正义对实体正义能起到促进作用。最后，程序正义具有公开、透明的品格，能够为当事人提供稳定的合理预期。这是法治区别于其他治理方式的基本标志，也体现出对人的尊严的承认和尊重。

2. 程序正义设定了实体正义的操作框架，并对其有过滤和补救作用

在法治时代，实体正义的实现已经不能简单地诉诸力量、道德或意识形态的对比关系，而是应当依靠说理、论辩、协商、利益衡量等方式，这些行为又应当被纳入以中立、平等和透明为特征的程序正义框架下。倘若实体正义出现漏洞和不足，同样应当通过程序正义加以补救。例如，法院为语言不通的当事人提供翻译、为有困难者提供法律援助等，都体现出程序正义的补救功能。

3. 实体正义和程序正义共享同一个终极评价标准——人的主体性和尊严

"程序正义与实体正义都应以对人的主体性和尊严的维护和尊重为终极价值，在二者冲突时，对人作为理性主体之尊严的尊重和维护应成为终极判准和衡量尺度"。[①]

【13-1】案例中，铁岭市中级人民法院依法对刘涌作出一审判决；刘涌不服一审判决而提出上诉；辽宁省高级人民法院作出终审判决；终审判决发生法律效力后，最高人民法院依照审判监督程序提审该案；最终刘涌被执行死刑。这一过程是我国刑事诉讼法律程序的具体体现。在这一过程中，目标特定，即对刘涌作出公正判决；主体多元，涉及铁岭市中级人民法院，辽宁省高级人民法院，最高人民法院；铁岭市中级人民检察院，辽宁省人民检察院和最高人民检察院；刘涌的辩护律师田文昌、佟为和刘冲等。每一主体从不同角度维护法律的公平正义。在该案中，人民法院行使审判权，人民检察院行使公诉权，律师行使辩护权，各司其职；一审、终审、再审这种多层级的审级制度更能抑制法官判断的随意性，并在时空上有序衔接，避免行为随意中断。这些均体现了法律程序的不可或缺性。

【经典例题】

下列选项中哪些涉及到法律程序？（　　）

A. 2018 年 3 月 20 日，经全体与会代表投票表决，第十三届全国人民代表大会第一次会议通过了《中华人民共和国监察法》，随后中华人民共和国主席发布主席令予以

① 张文显主编：《法理学》（第五版），高等教育出版社 2018 年版，第 271 页。

公布。

    B. 王某涉嫌贪污被 A 市 B 区人民检察院决定逮捕并提起公诉，B 人民法院判处其有
期徒刑七年。

    C. 甲公司因与乙公司的合同纠纷向 C 市 D 区人民法院提起诉讼，乙公司应诉。经开
庭审理，人民法院判决甲公司胜诉。乙公司不服人民法院的判决，向 C 市人民法
院提起上诉，请求撤销一审判决，驳回甲公司的起诉。

    D. 张某被县公安局处以 15 日行政拘留，3 个月后张某向县人民政府申请行政复议，
县人民政府以超过申请复议期限为由决定不予受理。张某遂以县公安局为被告提
请行政诉讼，要求撤销县公安局的处罚决定。

【答案】ABCD

【解析】A 涉及立法程序。我国全国人民代表大会的立法程序包括提出法律案，审议
法律案，表决和通过法律案，公布法律。

B 涉及刑事诉讼程序，刑事诉讼法程序包括立案侦查、提起公诉、判决、上诉或抗
诉，审判监督。

C 涉及民事诉讼程序，民事诉讼程序包括起诉、审判、上诉、审判监督。

D 涉及行政程序，包括行政复议程序和行政诉讼的程序。行政复议程序包括提出复议
申请，复议机关受理申请并把复议申请书的副本或者是复印件发给被申请人，被申请人提
出书面的答复，复议机关制作复议决定书；行政诉讼程序包括起诉、审判、上诉、审判监督。

第二节 正当法律程序

本节知识结构图

正当法律程序 —— 正当法律程序的历史演进
             —— 正当法律程序的基本要求
             —— 正当法律程序的价值

    并非一切法律程序都是正当的。现代意义上的法律程序是一种有价值倾向的程序，即
正当法律程序。正当法律程序区别于古代的法律程序和现实生活中的非正当程序。正当法
律程序是一种为了限制恣意，通过角色分派与主体互动而进行的，具有理性选择特征的活
动过程。

【12-2】

米兰达法则

    1963 年，名叫恩纳斯托·米兰达的 23 岁无业青年，因涉嫌强奸和绑架妇女
在亚利桑那州被捕，警官随即对他进行了审问。在审讯前，警官没有告诉米兰达

有权保持沉默，有权不自认其罪。米兰达文化不高，也从没听说美国宪法第五修正案是怎么回事。经过连续两小时的审讯，米兰达承认了罪行，并在供词上签了字。在法庭上，检察官向陪审团出示了米兰达的供词作为指控他犯罪的重要证据。而米兰达的律师则坚持认为，根据宪法，米兰达的供词无效。最后，陪审团认定米兰达有罪，法官判米兰达20年有期徒刑。此案上诉至美国最高法院。1966年，最高法院以五比四的一票之差裁决地方法院的审判无效，理由是警官在审问前，没有预先告诉米兰达应享有的宪法权利。最高法院在裁决中向警方重申了审讯嫌犯的程序规则：第一，预先告诉嫌犯有权保持沉默。第二，预先告诉嫌犯，他们的供词可能用来起诉和审判他们。第三，告诉嫌犯有权请律师在受审时到场。第四，告诉嫌犯，如果请不起律师，法庭将免费为其指派一位律师。这些规定后来被称为"米兰达法则"（Miranda Warnings）。

一、正当法律程序的历史演进

在西方法律史上，一般都把1215年英国《大宪章》作为"正当程序"原则的源头，而这一原则又与英国古老的"自然正义"原则存在极其密切的渊源关系。"自然正义"大致包括两项最基本的程序规则：（1）任何人不能审理自己的或与自己有利害关系的案件。（2）任何一方的诉词都要被听取。①

1354年，英国正式出现了现代意义上的"正当程序"条款。② 此条款首次以法令形式表述了英国著名的自然正义原则，后经历代英国国王的反复确认，到14世纪末成为英国立宪体制的基本标志。法国《人权宣言》第7条也有类似规定："除依法判决和按法律规定的方式外，任何人都不应受到控告、逮捕或拘禁。"

在美国法律史上，"正当法律程序"这个完整的法律术语最早见于1692年马萨诸塞州的一部制定法。1791年美国宪法第五修正案正式规定"非经正当法律程序，不得剥夺任何人的生命、自由或财产"。1868年宣布生效的美国宪法第十四修正案又采用"正当法律程序"一词，以此直接约束州政府、州政府官员和地方政府。在此过程中，美国法院经由一系列司法解释和经典判例，从原本只具程序性含义的正当程序中渐次开放出实质性内容和意义，形成了美国独具特色的"实体性正当程序"（substantive due process）和"程序性正当程序"（procedural due process）并重的宪法原则。后者涉及法律实施的方法和过程，要求用以解决利益争端的法律程序必须是公正、合理的。前者是对联邦和各州立法内容的宪法限制，要求涉及剥夺公民生命、自由和财产的法律本身应符合公平、正义、

---

① 参见［英］戴维·M.沃克：《牛津法律大辞典》，李双元等译，法律出版社2003年版，第787页。

② 根据丹宁勋爵的考证，"正当法律程序"首次在成文法上的出现是1354年爱德华三世第二十八号法令第三章的规定："未经法律的正当程序进行答辩，对任何财产和身份的拥有者一律不得对夺其土地或住所，不得逮捕或监禁，不得剥夺其继承权和生命。"［英］丹宁勋爵：《法律的正当程序》，李克强等译，法律出版社1999年版，第1页。

理性等基本理念。其意味着，当政府剥夺公民生命、自由和财产时，必须提供充分理由以证明其必要和正当。

在我国，20 世纪 90 年代初，一些法理学者开始对正当程序的价值和功能进行法哲学意义上的探讨，其后部门法学者在各自领域内对正当程序的研究也有力推动了实务界对程序价值的关注。这既是对我国轻程序传统和现象的反拨，也因应了法治推进对于正当程序的内在需求。正当程序是现代法律的特征之一，是人治和法治的分水岭和试金石；就中国法律发展和法治现代化而言，正当程序是中国法走向现代化不可或缺的元素之一。正当程序的观念、制度和实际运行，是衡量一个国家法治文明、司法公正、诉讼民主、人权保障程度的重要标志。

二、正当法律程序的基本要求

（一）程序的分化

正当法律程序通过分散决定权来限制权力的恣意行使，而决定权的分散通过程序的功能分化和角色分派得以实现。程序的阶段性划分是时间维度的功能分化和角色分派，如立法中的法律案的提出、法案的审议、法案的表决和通过、法律公布程序，刑事司法中的侦查、检控、审判、执行程序；程序的结构性安排是空间维度的功能分化和角色分派，如立法程序中代表不同利益的议员（代表）之间依程序安排进行的相互辩论，审判程序中法官、原告、被告、公诉人、辩护人、代理人、陪审员、证人的各司其职、相互牵制。程序将决定权分解于程序过程中，通过功能分化和角色分派来完成决定，每一程序环节、每一角色都有自己的独特价值和特定目标，限制或阻隔了对事件之结果或法律外目标的过早考虑，从而大大限制了权力恣意妄为的空间。

（二）对立面的设置

程序始于利益和意见的冲突和竞争。为了在冲突和竞争中形成法律上的决定，就必须设置不同法律主体之间论辩、交涉的制度性平台。对立面的设置是利益对立或竞争的主体间进行制度性交涉的装置。在原告与被告、刑事追诉者与被追诉者、行政主体和行政管理相对人、相互竞争的竞选者、谈判双方或多方的程序性竞争和妥协中，存在着相互牵制的力量，营造了通过制度性交涉形成共识的空间，所形成的决定便更具可接受性。当然，"对立"并非一味"对抗"，对立意味着"和而不同"。

（三）程序中立

程序中立是正当程序的核心要素，在决定者或程序主持者的中立之外，还包括：第一，程序的预设性。程序设定的前提，是程序设计的参与者对该程序是否会使特定主体获益或受损处于"无知"状态，目的在于防止程序的"因人设制"。第二，程序设置的中立性。程序的设置应在冲突各方所秉持的利益或价值之间不偏不倚，使各方在程序地位、信息获得和发言机会上公平对等，保证决定或结论不是出自任何一方的强势，而是程序要件被遵守所导出的结果。

（四）自由平等且实质性的参与

参与是现代程序设计的一个突出特征，也是正当程序的必备要件。其不仅包括受法律决定影响的利害相关者对决策过程的实质性参与，也包括公众对立法和政治或公共决策过程的参与和影响。前者如行政相对人的辩解、陈述、申请听证，原被告双方与法官之间的论辩交涉，受刑事追诉者与刑事追诉机关之间的抗辩、对质等。后者如听证、投票选举、全民公决、咨询机构接纳公民代表以及在公共决策过程引入谈判、协商和公共咨询制度等。参与应是自由地、平等地和实质性地参与。

自由地参与，首先意味着参与的自愿，包括参与的自愿和不参与的自愿。其次意味着参与不仅包括同意和承认，也包括参与过程中的异议、反对和批评。平等地参与，首先意味着程序参与者在程序中的地位是平等的，在意见表达上享有同等的资格和机会，在涉及公共利益或自身利害的决策过程中拥有平等的尊严与发言权。其次意味着参与是公平的，不仅要求决定者或程序指挥者的中立地位、信息的对称和充分、类似情形类似处理，而且要求为少数反对派、弱者和处于不利地位的人提供特别的程序设置。实质性地参与，首先意味着参与是法定的、有制度保障的。其次意味着参与应能实质性地影响决策结果，即决策结果是在程序过程中生成的，结果中包含甚至只包含程序参与者的参与因素。

（五）理性对话和交涉

参与是通过理性对话和交涉进行的。对话是参与程序的不同主体间为达成理性的合意围绕争论点而展开的意见交涉。通过对话，不仅要设法说服对方，还要在对方的观点主张下反思和整理自己的观点，并就自己的观点向对方作理性说明。如果一方不能向对方阐明自己主张的合理根据，将可能承担不利后果。选举中的竞选演说及与选民的互动、立法中的辩论制度和议员的言论表决免责、行政决定的说明理由和听证制度、行政诉讼中行政相对人与行政主体之间的诉答、民刑事审判中的质证和辩论等，都是理性对话和交涉的程序机制。通过法律程序中的对话交涉和理性反思妥协，合意得以达成，法律决策的实体性内容得以形成并获得正当性。

（六）信息充分和对等

这是参与得以有效进行的重要前提之一。正当法律程序应能保证信息、资讯或证据在程序参与者之间平等和充分地分享、传输和流动。在对信息、资讯或证据一无所知或知之甚少的情形下，程序参与者所进行的参与不可能是实质性的、有效的，由此而产生的心理上的紧张和不安，也会直接导致其对结果的正当性产生怀疑；信息在程序参与者之间的严重不对称，以及不能在公开或程序参与者均在场的程序中提交和传送，将导致程序结果难以获得真正认同。

（七）公开

没有公开性，其他一切制约都无能力。和公开性相比，其他各种制约是小巫见大巫。公开作为正当法律程序的运作方式，意味着：第一，程序结果和理由的公开；第二，程序进行过程的公开；第三，作为参与前提的资讯和信息的公开。当然，公开不是绝对的，例如涉及个人隐私、国家秘密的案件可不公开审理，但审理结果应当公开。

（八）及时性和终结性

程序的及时性意味着程序在时序和时限上有统一、明确、规范的标准，是被限定的、有效率的、可被合理预期的，而不是任意、偶然、过于怠惰或急促的。程序的终结性意味着：第一，程序通过形成一项最终的决定而告终结，其与程序的时限性相关联；第二，结果应是从过程中生成的，程序对结果的形成具有唯一的决定作用；第三，该结果不能被随意推翻，欲修正该结果，必须通过启动另一法律程序来进行。

三、正当法律程序的价值

正当法律程序既具有工具性价值，更具有内在的独立价值。正当法律程序的工具性价值往往指其在实现好结果，如形成一项表达民意的立法、合理的行政决定或公正的司法判决方面的有用和有效。这种工具性价值还可细分为功利性的和道义性的。前者如实现效率、增进福利等，后者如发现真实、解决争端、恢复秩序、制约权力、保障权利、实现公正、提升法律权威等。而正当法律程序的内在的独立价值，是指其无须诉诸结果、无须经结果证明而独立存在的本体价值。

（一）正当法律程序是权利平等的前提

现代法治原则要求"以相同的规则处理同类的人或事"，即平等地适用法律。公正是司法的生命，而公正的核心是平等，程序是如何保证平等的呢？现实生活中，具体的人和事与抽象的法律规则之间存在差异和距离，这给法律适用带来难度。法律适用是对抽象规则与具体行为的认同过程，这个认同过程的高度"同一性"有赖于法律程序的保证。倘若没有统一的步骤和方法，没有时间和空间上的向导，就难以实现"同一性"，因而平等适用法律也就无从谈起。因此，正当法律程序是体现权利公平、机会公平、规则公平的法律制度的前提和基础。

（二）正当法律程序是权力约束的机制

法治国家的公权力应当受到法律的严格约束，而法律程序是其中不可或缺的一种约束机制。正当法律程序通过抑制、分工等方式对公权力进行约束。在社会经济生活要求国家自由裁量权相对扩大的今天，实体法规则的控权功能有所缩减，因此程序控权的功能大大增长。法律程序以其特有的功能补充了实体规则在控制权力方面的不足，追求权力与权利的平衡、效率与自由的协调、形式合理性与实质合理性的结合。

（三）正当法律程序是解纷效率的保证

正当合理的法律程序总是能够使纠纷及时、有效、公正、合理地得以解决。相反，偏私或不合理的法律程序往往使纠纷的解决出现这样的情况：当事人在程序中就能感受到不公正因素；当事人在程序中尚未消除暴力的直接冲突；当事人为纠纷的解决花费了不必要的或过高的诉讼成本；当事人在处理结果面前仍有遗留的纠纷或由处理结果引起的新的冲突和矛盾。因此，正当合理的法律程序能够保证纠纷真正得到解决，从而实现实体公正。

（四）正当法律程序是权利实现的手段

首先，法律程序是权利义务实现的合法方式或必要条件。正当的程序能促使权利被实际享受，义务得到切实履行。其次，法律程序通过对权力的约束和控制来保障人权。正当法律程序是以权力约束和权利保障为特征的，通过"把权力关进制度的笼子"实现实体权利。最后，法律程序是纠纷解决的重要途径，正当法律程序对于权利又是一种有效而重要的补救手段。

（五）正当法律程序是法律权威的保障

法律权威固然需要国家强制力来保证，但是这种强制力有可能使法律权威异化为粗暴的武力。正当法律程序的意义在于通过法律程序使人们体会到法的公正与尊严。正当法律程序必定会增强人们对法律的好感、敬意和信心；相反，不正当的程序则引会起人们对法律的厌恶、轻蔑和怀疑。人们对公正的理解和对法律权威的体验首先是从"能够看得见的"程序形式中开始的。

（六）正当法律程序促进公民行为理性化

引导公民规范有序地参与政治生活、社会生活、法律生活，确保公民参与的民主化、法治化、程序化。

基于正当程序的这些内在价值，法治思维和法治方式的一个重要方面就是确立程序思维和程序方法，尊重和遵循正当程序。

【12-2】介绍的"米兰达法则"又称米兰达警告、米兰达权利，是美国刑事诉讼中的犯罪嫌疑人保持沉默的权利。"你有权保持沉默。如果你不保持沉默，那么你所说的一切都能够用作为你的呈堂证供。你有权在受审时请一位律师。如果你付不起律师费的话，我们可以给你请一位。你是否完全了解你的上述权利？"

【经典例题】

下列哪些属于正当法律程序的基本要求（　　　）

①程序的分化　②对立面的设置　③程序中立　④自由平等且实质性的参与

⑤理性对话和交涉　⑥信息充分和对等　⑦公开　⑧及时性和终结性　⑨结果公正

A.①②⑤⑧　　　　　　B.①③⑤⑦⑨　　　　　C.②④⑥⑧　　　　　　D.③④⑥⑦

【答案】ACD

【解析】正当法律程序的基本要求有：程序的分化、对立面的设置、程序中立、自由平等且实质性的参与、理性对话和交涉、信息充分和对等、公开、及时性和终结性，不包括结果公正，结果公正可以说是设置正当法律程序的目标之一。

本 章 小 结

法律程序指特定主体为完成某一具有法律意义的行为所应遵循的法律过程和方法以及它们相互之间的关系。法律程序在各个法律领域皆存在，其通过分工、抑制、导向、缓解、感染等方式实现对法律行为的调整。程序正义的意涵有：程序正义具有独立的价值；程序正义有内在的价值标准；程序正义与实体正义有时一致，有时冲突。程序正义在法治系统中的地位和功能有：程序正义本身承载了诸多法治的价值；程序正义设定了实体正义的框架并对其有过滤和补救作用；人的主体性和尊严是实体正义和程序正义之上的终极判准。

正当法律程序的基本要求包括：程序的分化、对立面设置、程序中立、自由平等且实质性的参与、理性对话和交涉、信息充分和对等、公开、及时性和终结性等。正当法律程序的价值体现为其是权利平等的前提、权力约束的机制、纠纷解决效率的保证、权利实现的手段、法律权威的保障、公民理性的引导。

综 合 练 习

一、选择题

1. 法律程序的特征有(　　　)。

    A. 目标特定　　　　B. 主体多元　　　　C. 相对中立　　　　D. 象征性

2. 法律程序实现对法律行为调整的方式有(　　　)等方式。

    A. 分工　　　　　　B. 抑制　　　　　　C. 导向　　　　　　D. 缓解

    E. 感染

3. 程序正义的意涵包括(　　　)。

    A. 程序正义有独立的价值

    B. 程序正义有内在的价值标准

    C. 程序正义与实体正义在很多情况下可以和谐一致

    D. 实体正义优先于程序正义

4. 正当法律程序的基本要求包括(　　　)。

    A. 对立面的设置　　　　　　　　B. 自由平等且实质性的参与

    C. 理性对话和交涉　　　　　　　D. 公开

5. 正当法律程序的价值有(　　　)。

    A. 正当法律程序是权利平等的前提　　B. 正当法律程序是权力约束的机制

    C. 正当法律程序是法律权威的保障　　D. 正当法律程序促进公民行为理性化

二、判断题

1. 中国的法治建设不需要西方的正当法律程序，因为它与我国国情相冲突。（　　　）

2. 程序中立是正当程序中最为基本甚至被视为绝对条件的要素。（　　　）

3. 正当程序主要具有工具性价值，不具有内在的独立价值。（　　　）

三、名词解释

1. 法律程序

2. 正当法律程序

四、简答题

1. 简述法律程序对法律行为的调整方式。

2. 程序正义在法治系统中的地位和功能。

3. 简述正当法律程序的基本要求。

4. 简述正当法律程序的价值。

五、拓展练习

2020 年 10 月 12 日，在某市进行食品卫生大检查的过程中，行政机关的一名工作人员走进王某开办的一家个体餐馆进行检查。该工作人员身着便装，没有佩戴检查标志，也未出示任何证件。王某见此情况提出要看看其证件，该工作人员才掏出证件给王某看。该工作人员检查完厨房之后，离开了餐馆。10 月 20 日，该工作人员又来到王某的餐馆，并交给王某一份该行政机关作出的行政处罚决定。该处罚决定称王某的餐馆卫生不达标，予以罚款500元，但未说明法律依据。王某询问凭什么说其餐馆卫生不达标，并要求该工作人员拿出证据，该工作人员让王某自己到市市场监督管理局去问，然后就离开了餐馆。

此案中，行政机关工作人员的哪些行为不符合程序正义的要求？

第十三章 法 律 方 法

本章知识结构图

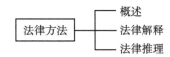

　　知识目标：了解法律方法的特征，法律解释的特点，法律解释的必要性，法律推理的特征；掌握法律解释的分类、原则和方法，法律推理的两种形式，形式推理的分类，实质推理的必要性和原则。

　　能力目标：通过联系部门法具体条文，使学生对法律方法的认识从感性上升到理性，切实使学生感受法学基础理论的基础性地位及与现实的密切联系；在处理具体案件中能熟练运用法律解释和法律推理等方法，维护公平正义的能力；培养学生的法律思维能力和法律推理能力。

　　素质目标：培养学生的职业自信心和自豪感，增强学生的社会责任感和关心社会发展、关爱他人的情怀，自觉维护社会的公平正义。

第一节 概 述

本节知识结构图

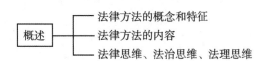

一、法律方法的概念和特征

（一）法律方法的概念

　　法律方法是指法律职业者（或称法律人）认识、判断、处理和解决法律问题的专门方法，或者说，是指法律人寻求法律问题的正确答案的专门方法。法律方法一般是由法律职业者在解决各种实际法律问题的过程中创造和发展起来的，是法律职业者的实践理性和实践智慧的结晶。从法律文明史来看，早期的法律方法主要在法律职业者之间口耳相传，但也有一些富有理论素养的法律职业者以书面形式总结或概括法律方法。如，中国古代一些记录当时司法智慧和经验的书籍就有古代司法方法的论述，郑克的《折狱龟鉴》、宋慈的《洗冤集录》、王又槐的《办案要略》是比较著名的代表。近代以来，法律方法问题逐渐成为法学研究对象，法学家成为推动法律方法发展的重要力量。

（二）法律方法的特征

法律方法与其他方法相比，具有以下三个特征：

1. 专业性

法律方法是法律职业者的专门方法。法律职业者在社会中扮演着特定的角色，有自己思考和解决问题的专门方式，这是一种与其他职业者相区别的判断和解决问题的方法，其核心是法律思维。例如，辩护律师在法庭上所关心的是该被告人有什么权利应予保护或有无法律上的特定义务，但是普通社会公众却可以认为被告人"很坏"而进行道德上的谴责。可见，法律职业者思考和解决问题的方式与一般社会公众是有相当的差异的。因此，所谓学习法律就不是简单地了解法律是如何规定的，而是要学会法律方法。

2. 法律性

法律方法是根据法律思考和解决法律问题的方法，法律是法律人判断是非的标准。法律人是根据法律思考和判断纠纷解决方式的。一个受过系统的法律专业训练与教育的人和一个未受过此类教育的人，在看待同一社会问题时是会有一定差异的。

3. 实践性

法律方法属于实践的范畴。法律方法具有明显的实践性。首先，法律方法具有明显的实践目的指向，即如何有效地解决人们所面临的法律问题。其次，法律方法的主体是法律实践的主体，即从事审判、检察、法律服务等法律实务工作的法律职业者。再次，法律方法的评价标准是实践。一种法律方法是否科学，关键就在于其能否合理、有效的解决现实生活中的法律纠纷。

二、法律方法的内容

广义的法律方法涉及法律职业者活动的各个领域，种类和形式都极为复杂。狭义的法律方法是仅指司法过程中的法律方法，这种法律方法是典型的法律方法。一般而言，法律方法包括法律解释、法律推理、法律论证、法律发现四个方面。我们在这里使用狭义的法律方法。

（一）法律解释

法律解释也是法律推理过程中一个相对独立的环节和内容，是指法律人在适用法律的过程中对法律的含义所做的进一步说明。明确的法律规定是法律得以适用的大前提，在法律的含义不明确的时候，就需要首先对其进行解释，然后再进行适用。但如何正确解释法律，这是法律解释必须要面对的问题。

（二）法律推理

法律推理是法律人将形式逻辑运用于处理案件过程的思维形式。法律推理的过程总体上可以分为：第一，寻找可以适用的法律渊源。这些法律渊源在不同国家是不同的；第二，分析可适用的法律渊源，从中确定可适用于本案的法律规则和原则；第三，分析、研究依据法律可以认定的事实；第四，将相关法律规范适用于本案事实，以确定由事实引起的权利和义务关系，解决纠纷。这个推理过程基本上是形式逻辑的三段论推理在法律领域的运用。在一般的简易案件中，这种推理形式是法律人最常用的，也是法律人的一个基本功。

（三）法律论证

法律论证和法律推理是同一个思维过程的两个不同的侧面。法律推理需要研究的是法律人如何运用形式逻辑以保证关于法律问题的分歧和争议能得到正确处理的推导过程。法律论证则是通过语言的形式，主要是书面语言，根据一定的理由对案件处理决定的正确性进行符合形式逻辑的推导和证明。所以，法律推理强调的是结论形成的实际思维过程；法律论证重在证明结论的正确性。

（四）法律发现

法律发现是法律推理过程中的一个相对独立的环节，是指法律人寻找和确定所要适用的法律规定的过程。一般的教科书中，有关法律渊源的讨论会涉及这个问题。

法律解释、法律推理、法律论证、法律发现是从不同角度对司法过程的具体内容的分析，在实践中，它们总是联系在一起并相互支撑的。

三、法律思维、法治思维、法理思维

（一）法律思维

法律思维是指按照法律的逻辑（包括法律规则、原则和精神）来观察、分析和解决社会问题的思维方式。法律思维方式的重心在于合法性的分析，即围绕合法与非法来思考和判断一切有争议的诉求、利益、行为。法律思维具有以下几个基本特点：

1. 以法律为准绳

法律思维奉法律为中心，要求根据法律规则、原则和精神进行观察、思考和判断，确保个案的处理"一准乎法"。这是法律职业者最基本的职业思维。

2. 以权利义务为分析线索

一切法律问题，说到底都是权利与义务问题。法律思维是根据法律能够做什么、可以做什么、不能做什么、禁止做什么的思考和推理。

3. 在程序中进行思考

法律对利益和行为的调整是在程序中实现的。正如马克思强调的那样，程序是法律制度的生命形式。失去了程序，法律就失去了生命。法律思维把程序摆到重要位置，强调通过合法的程序来获得个案处理的实体合法结果。

4. 充分说理

法律思维的任务不仅是获得处理法律问题的结论，更重要的是提供能够支持所获结论的法律上的理由，特别是那些认同法律并依赖于法律的人们能够接受的理由。

（二）法治思维

法治思维是指依法治理、依法办事的思维方式，是把对法律的敬畏、对规则的坚守、对程序的遵循转化成思维方式和行为方式。法治思维的内容十分丰富，包括人民民主思维、法律至上思维、依法行权思维、公平合理思维、法律责任思维、权力制约思维、利益平衡思维等。

法治思维是治国理政所应遵循的思维方式，是各级领导干部必须养成的思维方式。各级领导干部是党的执政权和国家立法权、行政权、监察权、司法权的行使者，必须带头尊崇法治、敬畏法律，了解法律、掌握法律，不断提高运用法治思维和法治方式深化改革、推动发展、化解矛盾、维护稳定、应对风险的能力，做尊法学法守法用法的模范。

（三）法理思维

法理思维是指基于对法律、法治本质意义和美德的追求、对法律精神和法治精神的深刻理解，以及基于良法善治的实践理性而形成的思维方式。法理思维比法律思维和法治思维有着更多的想象力和更大的思维空间，它把民主、人权、公正、秩序、良善、和谐、自由等价值精神融入法律和法治之内，因而更具包容性、综合性、协调性和公共理性。法理思维具有反思性、规范性、实践性、整合性等鲜明特征。

1. 反思性

法理思维是典型的反思性思维，是对已经形成的法学原理、法治公理、法律原则等进行再认识，使之既经受语言的、逻辑的、修辞学的检验和校正，又受到文化传统、社会价值和时代精神的洗礼和考验。以反思的思维方法对待法律及其运行中的问题，不仅关注法律当中的具体规则、条文，而且更加关注这些规则、条文存在的根据问题，即深藏于这些规则背后的社会价值、发展目标、公共政策、道德公理等问题。这意味着，我们要在法律的有效性之上提升法律的合规律性、合目的性，在法治的程式性之上推进法治的体系性、生动性，在法理的法源性之上增强法理的说理性、论辩性。

2. 规范性

法理思维属于规范性思维的范畴。法理思维的重心是对法律制度、法律原则、法律政策、法律原理、法律秩序背后的目的论、正义论、合理论等因素的考量，以推动法律体系既保持开放性又避免任性恣意。

3. 实践性

作为实践性思维，法理思维是关于行为者"应当做什么"的思维，具有强烈的"目的指向"，即是以某种前置目的为起点、由一定目的驱动、选择实现目的之方法、力图实现这一目的的思维过程。比如，在以人民为中心的目的指向下，我国执法司法人员要讲清"法理"、讲明"事理"、讲透"情理"，让当事人心服口服。

4. 整合性

法理思维是借助综合因素进行的整合性思维。在面对疑难案件，法官找不到法律规则时，就可适用法律原则，无原则可循时还可诉诸更广泛的公共政策、公序良俗等因素。法理思维具有重要的社会整合功能。通过法理思维，无论是法律经验还是法律逻辑，无论是法律目的还是法律技术，无论是法律专家的专业意见还是普通公众的法律感受，都将尽可能得到整合并力争获得广泛共识，进而推动法学研究和法治实践的发展进步。

第二节　法律解释

本节知识结构图

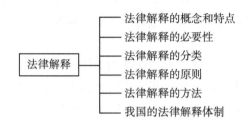

法律解释
- 法律解释的概念和特点
- 法律解释的必要性
- 法律解释的分类
- 法律解释的原则
- 法律解释的方法
- 我国的法律解释体制

一、法律解释的概念和特点

（一）法律解释的概念

法律解释是指一定的人或组织对法律规则含义的说明。法律解释既是人们日常法律实践的重要组成部分，又是法律实施的一个重要前提。法官在依据法律作出一项司法决定前，需要正确确定法律规定的含义；律师在向当事人提供法律服务时，要向当事人说明法律规定的含义；公民遵守法律，也要对法律规定的含义有一个正确的理解。

（二）法律解释的特点

与一般性的解释相比，法律解释具有以下四个特点：

1. 法律解释的对象是法律规定和它的附随情况

法律规定或法律条文是解释所要面对的文本，法律解释的任务就是要通过研究法律文本及其附随情况即法律制定时的经济、政治、文化、技术等方面的具体情况，探求它们所表现出来的法律意旨，即法律规定的意思和宗旨。

2. 法律解释与具体的案件密切相关

（1）法律解释往往是由待处理的案件引起的。制定法律的目的是通过法律规定为人们的生产、生活提供指引，公平合理地解决人们所遇到的纠纷和争端。人们将某一法律规定适用于特定案件遇到理解困难时，法律解释就成为十分必要的了。（2）法律解释需要将法律规定与案件事实结合起来进行。对法律条文而言，只有那些与具体案件有关的部分才是最重要的；对具体案件而言，只有那些同法律条文有关的部分才是最重要的。法律解释的主要任务，就是要确定某一法律规定对某一特定案件事实是否有意义，也就是对一项对应于一个待裁判或处理的事实的法律规定加以解释。

3. 法律解释具有一定的价值取向性

这是指法律解释的过程是一个价值判断、价值选择的过程。人们创制并实施法律是为了实现一定的目的。而这些目的又是以某些基本价值为基础的。这些目的和价值就是法律解释所要探求的法律意旨。在法律解释实践中，这些价值一般体现为宪法原则和其他法律的基本原则，比如我国《民法典》规定的公平原则和诚实信用原则。

4. 法律解释受解释学循环的制约

解释学循环是解释学中的一个中心问题，指整体只有通过理解它的部分才能得到理解，而对部分的理解又必须要通过对整体的理解。法律解释是解释的一种具体形式，也要服从解释学的一般原理。在法律解释中，解释者要理解法律的每一个用语、条文或规定，需要以理解该用语、条文或规定所在的制度、法律整体乃至整个法律体系为前提条件；而要理解某一法律制度或整个法律体系，又需要以理解单个法律用语、条文和制度为条件。指出法律解释存在的解释学循环，可以防止人们孤立地、断章取义的曲解法律。

二、法律解释的必要性

法律解释是法律实施的前提，又是法律发展的重要方法。之所以需要对法律进行解释，原因在于：

（一）法律解释是将抽象的、稳定的法律规定适用于具体的案件事实、多变的社会生活的必要途径

法律往往是抽象的、概括的行为规则，只能规定一般的适用条件、行为模式和法律后果，而不可能对所有问题都作出具体的规定。在法的适用过程中，要把一般的法律规定适用于千差万别的具体案件，要把相对稳定的法律规定适用于不断变化的社会生活，就需要对法律作出必要的解释。

（二）法律解释是寻求对法律规定的统一、准确和权威的理解和说明的需要

法律一般是以严格的、专门的概念和术语表述出来的，因而可能不易被人们所理解。同时，由于人们的社会角色、生活环境、文化水平等方面的原因，对统一法律规定往往可能产生不同的理解，这就需要权威性的法律解释来统一人们的理解，保证法的实施的统一性。

（三）法律解释是消解法律冲突、弥补法律漏洞的重要手段

法律规范是由不同的国家机关制定的，制定的时间和所属的法律部门也往往不一样。在现实的法律运作过程中，属于不同法律部门或制定时间有先后的法律之间，有时会发生各种各样的矛盾或冲突；而且，在任何法律体系中都不可避免地存在着应规定的未规定、规定不够准确或界限不明等等诸如此类的法律漏洞，为了消除矛盾冲突、弥补法律漏洞，使法律规定得以实施，法律解释是一种必不可少的手段。

三、法律解释的分类

法律解释可以根据不同的标准分为不同的种类。

（一）正式解释与非正式解释

这是根据法律的解释主体和解释的效力不同进行的分类。

正式解释通常也叫法定解释、有权解释、有效解释，是指由特定的国家机关、官员或其他有解释权的主体对法律作出的具有法律上约束力的解释。根据解释的国家机关的不同，法定解释又可以分为立法解释、司法解释和行政解释。正式解释的主体在不同的国家或不同的历史时期都有所不同，通常是由法律规定或由历史传统决定的。

非正式解释通常也称学理解释、无权解释、无效解释，是指未经授权的国家机关、社会组织或个人对法律规定所进行的没有法律效力的解释。在学术研究、法学教育或法制宣

传中，专家、学者或法律工作者可以对法律进行解释，由于这种解释具有较强的系统性、逻辑性和历史性，在世界各国法制发展史上都曾起到过重要的作用，在不同程度上受到统治者的重视，甚至成为法律渊源之一。在我国当前的法律实践中，这种解释虽然不具有法律效力，但对于立法、司法以及法学教育和研究的发展等方面都有十分重要的推动作用。公民、当事人、代理人等也可以按照自己的理解对法律进行解释，这种解释本身虽然不具有法律效力，但也有一定的参考价值。特别是在具体案件的处理过程中，律师的意见对当事人的决策、法官的判断和裁量等往往能够产生重要的影响。

(二) 规范性解释与个别性解释

这是根据法律解释的方式和效力范围的不同进行的分类。

规范性解释是指对于实施法律规范的一切场合、情况和对象都具有普遍约束力的解释。规范性解释对于加强法律适用的统一性和确定性具有重要的意义，它虽然具有普遍的效力，但原则上只能根据法律规定作出，不应增加新的原则或规范，也不能与有关的法律原则相抵触，所以，规范性解释在我国不属于法律创制活动。我国最高司法机关针对具体案件作出的一些解释、答复和批复等虽然在形式上表现为个别性解释，但因其从个案中归纳出某些普遍性的原则或规则，并对各级司法机关均具有约束力，因此，仍应属于规范性解释。

个别性解释是指根据具体情况、对象和场合对有关法律规范进行的虽然有法律效力、但无普遍约束力的解释。例如，法官在处理具体案件时对法律规定所作的解释，是法律适用的基本活动，具有非常重要的意义和法律效力，但并不属于具有普遍约束力的规范性解释。个别性解释是将法律规范的一般规定具体化的重要手段，是法律解释最常见的形式。

四、法律解释的原则

法律解释的原则，是法律解释主体在进行法律解释的过程中所共同遵循的基本准则，是法律职业共同体关于法律解释的共识性的逻辑思维表征。为了保证法律解释的统一实施和不断发展，我们在法律解释的过程中必须坚决贯彻如下法律解释原则。

(一) 合法性原则

法律解释应该符合法律的规定和基本精神。这包括三个方面的基本要求：

1. 法律解释应该按照法定权限和程序进行，不得越权解释

宪法和法律对哪些国家机关具有何种性质的解释权都有相应的较为明确的规定，必须依法办事。在解释法律的活动中，应该严格按照所确定的解释权限和程序进行解释，不得越权解释，也不得滥用解释权，否则，解释无效。

2. 对低位阶法律的解释不得与高位阶的法律相抵触

法律解释原则上必须符合被解释法律的基本精神，对低位阶法律的解释必须符合高位阶法律的规定，所有法律解释都必须符合宪法的规定。

3. 对法律概念和规则的解释应与法律原则保持一致

因为法律解释是对法律的补充性说明，必须符合被解释法律的基本精神，否则，就不是法律解释而是立法活动。法律原则是法律基本精神的体现。在对法律概念或法律规则进行解释时，遵守法律原则就是捍卫法律的精神。

（二）合理性原则

合理性在此是指合乎情理、公理、道理。坚持合理性原则应遵守如下基本要求：

1. 要使法律解释符合社会现实和社会公理

法律解释必须解决现实问题，根据现实需要提出、确定解决办法。法律解释符合社会的现实需求和社会公理的要求，才具有针对性和说服力。

2. 进行法律解释时应尊重公序良俗

公序良俗是人们在长期的共同生产与生活中形成的具有广泛群众基础的行为规范，是人们社会生活的基本组成部分，构成了民间秩序的基本内容。法律解释应切实尊重这些规范，这不仅关系到法律的实效，而且涉及到法律的社会效果以及民族传统的延续问题。

3. 法律解释应顺应客观规律和社会发展趋势，尊重科学

法律的持久生命力从根本上说来源于它与社会发展的一致程度。因此，在法律原则允许的范围内，法律解释应该具有一定的变革性，需要从发展的角度考虑法律的解释工作。

（三）法制统一原则

法制统一是法治的一项基本原则。法律解释坚持法制统一原则，就是要求法律解释活动必须在法治的范围内进行。法律解释坚持法制统一原则，具体内容包括如下几个方面：

1. 应将需要解释的法律规则、概念、技术规定等方面的法律规定置于相应的法律、法规、条例中来理解和把握，使解释活动从属于该法律文件的整体；将对个别法律部门有关规定的解释，纳入到更高级的法律部门和整个法律体系来全面把握，不能将法律解释看成是个别的局部行为。

2. 要坚持各种法律解释之间已经建立的效力等级关系，解释活动要有全局观念、法治观念。我国的法律解释体制，从纵向看，是以全国人大常委会的宪法、法律解释权为统率的；从横向看，是以权力机关的常设机构的解释权为核心的。加强权力机关的常设机构、特别是全国人大常委会在法律解释中的解释权、领导权，建立法律解释的约束机制，规范行政与司法解释，是我国法制统一的重要保证。

3. 在法律解释过程中，要建立和贯彻规范化的解释技术。例如，法律概念语言文字的统一，解释文件体例的统一，各法律解释主体所作的法律解释的名称的规范化等，从技术上保证法律解释活动服从法制统一的大局。

（四）历史与现实相统一的原则

任何法律的制定都有其特殊的历史背景和历史原因，同时，任何法律只有能够解决现实的问题，才有存在的价值和意义。因此，法律解释活动应坚持历史与现实相统一的原则。该原则的基本要求是：法律解释必须结合法律制定时的社会历史背景，以准确了解立法意图，把握立法原意，同时又要充分考虑现实的社会政治经济文化发展等实际状况，在保持法律稳定性的同时兼顾法律随情势的变迁而作出必要的调整变化。

五、法律解释的方法

法律解释的方法，也就是法律解释的操作技术与技巧，指法律解释主体为了能够准确地理解和把握待解释的法律的内涵而使用的一些有效手段。对于法律解释的方法，民法法系和普通法法系国家的概括和表述是不同的。尽管如此，法律解释的方法大体上都包括语

义解释、历史解释、体系解释、目的解释等几种方法。

【13-1】

美国总统能否统帅空军

1787 年制定的美国宪法是迄今为止仍然有效的世界上最古老的一部宪法，这部宪法是美国人民政治思想和民族精神的集中体现，在美国的政治生活中一直受到高度的尊重。这部宪法在第 2 条第 2 款规定："总统为合众国陆海军及各州民团的总司令。"也就是说，宪法授权总统统辖全国的陆军和海军。到第一、二次世界大战的时候，西方发达国家纷纷组建了自己的空军，美国也不例外。美国总统作为全国武装力量的最高统帅，也组建和领导了美国的空军，成为三军统帅。但是后来有人提出，宪法上并没有规定总统可以统帅空军，总统的此项权力因此无据，应由国会通过专门的修正案对此作出明确规定。但是，这种提议或质疑没有得到支持，人们相信，总统统帅空军并不违宪。

（一）语义解释

语义解释又称文理解释，是严格遵循法律规定的字面含义的一种以尊重立法者意志为特征的解释，包括字义解释和语法解释。这种解释按照法律语言表述的字义、语法和通用的表达方式以及逻辑规则进行解释，目的在于使人们正确理解法律规范的含义和立法者的意图。语义解释的特点是，把解释的焦点集中在语言上，而不顾及根据语义解释出的结果是否公正合理。

1. 字义解释

根据解释尺度的不同，字义解释可分为字面解释、限制解释和扩充解释。

字面解释是指严格按照法律条文的字面含义所进行的解释，既不扩大，也不缩小。字面解释是法律解释中最常用的一种方法，它能够准确的表达立法者的意图，以符合立法的原意。

限制解释是指为了符合立法原意，对法律条文所进行的窄于字面含义的解释。通常在法律条文的字面含义显然大于立法原意之时需要进行这种解释。例如，《民法典》第一千零六十七条第 1 款规定：父母不履行抚养义务的，未成年子女或者不能独立生活的成年子女，有要求父母给付抚养费的权利。这里的"父母"一词，在适用该条文时就必须对其作出限制性解释。

扩充解释是指为了符合立法原意，对法律条文所进行的广于其字面含义的解释。通常是在法律条文的字面含义明显窄于立法原意之时需要进行这种解释。例如，全国人大常委会对《中华人民共和国刑法》第 384 条第 1 款规定的国家工作人员利用职务上的便利，挪用公款"归个人使用"的含义问题所作的解释，指出"归个人使用"一语包括如下情形：其一，将公款供本人、亲友或者自然人使用的；其二，以个人名义将公款供其他单位使用的；其三，个人决定以单位名义将公款供其他单位使用，谋取个人利益的。这就属于扩充解释。

2. 语法解释

语法解释又称文法解释，是指对法律条文的语法结构、文字排列和标点符号等进行分析，以便理解和阐明法律规定的内容和含义。

【13-1】中，对美国宪法第 2 条第 2 款规定："总统为合众国陆海军及各州民团的总司令"，用"语义解释"的方法进行解释，因为字面上没有"空军"字样，总统只能统帅"陆海军"，不能成为三军总司令。

（二）体系解释

体系解释，也称逻辑解释、系统解释，是指将法律文本或者法律条文置于国家的整个法律体系之中，依其在该法律体系中的具体地位，即它在编、章、节、条、款、项的前后关联位置，以及相关法律文本或者法律条文的法意，阐明法律文本或者法律条文的意旨的解释方法。在普通法法系国家，有所谓"整体性规则"，即法律应被作为一个整体来解释，以避免出现内部矛盾。在解释学上，有解释循环的现象，体系解释即是遵循这一原则所进行的解释。首先，体系解释应综合考虑条文之间的相互关系。立法者在制定法律、表述法律的时候，为了使法律条文简洁、清晰，会使用不同的法律规范（规则），诸如：确定性规范、委托性规范和准用性规范。在解释法律条文的时候，也应考虑到它们的照应关系。其次，体系解释应当考虑法律条文在情势上的同类性或一致性。比如，我国《民法典》有关产品责任的规定，那么，其责任性质是过错责任还是严格责任？运用体系解释的方法，我们可以看出，它被立法者归入特殊侵权责任一类，特殊侵权责任是严格责任。再次，体系解释应当运用法条竞合的规则解决法律条文之间可能出现的矛盾。有时，对同一问题会有两个或两个以上的法律条文予以规定，而这些条文之间彼此存在矛盾的情形。在这种情况下，应当运用有关法条竞合的规则解决矛盾。其中包括：上位法优于下位法；特别法优于普通法；后法优于前法等等。

【13-1】中，对美国宪法第 2 条第 2 款规定："总统为合众国陆海军及各州民团的总司令"，用"体系解释"的方法进行解释，即联系美国宪法的其他条文。根据解释学循环的原理，对局部的理解离不开整体，对整体的理解也离不开局部，两者一定要相互呼应。依此原理，我们在对宪法在总统权限的条文进行解释时，也一定要联系第 1 条规定的国会权限、第 3 条规定的法院权限进行分析。在有关国会的所有规定中，主要内容是关于国会有权立法、进行预决算、弹劾总统、批准最高法院大法官任命等，并没有关于武装力量的规定；在关于联邦最高法院的所有规定中，主要是有关案件审判和维护宪法的内容，也毫无关于武装力量统辖的规定。也就是说，在宪法最初的权力分配中，立法者是不允许国会和司法机关统领军队的，军队的指挥调遣是单独授予总统的；除此之外，其他机构或个人均不能统辖军队。

（三）历史解释

历史解释是指通过研究有关立法的历史资料或从新旧法律的对比中了解法律的含义。有关立法的历史资料包括：制定法律的提案说明，关于审议法律草案的说明，关于讨论、通过法律草案的记录和其他有关文献等。进行历史解释的目的，主要是探求某一法律概念如何被接受到法律条文中来，某一条文或制度乃至某一部法律是如何被规定进法律体系中来，立法者是基于哪些价值作出决定的。

在法律解释主观说盛行的时期，这种方法曾经扮演过重要角色。现在，历史解释已经没有以前那么重要了。台湾学者黄茂荣认为：现在它的主要任务，与其说在终局的决定法律的内容，不如说是在划定法律解释的活动范围。语义解释也有划定解释范围的功能，即解释不应超出字面含义所可能覆盖的范围。历史解释是在文义解释划定的范围内的进一步限定，在给定的历史情境中确定法律的含义。

【13-1】中，对美国宪法第 2 条第 2 款规定："总统为合众国陆海军及各州民团的总司令"，用"历史解释"的方法进行解释，即研究制定美国宪法时的历史资料，我们可以知道，制定宪法时（1787 年），世界上还没有空军，制宪者也不可能根据当时的科技发展状况推断出将来会增加新兵种"空军"，因此，在法律条文中只规定了"陆海军"。

（四）目的解释

目的解释就是以法律的目的为标准，对该法律的具体意思加以解释或者对于具体法律规定的意思的疑义加以澄清的法律解释方法。目的解释的理论逻辑在于法律条文或法律制度的内容和意旨是受制于法律文本的整体目的的，以该法律的目的来解释其具体的法律规定的含义和意旨，可以使各个法律条文之间的"不完整性"得到最大限度的弥补和消除。

这里所讲的目的不仅可以是原先制定该法律时的目的，也可以指探求该法律在当前条件下的需要；既可以指整部法律的目的，也可以指个别条文、个别制度的目的。依照这种方法，在解释法律时应当首先了解立法机关在制定该法时所希望达到的目的，然后以这个目的或这些目的为指导，去说明法律的含义，尽量使有关目的得以实现；如果由于社会关系发展变化等原因使原先的立法目的不适应新的社会情势的需要，按照自由解释的态度，解释者可以根据需要确定该法律新的目的。

许多规范性法律文件的第一条往往写明了该法的立法目的，这是一种明示的立法目的；有些法律目的以宪法原则或基本法律原则的形式表现出来，这是一种体系化的法律目的或法律价值，像人权、平等、诚实信用等等。为了确定法律的目的或为了发展法律的目的，解释者需要考虑比法律文本本身更广泛的因素，包括：政治、经济、文化、社会情势、公共政策、各种利益等等。相对于其他几种解释方法，目的解释赋予解释者更大的自由解释的空间。解释者不必拘泥于条文的字面含义；如果条文有缺陷或漏洞，解释者可以进行修正或弥补。在出现法条之间存在矛盾而用体系解释的方法不能奏效时，目的解释的方法可以帮助人们发现使法律适应社会发展需要的正确道路，最大限度地发挥法律的社会功能。

每种解释方法有其各自特殊的功能。语义解释实质上使法律适用者要严格受制于制定法，相对于其他的解释方法，语义解释使法律适用的确定性和可预测性得到最大可能的保证。历史解释容许了法律适用者可以参酌历史的法律经验。体系解释有助于特定国家的法律秩序避免矛盾，从而保证法律适用的一致性。目的解释使法律决定与法律目的相一致，从而实现法律调整的功能，使法律决定具有最大限度的正当性。

我们对于【13-1】案例运用目的解释的方法进行解释，当年美国立宪的目的是为美国规划一种三权分立的政治体制，立法权归国会，司法权归联邦法院，行政权包括统率陆军、空军和各州民团的权力归总统，空军和陆军海军的性质一样，均属于武装力量，自然由总统来统帅。因此，我们可以得出结论，美国总统统帅空军并不违宪。

六、我国的法律解释体制

法律解释体制，是指正式解释的权限划分。目前中国关于法律解释的体制主要是在1982年宪法的有关规定以及1981年全国人大常委会《关于加强法律解释工作的决议》的基础上建立的。根据这些规定，当代中国形成了以全国人大常委会为主体的各机关分工配合的法律解释体制。

（一）立法解释

【13-2】

全国人大常委会对《刑法》的立法解释

1979年通过、1997年修订的《中华人民共和国刑法》第294条规定："组织、领导和组织参加以暴力、威胁或其他手段，有组织地进行违法犯罪活动，称霸一方，为非作歹，欺压、残害群众，严重破坏经济、社会生活秩序的黑社会性质的组织的，处三年以上十年以下有期徒刑；其他参加的，处三年以下有期徒刑、拘役、管制或者剥夺政治权利。"该法实施以后，由于法律本身对何为"黑社会性质的组织"没有进行说明和界定，这样一来，各地法院、检察院在具体操作中没有统一标准可循，因而不同地方的差异很大，也常常把普通的共同犯罪和单位犯罪混同于黑社会性质的组织犯罪，从而引发了一系列问题。针对这种情况，2002年4月28日第九届全国人大常委会通过了一个专门针对《刑法》第294条的法律解释。

该解释规定："'黑社会性质的组织'应当同时具备以下特征：（一）形成较稳定的犯罪组织，人数较多，有明确的组织者、领导者，骨干成员基本稳定；（二）有组织地通过违法犯罪活动或者其他手段获取经济利益，具有一定的经济实力，以支持该组织的活动；（三）以暴力、威胁或者其他手段，有组织地多次进行违法犯罪活动，为非作歹，欺压、残害群众；（四）用过实施违法犯罪活动，或者利用国家工作人员的包庇或者纵容，称霸一方，在一定区域或者行业内，形成非法控制或者重大影响，严重破坏经济、社会生活秩序。"这个法律解释的出台，使困扰了许多司法人员的何谓"黑社会性质的组织"的问题得到了完满的解决。

立法解释是指由立法机关及其授权的国家机关在其职权范围内所做的解释，包括全国人大常委会对宪法和对狭义的法律的解释，省、自治区、直辖市人大常委会对地方性法规的解释。立法解释是具有最高权威的解释，属于对立法的补充，和被解释的法律法规具有同等的效力。

我国《立法法》第二章第四节专门规定了全国人民代表大会常务委员会的立法解释权。法律有以下情况之一的，由全国人民代表大会常务委员会解释：（1）法律的规定需要进一步明确具体含义的；（2）法律制定后出现新的情况，需要明确适用法律依据的。

国务院、中央军事委员会、最高人民法院、最高人民检察院和全国人民代表大会各专门委员会以及省、自治区、直辖市的人民代表大会常务委员会可以向全国人民代表大会常务委员会提出法律解释要求。常务委员会工作机构研究拟订法律解释草案，由委员长会议决定列入常务委员会会议议程。法律解释草案经常务委员会会议审议，由法律委员会根据常务委员会组成人员的审议意见进行审议、修改，提出法律解释草案表决稿。法律解释草案表决稿由常务委员会全体组成人员的过半数通过，由常务委员会发布公告予以公布。全国人民代表大会常务委员会的法律解释同法律具有同等效力。省、自治区、直辖市的人大常委会对地方性法规的解释是指对属于地方性法规条文本身需要进一步明确界限或作补充规定的，由制定该法规的地方国家权力机关的常设机关进行解释或作出规定。

立法解释的具体方法有三种：一是将解释内容作为法律文本的一部分列入该法律文件。例如，我国刑法总则第五章的"其他规定"是对刑法中使用的名词、概念、术语等含义的说明和解释。二是以发布解释文件或做说明报告的形式解释法律法规。如在修改法律时所做的修改草案的报告等。三是由原制定法律的机关发布新的法律规范，对原法律规范中的某些规定进行解释。这是最常见的解释方式。

（二）司法解释

【13-3】

审判解释和检察解释

1. 最高人民法院关于适用《中华人民共和国民法典》婚姻家庭编的解释（一）
2. 最高人民法院关于适用《中华人民共和国行政诉讼法》的解释
3. 最高人民法院最高人民检察院关于办理危害药品安全刑事案件适用法律若干问题的解释
4. 最高人民检察院关于实行检察官以案释法制度的规定（试行）

司法解释是指由国家最高司法机关在适用法律的过程中对具体应用法律问题所作的解释。这类解释又分为两种，一种是审判解释，另一种是检察解释。审判解释是由最高人民法院就审判过程中具体应用法律问题所作的解释。我国的审判解释权由最高人民法院统一行使，地方各级人民法院都没有对法律的审判解释权。检察解释是指由最高人民检察院对检察机关在检察工作中具体应用法律问题所进行的解释。如果审判解释与检察解释有原则性的分歧，则应报请全国人大常委会解释或决定。在司法实践中，审判机关和检察机关为了更好的协调与配合，对如何具体应用法律的问题，有时采取联合解释的形式，共同发布司法解释文件。最高人民法院、最高人民检察院作出的属于审判、检察工作中具体应用法律的解释，应当自公布之日起三十日内报全国人民代表大会常务委员会备案。

在我国，司法解释虽然不是正式的法律渊源，在司法实践中却起着不可替代的作用。需要注意的是，我国法院和检察院均无立法权。因此，上述司法解释只是就如何具体应用法律所进行的解释，不能改变法律规定，不得与宪法、法律和立法解释相抵触。换言之，即司法解释具有法律效力，但是，其效力低于法律和立法解释。

（三）行政解释

行政解释是指依法有权解释法律的行政机关在其职权范围内，对具体应用法律问题所做的解释。在我国，行政解释包括两种情况：第一种是国务院及其主管部门对自己依法制定的法规以及不属于审判和检察工作中的其他法律如何具体应用的问题所作的解释。比如，国家技术监督局在"技监局发〔1990〕485号""技监局发〔1992〕491号"文件中，对《产品质量法》所规定的"违法所得"的确定和计算方法所作的解释。第二种是由省、自治区、直辖市人民政府主管部门对属于地方性法规如何具体应用的问题所做的解释。

行政解释具有法律效力，但是，其效力低于宪法、法律和立法解释。

【经典例题】

2018年7月，年过七旬的王某过世，之前立下一份"打油诗"遗嘱："本人已年过七旬，一旦病危莫抢救；人老病死本常事，古今无人寿长久；老伴子女莫悲愁，安乐停药助我休；不搞哀悼不奏乐，免得干扰邻和友；遗体器官若能用，解剖赠送我原求；病体器官无处要，育树肥花环境秀；我的一半财产权，交由老伴可拥有；上述遗愿能实现，我在地下乐悠悠。"

对于王某遗嘱中"我的一半财产权"所涉及的住房，指的是"整个房子的一半"，还是"属于父亲份额的一半"，家人之间有不同的理解。儿子认为，父亲所述应理解为母亲应该继承属于父亲那部分房产的一半，而不是整个房产的一半。王某老伴坚持认为，这套房子是其与丈夫的共同财产，自己应拥有整个房产（包括属于丈夫的另一半房产）关于该案，下列哪一说法是正确的？（ ）

A. 王某老伴与子女间的争议在于他们均享有正式的法律解释权
B. 王某老伴与子女对遗嘱的理解属于主观目的解释
C. 王某遗嘱符合意思表示真实、合法的要求
D. 遗嘱中的"我的一半财产权"首先应当进行历史解释

【答案】 C

【解析】 选项A错误。王某老伴与其子女之间的争议在于房产如何分配，而不是他们双方均有正式的法律解释权。正式解释，是指由特定的国家机关、官员或其他有解释权的人对法律作出的具有法律上约束力的解释。

选项B错误。王某老伴与其子女对遗嘱的理解属于文义解释，而非主观目的解释。

选项C正确。王某过世前立下"打油诗"遗嘱的行为是在其意思表示真实且合法有效的情况下作出的，属于合法有效的民事法律行为。

选项D错误。各种法律解释方法之间有一个位序或位阶关系，现今大部分法学家都认可下列位阶：（1）语义学解释；（2）体系解释；（3）历史解释；（4）目的解释。据此可知，本题中，遗嘱中的"我的一半财产权"首先应当进行的是文义解释，而不是历史解释。

第三节　法律推理

本节知识结构图

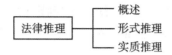

一、概述

（一）法律推理的概念

推理是一种论证。从文义上看，法律推理是一种法律理由（理性）的推演和论证，强调的是法律的理性和论证的逻辑性，亦即支持法律结论的理由（表现为制定法、判例、惯例、学说等）和法律思维的逻辑性。任何一种运转良好的法律制度都非常重视提出法律主张和作出法律决定所依据的正当理由，并且需要通过某种机制，使这种正当理由在最大限度内获得社会和相关当事人的理性认同，否则，所提出的法律主张就可能得不到法律的支持，所作出的法律决定其正当性和权威性就会受到质疑。法律推理就是为法律主张和法律决定提供理由的一种推理技术和论证形式，是法律主张和法律决定得以正当化的手段。

法律推理有狭义和广义之分。狭义的法律推理是指司法推理，亦即在司法过程中，特定的法律工作者或司法活动的参与者推导和论证其法律主张和法律决定的理由，对其法律主张和法律决定加以正当化的过程。广义的法律推理可以理解为人们在处理相关法律问题时阐释或论证法律问题的方式，它既可以指不特定主体根据法律对相关的法律问题进行阐释或论证的过程和形式，也可以指人们对与法律有关的问题所进行的阐释或论证的方式，可以涉及立法、司法、执法、守法、法学研究等广泛领域。本节中的法律推理指狭义的法律推理。

（二）法律推理的特征

法律推理与一般推理相比，有如下几个特点：

1. 法律推理是一种寻求正当性证明的推理

自然科学中的推理是一种寻找和发现真相和真理的推理。而在法学领域，因为法律是一种社会规范，其内容为对人的行为的要求、禁止与允许，所以法律推理的核心主要是为行为规范活人的行为是否正确或妥当提供正当理由（justification）。法律推理所要回答的问题主要是：规则的正确含义及其有效性，行为是否合法或是否正当的问题，当事人是否拥有权利、权力、是否负有义务、是否应负法律责任等问题。

2. 法律推理要受现行法律的约束

现行法律是法律推理的前提和制约法律推理的条件。法律的正式渊源或法律的非正式渊源都可以成为法律推理中的"理由"，成为行为正当性的根据。在我国，宪法、法律、行政法规、地方性法规都是法律推理的前提。在缺乏法律明确规定的情况下，法律原则、政策、法理，都可以成为法律推理的前提。在普通法法系国家，来自判例的法律规则，也是法律推理的前提。

3. 法律推理是逻辑推导和实践理性的统一

法律推理的逻辑性表现在法律推理的准确性、明确性、无矛盾性、一贯性和不容辩驳的内在证明力。法律推理的逻辑性对法律具有重要的价值，因为它最能体现法律的确定性、稳定性、一致性和自治性。法律推理的逻辑性要求法律推理应当满足形式推理对逻辑性的一般要求，但从另一个角度来看，法律推理还需要满足实质推理对正当性和权威性的特殊需要，亦即推理结论公正性的需要。法律推理的这种需求是指正当性往往要借助某种实践理性。实践理性并不是单一的分析方法，它是多种因素的综合，囊括了常识、联想、反思、经验、权威等各种因素。但不论是哪种实践理性，往往都比较强调思维中的经验主义成分。法律推理具有实践理性的特点，主要是指法律推理具有经验判断的特点，并且与人们的日常生活推理具有密切的联系。

4. 法律推理具有或然性

尽管法律推理中经常要运用形式逻辑推理的方法，但法律推理并非是一种纯粹的形式逻辑推理。纯粹的形式逻辑推理的前提条件中不应包含价值命题，它要么是不证自明的公理，要么是事实命题，可以进行真假判断。形式逻辑推理是一种必然性的推理，其结论是唯一的。法律推理的大前提即法律规则是一个应然性的价值命题，它既不属于公理系统，也无所谓真假问题。就法律推理的小前提即裁判事实而言，尽管这是一种事实判断，但也往往具有或然性。司法三段论的结论即法院判决也是一个价值判断。最后，如果法律推理采用三段论以外的推理形式，比如普通法法系中的类比推理，则其中的不确定因素可能更多。因此，从推理的条件、过程和结论来看法律推理只能是一种或然推理。

（三）法律推理的分类

根据法律推理需要解决的问题是否存在明确的权威性的法律依据，将法律推理划分为形式推理和实质推理两类。

如果需要解决的法律问题存在权威性的依据，这种推理就是形式推理。形式推理一般适宜于普通案件。

在疑难案件中，需要解决的法律问题可能缺乏明确的权威性依据，或者依据形式推理可能产生明显的不公，这时，为了案件的公正处理，我们进行法律推理就可能依据法律的一般原则或精神来解决相关的法律问题。这类案件的推理需要考虑的是推理所涉及的法律问题的性质和内容等实质性成分，因此我们把这类推理称之为实质推理。形式推理和实质推理的区分，并不意味着形式推理中不涉及实质正义的问题，或者说实质推理中不涉及形式正义问题。事实上，不论是形式推理还是实质推理，法律推理都应当实现形式正义与实质正义的统一。

二、形式推理

【13-4】

黄松有案的判决

2010 年 1 月 19 日，河北省廊坊市中级人民法院对最高人民法院原副院长黄松有作出一审判决。廊坊市中级人民法院经审理查明，2005 年至 2008 年间，黄松有利用担任最高人民法院副院长的职务便利和职权、地位形成的便利条件，在有关案件的审判、执行等方面为广东法制盛邦律师事务所陈卓伦等五人谋取利益，先后收受上述人员钱款共计折合人民币 390 万余元。此外，黄松有还于1997 年利用担任广东省湛江市中级人民法院院长的职务便利，伙同他人骗取本单位公款人民币 308 万元，其中个人分得 120 万余元。案发后，已追缴赃款人民币 578 万元。

廊坊市中级人民法院认为，黄松有身为国家工作人员，利用职务便利为他人谋取利益，利用职权、地位形成的便利条件为他人谋取不正当利益，收受他人贿赂的行为构成受贿罪；黄松有利用职务便利，伙同他人共同骗取本单位公款的行为构成贪污罪。黄松有受贿数额巨大，虽具有在被调查期间主动坦白有关部门不掌握的部分受贿犯罪事实，认罪悔罪，且案发后大部分赃款已追缴等酌定从轻处罚情节，但其身为最高人民法院大法官，知法犯法，进行权钱交易，收受巨额贿赂，社会影响恶劣，应依法从严惩处。黄松有与他人共同贪污数额巨大，情节严重，且系主犯，亦应依法惩处，遂作出如下判决：黄松有犯受贿罪，判处无期徒刑，剥夺政治权利终身，没收个人全部财产；犯贪污罪，判处有期徒刑十五年，没收个人财产人民币 50 万元，两罪并罚，决定执行无期徒刑，剥夺政治权利终身，没收个人全部财产。

形式推理一般分为四种形式：演绎推理、归纳推理、类比推理和设证推理。

（一）演绎推理

演绎推理或称三段论推理，是指以法律规则为大前提，以具体的法律事实为小前提，推导出一个特殊而确定的法律结论的法律推理过程与推理方法。具体到法律适用过程来讲，法律规范（一般由假定条件、行为模式和法律后果三者构成）是大前提，案件事实是小前提，结论就是判决或裁定。

【13-4】的判决运用的是演绎推理。推理的大前提是《刑法》第 382 条、第 383 条、第 385 条和第 386 条，即对贪污罪、受贿罪及其刑罚的有关规定；推理的小前提是法院认定的事实，即"廊坊市中级人民法院经审理查明"的事实；结论是法院作出的判决。

（二）归纳推理

归纳推理是从个别事物或现象的知识推出该类事物或现象的一般原则的推理。我们知道，演绎推理是从一般到特殊的推理，而归纳推理是从特殊到一般的推理。在法律适用过程中运用归纳推理的典型是判例法制度。在判例制度下，法官受理案件后，要将本案事实与以前类似案件的事实加以比较，从这些事实中归纳出一个比较抽象的法律原则或法律规则。

（三）类比推理

类比推理是根据两个对象的某些属性相似性而推论出它们在另外一些属性上也可能相似的一种推理形式。在法律适用过程中，类比推理的最基本形式大体上可以概括为：甲规则适用于乙案件；丙案件在实质上与乙案件类似；所以，甲规则也可以适用于丙案件。类比推理是一种从个案到个案的推理形式，它立足于对具体案件的处理，并强调判决的一致性，以保持法律的连续性和可预见性；同时它还体现了平等原则和对法律传统的尊重。另外应当注意，类比推理并非单纯的逻辑推理，因为在类比推理中，作为推理基础的类似性判断实际上是一种价值评价活动。

（四）设证推理

设证推理是对所有能够解释事实的假设中优先选择一个假设的理论。例如，我们早上发现门前的草坪是湿的，而且根据经验法则，如果在昨天晚上天下雨了，草坪就会湿。因此，我们就已设证下列结论：昨天晚上下雨了。

设证推理首先要求推论人必须形成一些假定背景以及相关的感性事实，即具有待解释现象所属领域的知识。设证推理开始于将不熟悉的事实（新奇事实）与熟悉的事实（背景事实）相并列。所谓"不熟悉的事实（新奇事实）"仅仅相对于一些背景事实时才是可以理解的，这意味着这一前提如果不参照背景则无法理解。其次，为了保证设证推理的结论的可靠性，推论人必须尽可能将待解释现象的理论上的所有可能的原因寻找出来。最后，推论人必须尽可能地使推理结论与待解释现象之间的关系是一种单一的因果关系。

设证推理是一种效力很弱的推理，但是它在法律适用的过程中是不可放弃的。原因很简单，任何法律人在听到或看到一个案件事实后，马上就会凭自己的"法感"或"法的前理解"假设一个对该案件的处理结果，然后根据这个假设寻找法律，最后确定一个合理的、有效的法律决定。这就是说法律人在其工作过程中必然会运用到设证推理。相反，如果没有这种假设，法律人就只可能漫无计划、漫无目的地查找法律，看能否找到一个适当的规定。

设证推理是法律人在其工作中必然运用到的一种方法，但是它的推理结论是不确定的。这是因为法律人在做假设时，法律人的前理解发挥着作用，而前理解既可对也可错。这就意味着法律人在运用设证推理时必须清醒认识到假设是开放的、可修正的，必须尽可能地寻找法律上和法学上所允许的所有可能的解决方案，然后在这所有可能的解决方案中确定一个法律上和法学上所认可的最佳方案。这样，设证推理与归纳推理、类比推理一样，要求法律人必须具有开明的思想、全心全意的精神和负责任的态度。

三、实质推理

【13-5】

"非法行医"无罪案

1935年美国纽约州，爱尔兰移民莫菲的儿子突然急症。请来的老医生因莫菲欠费而拒绝医治，而莫菲也无钱再请别的医生。莫菲的邻居古特是德国的儿科医生，但因没有通过美国的医生资质考试而无法执业。此时古特陷入了两难境地：依照美国法律在美国没有行医证行医，轻则驱逐出境重则坐牢；但如果坐视不管，则孩子极有可能死亡。最后古特还是决定救人要紧，经过努力从死神那里夺回生命。然而由于老医生的告密古特被以非法行医逮捕。在开庭的那天很多人自愿来旁听，并且大喊古特无罪。法官指定莫菲陈述。莫菲在将事情经过说了以后说：我们来这儿的唯一目的，就是保释古特医生，如果他所做的只是为了拯救一个孩子的生命而获罪的话。坐牢我去，罚金我出。法官最后裁决古特违反了美国的法律应该有罪，但是违法是为了遵循法律的最基本的原则，就是人的生命权至上。所以判决无罪。

无论是演绎推理还是类比推理，都是从权威性的依据出发所进行的推理，这种权威性依据可能是制定法规则，也可能是体现在判例中的规则，它们可以满足法律对形式正义的要求，然而，法律推理能够满足形式正义的要求并不意味着它就必然会满足法律对实质正义的要求。为满足法律对实质正义的要求，在形式推理没有可适用的余地的情况下，应当运用实质推理来处理案件。所谓实质的法律推理，是指在司法实践中发生了法官很难通过一般的形式推理得出结论的疑难案件的情况下，法官运用实践理性方法弥补现行法律的疏漏与不足，从而使司法行为及其结论获得确定性和正当性的法律推理过程与方法。

（一）实质推理的必要性

（1）有时严格按照形式推理的规则可能会推导出明显不公正的结论，严重损害实质正义。形式的法律推理与正义原则背道而驰这种情况，在法律推理的权威性依据即大前提自身的正当性受到质疑时表现得尤为尖锐。例如，在二战后对纳粹战犯的审判就面临着这一问题，如果按照纳粹所颁布的法律，纳粹分子所犯下的许多战争罪行在形式意义上都是合法的。这时就必须进行实质推理。

（2）在司法实践中处理疑难案件时，规则的含义可能含糊不清，或者出现规则相互冲突的情况，甚至根本就没有权威性依据可以作为法律推理的基础，比如说出现了法律漏洞。在这种情况下，运用形式推理可能会无所适从，这时我们也有必要通过辩证推理来解决司法实践中规则缺位等方面的问题。

（3）如果法官觉得应当通过个案审判来引导社会发展的方向时，他也需要运用辩证推理的方法，以实现自己的特殊追求。

在以上三种情形下，都不能从规则出发，简单的通过形式推理来处理案件，而是要按照实质正义的要求，运用实质推理来辩证的处理案件。

（二）实质推理方法的运用

在疑难案件的处理中运用实质推理的方法时，具体可以采取以下方式：

（1）通过对法律精神的理解来具体处理案件；

（2）通过衡平和拟制等法律技术来克服法律规则的僵化，从而谋求对个案处理的公正性；

（3）根据政策和法律的一般原则来处理案件；

（4）以习惯和社会习俗作为推论的基础来处理案件；

（5）根据法理或伦理意识进行推理；

（6）根据事物的性质来进行推理和判断，甚至可以依据法官的直觉进行推理。

（三）实质推理的基本原则

实质推理虽然具有很大的灵活性，但也应当遵循一些基本原则。这些原则既包括在辩证推理的过程中运用演绎法和归纳法时应遵循形式逻辑的一般规律，也包括为满足实质正义的需要而采用的一些特殊原则。这些原则包括：

（1）除非适用现有的规则会导致法律决定严重不公，否则就不得在现有规则之外寻求解决案件的法律依据，这主要是为了维护法律的稳定性和同样案件同样处理的原则。

（2）法官在超越现行法律寻找大前提时，应当以人们普遍公认的价值目标为准，而不能以法官个人的偏好或少数人的意志为转移。

（3）法官应当围绕需要解决的具体案件来选择和确定案件适用的新规则，也就是说通过法律推理进行"司法造法"只应是一种特殊情况，即是为解决司法实践中的新问题而采用的一种特殊措施，而不是为司法权的扩张提供方便。根据这一原则，大陆法系法官为解决具体的案件而提出的规则通常不具有普遍的约束力；普通法法系法官的自由裁量权需要受到先例制度的限制。

（4）在同等条件下，形式推理对实质推理具有优先性，如果通过形式推理也可以保证案件处理结果的正当性时，那么就不应采用实质推理。

总之，在法律适用过程中，实质推理在有些场合下是必不可少的，如果使用得当，它可以成为推动法律发展的一种重要形式。但这种推理形式意味着赋予法官一些特别的权力，因而必须慎重使用，并加强对这种推理形式的监督和制约。

【13-5】案件适用"法律的最基本原则，即人的生命权至上"作为审判的依据，就是实质推理。

【经典例题】

徐某被何某侮辱后一直寻机报复，某日携带尖刀到何某住所将其刺成重伤。经司法鉴定，徐某作案时辨认和控制能力存在，有完全的刑事责任能力。法院审理后以故意伤害罪判处徐某有期徒刑 10 年。关于该案，下列哪些说法是正确的？

A. "徐某作案时辨认和控制能力存在，有完全的刑事责任能力"这句话包含对事实的法律认定

B. 法院判决体现了法的强制作用，但未体现评价作用

C. 该案中法官运用了演绎推理

D. "徐某被何某侮辱后一直寻机报复，某日携带尖刀到何某住所将其刺成重伤"是该案法官推理中的大前提

【答案】AC

【解析】选项 A 正确。审判案件必须以事实为依据，必须查清案件事实，并应当以"查明的客观事实"作为适用法律和作出裁判的根据。事实认定是整个案件处理的基础。

选项 B 错误。强制作用是指法可以通过制裁违法犯罪行为来强制人们遵守法律。评价作用是指，法律作为一种行为标准，具有判断、衡量他人行为合法与否的评判作用。据此可知，评价作用的对象是他人的行为，该法院判决也体现了法的评价作用。

选项 C 正确。演绎推理是从大前提和小前提中必然地推导出结论或结论必然地蕴涵在前提之中的推论。该案中法官运用了演绎推理。

选项 D 错误。在演绎推理中，大前提是法律，小前提是案件事实，结论是判决。

本 章 小 结

法律方法是法律职业者（或称法律人）认识、判断、处理和解决法律问题的专门方法，或者说，是指法律人寻求法律问题的正确答案的专门方法。法律方法包括法律解释、法律推理、法律论证、法律发现四个方面。法律思维方式的重心在于合法性的分析，即围绕合法与非法来思考和判断一切有争议的诉求、利益、行为。法治思维是指依法治理、依法办事的思维方式，是把对法律的敬畏、对规则的坚守、对程序的遵循转化成思维方式和行为方式。法理思维是指基于对法律、法治本质意义和美德的追求、对法律精神和法治精神的深刻理解，以及基于良法善治的实践理性而形成的思维方式。法理思维比法律思维和法治思维有着更多的想象力和更大的思维空间，它把民主、人权、公正、秩序、良善、和谐、自由等价值精神融入法律和法治之内，因而更具包容性、综合性、协调性和公共理性。

法律解释是法律职业者对成文法的具体含义的解释和说明。法律解释活动所应遵循的原则包括合法性原则、合理性原则、法制统一原则、历史与现实相统一原则四项。法律解释的方法包括语义解释、历史解释、体系解释、目的解释四种。我国法律解释的体制包括立法解释、司法解释、行政解释。

法律推理是法律适用过程中从已知材料推导出法律结果的思维活动，它包括两种推理类型：一种是严格按照逻辑进行的形式推理，包括演绎推理、归纳推理、类比推理和设证推理四种类型；一种是依赖人的价值观念进行选择的实质推理（辩证推理）。法律方法运用的能力是法律人最重要的职业能力之一。

综 合 练 习

一、选择题

1. 法律需要法律解释的原因是(   )。
   A. 法律有概括性、抽象性的特点　　　B. 人们的认识能力、认识水平上的差别
   C. 立法缺憾　　　　　　　　　　　　D. 法律的稳定性与社会发展之间的矛盾

2. 根据法律解释的主体和效力不同，法律解释可以分为(   )。
   A. 正式解释和非正式解释　　　　　　B. 规范性解释和个别性解释
   C. 立法解释、司法解释和行政解释　　D. 字面解释、限制解释和扩充解释

3. 中国法学会对法的解释是(   )。
   A. 法定解释　　　B. 学理解释　　　C. 司法解释　　　D. 审判解释

4. 法的正式解释包括(   )。
   A. 立法解释　　　B. 司法解释　　　C. 行政解释　　　D. 官方解释

5. 下列关于法律解释的原则表述正确的是(   )。
   A. 对法律概念和规则的解释与法律原则可以不必保持一致
   B. 法律解释应当坚持尊重公序良俗

C. 在法律解释过程中不需要建立和贯彻规范化的解释技术

D. 法律解释时只需考虑法律制定时的历史条件和历史要求

6. 在一起案件中，主审法官认为，生产假化肥案件中的"假化肥"不属于《刑法》第一百四十条规定的"生产者、销售者在产品中掺杂、掺假，以假充真，以次充好或者以不合格产品冒充合格产品"中的"产品"范畴，因为《刑法》第一百四十七条对"生产假农药、假兽药、假化肥"有专门规定。关于该案，法官采用的法律解释方法属于下列哪一种？（　　）

　　A. 比较解释　　　B. 历史解释　　　C. 体系解释　　　D. 目的解释

7. "父母对子女有抚养和教育义务"。依据解释的尺度，这里的"父母""子女"应做（　　）。

　　A. 字面解释　　　B. 扩充解释　　　C. 限制解释　　　D. 狭义解释

8. 张某出差途中突发疾病死亡，被市社会保障局认定为工伤。但张某所在单位认为，依据《工伤保险条例》，只有"在工作时间和工作岗位突发疾病死亡"才属于工伤，遂诉至法院。法官认为，张某为完成单位分配任务，须经历从工作单位到达出差目的地这一过程，出差途中应视为工作时间和工作岗位，故构成工伤。关于此案，下列哪些说法是正确的？（　　）

　　A. 解释法律时应首先运用文义解释方法

　　B. 法官对条文做了扩充解释

　　C. 对条文文义的扩充解释不应违背立法目的

　　D. 一般而言，只有在出现漏洞时才需要进行法律解释

9. 我国的司法解释包括最高人民法院的解释和（　　）的解释。

　　A. 公安部　　　　　　　　　B. 全国人大及其常委会

　　C. 最高人民检察院　　　　　D. 司法部

10. 以下与法律具有同等效力的解释是（　　）。

　　A.《全国人大常委会关于国籍法在澳门特别行政区实施的几个问题的解释》

　　B.《最高人民法院、最高人民检察院关于办理组织和利用邪教组织犯罪案件具体应用法律若干问题的解释》

　　C.《最高人民法院关于审理骗取出口退税刑事案件具体应用法律若干问题的解释》

　　D. 国务院制定的《国家行政事业单位财产清查登记若干具体问题的解释》

11. 法律推理中，形式推理分为（　　）。

　　A. 演绎推理　　　B. 归纳推理　　　C. 类比推理　　　D. 设证推理

12. 直角三角形内角和是180度，钝角三角形内角和是180度，锐角三角形内角和是180度，所以所有的三角形内角和都是180度。这种推理方式是（　　）。

　　A. 演绎推理　　　B. 归纳推理　　　C. 类比推理　　　D. 辩证推理

13. 大前提：人是会死的；小前提：苏格拉底是人；结论：苏格拉底是会死的。这种推理方式是（　　）。

　　A. 演绎推理　　　B. 归纳推理　　　C. 类比推理　　　D. 辩证推理

14. 最高人民法院通过对各级法院的判决进行研究，就某种类型案件的审判总结出了一般规则，以司法解释的形式予以公布，其总结过程属于(　　　)。

    A. 演绎推理　　　　B. 归纳推理　　　　C. 类比推理　　　　D. 价值推理

15. 在宋代话本小说《错斩崔宁》中，刘贵之妾陈二姐因轻信刘贵欲将她休弃的戏言连夜回娘家，路遇年轻后生崔宁并与之结伴同行。当夜盗贼自刘贵家盗走 15 贯钱并杀死刘贵，邻居追赶盗贼遇到陈、崔二人，因见崔宁刚好携带 15 贯钱，遂将二人作为凶手捉拿送官。官府当庭拷讯二人，陈、崔屈打成招，后被处斩。关于该案，下列哪一说法是正确的(　　　)。

    A. 话本小说《错斩崔宁》可视为一种法的非正式渊源

    B. 邻居运用设证推理方法断定崔宁为凶手

    C. "盗贼自刘贵家盗走 15 贯钱并杀死刘贵"所表述的是法律规则中的假定条件

    D. 官府审理该案时运用了目的解释的方法

二、判断题

1. 法律解释的一般方法包括语义解释、逻辑解释、系统解释、历史解释、目的解释。其中语义解释是法律解释的终点。　　　　　　　　　　　　　　　　　　　(　　)

2. 法律思维、法治思维、法律思维运用在不同语境中，其含义是相同的。　(　　)

3. 司法解释只是就如何具体应用法律所进行的解释，不能改变法律规定，不得与宪法、法律和立法解释相抵触。　　　　　　　　　　　　　　　　　　　　(　　)

4. 实质推理不能从规则出发，简单的通过形式推理来处理案件，而是要按照实质正义的要求，辩证的处理案件。　　　　　　　　　　　　　　　　　　　　(　　)

三、名词解释

1. 正式解释　非正式解释

2. 立法解释　司法解释　行政解释

3. 法律推理

4. 实质推理

四、简答题

1. 简述法律解释的基本原则。

2. 简述法律解释的方法。

3. 简述述我国的法律解释体制。

4. 简述形式推理的分类。

5. 简述实质推理的必要性及遵循的基本原则。

五、素质拓展

1. 《刑法》第 263 条规定，持枪抢劫是抢劫罪的加重理由，应处 10 年以上有期徒刑、无期徒刑或者死刑。冯某抢劫了某出租车司机的钱财。法院在审理过程中确认，冯某抢劫时使用的是仿真手枪，因此，法官在对冯某如何量刑上发生了争议。法官甲认为，持仿真手枪抢劫系本条款规定的持枪抢劫，而且立法者的立法意图也应是这样。因为如果立法者在制定法律时不将仿真手枪包括在枪之内，就会在该条款作出例外规定。法官乙认为，持仿真手枪抢劫不是本条款规定的持枪抢劫，而且立法者的意图并不是法律本身的目的；刑法之所以将持枪抢劫规定为抢劫罪的加重事由，是因为这种抢劫可能造成他人伤亡因而其危害性大，而持仿真手枪抢劫不可能造成他人伤亡，因而其危害性并不大。

请问：法官各自运用了哪些法律解释的方法？

2. 出租车司机甲送孕妇乙去医院，途中乙临产，情形危急。为争取时间，甲将车开至非机动车道掉头，被交警拦截并被告知罚款。经甲解释，交警对甲未予处罚且为其开警车引道，将乙及时送至医院。

请用法律推理的原理分析该案例。

3. 乔某在使用某产品过程中身体受到伤害，将厂家诉至法院要求进行赔偿，其中包括精神损害赔偿。被告方律师辩称，1年前该法院在审理一起类似案件时并没有判予精神损害赔偿，因此本案也不应给予精神损害赔偿。但法院援引新颁布的司法解释判令被告方给予乔某精神损害赔偿。

请问：（1）律师的推理形式是什么？（2）法院的推理形式是什么？

第十四章　法　的　历　史

本章知识结构图

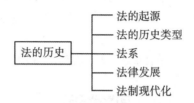

　　知识目标：了解法产生的基本过程和法的历史类型；了解中华法系、伊斯兰法系和印度法系；掌握法产生的标志和一般规律；法系的概念，大陆法系和英美法系；法的继承和法的移植；理解法制现代化的模式和目标。

　　能力目标：通过对法的起源的讲授，培养学生从历史的角度分析问题的能力；通过对法的历史类型的讲授，培养学生全面、辩证地分析问题的能力。通过对法系的学习，培养学生的开放意识；通过对比当代西方的两大主要法系，培养学生借鉴、比较研究的能力。

　　素质目标：培养学生宏阔的历史观和历史感；增强学生对中华民族文化的认同，培养学生的民族自豪感、自信心和历史责任感；培养学生进一步认识马克思主义原理的科学性和深入学习的自觉性。

第一节　法　的　起　源

本节知识结构图

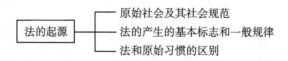

【14-1】

《古代社会》《商君书》《家庭、私有制和国家的起源》对原始社会的氏族组织和习惯的描述

1. "凡在民族制度流行而政治社会尚未建立的地方，一切民族都处在民族

288

社会中，无一超越此范围者。国家是不存在的。他们的政府基本上是民主的，因为氏族、胞族和部落都是按民主集中制组织起来的。"①

"在易洛魁人中，每个氏族所有的成员在人身方面都是自由的，都有相互保护自由的义务；在个人权力方面平等，首领和酋帅都不能要求任何优越权；他们是靠血缘关系结合起来的同胞。自由、平等和博爱，虽然从来没有明确规定，却是氏族的根本原则。"②

2. "神农之世，男耕而食，女织而衣，刑政不用而治，甲兵不起而王。"③

3. "……这种十分单纯质朴的氏族制度是一种多么美妙的制度啊！没有军队、宪兵和警察，没有贵族、国王、总督、地方官和法官，没有监狱，没有诉讼，而一切都是有条理的。一切争端和纠纷，都由当事人的全体即氏族或部落来解决，或者由各个氏族相互解决；血亲复仇仅仅当作一种极端的、很少应用的威胁手段；我们今日的死刑，只是这种复仇的文明形式，而带有文明的一切好处和弊害……一切问题，都由当事人自己解决，在大多数情况下，历来的习俗就把一切调整好了。"④

法的起源问题是研究法的历史发展所面临的首要问题，也是一切法律现象的起点。法的起源问题和法的概念问题是紧紧联系在一起的，人们从不同的理论构架出发，对法的起源做了不同的解释，主要包括以下几种：（1）圣人创造说。这种观点认为，法律是由圣人、先知等超级人物制定创设出来的，是一种大智慧的产物，超出了一般人的智慧能力范围之外，法律被这些圣人、先知创造出来之后，才慢慢被普通人所理解、掌握和遵守。（2）神意论。这种观点认为，法律来源于上帝、神的意志，是神为人类制定的行为规范。古代社会"君权神授"理论所包含的法观念几乎都主张法自神出，西方教会法所持主张是这一观点的典型代表。（3）民族精神演进说。持这一观点的主要是德国的历史法学派，其代表人物萨维尼认为，法既不是理性的产物，也不是人的意志的产物，法同民族语言一样有自己产生和发展的历史，法律是民族意识的有机产物，是自然而然逐渐形成的。"法律随着民族的发展而发展，随着民族力量的加强而加强，最后也同一个民族失去它的民族性一样消亡。"⑤（4）契约论。这种观点在西方具有悠久的历史传统，可以追溯到古希腊时期的诡辩派和伊壁鸠鲁学派，并在启蒙运动时期的古典自然法学派那里达到了鼎盛。著名英国思想家霍布斯的名著《利维坦》通过对人类"自然状态"的描述，阐发了人们订立契约建立政府和法律的思想，对后人产生了巨大影响。除此之外，还有自然演进说、暴力说、阶级斗争说等等观点。在诸多观点中值得注意的是，法人类学家将法看作是社会行为规则或是受

---

① ［美］摩尔根：《古代社会》，商务印书馆1981年版，第66页。

② ［美］摩尔根：《古代社会》，商务印书馆1981年版，第82页。

③ 《商君书·画策》。

④ 《马克思恩格斯选集》第4卷，人民出版社1995年版，第95页。

⑤ 《论当代立法和法理学的使命》，转引自《西方法律思想史资料选编》，第526页。

物质强制力保障的特殊社会行为规则，认为法伴随人类社会的始终，因此它无所谓起源。而我们在这里所说的法指的是伴随着国家和政府的建立而产生的社会规范，并不是和法人类学家在同一意义上使用"法"这个概念。接下来我们就从马克思主义法学的角度出发来描述一下法的起源。

一、原始社会及其社会规范

（一）原始社会的生产力水平和组织机构

原始社会是人类历史发展的早期阶段，没有国家，没有政府，也没有法律。原始社会的生产力水平十分低下，生产工具极其简陋，社会产出相当微薄，这就决定并制约了社会组织机构和社会调整规范的建立、发展。原始社会的社会组织结构、特别是权力组织结构显得比较松散。氏族是原始社会的基本生产单位和生活组织。所谓氏族，是指原始社会由血缘关系联系起来的比较稳定的人的联合，是人类社会自然形成的组织机构。氏族的特点主要表现为：

1. 以血缘亲属关系为纽带

原始社会以血缘亲属关系为纽带来划分和组织居民，而不是像文明社会那样按照地域来划分和管理居民。

2. 氏族社会内部实行原始的民主管理

全体氏族成员所组成的氏族大会讨论决定氏族社会的一切重大问题，氏族首领由选举产生，随时可以撤换，只负责处理内部日常事务和领导对外战争，没有任何特权，而且要和其他氏族成员一样平等地参与劳动和分配。因此，氏族社会中没有专门从事管理的、凌驾于社会之上的特殊公共权力。

3. 在氏族公社存在的大部分历史时期内，氏族都是一个建立在原始共产制和群婚制基础之上的生产单位、消费单位和社会单位。在氏族的基础上，进一步形成部落和部落联盟。这就构成了原始公社的整个社会组织体系。

（二）原始社会的社会规范

任何社会都需要存在人们共同遵守的行为规范，从而为人们的行为提供模式、划定界限，以协调人们之间的关系，确定社会生产和生活所必要的秩序。原始社会虽然没有国家、政府和法律，但依然是有秩序的，只是这种秩序不是由强有力的公权力机构来实施的。在原始社会的这种"有秩序的无政府状态"下，与原始公有制的经济基础相适应，不仅存在自己的社会组织，而且还有自己的社会规范，即原始习惯。原始习惯构成了原始社会主要的行为调整规范。整体来讲，原始社会的社会习惯主要包括以下几个方面的内容：

1. 关于共同劳动、平均分配的习惯

在生产力水平低下的条件下，氏族成员把共同劳动、分工协作和平均分配食物看作是极其自然的事情。每个有劳动能力的人都自觉地参加劳动，懒惰被视为非常可耻的行为。

2. 关于婚姻、家庭和亲属制度的习惯

在氏族中，内部成员是禁止结婚的，婚姻家庭形式从最初的群婚制发展到对偶婚。在婚姻家庭制度的基础上，也形成了相应的亲属制度。

3. 关于处理公共事务的习惯

氏族内部没有阶级和等级之分，重大事务由氏族成员的全体大会讨论表决，氏族首领选举产生，可随时撤换，任何人都必须服从集体的决定。

4. 关于财产继承的习惯

氏族成员的个人财产一般仅限于个人制造和使用的工具及少量的生活用品。按照北美易洛魁人的习惯，死者的财产必须由同氏族人继承，由于当时正处在母系氏族时期，男子均与外氏族女子结婚并生活在女子的氏族，故夫妻不得彼此继承财产，子女也不能继承父亲的财产。

5. 关于解决纠纷的习惯

氏族内的纠纷绝大部分由当事人自行和解或由氏族首领出面调解。如果有人严重违反氏族习惯，最重的制裁是驱逐出本氏族，而这往往就意味着死亡。如果在不同的氏族部落间发生冲突，则往往要诉诸于战争来解决。复仇在原始社会普遍流行，并被认为是理所当然的行为。复仇既包括个人之间的复仇，也包括氏族之间的复仇，后者又被称为"血族复仇"。从复仇的方式来讲，普遍采用"同态复仇"。

6. 关于维护共同利益的习惯

维护氏族和部落的共同利益，是氏族社会最基本的道德原则，对此，每个氏族成员都自觉遵守。部落、氏族以及部落氏族的制度，在每个成员看来都是神圣而不可侵犯的，每个人都必须无条件服从。

7. 关于宗教方面的习惯

原始的图腾崇拜、大量的禁忌和神秘的宗教仪式在氏族成员中具有极大的约束力。而且，这种宗教性质的习惯规范与其他方面的习惯又有着千丝万缕的联系，彼此交织在一起，从而大大增强了氏族习惯的力量。

总的来说，原始氏族社会社会关系的调整或社会问题的解决主要靠社会成员依据社会习惯，在一些重大的、涉及氏族整体利益的事件上，氏族集体也会依据氏族习惯进行干预和制裁，但是并不存在固定的、强有力的公权力机构。

二、法的产生的基本标志和一般规律

（一）法的产生的基本标志

法的产生经历了一个很长的历史阶段。它的最终形成以下述现象为标志：

1. 国家的产生

法与国家是两个相互联系的概念，两者互为标志，相互作用。实现法律调控意味着：一是有一个专门机构以全社会代表的名义认可或制定权威性的行为规范；二是有一批组织起来的官吏负责执行这些规范；三是违反规范者会受到有组织的暴力所施加的制裁。而这些正是国家机构所具有的特点，没有此种特殊公共权力的存在，法律既不可能创制出来，也不可能有效实施。

2. 诉讼与审判的出现

原始社会没有诉讼与审判。氏族内部的纠纷由当事人自行解决或由氏族领袖依习惯进行裁决，部落之间的纠纷则往往诉诸武力，以战争来解决。而法律对社会关系和行为的调控，意味着当事人的"私力救济"被限制和"公力救济"的出现，否则，任由当事人对侵犯权利的行为自行处置，便难以在利益冲突普遍化的状态下保持必要的秩序。这就要求由一个特定的机构来行使审判权，并通过一定的诉讼程序来处理纠纷。

3. 权利与义务的区分

在原始社会还没有权利和义务的分别，"在氏族制度内部，还没有权利和义务的分别；参与公共事务，实行血族复仇或为此接受赎罪，究竟是权利还是义务这种问题，对印第安人来说是不存在的；在印第安人看来，这种问题正如吃饭、睡觉、打猎究竟是权利还是义务的问题一样荒谬"①。而法律对行为的调控，要求以权利与义务的分离为条件，这意味着：一是法律规范要对各种行为加以明确区分，规定出什么行为可以做，什么行为不得做，什么行为必须做；二是在各种法律关系中把相应的权利与义务分别明确地分配给不同的法律关系主体。如果没有这种区分，法律就不能实现对各种行为的调控职能。

当上述三个标志完全具备时，法律产生的过程就完成了。此时，一种与国家组织体系相匹配的法律规范体系便告形成。

(二) 法产生的一般规律

法律从无到有、从萌芽出现到最终形成一种基本制度，在不同的民族和社会中经历了不同的具体过程。然而，在纷繁复杂、差别明显的表象背后，可以发现其一般规律：

1. 法的起源的根本原因是社会生产力的发展

在原始社会的氏族制度下，尽管不需要以强有力的公共暴力为后盾，主要依靠原始习惯就可以对社会进行有效地调控，但是氏族组织依然存在着其自身不可克服的局限性。比如，在习惯的调控下，氏族内部比较容易保持一种平和有序的状态，但是在氏族之间一旦发生冲突就往往不得不诉诸于战争手段，从而导致残酷的杀戮不断发生。在原始社会末期，由于生产工具的改进，尤其是人们学会了开采铁矿的冶金技术，开始使用金属工具，从而促使了生产力水平的大幅度提高，这就进一步使家庭和个人劳动成为一种可行的选择，代替了原来的集体劳动，于是公有制解体、私有制产生。同时，生产的发展也引起了社会分工和交换的出现。三次社会大分工，即畜牧业和农业的分工、手工业和农业的分工、商业的出现，极大的促进了财富的不均衡分配，贫富分化加剧，氏族制度解体、私有制、奴隶制和阶级最终形成，并进一步导致国家产生。反映在社会调控方式和社会规范上，就是法律出现并代替原始习惯，从而成为主要的社会调控规范。

因此，法的起源是社会内部生产力的发展致使以生产关系为基础的社会关系的变革，进而引起整个上层建筑、社会规范的变革，以及由此而导致的氏族组织无法满足日益复杂的社会管理需要，原始禁忌和习惯无力驾驭、控制日益复杂的社会矛盾的结果。法在人类历史上的出现，可以说是由社会基本矛盾运动所决定的，具有客观的历史必然性，这是法的起源的根本原因。

2. 法的起源经历了从个别调整到规范性调整、再到法的调整的发展过程

原始社会初期的社会调整往往是个别调整，即针对具体人、具体行为所进行的只适用

---

① 《马克思恩格斯文集》第4卷，人民出版社2009年版，第178页。

一次的调整。例如，最初的产品交换只是偶然的个别现象，对这种关系的调整表现为个别调整。个别调整方式和具体情况直接联系，针对性强，但是带有较大的不确定性和不可预见性。我国古代文献上所说的"议事以制，不为刑辟"，就是指这种情况。在调整方式发展的实践中，当某些社会关系发展为经常性、较稳定的社会现象时，人们为提高效率、节约成本而为这一类社会关系提供行为模式，于是，个别调整所临时确定的规则便逐渐发展为规范性调整，即统一的、反复适用的、不只是针对个别行为，而是针对同一类行为的共同规则。共同规则的出现是法律最终形成的关键一环，这种规范调整形成了针对某一类行为和社会关系的稳定的调整机制，从而给处于该行为领域和社会关系中的人们提供了明确的行为模式。这就使人们相对地摆脱了偶然性和任意性的左右，有利于社会秩序的形成和巩固。以后随着社会的发展，社会形成两个利益对立的阶级，统治阶级需要一种特殊的社会规范来维护其利益，迫使社会成员按照统治阶级意志行事，于是，法的调整逐渐成为社会关系的主要调整方式。法的调整的主体是政治社会中最具权威的组织——国家。国家创制法并保证法的实施。

3. 法的起源经历了从氏族习惯到习惯法再到成文法的发展过程

法的出现并不是一朝一夕的事，法和国家是在人类历史长河中逐渐地、同步的进化而产生的。原始社会时期的社会规范主要是习惯。从无法律的原始社会到有法律的奴隶社会，私有制和阶级萌芽、原始习惯开始发生变化。随着私有制和阶级的形成，习惯打上了阶级的烙印，具有了阶级性，逐渐转变为习惯法。随后，在国家产生的同时，统治阶级所控制的国家按照现行社会秩序的需要对原有习惯规范进行甄别取舍，继承一部分习惯规范，如关于宗教祭祀的习惯、关于婚姻制度的习惯；在可供选择的同类习惯中取缔某些习惯并保留另一些习惯，如有意识地禁止习惯所允许的血族复仇和同态复仇，而保留赎罪的习惯和根据当事人身份来确定赎罪金额的习惯；严厉取缔那些与现行秩序直接冲突的习惯，如共同占有的习惯。在经过国家有选择的认可之后，赋予法律效力，从而形成了最早的习惯法。随着社会关系的复杂化和社会文明的发展，国家机关根据一定的程序把体现统治阶级意志和利益的规范以明确的文字形式表现出来，逐渐产生了制定法。最早的制定法，主要是习惯法的整理和机载，还有个别立法文件和最主要的判决的记载。以后，国家适应社会需要主动地制定新的法律规范，制定法成为法的主要渊源。因此，法的产生过程，是一个由简单到复杂、由不完善到完善、由自发形成到自觉形成的长期发展过程。

4. 法的起源经历了法律与道德、宗教等社会规范浑然一体到逐渐分离，各自相对独立的过程

原始社会中的习惯本身就是集各种社会规范于一体的，兼有风俗、道德和宗教规范等多重属性。在国家与法律萌芽之初，法律、道德、宗教等社会规范并无明显界限。随着社会管理经验的积累和文明的进化，对相近或不同行为影响社会的性质和程度有了区分的必要和可能，法律与道德规范和宗教规范及其调整的行为类型开始从混沌走向分化。这种分化在不同的社会所经历的过程不完全相同，但是，使法律调整与道德调整、宗教调整相对区分开来，却是一个共同的趋势。

三、法和原始习惯的区别

法和原始习惯都是社会规范，起着调整社会关系的作用，但二者毕竟是两种不同性质的社会现象和社会规范，其区别主要表现在以下几个方面：

（一）二者产生的方式不同

原始习惯的产生和发展并不是经由特殊的权力机关，而是人们在共同生产和生活过程中从必然的和无数偶然的相互联系和关系中，逐渐地、自然而然地自发形成，并世代相传、演变下来的。法则是由国家有意识地制定或认可而产生的，是掌握国家政权的社会集团基于自己的根本利益和整体利益，并出于维护和发展这种利益的目的而有意识地对原始习惯加以选择、确认或自觉创制的。

（二）二者体现的意志不同

原始习惯是在生产资料氏族共有制的经济基础之上产生和存在的，原始习惯体现氏族全体成员的共同意志，反映的是人们之间利益的一致性和平等性。而法则是在生产资料奴隶主占有制的基础上产生的，反映社会统治集团的意志，维护掌握政权者的根本利益。

（三）二者调整的内容不同

原始人依习惯行事，在一般情况下无所谓是行使权利还是履行义务，在氏族内部还没有权利义务的明显区别。而法对行为的调整则是以权利和义务分离为条件的，在内容上对社会成员的权利、义务作出了明确的划分，以此来达到规范行为、调整社会关系的目的。

（四）二者的根本目的不同

原始习惯调整社会关系的目的在于维系氏族的血缘关系，维护人们之间相互团结、平等互助的社会关系和社会秩序，维护共同利益。而法调整社会关系的目的从根本上说，是为了确立和维护有利于社会统治集团的社会关系和社会秩序。

（五）二者的适用范围不同

原始习惯只在由血缘关系所结成的本氏族、部落范围内生效，适用于具有血缘亲属关系的同一氏族或部落的所有成员。法则是按地域划分其适用范围，即一般适用于一定地域中的所有居民，适用于国家权力管辖范围内的所有居民，而不分其属于何种血缘。

（六）二者的实施方式不同

原始习惯是通过社会舆论、氏族首领的威信、传统力量、人们的自觉和内心驱使等因素保证实施的，或者说，原始习惯虽然也具有一定的外在强制属性，但不是由特殊的权力机构来强迫人们遵守，因此不具有国家强制性。而法则是由国家这一特殊的暴力机构保证实施的，因此具有国家强制性。

【经典例题】

有学者这样解释法的产生：最初的纠纷解决方式可能是双方找到一位共同信赖的长者，向他讲述事情的原委并由他作出裁决；但是当纠纷多到需要占用一百位长者的全部时间时，一种制度化的纠纷解决机制就成为必要了，这就是最初的法律。对此，下列哪一说法是正确的？（　　）

A. 反映了社会调整从个别调整到规范性调整的规律

B. 说明法律始终是社会调整的首要工具

C. 看到了经济因素和政治因素在法产生过程中的作用

D. 强调了法律与其他社会规范的区别

【答案】A

【解析】根据题意可知，当纠纷的增长速度远大于长老数量的增加速度时，由长老挨个解决纠纷即全部进行个别调整是不现实的，在此情况下便有必要确定一种可重复且便捷使用的规则，以高效地解决纠纷，即进行规范性的调整，可见反映了社会调整从个别调整到规范性调整的规律，A项正确。法律作为一种社会规范，并非一开始便是人们常用的解决纠纷的工具，起初常用的是习惯，B项错误。经济和政治因素在法产生过程中确实发挥过重要作用，但本题中，并未体现出这种作用，故C项不符合题意。本题所展示的是随着现实状况的变化，纠纷解决方式的进化过程，并未提及乃至强调其他社会规范与法律之间的区别，D项不符合题意，错误。

第二节 法的历史类型

本节知识结构图

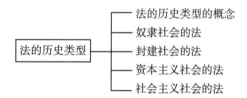

一、法的历史类型的概念

一、法的历史类型的概念

依据不同的考察角度与标准，可以对法作出不同的分类。在对法的各种分类当中，法的历史类型的划分是最基本的分类。法的历史类型是与社会形态相联系的概念，是依据法所赖以存在的社会物质生活条件及其体现的国家意志的性质不同，而对各种社会形态的法律制度所做的分类。依此，法律发展史上曾先后产生过四种类型的法律制度，即奴隶制法、封建制法、资本主义法和社会主义法。奴隶制、封建制和资本主义的法律制度，分别建立在不同的私有制经济基础上，分别体现奴隶主阶级、封建地主阶级和资产阶级的意志，这三种法律制度都属于剥削阶级类型的法。社会主义法律制度建立在社会主义公有制经济基础之上，它体现工人阶级及其领导的广大人民的意志，与前三者有着根本区别。

在人类社会的文明史中，法的历史类型呈现出一个从低级到高级的更替趋势。法的历史类型的更替的一般规律表现为以下两个方面：第一，法的历史类型发生更替的根本原因是社会基本矛盾的运动。在社会基本矛盾运动的过程中，生产关系必须适应生产力的水平和性质，这是历史的客观规律。"社会的物质生产力发展到一定阶段，便同它们一直在其中运动的现存生产关系或财产关系（这只是生产关系的法律用语）发生矛盾。于是这些生产关系便由生产力的发展形式变成生产力的桎梏。那时社会革命的时代就到来了。随着经济基础的变更，全部庞大的上层建筑也或慢或快地发生变革。"①因此，当生产关系被生产力的发展所否定时，原有法的消失和新的历史类型的法的产生就不可避免了。第二，法的历史类型发生更替的直接原因是社会革命。从法的历史类型发生更替的方式上看，新的历史类型的法取代旧的历史类型的法都是在社会革命的过程中实现的。但社会革命在不同的历史环境中又表现出不同的样式，一种是自下而上的、剧烈的大规模的暴力革命，一种是自上而下的、渐进的社会改良。前者如法国大革命，后者如英国的"光荣革命"、日本的明治维新。

二、奴隶社会的法

奴隶制的法律制度是人类历史上最早出现的剥削阶级类型的法。

（一）奴隶社会法律制度的经济基础和阶级本质

奴隶制的法律制度是人类历史上最早出现的剥削阶级类型的法。在奴隶制社会的经济结构中，奴隶主阶级占有生产资料，同时也占有作为生产劳动者的奴隶。因此，奴隶主阶级不仅支配社会生产过程，也完全占有全部财产。奴隶没有人身自由，奴隶在法律上的地位不是"人"而是"财产"，可由奴隶主按对待其他财产的方式来占有、使用和处置。奴隶制生产关系的这种特点决定了奴隶制法的阶级本质——奴隶制法是奴隶主阶级专政的国家意志的表现，是奴隶主阶级对广大奴隶劳动者实行统治的工具。

（二）奴隶制法律制度的特征

奴隶制法律制度是人类历史上最早出现的剥削阶级类型的法律制度，是随着私有制、阶级和国家的出现，在氏族制度的废墟上建立起来的。奴隶制法律制度具有如下特征：

1. 否认奴隶的法律人格，公开确认奴隶的人身占有

奴隶在法律上没有人格，即法律完全不承认奴隶是人，而是将他们视为纯粹的财产，只能作为权利客体，而没有任何权利。

2. 惩罚方式极其残酷，带有任意性

奴隶制社会刚刚摆脱了蒙昧状态，这就决定了奴隶制法带有野蛮、残酷的特点。在我国奴隶制时期，刑罚的种类最多时不下几十余种，而且包含大量以侮辱人格、残害肉体、增加精神恐怖的刑罚方法，诸如断足、割鼻、炮烙、剖腹、醢、脯等。

3. 在自由民内部实行等级划分

奴隶制法不仅通过否认奴隶的法律人格来确认奴隶主与奴隶之间不平等的地位，而且在自由民之间也实行等级划分。自由民是除奴隶之外的所有具有人身自由的人，既包括无业贫民和个体劳动者，也包括大小奴隶主。自由民之间的法律地位完全不同，等级越高特权越多义务越少，等级越低则权利越少义务越多。比较典型的是古印度的种姓制度，从高到低依次划分为四个种姓：婆罗门（僧侣贵族）、刹帝利（武士贵族）、吠舍（农民、手工业者和商人）、首陀罗（奴隶和杂工），不同种姓之间等级森严、严禁通婚，与低种姓通婚者便丧失其原有的等级身份。

---

① 《马克思恩格斯选集》第 2 卷，人民出版社 2009 年版，第 591~592 页。

4. 明显带有原始习惯的某些残余

即使在奴隶制法比较成熟之后，依然保留了较多的习惯因素。例如，在土地所有制方面，土地归国家所有或村舍所有的习惯曾保留了很长时间；在法律责任和制裁方面，由集体共同承担责任的习惯、用"同态复仇"的方式追究责任的习惯、以及允许私人自行对侵权人施加制裁的习惯，都不同程度的存在于奴隶制法中。

三、封建社会的法

（一）封建社会法律制度的经济基础和阶级本质

封建社会的法是在世界法律发展史上继奴隶制法之后出现的第二种历史类型的法律制度。

封建社会是以农业为基础的自然经济占主导地位的社会，在封建社会的经济结构中，地主阶级占有生产资料，同时不完全占有作为生产劳动者的农奴或农民；农奴和无地或少地的农民以耕种封建领主的份地、为地主雇佣以及租种地主土地等为谋生方式，在经济上处于不得不接受地主阶级剥削的不利地位。以这种生产关系为基础所建立的国家是地主阶级的专政形式，作为国家意志表现的封建制法是地主阶级对广大农民阶级实行统治的工具，以维护地主阶级的共同利益为根本使命。

（二）封建制法律制度的特征

大多数封建制法律制度是在奴隶制崩溃之后建立起来的，但也有一些是由处于氏族社会末期的民族在征服了实行奴隶制的地区之后，为适应所统治地域的社会生活条件而建立起来的。由于不同社会的封建制法在其形成的历史背景上有较大差异，它们发展的条件和道路也有较大差异。总体上讲，封建制法具有以下四个主要特征：

1. 肯定人身依附关系

这一特征最突出地存在于西欧封建制法中。在典型的意义上，西欧封建制经济是按庄园制和农奴制组织起来的。庄园制通过土地分封制而形成，在庄园中劳动的农民大多具有农奴身份，除在经济上受领主剥削外，其人身也由领主不完全占有，没有独立的法律地位和完全的法律人格。农奴在法律上享有有限的权利，在人身上没有自由，须受领主支配，也可被当作财产转让、出卖。农奴的法律地位优于奴隶，但低于自由人。

2. 封建等级森严

任何封建社会都是一个等级社会，但等级化的程度不完全相同。相比较而言，西欧等级制更为发达完备。西欧的封建等级制表现为一种普遍化的、界限森严的身份体系，不仅统治阶级中区分出国王、公爵、侯爵、伯爵、子爵、男爵和骑士，被统治阶级中也区分出许多身份，如英国中世纪的法律就把农民分成自由佃农、维兰、边农、小屋农和农奴几种不同的身份。

3. 维护专制王权

这一特征在东方封建制法中最为典型，西欧封建制法则相对次之。在西欧，由于强大的贵族的存在，使王权受到了极大的限制，西欧封建法直到封建社会后期才确认了专制王权的绝对至上性。中国的封建制法则一直确认并全力维护专制王权的绝对至上性，这与等级制不发达，不存在一个强有力的贵族阶层有直接关系。在中国封建社会的结构中，占据重要地位的不是世袭贵族阶层，而是庞大的官吏集团，但是官吏的进退荣辱乃至身家性命都由王权控制，他们与皇帝是奴与主的关系，皇帝借助官吏集团统治全国，握有绝对至上的权力，且不受法律的限制。法律对王权的唯一作用是确认并强化这种专制的政治关系。

4. 刑罚严酷、野蛮擅断

从总体上讲，封建制法在刑罚方面的严酷程度稍次于奴隶制法，侮辱刑、肉体刑和恐怖痛苦的死刑执行方式在各个封建制法律制度中普遍存在。德国 16 世纪的《加洛林法典》设置了割鼻、挖眼、割舌、断手、火焚、五马分尸等许多残忍的刑罚。中国封建制法还规定了族刑和连坐等制度，一人犯罪，满门抄斩，甚至祸及亲朋好友。

以上四个特征中，第一、第二个特征在西欧封建制法中比较典型，第三个特征在东方封建制法中比较典型，第四个特征是一切封建制法的共同特征，只是表现形式略有不同。

四、资本主义社会的法

(一) 资本主义法律制度的经济基础和阶级本质

资本主义是一种新型的生产关系。自 14、15 世纪开始，地中海沿岸的某些城市出现了资本主义生产的萌芽；到了 17 世纪，世界开始进入资本主义时代。与以往以自然经济为基础的社会形态不同，资本主义社会是以发达的社会生产力和社会化大生产为基础而建立起来的商品生产高度发展的社会，生产资料和劳动力都变成了商品。资本主义生产关系的基本特征是资本家占有生产资料，用雇佣劳动的方式购买和使用无产者的劳动力。从法律形式上看，资本家和无产者是平等的，他们对自己的资本或劳动力都有支配和处分的自由，正是通过这种平等和自由的交换，资本家得以剥削工人所创造的剩余价值。以资本主义生产关系为经济基础而建立的资本主义法律制度，其根本任务是维系有利于资产阶级的经济和政治秩序，尽管资本主义法特别强调形式上的平等和自由，但它仍然是以资产阶级意志和利益为依归的法律制度，仍然属于剥削阶级类型的法。不过，由于资本主义法律制度是以全面废除人身依附关系为前提建立起来的，并且在资本主义的市场经济和民主政治条件下存在和运行，它又是近现代法律文明的一种形态，因此其奉行的许多原则也就明显不同于古代奴隶制和封建制的法律制度。资本主义法是在封建时代的后期孕育、萌发，在资产阶级革命胜利之后最终确立的。资本主义法律制度以资本主义私有制经济为基础，体现的国家意志来自于占社会少数的资本家阶级，因此也属于剥削阶级类型的法。不过，由于资本主义法律制度是在资本主义的市场经济和民主政治条件下存在和运行的，所以，它又是近现代法律文明的一种形态，其奉行的许多原则也就明显不同于古代法律制度。

(二) 资本主义法律制度的基本特征

资本主义法律制度的一个总体特征就是按照资本主义市场经济和民主政治的本质要求，建立了资本主义的法治国家，这一特征集中体现在以下原则之中：

1. 私有财产神圣不可侵犯

这一原则首先出现在 1789 年法国《人权宣言》上："财产是神圣不可侵犯的权利，除非当合法认定的公共需要所显然必需时，且在公平而预先赔偿的条件下，任何人的财产不得受到剥夺。"之后，各资本主义法律都确认了这一原则。该原则是资本主义法律制度首要的原则，因为它准确地反映了"自由地利用资本来剥削劳动"这一资本主义生产方式最本质的要求。这一原则为交易安全提供了有力的保障，对资本主义市场经济的发展具有巨大意义。它在近代资本主义法中具体表现为一种绝对的所有权，允许所有权人几乎可以完全任意地使用和处分自己的财产，任何人（包括政府）均不得干涉。这种绝对的所有权在后来引发了一系列严重的社会矛盾。到了20世纪初期，所有权的滥用开始受到限制，这是资本主义法制发展史上现代法制区别于近代法制的重要标志。

2. 契约自由原则

资本主义法律制度首次把契约自由上升为调整社会经济关系的基本原则。这意味着承认一切人都具有独立的法律人格，具有平等的法律地位，可以在法律所界定的广阔领域内自主地处分自己的利益和权利，并在交往各方达成合意的条件下建立或改变彼此间的权利、义务关系。

契约自由原则是市场经济关系本质要求在法律上的体现。市场经济也就是自由交换的经济，在法律上表现为一系列契约订立和履行的过程。契约自由原则不仅为重新安排和调整经济生活提供了新的准则，也为整个社会生活的重新安排和调整提供了参照。至此，现代文明和现代法制的第一种形态——资本主义文明和法制才能得以建立。

在资本主义条件下，契约自由原则在形式上给一切人都提供了自由选择的机会，但是，对于不占有生产资料的普通劳动者来说，它只意味着决定把劳动力出卖给什么人的自由。而且，随着资本主义的不断发展，特别是进入垄断资本主义之后，契约自由原则对社会的负面作用越来越突出。于是，资本主义国家便从社会本位的角度出发，对契约自由原则做了限制。

3. 法律面前人人平等

体现法国大革命之理想的《人权宣言》在第1条和第6条规定："人们在自由上而且在权利上，生来是平等的。""法律对于所有的人，无论保护或处罚都是一样的。在法律面前，所有的公民都是平等的。"这一原则同前述两个原则一样也是资本主义法制首先确定下来的。

法律面前人人平等原则包含丰富的内容，其中最基本的精神有三点：第一，所有自然人的法律人格（权利能力）一律平等。这种权利能力生而具有，不以任何特定事实为条件，它实际上就是人权，即任何人都享有的做人的权利和资格。第二，所有公民都具有平等的、基本法律地位。第三，法律平等地对待同样的行为。法律在对行为施加保护和惩罚时，只关注行为的性质和后果，而不关注行为人的身份。法律面前人人平等原则的确立，是人类社会从古代法律制度进入现代法律制度的最主要的标志，是等级社会和专制国家的死亡宣告，因而具有划时代的意义。

法律面前人人平等原则的确立，是人类社会从古代法律制度进入现代法律制度最主要的标志，是等级社会和专制国家的死亡宣告，因而具有划时代的意义。但也应看到，在资本主义的经济和政治结构中，这一原则的法律意义和社会意义是不同的。尽管所有公民在法律上享有平等的基本权利，但法律规范中的权利只是一种可能性，权利的实现离不开必要的条件，在经济资源、政治资源和信息资源不平等占有的情况下，许多平等的权利对许多劳动者来说，很少具有实际意义。确实，在法律上，一个汽车装配线上的工人也与他人一样有投资办厂的权利，也与他人一样有竞选总统和议员的权利；然而，由于存在资源占有上的阶级差别,事实上他们很难行使法律上的这些平等权利。

在近代资本主义法制中,法律面前人人平等原则并没有全面实施。其突出的表现是:其一,对选举权和被选举权这一最重要的政治权利加以财产资格限制,从而使许多劳动者的权利被不平等地剥夺。其二,对工人的结社权加以限制,工会和工人阶级政党长期被宣布为非法。其三,法律公开允许种族歧视,在某些国家甚至使奴隶制合法化。其四,性别歧视也得到法律的承认,女性与男性在基本权利的享有上是不平等的。

此类不平等直到 20 世纪上半叶还普遍地存在于各资本主义国家的法律制度之中。从 20 世纪中期开始,由于以工人阶级为主体的各界民主力量的努力奋斗,在强大的社会压力下,资产阶级国家机构不得不对原有的法律规定加以废止或修改,这实际上是资产阶级不得不作出的让步。除了上述三项原则之外,资本主义法律制度还有主权在民、法律至上(或宪法至上)、有限政府、分权制衡、普选代议等许多重要原则。不过,相对而言,这些原则都是为了保障资产者的私有财产不受侵犯,为了保障资产者控制下的商品生产和交换在契

五、社会主义社会的法

(一) 社会主义法律制度的经济基础和阶级本质

在世界法律发展史上,社会主义法律制度是新的历史类型的法律制度,有着与以往剥削阶级类型法律制度全然不同的经济基础与阶级本质。

社会主义生产关系是以生产资料公有制为基础,以按劳分配为原则,以劳动者共同占有生产成果为特征,以共同富裕为目标的经济制度。在社会主义公有制的基础上全体劳动者或部分劳动者共同占有生产资料,以劳动者的劳动作为个人收入分配的基本尺度,既承认差别,又反对因收入差距过大而导致的贫富悬殊,确保社会生产所创造的生产成果(包括剩余产品)归劳动者共同占有和支配,并通过解放和发展生产力来推动社会物质财富和精神财富的日益丰富,从而实现人的全面发展和全体社会成员的共同富裕。社会主义法律制度是以社会主义生产关系为经济基础而建立起来的上层建筑,社会主义法律制度的基本原则和主要内容都是社会主义生产关系本质要求的反映和表现。因此,社会主义法律制度是迄今为止人类历史上唯一的以公有制为基础,以消灭剥削、消除两极分化、实现共同富裕为历史使命的法律制度。

唯物史观认为,生产力与生产关系、经济基础与上层建筑之间的矛盾是社会的基本矛盾,在社会基本矛盾的运动中,社会生产力的发展会推动社会生产关系和法律上层建筑的发展变化。因此,正如封建制法取代奴隶制法和资本主义法取代封建制法一样,资本主义法也必然被社会主义法所代替。资本主义发展自身的内在矛盾运动决定了社会主义经济制度和法律制度必然要取代资本主义的经济制度和法律制度,这是不以人的意志为转移的历史发展客观规律。在 20 世纪初,俄国爆发了十月革命,诞生了世界上第一个社会主义国家苏维埃俄国。此后,在十月革命的影响下,欧洲、亚洲、拉丁美洲的许多国家走上社会主义道路,建立了社会主义法律制度。

社会主义法律制度产生的历史过程有两个重要特点。首先,社会主义法律制度是由社会主义的国家政权所创立的。在社会主义法的历史类型之前,新历史类型的法律一般都是

在原有社会形态的母体中孕育、产生的，在社会革命之前就已经形成一定规模，在社会革命之后最终形成完备的法律制度。社会主义法律制度的产生方式则具有自己的特点。尽管社会主义法律制度也要借鉴、吸收和继承原有法律的许多成分，但是，由于社会主义公有制经济不可能在以往社会形态之中大规模地形成和发展，社会主义法律制度也就不可能在旧社会的母体中形成和产生出来。因而，自十月革命以来，社会主义法律制度都是经由社会主义革命，以社会主义的国家政权的建立为基础而被创立和建设起来的。其次，迄今为止，社会主义法律制度都是在资本主义发展不充分的经济相对落后国家产生的。马克思恩格斯依据 19 世纪中后期资本主义发展的趋势和当时的历史条件曾预计，社会主义革命应当首先发生于资本主义发展最为充分的国家。然而，自 19 世纪末开始，世界进入垄断资本主义时代，政治经济发展的不平衡使资本主义发展比较薄弱的一些国家形成了社会主义革命的条件。于是，苏联、中国等一批阶级矛盾集中而生产力不发达的国家率先取得了社会主义革命的胜利，随之建立起各自的社会主义法律制度。由于社会历史条件的制约，这些国家的经济发展水平较低、小生产方式广泛存在，劳动者的全国性联系程度不高，资产阶级民主革命的任务尚未彻底完成，民主和法治的传统相对薄弱。因此，在这种社会历史条件之下，社会主义民主和法治建设必然面临特别艰巨的任务。

（二）社会主义法律制度的基本特点

社会主义法是迄今为止人类历史上最高历史类型的法律制度，是唯一以生产资料公有制为经济基础而建立的法律制度类型。与以往的其他法律历史类型相比，社会主义法作为最高历史类型的法律制度必然具有反映自己本质属性的独有特征，这主要表现在以下三个方面。

1. 社会主义法是以实现共同富裕、实现普遍的平等和自由为历史目标的法律制度

自从人类进入有国家、有法律的文明社会以来，消灭压迫，消灭剥削，实现共同富裕，实现人人平等和自由，是人类社会几千年的美好理想。从法律发展史看，近现代资本主义法律文明取代了以人身奴役、等级压迫和专制统治为特征的封建法律制度，确实是一个历史性的伟大进步。但是，以资本主义私有制为基础的平等和自由仅仅实现了"以物的依赖性为基础的人的独立性"，对于具体的个人而言，这种平等和自由的真实意义在很大程度上取决于个人在经济上是否居于支配地位。社会主义法律制度充分地体现以公有制为主体的社会主义先进生产关系的内在要求，通过解放和发展生产力，消灭阶级差别，消除贫富分化，实现共同富裕。

当然，社会主义法律制度作为一种只有不足百年发展历史的新的法律历史类型，本身尚处于发展过程中。需要注意的是，社会主义法律制度是在资本主义尚未得到充分发展的经济、政治和文化相对落后的国家中确立起来的，其发展必然受到客观历史条件的限制，因而，社会主义法律制度在消除"物的依赖性"和实现"以个人全面发展为基础的自由个性"方面，还仅仅处于历史起步阶段。但是，就开辟具有普遍意义的平等、自由的历史可能性空间而言，社会主义法律制度已经处于一个新的历史起点，它所承担的历史使命和所追求的历史目标是对以往各种历史类型法律制度的超越。

2. 社会主义法是以人民性为本质特征的法律制度

马克思主义法律观认为，在社会分裂为阶级的情况下，法律必然是在经济上和政治上

居于支配地位的统治阶级利益和意志的体现。因而，只要阶级对立和阶级差别还客观地构成社会生活条件的组成内容，法律制度就必然具有一定的阶级性。在具有阶级性这一点上，社会主义法与其他历史类型的法律制度具有某种类似性。然而，社会主义法所具有的阶级性与此前的法的阶级性的内涵有天壤之别，这是因为法的阶级性与法的人民性之间的关系在社会主义社会中发生了质的变化。

在社会主义法之前的其他历史类型的法律制度，都是以生产资料私有制为经济基础而确立起来的。私有制一方面使社会分裂为利益相互对立的剥削阶级和被剥削阶级；另一方面又使经济上占优势的剥削阶级垄断国家的立法、执法和司法的权力，从而成为政治上的统治阶级。因此，从本质上说，以往历史类型的法律制度都只能是统治阶级利益和意志的体现。尽管在不同的历史条件下和某些具体的事项上，人民的利益和意志也可能被国家的立法、执法和司法不同程度地予以反映，但法律的阶级属性并不会改变。

社会主义法律制度的阶级性和人民性则具有完全不同的关系。社会主义法律制度是以社会主义公有制为基础而建立起来的，生产资料公有制消灭了私有制所引发的阶级分裂和利益对立。尽管由于历史因素的制约，社会主义社会还存在着阶级划分和阶级差别，但已不再是阶级对立的社会。随着社会主义建设的深入，阶级斗争也不再是社会的主要矛盾。工人阶级领导下的全体人民都是国家的主人，国家的立法、执法和司法权力都属于人民并服务于人民。在人民内部，尽管也存在不同群体之间的利益差别和矛盾，但全体人民的根本利益是一致的。因此，社会主义法律制度既是作为领导阶级的工人阶级利益和意志的体现，也是最广大人民利益和意志的体现。社会主义法的阶级性与人民性不再是相互对立和相互排斥的关系，而是根本一致的关系。它的阶级性正是通过对全体人民的共同意志和利益加以确认而表现出来的，而且，社会主义社会本身意味着开启了一个阶级差别、阶级矛盾逐步缩小和消亡的历史进程。在这一历史进程中，法的阶级性将越来越全面和彻底地表现为法的人民性，这是社会主义法作为迄今最高历史类型法律制度所具有的独特属性。

3. 社会主义法是继承和发展了历史上一切人类法律文明优秀成果的法律制度

正如恩格斯所指出的那样，"现代社会主义"就其理论形式来说，"起初表现为18世纪法国伟大的启蒙学者们所提出的各种原则的进一步的、据称是更彻底的发展"[1]。因此，社会主义法作为迄今最高历史类型的法律制度，它必然是对人类法律文明史上所有优秀成果的继承和发展，尤其是对文艺复兴和启蒙运动以来法律文明优秀成果的继承和发展。

社会主义建设的实践表明，社会主义民主与法治是否能够健康顺利地发展进步，社会主义法律制度的优越性是否能够充分发挥出来，一方面取决于法治建设是否准确体现了社会主义基本制度的内在规律，是否与各个社会主义国家的具体国情相适应；另一方面也取决于是否能够根据社会的现实条件和发展需要来充分和及时地借鉴、吸收人类法律文明的有益成果。只有毫不动摇地坚持走社会主义道路，同时又以改革开放的态度，立足于本国国情，从实际出发借鉴、吸取任何有利于本国社会主义市场经济、民主政治建设的历史上和域外的法制经验，社会主义法律制度才能够最终获得自己的制度优势，从而超越资本主义法律文明。

---

① 《马克思恩格斯文集》第3卷，人民出版社2009年版，第523页。

（三）当代中国社会主义法律制度

1. 当代中国社会主义法律制度的的产生和发展

中国社会主义法律制度是在中国人民反对帝国主义、封建主义和官僚资本主义的反动统治的革命斗争中孕育，在社会主义国家建立之后正式确立，并在社会主义建设的过程中发展起来的。它的产生和发展大致可分为四个阶段：

第一，孕育阶段。在新民主主义革命阶段，中国共产党领导下的革命根据地政权曾先后颁布过《中华苏维埃共和国宪法大纲》、《陕甘宁边区施政纲领》和《中国土地法大纲》等法律文件，为后来的法制建设积累了经验。

第二，确立阶段。在中华人民共和国成立前夕制定的《中国人民政治协商会议共同纲领》，预示着新的国家政权和法律制度即将形成。从新中国成立到1956年社会主义制度正式确立，以宪法、婚姻法和其他一些单行法为基本内容的社会主义法律制度初步形成，但数量有限，内容比较简单。

第三，初期发展阶段。这一阶段从社会主义制度正式确立到"文革"结束，经历了21年的时间。前十年里制定了一批单行条例、行政法规和地方法规，健全了司法机构，法制建设的步伐虽然缓慢，但尚未出现大的起伏。"文革"发生后，社会主义法制建设受到严重破坏，给法制建设留下了反面教训。

第四，新时期发展阶段。党的十一届三中全会以后，人民代表大会制度逐步健全和完善，司法组织和司法体制得到重建和充实。至1995年底，全国人大及其常委会共制定了280部法律，国务院制定了700多部行政法规，地方权力机关制定了4000多部地方性法规。以宪法为基础的、具有中国特色的、相对比较完备的社会主义法律体系基本形成。1999年，"依法治国，建设社会主义法治国家"写进宪法，这是中国社会主义法制建设新的里程碑，对我国法制的进一步发展和完善起到了意义深远的巨大推动和指导作用。2014年10月20日至23日，中国共产党第十八届中央委员会第四次全体会议在北京举行。全会听取和讨论了习近平受中央政治局委托作的工作报告，审议通过了《中共中央关于全面推进依法治国若干重大问题的决定》。十八届四中全会提出，全面推进依法治国，总目标是建设中国特色社会主义法治体系，建设社会主义法治国家。

2. 社会主义法律制度的基本特征

（1）当代中国法律制度的本质

当代中国法律制度属于社会主义类型的法律制度，具有与其他类型法律制度根本不同的本质，主要表现在以下几个层面：

第一，从阶级属性的层面上看，当代中国法律制度最重要的本质在于它是工人阶级及其领导下的广大人民意志的体现。

第二，从生产方式和存在方式的层面上看，当代中国法律制度最重要的本质在于它是民主立法程序中形成并存在于各种法律渊源之中的国家意志。

第三，从生产方式的层面上看，当代中国的法律制度最重要的本质在于其根本使命是为解放生产力和发展生产力服务，为最终消灭剥削、消灭两极分化和实现共同富裕服务

第四，从社会作用的层面上看，当代中国的法律制度最重要的本质在于它是引导和保障我国社会主义建设各项事业顺利发展的权威性行为准则。

（2）当代中国法律制度的特征

当代中国的法律制度与奴隶制法、封建制法和资本主义法律制度分别属于不同历史类型的法律制度，同时，它还是具有中国特色的社会主义法律制度，这就决定了它具有多方面的法律特征，主要体现为以下几点：

第一，阶级性与人民性的统一。我国的社会主义法律制度在本质上仍然具有阶级性，是工人阶级领导的人民意志的体现。在这一点上，社会主义法律制度与其他历史类型的法律制度是一致的，但是，阶级性的内容及其与人民性的关系已经发生了质的变化。我国法律制度的阶级性和人民性不是对立关系，而是一致的，它的阶级性正是通过对全体人民的共同意志和利益加以确认而表现出来的。

第二，国家意志与客观规律的统一。我国的社会主义法律制度反映的是全体人民的共同利益，这种共同利益的内容随着社会的发展变化也在相应地发展变化，它与历史发展的基本方向和基本规律是一致的。因此，国家意志和客观规律就能够始终在社会发展过程中保持一种实质的动态统一性。

第三，权利确认与权利保障的统一。我国的社会主义法律制度是建立在社会主义公有制经济基础之上的，它一方面能够确认每个公民的平等权利，另一方面也能够为实现这种平等权利通过大体平等的保障条件。当然，由于我国目前还处于社会主义初级阶段，在为平等权利提供平等实现条件时尚受到种种因素的制约。不过，在社会不断进步的过程中，这些问题都可以逐步得到解决。

第四，强制实施与自觉遵守的统一。我国的社会主义法律制度体现了人民群众的共同意志和利益，因而在一般情况下，多数人民群众都能自觉遵守法律，只是在少数人违法时国家强制力才会出现。虽然在社会治安状况和经济秩序问题较多的特定时期，社会主义法律制度的国家强制力运用频率较高，但是，这与在私有制社会中每隔一段时间便会出现大规模的反抗，因而大量使用暴力手段的现象是不能同日而语的。

第五，一国与两制的统一。自香港和澳门回归祖国之日起，在一个中国的前提下，两种类型的法律制度并存。这是当代中国法律制度最具有独特性的重要特征。现在，以一个社会主义的中华人民共和国政权为统一前提，以大陆社会主义法律制度为主体，同时，香港的普通法法系和澳门的民法法系并存。这就形成了在一个统一的主权之下，两种历史类型的法律制度和平共处的局面，这是世界各国法律史上前所未有的。它既对中国法律制度的发展完善提出了挑战，也提供了相互借鉴、取长补短的巨大机遇。

第六，基本国情与公理的统一。任何能够有效运转的法律制度都必须以适合社会的现实条件为前提。当代中国是一个发展中的社会主义国家，历史悠久，人口最多。这是中国的特殊国情。当代中国的法律制度必须反映并适合中国的国情，否则，再完美的法律制度也不能真正发挥作用。同时，中国又是在社会主义制度下实行市场经济和民主政治的国家，而市场经济和民主政治都具有内在的一般规律。这就决定了当代中国法律制度在发展和完善的过程中必须把反映国情和反映现代法制公理统一起来。

除此之外还有自由与秩序的统一、公平与效率的统一、个人利益与社会利益的统一、竞争与合作的统一等等。不过，这些特征都可以被看作前述基本特征在某一方面的具体表现。

【经典例题】

《摩奴法典》是古印度的法典，《法典》第五卷第一百五十八条规定："妇女要终生耐心、忍让、热心善业、贞操，淡泊如学生，遵守关于妇女从一而终的卓越规定。"第一百六十四条规定："不忠于丈夫的妇女生前遭诟辱，死后投生在豺狼腹内，或为象皮病和肺痨所苦。"第八卷第四百一十七条规定："婆罗门贫困时，可完全问心无愧地将其奴隶首陀罗的财产据为己有，而国王不应加以处罚。"第十一卷第八十一条规定："坚持苦行，纯洁如学生，凝神静思，凡十二年，可以偿赎杀害一个婆罗门的罪恶。"结合材料，判断下列哪一说法是错误的？（　　）

A.《摩奴法典》的规定表明，人类早期的法律和道德、宗教等其他规范是浑然一体的

B.《摩奴法典》规定苦修可以免于处罚，说明《法典》缺乏强制性

C.《摩奴法典》公开维护人和人之间的不平等

D.《摩奴法典》带有浓厚的神秘色彩，与现代法律精神不相符合

【答案】 B

【解析】 选项B错误。古印度法是印度奴隶制时期的法律制度，具有强制性。选项ACD正确。作为一种东方奴隶制法，古印度法具有东方法和奴隶制法的共性，比如维护君权、夫权、父权，维护奴隶主的特权，诸法合体，缺乏抽象概念和规则等。又独树一帜，有其自身的特点：与宗教密不可分；严格维护种姓制度；是法律、宗教、伦理等各种规范的混合体。

第三节　法　系

本节知识结构图

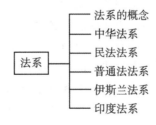

一、法系的概念

"法系"至今没有形成为学者所普遍认同的定义。法国的著名比较法学家勒内·达维德认为："'法系'的概念没有与之相对应的生物学上的实在性；使用它只是为了便于讲解，为了强调在各种法之间存在的相似之处和区别。"① 比较法学者往往从自己的问题意

---

① 【法】勒内·达维德著：《当代世界主要法律体系》漆竹笙译，上海译文出版社1984年版，第24页。

识出发，采取各自的标准，对法系的概念进行定义。我国著名的法学家沈宗灵先生曾指出："法系这一用语，在西方法学家中的用法也相当混乱。以英文而论，法学著作中用来指法系的，一般有以下几个词：legal family，legal group，legal genealogy 和 legal system 等，其中用得最多的是 legal system。"① legal system 这一术语本身是一个多义词，有法系、法律体系和法律制度、法制等含义。

我们认为，法系是在对各国法律制度的现状和历史渊源进行比较研究的过程中形成的概念，它是依据法律的历史渊源和传统以及由此形成的不同存在样式和运行方式，而对现存的和历史上存在过的各种法律制度所做的分类。凡是具有相同的历史渊源和传统，具有相同或相近的存在样式和运行方式的法律制度，便被视为属于同一个法律家族，即法系。对于这一概念，我们从以下三个方面进行分析：第一，法系并不是一个国家法律的总称，而是指一些国家或地区的法律的总称，是指同一类法律的总称。第二，这些国家或地区的法律之所以构成一类，是因为从某种标准来看，他们具有一定的共性或共同的历史传统。第三，在一个法系中，每个国家的法律体系都隶属于特定的社会制度，但我们不能因此就将法系与社会制度等同。

二、中华法系

(一) 中华法系的形成

中华法系是承袭中国古代法律传统而形成的东亚各国法律制度的总称，是世界历史上曾经存在过的影响最大的法系之一，古代的中国、朝鲜、日本、越南、琉球等国的法律均属于中华法系。

中国的法律文明源远流长，自公元前 21 世纪开始就出现了国家与法律，经过夏、商时期近千余年的发展和积累，至西周时期达到早期法制的第一个高峰，不仅形成了当时堪称世界领先的体系化的法律和司法机构，也形成了礼法结合、敬天保民、明德慎罚的体系化的法律思想理论。至春秋战国，中国进入了第一次大动荡、大变革、大发展时期，与法律制定和实施相关的国家治理新观念和新理论批量产生，成文法开始取代习惯法成为法律渊源的主体，并且在秦汉时期实现了成文法法律体系的全面确立，达到了古代法制的第二个高峰。到了隋唐时期，以隋《开皇律》为基础，形成了以《唐律疏议》为核心的集中国古代法律之大成的唐律，达到了古代法制的第三个高峰。当时，在整个东亚地区中，隋唐法律的发达程度明显高于其他国家，陆续引起其他国家主动借鉴和继受。例如，日本的文武天皇和元正天皇模仿隋唐律令制定了《大宝律令》和《养老律令》，高丽（古朝鲜）的李氏王朝以唐律为母法蓝本制定了《高丽律》和《经国大典》，安南（古越南）的李氏王朝"遵用唐宋旧制"制定了《国朝刑律》和《鸿德刑律》，等等，由此形成了以唐律为母法，以日本、高丽、安南、琉球等国的法律为子法的中华法系。

(二) 中华法系的特点

与世界其他重要法系相比较，中华法系具有某些别具一格的特点。如在法律形式方面成文法与不成文法并存且以成文法为主体；在法律渊源方面国家法与"民间法"（民间社

---

① 沈宗灵著：《比较法总论》，北京大学出版社 2002 年版，第 53 页。

会的习惯与规约等）并存且以国家法为主体；在法律实施方面行政机构与司法机构一体等。其中，在文化比较方面最具特色的是以下三点。

1. 中华法系是基于子法国家主动继受而形成的法系

其他世界重要法系的形成大都与武力征服有关，其形成途径是借助于宗教扩张战争和殖民扩张战争使原本处于本法系之外的国家或地区被武力征服，随之而来的才是母法被子法国家或地区继受。其中，大陆法系和英美法系的形成与武力征服的关系最为明显。与之反差鲜明的是，中华法系的形成完全是一个法律文明和平传播的过程，是由子法国家或地区自主选择、主动继受而形成的法系。

2. 中华法系是以儒家思想为指导而形成的世俗法系

在其他历史悠久的法系中，埃及法系具有强烈的神权政治色彩，国家实行政教合一体制，国王既是世俗政权体系最高统治者，也是宗教组织的最高领袖，法律与宗教之间没有严格区分；伊斯兰法系是以沙里亚法为核心而形成的伊斯兰国家法律制度的总称，沙里亚法又称伊斯兰教法，是由《古兰经》《圣训》等宗教经典和宗教文献构成法律体系。在古代的伊斯兰法系国家，沙里亚法通常居于至高的地位，进入现代以来，世俗法律开始发展起来。由于各伊斯兰国家世俗化程度不同，沙里亚法与世俗法律的关系也不完全相同，但是，就伊斯兰法系的总体而言，其仍然具有某种宗教法系的色彩。中国的法律文明从公元前 11 世纪的西周开始，就彻底脱离了神权政治，完成了世俗法律与宗教的分野，从儒家思想的先驱周公，到儒家学派的创立者孔子以及后世的儒家思想的倡导者，对于超自然的神秘力量一直保持敬而远之的态度，对此岸世界的关注优先于对彼岸世界的关注。由于儒家思想是中华法系的指导思想，因而，中华法系始终具有世俗法系的特点，这在历史悠久的世界主要法系中是不多见的。

3. 中华法系是礼法结合、德主刑辅的法系

中华法系是以儒家思想为理论基础而建立起来的，因此，儒家崇尚礼治和德治的观念对中华法系的塑造产生了重要影响，礼和德既是法律制定必须遵循的基础性准则，也是法律适用必须服从的指导性原则。礼是中国古代文化特有的概念，其内容非常丰富，几乎涉及社会生活的各个方面。例如，《礼记》和《周礼》所说的"礼尚往来，来而不往非礼也"和"父子不同席"属于社会交往的礼仪规范，"临财毋苟得，临难毋苟免"和"父母存，不许友以死"属于公共领域和家庭领域的道德规范，"礼不下庶人，刑不上大夫"和"国君死社稷"属于政治生活准则，"惟王建国，辨方正位，体国经野，设官分职，以为民极"属于国家管理制度，等等。总之，礼治反映了儒家以"尊尊""亲亲""三纲五常"为立足点对人际关系、社会秩序和国家治理理想状态的认知，其中既包含受当时特定社会历史生活条件决定的维护宗法制度、等级制度和专制制度的理论主张，也包含一些可以跨越时代限制的价值追求。到了汉代，崇尚礼治的儒家观念进一步发展为"德主刑辅"的法律理论，它强调为政者需以民为本，施行仁政，强制性的法律规范只能处于辅助地位，在国家治理的过程中应当更加重视发挥道德规范和道德教化的作用。如果法律规范与道德规范发生不可兼容的矛盾，道德规范的适用通常应当被优先考虑。由于礼治和德治被持续地倡导，在司法程序中，通过调解和教化来解决纠纷就成为非常普遍的现象，可以说，特别重视调解息讼也是中华法系颇具特色的传统。

中华法系所秉持的法律历史传统是在从夏商周到魏晋南北朝两千余年的时间长河中累积而成的，法系的真正形成始于隋唐时期并一直延续一千余年。到了清代末期，随着西方资本主义文明通过贸易、文化交流、殖民扩张甚至军事侵略的方式进入东亚，中华法系原来的子法国或者沦为西方列强的殖民地，或者实施变法维新，先后被动或主动地继受了大陆法系的传统，导致中华法系最终于19世纪末解体。需要特别注意的是，中华法系的解体并不等于中国法律文化传统的消亡。由于中华文明是世界四大古文明中唯一延续至今的文明，因此，在作为原中华法系母法国的中国，历史悠久的法律文化传统也必然有所延续，对之如何批判地继承，弃其糟粕，取其精华，是我们建设社会主义法治国家不能回避的课题。

三、民法法系

（一）民法法系概述

民法法系（Civil Law System）是以罗马法、特别是以19世纪初《法国民法典》为基础发展起来的法律的总称。因为这一法系的主要历史渊源是罗马法，它首先在欧洲大陆各国兴起，这些国家主要由拉丁族和日耳曼族人构成，故又名大陆法系、罗马法系、法典法系、罗马—德意志法系。

民法法系是西方两大法系之一，它的分布范围以欧洲大陆为中心，遍布全世界广大地区。属于民法法系的国家和地区，主要是以法国、德国为代表的很多欧洲大陆国家，包括比利时、卢森堡、荷兰、意大利、西班牙、葡萄牙、瑞士、奥地利和一些东欧国家。在其他地区，西、葡、荷、法等四国的前殖民地地区，一般奉行民法法系传统，比如澳门、土耳其、日本、泰国、刚果、卢旺达、布隆迪、埃塞俄比亚等。另外，美国的路易斯安那州、英国的苏格兰、加拿大的魁北克省也属于民法法系。国民党统治时期的中国也属于这一法系。

（二）民法法系的形成与发展

同其他法系一样，民法法系也是历史发展的产物，经历了长期的形成过程。

民法法系起源于罗马法。古罗马法律对后世的影响主要体现在其精致的司法观念与私法制度方面。罗马共和时期制定了《十二铜表法》。公元1—2世纪，伴随着简单商品经济的大发展，罗马的立法特别是私法取得了很大的成就。同时，罗马的法学相当繁荣，成就斐然。东罗马帝国皇帝查士丁尼编纂的《国法大全》（也称《查士丁尼民法大全》）完整而系统地保留了罗马法的精华，对欧洲大陆各国法律的发展产生了无以伦比的影响。恩格斯在谈到罗马法时曾精辟地指出，罗马法是我们所知道的以私有制为基础的法律的最完备的形式，是商品生产者社会的第一个世界性法律。

民法法系的形成是在13世纪罗马法复兴运动之后，严格意义上的民法法系则是在近代资产阶级革命之后出现的。公元1135年，《查士丁尼国法大全》的手稿在意大利被发现，罗马法复兴运动在欧洲兴起。所谓罗马法复兴运动，在西方历史上是指公元12—16世纪欧洲各国和自治城市所开展的学术运动，它以注释和评论罗马法为主要内容，对西欧各国继受罗马法、使罗马法成为西欧的普遍适用的法律具有决定性的作用。在罗马法复兴运动过程中，欧洲各大学讲授罗马法，学者研究罗马法，培养了许多精通罗马法的法律人才，为欧洲各国的近代立法作了较为充分的准备。

18、19世纪资产阶级革命胜利后，西欧各国的法律制度从封建法转变为资本主义法，自然法观念、个人自由、权利的思想、原则占据了主导地位，并贯穿于各国的立法之中，成为近代资产阶级法律的内在组成部分。各资本主义国家兴起了法典编纂运动，其中以法国为代表，而且严格意义上的资本主义法典编纂也是从法国开始的。法国民法典是具有基本法性质的最重要的法典，也是法国法对民法法系影响最大的一部法典。受法国的影响，民法法系的西欧各国相继完成了本国法典的编纂。法典编纂运动在民法法系的最终形成过程中具有重要的地位，进一步扩大了大陆法系的影响和范围，使大陆法系内部形成了法国和德国两个支系。

近代以来，随着西欧资本主义各国的对外扩张和殖民运动，民法法系的影响超出了欧洲大陆而扩展到世界广大地区，它逐渐成为世界上的主要法系之一。

（三）民法法系的特点

与普通法法系比较，民法法系主要有以下特点：

第一，全面继承罗马法；第二，实行法典化，法律内容主要通过法律规则表达出来，法律规则抽象、概括；第三，明确立法与司法的分工，强调制定法的权威，一般不承认法官的造法功能；第四，在司法过程中，诉讼程序一般采用审讯制；第五，法学家在推动法的发展中起着重要作用。

四、普通法法系

【14-2】

辛普森杀妻案

1996年美国亚特兰大奥运会期间发生的橄榄球明星辛普森杀人案，把许多人的眼球从奥运会赛场吸引到了美国的法庭上。1994年6月13日，黑人橄榄球前明星辛普森的前妻及其男友被利刃割喉致死。警方在案发现场发现了两被害人及辛普森的血迹，也发现了辛普森的头发和一只血手套；在辛普森住宅中发现了一只与案发现场属于同一副的血手套和一双血袜子；在其汽车上也发现了被害人和被告人的血迹。警方遂将辛普森作为重大犯罪嫌疑人予以起诉。当警方怀疑系辛普森作案准备对他逮捕时，通知了他的律师。之后，辛普森组成了阵容强大的律师团委自己辩护。在整个诉讼过程中，辛普森始终保持沉默。无论他本人还是他的律师，都不承担证明他无罪的责任。相反，证明辛普森有罪的责任由发动起诉的控方承担。为此，控方准备了上千件的证据，控方证人一一出庭并在法庭上接受辩方律师的交叉询问。作为接受本案命运的主审法官和陪审团，则完全站在控辩以外第三方的立场上，倾听双方发言，分析双方证据。特别是12名陪审团成员，大多为未受过高等教育的普通职员和工人，与控辩双方不存在任何利益关系。在长达一年零四个月的法庭审理中，中断与外界的联系，最后本着无罪推定的原则和"排除合理怀疑"的证明标准，本着良心作出一致裁决：辛普森无罪。

（一）普通法法系概述

普通法法系（Common law system）是指以英国中世纪以来的法律，特别是以普通法为基础而发展起来的法律的总称。因为它主要渊源于英国普通法，以判例法为法的主要表现形式，还由于在现代它由英国法与美国法两大分支构成，普通法法系又被称为英国法系、判例法系、英美法系。

普通法法系的范围除英国（不包括苏格兰）外，主要是曾是英国的殖民地、附属国的许多国家和地区，包括美国、加拿大、印度、巴基斯坦、孟加拉国、缅甸、马来西亚、新加坡、澳大利亚、新西兰以及非洲的个别国家和地区。

（二）普通法法系的历史发展

普通法（Common Law）一词通常可以在三种意义上使用。在广义上，普通法指 12 世纪以后通行于英格兰的法律，它是在中央集权下形成的、由国王领导下的皇家法院统一加以适用。在狭义上，普通法指 12 世纪以后由英格兰皇家法院所创立、适用和加以发展的判例法。从比较法的角度，普通法泛指以英格兰法为基础、以判例法为主要法律渊源的国家和地区的法律制度，相对于以制定法特别是编纂法典为特征的大陆法系国家或地区的法律制度。

与民法法系不同，中世纪的英国法是在罗马法之外独立发展起来的。在盎格鲁撒克逊法时代（公元 1066 年前）实行的法律大多是习惯法，它对以后英国法的发展没有太大的影响。严格意义上的英国法是从威廉统治英格兰后所创立的普通法开始的。普通法是以威廉在征服英格兰后所建立的土地分封制和中央集权制作为经济和政治基础的。诺曼人从12—13 世纪创建了三个王室高等司法机关，即财政法院，普通诉讼法院，王座法院。它们是英王设立的中央一级法院，对地方上的、直接受各地领主或主教所控制的法院，实行严格的监督。它们以英王的名义行使司法权，凡是涉及王室利益的案件，它们都有权处理且不断扩大自己的管辖范围。王室法院的法官经常到各地进行巡回审判，有权撤销地方法院的判决。王室法院所适用的法律高于地方法院所适用的习惯，这种法律是通过王室法院的判决所逐步形成的，是适用于全国的普通法（Common Law）。这种普通法之所以出现，首先是为了适应诺曼王朝统治的需要，诺曼征服者本身并没有一套现成的法律，他们迫切需要创造一种新的、统一的法律。在当时的历史条件下，创制这种法律的任务是通过王室法院的审判，以形成判例法的形式来实现的。在 12—15 世纪的英国法律中，以判例法形式出现的普通法占据主导地位，但制定法也有不同程度的发展。

随着英国法律逐渐走向成熟和完善，以及殖民扩张运动在全球范围内的展开，英国以普通法为核心的法律制度得到了广泛的传播，使普通法法系得以最终形成。

（三）普通法法系的特点

与民法法系比较，普通法法系主要有以下特点：

第一，以英国为中心，以普通法为基础；第二，以判例法为主要表现形式，遵循先例；第三，在法律发展中，法官起着突出的作用；第四，在司法中体现为注重程序的诉讼中心主义；第五，变革相对缓慢，反映向后看的思维习惯；第六，法律庞杂，缺乏系统性。

【14-2】案件的审理反映了普通法法系在司法方面的特点。

（四）民法法系和普通法法系的区别

尽管当代两大法系有趋同的趋势，但就两者的历史传统和宏观特征来看，仍然存在各自的法律文化基因，其差异大至包括以下若干方面。

1. 在法系基础方面的差异

西欧大陆各国的法律制度是以罗马法为基础的。自12世纪起，欧洲大陆掀起了一场规模空前的罗马法复兴运动，从而使罗马法得到了广泛的传播。同时，随着罗马法复兴运动的展开，欧洲大陆的各大学培养了大量熟悉罗马法的法律人才。当欧洲大陆各国纷纷制定统一的成文法之际，罗马法的制度与精神不可避免的充分体现到了其各自的法典之中。

普通法法系的法律制度主要以英国普通法为基础。英国的法律制度是直接在原始日耳曼法的基础上沿着自己的特殊途径发展起来的。尽管英国法在动产物权、契约、遗嘱等方面吸收了罗马法的原理和原则，但在不动产物权和诉讼制度等方面很少受到罗马法的影响。而且，英国法受罗马法影响的方式与大陆各国不同，它没有接受罗马法的概念、形式和体系。英国随着国家政权走向统一和统一的皇家法院系统的建立，以判例法为形式的普通法成为了英国法以及英美法系形成和发展的基础。

2. 在法律渊源方面的差异

在民法法系国家，制定法是最主要甚至是唯一的法律渊源。根据颁布制定法的国家机关的等级，可以把法律分为宪法、议会制定法、由议会委托行政机关颁布的委任立法、由行政机关颁布的行政法规和地方国家机关颁布的地方性法规。除此之外，制定法还包括国家所参加的国际条约。

在普通法法系国家，法律渊源主要包括判例法和制定法。判例法是普通法法系国家最重要的法律渊源。判例法一般是指高级法院的判决，或者说一个判决中所含有的法律原则或规则，对其他法院（甚至对本法院）以后的审判来说，具有作为一种先例的约束力。

3. 在法律分类方面的差异

在民法法系国家，法律被分为公法和私法，在这一基本分类方法指导下，法律体系包括以下一些基本法律门类：宪法、行政法、刑法、诉讼法、民商法、劳动法、国际公法等。其中，宪法、行政法、刑法和诉讼法属于公法，民法和商法则属于私法。由于相同的法律传统，在民法法系国家所讲授的法学课程使用了同样的术语和概念，具有相同的法律观念。

在普通法法系国家，只有普通法和衡平法、实体法和程序法之分。受民法法系的影响，普通法法系的法学中也倾向于采纳公法与私法的划分，但在所属部门法的构成上，与民法法系有很多的区别。例如，普通法法系国家没有一个统一的民法部门，而是分为财产法、契约法、侵权行为法等，它们在普通法内自成一体，彼此分立。这是因为，普通法法系国家的法律是在司法实践中发展起来的，是对判例的简单分类，因此没有系统的结构，不像民法法系国家的立法活动受到系统的法学思维的指导，整个法律体系具有严密的结构。

4. 在法典化方面的差异

民法法系国家自17、18世纪以来，法典一直是制定法的中心，建立内在和谐一致的、没有内在矛盾的法律体系，一直是这些国家立法活动所追求的理想。因此，民法法系国家的法律在传统上实行法典化。

普通法法系国家由于其法律创制的特殊性，法律规范反映在法官的判决之中，而不是体现在法典中。

5. 在法律术语方面的差异

普通法的概念术语是由法官们在司法实践中独创的，它们在民法法系和其他法系中很难找到精确的对应词语，如：侵害（trespass）、财物委托（bailment）、信托（trust）、禁止翻供（estoppel）、约因（consideration）等。民法法系中所讲的"债"的概念，在普通法法系中是没有的。同时，即便是同一个概念、术语，在两个法系中却具有不同的含义。例如 civil law 这个词组在民法法系中主要是指与刑法相对称的、作为一个独立的法律部门的民法。但在普通法法系中，这样的部门法是不存在的，因而 civil law 这一词组主要是指"民法法系"的法律。

6. 在法律推理与法律适用技术方面的差异

民法法系的法官在审理案件时，遵循从抽象、一般到具体、个别的推理模式，即从规则和原则的一般规定结合当前案件中的事实，得出案件的判决。这一过程被称为演绎推理，其优点是简明扼要。

在普通法法系国家，依据遵循先例原则，法官在解决争端时，需要从有约束力的先例中发现可以适用于当前案件中的相似判例，从中总结出一般性规则或原则，再用于指导当前案件的判决。这一过程主要运用归纳推理。而且，在判决书中，法官们对同一案件所持的不同意见能够得到详细反映。

7. 诉讼程序方面的差异

民法法系国家一般采用审理方式，奉行干涉主义，在诉讼中，以法官为重心，突出法官的职能，具有纠问程序的特点，而且多由法官和陪审员共同组成法庭来审判案件。

普通法法系国家采取当事人中心主义，以原告、被告及其辩护人和代理人为重心，法官只是双方争论的仲裁人，而不能参与争论。与这种对抗程序同时存在的是陪审团制度，陪审团主要负责作出事实的结论和法律上的基本结论，如有罪、无罪，法官负责作出法律上的具体结论，即判决。

8. 在法律发展方式方面的差异

在民法法系国家，法官只有适用立法机构所颁布的法律的义务，没有创制法律的权力，法律创制是国家立法机关的权力。

在普通法法系国家，虽然从理论上讲法官并不享有创制法律的权力，只能宣示或发现寓于先例中的法律，但是实际上讲法官在法律的创制和发展之中具有重要的作用。在无先例的场合，法官可以创造先例；在有先例的场合，法官可以通过区别技术对其进行扩大或限制的解释，从而发展先例中所包含的规则或原则。这在实质上就是创制和发展法律的过程。此外，制定法的适用也要受到法官解释的限制。所以，普通法被称为"法官法"。

9. 在法律职业者方面的差异

在法律职业教育方面，传统上民法法系同普通法法系存在着重大的差别。民法法系由于其法典主义传统和唯理主义的哲学倾向，所以大学大法学教育特别重视逻辑、抽象的原则和概念。同时，法律职业者培养的任务也主要是由大学的法学院完成的。

与欧洲大陆不同，在 19 世纪中叶以前，英国和美国的法学教育主要不是由大学来承担的，而是采取行会式的职业学徒制。从 19 世纪中期开始，英国和美国大学法律教育得到了迅速的发展，美国大学的法律院系承担起了培养未来法律职业者的任务。为了使学生能够胜任未来的法律职业，法律院系十分重视教授法律实务方面的知识，培养学生解决实际问题的能力，而不重视抽象的概念、原则和理论。

五、伊斯兰法系

伊斯兰法产生于公元 7 世纪。伊斯兰法是阿拉伯文"沙里阿"的中文译名。"沙里阿"原意是道路，通往泉水之路的意思，引申为"安拉指明之路"，后专用来指伊斯兰法，即指以《古兰经》和圣训为基础、在内容和形式上与伊斯兰教义和教规有密切联系的宗教法规范的总称。《古兰经》的颁布标志着伊斯兰法的产生。伊斯兰法是宗教法。穆罕默德在创立伊斯兰教的过程中，把原有的部落习惯和流行的外族法律选择、改造，将其中的一部分内容予以吸收，并将这些内容连同基于宗教理想所设计的法律方案，一起纳入了《古兰经》之中，从而将《古兰经》罩上了神圣的光环。同时，伊斯兰法也具有宗教法制化的一面，从内容上讲，大的方面如五项基本宗教义务，小的方面如日常宗教道德习惯，都是伊斯兰法规定的主要内容。五项基本宗教义务既是宗教教义，本身又是法律规范，不履行这些义务，通常要受到处罚。

当代的伊斯兰世界受到西方文明的巨大冲击，在诸多现实的做法中，取自西方法律的许多内容都占据了主导地位，比如宪法、行政法、刑法、民商法以及司法组织与诉讼程序法，都经历了重大的变革。

六、印度法系

印度是一个文明古国，其法律制度产生于公元前 20 世纪。在中世纪后期，伊斯兰教势力入侵印度，使印度传统法律的发展受到严重的阻碍。18 世纪英国人在印度建立殖民统治之后，引入英国法律制度，对印度传统法律进行改造，使印度加入了普通法法系的行列。但是，我们仍然不能忽视古代印度法对周边国家产生的重要影响，印度法系是世界上重要的法系之一。古印度法是在种姓制度的基础上建立起来的，规定不同的种姓集团在法律上是不平等的。人们不得从一个种姓换成另一个种姓，特别是人们不能凭职业上的成功或获得财富以及政治权力而升高的高一级的种姓。禁止高一级种姓的人与低一级种姓的人通婚、在一起共同进餐，甚至禁止他们相互接近，以保持种姓的纯洁性。不同种姓之间的人在财产所有权、债权、身份以及犯罪和刑罚等方面，都是不平等的。特别是首陀罗的地位极为低下，他们天生低贱，世代为奴。

18 世纪以后，英国对印度进行的殖民统治改变了印度的法律制度。在英国人的操纵下，印度开始适用英国法律，并对印度教法进行改造，采纳英国法律原则编纂新的法典，逐渐将印度法纳入到了普通法法系的轨道，奠定了印度现代法律制度的基础。

【经典例题】

"在中国法的发展历史上，追求'民族化'显然是一个主线，形成了'尚古主义'取向的具有保守性格的中华法系。只是到了清末出现一批主张借鉴西方法律制度的学者和政治家如沈家本之后，法的民族化受到部分冲击。西方近代以后两大法系基本形成，两大法系的发达程度之高已被国际公认，其原因不得不归结为法的民族化与国际化的协调一致。"基于这段引文，下列表述正确的是：（　　）

A. 无论中华法系还是西方的两大法系都包含各自的法律文化
B. 中华法系具有保守性格，追求"民族化"，与其他法系的文化之间没有形成交流与融合
C. 西方的两大法系在历史发展的过程中逐渐实现了与国际化的协调一致，但与中华法系相比，却又失去了"民族化"特色
D. 沈家本是倾向于法律移植的法学家

【答案】AD

【解析】中华法系是世界五大法系之一，其他四个分别是：大陆法系、英美法系、伊斯兰法系和印度法系。其中印度法系和中华法系都已经解体，现存的只有其他三大法系。中华法系在历史上不但影响了中国古代社会，而且对古代日本、朝鲜和越南的法制也产生了重要影响。无论是中华法系还是西方的两大法系都包含各自的法律文化。因此，选项A说法正确。至于选项B，清末有法律改革，不能说中华法系与其他法系的文化之间没有形成交流与融合。至于选项C，本题只是说"民族化"受到冲击，并没有说失去"民族化"特色。至于选项D，沈家本主张借鉴西方法律制度，说明其观点中包含法律移植的意思。法律移植讲的就是引进、吸收、采纳、摄取、同化外国法，使之成为本国法律体系的有机组成部分，为本国所用。因此，选项D说法正确。

第四节　法律发展

本节知识结构图

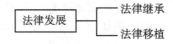

法的发展是备受人们关注的问题。当代中国的法律发展既有内源性因素，又有外源性因素；既有自然的社会进化因素，又有人为的理性建构因素；既有本土资源成分，又有国际化因素。在我们的法治资源尤其是制度资源相对较为有限的现实背景下，我国的法律发展应当在开发有限的本土资源的同时，加大借鉴、吸收和移植各国成功的反映现代市场经济共同规律的法律概念、规则、原则、技术和制度，以及比较好的立法经验、判例、学说的力度，坚持在法律制度建设和法治建设中走理性建构之路。同时，在法律发展的具体途径方面，以法律继承、法律移植和法制改革为重点渐进展开。

一、法律继承

【14-3】

日本民法典中的法律继承

　　日本在明治维新时期，决定编纂一部统一的日本民法典。考虑到本国具有制定法的传统，日本最终选择仿效《法国民法典》来制定民法典。1873 年，巴黎大学法学院教授保阿索纳德抵达日本，应聘指导法典编纂工作。经过多次反复，到 1890 年才正式完成了民法典草案。这部草案深受《法国民法典》的影响，由人事、财产、财产取得、债权担保和证据共 5 编构成，共一千八百多条。草案从内容到形式，处处都可看出模仿《法国民法典》的痕迹。当然，其中也包含了若干日本传统因素。即便如此，草案一经公布，立即遭到一部分学者和政界人士的反对，理由是草案过于法国化，与日本国情不符；有人甚至提出"民法出，忠孝亡"的警告，他们主张缓行或干脆抛弃。鉴于强大的社会压力，明治政府于 1893 年成立了以首相伊藤博文任总裁，穗积陈重、富井正章、梅谦次郎等为委员的民法典调查会，参照已公布的《德国民法典（草案）》，同时结合日本国情，重新起草了新的民法典草案。在这部草案中，充分考虑了日本的国情，在财产法和身份法领域继承了许多日本封建时期的法律制度，比如"小作"制度（土地佃租制度）、户主制度等。最终该民法典在日本得以施行。①

（一）法律继承的概念和特点

　　历史上，除奴隶制法外，每一种新的法律制度都是以先前的法律制度为起点和阶梯的，这就决定了法律继承必然是法律发展的基本形式和途径。所谓法律继承，就是不同历史类型的法律制度之间的延续、相继、继受，一般表现为旧法律制度（原有法）对新法律制度（现行法）的影响和新法律制度对旧法律制度的承接和继受。

　　法律继承是新事物对旧事物的"扬弃"，具有如下特点：

　　1. 在法律发展的客观过程中，每一种新法律对于旧法律来说都是一种否定，但又不是一种单纯的否定或完全抛弃，而是否定中包含着肯定，从而使法律发展过程呈现出对旧法既有抛弃又有保存的性质。

　　2. 从处理法律继承问题的主体的角度看，法律继承实际上是一种批判的、有选择的继承，也就是在否定旧法律制度固有的阶级本质和整体效力的前提下，经过反思、选择、改造，吸收旧法律中某些依然可用的因素，赋予它新的阶级内容和社会功能，使之成为新法律体系的有机组成部分。

（二）法律继承的理由和根据

　　新法律之所以可以而且必然要批判地继承旧法律中的某些因素，其主要的理由和根据

---

① 参见何勤华主编：《外国法制史》，法律出版社 2004 年版，第 350 页。

在于：

1. 社会生活条件的历史延续性决定了法律继承性的客观存在

从根本上说，法律继承性的依据在于社会生活条件的延续性和继承性。人类社会每一个新的历史阶段开始时，都不可避免地要从过去的历史阶段中继承下来许多既定成分。法律是社会生活的反映，只要那些延续下来的生活条件在现实的社会中具有普遍意义，那么，反映这些生活条件的既有规则就会或多或少地被继承下来并被纳入到新的法律体系之中。

2. 法律的相对独立性决定了法律的延续性和继承性

法律作为社会意识或社会上层建筑的组成部分，它的产生和发展决定于社会存在或经济基础。在这个前提下，我们必须要承认法律的相对独立性。法律的相对独立性是社会意识相对独立性的体现，即其具有自身的能动性和独特的发展规律，每一历史时期的社会意识及其诸形式都同它以前的成果有着继承关系。

3. 法律作为人类文明成果的共同性决定了法律继承的必要性

法律作为社会调整或控制的技术，是人类对自身社会的性质、经济、政治、文化以及其他社会关系及其客观规律的科学认识的结晶。例如，有关资源配置、生产管理、市场调节、环境保护、社会保障等经济社会性法律规范是人类对自然、经济规律认识的反映；有关代表会议、权力制衡、行政程序、反贪倡廉等政治性法律规范则是对政治关系、政治权力运行规律的科学认识。这些认识成果不管形成于何种社会，具有什么特定的时代性、阶级性和社会性，都是人类认识的成果和人类文明的标识，具有超越时空的长久而普遍的科学性、真理性和实践价值。正是在这一意义上，我们强调决不可拒绝继承和借鉴古人和外国人，哪怕是封建阶级和资产阶级的东西。

4. 法律发展的历史事实也验证了法律的继承性

古代封建制法律大量继承了奴隶制法律。近代以来，英国资产阶级持续沿用英国封建时代的法律、法国资产阶级以奴隶制时代的罗马法为基础制定《法国民法典》、日本资产阶级承袭日本封建时代的法律、苏联十月革命后沿用旧俄国的民法典等事实表明，不同历史类型的法律之间不可避免地存在着继承关系。

正是上述深层次的理由和依据，使得法律继承成为法律领域里的一个普遍现象。这已经为法律史所证明。近代以来，英国资产阶级持续沿用英国封建时代的法律，法国资产阶级以奴隶制时代的罗马法为基础制定《法国民法典》。

（三）法律继承的内容

法律继承的内容十分广泛，具体而言，法律继承的主要内容可归纳为以下几个主要方面：

1. 法律技术、概念

法律技术是指制定、执行、解释、适用法律规范的各种方法，如立法程序、法典编纂、法律汇编、法律规范的构成及其分类、法律的解释方法、法律机构的设置、法律体系的结构、形式多样的诉讼程序等。法律概念是指对各种法律事实进行概括，抽象出它们的共同特征而形成的权威性范畴。法律技术和法律概念主要体现的是人类社会在社会生活中形成的基本共识，这些共识又主要是客观的普遍性成分，是任何法律体系都不可缺少的。

2. 反映商品——市场经济规律的法律原则和规范

商品——市场经济既是资本主义的经济形式，也是社会主义的经济形式，尽管它们之间存在着这样或那样的差别，但都必须和必然是与劳动分工、社会分工相联系的、为交换而进行生产的经济关系，是自由、公平地进行竞争的经济关系。所以，反映市场主体、市场要素、市场行为、市场调控、国内市场与国际市场的联系等法律规范，完全可以成为社会主义法律的继承对象。

3. 反映民主政治的法律原则和规范

社会主义国家和资本主义国家在政体上都是民主政治，资产阶级在长期的民主政治建设中积累了大量以公民权利制约国家权力、权力制约权力以及保障权力运行秩序和效率的经验，比如代议制、选举制、权力划分、权力制衡、立法机构的组织和立法权力的行使程序、行政程序、公民各种政治权利规定、国家赔偿制度等等。这些制度和规定许多都是民主政治的共性的、客观的必然要求，反映了政治权力运行的一般规律，社会主义国家在实行民主政治的过程中理所当然地要批判的加以借鉴和采纳。

4. 有关社会公共事务的组织与管理的法律规定

任何国家都执行两种职能：一是政治统治或阶级统治职能，二是公共事务或社会职能。相应的，在法律体系中也必然包含这两种规范。在公共事务规范中有许多属于技术性规范或者是反映社会整体利益的规范，例如，有关交通、环保、资源、水利、城建、人口、卫生的法律规定。显然，这些方面的法律都可以为社会主义法律所继承。

二、法律移植

【14-4】

希伯来法对古巴比伦法的移植

在希伯来法律中，有一条规定，即，若自由人之间彼此争斗，发生了伤害，"就要以命偿命，以眼还眼，以牙还牙，以手还手，以脚还脚，以烙还烙，以伤还伤，以打还打"。这一著名的同态复仇的格律，其实是移植了古巴比伦的法律规定。在《汉莫拉比法典》中，就有了较为系统的同态复仇的内容，如"倘自由之民损毁任何自由民之子之眼，则应毁其眼"（第196条）；"倘彼折断自由民（之子）之骨，则应折其骨"（第197条）；"倘自由民击落与之同等之自由民之齿，则应击落其齿"（第200条）；"倘自由民打自由民之女……倘此妇死亡，则应杀其女"（第209、210条）。

（一）法律移植的概念

"移植"在语源上来自于植物学和医学，"法律移植"是现成的可用来表征同时代的国家和地区间相互引进和吸收法律的术语。一般来讲，法律移植指的是"特定国家（或地区）的某种法律规则或制度移植到其他国家（或地区）"。①它所表达的基本意思是：在鉴别、认同、调适、整合的基础上，引进、吸收、采纳、摄取、同化外国的法律（包

---

① 沈宗灵：《论法律移植和比较法学》，载《外国法译评》1995年第1期，第42页。

括法律概念、技术、规范、原则、制度和法律观念等），使之成为本国法律体系的有机组成部分，为本国所用。法律移植的范围一是外国的法律，二是国际法律和惯例，通称国外法。

（二）法律移植的必然性和必要性

对于法律移植，西方学术界历来分歧颇大，从而形成了法律移植否定论和法律移植肯定论两种针锋相对的观点。我们认为，作为法律发展史上的基本事实，法律移植的确是客观存在的，无论就理论还是实践来说，法律移植都是具有其必然性和必要性的。

1. 社会发展和法律发展的不平衡性决定了移植的必然性

同一时期不同国家的发展是不平衡的，它们或者处于不同的社会形态，或者处于同一社会形态的不同发展阶段。在这种情况下，比较落后的或后发达的国家或地区为了赶上先进国家或地区，就有必要移植发达国家或地区的某些法律和制度，以保障和促进社会发展。世界法律的发展史表明，法律移植是落后国家或地区加速其法律发展的必由之路。特别是近代以来，世界各国之间的法律移植更是一种普遍现象。

2. 市场经济的客观规律和根本特征决定了法律移植的必要性

当今世界，市场经济成为统合世界经济的最主要的机制。尽管在不同的社会制度下市场经济会有一些不同的特点，但它运行的基本规律，如价值规律、供求规律、优胜劣汰规律等却是相同的，资源配置的效率原则、公正原则、诚信原则等也是相同的。这就决定了一个国家在构建自己的市场经济法律体系的过程中必须而且也有可能吸收和采纳市场经济发达国家的立法经验。而且，市场经济本质上是外向型和开放型的经济，这就要求在制定相关法律时，必须与国际上的有关法律和国际惯例相衔接，即法律国际化，以降低法律适用上的成本，为经济合作与发展创造良好的法律环境。

3. 法律移植是对外开放的应用内容

当代任何一个国家要发展自己，都必须对外开放，这反映了世界经济、政治和文化发展的客观规律。对外开放是全方位的，法律在处理涉外问题的过程中，必须逐步与国际社会通行的法律和惯例接轨，这种接轨的基本方式就是法律移植。

4. 法律移植是法制现代化的必然需要

对于法律制度仍处于传统型和落后状态的国家来说，要加速法制现代化的进程，必须适量移植发达国家的法律，尤其是对于发达国家法律制度中反映市场经济和社会发展共同的客观规律和时代精神的法律概念和法律原则，要大胆吸纳。

在【14-4】中可以看出，尽管在古代和中世纪，国与国之间的交通不甚方便，但法律移植现象已经较为常见。古罗马移植古希腊的法律，中世纪西欧各国移植伊斯兰教法律等都是明显的例证。近代以后，法律移植的现象更为普遍，如美国移植英国的法律，近代日本移植法国和德国的法律，第二次世界大战后日本移植美国的法律，广大亚非拉发展中国家移植西方两大法系国家的法律等。

（三）法律移植的主要形式

在法律发展的实践过程中，法律移植的主要形式有以下三种情况：

1. 经济、文化和政治处于相同或基本相同发展阶段和发展水平的国家或地区相互吸收对方的法律，以至其法律相互融合和趋同

　　如本世纪以来，以判例法和习惯法为主的英美法系各国大量采纳以成文法为传统的大陆法系各国的立法技术、法律概念，制定成文法典和法规，同时，大陆法系各国则越来越倾向于把判例作为法律的渊源之一或必要补充，引进英美法系的技术，对典型判例进行整理、编纂和规则或原则的抽象。

　　2. 落后国家或后发展国家直接采纳先进国家或发达国家的法律

　　如日本古代对唐朝法律制度的全盘吸收，近代对西方国家法律的引进和采用；二战以后，许多发展中国家大量引进、接受西方国家的法律。

　　3. 区域性法律统一运动和世界性法律统一运动，这是法律移植的最高形式

　　如欧洲共同体法律体系就是在比较、采纳和整合欧洲共同体各国法律制度、国际法和国际惯例的基础上形成的，可以说是一种合成。

【经典例题】

　　"法的继承体现时间上的先后关系，法的移植则反映一个国家对同时代其他国家法律制度的吸收和借鉴，法的移植的范围除了外国的法律外，还包括国际法律和惯例。"据此，下列哪些说法是正确的？（　　　　）

　　A. 1804 年《法国民法典》是对罗马法制度、原则的继承

　　B. 国内法不可以继承国际法

　　C. 法的移植不反映时间关系，仅体现空间关系

　　D. 法的移植的范围除了制定法，还包括习惯法

　　【答案】 ABD

　　【解析】 本题考核法的继承与法的移植。法的继承是不同历史类型的法律制度之间的延续和继受，一般表现为旧法对新法的影响和新法对旧法的承接和继受。法国资产阶级以奴隶制时代的罗马法为基础制定的《法国民法典》体现了法的继承性。故选项 A 正确。从上述法的继承的定义中可以看出，法的继承是旧的法律制度的延续，而国际法不存在法律制度延续的问题，另外，"历史类型"与"法律制度"也是从国内法的角度来说的。因此，法的继承本身就不包含国内法对国际法的继承。故选项 B 正确。法的移植是指在鉴别、认同、调适、整合的基础上，引进、吸收、采纳、摄取、同化外国法，使之成为本国法律体系的有机组成部分，为本国所用。其既体现了空间关系，也体现了时间关系。故选项 C 错误。法的移植的范围除了外国的法律外，还包括国际法律和惯例。故 D 正确。

第五节　法制现代化

本节知识结构图

一、法律传统与法律文化

法律传统指世代相传的、辗转相承的有关法的观念、制度的总和。

了解法的传统的概念，需要首先了解法律文化的概念。法律文化在我国大体上有两种用法：一种是把法律文化作为分析工具，试图提出一个观察法律问题的新的视角。关于法的文化的解释、文化视角都属于这种情况。另一种是用这一概念指称一个特定的对象。后一种情况又可以分为两种情况：一种认为法律现象包含着一些人类社会发展中形成的共同的法律知识、意识、技术、调整方法等的内容，这些内容属于社会的精神财富，反映了法的进步，可以称为"法律文化"；另一种则根据文化类型的不同，将不同社会的法律区分为不同的文化类型，试图从一种历史文化的延续中找到其得以维系的精神内涵并进而说明、解释本国法的特殊性或法的地域性。上述各种关于"法律文化"一词的用法，都是试图从传统的角度理解法律现象，因此，从总体上看，法律文化研究的主要成果之一就是揭示了法与传统的错综复杂的关系。

进入 20 世纪后，由于比较法学的迅速发展，各国、各民族法的特殊性逐渐受到普遍关注。而民族历史传统的不同，正是各国法律，尤其是法律技术与意识领域存在种种差异的重要原因之一。因此，传统之于法，就不仅具有经验意义上的历史价值，而且也可能构成现实法律制度的组成部分。

二、法制现代化

（一）法制现代化的涵义

在英语中，现代化，即 modernization 的原意是 to make modern，即"使之成为现代的"。modern 一词在西方有两层意思：一层是指特定的时间，即大约公元 1500 年至今的历史时期，这是源于 modern 一词的一个含义"of the present or recent times"，即现代的、近代的；另一层是源于 modern 一词的另一种词义"new, up to date"及"new fashioned"，即时新的、时髦的，指区别于中世纪的新时代的精神与特征。现代化发源于工业化。从欧洲 18 世纪后期开始的工业革命至今，科学技术作为第一生产力极大地推动了世界性的社会变革。在经济上处于不发达或欠发达的国家，都把工业化作为根本改变国家面貌和国际地位的战略措施。工业化固然可以引起社会生产与生活方式的变化，进而要求法律与之相适应，但是，工业化又不仅仅是孤立的工业领域的现象。它需要一种与整个工业化相适应的社会环境作为其发生的条件。没有人文环境、社会关系的现代化，就没有物质生活方式的现代化。我们倾向于认为：由于现代化带来了深刻的社会变化或称"社会转型"，所以现代化不仅是物质生活方式的变化，而且是从物质到精神、制度到观念的社会总体的变迁，是特定社会的现代性因素不断增加的过程。

伴随社会由传统向现代的转变，法制也同样面临一个从传统型向现代型的历史变革。这个转型、变革的过程就是法制现代化。从历史角度来看，法制现代化是人类法律文明的成长与跃进过程，这种历史性的跃进，导致整个法律文明价值体系的巨大创新。从基本性质来看，法制现代化是一个从人治社会向现代法治社会的转型过程，是人治型的价值——规范体系向法治型的价值——规范体系的变革过程。从内涵来看，法制现代化是一个包含了人类法律思想、行为及其实践各个领域的多方面进程，其核心是人的现代化。

（二）法制现代化的标志

法作为社会关系的调整与符号系统，其自身的现代化，一定意义上就成为社会全面现代化的条件和标志。

（1）法制现代化意味着法与道德的完全分离。在古代社会，法与道德混合在一起。在传统社会，法与道德开始分离，法具有部分的自主性，但是它的合法性来自于道德。在现代社会，法与道德完全分离，法成为完全实证化的法律，道德成为理性道德。

（2）法制现代化意味着法成为形式法。在法和道德完全分离的背景下，法的合法性越来越依赖于确立和证成它们的形式程序。这就是说，现代化的法的合法性来自于法自身。

（3）法制现代化意味着法具有可理解性、精确性、一致性、普遍性、公开性，以及一般来说是成文的以及不具有溯及既往的效力，等等。

（三）法制现代化的基本模式

根据法制现代化的动力来源，法制现代化过程大体上可以分为内发型法制现代化和外源型法制现代化。

1. 内发型法制现代化

内发型法制现代化是指由特定社会自身力量产生的法的内部创新。这种现代化是一个自发的、自下而上的、缓慢的、渐进变革的过程。这种类型的法制现代化是在西方文明的特定社会历史背景中孕育、发展起来的。这种类型的法制现代化模式一般以英国、法国等西欧国家为代表。内发型法制现代化模式的主要特点有：

（1）一般说来，它是因社会自身内部条件的逐渐成熟而渐进式的发展起来的。其动力来源主要在于社会内部经济、政治、文化诸方面条件的逐步变化和发展。

（2）商品经济的发展与发达是推动内发型法制现代化运动的强大内在动力。历史表明，商品经济的涌动和扩张、市民阶级的广泛运动，推动了经济交往规则的革命性变化，也促进了法律意识的转型和发展，从而为近代法制的建立提供了基础。

（3）民主代议制政治组织形式的发展成为内发型法制现代化运动的主要支撑力量。近代西欧的政治革命，不仅加速了政治国家与市民社会分离的进程，而且造成了代议制度这一近代民主政治的运行模式，从而推进了内发型法制现代化的持续发展。

2. 外源型法制现代化

外源型法制现代化是指在外部环境影响下，社会受外力冲击，引起思想、政治、经济领域的变革，最终导致法律文化领域的革新。在这种法的现代化过程中，外来因素是最初的推动力。这种类型法制现代化的重要特点，不仅表现为正式法律制度的内部矛盾，而且反映在正式法律制度与传统习惯、风俗、礼仪的激烈斗争中；传统的利益群体和传统观念相结合，一方面成为法的现代化的强大阻力，另一方面又使法的现代化进程呈现多样性。

外源型法制现代化一般是在外部环境的强有力的作用下，在迫切需要社会政治、经济变革的背景中展开的。其特点在于：

（1）具有被动性。一般表现为在外部因素的压力下（或由于外来干涉，或由于殖民统治，或由于经济上的依附关系），本民族的有识之士希望通过变法以图民族强盛。

（2）具有依附性。这种情况下展开的法的现代化进程，带有明显的工具色彩，一般被要求服务于政治、经济变革。法律改革的"合法性"依据，并不在于法律本身，而在于它的服务对象的合理性。

（3）具有反复性。由于法的现代化不是社会自身力量演变的自然结果，所以，在通往现代化的进程中，传统的本土文化与现代的外来文化之间矛盾比较尖锐，法的现代化过程经常出现反复。外源型法的现代化虽然发生时比较迅速、突然，但要真正与本土法文化融合，难度很大，要经历一个相当漫长的历史时期。这一现象产生的原因在于，外源型法的现代化是以政治、经济为中心的，是自上而下的，而不是生长于该社会的文化土壤，因此，一旦它所依托的社会背景发生变化，就会激起广泛的民族主义情绪，打断这一进程。所以，对于外源型法的现代化国家来说，外来法律资源与本土法律传统文化的关系始终是法的现代化能否成功的一个关键。

（四）中国法制现代化的历史进程与特点

【14-5】

珠江口岸的美国商船 "艾米力号" 案

1821 年，美国商船艾米力号在珠江口岸卸货时，恰遇一名中国妇女落水身亡，中方指责是美国的一名船员用瓦罐将妇女砸死的，而美方争辩他们的船员只是将瓦罐递到妇女手中，当时的广东省番禺县县令上船审理此案。在审理过程中，美方提出传唤有利于他们的证人，要求有辩护的权利，并要求案件公开审理，不料这令番禺县令勃然大怒、拂袖而去，临走还丢下话：如果不交出"凶犯"，就要扣押船长。美方被迫交出嫌犯。几天后番禺县单方审判后照会美方，"凶犯"已"供认画押"，并已被绞死。美方立即发表声明，提出强烈抗议。为此，清政府正式告知英国政府：中国定例，凡斗殴致死人命，无论先后动手，均应抵命；洋兵在中国犯事，应遵中国法律办理，将查出凶犯，附搭货船，押解来粤，听候查办。以后不应再派兵船赴粤，如货船必须保护，必须严谕领兵官，一定要遵守中国法律。

这一事件给以后中西方交往带来了很大的负面影响。当时的西方人对中国法律制度的许多方面都表示出不满：秘密审判制度让人难以接受；司法程序存在严重缺陷，法官断案表现出极大的随意性；没有专职的律师，而西方人认为，律师的缺乏使得人权无法得到保障，等等。中西方之间在法律观念和司法制度之间的格格不入曾多次引发冲突。后来，在艾米力案件发生 80 多年后的 1902 年，清政府终于痛下决心，设立修订法律馆，任命沈家本、伍廷芳为修律大臣，开始了大规模学习和移植西方的法律制度。中国法制现代化进程正式启动。

鸦片战争前，以自然经济为基础的中国农业社会是封闭保守的。鸦片战争后的封建法律面临来自两方面的压力：一方面，清朝政府在被迫签订的不平等条约中承认了外国领事裁判权，对中国传统法律造成极大的修改压力；另一方面，当时的有识之士在鸦片战争前后已经看到了中国的落后，要求变法图强。1902 年，张之洞以兼办通商大臣的身份，与各国修订商约。英、日、美、葡四国表示，在清政府改良司法"皆臻完善"之后，愿意放弃领事裁判权。为此，清政府下诏，派沈家本、伍廷芳主持修律。① 以收回领事裁判权为契机的清末修律，意味着中国法开始走向了与中国传统道德即礼相分离的历程，中国法的现代化在制度层面上正式启动了。

在这一背景下，从起因看，中国法的现代化明显属于外源型法的现代化，西方法律资源也就必然成为中国法的现代化的主要参照。中国近百年法的现代化的历史，既与所有外源型法的现代化有共同之处，又有自己的独特之处：

1. 由被动接受到主动选择

清末修律，从历史的角度看是极其必要的，但当时显然是屈辱性的、被动的。

2. 由模仿民法法系到建立有中国特色的社会主义法律制度

由于近代以来法的现代化方式的影响，加上建国后引入的前苏联法律模式也是受民法法系的影响，所以，我国总体上仍然倾向于民法法系，但吸收了普通法系的一些经验，如审判程序等。

3. 法的现代化的启动形式是立法主导型

一方面是历史上缺乏法治传统，另一方面则是由于现实的迫切需要，在这双重压力夹击下的现代化过程中，法制建设具有浓厚的"工具"色彩和"功利"性。从清末修律开始，中国法的现代化一直是立法主导型，即通过大规模的、有明确针对性的立法，自上而下地建立全新的法律体制。此后，历届政府都用立法的方式推行新政策，反映在阶级斗争中胜利了的那个阶级的意志。这种法的现代化的启动方式，虽然能够迅速实现变法的意图，但是由于法律的社会基础不稳定，以至容易形成国家与社会之间的紧张关系，其作用就比较有限。

4. 法律制度变革在前，法律观念更新在后，思想领域斗争激烈

近代以来，中国法的现代化在国家正式制度层面上推进较快。立法主导型法的现代化实际上在立法领域的工作相对比较简单、容易。有时，由于外力的强大作用，统治集团被迫修改法律，实行新政，如清政府；也有如当代中国，由于建设强大的社会主义中国的使命感，国家通过人民代表大会创制社会主义法律。但先进的思想观念被社会接受需要一个相当漫长的过程。如此一来，"精英"意识与"大众"意识之间就存在了差距。所以，我国法的现代化在制度层面上发展较快，特别是 20 世纪 80 年代以来。然而，在普通老百姓，甚至许多干部中，现代法律意识的形成仍然相当艰难。群众仍然愿意用传统古老的方式解决相互之间的纠纷，老百姓期待清官为自己做主，官员把法律看成是对付老百姓的工具，以权代法等现象，都反映了法的现代化所面临任务的艰巨性。在思想理论界，对法的现代化的认识也并不统一，观点分歧相当大。

清末法制改革标志着中国法制现代化的启动，之后又经历了辛亥革命的法制实践、北洋军阀时期的法律发展、中华民国南京国民政府的法制活动，以及新民主主义法制建设、1949 年新中国成立后的社会主义法制建设等阶段。时至今日，法制现代化的进程仍然没有完成。从清末修律算起，法的现代化在我国已有近百年的历史。这一进程涉及许多重大

---

① 张晋藩著：《中国法律的传统与近代转型》，法律出版社 1997 年版，第 355~356 页。

的政治事件和诸多的经济、文化、社会问题，是非常复杂的。现在，依法治国，建设社会主义法治国家，已成为我国社会主义现代化建设的重要组成部分。在这一背景下，尤其需要认真结合本国实际，积极探索我国法的现代化过程中的重大问题，从而使法律在我国社会生活中发挥应有的促进作用。

【经典例题】

关于法的发展、法的传统与法的现代化，下列说法正确的是(　　　)。

A. 中国的法的现代化是自发的、自下而上的、渐进变革的过程

B. 法律意识是一国法律传统中相对比较稳定的部分

C. 外源型法的现代化进程带有明显的工具色彩，一般被要求服务于政治、经济变革

D. 清末修律标志着中国法的现代化在制度层面上的正式启动

【答案】BCD

【解析】中国法的现代化是被动的、自上而下的、激烈的变革，据此，A 项错误。清末修律是法律现代化的重要标志，这导致激烈变化的法律制度与相对稳定的法律意识之间产生紧张关系，B 项和 D 项正确。中国法的现代化具有依附性，是典型的外源型法的现代化，依附于政治、经济变革，C 项正确。

本 章 小 结

法的起源问题是研究法的历史所面临的首要问题，也是一切法律现象的起点。从不同的理论构架出发，对法的起源提供了不同的解释，主要有圣人创造说、神意论、民族精神演进说、契约论。我们在这里所说的法，指的是伴随着国家和政府的建立而产生的社会规范。法产生的标志有：国家的产生；诉讼与审判的出现；权利与义务的区分。法产生的一般规律表现为：法的起源的根本原因是社会生产力的发展；法的起源经历了从个别调整到规范性调整、再到法的调整的发展过程；法的起源经历了从氏族习惯到习惯法再到成文法的发展过程；法的起源经历了法律与道德、宗教等社会规范浑然一体到逐渐分离，各自相对独立的过程。法和原始习惯都是社会规范，但二者毕竟是两种不同性质的社会现象和社会规范，其区别主要表现在产生的方式不同，体现的意志不同，调整的内容不同，根本目的不同，适用范围不同，实施方式不同。

法的历史类型是依据法所赖以存在的经济基础及其体现的国家意志的性质的不同，而对各种社会的法律制度所做的分类。依此，法律发展史上曾先后产生过四种类型的法律制度，即奴隶制法、封建制法、资本主义法和社会主义法。奴隶制、封建制和资本主义的法律制度，分别建立在不同的私有制经济基础上，体现的是奴隶主阶级、封建地主阶级和资产阶级的意志，这三种法律制度都属于剥削阶级类型的法。社会主义法律制度建立在社会主义公有制经济基础之上，体现的是工人阶级及其领导下的广大人民的意志，与前三者有着根本区别。

法系是由若干国家和特定地区所构成的具有某种共性或共同传统的法律体系的总称。依据不同的标准对世界的法系有不同的划分。中华法系是承袭中国古代法律传统而形成的

东亚各国法律制度的总称，特点有：中华法系是基于子法国家主动继受而形成的法系；中华法系是以儒家思想为指导而形成的世俗法系；中华法系是礼法结合、德主刑辅的法系。民法法系是以罗马法为基础发展起来的，特点有：全面继承罗马法；实行法典化，法律内容主要通过法律规则表达出来，法律规则抽象、概括；明确立法与司法的分工，强调制定法的权威，一般不承认法官的造法功能；在司法过程中，诉讼程序一般采用审讯制；法学家在推动法的发展中起着重要作用。普通法法系是指以英国中世纪以来的法律，特别是以普通法为基础和以罗马法为基础的民法法系相对称的一批法律制度，特点有：以英国为中心，以普通法为基础；以判例法为主要表现形式，遵循先例；在法律发展中，法官起着突出的作用；在司法中体现为注重程序的诉讼中心主义；变革相对缓慢，反映向后看的思维习惯；法律庞杂，缺乏系统性。西方两大法系在法律价值和法律精神上具有相同或相似之处，但在各自赖以形成的基础、法的渊源、法的分类、法典化、法律术语、法律推理与法律适用技术、法律程序、法律发展方式等方面都有着显著的不同。伊斯兰法产生于公元7世纪，指以《古兰经》和圣训为基础、在内容和形式上与伊斯兰教义和教规有密切联系的宗教法规范的总称。印度法系是世界上重要的法系之一。古印度法是在种姓制度的基础上建立起来的，规定不同的种姓集团在法律上是不平等的。18世纪以后，英国对印度进行的殖民统治改变了印度的法律制度。

法的发展的具体途径包括法律继承、法律移植。所谓法律继承，就是不同历史类型的法律制度之间的延续、相继、继受，一般表现为旧法律制度（原有法）对新法律制度（现行法）的影响和新法律制度对旧法律制度的承接和继受。法律继承的理由和根据有四个方面。法律继承的内容包括法律技术和概念，反映商品——市场经济规律的法律原则和规范，反映民主政治的法律原则和规范，有关社会公共管理事务的组织与管理的法律规定。法律移植指的是"特定国家（或地区）的某种法律规则或制度移植到其他国家（或地区）"。它所表达的基本意思是：在鉴别、认同、调适、整合的基础上，引进、吸收、采纳、摄取、同化外国的法律（包括法律概念、技术、规范、原则、制度和法律观念等），使之成为本国法律体系的有机组成部分，为本国所用。法律移植有其必然性和必要性。法律移植的形式主要有三种。

法的传统指世代相传的、辗转相承的有关法的观念、制度的总和。传统之于法，就不仅具有经验意义上的历史价值，而且也可能构成现实法律制度的组成部分。法制现代化是从人治社会向现代法治社会的转型过程，是人治型的价值——规范体系向法治型的价值——规范体系的变革过程。从内涵来看，法制现代化是一个包含了人类法律思想、行为及其实践各个领域的多方面进程，其核心是人的现代化。法的现代化的标志有：法与道德的完全分离；法成为形式法；法具有可理解性、精确性、一致性、普遍性、公开性，以及一般来说是成文的以及不具有溯及既往的效力，等等。以法制现代化最初的动力来源为尺度，通常把法制现代化模式划分为内发型、外源型两种模式。当代中国法制现代化的历史进程与特点有：由被动接受到主动选择；由模仿民法法系到建立有中国特色的社会主义法律制度；法的现代化的启动形式是立法主导型；法律制度变革在前，法律观念更新在后，思想领域斗争激烈。

综 合 练 习

一、选择题

1. 下列关于原始社会习惯的说法，正确的是(　　)。

    A. 原始社会习惯具有国家强制力

    B. 原始社会习惯是原始氏族首领的意志体现

    C. 原始社会习惯有明确的权利义务分配

    D. 原始社会习惯是自发形成的

2. 法产生的基本标志包括(　　)。

    A. 自发的行为习惯　　　　　　　B. 国家的产生

    C. 诉讼与审判的出现　　　　　　D. 权利与义务的分离

3. 法的历史类型变更的根本动力是(　　)。

    A. 武装革命　　　　　　　　　　B. 法律移植

    C. 社会基本矛盾的运动　　　　　D. 政治家变法

4. 《摩奴法典》是古印度的法典，《法典》第五卷第一百五十八条规定："妇女要终生耐心、忍让、热心善业、贞操，淡泊如学生，遵守关于妇女从一而终的卓越规定。"第一百六十四条规定："不忠于丈夫的妇女生前遭诟辱，死后投生在豺狼腹内，或为象皮病和肺痨所苦。"第八卷第四百一十七条规定："婆罗门贫困时，可完全问心无愧地将其奴隶首陀罗的财产据为己有，而国王不应加以处罚。"第十一卷第八十一条规定："坚持苦行，纯洁如学生，凝神静思，凡十二年，可以偿赎杀害一个婆罗门的罪恶。"结合材料，判断下列哪一说法是错误的？(　　)

    A. 《摩奴法典》的规定表明，人类早期的法律和道德、宗教等其他规范是浑然一体的

    B. 《摩奴法典》规定苦修可以免于处罚，说明《法典》缺乏强制性

    C. 《摩奴法典》公开维护人和人之间的不平等

    D. 《摩奴法典》带有浓厚的神秘色彩，与现代法律精神不相符合

5. 法起源的一般规律：(　　)。

    A. 社会生产力的发展是法起源的根本原因

    B. 经历由习惯到习惯法到成文法的演变发展过程

    C. 受到宗教规范、道德规范的影响

    D. 最早成文法的出现标志着法的产生

6. 封建制法律制度的特征表现为(　　)。

    A. 肯定人身依附关系　　　　　　B. 封建等级森严

    C. 维护专制王权　　　　　　　　D. 刑罚严酷、野蛮擅断

7. 资本主义法的原则有(　　)。

    A. 私有财产神圣不可侵犯　　　　B. 民主法治原则

    C. 契约自由　　　　　　　　　　D. 法律面前人人平等

8. 法系是法学上的一个重要概念。关于法系，下列哪些选项是正确的？（　　）

   A. 法系是一个比较法学上的概念，是根据法的历史传统和外部特征的不同对法作的分类

   B. 历史上曾经存在很多个法系，但大多都已经消亡，目前世界上仅存的法系只有民法法系和普通法系

   C. 民法法系有编纂成文法典的传统，因此，有成文法典的国家都属于民法法系

   D. 法律移植是一国对外国法的借鉴、吸收和摄取，因此，法律移植是法系形成和发展的重要途径

9. 下列关于英美法系、大陆法系的判断，正确的是（　　）。

   A. 在本质上是相同的

   B. 在法的历史类型上和历史传统上都是相通的

   C. 大陆法系以古罗马法为基础，以成文法为主要法律形式

   D. 英美法系以普通法为基础，以判例法为主要法律形式

10. 从法系的角度讲，目前在我国范围内存在属于不同法系的法律制度，这些法系包括（　　）。

   A. 民法法系　　　　B. 普通法法系　　　C. 社会主义法系　　　D. 伊斯兰法系

11. 民法法系和普通法法系的主要区别表现在哪些方面？（　　）

   A. 法律渊源 　　　　　　　　　　　B. 法的分类

   C. 法典编纂 　　　　　　　　　　　D. 诉讼程序和判决程式

12. 法律演进的途径不包括（　　）。

   A. 法律继承　　　　B. 法律移植　　　C. 法制改革　　　　D. 法律文化传播

13. 下列属于法的继承的内容是（　　）。

   A. 法律技术、概念

   B. 反映商品——市场经济规律的法律原则和规则

   C. 反映民主政治的法律原则和规则

   D. 有关社会公共事务的法律规定

14. "法的继承体现时间上的先后关系，法的移植则反映一个国家对同时代其他国家法律制度的吸收和借鉴，法的移植的范围除了外国的法律外，还包括国际法律和惯例。"据此，下列哪些说法是正确的？（　　）

   A. 1804 年《法国民法典》是对罗马法制度、原则的继承

   B. 国内法不可以继承国际法

   C. 法的移植不反映时间关系，仅体现空间关系

   D. 法的移植的范围除了制定法，还包括习惯法

15. 关于法律发展、法律传统、法律现代化，下列哪些选项可以成立？（　　）

   A. 中国法律的现代化的启动形式是立法主导型

   B. 进入 20 世纪以后，各国、各民族法律的特殊性逐渐受到普遍关注，民族历史传统可能构成现实法律制度的组成部分

   C. 在当今经济全球化的背景下，对各国法律进行法系划分已失去了意义

    D. 法的继承体现时间上的先后关系，法的移植反映一个国家对同时代其他国家
       法律制度的吸收和借鉴

二、判断题

1. 原始社会的氏族习惯虽然不是法，但也是一种社会行为规范，也能起到调整社会关系的作用，并且也具有某种程度的强制力。　　　　　　　　　　　　　　　　（　　）

2. 法律继承不同于民法中的财产继承、国际法中的国家继承。法律继承是新的法律制度对旧的法律制度的"扬弃"，是辩证的否定。　　　　　　　　　　　　　　（　　）

3. 中国的澳门特别行政区属于英美法系，重视法典的编纂工作；中国的香港特别行政区属于大陆法系，判例法是其主要的法律形式。　　　　　　　　　　　　　（　　）

4. 区域性和世界性的法律统一运动是法律移植的最高形式。　　　　　　（　　）

5. 在诉讼制度上，大陆法系采用归纳推理方式，英美法系采用演绎推理方式。

                                                   （　　）

三、名词解释

1. 法系
2. 法的历史类型
3. 法律继承
4. 法律移植
5. 法制现代化
6. 民法法系
7. 普通法法系
8. 中华法系

四、简答题

1. 简述法的起源的一般规律。
2. 简述大陆法系和英美法系的特点和分布范围。
3. 简述大陆法系与英美法系的区别。
4. 简述法律继承的理由和根据。
5. 简述法律移植的必要性和必然性。
6. 简述当代中国法制现代化的历史进程与特点。

五、素质拓展

1. 1926 年，土耳其政府过于急切地模仿西欧法律进行改革，颁布了新婚姻法，但是许多青年男女继续按照老的习惯方式结婚，这种婚姻按照新婚姻法来说是无效的，这种非法婚姻所生的子女也是非婚生子女。但是传统习惯的力量太强了，以至于传统的习惯产生的婚姻过多，产生了大量的所谓非婚生子女。在民间普遍抗拒的压力下，土耳其政府被迫对向前走得太快的法律进行调整。

    试用法的发展及法的传统的原理对上述材料反映的情况进行分析。

2. 张艺谋导演的电影《秋菊打官司》中描述了这么一个故事：村民秋菊的丈夫因和村长发生口角而被村长打伤，秋菊决定要"讨个说法"，即要求村长认错道歉。但村长宁肯掏钱赔偿也不认错道歉。于是，秋菊就不断上访，决心要得到自己要讨的"说法"。后

来，秋菊难产，村长带领乡亲救了她的命，当村民正在庆祝秋菊的孩子满月的时候，村长因涉嫌故意伤害被公安机关带走。秋菊认为这不是她要的"说法"，陷入了痛苦和自责之中。

试分析上述故事反映了我国法制现代化进程中的什么问题。

第十五章 法 与 社 会

本章知识结构图

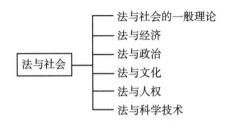

知识目标：了解法与经济的关系，法与政治的关系，法与国家的关系，法与宗教的关系。掌握法与社会的一般关系，社会主义法与共产党的政策的区别和联系，法制与民主的关系，法与道德的区别和联系，法律意识的结构，人权的法律保护，法与科学技术的关系。

能力目标：理解法与经济、政治、文化以及科学技术等各种社会现象相互关系的一般原理，进一步认识法在社会生活中的作用，并能够运用相关原理分析与法相联系的各种社会现象；培养学生深入阅读经典著作的能力和习惯。

素质目标：引导学生正确认识马克思主义原理的科学性，树立正确的价值观、人生观和世界观，引导学生增强民族自豪感和历史使命感，增强四个自信。

第一节　法与社会的一般理论

本节知识结构图

法律是一种社会现象而不是一种自然现象，其存在于社会之中。从系统的角度看，社会是由不同的要素或子系统组成的，如经济、政治、文化等。因此，法律与社会之间的关系有两个方面，一方面是法律与其存在于其中的作为整体的社会之间的关系，另一方面是法律与其他社会要素之间的关系。

一、法以社会为基础

法是社会的产物。社会性质决定法律性质，不同性质的社会有不同性质的法律。即使是同一性质或历史形态的社会，在其不同的发展阶段上，法律的内容、特点和表现形式也往往不尽相同。中国当前正处于一个社会迅速变革的时期，这一伟大变革必然带来对于新法律制度的巨大需求。但是，法律也像上层建筑的其他组成部分一样，并不仅消极地反映社会，而且对社会具有强大的反作用，它要么表现为对社会发展的促进作用，要么表现为对社会发展的阻碍作用。

社会是法的基础；如果相反，以法为社会的基础，那么，实质上就可能强迫社会接受那些已经被这一社会生活条件及物质生产本身宣判无效的法律，把法律看成了永恒不变的东西。新的法律不可能产生于旧的社会基础之上，旧的法律也不可能长期在新的社会基础上生存和延续。旧的法律是从旧的社会关系中产生的，它不可避免地随着生活条件的变化而变化，也必然同旧的社会关系一起消亡。因此，旧法律不可能成为新的社会发展的基础。如果保存那些属于前一个社会时代的，由已经消失或正在消失的社会利益代表人物所创立的法律，这种法律肯定会同新的社会共同利益发生矛盾，因此会导致滥用国家权力去强迫大多数人的利益服从少数人的利益。马克思说："社会不是以法律为基础的，那是法学家的幻想。相反，法律应该以社会为基础。法律应该是社会共同的，由一定的物质生产方式所产生的利益需要的表现，而不是单个人的恣意横行。"①

法的社会基础的另外一层含义，就是制定、认可法律的国家以社会为基础，国家权力以社会力量为基础；同时还可以说，国家法以社会法为基础，"纸上的法"以"活法"为基础。

总之，法以社会为基础，不仅指法律的性质与功能决定于社会，而且还指法律变迁与社会发展的进程基本一致。

二、法对社会的调整

（一）法对社会的调整，首先是通过调和社会各种冲突的利益，进而保证社会秩序得以确立和维护

在历史的发展过程中，对社会的调整手段主要有三种：法律、道德和宗教。自 16 世纪以来，法律已经成为对社会进行调整的首要工具。所有其他的社会调整手段必须从属于法律调整手段或者与之配合，并在法律确定的范围内行使。

（二）法对社会的调整，还表现为通过法律对社会机体的疾病进行疗治

具体而言，就是运用法律解决经济、政治、文化、科技、道德、宗教等方面的各种社会问题，由此实现法的价值，发挥法的功能。

（三）为了有效地通过法律控制社会，必须使法律与其他的资源分配系统（宗教、道德、政策等）进行配合

总之，法律渗透于现代社会的各个角落，连接着社会的方方面面，传承文明，沟通未

---

① 《马克思恩格斯全集》（第 6 卷），人民出版社 1961 年版，第 291~292 页。

来。这是通过与经济、科技、文化和政治等社会领域，以及政策、宗教、道德等社会规范的互动，法律改造世界，由此直接影响国家的发展进程，从而实现全方位的社会和谐。

【经典例题】

奥地利法学家埃利希在《法社会学原理》中指出："在当代以及任何其他的时代，法的发展的重心既不在立法，也不在法学或司法判决，而在于社会本身。"关于这句话涵义的阐释，下列哪一选项是错误的？（　　　）

A. 法是社会的产物，也是时代的产物

B. 国家的法以社会的法为基础

C. 法的变迁受社会发展进程的影响

D. 任何时代，法只要以社会为基础，就可以脱离立法、法学和司法判决而独立发展

【答案】D

【解析】本题考查法与社会的关系。社会性质决定法律性质，社会物质生活条件在归根结底的意义上最终决定着法律的本质。不同的社会就有不同的法律。故选项 A 正确。国家的法以社会的法为基础，法律的发展受社会发展进程的影响，故选项 B、C 正确。选项 D 的表述错在"任何时代"，比如英美法系的普通法就不能脱离司法判决而独立存在。

第二节　法 与 经 济

本节知识结构图

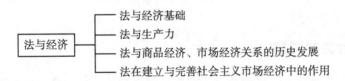

一、法与经济基础

马克思主义法学首次揭示了法与经济基础之间的内在联系。马克思、恩格斯两位导师在一系列著作中，诸如《共产党宣言》《资本论》《反杜林论》《家庭、私有制和国家的起源》以及恩格斯晚年关于历史唯物主义的书信中全面论证了法与经济基础的辩证关系，并在此基础上创立了马克思主义法学理论体系。在西方，一些学者从 20 世纪 60 年代起着手研究法与经济的关系，甚至用经济分析的方法来分析法这一社会现象，在一定领域产生了影响。这就是说，重视法与经济的关系已开始成为法学家们的共识。

（一）法根源于一定的经济基础

"法根源于一定的经济基础"这一命题是马克思主义关于经济基础与上层建筑辩证关系原理在法学领域的科学运用。

1. 法是上层建筑的一部分，无论是法律观念、法律规范、还是法律制度、法律关系

都不是"源"，与其他上层建筑一样都是"流"。它们都根源于一定的经济基础，都是经济基础的反映。平时我们所讲的法的客观性就在此。

2. 法不是从来就有的，也不是从天上掉下来的，更不是哪一个人任意杜撰出来的，而是根据一定的经济基础运行规律的要求，按照统治阶级意志由国家机关制定或认可的。因此，立法者不是在创造法律，而是在表述法律。如果离开一定经济基础这个本原，法就失去其意义了。

3. 一定的法必须与一定的经济基础相适应。在历史上没有无一定经济基础的法，也就是说，一定的经济基础既是一定法的出发点，也是法的归宿。因为法本身不是目的，它归根到底服务于一定的经济基础。所以说，法根源于一定的经济基础，既是必然的结果，也是其自身发展的需要。

当然，我们说法根源于一定的经济基础并不是说一定的经济基础就会自发地产生法，而是要通过人们主观的努力，按照统治阶级的意志而制定法律法规。正是从这个意义上讲，法是主客观的统一。

（二）经济基础决定法

经济基础决定法不是抽象的结论，而是有着丰富的内涵，具体表现在以下几个方面：

1. 一定的法的性质是由一定的经济基础的性质决定的

就是说，有什么样的经济基础就有什么样的法。在文明社会有四种不同性质的经济基础，从而相应地也有四种历史类型的法。因为，在经济上、政治上占统治地位的阶级必然会利用其掌握的国家政权，把它的阶级意志通过法律表现出来，从而达到使其统治地位合法化的目的，以维护对其有利的社会关系和社会秩序。每一种类型的法都不过是以法的形式表现出来的占统治地位的经济关系。正如马克思所说："每种生产方式都产生出它所特有的法权关系、统治形式等等。"[①]

2. 一定法的内容是由一定经济基础决定的

法不是主观的产物，而是一定的客观经济规律的反映，离开一定的经济基础的法实际上是不存在的。我们决不能设想在奴隶社会会制定出知识产权法，因为当时的经济条件和与之联系的科学技术还没有发展到这样的水平。正因为如此，在研究法律现象时不能单纯从它本身去探索，而应从一定的物质生活条件中去探索，从经济基础中去探索。不仅经济基础决定法的内容，而且与经济基础结合在一起的经济体制对法的内容也有重大影响。在同一经济基础的不同经济体制下，法的内容和对法的需求是大不相同的。如在计划经济体制下强调法的意志性而忽视法的客观性。尽管这种体制对法律也有一定需求，但仅作为宏观控制的辅助手段，需要法律去规范微观经济行为，从而使法律的内容局限在狭小的范围内，民商法发展极为缓慢。而市场经济体制则强调产权清晰、权责明确的现代企业制度，强调以间接管理为主的宏观调控，强调规范微观经济行为，从而使法的内容极为丰富，覆盖的社会领域越来越大。

3. 一定的法的变更与发展取决于一定的经济基础的变更与发展

马克思说："社会的物质生产力发展到一定阶段，便同它们一直在其中活动的现存生

---

① 《马克思恩格斯选集》第2卷，人民出版社1972年版，第91页。

产关系或财产关系（生产关系的法律用语）发生矛盾。于是这些关系便由生产力的发展形式变成生产力的桎梏。那时社会革命的时代到来了。随着经济基础的变更，全部庞大的上层建筑或慢或快地发生变革。"① 当然，作为上层建筑重要组成部分的法也毫不例外地随着经济基础的变更而变更。很显然，经济基础的变更有一个从量变到质变的过程，即使是量变，如在一个社会形态中，经济基础的某一个或几个环节发生了变化，同样也影响法的局部变更（就某一个法律部门而言也许是全部的），否则法的作用就无法实现。也就是说，随着一种经济基础被另一种经济基础所代替，一种类型的法也必然被另一种类型的法所代替。

综上所述，法的性质、法的内容、法的变更与发展都由经济基础决定，但这不是说其他因素对法没有影响。恰恰相反，一国的历史传统、国家形式、道德观念甚至风俗习惯对法均有影响。

（三）法对经济基础的反作用

我们在肯定经济基础对法的决定作用的前提下还必须看到法对经济基础的反作用。总的说，法对经济基础始终起着服务的作用，具体表现为：

1. 法对于与之相矛盾的、旧的经济基础加以改造或摧毁

在一种社会形态代替另一种社会形态后，与新法相矛盾的旧的经济关系虽然受到极大的削弱，也已不占统治地位，但往往被暂时保留下来。在这种情况下，作为维护新的掌握国家政权阶级利益的新法必然要改造旧的经济基础或予以摧毁。一般讲，当一种剥削制度代替另一种剥削制度后，新法对旧的经济基础往往采用改造的手段，使之符合新的统治阶级的要求，而社会主义法对旧的经济基础则是采用摧毁的方法，如新中国成立后立即颁布了《土地改革法》，迅速消灭了在我国历史上延续了几千年的封建土地所有制。

2. 法对其赖以存在与发展的经济基础起引导、促进和保障作用

引导是指法律规范提供制度和行为模式，引导经济关系和经济行为朝着有利于掌握政权的阶级的要求方面发展。当然，这种引导是建立在对客观经济规律的认识的基础上的，实际上也是该经济基础本身要求的反映。促进既包括促进该经济关系的巩固，也包括促进该经济关系的发展，特别是在新的经济基础刚刚形成的时候，这种促进更为明显，如《拿破仑法典》对资本主义经济基础的形成和巩固起了重大的促进作用。法律对经济基础的保障作用更一目了然，因为任何类型的法律对于破坏它赖以存在与发展的经济基础的行为都规定为违法犯罪并给予严厉的制裁。

法对经济基础以及通过经济基础对社会生产力发挥的作用按其性质来看大致可分为两大类：一类起进步作用，即当法律维护并促进其发展的经济基础是先进生产关系时，必然推动社会生产力的发展，法的作用无疑是进步的；另一类起阻碍作用，即当法保护的经济基础是腐朽的生产关系时，当然就阻碍了生产力的发展、阻碍社会的进步。

二、法与生产力

在生产方式中，生产力始终是最活跃、最革命的要素。社会物质文明与精神文明程度

① 《马克思恩格斯选集》第2卷，人民出版社1972年版，第82~83页。

的高低均与生产力有直接联系。因此，生产力标准是衡量一切社会现象的基本标准。离开生产力来论述社会现象，实际上都是空谈。

法与生产力的关系极为密切。首先，法离开生产力的发展就无存在的可能，也无存在的必要。因为人类在原始社会中并没有法，只有习惯规范。只有当生产力发展到一定水平引起人类社会大分工时，法才产生。其次，法从产生时起就始终受着生产力发展水平的影响。以法律体系为例，在古代社会，由于生产力水平低下，法律调整的范围小，故谈不上法律部门的划分，也形成不了科学、协调的法律体系。而当生产力发展到一定阶段时，特别是当今时代作为社会第一生产力的科学技术的发展使新的法律部门不断产生，法律体系不断发展充实。生产力的发展不仅引起法律结构、法律体系和法律内容的变化和扩大，而且引起法学观念的更新。正是从这个意义上讲，生产力的发展过程同时也是法律、法学的发展过程。最后，法律历来都是为一定的生产力发展服务的，尽管因种种原因法律对生产力的作用有时是促进有时却又是阻碍的，但在总体上，法律总是从不同角度促进生产力的发展的。否则，人类就不可能有今天。即使是私有制法律，在它的上升时期对生产力的发展也是起进步作用的。

三、法与商品经济、市场经济关系的历史发展

（一）商品交换与法的产生

本书的前面已经阐明了法的起源，从中我们可以看出，法的产生经历了漫长的过程，有着深刻的经济根源。但归根到底，法是社会生产力发展的必然结果，是商品交换的产物。关于这个问题，马克思曾经明确指出过，先有交易，后来才由交易发展成为法制"。法律产生于商品交换，商品交换依靠法律调整，这就是商品交换与法律相互关系的辩证法。法律之所以是商品交换的必然产物，这是由商品交换的内在要求决定的：第一，商品交换需要法律确认主体之间平等的法律地位和自由交换的环境；第二，商品交换需要法律确认商品交换前所有权的归属问题；第三，商品交换需要法律确认或规定一般的交换规则；第四，商品交换后需要法律确认与规定解决可能出现各种纠纷的方法。

（二）商品经济与法的发展

如果说法产生于商品交换的过程之中，那么它在经历漫长的、由个别调整到一般调整，由习惯到习惯法的演变之后，成文法则相继问世。

罗马法的发达与繁荣的根本原因在于它根基于古罗马商品经济的发达与繁荣。正因为如此，恩格斯才把罗马法称之为商品生产者社会第一个世界性法律。事实上，是罗马商品经济的发展有力地促进了罗马法的不断完善。古罗马法与同时期的其他国家的奴隶制法律相比，具有内容丰富、体系庞大、技术先进、规范性强的特点。它以反作用于商品经济的巨大成效而闻名于世。

封建社会从反面证实了商品经济与法律的密切关系。无论是欧洲中世纪近千年，还是中国古代几千年，由于自给自足的自然经济占统治地位，窒息了法律的生机。

（三）市场经济与法律的兴旺

一般来讲，市场经济是商品经济发展到一定阶段的产物。17—18世纪欧洲资产阶级革命的成功，特别是19世纪西方资产阶级政权的普遍建立，为商品经济的发展开辟了广

阔的道路，并使之发展到高级阶段——市场经济。市场经济是以市场对资源配置起基础性作用的经济体制。在商品成为社会的细胞的资本主义社会，在这种巨大的、以市场作为资源配置主要方式的经济体制和经济规模中，迫切需要大规模新的立法来满足它的需要，于是举世闻名的 1804 年《法国民法典》诞生了，随之建立了近代市场经济的法律体系。如果说亚当·斯密的《国富论》奠定了近代市场经济的理论基础，那么我们也可以说，以《法国民法典》为代表的资产阶级法律是这种经济体制的有力保障。

市场经济历经了近代市场经济与现代市场经济两个阶段。19 世纪末至 20 世纪初，近代市场经济逐渐被现代市场经济所取代。凯恩斯《货币通论》代表了当时的经济思潮，"国家干预"代替了当年的"自由放任"。与此相适应，法律社会化成为西方法律的主流，"社会本位"取代了过去的"个人本位"。美国 30 年代的"罗斯福新政"便是采用上述经济与法律理论实行宏观调控，使当时的经济危机得到缓解。"二战"后，现代市场经济遍及整个世界，生产力得到了巨大的发展，与此相适应，法律对社会的覆盖面越来越大而成为人类调控社会最主要的手段，并发展为文明的支柱。可以说，现代市场经济实质上是一种法治经济。无论是市场的运行机制还是国家的宏观调控，都达到了更高的层次，并有良好的公共权力体系予以间接干预。而间接干预的最佳形式就是具有普遍性、客观性、规范性和强制性的国家法律。当然，法律必须反映经济规律，必须以"看不见的手"为基础才能发挥"看得见的手"的作用。

市场经济三百余年的发展历史证明：现代发达的市场经济国家，如英、美、法三国的市场经济走的是一条顺其自然、水到渠成的路。在这些国家中，渐进的缓慢的市场经济确立过程给人们树立与市场经济相适应的思想观念、道德伦理、人文思想特别是法律意识留下了漫长的适应时间与空间。与此不同，我国社会主义市场经济刚刚起步，与之相适应的心理准备与物质准备尚不充分，但为了加强社会主义现代化建设的步伐，我们不能、也不应该在发展市场经济的过程中沿袭西方的作法，更不能走它们的老路。因此，必须采取跨时空的变革方式，有序地从计划经济向市场经济转轨。然而，由于先天不足因而在特定时期内必然会在不同程度上出现经济无序化现象。为了有效控制这一问题和市场经济的负面冲击，强化法治建设，推行依法治国便成了我国的必然选择。

综上所述，我们可看出：（1）商品经济、市场经济是法律存在与发展的土壤；（2）商品经济、市场经济需要法律的促进和保障；（3）商品经济、市场经济越发展，法律体系就越完善，其作用就越来越广泛。

四、法在建立与完善社会主义市场经济中的作用

（一）法在宏观调控中的作用

无论是计划经济还是市场经济，都需要宏观调控，但两者在性质上、方式上和效果上都存在明显的差别。随着我国从计划经济向市场经济转变，宏观调控也由直接管理转向间接管理，由指令性转向服务性、引导性和必要性的干预。

宏观调控不是主观的愿望，而是现代市场经济的客观要求。宏观调控的主要工具是国家法律。因此，法律在宏观调控中具有特殊作用：

1. 引导作用

引导是宏观调控的重要形式，没有引导的调控实际上是无效或收效甚微的调控。当然，国家对经济的引导可以有各种手段，如经济手段、行政手段等等。但法律是最佳手段，即使有时使用经济手段和行政手段，也要通过法律的形式加以规定和保障。法的引导是法的本质的生动体现，也是法律规范题中之义。更重要的是，法对市场经济的引导是由市场经济运行规律决定的。市场经济有复杂的生产、分配流通和消费过程，这实质上是人与人之间的社会互动过程。为了使密集的、复杂的且随意性很大的社会互动井然有序，为了制约市场经济的某些负面影响，就必须由政府实行宏观调控，必须对人的活动进行引导，使之发挥最大效益。法律是宏观调控的有力工具，因为它具有客观性、普遍性、规范性和强制性。对市场经济实行"宏观调控"和"微观搞活"是对立统一的，法律既是调控的手段又是搞活的保障。

2. 促进作用

现代市场经济从建立到完善的全过程几乎每前进一步、每一环节的变化与发展，都离不开法律的促进。这里所讲的促进既包括法律为市场经济的发展创造条件、提供机遇、又包括认识和利用市场经济规律促进其发展与完善，还包括规定政府职能的转变，促其更好地为市场经济服务。法律对市场经济的促进作用表现在两大方面：一是直接促进。如民法、商法、经济法、知识产权法，它们直接调整市场经济的各种关系，其中有横向的，也有纵向的。我国在这方面的法律法规还不多，应加强这方面的立法。二是间接促进。这主要是指那些以调整政治关系、管理关系、家庭关系为主的法律，如宪法、行政法、刑法、婚姻家庭法等，它们虽然不直接或多数不直接调整经济关系，但它们调整特殊领域内的各种社会关系，维护社会安宁，给市场经济的发展创造良好的社会环境与外部条件，或激发人们积极投入到经济体制改革中去，促进人们沿着社会主义方向把市场经济引向深入。

3. 保障作用

这里讲的保障作用有三层含义：（1）秩序保障。即通过打击各种刑事犯罪活动，特别是打击经济领域的犯罪活动对犯罪分子予以制裁，保障社会秩序安定。（2）权利保障。即保障参与市场活动的主体的合法权利。市场经济的核心问题是权利问题，保障合法权利是发展市场经济的关键所在。（3）平等保障。即保障市场经济参与者的法律地位的平等。商品经济是天生的平等派，离开市场主体法律地位的平等，便没有市场经济可言。

4. 制约作用

市场经济具有两重性：一方面它具有竞争机制，重视效益，促进生产力的发展，同时，作为市场经济的基本经济规律的价值规律具有自动调节的能力。另一方面，市场经济有自发性、盲目性等非有序化倾向和强调本位物质利益的消极因素，因此，国家需要通过法律、法规制约这些消极因素。如，制定市场管理法，使市场活动有序化；颁布物价法，制止哄抬物价；实施竞争法，打击各种不正当竞争活动。

5. 协调作用

这在社会主义国家更为明显。国家通过法律、法规调整产品结构、优化资源配置，协调各产业部门的关系和各利益集团的关系，调整它们之间的纠纷和矛盾，促进它们共同协调发展。

（二）法在规范微观经济行为中的作用

现代市场经济既需要宏观调控，也要求微观搞活。因此，发挥法在规范微观经济行为中的作用具有直接现实意义。这些作用大致有：

1. 确认经济活动主体平等的法律地位

企业、公司是市场活动的主体。我国已先后颁布企业法、公司法和规范三资企业方面的法律，在保障它们的平等法律地位和合法权益上已起了重大作用，但在这方面的立法应继续加强。如，对经济活动主体平等地位的确认，不仅肯定他们的合法存在、赋予其参与民事活动的权利能力与行为能力，而且强调主体之间的法律地位平等与权利义务一致。

2. 调整经济活动中的各种关系

市场经济最优化的奥秘在于交易。因此，法律必须规范生产要素的自由流动，规范自由交换与竞争行为。微观经济行为实质上是企业行为，法律对企业的内部与外部都要科学地予以调整，并促进企业强强联合，优化组合，组建新的产业集团。

3. 解决经济活动中的各种纠纷

市场经济是人类经济活动复杂化的产物，包含着各种风险，并基于主观或客观原因，在经济活动中不可避免地会出现一些纠纷。这就需要通过经济司法和经济仲裁来解决。这里不仅需要程序法，更需要相关的实体法。

4. 维护正常的经济秩序

现代市场经济是有序的经济，也是竞争的经济。因此，法律规则是极为重要的。只有通过法律调整，才能形成和维护正常的经济秩序，以保障市场经济健康运行。

本章的引例是制度经济学的基本观点。从法与经济的一般关系，从法学角度分析与市场经济的关系，我们也能得出同样的结论。法律应确保交换过程中财产权的安全，并以法律的强制力确保财产权的归属。法律为经济建设服务并不等于让法律迁就某种经济活动的需要，而是应在把握法与市场经济的关系的实质的基础上，完善相关的法律制度，提高整个社会的效率。

【经典例题】

2007 年 8 月 30 日，我国制定了《反垄断法》，下列说法哪些可以成立？（　　）

A. 《反垄断法》的制定是以我国当前的市场经济为基础的，没有市场经济，就不会出现市场垄断，也就不需要《反垄断法》，因此可以说，社会是法律的母体，法律是社会的产物

B. 法对经济有积极的反作用，《反垄断法》的出台及实施将会对我国市场经济发展产生重要影响

C. 我国市场经济的发展客观上需要《反垄断法》的出台，这个事实说明，唯有经济才是法律产生和发展的决定性因素，除经济之外法律不受其他社会因素的影响

D. 为了有效地管理社会，法律还需要和其他社会规范（道德、政策等）积极配合，《反垄断法》在管理市场经济时也是如此

【答案】　ABD

【解析】　本题考查法与社会、法与经济的关系问题。选项 A 正确，是从"法以社会为基础"这个角度讲的。选项 B 正确，因为法对于经济基础具有能动的反作用。选项 C 错误，因为法律不仅受经济因素影响，还受文化、历史条件等影响。选项 D 正确，法律需要和其他社会规范道德、政策等）积极配合。

第三节　法 与 政 治

本节知识结构图

【15-1】

斯科特诉桑弗特案件

　　斯科特是美国的一个黑奴。他曾被主人带到自由州居住，后来又被带回蓄奴州。1846 年，斯科特夫妇向法院起诉，要求成为自由人，理由是他们曾经在《密苏里妥协法案》规定的自由区居住过。官司最后打到了美国联邦最高法院。1857 年 3 月 6 日，联邦最高法院宣布了不利于斯科特的终局性裁判。在判决中，法院裁定：（1）斯科特不能因为曾在自由州居住过就成为自由人，因为他一旦回到蓄奴州，就只受该州法律的支配，所以仍然是一个奴隶；（2）国会旨在限制奴隶制扩张的 1820 年《密苏里妥协法案》违宪因而无效，理由是国会超越了权力范围，侵犯了奴隶主的财产权；（3）斯科特不是美国公民，即便自由的黑人也不能成为宪法所说的合众国公民，因为联邦宪法并未把黑人视为合众国公民。

　　这个判决带来了灾难性的后果。判决在宪法层面上维护了奴隶制，这意味着奴隶制将在美国西进过程中扩展开来，进而会打破南北双方的政治平衡，这使得南北双方的争执白炽化，以妥协手段解决奴隶制问题的道路不复存在。这个判决也因此成为美国内战的导火线之一。它不仅推进了南北战争的爆发，还致使联邦最高法院的权威降到了最低点。当时，坦尼（Roger B. Taney）任首席大法官并撰写了本案的判决意见书，其个人声誉也几乎毁于一旦。在该案判决之前，最高法院的威望空前，坦尼被认为足以与前任大法官马歇尔齐名。但此案之后，一切都改变了。时人评论到：此案让坦尼成为"不公正的法官"，"令他丧失了作为一个人和一名法官的尊严"，同时也"让我国的司法机关蒙羞，让这个时代蒙受耻辱"。

一、法与政治的一般关系

法与政治都属于上层建筑，都受制于和反作用于一定的经济关系。它们是相互作用、相辅相成的关系。

（一）政治对法的作用

由于政治在上层建筑中居主导地位，因而总体上法的产生和实现往往与一定的政治活动相关，反映和服务于一定的政治，但必须注意，这并不意味着每一具体的法律都有相应的政治内容，都反映某种政治要求。法在形式、程序和技术上的特有属性，使法在反映一定的政治要求时必须同时满足法自身特有属性的要求。法的相对独立性不只是对经济基础的，也表现在对上层建筑诸因素的关系中。在此意义上，更可能深刻理解所谓法治政治。政治关系的发展变化也在一定程度或意义上影响法的发展变化。

（二）法对政治的作用

法作为上层建筑相对独立的部分，对政治并非无所作为。特别在近现代，可以说，法律在多大程度上离不开政治，政治也便在多大程度上离不开法。

（1）法与政治体制。政治体制指政治权力的结构形式和运行方式。如果在集权型权力结构中，法的被需要还只是作为人治这种权力运行方式的点缀或辅助，则在分权型权力结构中，权力的配置和行使皆须以法为依据。

（2）法与政治功能。政治的基本功能是把不同的利益交融和冲突集中上升为政治关系，对社会价值物进行权威性分配和整合。法不仅贯穿经济关系反映和凝聚为政治关系的过程，且将利益和价值物的权威性分配以规范、程序和技术性形式固定下来，使之具有形式上共同认同的性质，并因此具有形式上的正统性。

（3）法与政治角色的行为。法对于国家机构、政治组织、利益集团等政治角色行为和活动的程序性和规范性控制，以及20世纪初期开始的政党法制化趋势，都表明法对重要政治角色行为控制、调整的必然和必要。

（4）法与政治运行和发展。政治运行的规范化，政治发展中政治生活的民主化（如政治过程的透明、公民政治参与的质感等）和政治体系的完善化，离开法的运作都无从谈起。

【15-1】的判决在我们今天看来是不可思议的、严重违反人道和正义的。坦尼大法官在道德感情上其实是反对奴隶制的，他无偿解放了自己名下的全部黑奴，并且资助那些得到自由后因年高体弱而难以为生的奴隶。之所以有这样的判决，原因在于政治对于法律的影响不可避免。1789年的美国宪法虽然没有明确承认和宣布奴隶制的合法性，但是默认了奴隶制这一历史形成的现实。所以，从法律人的角度看，我们很难说这个判决是由法官违法作出的，我们不能断然地称此案为冤假错案，我们最多只能说它是一个不明智的判决，司法在政治谋略上有所不足。因为本案反映出政治对于法律的主导作用，说明法律的

发展进程、法律的实现都无法脱离政治背景和趋势的影响。

二、法与国家

（一）国家的界定

国家是文明社会特有的现象。从古至今，人们之所以对国家的概念众说纷纭，主要原因在于，国家本身是一个非常复杂的现象，国家形式多种多样，很难给国家下一个准确的定义。在学术讨论、法律文献和日常用语中，至少在五种意义上使用国家一词。

1. 国家一词指国家政权和行使政权的国家机构体系

例如，列宁曾把国家比做一个阶级压迫另一个阶级的暴力机器，这个机器是由军队、警察、法庭、监狱和官僚集团组成的一套机构，是来自于社会又凌驾于之上的特殊公共权力。

2. 国家一词指由政府、人民和领土所组成并拥有主权的政治实体

这在讨论近现代史时最为常见。其中，政府相当于国家第一种涵义所指的政权和机构，但如果不拥有主权，便不能被称为国家。

3. 国家一词指在法律上代表公共利益的、具有法律人格的特殊权利主体

这是国内法上的概念。在此意义上，国家同自然人一样具有独立的人格和意思，享有权利并承担义务和责任。

4. 国家一词指政治社会

此种意义上的国家通常被称为"政治国家"，它是国家权力直接发生作用的所有政治社会关系的总和。这是某些学者在学术研究时使用的概念，与"市民社会"相对应。

5. 国家一词指社会的总和

例如，我国宪法序言称"中国是世界上历史悠久的国家之一"，要把我国建设成为"富强、民主、文明的社会主义国家"。

这里，我们仅在第一种意义上使用国家概念，国家即国家政权。

（二）法与国家的关系

国家与法是两种不同的社会现象。但是，国家和法的关系比任何别的社会现象和法的关系都更为密切。国家和法是在社会出现私有制和分裂为阶级的过程中，为了控制个人之间、阶级之间的利益冲突同时产生的。国家与法在社会结构中都是上层建筑的最重要组成部分，都由社会的经济基础决定并对经济基础发生着明显的反作用。国家和法在阶级本质上是相同的，都具有为阶级统治服务的职能。国家和法的一致性决定着两者之间内在的、必然的相互关系。

1. 国家是法存在和发展的基础

（1）法是国家意志的体现，依靠的也是国家的力量。任何历史类型的法的产生、存在和发展都以一定国家的存在和发展为前提，没有国家就没有法。制定法离不开国家的立法行为，判例法离不开国家的司法行为，习惯法的确认也离不开国家行为。同时，法必须以国家强制力为后盾才能在实际生活中生效，才能在国家权力管辖的范围内要求社会成员一体遵行。法之所以具有特殊强制的属性和普遍的约束力，其原因并不在于法本身，而是源于国家。没有国家强制力的保障，法就不能实施和发挥作用。而制定法和保障法的实施

也正是国家行为的一个重要方面。

（2）国家的性质和特征直接决定着法的性质和特征。有什么性质的国家就有什么性质的法。每一种历史类型的法都是与同一历史类型的国家相适应的。例如，封建制的国家是以维护严格的封建等级特权为特征的，封建制法就具有特权性和暴力镇压的特征。资本主义和社会主义法的历史类型也都是由其各自国家的历史类型所决定的。

（3）法的形式受国家形式的影响。国家形式分为国家的政权组织形式和国家结构形式。国家的政权组织形式即政体，政体对法律制度和法的表现形式有直接影响。例如，在君主专制的国家里，君主的命令占有重要地位。在立宪君主制的国家里，一般说来，君主的命令已不是主要的法的形式，君主的权力受到法的限制。在资产阶级共和政体中，法的形式主要是宪法、法律、行政机关的命令，在实行判例法的国家里还有判例。国家结构形式一般分单一制和联邦制。在单一制国家里，一般由国家最高权力机构行使国家立法权，全国只有一个宪法。在联邦制国家里，除设有全联邦的最高权力机关和相应的联邦宪法和法律之外，各成员国（州、省）还有自己的最高权力机关，并在不违背联邦宪法和法律的情况下可以制定自己的宪法和法律。

（4）国家是法律规则和原则的直接、实际的渊源。在一国境内发生效力的法律制度和法律体系是由国家确立的，同时立法机关对国家直接制定的法律不断进行修改和变更；而对于效力较低的一般法律的修改和变更，则通过国家行政机关的授权立法以及司法机关的司法解释和判例等途径，其效力渊源均来自国家。

2. 国家离不开法，不能无法而治

（1）法是反映国家本质的一种重要形式，是国家权力的一种经常的系统的表现。各个取得政权的统治集团，都用法确认本国现存政权的合法性，来表现国家的性质，规定各阶级在国家中的地位，使自己的统治合法化、固定化，并运用法的形式使国家权力具体化、普遍化、经常化，保障本阶级系统地行使国家的权力，从而顺利地实现其对整个社会的领导与管理。

（2）法律制度和法律体系是国家的构成要素之一，法是实现国家职能的工具。国家的职能包括对内和对外两个方面的职能。法规定各种国家机构的权力和职责，确认其存在，同时维持社会秩序，提供调整公民之间的利益和要求的准则。国家实现其对内和对外的各种职能，不仅要靠军事的、外交的、行政的、经济的手段，而且也需要通过法来反映国家活动的各项基本内容，保障国家活动的基本方向。法律是实现国家职能的重要手段。

（3）法是组建国家机构的有效工具。国家机构是国家机关的总称，要实现国家职能，必须建立各种各样的国家机关，使国家成为一个有序运行的机器。这样，就需要用法来规定国家机关的组织形式和体系，确认国家机关的组织和活动原则以及机关的职责权限和相互关系等，从而使整个庞大而复杂的国家机器能有效地运转。

（4）法能增强国家机关行使权力的权威性。法是一种公开的、具有普遍强制力的社会规范，国家运用法打击各种违法犯罪行为，维护国家主权，调整社会关系，维护社会政治秩序、经济秩序、生活秩序，保障公民的人身权利、民主权利等，均显示出国家权力的权威性。

三、法与政策

（一）政策的概念

政策是一定阶级、政党、国家及其他社会主体为达一定目的，依据自己长远目标，结合当前情况或历史条件所制定的实际行动准则。政策的构成要素包括政策对象、政策目标和实现目标的手段。政策对象指政策所要调动、依靠或约束的力量，政策目标指实施所要达到的目的和结果；政策手段指实现政策所采取的措施和方法。

政策具有鲜明的阶级性和实践性。政策的阶级性是指任何政策都是阶级意志的体现，代表并服务于一定阶级的利益。政策的实践性是指任何政策都同这个阶级的政党活动相联系，任何政党的活动都是在制定和实行政策。政策是实践经验的总结，是用来指导实践的。

根据不同的标准可以对政策进行不同的分类。以政策制定的主体为标准分为国家政策和政党政策。国家政策是国家的大政方针，是国家活动的准则。政党的政策是政党在政治活动中为实现一定的目的而作出的政治决策，执政党的政策对法律的制定和实施能够产生重要的影响，影响程度的高低直接取决于该社会的政治体制和政治形势。以政策调整范围的大小为标准分为总政策、基本政策和具体政策。总政策是党或国家为实现一定历史时期的总任务而规定的总的行动准则。基本政策是党或国家在某一领域或某一方面为实现总政策所规定的重大决策和基本准则。具体政策是党或国家在某一时期为实现其具体任务而规定的明细化的行动准则。基本政策和具体政策服从于总政策。

（二）法与党的政策的关系

1. 法与党的政策的一致性

在我国，法与党的政策在经济基础，体现的意志，根本任务和思想理论基础等方面都具有一致性。具体来讲，两者都是建立在社会主义市场经济基础之上，由这个基础决定并为这个基础服务；两者都是广大人民意志和利益的体现，都维护和保障广大人民的利益；两者都以促进和保障社会主义建设事业、促进社会生产力发展、促进社会进步为己任；两者都以马克思主义作指导思想和理论基础。

2. 法与党的政策的区别

在当代政治和法律生活中，法与党的政策作为两种社会规范、两种社会调整手段，均发挥着其独特的作用。然而，就两者而言，它们之间地位、效力的高低，作用的强弱，受人们重视程度的大小是由政治、经济、文化等多方面的因素所决定的。由于这样一个问题既涉及对法的本质、特征、作用和价值的认识，又关系到民主和法治国家的建设，对此进行探讨具有重要的理论意义和实践意义。首先在理论上对两者的不同点作出界定是正确认识和处理两者关系的前提。总的说来，法与党的政策的区别主要表现为以下几个方面：

（1）两者制定的主体和程序不同。法是由国家专门的立法机关（元老院、国王、议会、人民代表大会）或拥有造法权能的机关（如英国的法官）依法定程序创制的，具有国家意志的属性。各国对立法权限和程序均有严格而复杂的规定。党的政策是由党的领导机关按照党章规定的程序制定的，是全党意志的集中体现。各党对制定政策的主体和程序没有严格的规定。

（2）两者的表现形式和要求不同。在现代国家，法律通常采用制定法的形式，有法典式的，有单行法规式的。此外，法律也可以采用不成文形式（习惯法）或非制定法形式（判例法）。我国法律有特定的表现形式，即宪法、法律、行政法规、地方性法规、民族自治条例和单行条例、经济特区法规、行政规章等。它们都是明确具体的社会规范，规定人们的权利与义务，用以作为调整人们相互关系的行为准则。党的政策的表现形式有其特殊性，通常采用党的决议、决定、纲领、命令、宣言、声明乃至通知、口号、纪要等形式表现出来，在内容上具有指导性和号召性，注重原则上的阐述，少有具体明确的权利义务规定。

（3）两者调整社会关系的范围和对人的效力不同。法律只调整那些比较重要的社会关系，即该种社会关系中的利益分配只有用法定权利义务来划分明确的界限，才能建立正常的社会秩序，若某种社会关系不具有此种特点，法律就不加调整。相比之下，党的政策所调整的社会关系远比法律的调整范围广泛，它对广大党员的要求远比法律对公民的要求高。但是，在对人的效力方面则正好相反，法律对本国公民和国家主权管辖范围内的一切居民均有约束力，效力范围广。党的政策在未转化成国家意志之前，一般只对党组织和党员有约束力。

（4）两者实施的方法和手段不同。法以公开的方式公布于众，在全国范围内具有普遍的约束力。它在实施过程中，除靠宣传教育手段外，还要依靠国家强制力，即对违法行为由专门国家机关依法给予必要的制裁，如刑事制裁、行政制裁、民事制裁、违宪制裁等。党的政策的实施主要依靠宣传教育，使政策为人民群众所掌握并变为他们的行动。如果党员违反政策，党组织应及时给予批评教育，必要时按党章规定给予党内制裁。

（5）两者的稳定程度不同。法律具有较高的稳定性，它一旦制定出来就要相对稳定地存在一个时期。如果法律的变动周期短，则受法律调整的社会关系便会处于捉摸不定的状态，这样就不能建立良好的法律秩序。党的政策则具有较大的灵活性，其内容应随社会形势的变化而调整。法律依靠其稳定性来维护它的权威性、效力、实效，政策则依靠其应对性和灵活性来维持其对社会生活、社会关系调整的有效性。由此可以进一步推论，法律的本性具有保守主义的倾向，它是一种不得朝令夕改的规则体系；而政策的应对性使其在重大的社会危机面前具有较强的应变能力和调控能力。因此，这两种社会规范各有其优势和缺陷，互为补充。

（三）社会主义法与共产党的政策的相互关系

从总体上讲，共产党是社会主义国家的执政党，其政策理所当然地在国家生活中居于重要地位，对国家法律的制定与执行起着不可替代的指导作用；同时，法律是实现党的政策的重要形式，对党的政策具有制约作用。因此，两者相互作用，相辅相成，互为根据，共同为社会主义现代化建设服务。

1. 共产党的政策对社会主义法的指导作用

共产党对社会主义国家的领导主要通过政策来实现，政策是党领导国家的基本方法和手段。这就决定了它对国家各种活动包括立法和执法司法有重要的指导作用。

（1）党的政策对立法有指导作用。一般讲，党的政策是国家制定法律的依据，几乎每一部法律都有相应的党的政策作为依据。这是由社会主义国家的性质决定的。党的政策以科学的世界观、方法论为理论基础，正确反映客观规律和经济、政治发展的客观要求，是人民共同意志利益的高度概括和集中体现。立法以党的政策作指导，体现政策的精神和内容，有助于使法正确反映客观规律和社会发展的要求，充分体现人民的意志和利益。从实践看，建国以来我国各项重要法律法规都是以党的政策为指导制定出来的。当然，立法以党的政策为指导并不是简单地把党的政策变为法，而是要把党的政策通过法定程序体现为相应的法律精神、原则、规范。

（2）党的政策对执法司法有指导作用。由于法是在党的政策的指导下制定的，在执法司法中坚持以党的政策为指导才能紧紧地把握住法的基本精神，正确地执法司法。更何况法律规范是概括的，不可能把千变万化的具体事物包罗无遗，只有根据相应的政策来理解才能反映立法的本意，才能使法的基本精神得到贯彻。更重要的是，客观形势是不断发展变化的，党的政策具有能及时反映客观形势需要的特点，以它为指导就能更好地发挥法在建设社会主义现代化国家中的作用。党的政策对执法司法的指导作用有两种不同情况：一是我国社会主义法贯穿原则性与灵活性相结合的原则，法律条款大都有一定的适用幅度，因此，需要司法机关在法定范围内结合案件具体情况，依照党的政策具体量刑。另一种情况是法律条款本身规定得十分明确具体，在这种情况下就不能借口党的政策而不适用法律规定，而应通过说服教育来指导执法司法。总之，我们在执法司法过程中，要把严格依法办事与坚持党的政策为指导有机结合起来，而不能把它们对立起来。

2. 社会主义法对共产党政策的制约和保障作用

（1）法对党的政策的制定有必要的制约和引导作用。党领导国家的活动应当在宪法和法律范围内进行，我国宪法对这一原则作了确认。坚持这一原则就意味着制定党的政策不能违背宪法和法律，特别是具体政策不能违背根本法。就是说，法对党的政策的制约作用表现为使政策合法化。

（2）法对党的政策的实施有积极的促进和保障作用。法是在党的政策的指导下制定的，是定型化、规范化、条文化的政策，体现了党的政策的精神和内容。因此，从实质上说，执行了法也就促进了党的政策的实现。法有自己特有的表现形式，是明确的、普遍的社会规范，这就使党的政策便于国家工作人员理解、遵守和执行。法具有普遍约束力和特殊强制力，把党的政策或其精神和内容体现到法中去，使其既具有政策属性，又具有法律属性，这就使这部分政策的实施能得到党的纪律和国家强制力的双重保障。

（四）正确认识我国法与共产党的政策的关系

（1）共产党对国家的领导需要通过国家政权来实现，而国家政权的组织和运转单靠政策不行，要更加依靠法，面对全国性政权，执政的共产党单靠政策指导不敷需要，还需要把自己的政策上升为法。

（2）现代国家应当是实行民主政治和法治的国家，这种国家必须依法办事，共产党要建设的当然是现代国家，因而不仅需要政策，而且更需要法。

（3）现代社会生活、公民生活对法的依赖性是以往时代所不可比拟的。在这种情况下，注重政策调整，更注重法的调整，从而给社会生活、公民生活指明清楚而具体的道路，提供明确而周详的法律规范就成为执政党及其领导的政权的特别重要的职责。

（4）在法和政策关系这个问题上，我们必须防止两种倾向：一种是对立论。这种倾向把党的政策和法律分割开来，对立起来。这不仅在理论上是错误的，在实践中也是有害的，而且不符合我国的实际情况。在我国，历史赋予了共产党肩负执政党的重任，它的政策和法律在本质上的一致性不仅是必要的，而且也是必然的。一种是等同论。这种倾向把党的政策和法律完全等同起来，实质上就是认为政策就是法律，政策可以取代法律。实践证明，这种等同论也是有害的：它有损于法律的权威，会使人形成法律可有可无的观点，必然会使人们轻视法律；它不利于法制建设，不仅使立法失去尊严，而且使司法执法无所适从，更会导致法律监督无从下手；它还不利于政治体制改革，不利于民主建设。

四、法与民主

（一）民主的概念及演变

民主一词古已有之。在西方，英文的民主是由希腊语"Demos"（人民）和"Kratia"（统治或权威）派生出来的，本意为"人民的统治"。中国的古籍中已经使用民主这个词，基本意思是"人民的主人"，与西方使用民主所表达的语义截然不同。近代民主思想是在清末才传入中国的。民主从产生至今，经历了古代民主、资本主义民主和社会主义民主几个阶段。古代民主意味着公民在政治上的自由和平等，直接参与政权，共同治理国家，实现多数人的统治，它在希腊雅典获得高度发展。随着资本主义的发展和资产阶级的成长，出现了资本主义民主。在资产阶级思想体系中，民主被视为与封建君主专制相对立的一种国家制度。在这种制度下，承认公民在政治上享有自由和平等权利，国家的主要机关、主要公职人员由选举产生，实行少数服从多数的原则。民主发展到社会主义形态，又出现了新面貌。社会主义民主是社会主义的国家制度和政治制度，建立在生产资料公有制基础上，本质和核心是一切权力属于人民，其享有的主体和内容具有广泛性，因此是新型的民主。

民主这个概念自产生以来，就有各种理解。如洛克认为，民主是按人民的意志进行政治统治；熊彼特认为，民主是人民投票决定权力的归属；达尔认为，民主是多种利益集团的相互作用；柯尔认为，民主就是人民参与政治决策。综合以上的分析，我们认为，现代意义的民主体现在三个层面：在意识形态层面上，人民被假定为政府一切权力的最终来源，是宪法和法律合法性的基础。在这一意义上，民主构成了宪政的基石；在制度层面上，民主就是投票制、代表制等，为大众提供参与的框架并有一套固定程序做保证；在价值层面上，民主就是对民负责，民主的最高价值目标是政治的公正。

（二）民主的法制化和法制的民主化

民主是法制的内容，法制是民主的形式，民主要法制化，法制要民主化。

民主的法制化就是指掌握政权的阶级运用所掌握的国家政权，把民主通过法律制度的形式加以总结、确认和固定，使之法律化、制度化，从而获得国家强制力的保障。历来实行民主制的国家都注意用法律制度来保障民主。早在古希腊时代，雅典政治家梭伦便以立法的形式确认民众大会为城邦最高权力机关；资本主义也注重法制的民主化问题；我国是社会主义国家，更有必要和可能把社会主义民主法律化、制度化。实现社会主义民主的法制化需要做多方面的工作，主要有：第一，把国家的民主制度、民主形式、民主程序、民主生活、人民的民主权利用法律制度固定下来，使社会主义民主因其获得法制的有力保障而在我国形成一种深厚的传统。第二，运用法制的力量同危害社会主义民主、侵犯人民民主权利的行为进行斗争，使这种斗争有法可依、有章可循。第三，使人民了解自己究竟有哪些民主权利、国家有哪些民主制度受法的保障，了解自己应当怎样行使民主权利，怎样维护民主制度。总之，发展民主必须同健全法制紧密结合，实行依法治国。

法制的民主化是指在法制的各个环节都要坚持民主原则和民主程序，使法制建立在民主基础之上。法制的民主化不是每一种类型的法制都能做到的。在奴隶制和封建制社会，除了极少数实行民主制的城邦国家和城市国家的法制可以实行一定程度的民主化外，一般不存在法制民主化问题。法制的民主化是资产阶级反封建专制的结果。而真正能实现法制民主化的是社会主义国家。社会主义法制建立在公有制基础之上，反映广大人民的意志，因此，它既有必要、也有可能实现民主化。第一，实行立法民主化。一方面，使所立之法能充分反映人民的意志和利益，确认和保障社会主义民主，特别是人民管理国家和管理经济、文化事业和社会事务的权利，规定各种民主权利得以实现的方式和保障。另一方面，在立法过程中，要保证人民的充分参与，使人民成为立法的主人。第二，实行执法和司法的民主化。一方面，使执法和司法的过程成为维护人民利益、保护人民民主权利的过程。另一方面，使执法和司法的过程成为依靠人民、争取人民支持帮助的过程。第三，实行守法的民主化。所有法律关系主体在法律面前一律平等，不允许有超越于法律之上的特权。同时，通过发扬民主，促使一切组织和个人自觉守法。第四，实行法律监督的民主化。这就要求法律监督的主体和监督内容的广泛性、监督手段和监督方式的多样性、监督效果的有效性。

（三）社会主义民主和社会主义法制的关系

社会主义民主和社会主义法制有着非常密切的关系，两者相互依存，不可分离，不能把它们分割或对立起来。

1. 社会主义民主是社会主义法制的基础

（1）社会主义民主是社会主义法制的前提。社会主义民主就其性质来说，主要是工人阶级及其同盟军联合掌握国家政权，行使管理国家的权利；社会主义法制则是取得胜利、掌握政权的人民意志的体现。只有实现社会主义民主，由人民掌握政权，才谈得上制定体现人民意志的法制。同时，民主意味着多数人的统治，而法制是一定阶级的共同意志的体现，不应当是个别人、个别意志的体现。现代意义上的法制，中心环节是依法办事，法律面前人人平等。这种法制只能存在于民主政体之中，决不会存在于专制政体之中。

（2）社会主义民主是社会主义法制的重要原则。这一点就是前面讲的法制的民主化，即在立法、守法、执法、司法各个方面都以民主原则为指导。

（3）社会主义民主是社会主义法制的力量源泉。从立法方面讲，充分发扬民主，让更大多数人参与立法，才能制定出真正的人民的法。从执法、司法和法律监督方面讲，充分发扬民主就有利于防止主观主义、官僚主义、滥用职权等现象，有助于有力打击违法犯罪活动，使国家工作人员忠实履行职权，尊重公民的合法权利。从守法方面讲，充分发扬民主，有利于广大人民加深对法律的了解和理解，自觉守法。法律能否得到广泛的、自觉的遵守，是社会主义法制建设成功与否的重要标志之一。

（4）社会主义民主能促进社会主义法制的发展。随着社会主义民主的不断完善、健全，民主的范围不断扩大，内容不断丰富，社会主义法制必然发生相应的变化，逐渐健全完善起来。民主的发展是逐步的，法制的完备也必然是逐步的。社会主义法制的完备程度是同民主的发展阶段相适应的。超越社会的物质基础和民主的发展阶段，主观地追求法制的完备是不现实的。因此，要加强社会主义法制，很重要的一点是要发展社会主义民主。

2. 社会主义法制是社会主义民主的保障

（1）社会主义法制确认社会主义民主。社会主义民主要得以存在、实现和发展，需要社会主义法制加以确认、肯定，使它合法化、法制化，从而具有权威性和稳定性，获得法制的力量。

（2）社会主义法制规定社会主义民主的范围。社会主义民主的主体和内容都是广泛的，法反映民主的这个特征。我国法律规定，民主的主体是人民，人民在管理国家和社会生活各个方面都享有广泛的民主权利。这些规定可以使人民明确社会主义民主的范围有多大，在行使民主权利的同时有明确的方向，同时也使国家工作人员在维护和保障人民民主权利的工作中有章可循。

（3）社会主义法制规定如何实现社会主义民主。社会主义民主不是绝对的、无限制的，而是宪法和法律范围内的民主。一方面，法制规定实现民主的程序和方法，为人民行使各项民主权利提供有效措施。另一方面，法制规定对行使民主权利的制约，规定与民主权利相对应的义务，保障人民能正确地行使民主权利。社会主义法制在保证人民充分行使民主权利的同时，反对一切侵犯人民民主权利的行为，反对极端民主化和无政府主义的行为，反对超越宪法和法律范围的行为。

（4）社会主义法制是保卫社会主义民主的武器。社会主义社会仍然存在危害民主的违法犯罪行为。为保卫社会主义民主，就需要用法来制裁这些行为，使民主得到切实的保障。同时，法制也是同官僚主义做斗争的武器，以此来保障社会主义民主。

【经典例题】

卡尔·马克思说："在民主的国家里，法律就是国王；在专制的国家里，国王就是法律。"关于马克思这段话的理解，下列哪一选项是错误的？（　　）

A. 从性质上看，有民主的法律，也有专制的法律

B. 在实行民主的国家，君主或者国王不可以参与立法

C. 在实行专制的国家，国王的意志可以上升为法律

D. 实行民主的国家，也是实行法律至上原则的国家

【答案】B

【解析】选项A、C、D说法正确，选项B说法错误。法的本质反映为法的阶级性，在阶级对立的社会，法所体现的国家意志实际上是统治阶级的意志。故在实行专制的国家，国王的意志可以上升为法律。同样，在实行民主的国家，君主或者国王也是可以参与立法的。

第四节　法 与 文 化

本节知识结构图

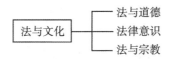

【15-2】

子女探望老人案

尹老汉因女儿很少前来看望，诉至法院要求判决女儿每周前来看望 1 次。法院认为，根据《老年人权益保障法》第十八条规定，家庭成员应当关心老年人的精神需求，不得忽视、冷落老年人；与老年人分开居住的家庭成员，应当经常看望或问候老年人。而且，关爱老人也是中华传统美德。法院遂判决被告每月看望老人 1 次。

一、法与道德

（一）道德的概念

道德是人们关于善与恶、美与丑、正义与非正义、光荣与耻辱、公正与偏私、诚实与虚伪、文明与野蛮等观念、原则以及根据这些观念、原则而形成的人们相互行为的某种准则和规范。道德和伦理两词经常是通用的。道德规范是依靠社会舆论、传统习俗、人们的内心信念和教育的力量来保证遵守和实行的行为规则体系。

与法律一样，道德是由一定的物质生活条件所决定的一种社会意识形态，是一定社会关系的反映，道德观念和道德规范的内容来源于物质生活条件。道德作为上层建筑的组成部分，属于历史的范畴，是一定经济关系的产物。社会经济关系的发展变化，必然会导致道德观念和道德规范内容的发展变化；社会制度的更替终将引起道德体系的更替。道德具有阶级性，在社会中占统治地位的阶级总是利用其在经济、政治上的优势，将自己的道德观念、道德原则、道德规范普遍化，为维护自己的阶级利益服务。在我国封建社会，地主阶级把"三纲五常""忠孝""男尊女卑"等看成是天经地义的。在资本主义社会，资产阶级把唯利是图、拜金主义看成是高尚的道德。当然，不同阶级之间的道德标准也会互相渗透、互相影响，而且，在人类文明发展过程中也客观地形成了一些共同的道德标准，成为人类社会共同的文化遗产。因此，道德在不同的社会、不同的时代之间存在着某些继承性。

（二）法与统治阶级道德的异同

1. 法与统治阶级道德的共同点

（1）法与统治阶级的道德的本质一致。两者都是掌握政权的阶级的意志的体现，都是同一经济基础之上的上层建筑，都是由相同的经济基础所决定并为其服务的，因此，两者相互影响、相互作用、相互渗透、相辅相成，共同承担着调整和维护有利于统治阶级的社会关系和社会秩序的任务。

（2）法与统治阶级的道德的历史使命一致。两者都是掌握政权的统治阶级用以控制社会的重要手段，它们都通过调整和规范人们的行为服务于一定的政治制度和经济制度。他们都有调整和规范人们行为的功能，因而二者都具有规范性、可预测性、普遍性和反复适用性。

（3）法与统治阶级的道德的基本内容一致。在特定社会中，国家法律必须符合一定的道德标准，即具有一定的道德基础，这样，法才能获得赖以发生效力的根据；同时，道德的推行和实施也需要运用法律的手段，即不仅存在法的道德基础问题，而且也存在着道德的法律强制问题。由于二者发生重合或者相互作用、相互转化，于是就产生了所谓"法律的道德化"与"道德的法律化"问题。在现代社会，道德与法的一致性特别体现在二者的结合点，比如公序良俗、诚实信用等原则上。

2. 法与统治阶级道德的区别

法与统治阶级的道德虽然有着不可分割的密切关系，但它们毕竟是两种不同的社会行为规范，因而它们又有各自的特点。其主要区别表现在：

（1）生成方式上的建构性与非建构性。法在生成上往往与有组织的国家活动相关，由权威主体经程序主动制定认可，具有形式上的建构性。尽管从进化理性主义上说，法在根本上也是长成的，非人类智慧预先设计的产物，但在形式上却不能不承认法的建构性。道德在社会生产生活中自然演进生成，不是自觉制定和程序选择的产物，自发而非建构是其本质属性。

（2）行为标准上的确定性与模糊性。法有特定的表现形式或渊源，有肯定明确的行为模式和法律后果，因而具体确切，可操作性强；同时，其被任意解释和滥用的余地小，易排斥恣意擅断。当然，法的确定性也是相对的。道德无特定、具体的表现形式，往往体现在一定的学说、舆论、传统和典型行为及后果中，其对行为的要求笼统、原则、标准模糊，只具一般倾向性，理解和评价易生歧义。当然道德的这种特征，也是一种优长，可使道德在发展中有相当大的弹性和空间。

（3）存在形态上的一元性与多元性。法在特定国家的体系结构基本是一元的，法律上的决策一致是其本性和要求，而这种决策上的一致是通过程序上的正统性达致的。法的一元化存在形态，也使它具有统一性和普适性。由于信念和良心是道德的存在方式，因而道德在本质上是自由、多元、多层次的。

与此相关的是法律评价的共通性与道德评价的个体化。法的评价是以法的专门化、职业化为背景的，建立在法律概念、规则、原则的相对确定性上，也建立在对法律概念、知识、职业伦理的共识之上，因而具有最基本的共通性、一致性和可预期性。而道德评价是一种个体化的、非法定性的、主观的、观念性的评价，建立在道德标准的模糊性和多元性之上。

（4）调整方式上的外在侧重与内在关注。法一般只规范和关注外在行为，一般不离开行为过问动机，其所有缜密的设置都主要针对外在行为。道德首先和主要关注内在动机，不仅侧重通过内在信念影响外在行为，且评价和谴责主要针对动机。这是道德作为内省自律控制方式的理由，因而成为促进人类自身提升和进步的深刻力量。

（5）运作机制上的程序性与非程序性。这种比较最富有意义。法是程序性的，程序是法的核心。法的实体内容通过程序选择和决定，其生成和实现也与程序相关。程序的本质的交涉性，法以权利义务为实质内容，所调整的关系往往具有交涉性，因而就特别需要程序提供交涉的方式和途径，提供制度性协商和对话机制，以使选择和决定能被交涉中的各方认同和接受。道德的重心在于义务或责任。在道德上，权利不应成为履行道德义务的诱因，义务不对应权利，也不以权利为前提，因而，不存在以交涉为本质的程序；再者，道德以主体内省和自决的方式生成和实现，也使道德与程序无关。

（6）强制方式上的外在强制与内在约束。法与有组织的国家强制相关，通过程序进行针对外在行为，表现为一定的物质结果。专门机构、暴力后盾、程序设置、行为针对性和物质结果构成法的外在强制标志。道德在本质上是良心和信念的自由，因而强制是内在的，主要凭借内在良知认同或责难，即便是舆论压力和谴责也只能在主体对谴责所依据的道德准则认同的前提下发挥作用。

（7）解决方式上的可诉性与不可诉性。可诉性是法区别于一切行为规则的显著特征，这意味着对与法相关的行为的个别处理是可能和可操作的，且是由预设的实体标准和程序规则作为依据的，故可实现对相类行为和情形的非差别对待。此外，法的可诉性还意味着争端和纠纷解决的终局性和最高权威性。道德不具有可诉性，主要表现为无形的舆论压力和良心谴责，且舆论的评价或谴责往往是多元的。

（三）社会主义法与社会主义道德的关系

社会主义法与社会主义道德具有共同的经济基础和社会基础，具有共同的任务和使命，都是社会调控的重要形式。二者相互促进，相辅相成。

1. 社会主义法对社会主义道德的作用

（1）社会主义法直接把社会主义道德中最低限度的义务法律化，使之取得全社会一体遵行的法律效力。社会主义道德靠个人的道德责任感和舆论的强制来保障实施，然而，在利益多元化和价值标准多元化的条件下，个人的道德责任感和舆论的强制力尚不足以防止违反道德行为的发生。为了防止最低限度的道德义务不被蔑视，必须利用法律手段使之上升为法律义务。这样就会大大增强道德义务的约束力，使之从软约束变为硬约束。应该注意的是，社会主义道德义务中要求较高的部分是不宜上升为法律义务的，否则，法律与道德便完全重合了。这样的法律必然会因为脱离实际而难以执行。

（2）社会主义法通过奖励性的手段促进社会道德水平的提高。在对违反最低限度的道德义务予以制裁的同时，对于那些为社会和人民作出突出贡献的先进人物，法律也会予以各种物质的或精神的奖励。例如，对见义勇为者、对在科学研究和技术发明中作出创造性工作的科技工作者依法予以表彰和物质奖励，会在人民群众中形成一种导向，积极引导人们爱科学、爱集体、爱人民，从而改善社会风气，为道德建设提供良好的社会心理条件和舆论环境。

（3）社会主义法律的实施过程也是对社会价值观进行道德整合的过程。在市场经济条件下，利益主体的多元化必然导致价值观念的多元化，因而，要求一切人在一切问题的是非善恶上达成一致是不可能的，在社会转型期间尤其如此。然而，社会不仅是一个经济共同体，也是一个观念的共同体。如果没有一套占主导地位的基本信念和价值标准来维系人际关系和社会合作，社会秩序就难以形成。社会主义法律的实施过程也就是对各种行为作出权威性评价的过程。国家作为社会共同利益的代表，支持什么、反对什么，在法律实施过程中都能直观地表现出来。法律所包含的评价标准与大多数公民最基本的道德信念是一致或接近的，因而，法律的实施能够对公共道德的形成和普及起重要作用。以这种公共道德为共同基础，法律也允许每个人可以在合法范围内选择和保留自己的特殊评价标准。由此，在价值观念领域就会形成多元中的统一和统一基础上的多元。这样一来，社会秩序的存在就有了基本的观念条件。

2. 社会主义道德对社会主义法的作用

（1）社会主义道德对于社会主义法的制定具有指导作用。社会主义道德是社会主义经济关系和政治关系的内在要求在行为评价标准问题上的重要表现形态，它反映着人民群众的根本利益和他们对是非善恶的基本态度。由于社会主义道德是以辩证唯物主义和历史唯物主义为指导建立起来的，是先进的意识形态，因此它的许多原则和基本要求对法的制定有着积极的影响，社会主义国家往往认可某些重要的社会主义道德的法律效力，使违反者能受到国家法律的制裁。如社会主义道德的核心是集体主义精神，这在我国宪法、刑法、民法等法律法规的内容中都有所体现。如1982年宪法第24条规定："国家通过普及理想教育、道德教育、文化教育、纪律和法制教育，通过在城乡不同范围的群众中制定和执行各种守则、公约，加强社会主义精神文明建设。"同时，社会主义道德水平的高低也制约着社会主义立法工作的发展。

（2）社会主义道德对于社会主义法的实施起着促进作用。孟子曾说过"徒善不足以为政，徒法不足以自行。"一方面，法律需要有一大批行政管理人员和司法人员来加以执行和适用，国家司法人员、行政人员具有良好的职业道德，就能秉公执法、不徇私情，能更准确理解和适用社会主义法，维护法的尊严；另一方面，公民具有较好的道德意识，也有利于法律意识的培养和法制观念的加强，从而做到自我约束，促进守法护法良好的社会环境和社会风尚的形成，这对国家强制力的运用是一种辅助的力量。法律的实施需要绝大多数公民的合作和支持，在社会道德风气普遍恶化的环境中，法律就不可能普遍地得到实施。

（3）社会主义道德可以弥补社会主义法的不足。客观世界日日都在变化发展之中，再完善的法律也不可能对现实中的一切问题都作出详尽的规定，这时道德的原则、精神可以弥补法律的不足，当条件成熟时，这些道德规范可以通过立法程序被纳入成文法律体系中。此外，对于社会主义法律没有调整的社会关系，道德发挥着重要的调整作用。

【15-2】案例反映了法与道德的一致性，二者相互影响。

二、法律意识

（一）法律意识的概念

法律意识是社会成员在实践中形成的、关于法和法律现象的心态、观点、知识和思想体系的总称。具体而言，法律意识具有以下内涵：第一，法律意识属于社会意识的范畴，是一种特殊的社会意识体系。第二，法律意识是社会主体对社会法律现象的认识和把握，在社会生产、生活和法律实践过程中，社会主体在社会中的经济、政治地位，其所属的社会阶级和阶层，它所接受的法律文化的熏陶和教育，它的特殊的社会文化背景和人格结构等对其法律意识的品性具有重要的影响。第三，法律意识的具体内容和表现形式是多方面的。第四，法律意识的内容受到多方面的社会文化和法律因素的影响，而其中最根本的决定因素是社会物质生活条件。①

社会意识是社会存在的反映，它可以分为政治、法律、哲学、道德、宗教等各种意识形式。法律意识是社会意识的一种，属于上层建筑的范畴，由一定的经济基础决定。当然，法律意识与其他社会意识一样也有其相对的独立性，这表现在：（1）法律意识被社会存在所决定，反过来法律意识对社会存在有积极的反作用。（2）法律意识与其他社会意识形式相互作用；（3）法律意识在其发展过程中有历史继承性；（4）法律意识在某种程度上可以滞后或者超前于社会存在。

（二）法律意识的分类

根据不同的标准，可以对法律意识作出不同的分类。

1. 传统法律意识和现代法律意识

这是根据历史的发展进程进行的分类。

传统法律意识是以自然经济和专制政治为基础的法律价值——规范体系在社会主体头脑中的反映，等级特权、义务本位、权力本位、人治主义等法律观念是其基本的品格。传统法律意识是在历史上长期作用、沉积并世代相传下来的具有明显既往时代特征；现代法律意识是以现代商品市场经济和民主宪政制度为基础的法律价值观念体系，是对现代法律制度的主观反映。尽管在世界不同的国家和地区，现代法律意识的具体内容不同，但它们具有某些共同一致的法律观念的内容，这些法律意识的要素主要有正义观念、自由观念、平等观念、权利观念、责任观念、秩序观念以及法治观念等。现代法律意识是具有鲜明时代特征、能跟上时代步伐、符合现代化要求的。

2. 个人法律意识、群体法律意识和社会法律意识

这是根据意识主体的不同进行的分类。

个人法律意识就是社会个体所具备的法律意识，它是社会个体的社会地位和社会经历的独特反映。个人的法律实践和生活的社会环境对其法律意识的形成有直接的作用。

群体法律意识是指按一定的关系组成的社会集合体的人们所表现出来的法律意识。个人法律意识对群体法律意识具有影响作用，群体法律意识也离不开个人法律意识。

社会法律意识是社会作为一个整体所体现出来的法律意识。它是个人法律意识与群体法律意识整合的产物。因此，社会法律意识往往是一个国家法治状况的总反映。

3. 公民法律意识和职业法律意识

这是根据主体所处角色不同进行的分类。

公民法律意识是指在现代社会中，每一个公民所应具有的最起码法律意识，这是建设法治国家的坚实基础。

---

① 刘旺洪：《法律意识论》，法律出版社 2001 年版，第 49~51 页。

职业法律意识是指专门从事法律和法学职业人员的法律意识，主要包括法官、检察官、律师、公证员、法学研究与教学人员等，他们积累了法律实践经验和理论素养，有系统的、专门的法律知识，并且大多已经上升到法律理论的程度。

4. 占统治地位的法律意识和不占统治地位的法律意识

这是根据所处政治地位不同进行的分类。

占统治地位的法律意识就是统治阶级的法律意识，这是和社会的经济基础相适应的，并为统治阶级的统治服务，"具有官方性、权威性和导向性，对该社会现行有效的法律制度和法律规范起有力的支持作用"。[①]

不占统治地位的法律意识就是被统治阶级的法律意识，从根本上来讲它与占统治地位的法律意识具有对立性，对现行法律往往持否定的态度，对现行法律的存在起消极的作用。

实际上，法律意识还可以从其他角度进行分类，这里就不再一一赘述。

（三）法律意识的结构

法律意识是人们对法律文化进行继承和从事法律认知活动的成果。人们的认识活动是从个体发展为群体，从感性认识向理性认识不断升华的。与这些特点和规律相适应，法律意识从特点和结构上讲，大体可以分为三个层次：法律心态、法律观念、法律思想体系。

1. 法律心态

法律心态指人们对于法或法律现象的不系统的、非本质的、感性的心理状态。它表现为个体的法律感受、情绪体验、直觉等，往往带有自发性、偶然性、局部性，属于普通人对于法律的较为简单、片面的认识。法律心态的形成主要与普通民众的生活方式、思维习惯和文化素质密切相关。在法律意识结构中，法律心态是低层次的，是法律观念和思想体系的原始材料和萌芽。

2. 法律观念

法律观念指人们对法律现象的知识、情感和判断。它是一种介于法律心态和法律思想体系之间的法律意识形态。与法律心态相比，法律观念通常指大众化的、群体性的法律认识，较为系统和全面，是稳定的心理定势；与法律思想体系相比，法律观念的理性成份少而经验因素多，它主要存在于大众的内心之中，通过其言行表现出来。法律观念兼容法律心态与法律思想体系的特点，在法律意识中具有重要意义。

3. 法律思想体系

法律思想体系指人们对法或法律现象的系统的、本质性的、全面的、理性认识。它是经过反复的实践活动而获得的，是法学家、思想家经过理性分析和科学总结而提炼出来的。法律思想体系包括法律方法论、本体论、价值论、历史论等诸多内容，有专门的范畴体系、理论体系以及法学家的著述。法律思想体系在法律意识中处于最高层次，是法律认识的高级阶段，在法律意识中居于领导地位。

[①] 李步云主编《法理学》，经济科学出版社2000年版，第348页。

三、法与宗教

（一）宗教的概念、起源和发展

宗教作为一种社会意识是自然力量和社会力量在人们意识中的一种虚幻、歪曲的反映。正如恩格斯所说："一切宗教都不过是支配着人们日常生活的外部力量在人们头脑中的幻想的反映，在这种反映中，人间的力量采取了超人间的形式。"

宗教是自然压迫和社会压迫的产物。宗教产生于原始社会后期，当时的生产力水平极其低下，面对千变万化的自然界及其显示的种种不可抗拒的力量，原始人感到无法理解，人们无法解释自身的生理构造，故"总是为自己造出关于自己本身、关于自己是何物或应当成为何物的种种虚假观念……他们头脑的产物就统治他们。"从而形成最初的宗教。进入阶级社会以后，阶级压迫给人们带来了比自然灾害更加深重的痛苦，从社会因素来看，阶级压迫和阶级剥削的出现和存在的严酷的现实不能解释也无法改变，只好求助于神灵，通过宗教来表达自己的愿望和要求。而统治阶级有目的地把宗教改造成维护统治秩序的护法尊神，把他们的剥削制度神圣化，宣扬普通劳动者的产生是因为人们自己犯了罪，只有忍耐、顺从才能来世得福。这样，就会使劳动人民屈服于现实苦难，麻痹人民的反抗和斗争意志，安于被奴役的命运。因此，宗教的产生和传播既有认识上的根源，即对客观世界愚昧无知，也有其阶级根源，即阶段压迫的需要。当然，有的宗教在历史上曾作为劳动人民反对压迫的旗帜，但是，其作用相对于作为阶级统治的一种手段是微不足道的。

在人类历史上，随着社会形成的发展变化，曾出现过不同内容、不同形式的多种宗教，传播最广、影响最大的宗教是基督教、伊斯兰教和佛教，通常称为世界三大宗教。

（二）法与宗教的关系

宗教也是一种重要的文化现象，在民族文化的形成和发展中起着重要的作用，因而成为民族文化体系的有机组成部分。宗教既是一种社会意识，一种社会规范，又是一种社会活动，它属于一定社会的上层建筑。一般来说，宗教由宗教教义、礼仪和宗教组织三部分组成。宗教教义的核心是，宣扬自然界和社会都处于某种超自然的神灵的控制下，人们应通过内心修炼或对神灵的崇拜，以使灵魂得到救赎。宗教教义也是调整一定社会关系的社会规范，具有规范人们行为的作用，有自己的组织机构，有保证其实施的强制力量。但宗教教义毕竟不同于法律规范，宗教教义借神意而创立，通过传教以及其他方式使人们对它信仰或产生某种畏惧心理，从而保证对其遵行，它一般只约束教徒，对于非教徒无约束力。

由于宗教在不同历史时期、不同国家所处的地位不同，故它与法律规范的关系也不相同。但宗教与法的关系基本上可分为以下两种情况：政教合一国家中的法与宗教和政教分离国家中的法与宗教。中国历史上也曾存在过多种宗教，统治阶级也一直利用宗教的手段，但其目的主要是为了神化王权。由于中国的王权高度集中，且中国的宗教大多以祖先崇拜为特征，难以形成全国统一的崇拜对象，因而教权始终无法与君权相抗衡，宗教一般要效忠于王权，中国历代的法律因而也很少有宗教的色彩。

（三）我国社会主义法与宗教

由于宗教是一种社会历史现象，有它产生、发展及消亡的过程，只能靠发展社会生产力和提高人们的科学文化水平来解决，而这并非在短时间内能做到的；同时，宗教信仰自由属于精神自由的范围，又有民族性的特点，因此，在社会主义的现阶段，宗教观念的影响还没有消失，宗教仍存在。我国是一个多民族、多宗教的国家，所以尊重各民族的宗教信仰对于改善和发展民族关系，加强民族团结有极大的意义。我国宪法用根本大法的形式确认了宗教信仰自由政策。1982 年《宪法》第 36 条规定："中华人民共和国公民有宗教信仰自由。任何国家机关、社会团体和个人不得强制公民信仰宗教或者不信仰宗教，不得歧视信仰宗教的公民和不信仰宗教的公民，国家保护正常的宗教活动，任何人不得利用宗教进行破坏社会秩序、损害公民身体健康、妨碍国家教育制度的活动。宗教团体和宗教事务不受外国势力的支配。"这一规定，充分体现了我国在处理民族、宗教问题方面的基本政策，执行这项法律有利于我国各民族的团结，以充分发挥各民族人民的积极性，建设强大的社会主义国家。

需要注意的是，在实践中必须划清宗教信仰自由与封建迷信活动的界限。从意识形态看，两者都相信"超自然"、"超人类"的神秘力量，都是一种违反科学的表现。但宗教信仰和封建迷信活动不同，宗教有正式的组织、成文的教义和规范化的活动仪式，而迷信则无确定的崇拜偶像，也无既定的宗旨和教义，主要表现在装神弄鬼，妖言惑众，目的是为了某种反动政治目的或诈骗钱财，因此，它与宗教信仰不一样，这种封建迷信活动不受国家法律的保护，而应依法取缔，情节严重者将给予法律制裁。

【经典例题】

王某参加战友金某婚礼期间，自愿帮忙接待客人。婚礼后王某返程途中遭遇车祸，住院治疗花去费用 1 万元。王某认为，参加婚礼并帮忙接待客人属帮工行为，遂将金某诉至法院要求赔偿损失。法院认为，王某行为属由道德规范的情谊行为，不在法律调整范围内。关于该案，下列哪一说法是正确的？（　　　）

A. 在法治社会中，法律可以调整所有社会关系

B. 法官审案应区分法与道德问题，但可进行价值判断

C. 道德规范在任何情况下均不能作为司法裁判的理由

D. 一般而言，道德规范具有国家强制性

【答案】 B

【解析】 法律调整与道德调整各具优势，且形成互补。法律倾向于调整可能且必须以法定权利义务来界定的，具有交涉性和可诉性的社会关系和行为领域，而不是调整所有的社会关系，A 项错误。法贯穿着道德精神，它的许多规范是根据道德原则或规范制定的；而道德的许多内容又从法律中汲取。尤其在价值层面，两者难以割裂。道德上升为法律层面时，可以作为判决的依据，且法官在判决时，可以进行行为定性和价值判断，故而 B 项正确，C 项错误。法律具有国家强制性，违反法律将承担法律责任，受到法律明确规定的国家制裁，而违反道德的后果是由社会直接实施的，不像法律制裁那样需要经过特别的程序并由特定机关实施，道德不具有可诉性，主要表现为无形的舆论压力和良心谴责，且舆论的评价或谴责往往是多元的，所以 D 项错误。

第五节　法 与 人 权

本节知识结构图

人权是现代社会最重大的主题之一。无论是在国际层面还是国内层面，也无论是在学术理论领域还是社会政治实践领域，人权都是各国努力实现的重大理论与实践主题。

【15-3】

中国人权状况怎么样 中国人民最有发言权

新华社北京 2019 年 12 月 10 日电 　（记者温馨）外交部发言人华春莹 10 日表示，中方坚决反对有关国家罔顾基本事实，对中国人权状况说三道四妄加指责，中国人权状况怎么样，中国人民最有发言权。

华春莹说："中国人权状况怎么样，中国人民最有发言权。今年是中华人民共和国成立 70 周年。这是中国发生历史性变化的 70 年，也是人权事业取得历史性进步的 70 年。70 年前，在中国共产党的领导下，中国人民实现了翻身解放和当家作主。70 年来，中华民族迎来从站起来、富起来到强起来的伟大飞跃。中国政府和人民高度重视发展人权事业，奉行以人民为中心的人权理念，坚持人权的普遍性原则与自身实际相结合，把生存权、发展权作为首要的基本人权，走出一条符合国情的中国特色人权发展道路。

"我们解决了近 14 亿人的温饱，减少了 8.5 亿贫困人口，为 7.7 亿人提供就业，为 2.5 亿老年人、8500 万名残疾人和 6000 多万名城乡低保人口提供基本保障，实现了近 14 亿人从贫困到温饱再到小康的历史性跨越。我们建成世界最大规模的教育体系、最大规模的社保体系、最大规模的医疗体系、最大规模的基层民主选举体系，谱写了中国人权进步的历史篇章，拓宽了国际人权保障的现实方案，丰富了人类文明多样性。这是任何不带偏见的人都不得不承认的事实。"

华春莹表示，"世界人权日"是各方重申人权承诺、加强人权交流的日子。为此，国务院新闻办公室和外交部于 12 月 10 日至 11 日共同在京主办"2019·南南人权论坛"，为来自不同国家、不同文化背景的各界人士提供沟通交流、共谋合作的平台，为人权领域交流与合作注入新的内涵和动力。

"我们认为各方应进一步促进和保护人权，恪守《联合国宪章》宗旨和原则，尊重各国自主选择的人权发展道路，秉持客观、公正、非选择性立场，避免将人权问题政治化和搞双重标准。中方愿继续在平等和互相尊重的基础上，同各方加强人权领域交流与合作，以合作促发展，以发展促人权，共同构建人类命运共同体。"她说。①

一、人权的概念及特点

（一）人权的概念

人权是作为人、基于人的人格尊严而为所有人享有的、对于人的生存和发展具有重要意义的基本权利。一方面，人权表达了所有人在人格上的普遍平等观念，既没有任何人在人格上高人一等，也没有任何人在人格上低人一等；另一方面，人权也表达了所有人在人格上享有绝对尊严的观念。人权是权利的一种特殊形态，也是最为重要的权利。人权的理念和制度是人类政治法律文明成果的结晶。以"人"来修饰权利，是进一步强调这种权利对于人的重要性，也是进一步强调人作为权利主体对于权利的限定。

人权概念分为三个层次，即应有权利、法定权利、实有权利。人权从本来意义上讲是应有权利，即人按其本性所应当享有的权利；法定权利是应有权利的法律化、制度化；实有权利是指人在社会现实生活中真正实现的权利。应有权利转化为法定权利是人权实现的基础途径。从原初意义上讲，人权就是指人的应有权利。法律规定的权利不过是人们运用法律这一工具使人的应有权利法律化、制度化、体系化，使其能够实现并得到最有效的保障。因此，法定权利就是制度化、法律化了的人权。从应有权利演进为法定权利，是人类历史发展的结果，也是实现人权的客观要求。法定权利转化为实有权利是人权实现的现实途径。无论是古希腊学者亚里士多德所言"已生效的法律获得普遍的服从"，还是中国传统所言"徒法不足以自行"，都已认识到法定权利转化为实有权利的难度。这一问题自有法律及法定权利以来就一直存在。历史表明，如果没有良好的法治运行环境，再好的法律及法定权利只不过是空白支票，永远无法兑现。

（二）人权的特点

在现代社会的权利体系中，人权具有特别的地位，也因而具有与其他权利相比不同的特点。具体体现为：

1. 人权是普遍性的权利

人权突出强调人的普遍性尊严和价值。人权的普遍性，最重要的是指，享有人权的主体的普遍性。人权作为一种普遍性的权利，并不排斥对于社会中的某些弱势群体给予特殊的关照和专门强调其权利，这是为了实现人权的真正平等享有，真正实现对于人的尊严的同等尊重。

2. 人权是本源性的权利

人权是其他法律权利存在的正当性根据和理由，在整个权利体系中属于最基础性的权利。

3. 人权是综合性的权利

人权是包含多项权利内容的复杂的综合性权利体系。人权的综合性特征说明人权本身

---

① http://world.people.com.cn/n1/2019/1211/c1002-31500007.html.

就是一个开放性的权利体系，随着人对自身的认识和理解的不断深化，人权的具体权利项也就是所谓新的权利类型也将不断地出现，加入到人权的权利体系之中；同时也说明人权的权利范围具有扩展的可能性。尽管人权所包含的内容层次和类别各不相同，但它们互相联系，互相支持，互相交织在一起。

二、人权发展简史

尽管从思想史的角度考察，人权思想的萌芽确实可以追溯到人类生活的早期，但那时的人权思想还处于一种朦胧状态。到了资产阶级革命时期，人权思想才真正逐渐地明确而清晰起来，开始具有了理性的色彩。但直到18世纪末，法国的《人权宣言》才第一次以法律形式提出了"人权"这个概念。自此以后，人权不仅仅是一个思想内涵明确的概念，而且在一系列国际性、区域性和国家层面的法律文件中获得确认。人权的历史发展体现出了若干明显的特点。

（一）从人权的主体来看

人权主体的发展是一个从特殊的有限主体到普遍主体发展的过程。虽然从资产阶级革命时期起，在人权问题上，思想家和政治家们就不断地强调人权是"人之为人所具有或应当具有的权利"，一系列政治法律文件也明确宣示所有的人"生而自由平等"，但历史和现实的事实却并非如此，作为人权主体的"人"一直存在着因种族、性别、财产等方面差别导致的限制。1945年以后，在世界各国进步人士的共同努力之下，"普遍的人"作为人权的主体成为国际社会的基本共识，并已载入一系列国际人权文件。

（二）从人权的内容来看

人权内容的发展表现为从简单到丰富、从个体性权利到集体性权利甚至整个人类共同性的权利的过程。"第一代人权"，主要是公民和政治权利，如生命权、不受任意逮捕的权利、获得公正审判的权利、无罪推定、选举权与被选举权、表达自由、宗教信仰自由等。"第二代人权"主要是经济、社会和文化权利，如工作权、获得公平报酬的权利、获得社会保障的权利、获得适足生活水准的权利、参加文化活动的权利等。"第三代人权"主要是在20世纪下半叶由发展中国家所提出来的发展权、环境权等权利。

（三）从人权保障的角度来看

人权的发展已经从一般的人权观念与原则的宣告，逐渐发展到在国际层面（比如联合国有关的人权机构）、区域层面（比如欧洲、美洲、非洲的人权机构）和国家层面（国家签署和批准国际人权公约，在国家层面承诺尊重和保护人权）建立起了人权保障和人权救济机制。例如，在国际层面，有根据《联合国宪章》及有关人权条约建立的人权保障和救济机制，如根据《公民权利和政治权利国际公约》建立起来的个人申诉机制。在区域层面，欧洲有根据《欧洲人权公约》建立的欧洲人权法院和根据《欧洲社会宪章》附加议定书建立的集体申诉机制。在国家层面，现在世界上大多数国家都签署或批准了联合国的主要人权文件，我国也已经签署或批准了大多数联合国国际人权公约。2004年宪法修正案把"国家尊重和保障人权"载入国家根本大法，体现了我国对人权保护的高度重视。

三、人权的法律保护

人权的法律保护既表现为国内法的保护，又表现为国际法的保护，两种保护互为补充、互为促进、互为保障。

（一）人权的国内法保护

人权的国内法保护是人权法律保护的最主要、最经常、最有效的形式。人权的国内法保护主要包括宪法保障、立法保护、行政保护、司法救济四个方面。

1. 宪法保障

确认和保障人权是宪法的核心价值和主要功能。以宪法的形式确认和保障人权，是近现代民主和法治的显著特征。宪法是一个国家的根本大法，是一个国家其他法律的母体。只有宪法首先对人权给予保护，才能使整个法律体系都对人权给予保护。一项人权只有为宪法所确认和保障，才能确立起崇高的法律地位和权威，才能有效地排除各种势力（包括国家机关）的侵犯。从实践来看，在很多国家，新的人权首先是由宪法所宣告和确立，然后再由其他法律予以具体保护。

2. 立法保护

人权的立法保护包括两方面的内容：一是实质上的保护。法律规定了法定人权的内容和范围，为人权的享有和实现、行政保护和司法救济提供了法定的标准。人权的法定化和制度化是随着社会发展进化的程度而逐渐完备起来的。法定化和制度化的人权规则是人权主体请求行政保护和司法救济的文本依据，也是行政机关采取保护措施、司法机关进行司法判决的权威性依据，即司法机关和行政机关采取人权保护的前提性条件。二是程序上的保护。法律规定了享有和实现人权、行政机关对人权采取保护措施、司法机关对人权案件的审判的原则、程序、方式、方法，为人权的享有、实现、保护和救济提供了有效的措施和可行的方式。这样既可以使人权按照法定的程序、方式得到实现、保护和救济，又可以防止国家机关对人权的侵害。为此，应当依法保障公民权利，加快完善体现权利公平、机会公平、规则公平的法律制度，保障公民人身权、财产权、基本政治权利等各项权利不受侵犯，保障公民经济、文化、社会等各方面权利得到落实，构建一套公民权利保障的法律规范体系。

3. 行政保护

按照民主政治的内在逻辑，成立政府（行政机关）的目的是为了保护社会成员的利益和权利，当然包括更为重要和根本的人权。人权的行政保护主要体现在三个方面：一是划定政府权力和公民权利的界限，坚持政府权力法定、公民权利推定这一法治原则。对政府，法无授权不可为；对公民，法不禁止皆可为。尽可能减少并取消不适当的行政审批事项，确保人权的充分自由实现。二是政府认真执行宪法的人权条款和权力机关的人权立法，将法定的人权转化为现实的人权。三是政府将保障人权作为决策的决定性因素，从而将保障人权贯穿于政府的全部行政决策和实践中。与人权的司法救济相比较，人权的行政保护具有主动性。政府可以借助于国家的强制力，及时、有效地对侵犯人权的行为予以制止，把侵权人（包括行政机关本身）对人权的侵害程度限制在最小的可能内，而不至于在人权已经受到侵害或完全被侵害时才予救济。因此，人权的行政保护是人权实现的重要环节。

4. 司法救济

司法救济是人权的法律保护体系中的重要环节，是人权的法律保护的最后一道防线。一是司法为解决私人主体之间的人权纠纷提供了一种公正的、值得信赖的、有效的渠道。如果私人主体的人权受到了其他私人主体的侵犯，可以将其提交中立的司法机关审判，获得公正的裁判。二是司法是纠正和遏制行政机关侵犯人权行为的有力机制。公民的人权受到行政机关侵害，可以向司法机关提起行政诉讼，要求司法机关审查、纠正行政机关的侵权行为。三是符合正当程序和法治原则的司法程序和司法过程，本身就是对人权的保障。例如，遵守罪刑法定、无罪推定、非法证据排除原则，禁止刑讯逼供、体罚虐待，保障当事人的知情权、陈述权、辩护辩论权、申请权、申诉权，以及法律援助权、司法救助权等。

（二）人权的国际法保护

在第二次世界大战结束以前，人权问题基本上还是属于纯粹的国内问题。第二次世界大战后，鉴于纳粹法西斯政权和日本军国主义政权侵害各国人民人权的暴行，国际社会加强了对人权的普遍关注、保护和救济，大批有关人权保护的国际法陆续被制定出来。一个以《联合国宪章》和《世界人权宣言》为基础、由80多种人权法律文件构成的国际人权法律体系已经形成，并在不断完善。国际人权法大体包括以下四类：一是人权宪章类，如《公民权利和政治权利国际公约》《经济、社会及文化权利国际公约》；二是防止和反对种族歧视类，如《防止及惩治灭绝种族罪公约》《消除一切形式种族歧视国际公约》；三是对妇女、儿童、难民和无国籍人员等特殊主体（社会弱者）人权保护类，如《消除对妇女一切形式歧视公约》，四是战时国际人道主义保护类，如《关于战俘待遇之日内瓦公约》。建立在国际法基础上的国际人权保护和救济制度，就现在的状况来说，具有以下两个方面的内容：一是国家由于加入国际人权公约和公认的国际法原则而承担了保护人权（既包括本国人权主体的人权，也包括非本国人权主体的人权）的国际义务；二是有关人权保护的国际机构负有调查、监督人权问题及其解决情况的职责。

人权的国际法保护，必须建立在尊重国家主权的基础上。人权的国际法保护同国家主权原则、不干涉他国内政原则是一致的，在正确认识与处理两者的关系时，一方面要抵制和反对"人权无国界论"，维护《联合国宪章》的宗旨与原则，维护国家主权，坚持不干涉他国内政原则；另一方面，也应实行人权的国际法保护。对于危害人类和严重侵犯基本人权与自由，已构成国际罪行的行为，国际社会应进行干预与制止。同时，对于人权公约缔约国来说，也应按其所缔结的人权公约的规定，履行保护人权的国际义务。各国有责任维护国际法治权威，依法行使权利，善意履行义务。人权的国际法保护是一个复杂的问题，包括尖锐的政治斗争与外交斗争，既是国际人权法中的重要理论与实践问题，也是涉及国家相互关系的重要理论与实践问题，我们要把握问题的实质，从有利于人类进步与世界和平的高度去正确认识与处理，从有利于当前反对恐怖主义、霸权主义、民族分裂主义的大局去认识与处理。

我国政府一贯尊重和支持《联合国宪章》促进与保护人权的宗旨，并为实现这一宗旨做了大量的工作，为推动国际人权领域的合作发挥了积极的作用。我国在参加联合国人权机构的活动中，维护、丰富和发展了人权概念与理论，积极参与联合国人权文件的起草工作，并在较短时间内加入了一系列重要的国际人权公约。同时，我国为制止大规模粗暴侵犯人权的行为，抵制人权领域内的霸权主义，推动建设相互尊重、公平正义、合作共赢的新型国际关系，倡导构建人类命运共同体作出了巨大贡献，受到了广大第三世界国家的支持与好评。

总之，在人权问题上必须坚持中国特色社会主义人权理论。坚持人权的普遍性和特殊性相结合，走中国特色社会主义人权发展道路。坚持人民主体地位原则，实现以人为中心的发展，一切为了人民、依靠人民、造福人民和保护人民。以生存权和发展权为首要的基本人权，充分实现全体人民平等参与、平等发展权利，最终实现人的自由而全面发展。整体推进各项人权协调发展，既保护公民人身人格权、财产权、政治权利，又保障经济、社会、文化权利。实现集体人权与个人人权的统一，让改革发展成果更多更公平惠及全体人民。加强人权法治保障，积极参与全球人权治理，构建人类命运共同体，促进共商共建共享人权。人权保障没有最好，只有更好，必须坚守尊重和保障人权的宪法原则，不断开辟人权事业的新局面。

【经典例题】

随着科技的发展，人体器官移植成为可能，产生了自然人享有对自己的器官进行处理的权利。美国统一州法律全国督查会议起草的《统一组织捐献法》规定："任何超过18岁的个人可以捐献他的身体的全部或一部分用于教学、研究、治疗或移植的目的"；"如果个人在死前未作出捐献表示，他的近亲可以如此做"；"如果个人已经作出这种捐献表示的，不能被亲属取消。"之后，美国所有的州和哥伦比亚特区采取了这个法令。关于这一事例，下列哪一选项是错误的？（　　）

A. 科技进步对法律制度的变迁有较大的影响

B. 人权必须法律化才能获得更大程度的保障

C. 人权归根结底来源于国家的承认

D. 器官捐献是一种自由处分的权利，而不是义务

【答案】 C

【解析】 人权的实现要靠法律的确认和保护，没有法律对人权的确认、宣布和保护，人权要么只能停留在道德权利的应有状态，要么经常面临受侵害的危险而无法救济。美国《统一组织捐献法》先是规定了捐献自己身体的器官是人的权利，这就使器官捐献"权"得到了法律的确认，同时，法律是人权的体现与保障。所以C项说法错误，应选。

第六节　法与科学技术

本节知识结构图

【15-4】

戴维斯夫妇冷冻胚胎归属案

一对美国夫妇朱利耶·路易斯·戴维斯和玛丽·苏·戴维斯结婚后长期没有怀孕，他们决定采用人工授精的方法生育孩子。1988 年 12 月 8 日，妇科专家成功提取了 9 个单细胞受精卵并放于玻璃试瓶进行培育，使这些单细胞物质变成了 4 个或 8 个细胞。

1988 年 12 月 10 日，一个受精卵被植入玛丽·戴维斯的子宫，剩下的受精卵被冷冻保存起来，不幸的是她并没有怀孕。当诊所正要为她再一次植入受精卵时，朱利耶·戴维斯提出了离婚，那是 1989 年 2 月。他声称他早就知道他们的婚姻"不是很牢固"，因为相识只有一年多一点的时间，他希望孩子会改善他们之间的关系。玛丽·戴维斯说她不认为他们的婚姻出了什么问题。然而，由于有"冷冻胚胎"的问题，离婚程序变得复杂起来。

玛丽·戴维斯首先要求拥有这些"冷冻胚胎"的所有权，因为在离婚之前受精胚胎是移植在她的体内使其怀孕。朱利耶·戴维斯反对说宁愿使胚胎保持原状直到他决定是否想成为父亲。

此后，当事双方的情况发生了变化，他俩分别再婚，玛丽·戴维斯离开了美国，再也不想使用这些"冷冻胚胎"，她想把它们捐献给那些不能生育的夫妇。但朱利耶·戴维斯坚决反对，宁愿扔掉它们。事情再一次陷入僵局。

必须提及的是，有两个重要因素影响诉讼结果：第一，当戴维斯夫妇与诺克思威利诊所拟订人工受精计划时没有签订书面协议说明怎样处理冷冻保存的多余无用的胚胎；第二，美国当时也没有法律对这样的问题作出规定。

一、科学技术的含义

科学是指不断完善和发展着的人们关于自然、社会和思维的知识体系，是人们在社会实践中积累下来的经验的结晶。"科学"这个汉语词汇是由英文"Science"翻译过来的外来名词。在我国清朝末年，"Science"曾被翻译成"格致"。"格致"一词源出春秋时期的《礼记·大学》："致知在格物，物格而后致知。"所谓"格物致知"，就是探究事物的原理以求知识。但是，用"格致"来解释今天的"科学"所包含的内涵显然是非常肤浅和片面的。明治维新时期，有位赴欧留学的日本学者接受了法国哲学家孔德关于科学分类的观点，把"Science"译成"科学"，以"分科之学"来区别于中国统一学问体系的儒学。严复先生于 1896 年翻译《天演论》和《原富》两本书时，把"Science"译成为"科学"。这一术语随后即开始在中国流行起来，以后又逐渐摆脱"分科之学"的狭隘理解，形成目前的整体科学概念。

技术是指与生产直接发生联系的各种工艺操作方法和技能。技术一词的希腊文词根是"Tech"，其原意是指个人的技能或技艺。在手工业时期，技术主要指个人的手艺和技巧，以及家庭世代相传的制作方法和配方等；到了大工业时期，机器和工具的优越性在效率中得以充分体现。随着科学的不断向前发展，技术的涵盖力又有了很大的增强。在漫长的技术发展过程中，每一个历史阶段都有其中心技术和相应的辅助技术，中心技术往往成为人类历史发展的时代标志。

科学与技术在目的、任务、方法以及发展规律等方面均有区别。科学着重回答"是什么""为什么""能不能"的问题，属于认识领域。技术则解决"做什么""怎么做"的实际问题，基本上属于实践领域。两者的发展存在着不平衡性。一个国家的重大的科学理论成就并不能直接引起该国技术上的进步。但，同时二者又是辩证统一的。科学是发现，是技术的理论指导；技术是发明，是科学的实际运用。随着生产的发展和科技本身的进步，两者的关系越来越密切，已经没有了原来意义上的区别。高科技的一个重要特点，就是科学的技术化和技术的科学化。

科技是生产力发展的产物；反过来，它又推动了生产力的发展。发端于18世纪60年代的英国工业革命、技术革命和产业革命，真正地把科学技术广泛地应用在生产上，并引起了社会的深刻变革，科技产生的巨大威力改变了整个世界的面貌。进入20世纪80年代以来，高科技正以磅礴之势在信息、新材料、新能源、生物工程、空间、海洋开发等领域向前迈进。新科技革命极大地改变了人与自然的关系，改善了人们的自然素质和社会素质，提高了人的智力同时也改变着社会的产业结构、劳动结构和生产力结构以及人们的工作方式、生活方式、文化教育娱乐乃至人的思维方式。

二、科学技术对法的影响

科学技术对法律的影响是广泛而深刻的，表现在立法、司法、法学理论以及法律方法论等多个方面。

（一）科学技术对立法的影响

1. 科学技术的发展，给一些传统法律领域提出了新问题

例如，现代医学的突飞猛进，使婚姻家庭和继承方面的法律受到了极大的冲击。人工授精、试管婴儿、人类胚胎移植等新技术的成功，标志着人们可以干预人类的生殖过程了。但是人工授精的广泛应用和试管婴儿的大量诞生，为扶养关系和继承关系所带来的多元化在许多国家遇到了麻烦，甚至使司法陷入窘境。

2. 随着科技的发展，出现了大量新的立法领域，科技法日益成为一个独立的法律部门

科技成果一旦开始应用于生产领域，种种新的社会关系相继出现，法律问题也接踵而至。现代科技的发展，导致了计算机法、基因技术法、航空航天法、原子能法的出现，许多新的法律纷纷登上法制史的舞台。自1957年第一颗人造卫星的上天，1969年美国哥伦比亚号宇航船试航成功，为了确立宇宙空间的法律秩序，宇宙空间的立法方兴未艾。有关科技法律的大量涌现，使科技立法发展到了一个新阶段。

3. 科技知识及其研究成果被大量运用到立法过程中，法律规范的内容得以日趋科学化，从而出现了新的法律规范形式——技术法规

例如我国《民法典》"直系血亲或者三代以内的旁系血亲禁止结婚"的规定就是以医

学、遗传学和其他生物科学原理为依据的。

（二）科学技术的发展对法律适用活动的影响

司法过程的主要环节——事实认定、法律适用和法律推理也越来越深刻地受到了现代科技的影响。借助于微电子技术、计算机技术、通信技术、生物技术、化学技术及物理技术，司法机关能够准确而迅速地查获证据，认定事实。另外，民事诉讼的证据也同样受到科学技术的冲击。例如，现代国际商业贸易企业之间正频繁使用电子信息交换（EDI）来传送信息，这种信息的独特之处在于它被贮存于计算机中，不同于普通的书面文字信息。关于这种信息的证据力问题已经引起了司法界的关注和讨论。

（三）科学技术对法律思想、法学理论和法律方法论的影响

法律思想和法学理论受科学的制约，因而法的进步受科学的影响。在法存在的初级阶段，法要么被纯粹视为神的意志，要么被视为半神权色彩的"天意"。随着科技的进步，人类基本的法律观发生了巨大的变化，几乎每一种重要的哲学思想派别都会给法律观带来影响，这也表明科学对法的一般作用和影响。比如意大利犯罪学家龙勃罗梭就是根据当时的生物学、生理学和解剖学等自然科学原理建立了著名的刑事人类学派。同时，法律和科学技术在方法论上并没有不可逾越的鸿沟。现代西方有许多法学家将行为科学引进法学领域，并运用控制论、系统论等多种科学方法来研究官方行为等多方面的问题。

三、法对科学技术的影响

随着时代的发展和社会生活日益丰富，法律规范所调整的范围越来越广，法律的社会作用日益加强。这就使法律同科学技术之间的关系更加密切，法律对于科技发展的影响和作用也越来越明显。

（一）法能组织、管理和鼓励科技活动

法是国家组织和管理科技活动的重要手段。国家通过制定科技法规来规定科技发展的方针、政策和规划；规定科技研究和管理机构的设置、组织原则、权限职能和活动方式；规定科研经费管理制度、科技标准化制度、物质进步奖励制度等。一些发达国家18世纪开始就科技事业进行立法，如美国的马萨诸塞州宪法要求未来的立法和执法都要鼓励科学，所有的学校都要研究科学技术。现代国家的法律都在科技方面作出了许多明确的规定，从而保护科技活动的正常运行。

（二）法可以协调科技与人的冲突关系

科技发展对个人和整个人类社会都有深刻的影响，包括有利的一面和不利的一面，它的社会效果具有造福人类和威胁人类的双向性。为了使科技的有利因素扩展到最大限度，使科技活动的威胁性、危害性等不利因素被控制在最小的限度内，把科技与人之间的关系纳入到法律的调整范围极为必要。我们可以运用法律来协调科技的巨额投入与人们当前生活水平的矛盾，比如科技经济法可以规定科技经费投入的合理化问题；运用法律协调科技的巨大能量与人类有限的控制能力之间的矛盾，比如，科技负作用可以通过劳动安全保护法与环境保护法等加以抑制，必要时还可以把技术规则上升为技术法规，以保证技术操作者的不安全的潜在危险；科技的服务方向如世界和平、人类幸福也以法律的形式加以规定和保障。

（三）法可以调节科技成果应用中产生的利益关系

科技成果的应用会产生一系列社会关系，其中首要的是科技人员利益与社会整体利益的关系。科学技术应当被全社会加以利用，这是科技的本质和宗旨所规定的，所以对科技的独占是不合理的；但是科技具有人身性，研究者和发明者对其成果享受专有的权利又是合理的；如果国家为了保持生产自救的"专有"和"独占"性质而对科技成果不加推广，不加利用，则有悖科学技术的宗旨；如果国家为科技成果的推广而对科研人员的科技利益不加保障，又会损害科研人员的利益及科研积极性，这样的"两难"问题如果借助于纯粹权力力量或道德力量是不可能有合理的解决办法的。它们要么会损害科研人员的利益和科研积极性，要么会导致科技事业的停滞甚至倒退。法律是解决这个"两难"问题的最理想的手段。

权利表示了一种社会关系的存在，也规范了一定的行为和利益关系。法律将科技成果以权利形式设置成"专利权""版权""信息控制权""发现权等"，赋予它们以法律上的财产属性和人身属性，成为可以独占、使用、处分、收益，并由此派生出财产权、荣誉权、标记权、许可权、转让权、发表权、作品完整权、修改权等，被称为知识产权，由此又可能形成科技法律关系，在应用中又形成了诸如技术转让法律关系、技术合作法律关系等，使社会利益关系转变为一种符合人的意愿的思想关系是法律特有的一大功效。这样，科技成果应用中的那个棘手的问题就有了合理解决的可能。他人对科学或技术成果的利用必须经过许可，擅自利用他人成果的要依法追究法律责任。当然，法律并不是对一切科学技术成果均以专有、独占的权利形式加以规定。比如，科学发现不作为专利是合理的，因为科学发现是对客观存在或规律的一种认识。这又是法律对科学技术的一种特殊作用形式。

当然，法律不是万能的，法对于科学技术发展中出现的新问题新矛盾具有协调作用但也存在着困惑。在社会关系结构、生活方式以及观念尚未完全变革的情况下，法律只能在现有条件下做一些力所能及的事。

【15-4】案例的出现是科技发展的结果，科技发展也推动着法律发展。

【经典例题】

某国政府批准在实验室培育人兽混合胚胎，以用于攻克帕金森症等疑难疾病的医学研究。该决定引发了社会各界的广泛关注和激烈争议。对此，下列哪些评论是正确的？（　　　）

A. 目前人兽混合胚胎研究在法律上尚未有规定，这是成文法律局限性的具体体现

B. 人兽混合胚胎研究有可能引发严重的社会问题，因此需要及时立法给予规范和调整

C. 如因该研究成果发生了民事纠纷而法律对此没有规定，则法院可以依据道德、习惯或正义标准等非正式法律渊源进行审理

D. 如该国立法机关为此制定法律，则制定出的法律必然是该国全体公民意志的体现

【答案】ABC

【解析】选项 A 正确。法律具有一定的滞后性，是成文法律的局限性的体现。

选项 BC 正确。法律对科技具有规制作用，但是由于法律的滞后性，对科技等问题没有规定，则可以根据道德、习惯或正义标准等非正式法律渊源进行审理。

选项 D 错误。法律是统治阶级意志的体现，因此，只有社会主义国家的法律才是全体公民意志的体现。

本 章 小 结

法与经济基础的关系：法根源于一定的经济基础；经济基础决定法，法对经济基础具有反作用；法与生产力的关系极为密切；法在建立与完善社会主义市场经济中的作用既包括宏观调控作用，也包括微观规范作用。

法与政治包括法与国家，法与政策，法与民主。法与国家的关系表现为：国家是法律存在和发展的政治基础；国家离不开法律，不能无法而治。法与党的政策既有一致性，也有区别，区别表现在：制定主体和程序不同，表现形式和要求不同，调整范围和效力不同，实施的方式和手段不同，稳定程度不同；社会主义法与共产党的政策的相互关系表现在：共产党的政策对社会主义法有指导作用，社会主义法对共产党政策有制约和保障作用。民主应该法制化，法制应该民主化。社会主义民主和社会主义法制的关系表现在：社会主义民主是社会主义法制的基础，社会主义法制是社会主义民主的保障。

法与文化包括法与道德、法律意识、法与宗教。法与统治阶级的道德在本质、历史使命、基本内容方面有相同点，同时也存在着很大的区别，表现在二者生成方式不同，行为标准的确定性不同，存在形态上的不同，调整方式的不同，运作机制的不同，强制方式的不同，解决方式的不同。社会主义法与社会主义道德相互促进，相辅相成。法律意识是社会成员在实践中形成的、关于法和法律现象的心态、观点、知识和思想体系的总称。根据不同的标准，可以对法律意识作出不同的分类。法律意识从特点和结构上讲，大体可以分为三个层次：法律心态、法律观念、法律思想体系。宗教教义也是调整一定社会关系的社会规范，具有规范人们行为的作用，但宗教教义毕竟不同于法律规范。宗教教义借神意而创立，通过传教以及其他方式使人们对它信仰或产生某种畏惧心理，从而保证对其遵行，它一般只约束教徒，对于非教徒无约束力。我国法律确立了宗教信仰自由原则。

人权是人作为人所享有或应当享有的那些权利，包括应有权利，实有权利和法律权利。特征有：人权是最普遍的权利，人权是本原性的权利，人权是综合性的权利。人权发展简史可以从人权的主体、人权的内容和人权保障的角度来理解。人权的法律保护包括国内法保护和国际法保护。人权的国内法保护包括宪法保障、立法保护、行政保护和司法救济四个方面。人权的国际法保护体现在制定人权保护的国际法和建立人权保护的国家机构等方面。人权的国际法保护必须建立在尊重国家主权的基础之上，我国政府一贯尊重和支持《联合国宪章》促进与保护人权的宗旨。在人权问题上我们必须坚持中国特色社会主义人权理论。

科学技术对法律的影响是广泛而深刻的，表现在立法、司法、法学理论以及法律方法论等多个方面。法律对于科技发展的影响和作用也越来越明显，表现在：法能组织、管理和鼓励科技活动；法可以协调科技与人的冲突关系；法可以调节科技成果应用中产生的利益关系。

综 合 练 习

一、选择题

1. 下列哪些说法是错误的(　　)。
   A. 社会是法律的产物
   B. 法律是社会的产物
   C. 社会性质决定法律性质
   D. 法律性质决定社会性质

2. 在我国,党的政策和社会主义法的关系,应当是(　　)。
   A. 政策指导法,法制约政策
   B. 政策高于法,法必须服从政策
   C. 法高于政策,政策必须服从法
   D. 政策与法各自独立,互不干涉

3. 法律意识的结构大致可以分为以下(　　)层次
   A. 法律心态
   B. 法律观念
   C. 法律思想体系
   D. 法律原则

4. 道德与法律都属于社会规范的范畴,都具有规范性、强制性和有效性,道德与法律既有区别又有联系。下列有关法与道德的几种表述中,哪种说法是错误的?(　　)
   A. 法律具有既重权利又重义务的"两面性",道德具有只重义务的"一面性"
   B. 道德的强制是一种精神上的强制
   C. 马克思主义法学认为,片面强调法的安定性优先是错误的
   D. 法律所反映的道德是抽象的

5. 相传,清朝大学士张英的族人与邻人争宅基,两家因之成讼,族人驰书求助。张英回诗一首:"一纸书来只为墙,让他三尺又何妨? 万里长城今犹在,不见当年秦始皇"。族人大惭,遂后移宅基三尺。邻人见状,亦将宅基后移三尺。两家重归于好。以下说法正确的是(　　)。
   A. 国家和社会治理需要法律和道德共同发挥作用
   B. 道德能令人知廉耻、懂礼让、有底线,良好的道德素养有助于人们更好地遵守法律
   C. 全面推进依法治国要弘扬中华传统美德,以道德滋养法治,强化道德对法治的支撑作用
   D. 道德既可以促进法律的实施,也可以取代法律

6. 法律与道德存在一定程度的不一致性,下列选项体现了这一点的有(　　)。
   A. 法律许可而道德不许可,如时效制度
   B. 道德不反对,而法律不许可,如为亲复仇
   C. 道德赞成,而法律不赞成,如见危不救
   D. 道德反对,而法律采取放任态度,如无配偶的人与人通奸

7. 《最高人民法院关于审理盗窃案件具体应用法律若干问题的解释》规定:各地高级人民法院可根据本地区经济发展状况,并考虑社会治安状况,在本解释规定的数额幅度内,分别确定本地区执行"数额较大"、"数额巨大"、"数额特别巨大"的标准。依据法理学的有关原理,下列正确的表述是(　　)。

A. 该规定没有体现法的普遍性特征

B. 该规定违反了"法律面前人人平等"的原则

C. 该规定说明：法律内容的决定因素是社会经济状况

D. 该规定说明：政治对法律没有影响

8. 下列有关法治与民主的关系，理解正确的是(　　)。

A. 民主是法治的基础，没有民主就没有法治

B. 民主的性质和内容决定了法治的性质和内容

C. 法治是民主的保障

D. 在中国，发展社会主义民主政治，保障人民当家做主，关键是要坚持中国共产党的领导、人民当家做主、依法治国有机统一

9. 下列有关人权的表述正确的是(　　)。

A. 尊重和保障人权是一切进步的法的基本特征

B. 法律意义上的人权就是指宪法保障的基本权利

C. 人权具有利己性、批判性和求同性

D. 要坚持"人权无国界论"

10. 某国跨国甲公司发现中国乙公司申请注册的域名侵犯了甲公司的商标权，遂起诉要求乙公司撤销该域名注册。乙公司称，商标和域名是两个领域的完全不同的概念，网络域名的注册和使用均不属中国《商标法》的调整范围。法院认为，两国均为《巴黎公约》成员国，应当根据中国法律和该公约处理注册纠纷。法院同时认为，对驰名商标的权利保障应当扩展到网络空间，故乙公司的行为侵犯了甲公司的商标专用权。据此，下列表述正确的是：(　　)。

A. 法律应该以社会为基础，随着社会的发展而变化

B. 科技的发展影响法律的调整范围，而法律可以保障科技的发展

C. 国际条约可以作为我国法的渊源

D. 乙公司的辩称和法院的判断表明：法律决定的可预测性与可接受性之间存在着一定的紧张关系

二、判断题

1. 我们现在强调依法治国，道德就没有任何用处了。　　　　　　　　　(　　)

2. 人权的基本权利属性可以理解为基本权利的不可或缺性、不可取代性、不可转让性、持久稳定性、母体性及普遍性。　　　　　　　　　　　　　　　(　　)

3. 法律是通过权利和义务的设定进行双向调整人们的行为；道德则是以义务为调整重点。

4. 在我国，处理共产党的政策和国家法律的关系问题需要把握两点：一是党必须在宪法和法律的范围内活动，坚持依法执政；二是在具体问题的处理上，从实际出发，区别对待。　　　　　　　　　　　　　　　　　　　　　　　　　　　　　(　　)

三、简答题

1. 简述法与道德的区别和联系。

2. 简述社会主义法与共产党的政策的相互关系

3. 简述述社会主义民主和社会主义法制的关系

四、拓展训练

1. 随着科技的发展，人体器官移植成为可能，产生了自然人享有对自己的器官进行处理的权利。美国统一州法律全国督查会议起草的《统一组织捐献法》规定："任何超过18岁的个人可以捐献他的身体的全部或一部分用于教学、研究、治疗或移植的目的"；"如果个人在死前未作出捐献表示，他的近亲可以如此做"；"如果个人已经作出这种捐献表示的，不能被亲属取消。"之后，美国所有的州和哥伦比亚特区采取了这个法令。

请运用法与科学技术的相关原理分析该案例。

2. 判断下列表述对、错，并简要说明理由。

（1）宗教宣誓有助于简化审判程序，有时也有助于提高人们守法的自觉性。

（2）法与科学技术在方法论上并没有不可逾越的鸿沟，科学技术对法律方法论有重要影响。

（3）法的相对独立性只是对经济基础而言的，不表现在对其他上层建筑（如政治）的关系之中。

3. 韩某与刘某婚后购买住房一套，并签订协议："刘某应忠诚于韩某，如因其婚外情离婚，该住房归韩某所有。"后韩某以刘某与第三者的 QQ 聊天记录为证据，诉其违反忠诚协议。法官认为，该协议系双方自愿签订，不违反法律禁止性规定，故合法有效。经调解，两人离婚，住房归韩某。

请运用法与道德的原理分析该案例。

4. 王某对自己年迈的父母不尽赡养义务，还多次进行辱骂。王某父母无奈起诉到法院，法院依据"子女有赡养扶助父母的义务"的法律规定，判处王某应尽赡养义务。在判决书中，法官除了列明规定赡养义务的相关法律规定之外，还引用了"孝顺父母是中华民族的美德"等道德原则，强调了子女对父母孝顺的道德义务性质。

请根据此事，分析法与道德的联系。

第十六章　法治理论

本章知识结构图

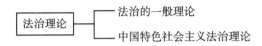

知识目标：了解法治的一般理论，掌握法治的含义和中国特色社会主义法治理论。

能力目标：深刻理解现阶段我国全面推进依法治国的历史与现实意义，理性分析依法治国中出现的问题，自觉践行法治理论。

素质目标：培育社会主义法治理念，增强"四个意识"，坚定"四个自信"，树立远大理想，把个人的选择融入社会发展需要的洪流中。

在当代中国，法治是中国共产党领导人民治理国家的基本方略，是全面建成小康社会的客观需要，是社会文明进步的重要标志，是中国共产党长期执政和国家长治久安的重要保障。法治也是法理学的核心概念。在一般意义上，法治是以民主为前提，以严格依法办事为核心，以确保权力正当运行为重点，以保障人权和维护正义为根本价值的国家和社会治理原则和方式。进入新时代，全面依法治国，建设法治中国已经成为我们的现实任务。党的十八大以来，以习近平同志为核心的党中央把全面依法治国纳入"四个全面"战略布局有力推进，作出一系列重大决策部署，基本形成全面依法治国总体格局。2019 年 10 月，党的十九届四中全会通过的《中共中央关于坚持和完善中国特色社会主义制度、推进国家治理体系和治理能力现代化若干重大问题的决定》明确要求"全面推进科学立法、严格执法、公正司法、全民守法，推进法治中国建设"。

第一节　法治的一般理论

本节知识结构图

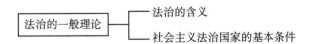

【16-1】

新秋菊张朝霞告县政府获胜

1991 年，萧县国土资源局为李阁村分批办理了宅基地土地使用证，在村里住了几十年的张朝霞家却被告合知不符合办证规则而没有拿到宅基地土地使用证。原因是李万年（张朝霞的公公）和村里有矛盾，土地证到村里这一级时就没有他家的。张朝霞觉得不公，寻找多个部门用多种途径解决问题不果。2000 年，张朝霞将萧县人民政府告上法庭，萧县人民法院认定张朝霞家不符合办证条件，一审败诉，二审又维持原判。张朝霞还是不服，仅上小学二年级的她自学法律。最终，在安徽检察院提起抗诉后，2004 年张朝霞胜诉，拿到了本应属于自己的土地使用证。胜诉之后，萧县土地资源管理局发给张朝霞护法模范的证书，同时还要聘请她为土地执法监督员。

一、法治的含义

（一）法治的含义

在人类历史上，有关法治的理论可谓源远流长。不论是在西方的古希腊、还是在中国先秦的思想家和政治家那里，我们都可以看到对法治问题的论述。而且，从古至今，不同时代、不同国度的人们对法治进行了各种各样的、多方面的阐述，使其呈现出博大精深的样态，使人们不可能对其进行简单的概括和界定。

从词源上看，中文中除了"法治"外，还有"依法治国"、"法治主义"等表述；在西文中，有"rule of law""government by law""rechtsstaat"等。相比较而言，西方对法治的论述更为突出。古希腊的亚里士多德提出了法治的两层含义，即达到法治的两个条件："已成立的法律获得普遍地服从，而大家所服从的法律又应该本身是制定得良好的法律。"[①] 19 世纪末英国著名法学家戴雪归纳了法治的三要素：第一，任何人"唯独受法律治理"，法律没有明文禁止的行为都不应受处罚；第二，在法律面前人人平等；第三，个人的权利是宪法赖以建立的基础。[②]戴雪的这些论述后来成为西方自由资本主义时代法治模式的核心。综观古今中外对法治的论述，我们认为法治至少应有以下三层含义：

1. 法治是一种宏观的治国方略或社会调控机制

法治作为一种宏观的治国方略或社会调控机制，是指以法律作为主要的控制方式和手段来治理、管理国家、进行社会控制。法治的这种观念很早以前就出现了，中国古籍《管子·明法》中有"以法治国，则举措而已"，《商君书·任法》中有"任法而治国"，《韩非子·心度》中有"治民无常，唯以法治"。古希腊雅典的著名思想家柏拉图开始认为治理国家的最好方式是进行"哲学王"的统治，当他发现这种模式几乎是不可能的时候，便主张依靠法律来治理国家；亚里士多德也认为，法治优于一人之治，因为个人容易

---

①　亚里士多德：《政治学》，吴寿彭译，商务印书馆 1965 年版，第 199 页。
②　参见戴雪：《英宪精义》，雷宾南译，中国法制出版社 2001 年版，第 232~245 页。

受感情左右且能力有限。这些都是把法治当作一种治国方略或社会调控方式。当前我国实行"依法治国，建设社会主义法治国家"，也是在这个意义上使用法治这一概念的。

在治国方略的层面上，与法治相对应的是"人治""德治"。人治强调依靠一个人或少数几个人的意志来治理国家。德治是指国家依靠对民众进行道德教化来进行治理，在古代中国主要表现为礼治。法治则强调依靠普遍的规则对人们进行从外到内的规制。虽然道德的规范和调整作用是不可忽视的，但在现代社会，法律在规范人们行为、治理国家中的地位和作用越来越具有主导性。

2. 法治是一种依法办事的原则

法律作为一种重要的社会规范，它对外界具有着能动的和持续的影响力和规范作用，从这个意义上讲，法治就意味着要依法办事，即在制定并公布了法律之后，任何人和组织的社会性活动均应受到既定的法律规则的约束，人人平等地依法办事是现代法治的基本要求和标志。现代法治精神的核心是政府机关及其工作人员严格依法办事，只有政府官员严格依法办事，接受法律的约束，才有法治可言。

3. 法治意味着一种良好的社会秩序（或理想的生活状态）

寻求并享有一种良好的社会秩序，是人类普遍的、永恒的愿望和追求，无论是采取什么样的方式和途径来设计人们之间的关系，最终目的无非是达到一种社会上的多数认可的良好秩序。法治不管是作为一种治国方略，还是作为一种办事原则，它最终也必须且应当满足这一目标。这一点，深刻地体现在前述亚里士多德对法治的论述中：法被人们普遍遵守，人们遵守的法是良法。也就是说，法治意味着"良法之治""善法之治"，良法之治实行的结果就是达到良好的社会秩序。但是，古往今来，人们对如何达到这样一个良法之治、善法之治，从而实现良好的社会秩序的问题，提出了诸多不同的见解和设计，关键在于大家对于"良"、"善"之标准的判断上存在着这样那样、或多或少的差别。那么，我们在中国建设自己的法治的过程中，就必须在开放的前提下坚持从本国的国情出发，结合本国的各种实际情况，探索和发展符合中国情况的"良法"模式，而不是迷信任何所谓的"先进经验"。就现代社会来说，法治的基本价值取向应包括：（1）法律必须体现民主原则，必须是人们根本利益和共同意志的反映，并且以维护和促进每个人的利益为目标。（2）法律必须承认、尊重和保障人们的权利和自由。（3）法律面前人人平等。

（二）法治与法制

"法治"与"法制"是我们经常使用的两个重要的法律术语。法治与法制是有区别的。那么，什么是法制呢？法制的英文是"Legal System"，它一般就是法律制度的简称。法治与法制的主要区别如下。

1. 与权力之间的关系不同

与权力的不同关系，是法治与法制的重要区别。法治强调的是法的统治，奉行法律至上，主张一切权力都要受到法律的制约。法制并不必然包含这样的含义。

2. 产生和存在的时代不同

从严格的意义上讲，现代法治是资产阶级革命的产物，是资本主义时代才产生并建立的，只有在资本主义社会和社会主义社会才存在。而法制是从法律出现以来就产生的。在这个意义上，法制甚至是法律的另一种表述，早在奴隶制社会初期就产生了，它与奴隶制社会、封建制社会、资本主义社会和社会主义社会共始终。

3. 二者与民主、自由和人权等现代价值观念的关系不同

一般来说，法治都是与一定的民主、自由和人权等现代价值观念相联系。在现代社会，民主通常是法治的政治基础，自由和人权则是法治所要保障和维护的价值。而法制与这些价值并没有必然的联系，它既可以为这些价值服务，也可以为反对这些价值的制度服务。

法治与法制之间的联系也是显而易见的。显然，有法制并不一定有法治，但没有法制，却绝对谈不上有法治，任何法治都是以法制为基础建立起来的。当然，法制的含义本身也不是一成不变的，有时人们也可能会在法治的含义上理解法制。

1997 年，党的十五大提出了"依法治国，建设社会主义法治国家"的目标，1999 年通过宪法修正案，在《宪法》第五条增加一款，作为第一款，规定："中华人民共和国实行依法治国，建设社会主义法治国家。"2018 年，我国通过宪法修正案中将"社会主义法制"修改为"社会主义法治"，体现了从"社会主义法制"到"社会主义法治"的历史性转型。虽然这只是一字之差的变化，但却体现了观念上的深刻变革和认识上的巨大变化。

（三）法治与德治

在中国先秦时代，儒家和法家发生过有关德治与法治的辩论。当时，人们关注的中心是以德治国和以法治国孰优孰劣的问题。这是人治与法治之争在中国古代的特殊表现。德治在中国传统社会中所指的主要是治国方式，其含义基本有两重：一是指充分重视道德的教化作用，并通过道德的教化与规范作用进行社会管理和国家治理的治国方式。孔子就曾在《论语·为政》中说过："道之以政，齐之以刑，民免而无耻；道之以德，齐之以礼，有耻且格。"二是指充分重视统治者道德的典范意义，并通过这种典范作用来治理国家和管理社会的治国方式。在这个意义上，儒家特别强调政治领袖的个人操守，如《论语·子路》中就有"其身正，不令而行；其身不正，虽令不从"之说。儒家对这种治国理念可以说是坚信不疑的。《孟子·离娄上》曾说："君仁莫不仁，君义莫不义，君正莫不正。一正君而国定矣。"中国传统社会中的德治是通过礼治而得以实现的。"礼"是中国传统社会中以儒家伦理道德作为基础和核心的礼仪规则的总称，它包括礼仪习俗和礼仪制度两个部分。中国传统社会中的德治实质上就是人治，但与人治这个概念相比，德治概念更强调道德对人尤其是统治者约束的重要性以及统治者道德的示范意义。由于德治宣扬道德自律对于社会和国家治理的好处，因而德治实际上非常富有理想主义色彩。这种道德理想主义在中国古代伦理社会确实能够在一定程度上对统治者起到制约作用，但在缺乏外在强制性制约力量的情况下，德治最终很容易蜕变为纯粹的人治。

将法治与德治相比较，我们可以发现二者之间具有重要的区别。首先，行为的基本准则不同。法治社会中的基本准则是法律规范，德治的基本准则是道德规范。其次，冲突的解决方式不同。当法律与道德之间产生冲突时，在法治社会，法律通常具有优先性；在德治社会，道德更容易具有优先性。最后，与人治的关系不同。法治与人治是根本对立的，而德治与人治则具有一定的相通性和一致性。

法治与德治是两种不同的治国方式。由于德治这种治国方式是建立在道德理想主义基

础上的，它在实践的过程中很难真正得到实现。因此，从切实可行的角度来说，法治要优越于德治。此外，我们还可以从以下两个因素看法治的优越性：一是法律与道德的差异决定了法律更适合于管理国家和社会，这是法治优于德治的客观基础。道德具有不确定性、多层次性，缺乏外在强制性（主要靠内在的道德和良知发挥作用），这就使其无法成为治国的有效方式。而法律的确定性、外在强制性则可以为治理国家和社会提供明确的准则与强有力的手段。二是现代法治比中国传统德治具有更强的时代性与先进性。现代法治不排斥道德的应有作用，同时又注入了民主、自由、人权等新的价值元素，因此比中国传统的德治更符合时代特性与要求。

需要特别说明的是，道德是非常重要的，在任何时代道德都具有不可替代的作用。没有良好的道德，不仅法治不可能很好地建立起来，而且运行的成本将非常高昂。不仅如此，道德还是法律与法治的伦理基础和正当性根据，很多法律规范本身就是道德的法律化。法治要有效和充分地实现，必须依赖必要的道德基础，否则单纯的法治就会导致社会的灾难。因此，在厉行法治的同时，也必须大力弘扬崇高的道德风尚。特别值得注意的是，我们今天所强调的德治，已经不是中国传统社会德治的含义，更不是要以德治来取代法治，而是要强调高度重视社会主义道德的重要作用，发扬社会主义道德风尚，弘扬社会美德。习近平指出，中国特色社会主义法治道路的一个鲜明特色，就是坚持依法治国和以德治国相结合，强调法治和德治两手抓、两手都要硬。①

（四）法治与人治

与法治相对的一个概念是人治。法治和人治问题是人类政治文明史上的一个基本问题，也是各国在实现现代化过程中必须面对和解决的一个重大问题。综观世界近现代史，凡是顺利实现现代化的国家，没有一个不是较好解决了法治和人治问题的。凡是陷入这样那样的"陷阱"，出现经济社会发展停滞甚至倒退局面的，在很大程度上都与该国法治不彰有关。尽管人治的历史要比法治更为久远，但很少有思想家对人治下过定义。人们一般认为，古希腊哲学家柏拉图所主张的"贤人政治"是人治，中国儒家所主张的"为政在人"也是人治。

作为与法治相对的概念，人治是一种依靠领导人或统治者的意志和能力来管理国家和社会、处理社会公共事务的治国方式。它与法治之间存在以下几个方面的差异。

1. 领导人或统治者的地位不同

领导人或统治者的地位是区别法治与人治的重要标准之一。具体说来，在法治社会中，法律是至高无上的，领导人或统治者都必须服从法律。即使领导人或统治者认为法律有所不妥，在法律未改变之前，也必须遵守法律，而不能违背法律的规定。在人治社会中，领导人或统治者具有超越法律的权力。人治所依赖的是领导人或统治者个人或少数人的智慧和能力，其意志直接就是行动的指南，就是根据；即使有规则，也经常可以被权力拥有者一言以立，一言以废。

2. 法律的地位和作用不同

法治社会奉行法律至上的原则，法律的地位是至高无上的，并且法律既是手段更是目

---

① 参见《习近平在中国政法大学考察》，《人民日报》2017年5月4日。

的。法律一旦制定就必须获得全社会的普遍遵守，统治者也不能例外。与此相适应，法律在社会生活中发挥着极为重要的作用，可以说法律成了国家治理社会的主要方式。而在人治社会，由于领导人或统治者具有超越法律的权力，因此法律充其量只是领导人或统治者实现社会统治的工具。在这种情况下，法律的作用经常得不到有效发挥，在法律与权力相冲突的时候，法律只能屈从于权力。

3. 政治和观念基础不同

在现代社会，法治一般是以民主作为政治基础的，并且往往与自由、平等和人权等价值观念相联系。而人治则总是以专制集权作为政治基础，并且一般并不奉行与现代法治相联系的自由、平等、人权等价值观念。

当然，仅从这些区别，我们并不能断定在任何时代人们都会认为法治一定优于人治。人治具有悠久的历史，某些类型的人治甚至曾长期被作为很多社会的理想。只是历史发展到今天，人治的弊端越来越为人们所认识。因此，世界各国都逐步地选择法治，摒弃人治。在现代社会，由于深受民主、自由、人权等现代价值观念的影响，人们普遍相信，法治总体而言要优于人治。法治之所以比人治优越，一是因为法治所依赖的法律比人治所依赖的领导人或统治者的智慧和能力，具有更大的确定性、稳定性，更有利于经济的发展以及社会的长治久安。二是因为法治社会能够更好地保障民主、自由、人权等现代价值观念的实现。需要特别说明的是，我们倡导法治、反对人治并不是要否定人的作用。发挥人的作用不等于人治，否定人治也不是要否定人的作用。法治同样离不开人的作用，甚至在一定意义上比人治更需要人的理性与智慧。因此，不管是人治还是法治，都需要发挥人的作用。

二、社会主义法治国家的基本条件

法治作为现代社会的控制装置，既不是一个简单的理念，也不是一个容易实现的标准，更不是诱人动听的标语和口号，而是建立在各种理由基础之上的许多原则和前提要件的有机体。法治的生成和发展有其依赖的社会土壤和一定的制度环境，其实现不是一蹴而就的，而是一个过程。

社会主义法治国家的基本条件，可以分为社会结构条件、制度条件和思想条件三个方面。

（一）社会主义法治国家的社会结构条件

（1）社会主义法治国家必须以生活世界结构的分化或理性化为前提条件和基础。所谓生活世界结构的分化或理性化，是指人从各种自然共同体（如家或家族）与人为共同体（如单位）的依附中独立出来，成为自主和个体化的人。

（2）社会主义法治国家必须以社会主义市场经济体制的确立为前提条件和基础。

（3）社会主义法治国家必须以社会主义民主制度的确立为前提条件和基础。犹如法律与政治权力在功能上相互构成一样，法治与民主政治在功能上也是相互构成的。民主政治为法治之法提供合法性，法治之法为民主政治的运行提供有序保障。

（4）社会主义法治国家必须以社会主义文化领域的功能专门化为前提条件和基础。例如，专门培训的法学、儿童养育和青少年教育的职业化、艺术自主等等。

（二）社会主义法治国家的制度条件

（1）社会主义法治国家必须有完备的法律和系统的法律体系。

（2）社会主义法治国家必须具有相对平衡和相互制约的、符合社会主义制度需要的权力运行的法律机制。不能对权力进行有效约束的国家不是法治国家；不能运用法律约束权力的国家也不是法治国家。

（3）社会主义法治国家必须有一个独立的具有极大权威的司法系统和一支高素质的司法队伍

社会主义法律的尊严在很大程度上是依靠法院的工作来维护的。如果法院、法官不能依法独立公正作出判断，如果判决可以不执行，那么，社会主义法律的权威也就不复存在。

（4）社会主义法治国家必须有健全的律师制度

依法治国并不等于人人皆知法律、人人精通法律，事实上这也是做不到的。全面依法办事的法治国家必须具有一个能够造就优秀律师、并为社会提供优质法律服务的律师制度。这个律师制度必须能够保证律师在工作（包括调查取证、出庭辩护）中受到尊重，使律师成为维护法律的重要力量。

（三）社会主义法治国家的思想条件

社会主义法治国家的思想条件是指，在社会主义法治国家，人们普遍对法律的观点、认识应该达到的规格和标准。其内容包括：

1. 法律至上

法律至上是指法律在社会规范中具有最高权威，所有的社会规范都必须符合法律的精神。我国社会生活中，民间社会的行为传统上、习惯上更依赖伦理规范的调节；正式制度化的行为尤其是组织化的管理行为，则更依赖组织内部的规章制度和领导意见。本来伦理规范是不具有外在强制性的，但是由于正式制度本身的非规范性因素，导致伦理规范凭借国家强制实施。因此，国家生活中，形成了规范人们行为的社会规范的多重化的现实，而且这些行为规范还都具有强制性，造成民间行为和国家行为的混淆，公私不分。法律至上则能够维护中央和国家统一领导的权威，又能够使每个人享受到法治社会的公民自由，从而最大限度地调动个人的积极性和主动性。

2. 权利平等

权利平等是指全社会范围内人们的平等，就是承认所有的社会成员法律地位平等。以往法律界有一种观点，认为平等仅仅指法律实施中的平等，不包括立法中的平等。实际上，权利平等是平等权的核心，立法不平等就不会有法律实施的平等。法治国家的平等是平等主体之间的平等，是反特权的平等，是市场主体公平竞争的平等。因此，离开了权利平等，就不是法治国家了，而是特权化的封建性质的国家。

3. 权力制约

权力制约是指所有以国家强制力保证实现的公共权力（主要是国家机构的权力），在其运行的同时必须受到其他公共权力的制约。权力制约是相对于权力至上而言的，而权力至上的思想根源则是"为政在人"的贤人政治观念。长期以来，我国一直强调领导干部的自身道德素质和修养的完善，把国家权力的良性运行完全或主要寄托在掌握权力者个人的道德品质上，这是非常不稳固的。邓小平同志早就指出，我们过去发生过的各种错误，固然与某些领导人的思想、作风有关，但是组织制度、工作制度方面的问题更重要。这些方面的制度好，可以使坏人无法任意横行，制度不好，可以使好人无法充分做好事，甚至走向反面。① 实践证明，不受制约的权力必然被滥用，必然导致腐败。权力制约就是要依靠法律的规定，界定权力之间的关系，使权力服从法律。

4. 权利本位

权利本位是指在国家权力和人民权利的关系中，人民权利是决定性的、根本的；在法律权利与法律义务之间，权利是决定性的，起主导作用的。社会主义国家是人民当家作主的国家类型，国家是为人民服务的形式。国家权力之所以必须是有限的，就在于它来源于人民。因此，法律义务的设定必须出于维护相应的法律权利或公众利益的需要并通过必备的法律程序。

社会主义法治国家的社会结构条件、制度条件和思想条件必须同时具备。但是"五四"运动以来，我国一直比较重视"文化革命"或"思想改造"，而对制度建设则重视不够。二十一世纪一十年代，中国特色社会主义法律体系已经形成，法治政府建设稳步推进，司法体制不断完善，全社会法治观念明显增强。当前全面推进依法治国，建设中国特色社会主义法治国家，要在中国共产党的领导下和中国特色社会主义法治理论的指导下，共同推进依法治国、依法执政和依法行政，一体建设法治国家、法治政府和法治社会，形成完备的法律规范体系、高效的法治实施体系、严密的法治监督体系、有力的法治保障体系和完善的党内法规体系。

【16-1】案例既能反映出我们公民法律意识的增强，懂得用法律维护自己的权利，可以说是"法律至上"的形象体现，经过审判监督程序，法院最终判决萧县人民政府败诉，反映了法律对权力的制约；萧县土地资源管理局聘请张朝霞为土地执法监督员，反映出我国行政执法部门甘愿、主动接受公民监督，是依法行政的体现。

【经典例题】

下列关于法治与法制的表述哪些是不适当的？（　　）

A. 法治要求法律全面地、全方位地介入社会生活，这意味着法律取代了其他社会调整手段

B. 法治与法制的根本区别在于社会对法律的重视程度不同

C. 实现了法制，就不会出现牺牲个案实体正义的情况

D. 法治的核心是权利保障与权力制约

【答案】ABC

【解析】A项，法治要求法律全面、全方位地介入社会生活，但绝不意味着法律取代了其他社会调整手段，事实上法律也不可能取代其他调整手段；B项，法治与法制的根本区别在于法对国家权力的限制与制约不同。法治的核心是权利保障与权力制约，而法制的最终目的是建立符合统治阶级的法律秩序。基于对B项（对法制最终目的）的分析，C

① 《邓小平文选》第二卷，人民出版社1994年版，第33页。

项所述内容也不正确。

第二节　中国特色社会主义法治理论

本节知识结构图

一、全面依法治国的政治方向

（一）坚持党的领导

中国共产党的领导是中国特色社会主义最本质的特征，是社会主义法治之魂，是推进全面依法治国的根本保证，是我国法治同西方资本主义法治最大的区别。把党的领导贯彻到依法治国的全过程和各方面，是我国社会主义法治建设的一条基本经验。习近平法治思想把坚持党对全面依法治国的领导作为决定全面依法治国政治方向的首要问题，明确提出了加强和改善党对全面依法治国的领导，把党的领导贯彻落实到全面依法治国全过程和各方面，健全党领导全面依法治国的制度和工作机制，推进党的领导制度化、法治化，不断提高党领导全面依法治国的能力和水平，深刻论述了党的领导和社会主义法治、依法治国和依规治党的辩证关系，夯实了加强党对全面依法治国领导的理论基础、制度基础和实践基础。

"坚持中国特色社会主义法治道路，最根本的是坚持中国共产党的领导。依法治国是我们党提出来的，把依法治国上升为党领导人民治理国家的基本方略也是我们党提出来的，而且党一直带领人民在实践中推进依法治国。全面推进依法治国，要有利于加强和改善党的领导，有利于巩固党的执政地位、完成党的执政使命，绝不是要削弱党的领导。"[1]

党的领导和社会主义法治是一致的，社会主义法治必须坚持党的领导，党的领导必须依靠社会主义法治。只有在党的领导下依法治国、厉行法治，人民当家作主才能充分实现，国家和社会生活法治化才能有序推进。

（二）坚持以人民为中心

坚持以人民为中心，坚持人民主体地位，是我们制度的优势，是中国特色社会主义法治区别于资本主义法治的根本所在。全面依法治国必须坚持"以人民为中心"。全面依法治国最广泛、最深厚的基础是人民，必须坚持为了人民、依靠人民。要把体现人民利益、反映人民意愿、维护人民权益、增进人民福祉、促进人的全面发展作为法治建设的出发点

---

①　中共中央文献研究室编：《习近平关于全面依法治国论述摘编》，中央文献出版社2015年版，第27页。

和落脚点，落实到全面依法治国各领域全过程。习近平法治思想深刻论述了全面依法治国最广泛、最深厚的基础是人民；明确提出坚持人民主体地位，坚持以依法保障人民权益为根本目的，坚持以维护社会公平正义为生命线；强调法治建设必须坚持为了人民、依靠人民的根本政治立场，推进全面依法治国根本目的是依法保障人民权益；明确提出要把体现人民利益、反映人民愿望、维护人民权益、增进人民福祉落实到全面依法治国各领域全过程，积极回应人民群众新要求新期待，不断增强人民群众获得感、幸福感、安全感。

（三）坚持习近平法治思想指导

2020年11月，中央全面依法治国工作会议正式提出"习近平法治思想"，并将习近平法治思想确立为全面依法治国的指导思想和根本遵循。党的十八大以来，习近平高度重视全面依法治国，亲自谋划、亲自部署、亲自推动。在这一过程中，习近平创造性提出了关于全面依法治国的一系列新理念新思想新战略，形成了内涵丰富、科学系统的思想体系，为建设法治中国指明了前进方向，在中国特色社会主义法治建设进程中具有重大政治意义、理论意义、实践意义。习近平法治思想从历史和现实相贯通、国际和国内相关联、理论和实际相结合上深刻回答了新时代为什么实行全面依法治国、怎样实行全面依法治国等一系列重大问题，是顺应实现中华民族伟大复兴时代要求应运而生的重大理论创新成果，是马克思主义法治理论中国化最新成果，是习近平新时代中国特色社会主义思想的重要组成部分，是全面依法治国的根本遵循和行动指南。

习近平法治思想内涵丰富、论述深刻、逻辑严密、系统完备。就其主要方面来讲，是习近平在2020年11月召开的中央全面依法治国工作会议上的重要讲话中所概括的"十一个坚持"：坚持党对全面依法治国的领导；坚持以人民为中心；坚持中国特色社会主义法治道路；坚持依宪治国、依宪执政；坚持在法治轨道上推进国家治理体系和治理能力现代化；坚持建设中国特色社会主义法治体系；坚持依法治国、依法执政、依法行政共同推进，法治国家、法治政府、法治社会一体建设；坚持全面推进科学立法、严格执法、公正司法、全民守法；坚持统筹推进国内法治和涉外法治；坚持建设德才兼备的高素质法治工作队伍；坚持抓住领导干部这个"关键少数"。

坚持习近平法治思想作指导，是全面依法治国伟大实践的要求，也是中国共产党提高依法执政能力、推进国家治理体系和治理能力现代化、建设社会主义现代化强国、实现中华民族伟大复兴在法治意义上的行动指南。

（四）坚持中国特色社会主义法治道路

1. 坚持中国特色社会主义法治道路的必要性

方向决定道路，道路决定命运。道路问题是关系党的事业兴衰成败第一位的问题。全面依法治国必须坚定不移走中国特色社会主义道路。中国特色社会主义法治道路是中国特色社会主义道路在法治领域的具体体现。习近平指出："中国特色社会主义法治道路，是社会主义法治建设成就和经验的集中体现，是建设社会主义法治国家的唯一正确道路。"① "全面推进依法治国，必须走对路。如果路走错了，南辕北辙了，那再提什么要求和举措

---

① 中共中央文献研究室编：《习近平关于全面依法治国论述摘编》，中央文献出版社2015年版，第24页。

也都没有意义了。全会①决定有一条贯穿全篇的红线，这就是坚持和拓展中国特色社会主义法治道路。中国特色社会主义法治道路是一个管总的东西。具体讲我国法治建设的成就，大大小小可以列举出十几条，几十条，但归结起来就是开辟了中国特色社会主义法治道路这一条。"②

2. 如何准确把握中国特色社会主义法治道路？

习近平高屋建瓴，将中国特色社会主义法治道路凝练为"三个核心要义"，指出：坚持党的领导、坚持中国特色社会主义制度、贯彻中国特色社会主义法治理论，"这三个方面实质上是中国特色社会主义法治道路的核心要义，规定和确保了中国特色社会主义法治体系的制度属性和前进方向"③。在三个核心要义中，党的领导是根本，中国特色社会主义制度是基础，中国特色社会主义法治理论是指导思想和学理支撑。正是这三个核心要义，明示了中国特色社会主义法治道路的基本内涵和基本内容，确定了中国特色社会主义法治道路的根本性质和根本要求，描绘出了这条道路的鲜明特征和鲜明标识。习近平同志的论述科学指明了全面推进依法治国的政治方向，向全社会释放正确而明确的信号，统一了全党全国各族人民的认识和行动。

3. 坚持中国特色社会主义法治道路，必须遵循一系列重要原则。

第一，坚持党的领导，坚持依法执政。党的领导与依法治国本来就应当是高度统一的。只有坚持党的领导，把党的领导贯彻到依法治国的全过程和各方面，才能顺利推进全面依法治国；只有全面依法治国，党的领导才能得到科学实现。在依法治国中，坚持党的领导的最好方式和基本方式，就是党的依法执政。依法执政对中国共产党提出了明确的要求：一是党要依据宪法法律治国理政，二是要依据党内法规管党治党。首先，党作为执政党，治国理政是其必须担负的重任。如何治国理政，回答是明确而肯定的，依据宪法法律进行。其次，党自身有一个建设问题，也就是我们所说的党建问题。那就是要依据党内的法规管党治党。中国共产党应当成为一个既遵守宪法法律，又遵守党规党纪的党，一个真正依法执政，努力推进法治、实行法治的党。

第二，坚持人民主体地位，保障人民合法权益。人民既是国家和社会的主人，也是依法治国的主体和力量源泉。人民代表大会制度确立人民当家作主的主人地位。作为主人的人民，他们行使当家作主权利的方式，就是依照宪法法律规定，通过各种途径和方式管理国家事务，管理经济文化事业，管理社会事务。人民不仅具有国家的主权权利，而且还有各种法定权利。法治建设必须坚持为了人民、依靠人民、造福人民，以保障人民根本权益为出发点和落脚点，保证人民依法享有广泛的权利和自由、承担应尽的义务，维护社会公平正义，促进共同富裕。要让人民掌握、遵守、运用法律，使宪法法律成为保障其自身合法权益的有力武器。

第三，坚持法律面前人人平等，保证宪法法律有效实施。法律面前人人平等，曾经是

---

① 此处的"全会"指的是十八届四中全会。

② 习近平：《加快建设社会主义法治国家》，载《求是》2015 年第 1 期。

③ 中共中央文被研究室编：《习近平关于全面依法治国论述摘编》，中央文献出版社 2015 年版，第 23 页。

历史的梦想。在资产阶级掌握政权之后，法律面前人人平等作为一项法律原则被确立起来，但是他们并没有真正实现它。社会主义把法律面前人人平等用宪法予以明确的确认，使之成为重要的宪法原则。坚持法律面前人人平等，任何组织和个人都必须尊重宪法法律权威，都必须在宪法法律范围内活动，都必须依照宪法法律行使权力或权利、履行职责或义务，都不得有超越宪法法律的特权。

第四，坚持依法治国和以德治国相结合。国家和社会治理需要法律和道德共同发挥作用，必须坚持一手抓法治、一手抓德治，既重视发挥法律的规范作用，又重视发挥道德的教化作用，实现法律和道德相辅相成、法治和德治相得益彰。为了贯彻落实依法治国与以德治国相结合的原则，党中央发布若干文件推进社会主义核心价值观融入法治建设。

第五，坚持从中国实际出发，推动法治理论创新。坚持从中国实际出发具有丰富的内涵，至少包括以下几个方面：一是必须从我国基本国情的实际出发。这是中国最大的实际，必须牢牢把握；二是必须从改革开放的实际出发；三是要不断总结和运用党领导人民实行法治的成功经验。社会主义法治理论是依法治国的理论指导和学理支撑，须臾不可离开。我们还必须注意汲取中华法律文化精髓，借鉴国外法治有益经验，加快中国特色社会主义法治理论建设。

二、全面依法治国的工作布局与重要任务

（一）建设中国特色社会主义法治体系

法治体系是一个国家由其法治各个主要方面有机构成的，联系紧密、结构完整、形式严谨的统一整体。中国的法治体系也可以概括为中国特色社会主义法治体系，它是由社会主义法治的各个方面有机构成的，联系紧密、结构完整、形式严谨的统一整体。它包括完备的法律规范体系、高效的法治实施体系、严密的法治监督体系、有力的法治保障体系、完善的党内法规体系。2019 年 10 月，党的十九届四中全会通过的《中共中央关于坚持和完善中国特色社会主义制度、推进国家治理体系和治理能力现代化若干重大问题的决定》进一步明确要求"加快形成完备的法律规范体系、高效的法治实施体系、严密的法治监督体系、有力的法治保障体系，加快形成完善的党内法规体系"。

1. 形成完备的法律规范体系

完备的法律规范体系是指一国所有的法律规范，能够良好地反映人民意志，满足社会生活的现实需要，作为一个整体其各个部分有机衔接、彼此协调，具有良好的逻辑结构，体系完整、结构科学、内容完善的理想状态。"治国无其法则乱，守法而不变则衰"。经过长期努力，中国特色社会主义法律体系已经形成，我们国家和社会各方面总体上实现了有法可依。这是我们取得的重大成就，也是我们继续前进的新起点。截至 2021 年 8 月底，现行有效法律 286 件、行政法规 613 件，地方性法规 12 000 余件。形势在发展，时代在前进，法律体系必须随着时代和实践发展而不断发展。要统筹谋划和整体推进立改废释纂各项工作，加快完善中国特色社会主义法律体系，使之更加科学完备、统一权威。

第一，加强重点领域立法，及时反映党和国家事业发展要求、人民群众关切期待，对涉及全面深化改革、推动经济发展、完善社会治理、保障人民生活、维护国家安全的法律抓紧制定、及时修改。第二，加强新兴领域立法。数字经济、互联网金融、人工智能、大

数据、云计算等新技术新应用快速发展，催生一系列新业态新模式，但相关法律制度还存在时间差、空白区，在法律、安全、就业、道德伦理和政府治理等方面提出了许多新课题。第三，加强涉外领域立法。在对外斗争中，面对国际上日趋激烈的制度规则博弈，特别是美国等西方国家滥用"长臂管辖"等霸权行径，我们要拿起法律武器，加快涉外法治工作战略布局，占领国际斗争法治和道义制高点。第四，科学推进法典化进程。党的十八大以来，我们顺应实践发展要求和人民群众期待，把编纂民法典摆上重要日程。党的十八届四中全会《决定》对编纂民法典作出部署。习近平高度重视民法典编纂工作，先后主持三次中央政治局常委会会议，分别审议民法总则、民法典各分编、民法典三个草案。2020 年 5 月 28 日，十三届全国人大三次会议审议通过《民法典》，这是新中国成立以来第一部以"法典"命名的法律，是新时代我国社会主义法治建设的重大成果。

2. 形成高效的法治实施体系

法律是生命在于实施，法律的权威也在于实施。"法令行则国治，法令弛则国乱。"法律的有效实施，是全面依法治国的重点和难点。如果有了法律而不实施、束之高阁，或者实施不力、做表面文章，那制定再多法律也无济于事。全面依法治国的重点是保证宪法法律有效实施，构建起高效的法治实施体系。

第一，建立权责统一、权威高效的依法行政体制。"执法者必须忠实于法律，既不能以权压法、以身试法，也不能法外开恩、徇情枉法。"① 各级行政机关要严格规范公正文明执法，加大关系群众切身利益的重点领域执法力度。要以建设法治政府为目标，建立行政机关内部重大决策合法性审查机制，积极推行政府法律顾问制度，推进机构、职能、权限、程序、责任法定化，推进各级政府事权规范化、法律化。要全面推进政务公开，强化对行政权力的制约和监督。要严格执法资质、完善执法程序，建立健全行政裁量权基准制度，确保法律公正、有效实施。② 第二，建设公正高效权威的中国特色社会主义司法制度。公正司法是维护公平正义的最后一道防线。建设法治中国，必须深化司法体制改革，加快建设公正高效权威的社会主义司法制度，维护人民权益。要从确保依法独立公正行使审判权检察权、健全司法权力运行机制、完善人权司法保障制度三个方面，着力解决影响司法公正、制约司法能力的深层次问题，破解体制性、机制性、保障性障碍。第三，健全全民守法的激励约束机制。推进全民守法，必须健全激励约束机制。要健全公民和组织守法信用记录，完善守法诚信褒奖机制和违法失信行为惩戒机制，加大对公德失范、诚信缺失等行为惩处力度，让遵法守纪者扬眉吐气，让违法失德者寸步难行，形成守法光荣、违法可耻的社会氛围，使尊法守法成为全体人民共同追求和自觉行动。深入实施公民道德建设工程，深化群众性精神文明创建活动，引导广大人民群众自觉践行社会主义核心价值观，树立良好道德风尚，争做社会主义道德的示范者、良好风尚的维护者。

3. 形成严密的法治监督体系

① 习近平：《全面推进科学立法、严格执法、公正司法、全民守法》（2013 年 2 月 23 日），载习近平：《论坚持全面依法治国》，中央文献出版社 2020 年版，第 21 页。

② 参见习近平：《加快建设社会主义法治国家》（2014 年 10 月 23 日），载习近平：《论坚持全面依法治国》，中央文献出版社 2020 年版，第 114 页。

习近平强调，公权力姓公，也必须为公。只要公权力存在，就必须有制约和监督。不关进笼子，公权力就会被滥用。纵观人类政治文明史，没有监督的权力必然导致腐败，这是一条铁律。建设中国特色社会主义法治体系，必须构建严密的法治监督体系，建设党统一领导、全面覆盖、权威高效的法治监督体系，健全权力运行的制约监督体系。

第一，建设党统一领导、全面覆盖、权威高效的法治监督体系。法治监督是党和国家监督体系的重要内容。要加强党对法治监督工作的集中统一领导，推进对法治工作的全面监督，抓紧完善权力运行制约和监督机制，保证行政权、监察权、审判权、检察权得到依法正确行使，保证公民、法人和其他组织合法权益得到切实保障。加强国家机关监督、民主监督、群众监督和舆论监督，形成法治监督合力，发挥整体监督效能。推进执纪执法贯通、有效衔接司法。完善人民监督员制度。坚持以公开为常态、不公开为例外，全面推进立法公开、执法公开、司法公开，逐步扩大公开范围，提升公开服务水平，主动接受新闻媒体舆论监督和社会监督。党委政法委应当指导、推动政法单位建立健全与执法司法权运行机制相适应的制约监督体系，构建权责清晰的执法司法责任体系，健全政治督察、综治督导、执法监督、纪律作风督查巡查等制度机制。第二，健全权力运行的制约监督体系。加强立法监督工作，加强对执法权的监督，加强对监察权的监督，加强对司法权的监督。

4. 形成有力的法治保障体系

法治保障体系在中国特色社会主义法治体系中具有基础性地位。如果没有一系列的保障条件，全面依法治国就难以实现。形成有力的法治保障体系，必须加强政治、组织、队伍、人才、财力、科技、信息、物力等保障，为全面依法治国提供重要支撑。

第一，加强政治和组织保障。党的领导是中国特色社会主义最本质的特征，是社会主义法治最根本的保证。建设法治中国，要切实加强和改进党对全面依法治国的领导，把党的领导贯彻落实到全面依法治国全过程和各方面，提高依法执政能力和水平，为全面依法治国提供有力的政治和组织保障。第二，加强队伍和人才保障。全面推进依法治国，必须着力建设一支忠于党、忠于国家、忠于人民、忠于法律的社会主义法治工作队伍。要研究谋划新时代法治人才培养和法治队伍建设长远规划，创新法治人才培养机制，建设革命化、正规化、专业化、职业化的法治专门队伍，加快发展律师、公证、司法鉴定、仲裁、调解等法律服务队伍，推进法学院校改革发展，提高人才培养质量，培养造就熟悉和坚持中国特色社会主义法治体系的法治人才及后备力量，为加快建设社会主义法治国家提供强有力的队伍和人才保障。第三，加强科技和信息保障。全面推进依法治国，要适应信息化发展大趋势，加强信息化保障，充分运用大数据、云计算、人工智能等现代科技手段，全面建设"智慧法治"，推进法治中国建设的数据化、网络化、智能化。优化整合法治领域各类信息、数据、网络平台，推进全国法治信息化工程建设。

5. 形成完善的党内法规体系

党的十八届四中全会《决定》将"形成完善的党内法规体系"确定为建设中国特色社会主义法治体系重要内容。党内法规制度体系，是以党章为根本，以民主集中制为核心，以准则、条例等中央党内法规为主干，由各领域各层级党内法规制度组成的有机统一整体。党内法规制度体系以"1+4"为基本框架。党章是党的总章程，是党的根本大法，是全党必须遵循的总规矩，建立健全党内法规制度体系必须以党章为根本依据。在党章之下分为党的组织法规制度、党的领导法规制度、党的自身建设法规制度、党的监督保障法规制度四大板块，做到内容科学、程序严密、配套完备、运行有效。

截至 2021 年 7 月 1 日，全党现行有效党内法规共 3615 部。其中，党中央制定的中央党内法规 211 部，中央纪律检查委员会以及党中央工作机关制定的部委党内法规 163 部，省、自治区、直辖市党委制定的地方党内法规 3241 部。我们党形成了一个比较完善的党内法规体系，并以此为主干形成了一套系统完备的党的制度，这在世界上是独一无二的，彰显出中国共产党作为世界上最大的政党具有的大党的气派、大党的智慧、大党的治理之道。坚持依规治党、加强党内法规制度建设，是"中国之治"的一个独特治理密码，是呈现中国特色社会主义制度优势的一张金色名片，也为世界政党治理贡献了中国智慧和中国方案。适应新时代党和国家事业发展特别是全面从严治党、依法执政的需要，党内法规体系必将进一步完善。

第一，健全党的组织法规制度；第二，健全党的领导法规制度；第三，健全党的自身建设法规制度；第四，健全党的监督保障法规制度；第五，推进党内法规制度供给侧结构性改革。2019 年，习近平在中央和国家机关党的建设工作会议上首次指出要搞好制度"供给侧结构性改革"，这一重要指示具有深刻思想性和鲜明时代性，指明了新时代党内法规制度建设前进方向。

（二）坚持依法治国、依法执政、依法行政共同推进，法治国家、法治政府、法治社会一体建设

全面依法治国，建设法治中国是一个系统工程，必须坚持依法治国、依法执政、依法行政共同推进，坚持法治国家、法治政府、法治社会一体建设。习近平法治思想以系统观念和系统方法擘画了全面依法治国的工作布局，揭示了法治中国建设的核心要义，阐明了这一工作布局内部各方面的关系，旨在解决法治建设中不协调不平衡、各自为政、争权诿责问题，增强法治建设系统性、整体性、协同性，开创法治中国建设新局面。

1. 坚持依法治国、依法执政、依法行政共同推进

"天下之事，不难于立法，而难于法之必行。"依法治国是我国宪法确定的治理国家的基本方略，而能不能做到依法治国，关键在于党能不能坚持依法执政，各级政府能不能坚持依法行政。依法治国、依法执政、依法行政是有机联系的整体，三者本质一致、目标一体、成效相关，必须相互统一、共同推进、形成合力。

依法治国是党领导人民治理国家的基本方略。依法治国，是坚持和发展中国特色社会主义的本质要求和重要保障，是实现国家治理体系和治理能力现代化的必然要求，事关我们党执政兴国，事关人民幸福安康，事关党和国家长治久安。没有全面依法治国，我们就治不好国、理不好政。① 1997 年，党的十五大首次把依法治国确立为党领导人民治理国家的基本方略。2017 年，党的十九大进一步把坚持全面依法治国上升为新时代坚持和发展中国特色社会主义的十四条基本方略之一。习近平指出："无论是实现'两个一百年'奋斗目标，还是实现中华民族伟大复兴的中国梦，全面依法治国既是重要内容，又是重要

---

① 参见习近平：《把全面依法治国放在"四个全面"战略布局中来把握》（2015 年 2 月 2 日），载习近平：《论坚持全面依法治国》，中央文献出版社 2020 年版，第 145 页。

保障。我们把全面依法治国纳入'四个全面'战略布局，就是要为全面建成小康社会、全面深化改革、全面从严治党提供长期稳定的法治保障。"[1]

依法执政是党治国理政的基本方式。依法执政，要求党在执政过程中善于使党的主张通过法定程序成为国家意志，从制度上、法律上保证党的路线方针政策的贯彻执行。我们党是执政党，能不能坚持依法执政，能不能正确领导立法、保证执法、支持司法、带头守法，对全面推进依法治国具有重大作用。我们要增强依法执政意识，坚持以法治的理念、法治的体制、法治的程序开展工作，改进党的领导方式和执政方式，推进依法执政制度化、规范化、程序化。

依法行政是各级政府活动的基本准则。执法是行政机关履行政府职能、管理经济社会事务的主要方式，各级政府必须依法全面履行职能，坚持法定职责必须为、法无授权不可为，健全依法决策机制，完善执法程序，严格执法责任，做到严格规范公正文明执法。

2. 坚持法治国家、法治政府、法治社会一体建设

法治国家、法治政府、法治社会三者各有侧重、相辅相成，三者共同构成建设法治中国的三根支柱，缺少任何一个方面，全面依法治国的总目标就无法实现。

三者各有侧重。法治国家是目标。全面推进依法治国，总目标是建设中国特色社会主义法治体系，建设社会主义法治国家。法治政府建设是推进全面依法治国的重点任务和主体工程，要率先突破。各级政府必须坚持在党的领导下、在法治轨道上开展工作，加快建设职能科学、权责法定、执法严明、公开公正、智能高效、廉洁诚信、人民满意的法治政府。法治社会是构筑法治国家的基础。全面推进依法治国需要全社会共同参与。建设信仰法治、公平正义、保障权利、守法诚信、充满活力、和谐有序的社会主义法治社会，是增强人民群众获得感、幸福感、安全感的重要举措。

三者相辅相成。党的十九大明确要求，到 2035 年法治国家、法治政府、法治社会基本建成，各方面制度更加完善，国家治理体系和治理能力现代化基本实现。这就要求，全面依法治国必须坚持三者同步规划、同步实施，推动三者相互促进、相得益彰。

（三）坚持全面推进科学立法、严格执法、公正司法、全民守法

全面依法治国必须准确把握关键环节和重点任务，着力解决好立法、执法、司法和守法等领域的突出矛盾和问题。习近平法治思想提出"全面推进科学立法、严格执法、公正司法、全民守法"并深刻阐述了它们的学理内涵、目标导向和重要举措，实现了从"有法可依、有法必依、执法必严、违法必究"到"全面推进科学立法、严格执法、公正司法、全民守法"的历史性转型，开辟了社会主义法治建设新局面，开创了中国特色社会主义法治理论新境界。

在全面依法治国大格局中，科学立法、严格执法、公正司法、全民守法四个环节是相互依存的，科学立法是全面依法治国的前提，严格执法是全面依法治国的关键，公正司法是全面依法治国的重点，全民守法是全面依法治国的基础。这四项重点任务的意义在于：科学立法保证良法善治，严格执法维护法律权威，公正司法确保公平正义，全民守法提升

---

① 习近平：《在中央全面依法治国委员会第一次会议上的讲话》（2018 年 8 月 24 日），载习近平：《论坚持全面依法治国》，中央文献出版社 2020 年版，第 227 页。

社会文明。

1. 科学立法

全面推进依法治国，科学立法是基础。"立善法于天下，则天下治；立善法于一国，则一国治"。建设法治中国，必须加强和改进立法工作，深入推进科学立法、民主立法、依法立法，不断提高立法质量和效率，以高质量立法保障高质量发展、推动全面深化改革、维护社会稳定大局。

第一，科学立法的核心在于尊重和体现客观规律。"立法者应该把自己看做一个自然科学家。他不是在创造法律，不是在发明法律，而仅仅是在表述法律，他用有意识的实在法把精神关系的内在规律表现出来"。① 立法是为国家定规矩、为社会定方圆的神圣工作，需要讲求科学精神，全面认识和自觉运用规律。第二，提高立法工作质量和效率。习近平指出："人民群众对立法的期盼，已经不是有没有，而是好不好、管用不管用、能不能解决实际问题；不是什么法都能治国，不是什么法都能治好国；越是强调法治，越是要提高立法质量。"② 推进科学立法，要抓住提高立法质量这个关键。立法既要广泛发扬民主，又要敢于在矛盾焦点问题上"切一刀"，不能因个别意见不一致导致立法项目久拖不决。第三，提高科学立法、民主立法、依法立法水平。科学立法的核心在于尊重和体现客观规律，民主立法的核心在于为了人民、依靠人民，依法立法的核心在于以宪法为依据，依照法定的权限和程序制定或修改法律法规。第四，完善立法体制。加强党对立法工作的领导；完善人大主导立法工作的体制机制；注重发挥政府在立法工作中的重要作用；明确立法边界，从体制机制和工作程序上有效防止部门利益和地方保护主义法律化；加强地方立法工作，突出地方特色和针对性、实效性、创造性做好地方立法工作。

2. 严格执法

全面推进依法治国，必须坚持严格执法。"天下之事。不难于立法，而难于法之必行"。全面推进依法治国的重点应该是保证法律严格实施，做到"法立，有犯而必施；令出，唯行而不返"。执法是行政机关履行政府职能、管理经济社会事务的主要方式，各级政府必须依法全面履行职能，坚持法定职责必须为、法无授权不可为，健全依法决策机制，完善执法程序，严格执法责任，做到严格规范公正文明。第一，行政执法直接关系群众对党和政府的信任、对法治的信心。习近平一向强调严格执法，指出："法律的生命力在于实施，法律的权威也在于实施。'法令行则国治，法令弛则国乱。'各级国家行政机关、审判机关、检察机关是法律实施的重要主体，必须担负法律实施的法定职责，坚决纠正有法不依、执法不严、违法不究现象，坚决整治以权谋私、以权压法、徇私枉法问题，严禁侵犯群众合法权益。"③ 第二，推进严格规范公正文明执法。严格规范公正文明执法是一个整体，要准确把握，全面贯彻。令在必信，法在必行。如果不严格执法，执法公信

---

① 《马克思恩格斯全集》第 1 卷，人民出版社 1995 年版，第 347 页。

② 中共中央文献研究室编：《习近平关于全面依法治国论述摘编》，中央文献出版社 2015 年版，第 43 页。

③ 习近平：《在庆祝全国人民代表大会成立 60 周年大会上的讲话》，《人民日报》2014 年 9 月 6日。

力也难以建立起来。强调严格执法，让违法者敬法畏法，但绝不是暴力执法、过激执法，要让执法既有力度又有温度。第三，深化行政执法体制改革。党的十九届三中全会研究深化党和国家机构改革问题，把深化综合执法改革作为专项任务，在市场监管、生态环保、文化市场、交通运输、农业等领域整合组建执法队伍，大幅减少执法队伍类别，合理配置执法力量，着立解决多头多层重复执法问题，努力做到严格规范公正文明执法；要求各地区各部门完善权责清单制度，加快推进机构、职能、权限、程序、责任法定化，强化对行政权力的制约和监督，做到依法设定权力、规范权力、制约权力、监督权力；深化行政执法体制改革，要加强对行政处罚、行政强制事项的源头治理，统筹配置行政执法职能和执法资源，最大限度减少不必要的执法事项。第四，加强对执法活动的监督。要全面落实实行行政执法责任制，严格确定不同部门及机构、岗位执法人员执法责任和责任追究制。

3. 公正司法

习近平指出："所谓公正司法，就是受到侵害的权利一定会得到保护和救济，违法犯罪活动一定要受到制裁和惩罚。如果人民群众通过司法程序不能保证自己的合法权利，那司法就没有公信力，人民群众也不会相信司法。法律本来应该具有定分止争的功能，司法审判本来应该具有终局性的作用，如果司法不公，人心不服，这些功能就难以实现"。[1]

第一，公平正义是司法的灵魂和生命。促进公平正义是司法工作的核心价值追求。"努力让人民群众在每一个司法案件中感受到公平正义"是习近平为司法机关确定的工作目标。所有司法机关都要紧紧围绕这个目标来改进工作，重点解决影响司法公正和制约司法能力的深层次问题。第二，深化司法体制改革。建设公正高效权威的社会主义司法制度，是推进国家治理体系和治理能力现代化的重要举措，要坚持以提高司法公信力为根本尺度，坚持符合国情和遵循司法规律相结合，坚持问题导向、勇于攻坚克难，坚定信心，凝聚共识，锐意进取，破解难题，坚定不移深化司法体制改革，不断促进社会公平正义。司法责任制综合配套改革是深化司法体制改革的重要内容，事关司法公正高效权威。要抓住司法责任制这个"牛鼻子"，加快构建权责一致的司法权运行新机制。建立符合职业特点的司法人员管理制度，在深化司法体制改革中居于基础性地位，不断增强司法人员的职业荣誉感和使命感。完善公益诉讼制度，有效维护社会公共利益。第三，强化对司法权力的制约监督。铲除不良作风和腐败现象滋生蔓延的土壤，关键是制约和监督权力。习近平指出："党的十八大以来，党中央确定的一些重大改革事项，健全纪检监察机关、公安机关、检察机关、审判机关、司法行政机关各司其职，侦查权、检察权、审判权、执行权相互配合的体制机制等，要紧盯不放，真正一抓到底，抓出实效。"[2] 要聚焦人民群众反映强烈的突出问题，加快构建规范高效的制约监督体系，把对司法权的法律监督、社会监督、舆论监督等落实到位。

4. 全民守法

---

① 习近平：《全面推进科学立法、严格执法、公正司法、全民守法》（2013 年 2 月 23 日），载习近平《论坚持全面依法治国》，中央文献出版社 2020 年版，第 22 页。

② 习近平：《坚定不移走中国特色社会主义法治道路 为全面建设社会主义现代化国家提供有力法治保障》，载《求是》2021 年第 5 期，第 13 页。

全民守法，就是任何组织或者个人都必须在宪法和法律范围内活动，任何公民、社会组织和国家机关都要以宪法和法律为行为准则，依照宪法和法律行使权利或权力、履行义务或职责。① 全面推进依法治国，必须坚持全民守法，让法治成为全民思维方式和行为习惯。

第一，信仰法治才能自觉守法。法律要发生作用，首先全社会要信仰法律。卢梭说，一切法律中最重要的法律，既不是刻在大理石上，也不是刻在铜表上，而是铭刻在公民的内心里。要逐步在广大干部群众中树立法律的权威，使大家都相信，只要是合理合法的诉求，通过法律程序就能得到合理合法的结果。法治的根基在人民。只有全体人民信仰法治、厉行法治，国家和社会生活才能真正实现在法治轨道上运行。要加大全民普法工作力度，弘扬社会主义法治精神，增强全民法治观念，完善公共法律服务体系，夯实依法治国社会基础。第二，全体人民遵守法律，建立牢固的法治群众基础。全民守法，要在全社会树立法律权威，使人民认识到法律既是保障自身权利的有力武器，也是必须遵守的行为规范，增强全社会尊法学法守法用法意识，使法律为人民所掌握、所遵守、所运用，自觉抵制违法行为、维护法治权威。遵守宪法和法律是宪法规定的公民基本义务。全民守法，要强化依法治理。坚持法治教育与法治实践相结合，使大家都成为社会主义法治的忠实崇尚者、自觉遵守者、坚定捍卫者。第三，加强法治宣传教育，不断提升全体公民法治意识和法治素养。"法立于上，教弘于下。"推进全民守法，要加强法治宣传教育，引导全社会树立法治意识，使人们发自内心信仰和崇敬宪法法律。要坚持把全民普法和守法作为依法治国的长期基础性工作，采取有力措施加强法治宣传教育。要深入宣传以宪法为核心的中国特色社会主义法律体系，广泛宣传与经济社会发展和人民群众利益密切相关的法律法规。要加强对司法工作的宣传，引导全社会尊重司法裁判，维护司法权威。要加强法治精神和法治理念的宣传教育。加强法治宣传教育，还必须把法律规范和道德规范结合起来，发挥道德对法治的滋养作用，增强法治的道德底蕴。普法工作要紧跟时代，在针对性和实效性上下功夫。要坚持法治教育从娃娃抓起，特别是要加强青少年法治教育，健全青少年参与法治实践机制。

（四）统筹推进国内法治和涉外法治

在当今世界百年未有之大变局的时代背景下，在日益复杂多变的国际环境中，习近平高瞻远瞩、审时度势，及时提出"协调推进国内治理和国际治理"，"统筹推进国内法治和涉外法治"，并将其作为全面依法治国的重点任务。坚持统筹推进国内法治和涉外法治，要加快涉外法治工作战略布局，协调推进国内治理和国际治理，更好维护国家主权、安全、发展利益。强化法治思维，运用法治方式，有效应对挑战、防范风险，综合利用立法、执法、司法等手段开展斗争，坚决维护国家主权、尊严和核心利益。要推动全球治理变革，推动构建人类命运共同体建设。

1. 要加强涉外法律工作

适应对外开放不断深化，完善涉外法律法规体系，促进构建开放型经济新体制。积极

---

① 参见习近平：《全面推进科学立法、严格执法、公正司法、全民守法》（2013 年 2 月 23 日），载习近平：《论坚持全面依法治国》，中央文献出版社 2020 年版，第 23~24 页。

参与国际规则制定，推动依法处理涉外经济、社会事务，增强我国在国际法律事务中的话语权和影响力，运用法律手段维护我国主权、安全、发展利益。强化涉外法律服务，维护我国公民、法人在海外及外国公民、法人在我国的正当权益，依法维护海外侨胞权益。深化司法领域国际合作，完善我国司法协助体制，扩大国际司法协助覆盖面。加强反腐败国际合作，加大海外追赃追逃、遣返引渡力度。积极参与执法安全国际合作，共同打击暴力恐怖势力、民族分裂势力、宗教极端势力和贩毒走私、跨国有组织犯罪。

2. 积极推进国际法治建设，推动构建人类命运共同体事业

在全球化的当今时代，国际事务日益繁多，必须坚守国际法治和运用国际法治来营造美好的和谐世界，推进人类命运共同体建设。"中国走向世界，以负责任大国参与国际事务，必须善于运用法治。在对外斗争中，我们要拿起法律武器，占领法治制高点，敢于向破坏者、搅局者说不。全球治理体系正处于调整变革的关键时期，我们要积极参与国际规则制定，做全球治理变革进程的参与者、推动者、引领者。"①"我们应该共同推动国际关系法治化。推动各方在国际关系中遵守国际法和公认的国际关系基本原则，用统一适用的规则来明是非、促和平、谋发展。'法者，天下之准绳也。'在国际社会中，法律应该是共同的准绳，没有只适用他人、不适用自己的法律，也没有只适用自己、不适用他人的法律。适用法律不能有双重标准。我们应该共同维护国际法和国际秩序的权威性和严肃性，各国都应该依法行使权利，反对歪曲国际法，反对以'法治'之名行侵害他国正当权益、破坏和平稳定之实。"② 在国际关系中，中国需要处理自己的对外关系，其中包括双边关系和多边关系。依照国际法治规则，缔结和维护和平友好的国际关系。加强我国涉外法治建设，自觉遵守国际法治，共同参与国际法治建设、维护国际法治权威，是中国对外交往、处理涉外关系与国际关系的法治行动，也是推动人类命运共同体的伟大实践。

三、全面依法治国的重要保障

全面依法治国必须加强和改进党对全面依法治国的领导，这是最为重要的政治保障。全面依法治国必须以习近平法治思想作为重要的思想保障。但是在这里我们着重对更为具体的组织保障、人才队伍保障、发挥"关键少数"的保障作用以及科技支撑作一个简要论述。

（一）全面依法治国的组织保障

全面依法治国是一个伟大的事业，需要中国共产党带领亿万人民群众共同奋斗，为此就必须有坚强的组织保障。

1. 充分发挥党的组织机构在全面依法治国中的领导作用

党的十九大后，2018 年，通过机构改革，组建了中央全面依法治国委员会。该委员会从全局和战略高度对全面依法治国作出一系列重大决策部署。随着中央全面依法治国委员会的设立，全国党的地方组织也成立了相应的依法治国领导机构。中央和地方各级党的

---

① 习近平：《加强党对全面依法治国的领导》，载《求是》2019 年第 4 期。

② 习近平：《弘扬和平共处五项原则建设合作共赢美好世界——在和平共处五项原则发表 60 周年纪念大会上的讲话》，人民出版社 2014 年版，第 11 页。

全面依法治国（依法治省、依法治市、依法治县）委员会的设立，为全面依法治国的有效推进提供了有力的组织保障。

2. 健全党领导全面依法治国的制度和工作机制，完善保证党确定全面依法治国方针政策和决策部署的工作机制和程序

加强党对全面依法治国统一领导、统一部署、统筹协调。完善党委依法决策机制，发挥政策和法律的各自优势，促进党的政策和国家法律互联互动。党委要定期听取政法机关工作汇报，做促进公正司法、维护法律权威的表率。党政主要负责人要履行推进法治建设第一责任人职责。各级党委要领导和支持工会、共青团、妇联等人民团体和社会组织在依法治国中积极发挥作用。

3. 各个政权机关的党组织和党员要发挥应有的重要作用

人大、政府、政协、监察机关、审判机关、检察机关的党组织和党员干部要坚决贯彻党的理论和路线方针政策，贯彻党委决策部署。各级人大、政府、政协、审判机关、检察机关的党组织要领导和监督本单位模范遵守宪法法律，坚决查处执法犯法、违法用权等行为。

4. 政法委员会是党委领导政法工作的组织形式，必须长期坚持

各级党委政法委员会要把工作着力点放在把握政治方向、协调各方职能、统筹政法工作、建设政法队伍、督促依法履职、创造公正司法环境上，带头依法办事，保障宪法法律正确统一实施。政法机关党组织要建立健全重大事项向党委报告制度。加强政法机关党的建设，在法治建设中充分发挥党组织政治保障作用和党员先锋模范作用。

（二）全面依法治国的人才队伍保障

全面依法治国需要坚强的人才和队伍保障。加强相关的人才队伍建设成为全面依法治国的重要任务。全面推进依法治国，必须大力提高法治工作队伍思想政治素质、业务工作能力、职业道德水准，着力建设一支忠于党、忠于国家、忠于人民、忠于法律的社会主义法治工作队伍，为加快建设社会主义法治国家提供强有力的人才保障。

1. 建设高素质专门法治队伍

法治专门队伍是法治建设的主力军。"专门法治工作队伍"主要包括在人大和政府从事立法工作的人员，在行政机关从事执法工作的人员，在司法机关从事司法工作的人员。这三支队伍既有"共性"又有"个性"，都十分重要。立法是为国家定规矩、为社会定方圆的神圣工作，立法人员必须具有很高的思想政治素质，具备遵循规律、发扬民主、加强协调、凝聚共识的能力。执法是把纸面上的法律变为现实生活中活的法律的关键环节，执法人员必须忠于法律、捍卫法律，严格执法、敢于担当。司法是社会公平正义的最后一道防线，司法人员必须信仰法律、坚守法治，端稳天平、握牢法槌、铁面无私、秉公司法。要按照政治过硬、业务过硬、责任过硬、纪律过硬、作风过硬的要求，推进法治专门队伍革命化、正规化、专业化、职业化，确保做到忠于党、忠于国家、忠于人民、忠于法律。

2. 加强法律服务队伍建设

在法律服务队伍中律师队伍是最为重要的力量。加强律师队伍思想政治建设，把拥护中国共产党领导、拥护社会主义法治作为律师从业的基本要求，增强广大律师走中国特色社会主义法治道路的自觉性和坚定性。构建社会律师、公职律师、公司律师等优势互补、

结构合理的律师队伍。提高律师队伍业务素质，完善执业保障机制。加强律师事务所管理，发挥律师协会自律作用，规范律师执业行为，监督律师严格遵守职业道德和职业操守，强化准入、退出管理，严格执行违法违规执业惩戒制度。加强律师行业党的建设，扩大党的工作覆盖面，切实发挥律师事务所党组织的政治核心作用。

同时，各级党政机关和人民团体普遍设立公职律师，企业可设立公司律师，参与决策论证，提供法律意见，促进依法办事，防范法律风险。明确公职律师、公司律师法律地位及权利义务，理顺公职律师、公司律师管理体制机制。

还要发展公证员、基层法律服务工作者、人民调解员队伍。推动法律服务志愿者队伍建设。建立激励法律服务人才跨区域流动机制，逐步解决基层和欠发达地区法律服务资源不足和高端人才匮乏问题。

3. 创新法治人才培养机制

发展法学教育，大规模培养法治人才。加强法学基础理论研究，形成完善的中国特色社会主义法学理论体系、学科体系、课程体系，组织编写和全面采用国家统一的法律类专业核心教材，纳入法律职业资格考试必考范围。坚持立德树人、德育为先导向，推动中国特色社会主义法治理论进教材、进课堂、进头脑，培养造就熟悉和坚持中国特色社会主义法治体系的法治人才及后备力量。建设通晓国际法律规则、善于处理涉外法律事务的涉外法治人才队伍。

健全政法部门和法学院校、法学研究机构人员双向交流机制，实施高校和法治工作部门人员互聘计划，重点打造一支政治立场坚定、理论功底深厚、熟悉中国国情的高水平法学家和专家团队，建设高素质学术带头人、骨干教师、专兼职教师队伍。

（三）发挥"关键少数"的保障作用

习近平反复强调，"全面依法治国，必须抓住领导干部这个'关键少数'"[1]。为什么要抓住"关键少数"？一是因为"领导干部具体行使党的执政权和国家立法权、行政权、监察权、司法权，是全面依法治国的关键"[2]。"党领导立法、保证执法、支持司法、带头守法，主要是通过各级领导干部的具体行动和工作来体现、来实现。"[3]因而，各级领导干部在很大程度上决定着全面依法治国的方向、道路、进度。二是因为"广大干部群众的民主意识、法治意识、权利意识普遍增强，全社会对公平正义的渴望比以往任何时候都更加强烈，如果领导干部仍然习惯于人治思维、迷恋于以权代法，那十个有十个要栽大跟头"[4]。三是因为法治思维和法治方式只有通过领导干部的具体行为和活动，才能化为真正的法治力量和法治活力，他们是依法治国重点任务的贯彻执行者，也是社会公平正义、人民权利保障的关键落实者。

---

[1]　中共中央文献研究室编：《习近平关于全面依法治国论述摘编》，中央文献出版社 2015 年版，第 107 页。

[2]　习近平：《加强党对全面依法治国的领导》，载《求是》2019 年第 4 期。

[3]　中共中央文献研究室编：《习近平关于全面依法治国论述摘编》，中央文献出版社 2015 年版，第 120 页。

[4]　中共中央文献研究室编：《习近平关于全面依法治国论述捕编》，中央文献出版社 2015 年版，第 124~125 页。

抓住"关键少数"，就是要让各级领导干部在全面依法治国中发挥关键作用。

第一，领导干部要带头学习、精准把握习近平法治思想，坚决贯彻落实党中央关于全面依法治国的重大决策部署，做法治建设和法治改革的促进派，真正做到依法执政、依法行政、科学立法、严格执法、公正司法、强化监督，发挥好各级党组织和领导干部在依法治国中的政治核心作用。

第二，领导干部"谋划工作要运用法治思维，处理问题要运用法治方式"①，把"对法治的尊崇、对法律的敬畏转化成思维方式和行为方式，做到在法治之下、而不是法治之外、更不是法治之上想问题、作决策、办事情"②；不断提高运用法治思维和法治方式深化改革、推动发展、化解矛盾、维护稳定、应对风险的能力；善于以法治凝聚改革共识、规范发展行为、促进矛盾化解、保障社会和谐。

第三，领导干部要尊崇法治、敬畏法律，了解法律、掌握法律，遵纪守法、捍卫法治，厉行法治、依法办事，做尊法学法守法用法的模范。领导干部要对宪法和法律保持敬畏之心，牢记法律红线不可逾越、法律底线不可触碰，牢固树立宪法法律至上、法律面前人人平等、权由法定、权依法使等基本法治观念，彻底摒弃人治思想和长官意志，绝不搞以言代法、以权压法。对各种危害法治、破坏法治、践踏法治的行为，领导干部要挺身而出、坚决斗争，坚决纠正和解决法治不彰问题。

第四，领导干部不仅要自己带头遵守法律、执行法律，还应以实际行动带动全社会维护社会主义法制的尊严和权威，积极营造办事依法、遇事找法、解决问题用法、化解矛盾靠法的法治环境，在全社会形成尊法学法守法用法的良好氛围。

（四）全面依法治国的科技支撑

当今世界正处于科技革命的历史巨变之中，互联网、人工智能、物联网、大数据、区块链等技术的产生和运用，给人类带来了新的通信、交流、联系、活动方式乃至新的生产生活方式。在这一背景下的全面依法治国若能依赖新兴科技成果的运用，必将得到更好的推进。

在当今立法调研中，通过互联网、人工智能、大数据收集民意，听取群众意见，发扬和扩大立法民主，进而提高立法质量，体现立法的科学性，已经成为立法工作的重要方式。在执法中，将法治政府与服务型政府建设结合起来，通过互联网等人工智能技术的运用，改革和改进行政许可程序与方式，开展行政执法，已经取得了重要成效，减轻了人民群众跑政府的负担，优化了行政工作环境和方式，提高了行政效能。在司法上，立案、开庭信息的传送、律师阅卷乃至证据交换都可以在一定程度上借助互联网，极大地提高了人民法院的办案效率。通过司法裁判文书的网上公开，提高了司法公信力。通过执行信息公开，提升了人民法院裁判的有效性，有力地彰显了人民法院及其裁判的权威性，有力地保护了当事人合法权益。在普法宣传中，现代科技手段更得到了前所未有的运用，使法治信

---

① 中共中央文献研究室编：《习近平关于全面依法治国论述摘编》，中央文献出版社 2015 年版，第 124 页。

② 中共中央文献研究室编：《习近平关于全面依法治国论述摘编》，中央文献出版社 2015 年版，第 124 页。

息、法治观念在内的整个法治文化在更广泛更细致的程度上深入人心。

在全面依法治国的深入实践中，科技必将发挥更为重大的作用。我们要充分利用高科技手段，更新法治手段，优化法治方式，促进法治发展，确保全面依法治国在更高层次上得到推进和发展。

四、建设法治中国

（一）法治中国是社会主义法治建设的伟大目标

1997年，党的十五大明确提出了"依法治国，建设社会主义法治国家"的治国基本方略和法治发展目标。党的十八大之后，习近平提出"建设法治中国"。党的十八届三中全会通过的《中共中央关于全面深化改革若干重大问题的决定》把法治建设的长远目标确定为"推进法治中国建设"，并以此为标题来统领整个法治建设。党的十八届四中全会向全党和全国各族人民发出"向着建设法治中国不断前进""为建设法治中国而奋斗"的号召。党的十九届四中全会通过的《中共中央关于坚持和完善中国特色社会主义制度、推进国家治理体系和治理能力现代化若干重大问题的决定》再一次明确提出"推进法治中国建设"。2020年12月，中共中央印发《法治中国建设规划（2020—2025年）》，提出"建设法治中国，应当实现法律规范科学完备统一，执法司法公正高效权威，权力运行受到有效制约监督，人民合法权益得到充分尊重保障，法治信仰普遍确立，法治国家、法治政府、法治社会全面建成"。"法治中国"概念是我们党在法治理论上的重大创新，也是对当前和今后中国法治建设的科学定位，具有深厚的历史文化底蕴、丰富的实践经验基础和强大的导向定位功能，构成我国法治建设新时期、新阶段的时代主题。"法治中国"以其无可比拟的包容性、凝聚力、感召力成为中国特色社会主义法治理论体系和话语体系的统领性概念。

建设法治中国，其要义是依法治国、依法执政、依法行政共同推进，法治国家、法治政府、法治社会一体建设。建设法治中国，就是要实现中国政治、经济、文化、社会、生态文明等各个方面的法治化，实现中国立法、执法、司法、守法、法律监督等各个方面的法治化，建成中国特色社会主义法治体系，建成社会主义法治国家，成为社会主义法治强国。

（二）法治中国与国家治理现代化

2019年党的十九届四中全会召开，全会通过了《中共中央关于坚持和完善中国特色社会主义制度、推进国家治理体系和治理能力现代化若干重大问题的决定》。这一重要文献将国家治理现代化问题提上了更为重要的议事日程。法治中国建设是依法治国在中国国家治理上的具体实践，它与国家治理现代化有着怎样的基本关系，值得我们认真地加以探究。在总体上，它们之间有着以下几点基本的关系。

1. 法治中国建设与国家治理现代化具有密切的内在联系，必须将二者协调起来，统筹推进

法治中国建设就是在中国这个主权国家所进行的法治实践，其实践活动首要而根本的内容，就是达到国家的良好治理，实现良法善治。人们所说的良法善治就是指良好的法律制度，在治国理政的实践中得到很好实施的结果状态，是国家治理现代化的重要目标。

2. 国家治理现代化要求国家治理法治化，法治中国建设是国家治理现代化的重要组成部分

国家治理现代化是一个综合概念，它的内涵极为丰富，其中包括国家治理在政治、经济、文化、社会、生态文明等各个方面的现代化。建设中国特色社会主义法治体系，提高中国共产党依法执政能力和水平，确保依法治国、依法执政、依法行政共同推进，法治国家、法治政府、法治社会一体建设，是法治中国建设的重要内容，也是推进国家治理现代化的具体实践。

3. 国家治理现代化必须依赖法治中国建设，法治中国建设是整个国家治理现代化的重要保障

国家治理现代化涉及政治、经济、文化、社会、生态文明，涉及科技、教育、国防、外交等各个方面，它们都需要法治化，都需要通过法治化的路径与方式实现现代化。法治化是整个国家治理现代化在各个方面的保障，是国家治理现代化的重要保证。

我们必须充分依靠全体人民，在全国人民共同努力下，将法治中国建设与推进国家治理现代化结合起来，协调推进。使二者有机统一、相得益彰，共同为实现中华民族伟大复兴的中国梦，实现中华民族的永续发展，提供不竭动力。

（三）法治中国建设的伟大征程

在全面建成小康社会的基础上，我们开启了建设社会主义现代化强国的新征程。全面依法治国，建设法治中国的伟大事业迎来了新的历史机遇，揭开了新的历史篇章，也开启了法治新征程。在全面依法治国的进程中，以习近平同志为核心的党中央为我们勾画了法治发展的宏伟蓝图。

到中国共产党成立一百周年时，全面建成小康社会。同时，依法治国基本方略全面落实，中国特色社会主义法律体系更加完善，司法公信力明显提高，人权得到切实保障，产权得到有效保护，国家各项工作法治化。这些宏伟任务伴随着全面建成小康社会历史任务的完成，成为我们全面依法治国道路上的伟大成就，也是我们继续前行的现实基础。

到 2035 年基本实现社会主义现代化，基本建成社会主义法治国家、法治政府、法治社会。这是 2017 年党的十九大确立的，2020 年《中共中央关于制定国民经济和社会发展第十四个五年规划和二〇三五年远景目标的建议》和中央全面依法治国工作会议不断强调的重要目标。到 2035 年，随着社会主义现代化国家基本建成，也将基本实现国家治理体系和治理能力现代化。

到本世纪中叶把我国建成富强民主文明和谐美丽的社会主义现代化强国，实现中华民族伟大复兴的中国梦。届时，中国特色社会主义法治体系将更加完善，一个崭新的法治中国必将以其前所未有的风姿，巍然屹立在世界东方。

【经典例题】

推进依法行政、转变政府职能要求健全透明预算制度。修改后的《预算法》规定，经本级人大或者常委会批准的政府预算、预算调整和决算，应及时向社会公开，部门预算、决算及报表也应向社会公开。对此，下列哪一说法是错误的？（　　）

A. 依法行政要求对不适应法治政府建设需要的法律及时进行修改和废止

B. 透明预算制度有利于避免财政预算的部门化倾向

C. 立法对政府职能转变具有规范作用，能为法治政府建设扫清障碍

D. 立法要适应政府职能转变的要求，但立法总是滞后于改革措施

【答案】D

【解析】依法行政的前提是有法可依，要完善立法体制机制，坚持立改废释并举。增强法律法规的及时性、系统性、针对性、有效性，要保证法律规定适应社会的发展，只有在此基础上，依法行政才有法可循。A项正确。预算制度的公开就是将该项制度至于社会公众的监督之下。有利于避免财政预算的部门化倾向，B项正确。推进各级政府事权的规范化、法律化，需要立法对于政府职能范围作出具体明确的规定，行政机关要在法律规定的范围内行使行政职权，不得法外设定权力。C项正确。立法具有相对的滞后性和保守性，立法总是滞后于改革措施说法过于绝对。故D项错误。

本 章 小 结

"法治"一词来自于西方，在西方最早提出"法治"的是古希腊的亚里士多德，他认为达到法治需要两个条件："已成立的法律获得普遍地服从，而大家所服从的法律又应该本身是制定得良好的法律。"现代法治包括三层含义：法治是一种宏观的治国方略或社会调控机制；法治是一种依法办事的原则；法治意味着一种良好的社会秩序。法治与法制、德治、人治既有区别又有联系。

全面依法治国的政治方向包括：坚持党的领导；坚持以人民为中心；坚持习近平法治思想指导；坚持中国特色社会主义法治道路。坚持中国特色社会主义法治道路必须遵循的重要原则包括：坚持党的领导，坚持依法执政；坚持人民主体地位，保障人民合法权益；坚持法律面前人人平等，保证宪法法律有效实施；坚持依法治国和以德治国相结合；坚持从中国实际出发，推动法治理论创新。全面依法治国的工作布局与重要任务包括：一是建设中国特色社会主义法治体系，即形成完备的法律规范体系、形成高效的法治实施体系、形成严密的法治监督体系、形成有力的法治保障体系、形成完善的党内法规体系；二是坚持依法治国、依法执政、依法行政共同推进，法治国家、法治政府、法治社会一体建设。科学立法、严格执法、公正司法、全民守法是党的十八大确定的依法治国基本任务。三是统筹推进国内法治和涉外法治。全面依法治国的重要保障包括：一是全面依法治国的组织保障：充分发挥党的组织机构在全面依法治国中的领导作用；健全党领导全面依法治国的制度和工作机制，完善保证党确定全面依法治国方针政策和决策部署的工作机制和程序；各个政权机关的党组织和党员要发挥应有的作用；政法委员会是党委领导政法工作的组织形式。二是全面依法治国的人才队伍保障：建设高素质专门法治队伍；加强法律服务队伍建设；创新法治人才培养机制。发挥"关键少数"即领导干部的保障作用。全面依法治国的科技支撑。建设法治中国是社会主义法治建设的伟大目标，建设法治中国的要义是依法治国、依法执政、依法行政共同推进，法治国家、法治政府、法治社会一体建设。法治中国与国家治理现代化有以下几点基本关系：一是法治中国建设与国家治理现代化具有密切的内在联系，必须将二者协调起来，统筹推进；二是国家治理现代化要求国家治理法治

化，法治中国建设是国家治理现代化的重要组成部分；三是国家治理现代化必须依赖法治中国建设，法治中国建设是整个国家治理现代化的重要保障。在全面建成小康社会的基础上，我们开启了建设社会主义现代化强国的新征程：到中国共产党成立一百周年时，全面建成小康社会；到 2035 年基本实现社会主义现代化，基本建成社会主义法治国家、法治政府、法治社会；到本世纪中叶把我国建成富强民主文明和谐美丽的社会主义现代化强国，实现中华民族伟大复兴的中国梦。届时，中国特色社会主义法治体系将更加完善，一个崭新的法治中国必将以其前所未有的风姿，巍然屹立在世界东方。

综 合 练 习

一、选择题

1. 全面依法治国，必须坚持人民的主体地位。对此，下列哪一理解是错误的？（　　）

　　A. 法律既是保障人民自身权利的有力武器，也是人民必须遵守的行为规范

　　B. 人民依法享有广泛的权利和自由，同时也承担应尽的义务

　　C. 人民通过各种途径直接行使立法、执法和司法的权力

　　D. 人民根本权益是法治建设的出发点和落脚点，法律要为人民所掌握、所遵守、所运用

2. 完善以宪法为核心的中国特色社会主义法律体系，要求推进科学立法和民主立法。下列哪一做法没有体现这一要求？（　　）

　　A. 在《大气污染防治法》修改中，立法部门就处罚幅度听取政府部门和专家学者的意见

　　B. 在《种子法》修改中，全国人大农委调研组赴基层调研，征求果农、种子企业的意见

　　C. 甲市人大常委会在某社区建立了立法联系点，推进立法精细化

　　D. 乙市人大常委会在环境保护地方性法规制定中发挥主导作用，表决通过后直接由其公布施行

3. 深入推进依法行政，要求健全依法决策机制。下列哪一做法不符合上述要求？（　　）

　　A. 甲省推行"重大决策风险评估"制度，将风险评估作为省政府决策的法定程序

　　B. 乙市聘请当地知名律师担任政府法律顾问，对重大决策进行事前合法性审查

　　C. 丙区因发改局长立下"军令状"保证某重大项目不出问题，遂直接批准项目上马

　　D. 丁县教育局网上征求对学区调整、学校撤并等与群众切身利益相关事项的意见

4. 推进严格司法，应统一法律适用标准，规范流程，建立责任制，确保实现司法公正。据此，下列哪一说法是错误的？（　　）

　　A. 最高法院加强司法解释和案例指导，有利于统一法律适用标准

　　B. 全面贯彻证据裁判规则，可以促进法庭审理程序在查明事实、认定证据中发挥

决定性作用

    C. 在司法活动中，要严格遵循依法收集、保存、审查、运用证据，完善证人、鉴定人出庭制度

    D. 司法人员办案质量终身负责制，是指司法人员仅在任职期间对所办理的一切错案承担责任

5. 人民调解制度是我国的创举，被西方国家誉为法治的"东方经验"。关于人民调解，下列哪些说法是正确的？（　　）

    A. 人民调解员不属于法治工作队伍，但仍然在法治建设中起着重要作用

    B. 法院应当重视已确认效力的调解的执行，防止调解过的纠纷再次涌入法院

    C. 人民调解制度能够缓解群众日益增长的司法需求与国家司法资源不足之间的矛盾

    D. 人民调解组织化解纠纷的主要优势是不拘泥于法律规定，不依赖专业法律知识

6. 依法治国是我国的基本治国方略，党的十八届四中全会提出（　　）的战略部署，在建设法治国家进程中具有里程碑意义。

    A. 法治政府   B. 依法执政

    C. 全面推进依法治国   D. 司法体制改革

7. 法治的主体是（　　）。

    A. 国家机器   B. 国家权力   C. 国家事务   D. 人民

8. 全面依法治国必须坚持从中国实际出发。对此，下列哪一选项是正确的？（　　）

    A. 从实际出发不能因循守旧、墨守成规，法治建设可适当超越社会发展阶段

    B. 全面依法治国的制度基础是中华法系，实践基础是中国传统社会的治理经验

    C. 从中国实际出发不等于"关起门来搞法治"，应移植外国法律制度和法律文化

    D. 从实际出发要求凸显法治的中国特色，坚持中国特色社会主义道路、理论体系和制度

9. 东部某市是我国获得文明城市称号且犯罪率较低的城市之一，该市某村为了提高村民的道德素养，建有一条"爱心互助街"，使其成为交换和传递爱心的街区。关于对法治和德治相结合的原则的理解，下列哪一选项是错误的？（　　）

    A. 道德可以滋养法治精神和支撑法治文化

    B. 通过公民道德建设提高社会文明程度，能为法治实施创造良好的人文环境

    C. 坚持依法治国和以德治国相结合，更要强调发挥道德的教化作用

    D. 道德教化可以劝人向善，也可以弘扬公序良俗，培养人们的规则意识

10. 西方法学史上第一个系统地阐述法治学说的人物是（　　）。

    A. 西塞罗   B. 卢梭   C. 边沁   D. 亚里士多德

二、判断题

1. 2019 年 10 月，党的十九届四中全会通过的《中共中央关于坚持和完善中国特色社会主义制度、推进国家治理体系和治理能力现代化若干重大问题的决定》明确要求"全面推进科学立法、严格执法、公正司法、全民守法，推进法治中国建设"。（　　）

2. 2018 年，我国通过宪法修正案中将"社会主义法制"修改为"社会主义法治"，

体现了从"社会主义法制"到"社会主义法治"的历史性转型。虽然这只是一字之差的变化，但却体现了观念上的深刻变革和认识上的巨大变化。　　　　　　　　　（　　）

3. 建设法治中国，其要义是依法治国、依法执政、依法行政共同推进，法治国家、法治政府、法治社会一体建设。　　　　　　　　　　　　　　　　　　　（　　）

三、简答题

1. 简述全面依法治国的政治方向。

2. 简述全面依法治国的工作布局与重要任务。

3. 简述法治中国建设与国家治理现代化的关系。

4. 阐释中国特色社会主义法治体系的含义。

四、素质拓展

1. 某村通过修订村规民约改变"男尊女卑"、"男娶女嫁"的老习惯、老传统，创造出"女娶男"的婚礼形式，以解决上门女婿的村民待遇问题。

请运用"中国特色社会主义法治理论"的相关原理，说明关于村规民约的重要作用。

2. 2015 年 1 月，最高法院巡回法庭先后在深圳、沈阳正式设立，负责审理跨行政区域重大行政和民商事案件。

请运用"中国特色社会主义法治理论"的相关原理，阐释设立巡回法庭的重要意义。

参 考 文 献

[1] 法理学编写组：《法理学（第二版）》，人民教育出版社，高等教育出版社 2020 年版。

[2] 张文显主编：《法理学（第五版）》，高等教育出版社 2018 年版。

[3] 张文显主编：《法理学（第四版）》，高等教育出版社 2011 年版。

[4] 沈宗灵主编：《法理学》（第四版），北京大学出版社 2014 版。

[5] 孙国华、朱景文主编：《法理学》（第五版），中国人民大学出版社 2021 版。

[6] 徐显明主编：《法理学》，中国政法大学出版社 2014 年版。

[7] 舒国滢主编：《法理学（第六版）》，中国人民大学出版社 2022 年版。

[8] 冯玉军著：《法理学（第二版）》，中国人民大学出版社 2018 年版。

[9] 周永坤著：《法理学——全球视野》（第四版），法律出版社 2016 年版。

[10] 朱立宇主编：《法理学原理与案例教程》（第五版），中国人民大学出版社 2022 年版。

[11] 鲍禄、蒋立山主编《法理学讨论教学教程》，对外经贸大学出版社 2006 年版。

[12] 於兴中著：《法治与文明秩序》，中国政法大学出版社 2006 年版。

[13] 杨力主编：《法理学案例百选》，高等教育出版社 2022 年版。

[14] 顾亚潞、张卓明著：《法理学案例与图表》，法律出版社 2010 年版。

[15] 张俊杰著：《法理学案例教程》，人民出版社 2009 年版。

[16] ［美］E. 博登海默著：《法理学：法律哲学与法律方法》，中国政法大学出版社 2004 年版。

[17] ［德］卡尔·拉伦茨著：《法学方法论》，陈爱娥译，商务印书馆 2005 年版。

[18] ［德］伯恩·魏德士《法理学》，丁晓春等译，法律出版社 2013 年版。